Hermann-Josef Frisch

Welt und Botschaft der Bibel

Information

biblischer Text

anderer Text

Hermann-Josef Frisch

Welt und Botschaft der Bibel

Das große illustrierte Handbuch

Patmos Verlag

Inhalt

103 Die Hebräische Bibel – das Alte Testament

289 Das Neue Testament

Das Buch der Bücher

Heilige Schrift der Juden und Christen

»Heilige Schriften«, »Heilige Bücher der Religionen« erzählen von Gott (den Göttern, der Gottheit, dem Absoluten ...) und dem bunten und vielfältigen Leben der Menschen, von Völkern und Kulturen, von Himmel und Erde, von Oben und Unten, vom Jenseits und vom Diesseits. Heilige Schriften sind Brücken zwischen Himmel und Erde, öffnen die Menschen für eine andere Dimension, lassen sie durch unterschiedliche Textsorten etwas vom Unfassbaren, Unbegreiflichen, den Menschen Übersteigenden erahnen und geben zugleich Impulse für das Leben in unserer Welt.

In solchen »Heiligen Schriften« wird erzählt, wie glaubende Menschen Gott erfahren und ihm begegnen, es wird von den »großen Taten des Herrn« gesprochen, es wird die Barmherzigkeit und Treue Gottes verkündet: »Herr, ich will jubeln über die Werke deiner Hände. Wie groß sind deine Werke, o Herr, wie tief deine Gedanken« (Psalm 92,5–6). Heilige Schriften geben dem Menschen Trost und Halt, Orientierung und Hilfe auf dem Lebensweg, sie richten den Einzelnen und die Gemeinschaft auf gemeinsame Ziele aus, verbinden Menschen des einen Glaubens oft über Völkergrenzen und soziale Unterschiede hinweg (Weltkirche der Christen auf der Grundlage der Bibel, Umma der Muslime auf der Grundlage des Korans ...). Heilige Schriften sind wie Leuchttürme für die Menschheit, sie strahlen Licht aus in unsere Welt.

Quint Buchholz (geb. 1957), Bücherleuchtturm

Unter den Heiligen Schriften, die von den Weltreligonen als Grundlage, Maßstab und Herausforderung verehrt werden, ragt die **Bibel der Juden und Christen** besonders heraus, weil sie zu etwa zwei Drittel für beide Religionen gültig ist. Die Schriften des Ersten, Alten Testaments sind dadurch eine Brücke zwischen Judentum und Christentum. Sie bringen gemeinsame Grundlagen für Juden und Christen zum Ausdruck. Aus dieser Sicht ist die Bibel für Juden und Christen das »Buch der Bücher«.

Über die Juden und Christen hinaus hat die Bibel aber auch Bedeutung für viele andere Menschen, gleich ob sie in einer anderen Religion beheimatet sind oder sich keiner Religion zugehörig fühlen. Die Bibel ist ein Geschenk an die ganze Menschheit. Immer wieder haben Texte der Bibel Einfluss genommen auf Menschen in unterschiedlichen Kulturen und Völkern, auf kleine und große, auf religiöse und nichtreligiöse, auf Menschen vor allem, die offen waren und auf der Suche nach der Wahrheit. Für alle fragenden Menschen ist die Bibel ein Schatz, der deshalb auch der ganzen Menschheit gehört. Die Bibel hat in der Geschichte der Menschheit »Geschichte« gemacht. Aus dieser Sicht ist die Bibel für alle Menschen das »Buch der Bücher«.

> **Wer seinen Gott verloren hat, der kann ihn in diesem Buch wiederfinden. Und wer ihn nie gekannt hat, dem weht hier entgegen der Odem des göttlichen Wortes. Welch ein Buch!**
>
> **Heinrich Heine**

Juden und Christen erforschen die **Bibel als Menschenwort**, als in unterschiedlichen Textsorten gesammelte Erfahrungen von Menschen, als Antworten auf die Grundfragen nach dem Woher und Wohin und vor allem dem Wozu und Wie des Lebens. In vielfältiger Weise und unterschiedlichen Textsorten nehmen die biblischen Schriftsteller Stellung. Selbstverständlich waren diese Schriftsteller ebenso an die Bedingungen ihrer Zeit und Kultur, ihrer Region und ihres Weltverständnisses gebunden wie alle anderen Menschen um sie herum. Somit sind auch die Texte der Bibel von Zeit, Ort und Kultur ihrer Entstehung abhängig. Die Vorstellungen und Gedanken der biblischen Schriftsteller fließen in die biblischen Texte ebenso ein wie persönliche Vorlieben, aber auch ihre Begrenzungen im Verständnis. Die Bibel ist immer Menschenwort.

Dennoch bekennen Juden wie Christen, dass die Bibel mehr ist: Die Bibel ist ebenso **Gotteswort**. Dies nicht in dem Sinne, dass Gott oder einer seiner Engel den biblischen Schriftstellern den Text in die Feder diktiert hat (vgl. etwa muslimische Vorstellungen über die Entstehung des Koran). Vielmehr sind die Bücher der Bibel nach der Vorstellung der Christen »unter der Einwirkung des Heiligen Geistes geschrieben« (II. Vatikanisches Konzil, Über die göttliche Offenbarung 11). Das meint nicht, dass Gott selber geschrieben hat, sondern dass sich Menschen auf Gott hin geöffnet haben und so zu einem inspirierten, erleuchteten, anregenden Aufschreiben ihrer Erfahrungen mit Gott (und der Erfahrungen anderer Menschen, denen sie begegneten) bewegt wurden.

Juden wie Christen vernehmen somit in der Bibel Gottes Wort an die Menschen und orientieren deshalb ihr Leben an diesen heiligen Schriften. Die Bibel stellt einen Zuspruch Gottes an die Menschen dar und erhebt zugleich den Anspruch, dass der Mensch auf dieses gute Wort hin seine Antwort des Glaubens und der Liebe geben soll. Die Bibel ist somit immer Gotteswort.

Gotteswort in Menschenwort – damit ist eine Ausrichtung vorgegeben, die auch dieses Handbuch zur Bibel prägt. Es gilt, das in der Bibel enthaltene Menschenwort zu erforschen, Kenntnisse aus Archäologie, Geografie, Völkerkunde, Religionswissenschaft und anderen Bereichen zu sammeln und dadurch besser zu verstehen, was mit biblischen Texten gemeint ist. Denn nicht alle der bis zu 3000 Jahre alten Texte erschließen sich uns heute ohne Anstrengung. Wir brauchen Hilfen zum Verständnis.

> **Jedermann ist verpflichtet, in der Schrift zu forschen, damit er selig werde.**
>
> **John Wicliff**

Die Bibel ist kein einfaches Buch. Sie ist ein Buch, das aus vielerlei Büchern besteht (**Altes Testament** in katholischer Sicht: 46 Bücher; die Hebräische Bibel der Juden, gleichzeitig evangelische Sicht des Alten Testaments: 37 Bücher; **Neues Testament**: 27 Bücher). Diese Bücher sind über einen Zeitraum von mehr als tausend Jahren hinweg entstanden, zudem an unterschiedlichen Orten, von unterschiedlichen Schriftstellern, in unterschiedlichen Textsorten und mit unterschiedlicher Aussageabsicht. Die Texte der Bibel spielen in uns weithin unbekannten Ländern, sie handeln von Menschen, die uns fremde Berufe ausübten, sie berichten von uns fremden Bräuchen, und beruhen auf heute nicht nachvollziehbaren Vorstellungen. Die Bibel ist ein fremdes Buch.

Dennoch ist die Bibel ein für uns wichtiges Buch, weil sie die Gründungsurkunde christlichen Glaubens darstellt, weil wir die Person Jesu und auch die von ihm herkünftige Gestalt der christlichen Kirchen nicht ohne sie verstehen können, weil sie die Grundfragen menschlichen Lebens auch für Menschen heute nicht nur ausspricht, sondern zu Antworten ermuntert, die einen tragfähigen Grund in Glück und Leid geben. Die Bibel ist ein für uns bedeutsames, ja lebenswichtiges Buch.

Allerdings brauchen wir »Schlüssel«, um die Bibel aufschließen und zu ihren verborgenen Schätzen gelangen zu können. Wir brauchen Zugänge, um das, was die Bibel in einer uns heute oft verborgenen Weise sagen will, verstehen zu können. Wir brauchen Informationen, um Fremdes in der Bibel richtig und angemessen wahrzunehmen, Namen, Orte und Begriffe und Zusammenhänge einordnen zu können. Dieses Handbuch zur Bibel möchte solche Schlüssel zum Verständnis zur Verfügung stellen.

Dazu gibt das Handbuch unterschiedliche Hilfen:

- Im Kapitel **Grundwissen** geht es um eine Einführung in die Bibel als Buch. Dazu kommt Sachwissen über Länder und Völker der Bibel, über wichtige Orte in der Bibel, über das alltägliche Leben zur Zeit der Bibel, über Feste, Essen und Trinken.
- Die beiden großen Kapitel zum **Alten und Neuen Testament** greifen dann die wichtigsten Perikopen (Erzählabschnitte) der biblischen Schriften beispielhaft auf, um an ihnen die grundsätzlichen inhaltlichen Linien der biblischen Botschaft verständlich zu machen. Die Auswahl der Perikopen berücksichtigt alle unterschiedlichen Textsorten, die in der Bibel vorhanden sind: geschichtliche Berichte, mythische Erzählungen, Gebete, Lieder, Prophetensprüche und vieles mehr.
- Einen Ausblick und zugleich eine Ermunterung, die Bibel mit dem eigenen Leben zu verbinden, gibt das Schlusskapitel **Bibel für uns**.
- **Schriftstellen-, Bild und Stichwortregister** geben weitere Hilfen.

Seite aus einer alten, illuminierten (mit Illustrationen geschmückten) Bibel aus der Dreifaltigkeitskirche in Axum, Äthiopien.

Dargestellt ist König David mit seiner Harfe – die äthiopische Kirche hat eine besondere Beziehung zu David und seinem Sohn Salomo, weil sich das äthiopische Kaisertum von Salomo begründet hat.

Bibeln führen nicht nur die Worte der biblischen Bücher auf, sondern sind oft kunstvoll mit Bildern geschmückt. Dies gilt für mittelalterliche Handschriften in Europa ebenso wie für teilweise ältere Handschriften in Armenien und Äthiopien.

Verkündigung in Wort und Bild für Menschen aller Kulturen: Das ist die Bibel.

Die Kirche hat die Heiligen Schriften immer verehrt wie den Herrenleib selbst ... In ihnen ... sieht sie die höchste Richtschnur ihres Glaubens, weil sie, von Gott eingegeben und ein für alle Male niedergeschrieben, das Wort Gottes selbst unwandelbar vermitteln und in den Worten der Propheten und der Apostel die Stimme des Heiligen Geistes vernehmen lassen. Wie die christliche Religion selbst, so muss auch jede kirchliche Verkündigung sich von der Heiligen Schrift nähren und sich an ihr orientieren. In den Heiligen Büchern kommt ja der Vater, der im Himmel ist, seinen Kindern in Liebe entgegen und nimmt mit ihnen das Gespräch auf. Und solche Gewalt und Kraft west im Worte Gottes, dass es für die Kirche Halt und Leben, für die Kinder der Kirche Glaubensstärke, Seelenspeise und reiner, unversieglicher Quell des geistlichen Lebens ist ...
Da Gott in der Heiligen Schrift durch Menschen nach Menschenart gesprochen hat, muss der Schrifterklärer, um zu erfassen, was Gott uns mitteilen wollte, sorgfältig erforschen, was die heiligen Schriftsteller wirklich zu sagen beabsichtigten und was Gott mit ihren Worten kundtun wollte.
In der Heiligen Schrift also offenbart sich, unbeschadet der Wahrheit und Heiligkeit Gottes, eine wunderbare Herablassung der ewigen Weisheit, »damit wir die unsagbare Menschenfreundlichkeit Gottes kennen lernen ...« (Johannes Chrysostomus).

II. Vatikanisches Konzil. Über die göttliche Offenbarung, 21, 12, 13

Grundwissen

Die Bibel als Buch

Viele Bücher in einem Buch

Die Bibel ist kein einheitliches Buch wie ein Roman oder ein Sachbuch. Ja, sie ist noch nicht einmal ein einziges Buch. Eigentlich handelt es sich hier nämlich um eine **Sammlung von Büchern**: In der Bibel ist eine ganze Bibliothek in einem einzigen Buch zusammengefasst; viele Bücher finden sich in einem Buch – ein Blick in das Inhaltsverzeichnis einer Bibel zeigt das sofort.

Da werden unter den alttestamentlichen Schriften einige als »Bücher der Geschichte« bezeichnet, andere als »Lehrweisheit«, hinzu kommen prophetische Schriften. Unter den neutestamentlichen Schriften ragen die vier Evangelien und die Apostelgeschichte heraus. Briefe verschiedener Apostel folgen und am Ende ein eigenartig verschlüsseltes Buch – die Offenbarung (vgl. den Überblick auf den Seiten 26–27).

Viele Bücher also in einem einzigen Buch. Ihre Entstehungsgeschichte umfasst weit mehr als tausend Jahre, angefangen von den ersten schriftlichen Stücken, die in die Tora, die fünf Bücher Mose, einflossen, bis zur letzten Schrift des Neuen Testaments. Auch sind die Orte der Entstehung unterschiedlich: Das meiste ist im Raum Israels entstanden, Teile aber auch in Babylon (im Exil der Juden), die Evangelien wohl zum Teil im syrischen Raum, die paulinischen Briefe in verschiedenen Städten des östlichen Mittelmeerraumes; insgesamt also im Vorderen Orient und angrenzenden Mittelmeergebieten. Viele Autoren haben mitgewirkt, oft ist ein biblisches Buch nicht von einem Autor geschrieben, sondern von mehreren, das Buch Jesaja etwa von mindestens drei Propheten, die zu verschiedenen Zeiten und mit verschiedener Aussageabsicht ihre Sprüche aufschrieben. Viele Bücher, etwa die fünf Bücher der Tora, aber auch die Evangelien, sind in einem komplizierten und auch heute nur teilweise zu entschlüsselnden Prozess entstanden, verschiedenste Verfasser haben daran mitgewirkt. Und diese setzten sich unterschiedliche Ziele: Die einen wollten geschichtliche Ereignisse unter dem Aspekt der Glaubensgeschichte erzählen, andere wollten belehren, mahnen, ermuntern, wieder andere wollten zu Gebeten und Liedern auffordern und geben entsprechende Vorgaben dazu (vgl. Seite 20 Textsorten).

Ein Blick in einen »biblischen« Bücherschrank mit Kommentaren zu einzelnen Schriften des Neuen und Alten Testaments. In ähnlicher Weise muss man sich die Bibel selbst vorstellen: Einzelne Schriften, die zuerst einmal voneinander unabhängig sind, aber dennoch zueinander in vielfältiger Beziehung stehen.

Insgesamt also ist die Bibel eine ungeheuer reiche Bibliothek, in der Menschheitserfahrungen mit Gott und der Welt auf vielfältige Weise gesammelt sind – ein reicher Schatz für die Menschen aller Zeiten.

Der Name Bibel

Der **Name »Bibel«** für die Heilige Schrift der Juden und Christen ist so verbreitet, dass man über die Entstehung des Wortes nicht nachdenkt. Im Libanon, 40 km nördlich der heutigen Hauptstadt Beirut, lag in vorchristlicher Zeit eine Stadt, die im Alten Testament »Gebal« (Ez 27,9), griechisch »Byblos« genannt wird. Die kleine Stadt war Vasall der ägyptischen Pharaone und ein bedeutender Handelsplatz für ägyptische Papyrusstauden aus dem Nildelta. Das Mark dieser Stauden wurde in Streifen geschnitten, kreuzweise übereinandergepresst und getrocknet. So entstand das »Papier« des Altertums. Solche Papierbahnen wurden zu langen Streifen aneinandergeklebt und gerollt: Schriftrollen entstanden. Papyrus setzte sich wegen seines geringeren Preises und seiner besseren Handhabbarkeit gegenüber Tontafeln und Leder durch.

Das ägyptische Wort für Papyrusbast ist »gubla«, daraus kann der Name der Stadt entstanden sein. Die Griechen nannten das »Papyrus-Papier« nach der Handelsstadt für dieses Erzeugnis ebenfalls »byblos«, in einer Verkleinerungsform »biblion« (Schrift, Brief). Das Wort Biblion bezeichnete also auf Papyrus geschriebene Schriften.

Im heidnischen Kult des hellenistischen Raums wurden die im Gottesdienst genutzten »Heiligen Bücher« »biblioi hierai« genannt, ab 200 vor Christus wurde dieser Begriff auch von Juden für ihre »biblischen Schriften« gebraucht. Der Kirchenlehrer Hieronymus übernahm im vierten Jahrhundert nach Christus diesen Ausdruck für die nunmehr in ihrer Zahl festgelegten heiligen Schriften der Christen, sie wurden einfach »oi biblioi«, »die Schriften« genannt. Daraus entstand das lateinische »biblia«, »die Schrift«, im Deutschen zu *»Bibel«* gewandelt.

Die beiden großen Teile der Bibel werden **Testamente** genannt. Das lateinische Wort »testamentum« heißt »Bund« (hebräisch »berit«), aber auch »Anordnung, letzter Wille«, ein Schlüsselbegriff der Bibel: der Bund Gottes mit den Menschen. Das Alte Testament erzählt vom Bund Gottes mit Noach, Abraham, Mose ... Das Neue Testament verweist auf den neuen Bund, den Gott in Jesus nunmehr mit allen Menschen schließt.

Mein Volk, vernimm meine Weisung!
Was wir hörten und erfuhren, was uns die Väter erzählten,
das wollen wir unseren Kindern nicht verbergen, sondern dem kommenden Geschlecht erzählen:
die ruhmreichen Taten und die Stärke des Herrn, die Wunder, die er getan hat.
Er gebot unseren Vätern, ihre Kinder all das zu lehren und es ihnen weiterzugeben,
damit sie ihr Vertrauen auf Gott setzen,
die Taten Gottes nicht vergessen und seine Gebote bewahren.

aus Psalm 78,1-7

Die Sprachen der Bibel

In welchen Sprachen sind die Texte der Bibel bei ihrer Entstehung geschrieben? Im Wesentlichen sind dies zwei: Das Alte Testament ist fast vollständig in **hebräischer** Sprache geschrieben, das Neue Testament in **griechischer**.

Hebräische Handschrift – ein Stück der in Qumran gefundenen Jesaja-Rolle

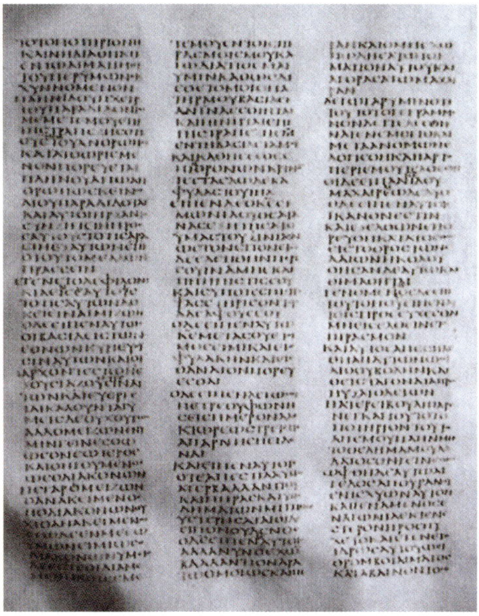

Griechische Handschrift

Zudem sind einige der jüngeren Bücher des Alten Testaments entweder in Griechisch geschrieben oder hebräische Fassungen sind verloren gegangen. So besitzen wir folgende Bücher nur in griechischer Sprache: Tobit, Judit, Jesus Sirach, Weisheit, Baruch, Erstes und Zweites Makkabäerbuch. Weil diese Bücher nur in einer griechischen Bibelübersetzung (der Septuaginta) erhalten sind, werden sie im Judentum nicht als kanonisch, als zum Bestand (Kanon) der Hebräischen Bibel gehörend gerechnet. Evangelische Christen betrachten sie ebenfalls als nichtkanonisch (als apokryph).

Im griechischen Neuen Testament finden sich einige Worte in **Aramäisch**, der Sprache, die Jesus im Alltag gesprochen hat (das Hebräische, mit dem Aramäischen verwandt, war zu dieser Zeit Gottesdienstsprache): *abba* (Mk 14,36 »Vater«), *talita kum* (Mk 5,41 »Mädchen steh auf«), *effata* (Mk 7,34 »Tu dich auf«) *eloi, eloi, lema sabachtani* (Mk 15,34 »Mein Gott, warum hast du mich verlassen«).

Die Sprache einer Schrift – das ist nicht allein der Gebrauch bestimmter Wörter und grammatikalischer Regeln. Denk- und Vorstellungsweisen, die über Jahrhunderte in einem Kulturraum gewachsen sind, Erfahrungen mit Welt und Menschen, mit dem Göttlichen und Heiligen, mit Natur und Kultur, soziale und wirtschaftliche Bezüge, Gewohnheiten und Bräuche, eine ganze Lebenswelt von Menschen – all das spiegelt sich in der Sprache wieder.

Dies macht auch den Umgang mit den Texten der Bibel für uns heute so schwierig: Denn die Lebenswelt der Menschen, die die Texte der Bibel niederschrieben, war so ganz anders als die unsere. Wir müssen eintauchen in ihre Sprache, erst dann gewinnen wir einen Zugang zum Verständnis.

Die Handschriften der Bibel

Einband des Evangeliars von Lindisfarne, um 700

Die Bibel –

ein kostbarer Schatz
für viele Menschen,
ein Erbe
der Menschheit,
Hilfe und Trost,
Hoffnung und Kraft.

Das zeigt sich in
der Herstellung von
Bibeln:
Kostbarstes Material,
wertvoller Papyrus,
teures Leder,
seltene Farbpigmente,
Goldschmuck
und Edelsteine
im Einband,
kunstvolle Gestaltung,
sorgfältige Abschrift,
ehrfurchtsvolle Behandlung.

Die Bibel –
nicht irgendein Buch,
sondern
das Buch der Bücher.

Von den Schriften der Bibel sind uns keine Urschriften, keine Handschriften der biblischen Autoren erhalten, sondern nur **spätere Abschriften**. Vom Alten Testament sind die ältesten die, die man auf den Schriftrollen von Qumran (1. Jahrhundert n. Chr.) gefunden hat; die meisten Handschriften stammen aus späterer Zeit. Allen Handschriften, den wenigen aus der Antike und den vielen aus dem Mittelalter aber ist gemeinsam, dass sie mit äußerster Sorgfalt und auf kostbarem Material gestaltet wurden: Papyrus und Pergament (Leder), zunehmend im Mittelalter auch mit Illuminationen (Bildern und verzierten Buchstaben) künstlerisch illustriert – wertvolle Bibeln.

Vom Erzählen zum Verschriftlichen – wie die Bücher der Bibel entstanden sind

Die Bibel hat eine grundsätzlich andere Entstehungsgeschichte als heutige Bücher. Ziel der biblischen Schriften ist nämlich meist nicht die Einzelperson, der einzelne Leser, sondern eine Gemeinde, eine Gemeinschaft von Menschen, die durch den gemeinsamen (jüdischen oder christlichen) Glauben aneinander gebunden sind. Das gibt den Schriften auch eine andere Aussageabsicht: Es geht darum, eine Gemeinschaft im Glauben zu stärken.

Doch die **Glaubensgemeinschaft** ist vorrangig da. Also: Nicht das Alte Testament bzw. das Neue Testament schafft die Glaubensgemeinschaft des jüdischen Volkes bzw. der christlichen Kirche, sondern aus der jeweiligen Glaubensgemeinschaft heraus wächst ein Glaubenszeugnis, werden Glaubenserfahrungen vieler unterschiedlicher Menschen gesammelt und weitergegeben. Dies geschieht oft zuerst mündlich, dann schriftlich.

Denn es kommt hinzu, dass viele der biblischen Schriften einem **langen Entstehungsprozess** unterworfen waren, einem Prozess von mündlichen Überlieferungen bis zu ersten schriftlichen Fassungen, dann zu redaktionellen Überarbeitungen und Zusammenfassungen und schließlich zu einer Endredaktion mit der Textfassung, die wir heute kennen.

Viele der biblischen Schriften wurzeln nämlich in einer Zeit, die nur sehr wenige schriftliche Zeugnisse kennt. Zudem ist die Nomadenkultur des Vorderen Orients bis auf den heutigen Tag in erster Linie eine Kultur der mündlichen Weitergabe. Mündliche Traditionen sind vor allem bei den alttestamentlichen Schriften, aber durchaus auch bei Jesuserzählungen vorrangig. Solche mündlichen Traditionen unterliegen – anders als wir das heute vielleicht meinen – keineswegs Verfälschungen und willkürlichen Veränderungen. Vielmehr ist die mündliche Überlieferung – das zeigen Untersuchungen aus den unterschiedlichsten Kulturen mit mündlicher Tradition – ausgesprochen stabil und zuverlässig: Über Generationen hinweg werden Erzählun-

Schriftrolle aus Qumran

gen, Liedtexte, Listen, Gesetzestexte, Mythen im Wortlauf weitergegeben – die Kontrolle der Erzählgemeinschaft verhindert jede Veränderung. Wir kannten in unserem Kulturraum Ähnliches bei der Weitergabe von Märchen meist durch die Großeltern an die Enkel – auch hier wurden selbst längere Texte wortgetreu weitergegeben.

Solche mündlichen Überlieferungen sind der Anfang des **Alten Testaments**. Sie gehen in ersten Anfängen bis in die Zeit vor der Herrschaft der Könige Israels zurück (also vor das Jahr 1000). Dabei können die unterschiedlichen Texte auch einen unterschiedlichen Sitz im Leben haben und an verschiedene kleinere Gemeinschaften gebunden sein: Traditionen um Abraham etwa sind anders angesiedelt als Traditionen um Jakob. Erst später wachsen solche Traditionsstücke zu größeren Einheiten zusammen.

Hier kommen wir dann auch zu einer langsam beginnenden Verschriftlichung, zu der besonders die Staatenbildung beigetragen hat. Listen am Königshof, Geschichtsschreibung (in antiker Form), Lobpreis des Königs ... werden aufgezeichnet, aufbewahrt und immer wieder gelesen. Die mündliche Überlieferung aber bleibt neben schriftlichen Erzählstücken bestehen.

Als die Schreibtechnik (Papyrus statt Tontafeln) leichter wurde und das Alphabet die bisherige Keilschrift bzw. die Hieroglyphen ablöste, entstanden zunehmend größere Schrifteinheiten. Dieser Prozess verstärkte sich im Exil (und danach), als die Gelehrten und Priester des Volkes zum einen die Schriftzeugnisse anderer, konkurrierender Kulturen und Religionen kennen lernten und zum anderen durch die Situation gezwungen waren, ihre eigene Glaubenstradition neu zu bedenken und zu formulieren. Dies führte zu zusammenfassenden Schriften durch »Redakteure«, die bisherige mündliche und schriftliche Quellen zu einem Buch formten und von da aus zu einer Aufwertung der Bücher überhaupt. Die biblischen Schriften des Alten Testamentes entstanden und damit der erste Teil der Bibel.

Vergleicht man den Entstehungsprozess der alttestamentlichen mit den Schriften des **Neuen Testaments**, so ergibt sich ein unterschiedliches Bild: Es gibt neutestamentliche Bücher, die von vornherein als eine einheitliche Schrift von einem einzigen Verfasser niedergelegt wurden und bestenfalls kleine mündliche tradierte Stücke (etwa Philipperbriefhymnus) aufgenommen haben. Dies trifft weithin auf die Briefe der Apostel zu. Allerdings lassen sich auch hier redaktionelle Veränderungen ausmachen, so etwa bei den beiden Korintherbriefen, die wahrscheinlich aus mehreren Briefen zusammengesetzt sind.

Bei den Evangelien aber sieht die Sache anders aus. Dort kann man – vergleichbar vielen alttestamentlichen Schriften – von kleinen mündlichen Erzähleinheiten ausgehen, die am Anfang der Jesusüberlieferung standen: vielleicht einige bedeutsame Worte Jesu, vielleicht eine Wundererzählung, vielleicht eine Erinnerung an seine Leidensgeschichte. Solche mündlichen Einheiten sind allerdings schon bald (in den 40er-Jahren) zu schriftlichen Quellen geformt worden. Dies ist vor allem eine erste Version der Leidensgeschichte, dann die Quelle Q mit Worten und Aussprüchen Jesu, wahrscheinlich auch Sammlungen von Gleichnissen und Wundern. Markus, der erste Evangelist hat solche Quellen dann für sein Evangelium genutzt. Matthäus und Lukas wiederum benutzten sowohl das Markusevangelium wie auch weitere Quellen für ihren Text. Das Johannesevangelium stellt gegenüber den anderen drei Evangelien eine eigenständige Einheit dar.

Textsorten – was ist eigentlich gemeint?

Ein Roman ist eine einheitliche Textsorte, ein Kochbuch eine andere, ein Mathematikbuch wieder eine andere. Wir kennen im Alltagsgebrauch viele Sprach- und Textformen, die sich von ihrer Aussageabsicht und in ihrer Form unterscheiden: Zeitungsnachricht, Polizeibericht, Werbung, Witz ...

Auch die Bibel kennt solche **unterschiedlichen Textsorten**. Sie können auf unterschiedliche Weise über ein Ereignis berichten. Dabei ist die Aussageabsicht des Verfassers entscheidend. Nur danach darf gefragt werden, es kann nicht jede Frage an jeden Text gerichtet werden. An einen Hymnus, ein Loblied wie Genesis 1 etwa, kann man also keine naturwissenschaftlichen Fragen stellen. Ebenso geht es bei Wundererzählungen nicht um historische Fakten, sondern um Glaubensbekenntnisse.

Als Textsorten der Bibel finden sich: prophetischer Text (Weissagung), Wundererzählung, Legende, Sage, Gedicht, Märchen, Gebet, Mythos, Predigt, Segensspruch, aufgeschriebenes Brauchtum, Sprichwörter und Lebensregeln, Glaubensbekenntnis, Listen mit Namen, Orten oder Gegenständen, Lied (vom Liebeslied bis zum Leichenlied), Ätiologie (Erzählung, die den Namen eines Ortes oder einer Person erklärt), Rechtsspruch, Vertrag, geschichtlicher Bericht, Reisetagebuch, Anekdote, Gleichnis, Fluch, Brief, Bericht, Gesetzessammlung, rituelle Anweisung und vieles andere mehr.

Dabei können auch unterschiedliche Textsorten zu einem Thema nebeneinander stehen, ein Beispiel: In den Büchern Samuel und anderen alttestamentlichen Büchern finden sich verschiedene Texte zu König David. Darunter sind Erzählungen, etwa die von der Salbung Davids durch Samuel (1 Sam 16,12f), Verheißungen, etwa die des Sauls über Davids Köngtum (1 Sam 24,17f), Listen, etwa die von den Führern des Volkes (2 Sam 8,15f), Fluchworte, etwa das von Natan über David gesprochene, nachdem er Urija ermorden ließ (2 Sam 12,9f), aber ebenso Loblieder über David (Ps 89,20f). Immer geht es um David, doch die Aussageabsicht (Bericht, Fluch, Lob, Liste ...) ist jeweils anders und entsprechend auch die Textsorte. Die Textsorte entscheidet also wesentlich über das Verständnis eines Textes.

Jim Dine, Vergnügungspalette, 1969

Methoden der Bibelwissenschaft

Die moderne Bibelwissenschaft untersucht biblische Schriften und Texte mit unterschiedlichen Methoden, um so zu einer möglichst gesichterten Textfassung zu kommen und den Sinn der einzelnen Textsorten für heutige Leser in ihrer anderen Umwelt als der biblischen zu erschließen. Die wichtigsten Methoden heutiger Bibelwissenschaft sind:

- **Textkritik:** Der ursprüngliche Wortlaut des Textes und die Geschichte des Textes in den verschiedenen Textzeugen (Handschriften) werden rekonstruiert. Dazu werden alle vorhandenen Handschriften verglichen und Unterschiede benannt. Nach verschiedenen Kriterien wird die Rekonstruktion einer »Urfasssung« versucht, die nach wissenschaftlichen Kriterien die größte Wahrscheinlichkeit besitzt.
- **Literarkritik:** Versuch einer Trennung einzelner Quellen in einem biblischen Text von ihrer redaktionellen Bearbeitung (auch *Quellenkritik* genannt). Auf stilistische, literarische und inhaltliche Unstimmigkeiten wird so aufmerksam gemacht und Erklärungen dazu werden versucht.
- **Redaktionskritik:** Versuch, einzelne Redaktionsstufen in einem Text (Entstehungsstufen) zu erkunden. Unter welchen Aspekten haben die biblischen Verfasser ihre Quellen ausgewählt und zusammengestellt? Die Redaktionskritik ist eine Analyse der Bearbeitung eines Textes im Anschluss an die Literarkritik.
- **Formgeschichte:** Versuch, die einer Textfassung vorangegangenen (mündlichen oder schriftlichen Quellen zu beschreiben und bestimmten Gattungen (Textsorten, vgl. Seite 20) zuzuordnen. In einer formgeschichtlichen Analyse werden alte Traditionen (etwa Mythen, Sprüche) eruiert und gedeutet. So kann versucht werden, einen ursprünglichen Text zu rekonstruieren, der vor einer schriftlichen Bearbeitung liegt.
- **Linguistische Methoden:** Die Sprachwissenschaft versteht Sprache als System von Zeichen, die in genau festgelegter Weise strukturiert sind. Dieses Zeichensystem wird erschlossen und so werden Wege zu einem inhaltlichen Verständnis eröffnet.
- **Soziologische Exegese:** Die gesellschaftlichen Bedingungen Israels bzw. des Urchristentums werden im Blick auf die jeweiligen biblischen Texte gedeutet (etwa Frage nach der Rolle, der Armen, der Sklaven, der Frauen ...). Eine Sonderform ist die *feministische Exegese*, die die Bibel besonders aus der Sicht der Frauen untersucht.
- **Tiefenpsychologische Exegese:** Versuch, die verschlüsselt-symbolischen Aussagen eines biblischen Textes aufzuzeigen und zu deuten (besonders für Mythen, Sagen, Legenden, Träume, Rituale ...).

Die einzelnen Methoden der Bibelwissenschaft dürfen nicht einseitig angewandt werden, sondern sind immer nur im System verschiedener Anwendungsabsichten sinnvoll. Die Textkritik bildet die notwendige Grundlage, alle anderen Methoden folgen danach und stehen in Beziehung zueinander.

Trotz aller methodischer Untersuchung bleibt aber letztlich für den Leser der Bibel am Ende immer die Frage: Was kann der Text für mein Leben aussagen? Was bedeutet die Bibel für mich?

Bibelausgaben

Die Bibel ist das am weitesten verbreitete Buch der Welt – das Buch der Bücher. Sie ist inzwischen in 2300 Sprachen übersetzt worden – fast alle Menschen können die Bibel in ihrer Muttersprache lesen. Dafür haben in der Geschichte des Christentums die Missionare gesorgt, besonders im 20. Jahrhundert erfolgte eine Schriftenmission: in der katholischen Kirche vor allem durch Missionsorden, in den evangelischen Kirchen durch Bibelwerke und Stiftungen. Die Gesamtauflage der Bibel geht in die Milliarden. Für viele Millionen Menschen ist die Bibel das wichtigste Buch.

Dabei gibt es sehr verschiedene Bibelausgaben. **Wissenschaftliche Ausgaben** (etwa die Biblia Hebraica oder das Novum Testamentum Graece et Latine) enthalten den wissenschaftlichen Text in einer gesicherten Urform in Hebräisch bzw. Griechisch, den Ursprachen der Bibel, dazu Anmerkungen und Kommentare, eine Aufführung der unterschiedlichen Textfassungen in den verschiedenen Handschriften und anderes mehr.

Für den Leser sind **Vollbibeln** und **Teilbibeln** zu unterscheiden. Vollbibeln enthalten den vollständigen Text aller Schriften des Alten und Neuen Testaments. Das sind dann umfangreiche Ausgaben. Auch gibt es Bibeln in unterschiedlichen Übersetzungen. Für die katholische Kirche ist weithin die Einheitsübersetzung maßgeblich (aus der auch wir zitieren), für die evangelischen Kirchen oft die Lutherbibel. Teilbibeln enthalten entweder nur einige der biblischen Schriften, oder sie wählen aus unterschiedlichen Schriften die wichtigsten Texte aus. Dies geschieht etwa in Kinder- oder Jugendbibeln, die meist auch mit Illustrationen und Erklärungen versehen sind.

Übersetzungen

Bei Übersetzungen der Bibel sowohl in die großen und bekannten Weltsprachen, als auch in viele kleine Dialekte von Völkern, die kaum oder gar nicht auf eine Schriftkultur zurückgreifen können, ergibt sich die Schwierigkeit, dass es eine Kluft zwischen Entstehungszeit und heutiger Zeit gibt. Manchmal mussten Missionare zuerst Wörterbücher und Grammatiken einer Sprache erstellen, um so eine Grundlage für eine Übersetzung der Bibel zu haben.

Doch Übersetzungen sind nicht nur ein Problem der Wortwahl. Vor allem die unterschiedlichen Gedankenvorstellungen machen den Menschen zu schaffen. Wie soll man Worte wie Gott, Himmelreich, Ewiges Leben ... übersetzen, wenn in dem betreffenden Volk vielleicht ganz andere, unseren Vorstellungen völlig entgegengesetzte Auffassungen vertreten sind? Wie soll man festgelegte Begriffe, die uns selbstverständlich erscheinen in eine andere Denkwelt übertragen?

Die Übersetzung der Bibel in eine Fülle von Sprachen stellt eine gewaltige Aufgabe dar, weil dabei zum einen die Einheit des Glaubens völker- und sprachüberschreitend gewahrt bleiben muss und man zum anderen der jeweiligen Denk- und Sprachstruktur und den kulturellen Besonderheiten gerecht werden muss. Hinzu kommt, dass sich Kulturen ständig ändern – dies erfordert je neue Übersetzungen.

1 馬太福音 1

馬太福音

耶穌基督的家譜
(路加3·23－38)

1 耶穌基督是大衛的後代，也是亞伯拉罕的
後代。
耶穌的家譜如下：
2 亞伯拉罕生以撒，以撒生雅各，雅各生猶大
和他的兄弟。3 猶大跟他瑪生法勒斯和謝拉，法
勒斯生希斯崙，希斯崙生亞蘭，4 亞蘭生亞米拿
達，亞米拿達生拿順，拿順生撒門，5 撒門跟喇
合生波阿斯，波阿斯跟路得生俄備得，俄備得生
耶西，6 耶西生大衛王。
大衛跟烏利亞的妻子生所羅門，7 所羅門生
羅波安，羅波安生亞比雅，亞比雅生亞撒，8 亞
撒生約沙法，約沙法生約蘭，約蘭生烏西亞，
9 烏西亞生約坦，約坦生亞哈斯，亞哈斯生希西
家，10 希西家生瑪拿西，瑪拿西生亞們，亞們生
約西亞。11 以色列族被擄到巴比倫的期間，約西

THE GOSPEL OF MATTHEW

The Family Record of Jesus Christ
(Also Luke 3.23-38)

1 This is the family record of Jesus Christ, who was
a descendant of David. who was a descendant of
Abraham.
2 Abraham was the father of Isaac; Isaac was the father
of Jacob; Jacob was the father of Judah and his brothers;
3 Judah was the father of Perez and Zerah (their mother
was Tamar); Perez was the father of Hezron; Hezron
was the father of Ram; 4 Ram was the father of Am-
minadab; Amminadab was the father of Nahshon;
Nahshon was the father of Salmon; 5 Salmon was the fa-
ther of Boaz (Rahab was his mother); Boaz was the
father of Obed (Ruth was his mother); Obed was
the father of Jesse; 6 Jesse was the father of King David.
David was the father of Solomon (his mother had
been Uriah's wife); 7 Solomon was the father of Reho-
boam; Rehoboam was the father of Abijah; Abijah was
the father of Asa; 8 Asa was the father of Jehoshaphat;
Jehoshaphat was the father of Joram; Joram was the
father of Uzziah; 9 Uzziah was the father of Jotham;

INJIL
MATIUS

Silsilah Yesus Kristus
1:1-17
Luk 3:23-38

1 Inilah silsilah Yesus Kristus, anak
Daud, anak Abraham. 2 Abraham
memperanakkan Ishak, Ishak memper-
anakkan Yakub, Yakub memperanakkan
Yehuda dan saudara-saudaranya, 3 Ye-
huda memperanakkan Peres dan Zerah
dari Tamar, Peres memperanakkan
Hezron, Hezron memperanakkan Ram,
4 Ram memperanakkan Aminadab, Ami-
nadab memperanakkan Nahason, Naha-
son memperanakkan Salmon, 5 Salmon
memperanakkan Boas dari Rahab, Boas
memperanakkan Obed dari Rut, Obed
memperanakkan Isai, 6 Isai memper-
anakkan raja Daud. Daud memperanak-
kan Salomo dari isteri Uria, 7 Salomo
memperanakkan Rehabeam, Rehabeam

keturunan dari pembuan
sampai Kristus.
ay 11: 2Raj 24:14-15, 2Taw 36:10,

Kelahiran Yesus K
1:18-25
Luk 2:1-7

18 Kelahiran Yesus Kris
perti berikut: Pada wakt
Nya, bertunangan denga
nyata ia mengandung dar
sebelum mereka hidup seb
teri. 19 Karena Yusuf suam
yang tulus hati dan tidak m
kan nama isterinya di m
bermaksud menceraikan
diam-diam. 20 Tetapi keti
timbangkan maksud itu, m
nampak kepadanya dalar
berkata: "Yusuf, anak Da
engkau takut mengambil

Der Beginn des Matthäusevangeliums in Chinesisch, Englisch und Indonesisch

Der Kanon – welche Bücher gehören zur Bibel?

Es gibt eine Fülle von Schriften, die in den ersten Jahrhunderten der Christen entstanden sind und die Jesustradition behandeln. Aber nur vier Evangelien, die von Markus, Matthäus, Lukas und Johannes, wurden in den **Kanon** aufgenommen, in die offizielle Zusammenstellung neutestamentlicher Schriften, andere nicht. Wie kam es dazu?

In der ersten Zeit, den ersten 60–80 Jahren nach dem Tod und der Auferweckung Jesu, ging es allein um die Jesusüberlieferung, die sich aus vielen Quellen speiste. Zunehmend aber ging es bei der Vielfalt der Stimmen um die Frage, welche Tradition unverfälscht die Botschaft Jesu darlegt. Die Bewahrung einer authentischen Lehre wurde mit der Zeit immer wichtiger, denn mit dem wachsenden Abstand zu Jesus gab es zunehmend unterschiedliche Textzeugnisse mit unterschiedlicher Aussageabsicht und weiterführenden Ausschmückungen. Auch musste man sich gegen Irrlehren absetzen.

Im 2. Jahrhundert fand deshalb ein **Prozess der Kanonbildung** der neutestamentlichen Schriften statt (das Alte Testament, die Hebräische Bibel als Heilige Schrift Jesu zählte auch für Christen bereits als Heiliges Buch, vgl. zum Kanon der Hebräischen Bibel Seite 109). Der Theologe Irenäus führt in der zweiten Hälfte des 2. Jahrhunderts die vier Evangelien als heilige Schrift auf. Etwa zur gleichen Zeit benennt Tertullian Kriterien, die über die Aufnahme in einen verbindlichen Kanon entscheiden: Apostoliziät (Abhängigkeit der Schrift von einem Apostel), hohes Alter und Einsatz in christlichen Gemeinden, zudem Übereinstimmung mit der kirchlichen Lehre. So wurden bald verschiedene Schriften über Jesus aus dem Kanon ausgeschieden (vgl. Seite 25: Die Apokryphen). Erstmalig gibt es eine verbindliche Aufzählung aller neutestamentlicher Schriften in einem Brief des Kirchenvaters Athanasius aus dem Jahr 367.

Was sind Kriterien für eine kanonische Schrift?

- **Apostolizität:** Die Schrift muss eine Beziehung zu einem Apostel (bzw. Apostelschüler) haben und damit eine inhaltliche Nähe zur Verkündigung Jesu gewährleisten
- **Alter:** Ein hohes Alter gibt Zeugnis von einer authentischen Schrift, jüngere Schriften wie das Thomasevangelium gelten wegen der Abfassungszeit als nicht kanonisch.
- **Geschichtlichkeit:** Eine Schrift durfte keine Fiktionen und fantasievollen Erzählungen enthalten (wie etwa manche Kindheitsgeschichten Jesu in apokryphen Evangelien, die von einem Wunderkind erzählen), sondern muss – als Verkündigung – auf historischen Begebenheiten aufbauen.
- **Übereinstimmung mit dem Alten Testament**
- **Rezeption:** Eine Schrift muss in breiter Linie in der Kirche angenommen sein.

Und welche nicht? Die Apokryphen

Das griechische Wort »apokryph« heißt »verborgen«, »geheim«. Im Orient der Antike gab es vielfach »apokrypha biblia«, geheime Bücher mit philosophischen oder religiösen Geheimlehren. Im christlichen Bereich werden mit **»Apokryphen«** jene Bücher gekennzeichnet, die nicht in den Kanon neutestamentlicher Schriften aufgenommen wurden, obwohl sie durch ihre Namensgebung (Evangelium des ..., Apostelgeschichte des ..., Brief des ..., Apokalypse des ...) darauf Anspruch erheben. Durch Handschriftenfunde in unserer Zeit (etwa der berühmte Fund im ägyptischen Nag Hammadi) sind solche Schriften wieder neu bekannt geworden.

Unter den verschiedenen apokryphen Schriften sind vor allem **»Evangelien«** zu nennen. Viele von ihnen behandeln vorrangig die Kindheit Jesu und zeigen ihn als Wunderkind mit übermenschlichen Fähigkeiten. So gibt es u.a. das Protoevangelium des Jakobus (»Vor«evangelium mit der Geschichte Mariens), das Kindheitsevangelium des Thomas, das Nazarenerevangelium, das Ebjonitenevangelium, das Petrusevangelium, das Nikodemusevangelium ... Andere Texte führen vor allem Lehrgespräche Jesu mit seinen Jüngern an, diese sind oft gnostisch geprägt (Gnosis = geistige Strömung im Hellenismus, die vom Kampf zwischen Licht und Dunkel ausgeht und den Aufstieg des Menschen in das Licht propagiert). Dazu zählen u.a. das Thomasevangelium, das Evangelium der Wahrheit, das Philippusevangelium, das Evangelium nach Matthias, das Judasevangelium, das Evangelium der Maria ... Ein Hebräerevangelium greift zurück auf die Denkweise judenchristlicher Gemeinden ...

Die apokryphen Evangelien beschränken sich oft auf einzelne Aspekte des Lebens Jesu: auf seine Kindheit, seine Lehrsprüche, auf nachösterliche Erscheinungen ... Auch finden wir Erzählungen zum Leben der Maria, die auf keinerlei historischen Grundlagen fußen. Zwei Beispiele des Thomasevangeliums: (24) Seine Jünger sagten: »Zeige uns den Ort, wo du bist, denn es ist für uns notwendig, ihn zu suchen.« Er sagte zu ihnen: »Wer Ohren hat, soll hören! Es wird Licht im Innern eines Menschen des Lichts, und er leuchtet der ganzen Welt. Wenn er aber nicht leuchtet, ist Finsternis.« – (25) Jesus sagte: »Liebe deinen Bruder wie deine Seele und behüte ihn wie deinen Augapfel.«

Von Zeit zu Zeit rufen unterschiedliche Veröffentlichungen Verwirrung und Aufregung hervor, meist mit dem Tenor: »Es sind bisher unbekannte Schriften aus neutestamentlicher Zeit aufgetaucht, die ganz neue und ›revolutionäre‹ Aussagen über Jesus machen. Weil dies die kirchliche Verkündigung beeinträchtigen kann, seien solche ›verborgenen‹ Schriften bisher von der kirchlichen Obrigkeit unterdrückt worden. Jetzt aber komme man zu sensationellen neuen Ergebnissen ...«

Was ist an solchen Aussagen? Wir wissen, dass es in der ersten Zeit der Christen mehr Schriften gab, als in den Kanon des Neuen Testaments aufgenommen wurden. In solchen nichtkanonischen Schriften können sich durchaus auch echte Jesustraditionen befinden. Insgesamt aber zeigen diese Schriften ein widersprüchliches Bild: Zu viel Fantasievolles ist darin enthalten, als dass es sich um eine authentische Darstellung der Botschaft Jesu handeln kann. Oder es wird in ihnen Bezug genommen auf eine Irrlehre, etwa die Gnosis, von der sich die Kirche abgesetzt hat. Nicht der Unterdrückung der Wahrheit dient die Kanonisierung, sondern der Wahrheitsfindung.

Extra: Überblick über die Schriften der Bibel

Die christliche Bibel gliedert sich in zwei Teile: das Erste, Alte Testament und das Neue Testament. Das Alte Testament entspricht weithin der jüdischen Bibel, die wegen ihrer Sprache auch die Hebräische Bibel genannt wird. Einige Schriften des Alten Testaments finden sich nicht in der jüdischen Bibel – sie sind hier mit einem * gekennzeichnet.

Erstes, Altes Testament

Die Bücher der Geschichte des Volkes Gottes

Gen	Genesis
Ex	Exodus
Lev	Levitikus
Num	Numeri
Dtn	Deuteronomium
Jos	Josua
Ri	Richter
Rut	Rut
1 Sam	Das erste Buch Samuel
2 Sam	Das zweite Buch Samuel
1 Kön	Das erste Buch der Könige
2 Kön	Das zweite Buch der Könige
1 Chr	Das erste Buch der Chronik
2 Chr	Das zweite Buch der Chronik
Esra	Esra
Neh	Nehemia
Tob	Tobit*
Jdt	Judit*
Est	Ester*
1 Makk	Das erste Buch der Makkabäer*
2 Makk	Das zweite Buch der Makkabäer*

Die ersten fünf Bücher werden auch als die fünf Bücher Mose (Abkürzung: 1 Mose, 2 Mose ...) bezeichnet. Für Juden sind diese Bücher besonders bedeutsam; sie werden *Tora* (= Weisung) genannt, im Synagogengottesdienst vorgelesen und in besonderer Weise verehrt.

Die Bücher der Lehrweisheit und die Psalmen

Ijob	Ijob
Ps	Psalmen
Spr	Das Buch der Sprichwörter
Koh	Kohelet
Hld	Das Hohelied
Weish	Das Buch der Weisheit*
Sir	Das Buch Jesus Sirach*

Die Bücher der Propheten

Jes	Jesaja
Jer	Jeremia
Klgl	Die Klagelieder
Bar	Baruch*
Ez	Ezechiel
Dan	Daniel*
Hos	Hosea
Joël	Joël
Am	Amos
Obd	Obadja
Jona	Jona
Mi	Micha
Nah	Nahum
Hab	Habakuk
Zef	Zefanja
Hag	Haggai
Sach	Sacharja
Mal	Maleachi

Im Mittelalter wurden die Bücher der Bibel in Kapitel eingeteilt, die Kapitel in Verse, so dass sich eine eindeutige Kennzeichnung eines Satzes ergab. Nach dem Namen eines Buches (bzw. der Abkürzung) werden Kapitel und Vers als Zahlen wiedergegeben, also etwa:
»Röm 1,1« = »Römerbrief, 1. Kapitel, 1. Vers«.

Das Neue Testament der Christen baut auf der Hebräischen Bibel der Juden und auf den zusätzlichen (apokryphen) Schriften des Alten Testaments auf; häufig finden sich Zitate aus den alttestamentlichen Schriften. So wird die Bibel zu einer Brücke zwischen Juden und Christen – sie ist das »heilige Buch« zweier Weltreligionen.

Neues Testament

Die Evangelien und die Apostelgeschichte

Mt	Matthäus
Mk	Markus
Lk	Lukas
Joh	Johannes
Apg	Apostelgeschichte

Armenische Miniatur: Der Evangelist Johannes diktiert Prochorus sein Evangelium.

Die Briefe

Röm	Der Brief an die Römer
1 Kor	Der erste Brief an die Korinther
2 Kor	Der zweite Brief an die Korinther
Gal	Der Brief an die Galater
Eph	Der Brief an die Epheser
Phil	Der Brief an die Philipper
Kol	Der Brief an die Kolosser
1 Thess	Der erste Brief an die Thessalonicher
2 Thess	Der zweite Brief an die Thessalonicher
1 Tim	Der erste Brief an Timotheus
2 Tim	Der zweite Brief an Timotheus
Tit	Der Brief an Titus
Phlm	Der Brief an Philemon
Hebr	Der Brief an die Hebräer
Jak	Der Brief des Jakobus
1 Petr	Der erste Brief des Petrus
2 Petr	Der zweite Brief des Petrus
1 Joh	Der erste Brief des Johannes
2 Joh	Der zweite Brief des Johannes
3 Joh	Der dritte Brief des Johannes
Jud	Der Brief des Judas

Die Offenbarung

Offb	Offenbarung

Länder und Kulturen der Bibel

Die Geschichten der Bibel sind nicht zeit- und ortlos, sondern sind eingebunden in Länder, Völker und Kulturen, in unterschiedliche Sprachen und Denkstrukturen, in geschichtliche Zusammenhänge und Beziehungen von Völkern zueinander (im guten wie im kriegerischen Sinn). So muss man bei einer Betrachtung eines biblischen Textes nicht allein literar- und textkritische, formgeschichtliche und liguistische Methoden anwenden, sondern die Zeitgeschichte eines Textes genau bedenken. **Biblische Zeitgeschichte** zählt als Grundlagenkunde, als ein Fundament, auf dem sich der Bau eines biblischen Textes erhebt.

So geht es darum, die großen und kleinen Kulturen, in deren Umfeld die Texte der Bibel entstanden sind, zu erforschen und zu bedenken. Es geht dabei um das alltägliche Leben, um Lebensunterhalt, Kleidung, Feste, Recht, Sitten und Gebräuche – ein eigener Abschnitt dieses Buches behandelt solche »Alltagsfragen«. Es geht aber auch um die großen Zusammenhänge, um geografische, politische, wirtschaftliche und kulturelle Bedingungen, unter denen sich die Geschichte biblischer Gestalten abspielte. Erst wenn man die Einbettung der biblischen Erzählungen in die unterschiedlichen Kulturen erkennt, kann man den Sinn solcher Texte und auch ihre bleibende Relevanz für unsere Zeit in richtiger Weise wahrnehmen.

Das Buch Genesis führt alle Völker des Vorderen Orients, ja, der ganzen Erde auf einen gemeinsamen Ursprung zurück: auf Noach und seine Söhne Sem, Ham und Jafet. Von diesen drei stammen alle Völker ab (vgl. Genesis 10). Diese Völkertafel nennt unter den drei Söhnen Noachs Sem. Nach ihm entstand im 18. Jahrhundert der ethnologische Begriff **Semiten** mit katastrophalen Folgen bis zum Völkermord der Nationalsozialisten. Die Beschreibung der Völkertafel ist dabei allerdings nicht rassisch geordnet (wie sollte ihr das zur Zeit ihrer Entstehung möglich sein), sondern geografisch: Alle bekannten Völker im Umfeld werden in dieser alten Liste aufgeführt, gleich welchen Ursprung sie haben. Insofern ist die Bezeichnung semitische Völker wenig hilfreich.

Linguistischen Forschungen über die **Sprachen dieser Völker** zeigen Zusammenhänge besser auf. Dabei geht man von der semitisch-hamitischen Sprachgruppe aus, zu denen kuschitische Sprachen (Sudan bis Äthiopien), Berbersprachen, die Ausgestaltungen des Ägyptischen ebenso gehören wie die semitischen Sprachen. Zu ihnen zählen die ostsemitischen wie Akkadisch und Ugaritisch, die nordwestsemitischen wie Kanaanäisch (darunter Hebräisch) und Aramäisch und die südwestsemitischen wie Arabisch und Äthiopisch). Trotz ihrer heutigen politischen Gegensätze sind Juden und Araber eng verwandt.

Der Vordere Orient

Die Kulturen, auf die es in der Bibel ankommt sind im Wesentlichen die Kulturen, die man unter dem geografischen uns kulturellen Sammelbegriff **»Vorderer Orient«** zusammenfassen kann. Dieser Begriff ist in etwa identisch mit dem eher politisch einzuordnenden Begriff des »Nahen Ostens«, der aus europäischer Sicht im 19. jahrhundert das Osmanische Reich umfasste.

Das Kernland **Israel (Kanaan, Palästina)** besteht aus einer Mischbevölkerung nicht allein aus Juden, sondern aus vielen anderen Stämmen und Völkerschaften wie Philistern, kanaanäischen Stämmen, Moabitern, Edamitern und anderen. Im weiteren Umfeld sind die Länder der Bibel die Länder des **»Fruchtbaren Halbmonds«**: von Phönizien, dem heutigen Libanon und Syrien ausgehend über das Gebiet um Haran im Norden (dem heutigen Grenzgebiet zwischen der Türkei und Syrien) bis in die Kerngebiete *Mesopotamien und Assyrien* hin nach *Babylonien*, die letzten drei Reiche an den großen Flüssen Euphrat und Tigris gelegen – ein Kerngebiet menschlicher Entwicklung und großer kultureller Errungenschaften. Dazwischen und weiter im Süden liegt die arabische Wüste mit ihren wandernden Nomadenstämmen. Nach Westen hin liegt *Ägypten*, das großen Einfluss auf die Geschichte des Volkes Israel und auf die Herausbildung des jüdischen Glaubens hatte: Nicht allein die Grunderfahrung des Exodus (wie immer er auch erfolgte) und des Wüstenzuges von Ägypten nach Kanaan prägte Israel, sondern auch viele inhaltliche Vorstellungen (etwa zum Leben nach dem Tod) formten das Judentum. So lebte das kleine Israel inmitten des Einflusses großer Mächte – dies gilt es im Folgenden aufzuzeigen.

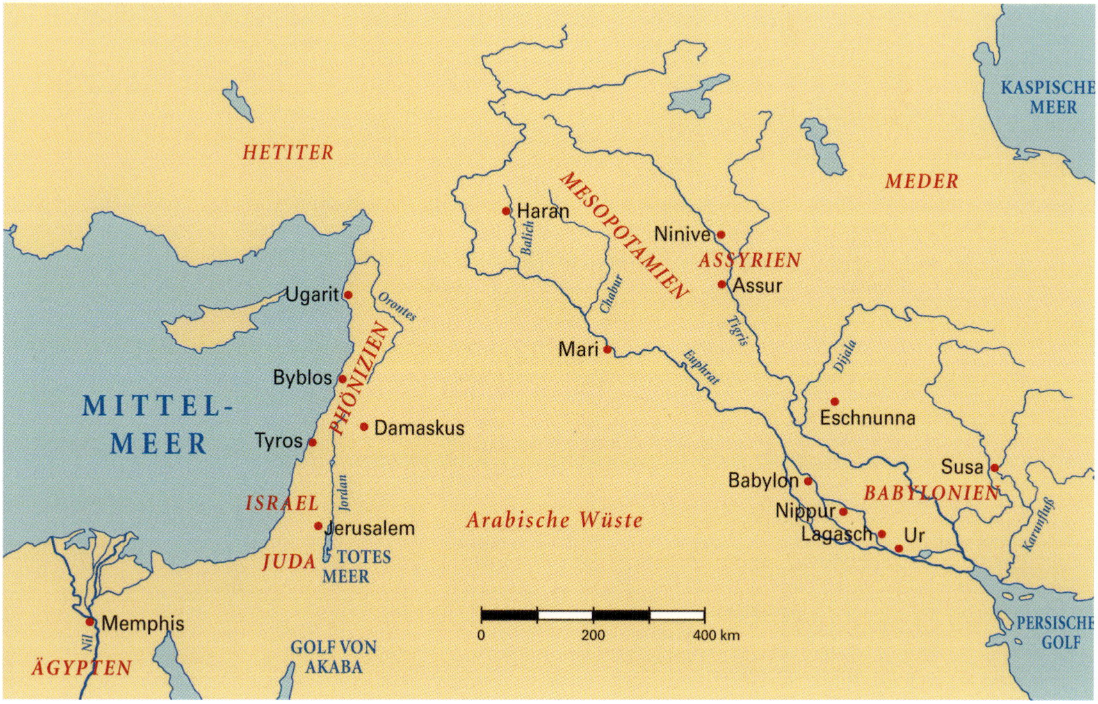

Sumer, Akkad und Babylon – der »Fruchtbare Halbmond«

Das **Zweistromland** (griechisch Mesopotamien = »Land zwischen den Flüssen« Euphrat und Tigris) ist neben Ägypten und China die bedeutsamste Region für die Entwicklung der menschlichen Kultur. Das fruchtbare Land bot beste Voraussetzungen für reiche Landwirtschaft und dadurch für die Freistellung von Arbeitern für Handwerk, Städtebau und Kunst. So finden wir in diesem Gebiet die altorientalischen Stadtstaaten und die großen Reiche der Sumerer, Akkader, (Alt-)Babylonier und Assyrer.

Diese Reiche hatten eine unmittelbare Auswirkung auch auf den kannanäischen Raum am Mittelmeer. Vom Zweistromland aus nämlich erstreckt sich fruchtbares Land für Bauern und Hirten in einem weiten Bogen über den nordsyrischen Bereich, die Landschaft Phönizien bis nach Kanaan – der »Fruchtbare Halbmond« (vgl. Karte) genannt. Die alten Erzählungen der Bibel von den Vätern und Müttern, von Abraham, Isaak und Jakob sind vor dem Hintergrund dieser Kulturen des Zweistromlandes zu lesen, der mächtigen Reiche und ihrer Bräuche, Sitten und auch Religionen.

– **Sumerer:** Von etwa 3000 bis 2500 schufen die Sumerer die erste altorientalische Hochkultur mit Eridu, später Uruk und Akkad als kulturellem und politischem Mittelpunkt. Sie legten das Schwemmland der Flüsse trocken und schufen ein Bewässerungssystem, das zu reichen Ernten führte. Stadtstaaten mit einer hierarchisch geordneten Bevölkerung entstanden mit Stadtkönigen an der Spitze. Die Sumerer ent-

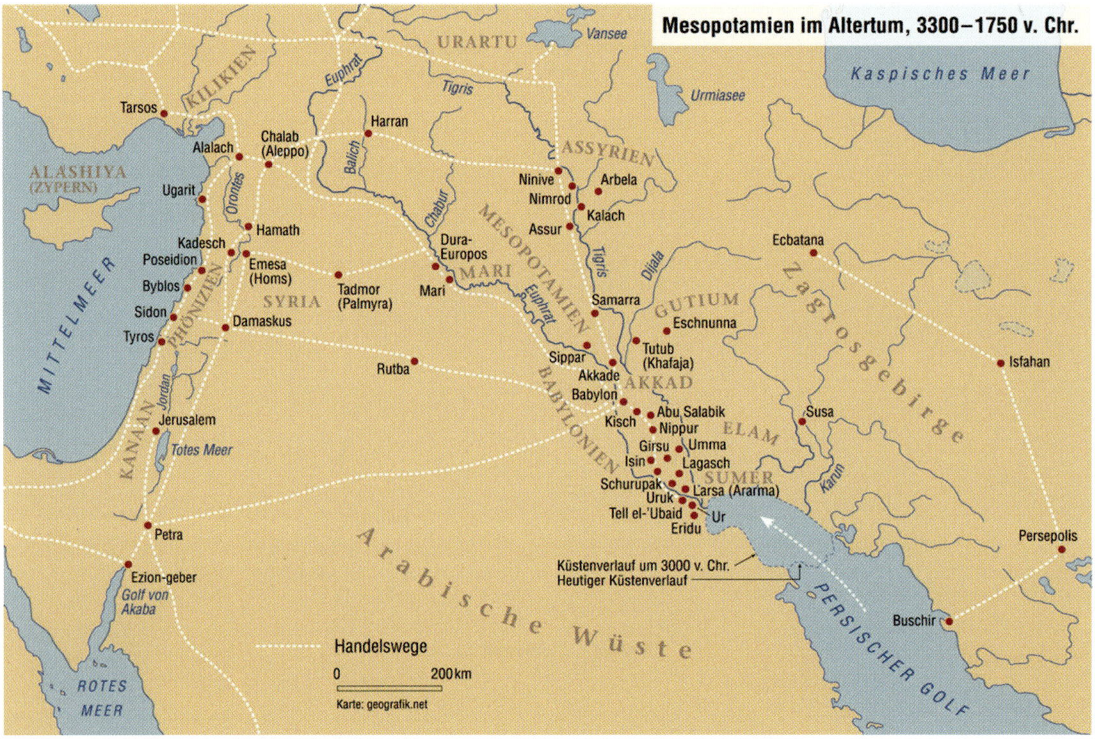

wickelten die Keilschrift. Sie kannten eine Fülle von Göttern, die man auf vergöttlichte Naturphänomene zurückführen kann; die Götter treten anthropomorph, menschenähnlich auf (vgl. etwa Gen 2) und sind nicht ewig.

Beter aus Eschnunna, sumerisch, ca. 3 000–2 500 v. Chr.

– **Akkader:** Ab 2600 drangen akkadisch-semitische Stämme in das Gebiet der sumerischen Stadtstaaten ein. König Sargon gründete die Stadt Akkad (Lage unbekannt) als Hauptstadt des akkadischen Reiches und einte die Stadtstaaten zu einem einheitlichen Reich (um 2350 v. Chr.). Dies geschah vor allem durch eine Vergöttlichung des Königtums, durch die der König unbedingte Macht erhielt.

– **Gutäer:** Das aus dem Norden kommende Bergvolk der Gutäer löste mit dem Reich Gutum für etwa einhundert Jahre die akkadische Herrschaft ab. Danach folgten weitere semitische Völker, auch entstanden wieder sumerische Stadtstaaten.

– **Babylonier:** Es folgte das altbabylonische Reich (19.–16. Jahrhundert v. Chr., s.u.) mit seiner Hauptstadt Babylon (biblisch Babel).

– **Assyrer:** Vgl. Seite 37.

Hammurapi (Hammurabi) regierte als König von (Alt-)Babylonien und regierte von 1728–1686 v. Chr. in Babylon: Er war einer der bedeutendsten Herrscher der alten Zeit und schuf ein ganz Mesopotamien umfassendes altbabylonisches Reich. Bekannt wurde er vor allem dadurch, dass er das Straf-, Zivil- und Handelsrecht Babyloniens überarbeitete und zusammenfasste. Dieser Codex Hammurapi wurde in altbabylonischer Keilschrift in eine Säule gemeißelt, die erhalten ist. Es ist die älteste Gesetzessammlung der Welt. Es war Sache des Herrschers, Recht zu sprechen und Rechtssatzungen zu fassen. Dabei verstand man den König als Stellvertreter Gottes (der Götter), der die göttliche Ordnung durch seine Gesetze auf Erden durchzusetzen hatte. Solche Auffassungen gab es im ganzen Orient, auch Israel blieb davon nicht unberührt – seine Führer und Könige haben ihren Auftrag von Gott.

Stele mit dem Codex Hammurapi (Original in Paris, Kopie in Teheran)

Ägypten – das Reich am Nil

Das fruchtbare Land am Nil war schon ab dem 6. Jahrtausend v. Chr. von Bauern, Fischern und Viehzüchtern besiedelt. Um 4000 v. Chr. entstanden die ersten Städte, ab dieser Zeit gibt es auch schriftliche Zeugnisse in Hieroglyphenschrift. Ab 3000 v. Chr. entwickelten sich Herrscherdynastien, die in Ägypten bis zur griechisch-römischen Zeit gezählt werden. Das **Alte Reich** (2680–2190) umfasst die 3. bis 6. Dynastie. Es ist die Zeit, in der die Pyramiden als Grabstätten der gottgleichen Pharaonen und zugleich als kosmisches Symbol des Himmelsaufstieges im Jenseits entstehen. Die Pyramiden des Cheops, des Chephren und des Mykerinos beim heutigen Kairo sind dabei die bekanntesten. Es gab im Alten Reich eine zentrale Verwaltung, der Handel blühte.

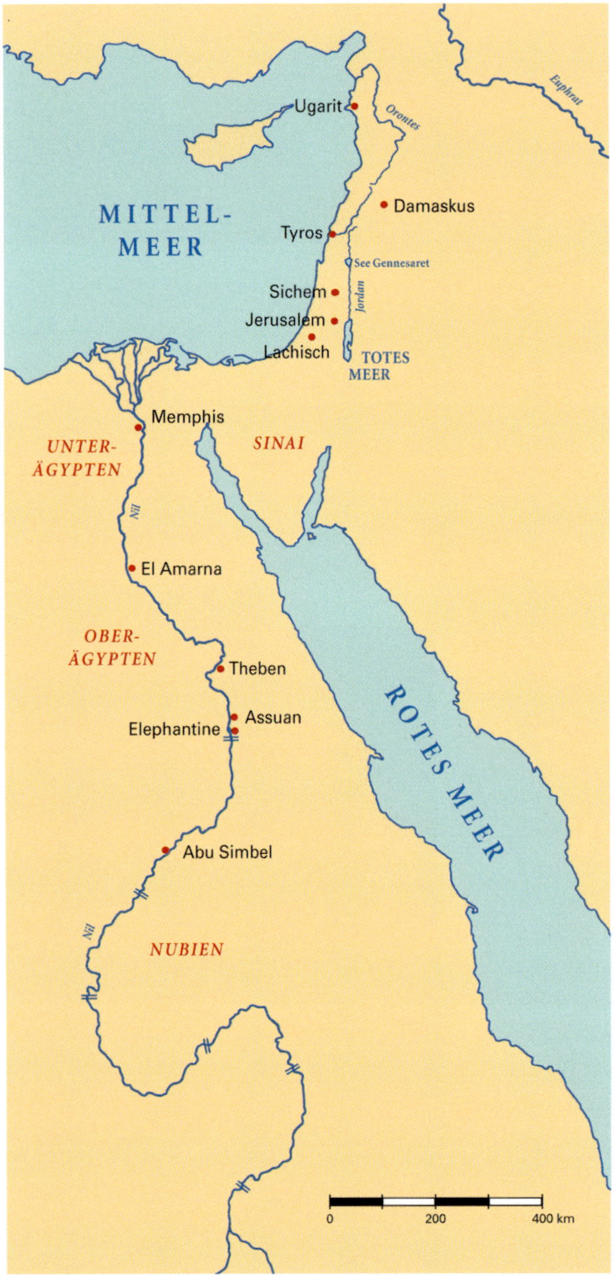

Nach einer Zwischenzeit mit Hungersnöten und Kriegen entwickelte sich das **Mittlere Reich** (2119–1793, 11.–13. Dynastie) zu einer neuen Blütezeit Ägyptens. Nun wird Theben zum politischen, geistigen und religiösen Zentrum des Landes. In einer zweiten Zwischenzeit vom 17.–15. Jahrhundert v. Chr. drangen westsemitische Stämme aus Syrien und Palästina, Hyskos genannt, in das Nildelta Ägyptens ein und übernahmen die Herrschaft über das Land (15. Dynastie).

Die klassische Blütezeit Ägyptens ist das **Neue Reich** (1550–1070, 18.–20. Dynastie). In dieser Zeit regierten die großen Pharaonen Thutmosis, Amenophis IV. (Echnaton), Tutanchamun, in der 19. Dynastie dann Ramses I., Sethos I. und vor allem Ramses II. (1279–1213). Das ist die Zeit des klassischen Ägyptens mit vielen großartigen Bauwerken: Tempelanlagen, Palästen und Grabstätten – eine Hochkultur.

Nach einer Zwischenzeit führt die **Spätzeit** (664–332) hin zur Besetzung Ägyptens durch Alexander den Großen und der nachfolgenden Herrschaft der hellenistisch ausgerichteten Ptolomäer (332–30). Von 30 v. Chr. bis 324 n. Chr. wird Ägypten von den Römern beherrscht.

Ägypten teilt sich in Unterägypten mit dem Nildelta und dem Unterlauf des Nils und Oberägypten. Der Pharao herrschte über beide Teile Ägyptens und trug entsprechend eine Doppelkrone.

Ramses II. hält Gefangene fest – der Pharao war weltlicher und geistlicher Herrscher

Die Kultur Ägyptens war und ist geprägt vom Nil. Der 6671 Kilometer lange Fluss entspringt in Zentralafrika, durchquert die nubische Wüste; sein unterer Teil bildet von Abu Simbel an (dem heutigen Assuan-Staudamm) das Kernland Ägyptens, seine Lebensader bis zum 24 000 km² großen Nildelta. Im Jahresverlauf führt der Nil unterschiedliche Wassermengen mit sich. Das Jahr ist dreigeteilt: Überschwemmung, Aussaat und Ernte. Das Hochwasser im Sommer führt fruchbaren Schlamm mit und ist für die Landwirtschaft im Niltal unersetzlich. Deshalb brachten die alten Ägypter dem Nil religiöse Verehrung entgegen. In jedem Tempel gab es ein Nilometer, das die Höhe der Flut aufzeichnete und so Angaben über reiche oder geringe Ernte ermöglichte. Der Nil wurde als Gott Hapi verehrt, als »Amme des ganzen Landes«.

Grundlage für den Wohlstand und die Hochkultur des Landes waren die Bauern und Fischer entlang des Nils. Sie erwirtschafteten so reichlich Nahrung, dass viele andere Menschen von der Arbeit der Nahrungsversorgung freigestellt werden konnten und zu Handwerkern ausgebildet wurden. Dabei ging es zum einen um Handwerker für den täglichen Bedarf wie Zimmermann, Weber, Schmied, dann aber zunehmend auch um Steinmetze und Maler für Kunsthandwerk und Prunkbauten.

Das zentral geführte Ägypten wurde von einer Beamtenhierarchie verwaltet. An der Spitze des Staatswesens stand der **Pharao** (ägyptisch »peraa« = »großes Haus«). Er wurde als Gott auf Erden angesehen, sein Amt wurde ihm von den Göttern übergeben; nach seinem Tod ging er im Jenseits zu den Göttern. Das sakrale Königtum des Pharao (weltlicher und geistlicher Herrscher) hat die Kultur und die Religion Ägyptens entscheidend geprägt. Im Tempelkult war er der oberste Priester, in der Welt stand ihm die absolute Herrschaft über alles Leben zu. Unter dem Pharao stand der Wesir und eine genau gestufte Beamtenschaft. Es gab Ortsvorsteher und Bürgermeister, Polizeivorsteher, Verwalter und Schreiber.

Die Priester an den vielen Tempeln bildeten eine eigene und mächtige Gruppe. Der Kult für die Götter, für den Pharao und die Verehrung der Toten nämlich gehörte unverzichtbar zum täglichen Leben im alten Ägypten. In einigen Tempelfunkti-

Ägyptische Grabsäule: Eine Verstorbene tritt vor den mit der Doppelkrone Ägyptens gekrönten Schöpfergott Atum. Über ihnen wölbt sich die Himmelgöttin Nut mit Sonne und Sternen.

onen waren auch Frauen tätig. Nach außen hin zeigte sich das Tempelleben besonders in den Tempelfesten und den Umzügen mit den Gottesbildern, die gekleidet und gesalbt wurden.

Leben und Glauben der Ägypter waren eng miteinander verbunden, das Diesseits des täglichen Lebens und das **Jenseits der Toten** waren miteinander verknüpft. So richtete sich das Diesseits darauf aus, ein gutes Leben im Jenseits zu erlangen. Dieser Glaube ist die Grundlage für den Totenkult der Ägypter und für den Brauch der Mumifizierung der Toten.

Wenn man im Jenseits leben wollte, musste der Körper eines Verstorbenen unversehrt erhalten bleiben. Der Körper verblieb zwar im diesseitigen Grab, aber die beiden Teile der menschlichen Seele, Ba und Ka, gehen ins Jenseits ein, sind aber vom Erhaltungsstand des Körpers im Grab abhängig. Durch die Mumifizierung kann Ka, die unpersönliche Seele (in etwa eine geistige Lebenskraft) länger im Jenseits leben. Die persönliche, individuelle Seele Ba allerdings lebt im Jenseits nur dann als wahres Selbst eines Menschen weiter, wenn er im Leben zu sich selbst gefunden und sich entsprechend auf die geistige Welt vorbereitet hat.

Die Mumifizierung eines Leichnams sollte den Körper zu einem Bindeglied zwischen dieser Welt der Lebenden und der jenseitigen Welt der Toten werden lassen. Deshalb versuchte man (allerdings nur bei Mächtigen und Reichen), der Verwesung des Körpers mit einem ausgeklügelten System entgegenzuwirken: Gehirn und innere Organe wurden entnommen und mit Natronsalz (Soda, ein Salzmineral) in besonderen Gefäßen (Kanopen) aufbewahrt. Der Körper wurde ebenso in Natronsalz gelegt, um ihm Flüssigkeit zu entziehen, dann mit Kräutern, Salben und Erdpech gefüllt. Vom arabischen Namen für Erdpech ist das Wort Mumie abgeleitet. In Binden eingewickelt und mit einer goldenen Maske versehen wurde der Verstorbene dann in einem oder mehreren Särgen in einer Grabanlage bestattet.

Eine besondere Verehrung erfuhr der Leichnam eines Pharao. Dies lag daran, dass man den Aufstieg des Pharaos, des »gottähnlichen Herrschers« Ägyptens, ins Jenseits als Voraussetzung für die Weiterexistenz alles Lebenden im Diesseits verstand. Von einer sorgfältigen Mumifizierung des Pharao und seiner würdigen Beisetzung in Grabanlagen (etwa Pyramiden oder in den Königsgräbern im Tal der Könige) hing also das Wohlergehen des Landes ab.

Im Tod gelangt die Ba eines Menschen zum Totengericht des Gottes **Osiris**, des Herrn über die Unterwelt und die Toten. Wie man in diesem Gericht bestehen und so als Person fortleben kann, beschreibt das Ägyptische Totenbuch.

Diesseits und Jenseits sind miteinander verknüpft, ebenso die Götter- und Menschenwelt. Das Göttliche durchdringt in vielerlei Erscheinungsformen die Welt und ermöglicht den Aufbau einer Kultur, ermöglicht ihm gelingendes Leben (anch).

Wenn man sich mit dem Alten Ägypten beschäftigt, so fallen die vielen unterschiedlichen Gottheiten auf, die menschenähnlich, tierähnlich oder als Mischwesen dargestellt werden. Doch die Darstellung als Statue oder Bild ist nur eine äußerliche Bezeichnung der dahinterstehenden und geheimnisvollen Gottheit, einer Götterwelt, die sich dem Menschen in unfassbarer Vielfalt zuwendet – über 1500 Götter sind bekannt. Allerdings sind diese nicht alle parallel zu sehen, sondern zu unterschiedlichen Zeiten und in verschiedenen Regionen werden auch verschiedene Götter verehrt.

Aus der großen Zahl der Götter, die oft in Gruppen einander zugeordnet sind, sollen hier nur einige wenige, dem Alten Reich zugeordnete als Beispiel genannt werden. Da ist der Schöpfergott **Atum**, der Selbsterstandene, der zwei Kinder, Schu (Luft) und Tefnut (Feuchtigkeit) aus sich hervorbringt. Dieses erste Paar bringt dann das Götterpaar Geb (Erde) und Nut (Himmel) zur Welt und diese vier bedeutende weitere Götter: die Unterweltsgottheit **Osiris** mit seiner Gemahlin **Isis** und Seth, den Gott des Chaos und des Bösen mit seiner Frau Nephthys. Von Osiris und Isis stammt **Horus** ab.

Die Verehrung der Götter erfolgte vor allem durch einen staatlich subventionierten Kult an den großen Tempelanlagen besonders in Memphis, Theben und Luxor. Der Tempel wird als Haus der Götter angesehen; der Tempeldienst dient der Stärkung der Götter, die dadurch in die Lage versetzt werden, nun selber zum Wohle der Menschen tätig zu werden. So ist die Betreuung der Götter im Kult unersetzlich für das Leben der Menschen. Dazu gehören alltägliche Rituale ebenso wie große Feste mit Prozessionen, bei denen die Götterstatuen geschmückt und mitgeführt werden. Oberster Priester ist der Pharao, der besondere Verantwortung für die Harmonie von Göttern und Menschen trägt.

Israel steht zum Leben und Glauben Ägyptens vor allem dadurch in Beziehung, dass es sich dreifach gegen ägyptische Vorstellungen absetzt: Zum einen protestiert es zunehmend gegen eine Vielzahl von Göttern und bekennt sich zu dem einen (und später als einzigen verstandenen) Gott Jahwe. Zum anderen lehnt es Götterbilder ab und schließlich auch eine Vergöttlichung von weltlichen Herrschern.

Der Pharao Echnaton und seine Frau Nofretete verehren den Sonnengott Aton

Kulturen um Israel – Libanon, Assur, Ammon, Moab, Edom

Israels Lage führte zu Auseinandersetzungen, aber auch zum kulturellen Austausch mit umliegenden Völkern. Dies waren im Norden die Phönizier im Libanon, im Nordosten die Assyrer im nördlichen Mesopotamien, im Osten Ammoniter, Moabiter und Edomiter und im Süden Ägypten.

Gleich wie die die Eroberung Palästinas durch die hebräischen Stämme (Landnahme) vor sich ging (das Buch Josua ist eine legendenhafte Ausschmückung eines lange dauernden Prozesses der Einwanderung), es ging darum, dass eine nomadisch geprägte Hirtenkultur auf eine bodenständige Bauernkultur traf. Dies hatte nicht nur Auswirkungen auf die Lebensform der Immigranten, die zunehmend die fremde Kultur übernahmen, sondern auch auf ihre Religion: Blickten die Nomaden in Wüste und Steppe zum Himmel auf, wo sie den einen Gott als jenseitig und machtvoll verstanden, so waren die Bauernkulturen im fruchtbaren Land von Vegetations-, Wetter- und Fruchtbarkeitsgöttern geprägt. Hier gab es Götter wie den Wettergott Baal und Mutter- und Fruchtbarkeitsgöttinnen wie die kanaanäische Astarte oder Aschera. Solche Gottheiten übten eine große Anziehungskraft auf die Stämme Israels aus; eine synkretistische Mischung aus Jahweglauben und Verehrung der ursprünglichen Götter und Göttinen war die Folge. Die Kritik der Propheten (besonders Elija) richtete sich gegen eine solche Verfälschung des Jahweglaubens.

Das Buch Richter und die Bücher Samuels und der Könige machen die Auseinandersetzung mit den umliegenden Kulturen deutlich.

– **Libanon:** Die Phönizier besiedelten die Küste unterhalb des Libanongebirges um die Städte Tyros und Sidon und südlich bis hin zum Karmelgebirge ab 3000 v. Chr.; um 1200 v. Chr. wurden sie vom bis dahin vorherrschenden Ägypten unabhängig. Das Reich bestand aus einem Verbund von Stadtstaaten, bei denen Sidon, Tyrus, Byblos und Ugarit besonders wichtig waren. Die Phönizier lebten vom Handel, den sie mit ihren Schiffen im ganzen Mittelmeerraum trieben (Karthago war phönizische Kolonie). Zur Zeit Davids, aber auch der nachfolgenden Könige gab es gute Beziehungen zwischen den Stadtstaaten des Libanon und Israel. Doch der Druck der Assyrer beendete dies, 854 geriet Tyros unter assyrische Herrschaft, 722 das Nordreich Israel. Religiös verehrten die Phönizier auf den Bergen Baal als Wettergott, dazu Stadtgötter in Stadttempeln. Die größte kulturelle Tat der Phönizier ist die Erfindung des Alphabets, von dem die hebräische wie die griechische (und damit die moderne europäische Schrift) abhängt.

– **Assyrer:** Assyrien mit seiner Hauptstadt Assur am Tigris umfasst die nördlichen Teile des Fruchtbaren Halbmonds, also den heutigen Nordirak und Syrien. Seit dem 19. Jahrhundert v. Chr. hatte es verschiedene assyrische Reiche gegeben, die vor allem im Streit mit Babylon lagen. Im 9. Jahrhundert v. Chr. (Assurnibal II.) wurde das neuassyrische Reich zur bestimmenden Macht im Vorderen Orient. Babylon kam unter assyrische Vorherrschaft, Assur drang bis zum Mittelmeer (Tyros) und bis nach Israel (722 Zerstörung des Nordreiches durch Salmanassar V.) vor. 614 konnte sich Babylonien erneut gegen Assur durchsetzen.

– **Ammoniter:** Ein aramäischer Stamm, der im Ostjordanland am Fluss Jabok siedelte, und der nach der Bibel Lot als Stammvater haben soll und damit mit Israel verwandt wäre. Saul und David führten Krieg gegen Ammon und seine Hauptstadt Rabba, David macht sich zum König über dieses Land.

– **Moabiter:** Auch für die Moabiter gilt Lot als Stammvater (Gen 19,30–37). Moabiter siedelten ab dem 13. Jahrhundert v. Chr. auf der fruchtbaren Hochebene des Ostjordanlandes östlich des Toten Meeres. Die Moabiter gingen später in den Nabatäern auf.

– **Edomiter:** Semitisches Volk mit polytheistischem Glauben, das biblisch auf Esau, den Zwillingsbruder Jakobs, zurückgeführt wird, später Idumäer genannt.

Blitze schleudernder Baal,
Ugarit, 16. Jh. v. Chr.

Baal: (phönizisch »der Herr«) Westsemitischer, in Kanaan und Phönizien verehrter Wettergott, Herr damit auch über die Fruchtbarkeit des Landes. Nach ugaritischen Mythen hatte Baal den Meeresgott besiegt und wurde dadurch zum Herrn des Landes am Meer. Oft wurde Baal in Stierform (Fruchtbarkeit) verehrt. Auf Israel in der Vorkönigs- und Königzeit übte die Baalsverehrung große Anziehungskraft aus.
Auch viele Könige Israels förderten den Baalskult. Dies war Teil eines Prozesses, wie die Nomadenkultur sich in eine bäuerliche Kultur verwandelte.

Das Reich Davids und Salomos – Israel in seiner größten Ausdehnung

Das **Land Israel** ist für die Israeliten durch die Geschichte hindurch und für Juden heute mehr als nur einen geografischen Begriff. Das Land ist Gottesgeschenk, dem Volk bei der Landnahme von Gott übergeben und deshalb heiliges Land. Diese Vorstellung erkärt vieles in der Geschichte Israels und in der Politik des Staates Israel heute. Das Land – und zwar meist verstanden als Gesamtgebiet bis zum Jordan oder noch größer in Erinnerung an das Reich Davids – ist Eigentum des Volkes Israels.

rechts: König David mit Musikanten, Cotton-Psalter, England, 8. Jh.

Israel und die umliegenden Kulturen stehen in einer Wechselbeziehung: Israel hat im politischen, wirtschaftlichen und religiösen Bereich viel von den Nachbarvölkern übernommen. Einflüsse vom Zweistromland, von Ägypten, von den Völkern rund um das Land prägten Geschichte und Kultur des Landes. Israel stand im Schnittpunkt unterschiedlicher Strömungen und Mächte. Die Beziehung zwischen Israel und den umliegenden Ländern ist nur als einseitige Einflussnahme zu deuten. Dem ist auch so – allerdings mit einer Ausnahme:

In der Zeit der beiden Könige **David** und **Salomo** erreichte Israel den Erzählungen der Bibel nach seine größte Ausdehnung und ging weit über das Gebiet des Zwölfstämmeverbandes hinaus. Die Nachbarländer Edom, Moab und Ammon wurden erobert und tributpflichtig; im Nordosten wurde das Reich Aram teilweise erobert. Allein Phönizien und das Gebiet der Philister um Gaza blieben unabhängig. Israel wurde zu einer einflussreichen Macht im Vorderen Orient. Archäologische Untersuchungen beurteilen das Reich Davids allerdings anders, kleiner und eingeschränkter.

Dies währte nur etwa 60–80 Jahre. Nach dem Tod Salomos zerfiel das Reich (vgl. Seite 40). Dennoch bleibt das Königreich David bis heute bestimmend für das Denken und Handeln Israels. Von ihm aus empfand man sich nicht wie so oft sonst als »Spielball« in der Hand ausländischer Groß- und Mittelmächte, sondern als eigenständig handelnder Staat. Weil das Königtum Davids und Salomo als Geschenk Gottes verstanden wurde, wurde auch das Land theologisch gedeutet: »Wen der Herr segnet, der wird das Land besitzen« (Psalm 37,22).

ETHAN·
sps scs

Israel und Juda: Mischkulturen – Aram

Die unterschiedlichen Stämme Israels (der Tradition nach zwölf nach den zwölf Söhnen Jakobs) waren durch die Könige Saul, David und Salomo zu einer staatlichen Einheit zusammengefasst worden, besaßen aber weiterhin so viel Eigenständigkeit, dass das Großreich Israel nach dem Tod Salomos zerfiel. Als Salomos Sohn **Rehabeam** auf einer Volksversammlung in Sichem nach altem Brauch zum König gewählt werden sollte (1 Kön 12), erregte seine harsche Art den Widerstand der zehn nördlichen Stämme, die sich fragten: »Was haben wir mit der Familie Davids zu schaffen?« Das Reich zerbrach um 920 v. Chr., die zehn Nordstämme bildeten das Reich Israel, die beiden Südstämme das Reich Juda.

So schildert es die Bibel. Doch archäologische Untersuchungen zeigen, dass dies eine theologische Sicht der Bibel aus späterer Zeit ist (der Zeit des deuteronomistischen Geschichtswerks [König Joschijas von Juda, 641–609 v. Chr.]). Wahrscheinlicher ist, dass Davids Einfluss auf das Gebiet um Jerusalem (seine Stadt) beschränkt war und den Norden (Israel) nicht erreichte. Dort lebten Israeliten vermischt mit anderen Völkern. Und dort waren die Einflüsse der umliegenden Völker und Kulturen immer stark gewesen, die Götterkulte Kanaans hatten Zugang selbst bis in die herrschenden Schichten.

Im 9. und 8. Jahrhundert verstärkte sich der Unterschied zwischen den Reichen. Das **Nordreich Israel** hatte bessere wirtschaftliche Bedingungen vor allem durch die fruchtbare Ebene Jesreel und wuchs zu einem einflussreichen Königreich heran. Das **Südreich Juda** dagegen blieb schwach und wirtschaftlich unbedeutend (steiniges Bergland). Auch hier gab es Fremdkulte »auf den Höhen«. Insgesamt aber nahm man eher im Nordreich Rücksicht auf die religiösen Vorstellungen und Bräuche der kannaanäischen Bevölkerung. In beiden Reichen kam es zu einer Auseinandersetzung zwischen dem Jahweglauben, der besonders von den Propheten gefordert wurde, und dem Glauben an die verschiedenen Götter Kanaans.

Unter solchen Göttern der Urbevölkerung ragen zwei heraus:

Baal und Aschera. **Baal** war der Wettergott, der Gott des Gewitters, des Regens, damit auch der Landwirtschaft und der Fruchtbarkeit und reichen Ernte. Er zeigte sich aber auch als mächtiger Herr (»Baal« = »Herr«), der über das Land bestimmt. Der König erhielt nach kanaanäischem Glauben von ihm her seine Macht.

König Omri des Nordreiches kaufte 887 einen strategisch günstigen Berg und baute dort Festung und Stadt Samaria. Das Foto zeigt Mauerreste der Festung, dahinter das samaritische Bergland.

Aschera war eine Fruchtbarkeitsgöttin und Muttergottheit, deren Kultorte mit Quellen (Wasser des Lebens) und Bäumen (Verbindung Himmel – Erde) verbunden waren. Die Ernte wie der Kindersegen kamen von Aschera und anderen Fruchtbarkeitsgöttern – für Bauern war die Ascheraverehrung unerlässlich.

Dem stand die **Verehrung Jahwes** entgegen, eines »eifernden Gottes«, der einen unbedingten Anspruch erhebt und der sich im Sinaibund gegen die Verehrung anderer Götter wendet (vgl. die Erzählung vom Goldenen Kalb, Ex 32). Wahrscheinlich ist in der späteren Endredaktion des Buches Exodus viel von der prophetischen Kritik der Königszeit gegen andere Kulte in die Zeit des Wüstenzuges rückprojiziert worden. Das Goldene Kalb könnte so in Zusammenhang mit dem Stierkult des Baal stehen. Erzählerisch kommt die Auseinandersetzung zwischen den Kulten besonders in der Prophetenerzählung von Elija und den Baalspriestern auf dem Berg Karmel zum Ausdruck (1 Kön 18) – doch dies ist nur ein Beispiel. In der Zeit vom 9. bis 6 Jahrhundert (Exil) sind Israel und Juda geprägt von einem Mischkult und je neuen Auseinandersetzungen zwischen dem Jahweglauben und dem Glauben an andere Götter.

Zu einem einheitlichen Glauben an Jahwe allein gelangt Juda erst nach der Zerstörung Jerusalems und dem Exil (Israel gab es seit 722 nicht mehr). In der Neubesinnung des Exils auf das Bekenntnis zu dem einen und einzigen Gott Jahwe geschieht die von den Propheten geforderte Konzentration der Religion Israels.

Aram: Aramäische Nomadenstämme wandern im 2. Jahrtausend in das Gebiet des Fruchtbaren Halbmonds ein. So führt sich auch Israel auf Aramäer zurück (vgl. Dtn 26,5. »Mein Vater war ein umherirrender Aramäer«). Als sich das Hethiterreich um 1200 vor Christus auflöste, entstanden aramäische Kleinstaaten im Gebiet des heutigen Syrien mit Damaskus als wichtigster Stadt. David unterwarf diese Stadtstaaten, doch schon unter Salomon gewannen sie ihre Unabhängigkeit wieder und vereinten sich zu einem Reich, das in der Folge zu einer beständigen Bedrohung für das Nordreich Israel wurde, bis es selbst durch den Ansturm des neuassyrischen Reiches zerbrach (Eroberung 732 Aram, 722 Nordreich Israel). – Die aramäische Sprache gehört zur semitischen Sprachgruppe und wurde über die aramäischen Kleinstaaten hinaus zur Reichssprache in Persien und zur Umgangssprache des Vorderen Orients bis zur Zeit Jesu.

Mesopotamien – das neubabylonische Reich

722/21 fiel das Nordreich Israel unter dem assyrischen Ansturm, Samaria wurde zerstört. Der assyrische König Sanherib bedrohte daraufhin auch den Südstaat Juda und Jerusalem, musste aber abziehen, ohne die Stadt zu erobern. Von ihrem Glauben her führten die Juden diese Rettung auf das Eingreifen Gottes zurück (Jes 37,29).

Doch die Gefahr war nur für ein Jahrhundert gebannt. Dann kam eine neue (alte) Macht auf: **Babylonien**. Zusammen mit dem verbündeten Volk der Meder wurden 614–612 Assur und Ninive zerstört, das assyrische Reich zerbrach und Babylon wurde zum Herrscher über den Fruchtbaren Halbmond.

Juda mit Jerusalem lag nun zwischen den beiden Großmächten Ägypten und Babylonien. Der jüdische König Zidkija (597–586) spielte ein riskantes Spiel und setzte auf Ägypten. Doch die Ägypter blieben fern, der babylonische König Nebukadnezar allerdings kam 588 mit seinem Heer nach Jerusalem und belagerte die Stadt 18 Monate lang, bevor er sie 587 erobern konnte (2 Kön 25). Nebukadnezar nahm grausame Rache an Juda: Die Königsfamilie wurde getötet, König Zidkija geblendet nach Babylon gebracht, Jerusalem zerstört. Mehr noch: Die jüdische Oberschicht und die Handwerker aus Jerusalem mussten sich ebenfalls auf den langen Weg ins Exil machen.

Diesen Weg durch den Fruchtbaren Halbmond waren Terach und Abraham tausend Jahre vorher in umgekehrter Richtung gegangen. Abraham war auf Gottes Anweisung in ein neues Land gezogen, in ein Land, das er von Gott zugesprochen bekam. Für den jüdischen Glauben ging es deshalb beim Weg ins Exil nicht allein um die Zerstörung der Stadt Jerusalem und des Tempels, auch nicht allein um das persönliche Schicksal der Exilierten, sondern vor allem um die grundsätzliche Frage: Hat unser Gott Jahwe seine Zusage an Abraham, aber auch an Mose (Landnahme) zurückgenommen? Oder

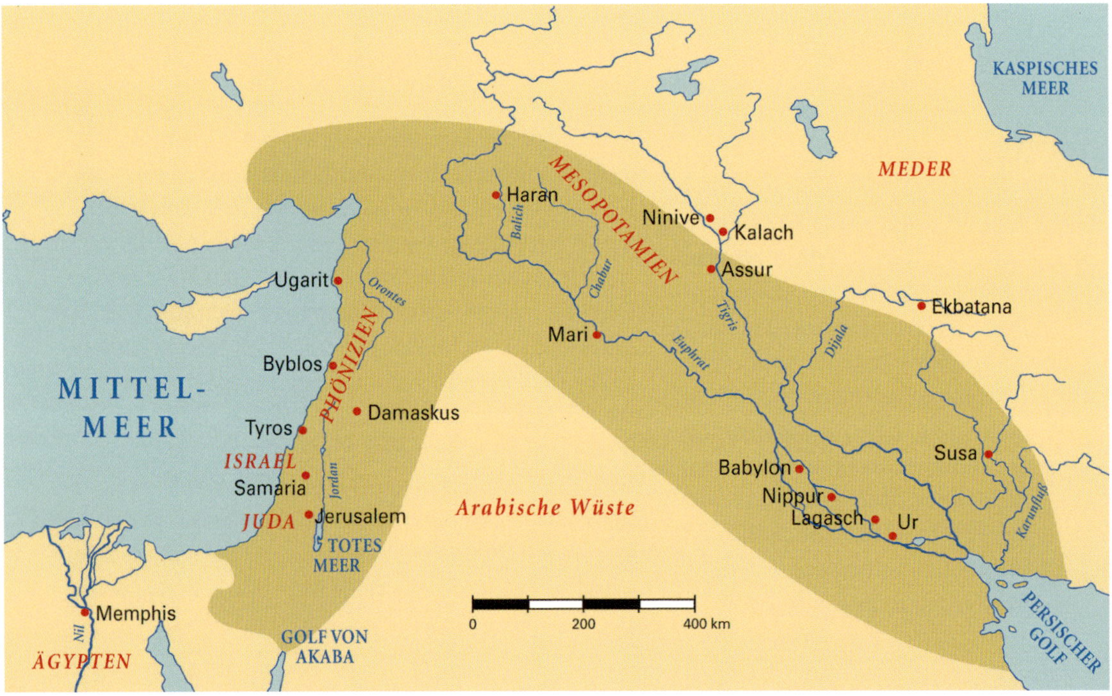

ist er im Vergleich zu den babylonischen Göttern einfach nicht mächtig genug? Sind die babylonischen Götter, deren prachtvolle Tempelgebäude und Kultstatuen die Juden in Babylon sehen konnten, letztlich die Sieger?

Babylon ist heute keine Stadt mehr, sondern allein ein großes Ausgrabungsfeld. Mitten in diesem Feld befindet sich ein großer Steinlöwe, der einen Menschen niedergestreckt hat und triumphierend den Kopf erhebt – ein Sinnbild für das babylonische Reich, das in kurzer Zeit ein weites Gebiet eroberte und viele Völker, darunter Israel, unterdrückte und in die Gefangenschaft führte.

Die Priester des Jerusalemer Tempels dürften wohl mit zur exilierten Oberschicht gehört haben. Ihnen kam in der Folge eine wesentliche Aufgabe zu: Sie mussten den jüdischen Glauben neu aussagen in eine veränderte Zeitsituation hinein. Sie mussten die alten, bereits bestehenden Schriften über Jahwes Zuwendung zu seinem Volk neu lesen und deuten und auch neu fassen (Priesterschrift, vgl. Seite 117). Sie mussten in der Auseinandersetzung mit babylonischen Kulten zu neuen Antworten kommen, zu einer neuen Geschichtstheologie, die auch das Exil verständlich machte. Und vor allem: Sie mussten dem Volk, das »an den Ufern des Euphrat saß und weinte« (Ps 137,1) Mut und Hoffnung, eine Zukunftsperspektive geben.

Sie lösten diese Aufgabe, setzten sich in einer Neubesinnung ihres Glaubens von den mesopotamischen Gottesvorstellungen ab und entwickelten ein strenges Gottesbild von einem Gott, der einen Bund mit seinem Volk geschlossen hat, die Übertretung dieses Bundes mit Leid (Krieg, Zerstörung, Exil) ahndet. Dieser Gott ist Herr der Welt – es gibt also keine Gestirnsgottheiten wie in Babylon, sondern selbst Sonne, Mond und Sterne sind das Werk seiner Hände. Dieser Gott ist aber vor allem ein Gott, der in der Geschichte wirkt und auf den man deshalb auch im Exil vertrauen kann.

Die Götterwelt Babylons:
Oberster Gott war Marduk, der Stadt- und Reichsgott von Babylon, der frühere, teilweise aus sumerischer Zeit stammende Himmelgötter wie Anu abgelöst und eine Vorherrschaft über alle anderen Götter gewonnen hatte. Marduk bedeutet sumerisch »Jungstier des Sonnengottes«, er wird König von Babylon genannt. Neben ihm gab es eine Fülle von Göttern im Himmel und in der Unterwelt. Die Fruchtbarkeits- und Liebesgöttin Ischtar (auch Inanna) ist die bekannteste. Sie war auch zuständig für Krieg und Frieden und für die Heilkunst. Damit war sie die Herrin über die Weiblichkeit und die Männlichkeit, vereinte unterschiedliche Aspekte in sich. Die Götter, darunter viele Gestirnsgottheiten blickten auf die Menschen herab, verhielten sich aber untereinander menschlich mit Liebe und Kampf. Der König wurde in Babylon nicht nur als Kriegsherr, sondern auch als oberster Priester, als Priesterkönig, verstanden, der durch rituelle Handlungen in den Tempeln der Hauptgötter dem Land Erfolg und Wohlstand verschaffte.

Persien – die neue Großmacht

Persepolis, Tor der Völker – 518 gründete Darius der Große die neue Königs- und Residenzstadt Parseh (griechisch Persepolis = Stadt der Perser). Auf einer großen Terrasse wurden gewaltige Paläste gebaut.

Persepolis, Iran, Relief im Apadana, dem Empfangspalast der achämenidischen Herrscher (gebaut unter Darius und Xerxes) – Ein gewaltiger Löwe schlägt einen Stier – ein Sinnbild für die Kraft des persischen Reiches, das in kürzester Zeit seine Nachbarstaaten unterwarf, das Königreich Babylon ablöste, Anatolien und Ägypten unterwarf und sogar Griechenland bedrohte und sich nach Osten hin bis Indien und Baktrien (heute nördliches Afghanistan) ausdehnte.

Das neubabylonische Großreich währte nur kurz, es wurde vom persischen Weltreich der **Achämeniden** (559–330 v. Chr.) abgelöst. Bereits im 7. Jahrhundert hatten sich persische Stämme in der Provinz Fars zusammengeschlossen. Kyros II. (559–530 v. Chr.) einte die Stämme, unterwarf danach die benachbarten Meder. 539 v. Chr. eroberte er Babylon, kurz danach den gesamten Vorderen Orient bis nach Ägypten und Kleinasien. Dutzende Länder waren ihm untertan, auch die Provinz Juda gehörte dazu. So wurde Kyros »König der Länder« genannt.

Ein solch weit ausgedehntes und viele Völker umfassendes Gebiet konnte nicht allein mit militärischer Kraft zusammengehalten werden. Kyros gelang es, durch eine moderate Besatzungspolitik, durch Nichteinmischung in innere Angelegenheiten der einzelnen Völker, vor allem aber durch religiöse Toleranz die Grundlage zu einem über 200 Jahre bestehenden Reich zu legen, das erst durch den vergleichbaren Ansturm Alexanders des Großen zerbrach.

Nutznießer dieser toleranten Politik waren auch die Juden in Babylon. Kyros erlaubte den in Babylon exilierten Juden (der Oberschicht, die von Nebukadnezar verschleppt worden war), in ihre Heimat zurückzukehren und auch die Stadt Jerusalem wieder aufzubauen. Dies war keine gesonderte Behandlung, sondern entsprach der üblichen Besatzungspolitik des Kyros.

Die Juden allerdings sahen in diesem Vorgang **ein Eingreifen Jahwes**. Jahwe nämlich – so die Lehre, die die Priester im Exil aus der Begegnung mit den anderen Göttern in Babylon gezogen hatten – ist nicht einfach der Volksgott Israels/Judas. Vielmehr ist Jahwe der einzige Gott für alle Völker. Die als Götter verehrten Statuen in den babylonischen Tempeln sind »Nichtse«, die letztlich keine Macht haben. Jahwe dagegen ist der Herr der Geschichte und der Herr aller Völker. Er erwählt den Kyros zu seinem Werkzeug, um seinen Heilsplan mit seinem Bundesvolk neu durchzusetzen und zugleich Jerusalem, die heilige Stadt, zum Wallfahrtort für alle Völker zu machen. Der zweite Prophet Jesaja (Deuterojesaja) macht diesen Glauben deutlich, wenn er Kyros als den »Gesalbten« (griechisch »Messias«!) Jahwes bezeichnet (Jes 45,1).

Aus der Katastrophe des babylonischen Exils und der in dieser Zeit erfolgten Besinnung und Neuformulierung jüdischen Glaubens ergibt sich ein völlig neuer Ansatz: Nicht mehr um Vätergeschichten geht es, nicht allein um die Traditionen des Auszugs und der Landnahme, nicht um das Königtum Davids – alles Vorgänge, die allein das Volk Israel betreffen und andere Völker nur als Randfiguren ansehen –, sondern Jahwe wirkt in der Geschichte aller Völker und zeigt sich als machtvoller Herr der Zeiten und Räume. Von da aus gewannen die alten Überlieferungen, die vor allem mündlich, nur teilweise schriftlich weitergegeben wurden, völlig neue Sichtweisen.

Ein Beispiel: Die ältere Schöpfungserzählung in Genesis 2 wurde durch den großen Schöpfungshymnus in Genesis 1 nicht ersetzt, aber ergänzt. Nur konsequent, dass diese neue Sicht zu einer Verschriftlichung und damit unbedingten Festlegung drängte: Die »Priesterschrift« genannte Quelle der Tora entstand, eine Redaktion verknüpfte sie bald mit älteren Quellen. So gesehen entstand das, was wir heute als wesentliche Schriften des Alten Testaments ansehen (vor allem, aber nicht ausschließlich die Tora, die fünf Bücher Mose) aus dem Reflexionsprozess des Exils und der nachfolgenden Zeit.

Über zweihundert Jahre war Juda (zusammen mit Samaria) persische Provinz. Immer wieder klingt in der Bibel die tolerante Politik der Perser an, etwa in den Büchern Esra und Nehemia, die im Rahmen des Chronistischen Geschichtswerks (zusammen mit den Büchern der Chronik, die über die Königszeit berichten) von der heilvollen Wende nach dem babylonischen Exil künden. Auch das deuterokanonische (nicht in der Hebräischen Bibel enthaltene) Buch Ester erzählt einen Vorgang aus persischer Zeit.

Die wichtigste Religion der Perser ist die von Zarathustra (Lebensdaten unbekannt, um 500 v. Chr., teilweise Jahrhunderte früher angesetzt) gegründete Religion des Zoroastrismus. Seine Anhänger werden nach der persischen Provinz Pars/Fars auch Parsen genannt. Die Lehre Zarathustras ist in dem heiligen Buch Avesta, aufgeschrieben, das nur teilweise erhalten ist. Darin verkündet der Religionsgründer die Verehrung des Gottes Ahura Mazda als nunmehr einzigem Gott (vorher bekannte man ein Götterpantheon u.a. mit der Göttin Anahita und dem Gott Mithras). Ahura Mazda ist der allwissende Schöpfer und das unermessliche Licht. Ihm steht Ahriman gegenüber, der Herr des Bösen und der Finsternis. So kommt es zu einem ewigen Kampf zwischen Gut und Böse, zwischen Licht und Finsternis. Der Mensch muss sich entscheiden und sein Leben entsprechend gestalten, er muss richtig denken, sprechen und handeln. Die Religion ist geprägt von einem Feuerkult, in den Tempeln gibt es keine Götterbilder, sondern nur ein ewiges Feuer.

Das Symbol des Zoroastrismus: Ein alter Mann, der Weisheit bedeutet, streckt die Hand nach vorne aus – er muss voranschreiten. Der Ring in seiner Hand bedeutet Macht. Sein (Unter-)Leib ist von einem Ring umgeben: Der Mensch ist durch die zeitliche Eingrenzung seines Lebens belastet, dies muss er durch die Religion überwinden. Die Flügelstreifen sind gutes Denken, gutes Sprechen, gutes Handeln, die den Menschen voranbringen. Das Bild wird oft als Darstellung des Gottes Ahura Mazda gedeutet.

Hellenismus – die Kultur Großgriechenlands

Die Großreiche, von denen Israel/Juda abhängig war oder bedroht wurde, wechselten: Assyrer, Babylonier, Perser und Meder. Im vierten Jahrhundert änderte sich das Bild grundlegend: Waren die fremden Mächte bisher aus dem Nordosten (Mesopotamien) gekommen, so entstand nun eine Macht, die ihre Wurzel auf europäischen Boden hatte: das Reich des Mazedoniers **Alexanders des Großen**.

In rascher Folge eroberte Alexander die Länder des persischen Reiches, ja weitete sein Reich nach Osten hin bis an die Grenze Indiens aus. Seine charismatische Persönlichkeit konnte ein solches Gebiet zusammenhalten, nach seinem frühen Tod mit 33 Jahren gelang das seinen Nachfolgern nicht mehr. Zwei Feldherren übernahmen jeweils einen Teil des Reiches: Ptolemäus I. (ca. 360–283) übernahm als Statthalter, später König (Pharao) Ägypten; auf ihn geht die Dynastie der **Ptolemäer** zurück. Den Vorderen Orient übernahm Seleukos I. (ca. 358–281) als Statthalter von Babylon und später ebenfalls König und Gründer der **Seleukiden**dynastie. Bis zur Übernahme der Macht in diesen Gebieten durch die Römer (1. Jahrhundert v. Chr.) bestimmten die Reiche der Seleukiden und der Ptolemäer über die Völker des Vorderen Orients.

Das gilt auch für Juda mit Jerusalem. Zuerst erlangte es eine relative Unabhängigkeit zwischen den beiden Großmächten. Damit wiederholte sich die Geschichte, wie Israel und Juda früher zum Spielball zwischen Ägypten und Mesopotamien wurden. Erst unter dem Seleukidenkönig Antiochus III. (223–187) setzte sich der Einfluss der nordöstlichen Macht durch: Jerusalem kam 198 v. Chr. unter seleukidische Herrschaft.

Mit Alexander und seinen Nachfolgern in den Reichen der Seleukiden und Ptolemäern kam eine neue Kultur in den Vorderen Orient, also auch nach Juda: der **Hellenismus**. Damit ist ein Gesamtgefüge von griechischer Sprache, Kultur, Philosophie, Kunst und Wissenschaft gemeint. Griechisch wurde Weltsprache, eine Einheitssprache im Mittelmeerraum bis in die römische Zeit. Mathematik und Naturwissenschaft, aber

Alexander der Große: 356 in Griechenland, als Sohn Philipps II. von Makedonien geboren, wurde Alexander vom Philosophen Aristoteles erzogen und gewann so eine Hochschätzung der griechischen Kultur. Dies war die Grundlage für den auf ihn folgenden Hellenismus. Alexander übernahm 336 die Macht in Griechenland und eroberte ab 334 in rascher Folge Ägypten, Babylon, Persepolis, dann Baktrien (Nordafghanistan) bis an die Grenze Indiens. 323 starb Alexander in Babylon.

ebenso Philosophie und Geschichtsschreibung, Kunst und Medizin der Griechen prägten in vorher nie gekanntem Ausmaß eine Einheitskultur vieler Völker – eine internationale Kultur entstand. Dabei wurde der Bereich klassischer griechischer Religiosität weithin ausgenommen, weil der Glaube an die klassischen olympischen Götter in Griechenland selbst kritisch und aufklärerisch betrachtet wurde. Wohl war im Hellenismus Raum für Religionsformen der Mysterienreligionen (besonders in Kleinasien), ansonsten gab es weithin Toleranz gegenüber anderen Religionen. Hinzu kamen allerdings philosophische Neuansätze, etwa die platonische Unterscheidung von sterblichem Leib und unsterblicher Seele, die nach dem Tod in die göttliche Welt aufsteigen kann.

Die Akropolis in Athen, Zeugnis des klassischen Griechenlands

Der Ausbreitung des Hellenismus konnte sich auch Juda nicht entziehen. Entsprechend der Vorstellung Alexanders von einer Union von Ost und West kamen griechische Einwanderer in die Länder des Vorderen Orients, gab es Kolonien als Brennpunkte des Hellenismus. Die so offensichtlich überlegene Kultur steckte auch Nichtgriechen an. In Juda und Jerusalem wurde die hellenistische Kultur besonders von der jüdischen Oberschicht aufgenommen: Griechische Sprache und Bildung, selbst griechische Namen und Lebensformen wurden bereitwillig übernommen. Dies führte zur Spannung innerhalb des Volkes: Ein Teil öffnete sich den neuen Strömungen, ein anderer blieb vehement bei streng jüdischer, Tora gemäßer Lebensweise. Die religiös ausgerichtete jüdische Kultur sollte eine Art »Schutzschild« darstellen, um eine Überfremdung des Volkes zu verhindern (etwa durch Speisegebote, die eine Tischgemeinschaft mit Nichtjuden ausschloss). Hinzu kamen soziale Spannungen zwischen der reichen, eher hellenistisch ausgerichteten Oberschicht in Juda und der armen Landbevölkerung.

Juden in der Diaspora: Als jüdische Diaspora (griechisch »Zerstreuung«) bezeichnet man in hellenistischer und römischer Zeit diejenigen Juden, die sich außerhalb des Gebietes Juda (mit Galiläa und angrenzenden Gebieten) befanden. Während es schon vor dem Exil jüdische Kaufleute etwa in Syrien oder dem Libanon gab, blieb nach dem Exil eine Diasporagemeinde in Babylon. In hellenistischer Zeit wanderten wegen der schlechten wirtschaftlichen Verhältnisse in Juda viele Juden in die großen Städte des Mittelmeerraumes aus, nach Alexandrien, Antiochien, Elephantine ... Dort entstanden liberale jüdische Gemeinden, die auch offen für heidnische Mitbürger waren. In römischer Zeit gab es über 150 jüdische Diasporagemeinden mit etwa 8 Prozent der Bevölkerung des Römischen Reiches. Ihre Mitglieder trafen sich in Synagogen zu Gebet und Austausch. Für die Ausbreitung des jungen Christentums waren diese Synagogengemeinden der Diaspora mit ihrer offeneren Atmosphäre ein großer Vorteil.

Die Zeitenwende – das Römische Reich

Der Hellenismus fand in der Bibel naturgemäß nur Eingang in die Spätschriften des Alten Testaments und in die Schriften des Neuen Testaments. Mit dem Römischen Reich kommen wir an die Wende vom Alten zum Neuen Testament. Nicht umsonst erwähnt Lukas in seiner Geburtslegende von Jesus Kaiser Augustus (Lk 2,1) – eine neue Zeit ist angebrochen, in jeder Weise.

Das **Römische Reich** hatte sich im 2. und 1. Jahrhundert v. Chr. von seinem Kerngebiet aus weiter nach Osten ausgebreitet: 146 v. Chr. wurde Griechenland dem Reich eingegliedert, 133 v. Chr. die Provinz Asia (der westliche Teil Kleinasiens mit griechischer Bevölkerung), 63 v. Chr. endgültig Syrien – damit kamen sie an die Grenze Judäas. Dieses wurde damals von den **Hasmonäern** regiert, von Mitgliedern der Makkabäerdynastie. Nach dem Tod der hasmonäischen Königin Alexandra (67 v. Chr.) gab es einen Bruderkrieg zwischen ihren Söhnen Hyrkan II. und Aristobul II. Diese riefen beide ausgerechnet die Römer in der Nachbarprovinz Syrien zu Hilfe, die Hyrkan bevorzugten. Aristobul ließ sich zum Krieg gegen die Römer hinreißen, doch verlor er: Jerusalem wurde von Pompeius erobert. Hyrkan erhielt – bei Oberherrschaft Roms –

Augustus: (lat. = »der Erhabene«) Gaius Octavius, 63 v. Chr. in Rom geboren, wurde erster römischer Kaiser. Er war der Adoptivsohn von Julius Cäsar. Nach der Ermordung Cäsars (44 v. Chr.) begann ein siebzehnjähriger Bürgerkrieg, in dem Augustus die Macht über das ganze Reich gewann. 27. v. Chr. wurde er mit dem Titel »Augustus« ausgezeichnet – dies ist der Beginn des römischen Kaisertums. Augustus starb 14 n. Chr. in Nola. Er sicherte die Grenzen, befriedete die Provinzen und schuf so inneren und äußeren Frieden (»Pax Augusta«). Verwaltungsreformen, Bauvorhaben und die Förderung der Kunst machten seine Epoche zu einer Blütezeit des Reiches. Nach seinem Tod wurde er vom Senat zum Gott erhoben.

Kaiser Augustus – er erscheint wie ein Gott

Juda, Idumäa, Peräa und Galiläa (vgl. die Karte auf Seite 51), die Dekapolis wurde als unabhängige Einheit unter der Vorherrschaft Roms geschaffen.

Der Titusbogen in Rom, 81 n. Chr. von Kaiser Domitian zu Ehren seines Vorgängers Titus gebaut. Der Triumphbogen erinnert an die Beendigung des römisch-jüdischen Kriegs und die Eroberung Jerusalems im Jahr 70.

Zwei Jahrzehnte später (40 v. Chr.) wurde **Herodes**, Sohn des idumäischen Fürsten Antipater, in Rom zum König der Juden bestimmt – ein römischer Vasall in ursprünglich jüdischen Gebieten, 37 v. Chr. zog er in Jerusalem ein und regierte bis 4 v. Chr. als brutaler Machtmensch. Herodes baute den kleinen nachexilischen Tempel in Jerusalem aus, dazu ein römisches Theater und auch die Burg Antonia.

Auf dem Titusbogen wird in Relieffeldern an den römisch-jüdischen Krieg erinnert: In einem Triumphzug schleppen römische Soldaten kostbare Beutestücke aus Jerusalem mit sich, darunter den siebenarmigen Leuchter aus dem Tempel.

Für die Strenggläubigen in Israel war Herodes als Vasall Roms inakzeptabel. Mit ihm beginnen – nach vergleichbaren Schwierigkeiten der hellenistischen Zeit – hundert Jahre, in denen das Volk der Juden hin- und hergerissen wurde zwischen der strengen Beachtung des mosaischen Gesetzes und der jüdischen Bräuche und einer Realpolitik, die die Oberherrschaft Roms akzeptierte und sich der Lebensweise der Mittelmeerwelt gegenüber offener zeigte. Im Neuen Testament klingt dieser Zwiespalt an verschiedenen Stellen an, etwa beim Prozess Jesu. Seinen Höhepunkt und sein Ende fand der Widerstand gesetzestreuer Juden im römisch-jüdischen Krieg (66-70 n. Chr.).

Nach dem Tod des Herodes kam es zu Unruhen. Sie führten zur Teilung des herodianischen Reiches; Galiläa und Peräa kamen an **Herodes Antipas**; Judäa, Idumäa und Samaria aber wurden ab 6 n. Chr. zur römischen Provinz und einem **römischen Prokurator** unterstellt, der in der Hafenstadt Cäsarea residierte und nur teilweise in Jerusalem (Burg Antonia und Herodespalast) anwesend war. Die Prokuratoren (etwa Pontius Pilatus von 26 bis 36 n. Chr.) hatten absolute Macht und setzten auch den Hohepriester am jüdischen Tempel ein.

Palästina zur Zeit Jesu

In der Zeit des öffentlichen Wirkens Jesu (um das Jahr 30 n. Chr.) waren die Herrschaftsverhältnisse in Israel wie folgt: Römischer Kaiser war **Tiberius** (14–37 n. Chr.). Das jüdische Kernland mit Jerusalem, dazu Samaria und Idumäa standen unter der Herrschaft des römischen Prokurators **Pontius Pilatus** – in den Evangelien wird er erwähnt. Galiläa und Peräa wurden vom Tetrarch (Vierfürst) Herodes Antipas I. regiert. Von ihm handelt etwa Matthäus 14,1–12 in der Erzählung von der Enthauptung Johannes des Täufers. Der Städtebund der Dekapolis (= Zehn Städte) war bereits hundert Jahre früher zu einer eigenen Einheit unter römischer Herrschaft geworden. Das Gebiet nördlich davon (Ituräa genannt) kam an den Tetrarch Herodes Philippus. In dieses Gebiet zog sich Jesus hin und wieder zurück (etwa Mk 8,22ff: Heilung eines Blinden in Betsaida).

Es war römische Rechtspraxis, im Reich Fremdkulte außer der Verehrung der römischen Götter zuzulassen, sofern solche Kulte nicht Widerstand gegen die Staatsgewalt leisteten. Dies galt grundsätzlich auch für das Judentum, das in Juda und vielen Städten des östlichen Mittelmeerraumes (Diaspora) beiheimatet war, auch in Rom selbst. Doch im Gebiet des Prokurators Pilatus sah es anders aus: Der eher judenfeindliche Pilatus drängte die Entscheidunsggewalt des jüdischen Hohen Rates am Tempel in Jerusalem zurück (etwa keine Entscheidung mehr über Todesurteile).

Im Volk wurden die Römer als Besatzer angesehen, mit denen man keinerlei Gemeinschaft pflegte. Juden, die von Berufs wegen mit den Römern zusammenarbeiten mussten (etwa Zöllner), traf Verachtung und Ausschluss aus der Gemeinschaft. Militärischer Widerstand blieb in der Zeit Jesu gering. Es gab zwar eine zelotische Bewegung, mit der unter Umständen auch einzelne Jünger Jesu (die Donnersöhne?) sympathisierten, aber die Zeloten werden im Neuen Testament nicht erwähnt. Erst später spielen sie im jüdisch-römischen Krieg eine entscheidende Rolle. Dennoch war die Lage gespannt: Durch hohe Steuern und Zollabgaben verarmten viele und lebten am Rande des Existenzminimums. Solchen »Armen im Lande« galt die Sympathie Jesu in besonderer Weise – etwa der armen Witwe (Mk 12,41ff). Die reiche Oberschicht dagegen wird von ihm in prophetischer Tradition kritisiert (vgl. Mt 6,19–20).

Gruppen in Israel zur Zeit Jesu:

Pharisäer: (hebräisch »Abgesonderte«) Eine Frömmigkeitsbewegung, die die unbedingte Einhaltung des jüdischen Gesetzes betonte. Den Bund Gottes mit den Menschen wollten sie dadurch schützen, dass sie Vorschriften »wie einen Zaun um das Gesetz des Mose« legten (etwa Reinheits-, Sabbatgebote ...). Nach der Zerstörung des Tempels im Jahr 70 wurden die Pharisäer zur bestimmenden Kraft im jüdischen Volk.

Sadduzäer: (hebräisch »zedek« = »Gerechtigkeit«) Gruppe einflussreicher Juden (Priester am Tempel und wohlhabende Leute der Oberschicht), die zur Zeit Jesu im Hohen Rat bestimmend waren. In Glaubensfragen unterschieden sie sich von den Pharisäern; die römische Herrschaft wurde von ihnen akzeptiert.

Herodianer: Anhänger der herodianischen Herrscherfamilie, die nicht strenggläubig waren.

Zeloten: Kämpferische Bewegung, die vergleichbar den Makkabäern versuchte, die Fremdherrschaft in Israel zu beenden. Ihr Aufstand gegen Rom führte letztlich zur Zerstörung Jerusalems und des Tempels.

unter der Herrschaft des römischen Prokurators (ab 6 n. Chr.)
Tetrarchie des Herodes Antipas (4 v. – 39 n. Chr.)
Tetrarchie des Philippus (4 v. – 34 n. Chr.)
Gebiet der Zehn Städte (Dekapolis)
Sidon
Litani
Tyros
Cäsarea Philippi
MITTELMEER
Jordan
Hule-See
GALILÄA
Ptolemais
Betsaida
Kafarnaum
Gamla
Magdala
–212 m
See Gennesaret
Tiberias
Sepphoris
Hippos
588 m
Nazaret
Jarmuk
Tabor
Dor
Gadara
DEKAPOLIS
Cäsarea am Meer
Skythopolis
Pella
Gerasa
Samaria/Sebaste
Jordan
881 m
Jabbok
Garizim
Arimathäa
Jafo/Joppe
SAMARIA
PERÄA
Philadelphia
Emmaus
Jericho
Jabne (Jamnia)
Jerusalem
Aschdod
Qumran
Betlehem
NABATÄER
Herodium
Aschkelon
JUDÄA
Hebron
Machärus
Arnon
Gaza
TOTES MEER
–392 m
IDUMÄA
Masada
0
50
100 km
Sered

Das junge Christentum im Mittelmeerraum

Die Apostelgeschichte des Lukas ist als Weg aufgebaut, den das junge Christentum von Jerusalem aus über Juda hinaus in den Mittelmeerraum nahm und der in Rom, dem Zentrum der damals bekannten Welt mündete. Auf diesem Weg lassen sich verschiedene Stationen in ihrem zeitgeschichtlichen Zusammenhang erkennen:

- **Judenchristentum und Heidenchristentum:** Die Urgemeinde verstand sich eingebettet in das Judentum ebenso, wie Jesus in seiner jüdischen Religion beheimatet war. Erst langsam (von Lukas in der Apostelgeschichte sehr konzentriert im Pfingstereignis zusammengefasst) schälte sich nicht nur eine Eigenständigkeit der ersten christlichen Gemeinden, sondern auch ein zunehmendes Absetzen einiger Teile dieser Gemeinden von jüdischen Traditionen heraus. So ging es bald um die Frage, ob man nur auf dem (Um-)Weg über das Judentum (Stichworte Beschneidung und Speisegebote) zum Christentum gelangen kann oder auch in einer direkten Weise. Das Apostelkonzil (Apg 15) löste dieser Frage.
- **Erste Verfolgungen in Jerusalem:** Diese Bewegung weg von einem reinen Judenchristentum und hin zu einer Öffnung für die Heiden wurde durch Entwicklungen in Jerusalem verstärkt. Schon bei dem Lynchmord des Stephanus wurden die Differenzen zwischen Teilen der Juden und der christlichen Gemeinde sichtbar. Unter König Herodes Agrippa I. (41–44 n. Chr.) wurden einige aus der Gemeinde verhaftet, der Apostel Jakobus mit dem Schwert hingerichtet (Apg 12,1–3). Herodes gab sich ganz wie ein heidnischer Herrscher, nur in Jerusalem versuchte er den Juden zu gefallen und zeigte sich streng gläubig. Deshalb verfolgte er die Mitglieder der christlichen Gemeinde.
- **Missionsreisen der Apostel und Evangelisten, besonders des Paulus:** Schon früh gab es Evangelisten und Missionare, die die Botschaft des Evangeliums über Jerusalem und Galiläa hinaustrugen – Paulus ist darunter der bedeutendste, aber nicht der erste. Doch wir hören, wenn in der Apostelgeschichte auch nur am Rand, auch von anderen, von Philippus etwa, der sich auf den Weg nach Gaza, Aschdod und Cäsarea macht und dabei einen Äthiopier tauft (Apg 8,26–40). So werden Missionare sich vor allem auch

Römisches Theater in der Hafenstadt Cäsarea. Herodes der Große ließ diese Stadt am Mittelmeer zu Ehren des Caesars (Kaisers) Augustus bauen. Cäsarea war zur Zeit Jesu der Sitz des römischen Prokurators. Hier gab es bereits früh Christen; Petrus taufte hier den heidnischen Hauptmann Kornelius (Apg 10). Paulus kam bei seinen Missionsreisen nach Cäsarea, zuerst, als er aus Damaskus fliehen musste und in Cäsarea ein Schiff nach Tarsus bestieg (Apg 9,30). Auf der zweiten und dritten Missionsreise ging er hier an Land (Apg 18,22; 21,8). Auch Philippus erreichte Cäsarea (Apg 8,40). So wurde Cäsarea zu einem Tor, durch das das junge Christentum eine größere Perspektive als die des Judenchristentums gewann und in den Mittelmeerraum aufbrach.

nach Norden in den syrischen Raum gewandt haben. Die Apostelgeschichte erzählt, dass nach der Ermordung des Stefanus einige »Versprengte« nach Phönizien und bis zur syrischen Hafenstadt Antiochia kamen, dort eine Gemeinde gründeten (»dort nannte man die Jünger zum erstenmal Christen«, Apg 11,19–26).

– **Ausbreitung christlichen Glaubens im östlichen Mittelmeerraum:** Dies ist vor allem aber nicht ausschließlich das Werk des Paulus und seiner Mitarbeiterinnen und Mitarbeiter. In vielen Städten entstehen – meist zuerst im Zusammenhang mit einer jüdischen Synagogengemeinde – christliche Gemeinden.

– **Verfolgung durch Nero und den römischen Staat:** Das Wachsen der Gemeinden erhielt durch die Verfolgungen von Kaiser Nero (54–68 n. Chr.), stärker dann durch Domitian (81–96 n. Chr.) Gegenwind. Dies klingt unter anderem im Buch Offenbarung an.

Jupitertempel in Baalbek, Libanon

Die Bibel und die umliegenden Kulturen

Die Bibel entstand nicht im abgeschlossenen Umfeld eines vorderorientalischen Volkes. Vielmehr gab es aus unterschiedlichen Richtungen Einflussnahmen, wie Israel im Kontext umliegender Kulturen und Völker seinen eigenen religiösen Weg suchte und wie als Ergebnis dieses Weges die Schriften der Bibel entstanden. Einfluss meint dabei nicht unkritische Übernahme anderer Denk- und Glaubensvorstellungen, sondern eine geistige Auseinandersetzung und einen Prozess, der zwischen Anpassung und schroffer Abgrenzung schwankte.

Dabei ging es eigentlich immer um ein zentrales Motiv: um das Thema des Gottesverständnisses und des Gottesbildes. In seiner Geschichte mit den anderen Völkern, in seinen Erfahrungen mit Macht (etwa David) und Ohnmacht (etwa Exil), zwischen Unterdrückung (etwa Ägypten) und Befreiung (etwa Exodus) lernt Israel in einem komplizierten Prozess, seine Erfahrungen mit Jahwe einzuordnen und schriftlich zu fassen. Es ist ein langer Weg von Mose und der Gottesoffenbarung am Sinai über die Auseinandersetzung zwischen dem Jahweglauben und dem Glauben an die kanaanäischen und babylonischen Götter bis hin zu dem strengen jüdischen Ein-Gott-Glauben, zu dem sich Jesus und die Menschen seiner Zeit bekannten. Israel hat in seiner Geschichte Gott lernen müssen – dies in Auseinandersetzung mit anderen Kulturen.

Im Wesentlichen kam der Einfluss (im Sinne einer Auseinandersetzung) aus vier Richtungen:

- aus Ägypten und der Erinnerung an den befreienden Weg und den Sinaibund: ein Bekenntnis zum Gott der Väter und dem Gott, der auf dem Weg voranschreitet;
- aus Kanaan und den umliegenden Völkern: ein Bekenntnis zu einem Gott im Gegensatz zu anderen, nichtigen Gottheiten;
- aus Mesopotamien und der Erfahrung der unbedingten Bindung an den Bund mit Jahwe: ein Bekenntnis zu Gott als dem Schöpfer und dem Herrn über alle Völker;
- aus Griechenland und Rom: die Erfahrung eines Standhaltens im Glauben auch in Bedrängnis.

Orte der Bibel – ein kleines Lexikon

(Vgl. die Karten Vorderer Orient *auf Seite 31 und* Israel *auf Seite 39.)*

Antiochia: In der Antike bedeutende Stadt in Syrien, im Römischen Reich drittgrößte Stadt des Reiches; heute heißt der in der südlichen Türkei (nahe der syrischen Grenze) liegende Ort Antakya. Antiochia wurde von Seleukos I., einem Feldherrn Alexanders des Großen, um 300 v. Chr. gebaut und nach Seleukos Vater Antiochus benannt. In der hellenistischen und römischen Zeit war die Stadt mit ihrem Hafen Zentrum des Mittelmeerhandels, zugleich aber durch ihre bedeutende Universität ein Kristallisationspunkt der antiken Kultur und Bildung. Dies setzte sich in christlicher Zeit bis zur Eroberung des Gebietes durch den Islam fort: Antiochia wurde zu einem theologisch wie geistlich bedeutenden Ort des östlichen Christentums (Sitz eines Patriarchen). In dieser Stadt hatten sich (wegen der Nähe zu Israel) bereits früh Juden niedergelassen, die für die hellenistische Kultur offen waren. So gab es zur Zeit Jesu in Antiochia jüdische Gemeinden. Nach der Steinigung des Stephanus in Jerusalem kamen (hellenistisch orientierte) Christen der Urgemeinde nach Antiochia. Dort verkündeten sie die christlichen Botschaft zuerst an die Juden der Stadt, später auch an nichtjüdische Bewohner. Dies veranlasste die Jerusalemer Urgemeinde, Barnabas dorthin zu senden. Dieser holte kurz danach Saulus/Paulus ebenfalls dorthin (vgl. Apg 11,19–25). Aufgrund ihres Wirkens wuchs in Antiochia eine große Gemeinde heran: »In Antiochia nannte man die Jünger zum erstenmal Christen« (Apg 11,26). Es gibt ein weiteres **Antiochia in Kleinasien** (heute Türkei): Antiochia in der Landschaft Pisidien. Paulus gründete dort eine heidenchristliche Gemeinde (Apg 13,14–52).

Athen: Die politisch, militärisch, aber vor allem wirtschaftlich und kulturell bedeutendste Stadt Griechenlands zur Zeit der Bibel, Hauptstadt der Landschaft Attika. Ab 6. Jahrhundert entwickelt sich in Athen die klassische Demokratie, 86 v. Chr. wurde Athen von den Römern erobert. Das Zentrum der Stadt ist der steile Felshügel der Akropolis, darum ist die Stadt kreisförmig angeordnet und war mit einem Mauerring umgeben. In der Bibel wird Athen im Zusammenhang mit den Missionsreisen des Paulus genannt: Auf seiner zweiten und dritten Reise kommt er nach Athen und predigt auf dem Marktplatz über den den Athenern noch unbekannten Gott (Apg 17,16–34).

Babel (Babylon): (hebräisch »Tor Gottes, der Götter«) Erstmalig wurde Babylon um 1700 v. Chr. unter Hammurapi als Hauptstadt des altbabylonischen Reiches bedeutsam (vgl. Seite 31), doch später von den Assyrern zerstört. Im 7. und 6. Jahrhundert gelangte Babylon unter den Königen Nabopolassar und Nebukadnezar II. zu neuem Einfluss bis zur Eroberung durch die Perser 539 v. Chr. In der Bibel taucht der Name Babel als Symbol einer mächtigen und gottfernen Stadt auf. Bereits in der Urgeschichte der Bibel stehen Babel und der (Tempel-)Turm bis an den Himmel als Symbol für den Hochmut der Menschen, aus der sich der Zerfall menschlicher Einheit (dargestellt an der Sprachenverwirrung) ergibt (Gen 11). In der Geschichte Israels hatte Babel nach der Zerstörung Jerusalems durch die Verschleppung der Juden in die babylonische Hauptstadt (586–539) einen besonderen Stellenwert (babylonische Gefangenschaft). Das Exil in Babylon bedeutete für die Juden den Verlust all dessen, was ihnen bisher wichtig war: Land, Stadt Jerusalem, Tempel ... Im Neuen Testament ist Babel bei den ersten Christen ein Deckname für die Weltmacht Rom, die man als ebenso gottfeindlich wie Babylon empfand (1 Petrus 5,13). Die Ausgrabungen Babylons befinden sich heute in der Nähe der irakischen Stadt Kerbela.

Beerscheba: (hebräisch »Brunnen der sieben [Schafe]«) Oase (heute Stadt) am Nordrand der Wüste Negev. Es ist der südlichste Ort in Israel, der an der Hauptkarawanenstraße von Ägypten durch den Negev nach Hebron und Jerusalem führt. Beerscheba wird bereits in der Erzählungen der Patriarchen, der »Väter Israels«, genannt: Abraham zahlte für den Brunnen mit den sieben Schafen (Gen 21,25–32). Auch Isaak (Gen 28,10) und Jakob (Gen 46,1–5) hielten sich in Beerscheba auf, ebenso kam der Prophet Elija hierhin. Weil sich Väter und Propheten in Beerscheba aufhielten, wurde der Ort in Israel geschätzt, es gab dort ein Heiligtum, eine »heilige Höhe«. Als isolierte Oasenstadt in der Wüste wurde Beerscheba mit einer Mauer befestigt, in römischer Zeit kam eine Festung hinzu.

Betanien: (hebräisch »Haus des Armen«). Kleine, drei Kilometer östlich von Jerusalem (hinter dem Ölberg) gelegene Ortschaft. Dort lebten die Geschwister Lazarus, Maria und Marta, die von Jesus in seinen letzten Lebenstagen besucht wurden (Mk 11,1, Johannes 12,1). Hier fand das Gespräch Jesu mit den Schwestern Marta und Maria statt (Lk 10,38–42), hier weckte Jesus Lazarus von den Toten auf (Joh 11). In Betanien war auch das Haus des Pharisäers Simon des Aussätzigen, in dem Jesus vor seinem Tod von einer Frau gesalbt wurde (Mk 14,3–9, Joh 12,1–11). Lukas (24,24,50) benennt Betanien als Ort der Himmelfahrt Jesu. Betanien ist demnach in der Jesusgeschichte ein herausragender Ort seines Lehrens und Wirkens, an dem in Wort und Tat die Botschaft vom Reich Gottes sichtbar wurde. Zugleich steht dieser Ort in Verbindung mit Tod, Auferweckung und Erhöhung Jesu, also dem zentralen Bekenntnis der Christen.

Bet-El: (hebräisch »Haus Gottes«) Stadt zwischen Jerusalem und Sichem. Bereits in der vorisrelitischen Zeit gab es hier ein Heiligtum mit einem heiligen Baum und einer steinernen Kultsäule. In Bet-El errichtete Abraham einen Altar (Gen 12,8), dort hatte Jakob den Traum von der Himmelsleiter (Gen 28,10–22); mehrfach erschien ihm Gott an diesem Ort (u.a. Gen 35,1–15). In der Richterzeit wurde die Stiftshütte mit der Bundeslade teilweise in Bet-El aufgestellt (Ri 20,26). Nachdem in der Königszeit Israel in das Nord- und das Südreich aufgeteilt wurde, war Bet-El das Staatsheiligtum des Nordreiches (im Süden war dies Jerusalem mit seinem Tempel). Dort ließ Jerobeam ein Goldenes Kalb (Stier) aufstellen, um dem Nordreich einen religiösen Mittelpunkt zu geben. Der Prophet Hosea nannte den Ort deshalb nicht mehr Bet-El (Haus Gottes), sondern Bet-Awen (Haus der Schlechtigkeit). Der Prophet Amos wandte sich scharf gegen den Götzenkult in Bet-El und kündigte die Strafe Gottes an (Amos 3,14). In Bet-El gab es im 9. Jahrhundert eine Prophetenschule, die in der Elija-Elischa-Tradition erwähnt wird (2 Kön 2,2–3). Im Zuge der Reformen des Königs Joschija (641–609) wurden die Kultstätten von Bet-El zerstört, der Kultpfahl verbrannt (2 Kön 23,15). Nach Jerusalem ist Bet-El die in der Hebräischen Bibel am häufigsten erwähnte Stadt in Israel.

Betlehem: (hebräisch »Haus des Brotes«) Kleiner, 8 Kilometer südlich von Jerusalem gelegener Ort, anderer Name »Efrata«. Betlehem gehörte zu den Bergfestungen, die bereits in der Richterzeit genannt werden. Elimelech, der Schwiegervater der Rut, und Boas, ihr Ehemann, kamen aus Betlehem (Rut 1,1–2.19–22). Doch seine Bedeutung gewann Betlehem erst als Geburtsort des Kö-

Betlehem, ein kleiner Ort im judäischen Gebirge, für Juden wie Christen von besonderer Bedeutung.

nigs David, als »Stadt des David« (1 Samuel 20,6). Hier lebte Davids Familie, sein Vater Isai und seine Brüder, hier wurde David von Samuel zum Propheten gesalbt (1 Samuel 16). Weil man den Messias, den Gesandten und Gesalbten Gottes als »zweiten David« erwartete, glaube man, dass er in Betlehem geboren würde: »Aber du, Betlehem-Efrata, aus dir wird einer hervorgehen, der über Israel herrschen soll» (Micha 5,1). Darauf griffen Matthäus und Lukas in ihren Kindheitsgeschichten zurück, wenn sie die Geburt Jesu nach Betlehem verlegten – eine theologische, keine historische Aussage zur Bedeutung Jesu.

Betsaida: (hebräisch »Haus des Fischfangs«) Betsaida liegt am Nordufer des Sees Gennesaret und war die Heimatstadt der Apostel Petrus, Andreas und Philippus (Johannes 1,44). In Betsaida heilte Jesus einen Blinden (Markus 8,22–26). Betsaida und anderen galiläischen Städten wird wegen ihres Unglaubens das Gericht angedroht (Matthäus 11,20–24). In der Hebräischen Bibel ist Betsaida nicht erwähnt.

Damaskus: Bedeutende Handelsstadt am Rand der syrischen Wüste. In der Königszeit Israels war Damaskus Hauptstadt des aramäischen Reiches, das Israel wiederholt bedrohte. Unter David war Damaskus Israel tributpflichtig, danach aber gab es ständige kriegerische Auseinandersetzungen mit dem Nordstaat Israel. 734 wurde der Stadtstaat Damaskus von den Assyrern unterworfen, die aramäische Sprache blieb auch danach als Kultur- und Handelssprache für die Region bestimmend. Damaskus gehörte nach der assyrischen Besatzung zum babylonischen Reich, später in den Bereich der Nachfolgestaaten Alexander des Großen. Im Jahr 63 vor Christus wurde Damaskus von den Römern dem Gebiet der Dekapolis (der Zehn Städte) zugeschlagen. In Damaskus gab es seit der Zerstörung Israels und Judas (587 v. Chr.) und der Zerstreuung der jüdischen Bevölkerung eine große jüdische Gemeinde. Deshalb machte sich Saulus/Paulus auf den Weg nach Damaskus, um dort bei den Juden nach »Anhängern des neuen (christlichen) Weges« zu suchen. Vor den Toren der Stadt hatte er eine Vision oder Audition und erblindete (Apg 9). Er kam im Haus eines Juden in der Prachtstraße von Damaskus, der »Geraden Straße« unter, wo ihn der Christ Hananias besuchte und taufte. Wegen der Bedrohung durch Juden musste Saulus danach aus Damaskus fliehen, in abenteuerlicher Weise wurde er in einem Korb über die Stadtmauer hinabgelassen (Apg 9,25 und 2 Kor 11,33).

Emmaus: Kleiner, etwa 12 Kilometer (= 60 Stadien) von Jerusalem entfernter Ort. Dort erscheint der auferweckte Jesus zwei Jüngern (Lk 24,13–35). Die genaue Lokalisierung des Dorfes ist umstritten: Es gibt einen Ort Emmaus, aber 30 Kilometer (160 Stadien) entfernt westlich von Jerusalem. Auch wird ein anderes Dorf, Moza, als Emmaus benannt.

Ephesus: In der Antike bedeutender Hafen in Kleinasien (im Westen der heutigen Türkei), seit 133 v. Chr. Hauptstadt der römischen Provinz Asien, Handels- und Kulturstadt (Theater mit 24 000 Plätzen). Ephesus war als religiöses Zentrum des Artemiskultes bedeutsam, einer kleinasiatischen Fruchtbarkeitsgöttin (römisch Diana). Paulus machte auf seiner zweiten Missionsreise in Ephesus Station, auf seiner dritten Reise blieb er über zwei Jahre dort und predigte. Sein Erfolg führte zu einem Aufruhr der Silberschmiede, die von Votivfiguren der Artemis lebten und ihr Geschäft bedroht sahen. Danach verließ er die Stadt.

Galatien: Römische Provinz in Kleinasien (heutige Türkei, etwa das Gebiet um die Hauptstadt Ankara). Seit 300 v. Chr. von dem keltischen Stamm der Galater besiedelt. Paulus durchwanderte auf seiner zweiten Reise

Ephesus – Theater aus der Römerzeit

das »galatische Land« und verkündete dort auf seiner dritten Reise das Evangelium (Apg 18,23). Wahrscheinlich schreibt er im Jahr 52 einen Brief an die junge Gemeinde, den Galaterbrief. Die Gemeinden in Galatien beteiligen sich an der Kollekte für Jerusalem (1 Kor 16,1).

Der See Gennesaret in Galiläa

Galiläa: Landschaft westlich des Sees Gennesaret. Weil sich im Norden Israels viele Fremde niedergelassen haben, wird es als »heidnisches Galiläa« bezeichnet (Jes 8,23 = Mt 4,15), seine Bewohner werden von den Bewohnern Judas und vor allem Jerusalems abschätzig angesehen und als in religiösen Dingen unwissend betrachtet. Galiläa ist ein fruchtbares Land, es war dicht besiedelt und kannte reiche Ernten. Zur Zeit Jesu waren einige Orte Galiläas (etwa die Stadt Tiberias) hellenistisch geprägt, was das Misstrauen der Juden im Süden verstärkte. Galiläa ist *die* Landschaft Jesu. In Galiläa ist er groß geworden, es ist seine Heimat und die der meisten seiner Jüngerinnen und Jünger. In Galiläa beginnt er seine Tätigkeit, lehrt und heilt Kranke. So sehr ist er mit seiner Heimat verwurzelt, dass man ihn den »Galiläer« nennt (Mt 26,69). Auch der Auferweckte erscheint in Galiläa (Mt 26,32).

Garizim: Berg (868 m) bei Sichem, auf dem bereits Josua einen Altar baute und ein Opfer darbrachte (Jos 8,30–33). Nach der Zerstörung des Nordreiches Israel (722 v. Chr.) errichteten die Samariter dort einen Tempel, der als Konkurrenz zum Jerusalemer Tempel gedacht war. Der samaritische Tempel ist in der Makkabäerzeit entweiht und als Kultort des Zeus bestimmt worden. Im Gespräch Jesu mit der Samariterin erinnert die Frau an die Verehrung Gottes auf diesem Berg – eine Einstellung, die von Jesus korrigiert wird: Die Verehrung Gottes ist nicht an einen bestimmten Ort gebunden (Joh 4,20). Auch heute gibt es noch kleine Gruppen von Samaritern, die auf diesem Berg Opferriten durchführen.

Gaza: (hebräisch Azzah = »Die Starke«) Bedeutende Hafenstadt der Philister im Südwesten Palästinas. Besonders in der Zeit der Richter gehörte Gaza zu den Feinden Israels. Davon erzählt etwa die Simsongeschichte: Der starke Simson hebt die Stadttore von Gaza aus und kann so fliehen (Ri 16,1–3); später allerdings stirbt er in der Gefangenschaft in Gaza (Ri 16,21). Im Neuen Testament wird Gaza erwähnt, als Philippus den äthiopischen Kämmerer auf der Straße von Jerusalem nach Gaza tauft (Apg 8,26).

Gennesaret: (auch Meer von Kinnaret oder »Galiläisches Meer«, See von Tiberias genannt) Etwa 20 km langer und 8–12 km breiter See im Norden Israels, östlich der Landschaft Galiläa, umgeben von Gebirgen. Der fischreiche See und das fruchtbare Land westlich des Sees waren für die Ernährung der großen Bevölkerung Galiläas von hoher Bedeutung. Obwohl der See nicht allzu groß ist, können Fallwinde von den Gebirgen zu plötzlichen Stürmen führen. Die ersten Jünger Jesu waren Fischer vom See Gennesaret (aus der Ortschaft Kafarnaum). Viele Erzählungen der Evangelien spielen auf oder am See Gennesaret: die Stillung des Seesturms (Mk 4,36.41), der Seewandel Jesu (Mk 6,48–50), der reiche Fischfang (Lk 5,1–11), die Erscheinung des Auferstandenen am See von Tiberias (Joh 21).

Gerasa: Hellenistisch-römische Stadt der Dekapolis, 55 km südöstlich des Sees Gennesaret, wegen ihrer prächtigen Bauwerke »Stadt der 1000 Säulen« genannt. Die reiche Handelsstadt wird im Neuen Testament in Mk 5,1 und Lk 8,26 (»Gebiet von Gerasa«) erwähnt.

Getsemani: (hebräisch »Ölpresse, Ölkelter«) Ein Garten bzw. Landgut am Fuß des Ölbergs unterhalb der Stadt Jerusalem jenseits des Tempelberges. Nach dem letzten Abendmahl gehen Jesus und seine Jünger dorthin zum Gebet (Mk 14,32–42). Danach wird Jesus in diesem Garten gefangen genommen. Nach Joh 18,2 war Jesus häufig in diesem Garten.

Golgota: (aramäisch »Schädelstätte«, lateinisch »calvaria«, davon abgeleitet Kalvarienberg) Felsen außerhalb der Jerusalemer Stadtmauer, wie ein Schädel geformt, in römischer Zeit Hinrichtungsstätte. Hier wurde Jesus gekreuzigt (Mt 27,33; Mk 15,22; Lk 23,33; Joh 19,17). Die volkskirchliche Verehrung nimmt Golgota unter der Grabeskirche an.

Haran: Stadt Abrahams im »Fruchtbaren Halbmond«, heute in der Türkei gelegen. Abrahams Vater Terach zieht mit seiner Familie von Ur in Chaldäa (Mesopotamien) nach Haran und lässt sich dort nieder (Gen 11,31); Terach stirbt dort. Auf Anordnung Gottes bricht Abaham mit Lot von Haran auf und kommt nach Sichem (Gen 12,4). Als er sich von seinem Zwillingsbruder Esau bedroht fühlt, flieht Jakob nach Haran zu seinem Verwandten Laban (Gen 27,43; 28,10).

Hebron: (hebräisch »Ort des Bundes«) Heute eine Stadt im Gebirge Juda, war Hebron schon in ältester Zeit ein Heiligtum. Besonders die Vätergeschichten sind mit diesem Ort verknüpft. Abraham, (Gen 13,18), Isaak (Gen 35,27) und Jakob (Gen 37,13) kommen hierher; Abrahams Frau Sara wird in Hebron auf einem von Abraham gekauften Stück Land begraben. In Hebron wird David bei einer Versammlung der Stämme Israels zum König ausgerufen (2 Sam 5,1–3). Hebron ist seine Hauptstadt, bevor er Jerusalem erobert. Sein aufrührerischer Sohn Abschalom lässt sich in dieser Stadt zum Gegenkönig ausrufen (2 Sam 15,7). Heute werden in Hebron von Juden, Christen und Muslimen die (vermutete) Gräber Abrahams und Saras verehrt.

Horeb: (hebräisch »der Dürre, Einsame«) anderer Name für den Berg *Sinai*, den Berg der Gesetzgebung durch Gott.

Jabbok: linker Nebenfluss des Jordan, entspringt bei der früheren Ammoniterhauptstadt Rabba und mündet etwa 40 km nördlich des Toten Meeres in den Jordan. In Gen 32,23 wird erzählt, wie Jakob den Jabbok überschreitet und an einer Furt mit einem Engel Gottes kämpft.

Jericho: Tiefstgelegene Stadt der Welt (etwa 300 m unter dem Meeresspiegel), nördlich des Toten Meeres am Jordan gelegen und etwa 35 km von Jerusalem entfernt. Wegen der geografischen Lage ist das Klima in Jericho tropisch, die Stadt wird deshalb als Palmenstadt bezeichnet. Jericho ist mit schätzungsweise 10 000 Jahren eine der ältesten Städte der Welt, immer wieder zerstört und aufgebaut. Bei Ausgrabungen hat man sieben übereinanderliegende Schichten gefunden, die bis in den Zeitraum von 8000 v. Chr. (jüngere Steinzeit) zurückgehen. Darüber liegen weitere steinzeitliche und bronzezeitliche Stadtanlagen. In der Bibel gewinnt Jericho seine Bedeutung durch die Eroberung durch Josua am Beginn der Landnahme, allerdings war es zu dieser Zeit nur ein kleiner, unbefestigter Ort. Die Erzählung vom Einsturz der Mauern Jerichos durch den Trompetenschall der israelitischen Soldaten stellt eine spätere Ausschmückung dar (Jos 6). In der Königszeit wird Jericho immer wieder erwähnt. In ihr gab es unter den großen Propheten Elija und Elischa eine Prophetenschule (2 Kön 2,4–5). In der Makkabäerzeit wird die Stadt erneut befestigt. Im Neuen Testament wird Jericho bei der Heilung des blinden Bartimäus erwähnt (Mk 10,46–52). Das Gleichnis vom barmherzigen Samariter erwähnt die Straße von Jericho nach Jerusalem.

Jerusalem: (hebräisch »Jeruschalajim« = »vom Gott Schalom gegründet«, »Stadt des Friedens«) Hauptstadt Israels/Judas mit einer langen, bereits vor der Landnahme beginnenden Geschichte. Bereits in alter Zeit gegründet taucht die befestigte Stadt im Zusammenhang mit der Abrahamerzählung auf. Melchisedek, der König von Salem (Jerusalem) bringt Brot und Wein aus der Stadt heraus und spricht ein Segenswort über Abram (Gen 14,18–21). Wesentliche Bedeutung gewinnt Jerusalem aber erst nach der Eroberung durch König David, der diese Stadt zu seinem Privatbesitz (»Stadt Davids«) und zur Hauptstadt Israels macht. Damit wird Jerusalem politisches, kulturelles und durch die Bundeslade und den späteren Tempel auch religiöses Zentrum des Landes, eine Bedeutung bis in unsere Zeit. Davids Sohn Salomo erbaut auf dem Tempelberg (wahrscheinlich schon vorher ein Kultort) den ersten Tempel, in dessen Allerheiligsten die Bundeslade aufgestellt wird. Dieser Tempelberg wird auch *Zion* genannt, nach einem Gebirge mit diesem Namen, oder *Tochter Zion*, weil der »Zionsberg« nur ein Teil dieses Gebirges ist). Mit dem Namen Zion verbindet sich besonders der Gedanke, dass Jerusalem von Gott auserwählt ist – eine heilige Stadt auf einem heiligen Berg. Zionsberg und Stadt Jerusalem: Der Name Gottes, das heißt Gott selbst, wohnt hier (1 Kön 8,16). Es ist ein heiliger Ort, die Stadt Jahwes, des großen Königs; seine Residenz liegt auf dem Zionsberg, er hat in Jerusalem seine Wohnstätte (Esr 7,15). – In Jerusalem wurden David, Salomo und weitere Könige Judas begraben. Nach der Reichsteilung bleibt Jerusalem die Hauptstadt des Südreiches Juda; nach der Zerstörung des Nordreiches (722) nimmt seine religiöse Bedeutung als verbleibender Kultort der Juden eher noch zu; die Priester des Tempels gewinnen zunehmend Macht. Im Jahr 587 v. Chr. zerstört der babylonische König Nebukadnezzar Jerusalem. Nach der Rückkehr aus dem Exil bauen die Juden Stadt und Tempel wieder auf. In römischer Zeit gehört Juda zur römischen Provinz Syrien, im Königspalast in Jerusalem regiert Herodes (37–4 v. Chr.) und nach ihm sein Sohn Archelaus, später dann die römischen Prokuratoren, etwa Pontius Pilatus. Unter Herodes wurde der Tempel neu und prachtvoller denn je zuvor ausgestattet. Im Jahr 70 n. Chr. wurden Jerusalem und Tempel von den Römern zerstört. Ein kleiner Teil der Tempelmauer blieb erhalten und dient bis heute den Juden als Gebetsstätte (die sogenannte Klagemauer). Lange blieb die Stadt von verschiedenen Mächten umkämpft, in der Zeit der Kreuzzüge besonders von muslimischen und christlichen Heeren. Heute ist Jerusalem die Hauptstadt des neuen Staates Israel, zugleich sehen

Jerusalem – Tempelberg mit Felsendom und Klagemauer, dahinter der Ölberg

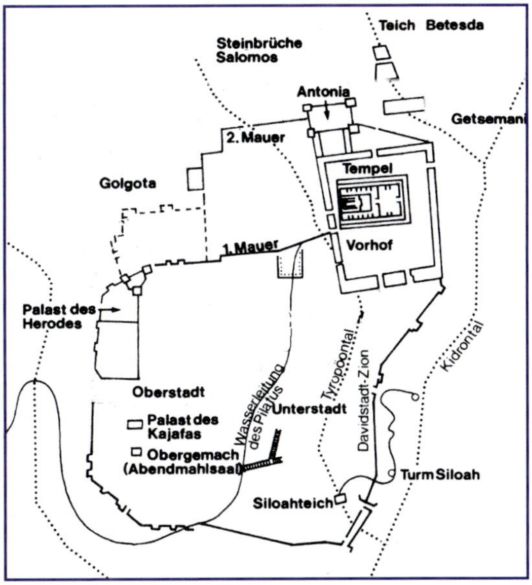

Jerusalem zur Zeit Jesu

aber auch die Palästinenser Jerusalem als ihre Hauptstadt an. – Wie oft Jesus Jerusalem besucht hat, ist unklar. In der lukanischen Kindheitsgeschichte wird das Kind im Tempel dargebracht, der zwölfjährige Jesus zieht mit seinen Eltern von Galiläa nach Jerusalem. Die Synoptiker und Johannes unterscheiden sich in der Zahl der Besuche Jerusalems durch Jesus während seines öffentlichen Wirkens. Hier ist der Ort seines Leidens und Sterbens, sein Begräbnisort. Hier werden auch die ersten Erscheinungen des Auferstandenen vor den Frauen und seinen Jüngern angesiedelt. In der Zeit der Apostel wird Jerusalem – beginnend mit dem ersten Pfingstfest zum Ort der Urgemeinde, der Keimzelle der christlichen Kirche. Das erste Konzil, das Apostelkonzil, findet in Jerusalem statt, von hier geht die christliche Mission aus. Eine weitere Bedeutung verbinden sowohl im Alten wie im Neuen Testament die prophetischen Schriften mit Jerusalem: Die Stadt ist Sinnbild der Hoffnung auf Erlösung und Vollendung der Welt am Ende der Zeiten. Das prophetische Buch der Offenbarung spricht von der heiligen Stadt Jerusalem, die von Gott her aus dem Himmel herabkommt und in der Gott mitten unter den Menschen wohnt (Offb 21). – Jerusalem zählt heute als heilige Stadt für drei Weltreligionen. Für Juden ist es die Stadt Davids und die politische und religiöse Mitte des Volkes Israel. Für Christen ist es der Ort, an dem Jesus gekreuzigt und auferweckt wurde und der Ort der ersten christlichen Gemeinde. Für Muslime ist Jerusalem nach Mekka und Medina eine heilige Stadt, weil der Überlieferung nach ihr Prophet Mohammed von hier (Felsendom) seine Himmelsreise angetreten hat.

Joppe: (hebräisch »Jafo« oder »Jaffa« = »die Schöne«) Wichiger Hafen in Israel, heute ein Stadtteil von Tel Aviv, diente als Hafen für Jerusalem (2 Chr 2,15). In der Makkabäerzeit ist Joppe umkämpft, die Stadt wird niedergebrannt. In der Apostelgeschichte wird Joppe erwähnt, als Petrus das Mädchen Tabita vom Tod erweckt (Apg 9,36–43). Von dort geht er, begleitet von Christen aus Joppe, zum Hauptmann Cornelius nach Cäsarea (Apg 10,5).

Jordan: (hebräisch »der Herabsteigende«) Hauptfluss Palästinas, 104 km lang. Die Quellen des Jordan liegen im Gebirge Hermon nordwestlich des Sees Gennesaret. Der Fluss fließt von Norden nach Süden durch den See Gennesaret und die Jordansenke an Jericho vorbei, bis er das Tote Meer erreicht. Der Jordan stellt die Ostgrenze Kanaans dar und hatte in der Geschichte Israels immer wieder besondere Bedeutung: Die Landnahme beginnt

Der Fluss Jordan

damit, dass Josua über den Jordan zieht und Jericho erobert – so gelangt Israel in das ihm von Gott verheißene Land (Jos 3). Der Übergang über den Jordan wird deshalb mit dem Auszug aus Ägypten verglichen (Durchzug durch das Rote Meer). Mit den Völkern jenseits des Jordans, Midianiter, Moabiter, Ammoniter, führte Israel immer wieder Krieg. Elija und Elischa halten sich am Jordan auf. Im Jordan tauft Johannes der Täufer, auch Jesus wird von ihm im Jordan getauft (Mt 1,9).

Juda: (hebräisch »jehuda« = »Gott sei gepriesen«) Der biblischen Tradition nach wurden die Nachkommen von Juda, dem vierten Sohn von Jakob und Lea, zum volkreichsten Stamm Israels. Sie siedelten nach der Landnahme im Gebiet um Jerusalem. Wahrscheinlich aber war Juda zuerst der Name dieses Gebietes und wurde erst später mit dem Stamm verknüpft, der auf diesem Gebiet siedelte und sich zu der Person Juda als Ahnherr bekannte. Juda ist ein gebirgiges und wüstenreiches Land mit den Städten Beerscheba, Betlehem und Hebron. David, der zweite König Israels, kam aus dem Stamm Juda. Nach der Reichsteilung (931 v. Chr.) in das Nordreich Israel und das Südreich Juda wurde Juda für etwa 350 Jahre ein eigenständiges Königreich. Nach dem Exil in Babylon ist Juda Kern eines Gebietes, das eine Provinz ausländischer Mächte war – seine Bewohner werden nicht mehr Israeliten, sondern Juden genannt. Ab der der Zerstörung Jerusalems im Jahr 70 n. Chr. wird der Name »Jude« für die Menschen verwendet, die der jüdischen Religion angehören, gleich ob sie in Israel wohnen oder in anderen Ländern (der Diaspora). Der

Die Synagoge in Kafarnaum

Stammbaum Jesu wird bei Matthäus auf David zurückgeführt (Mt 1,6), somit kann Jesus als der »Löwe von Juda« bezeichnet werden (Offb 5,5).

Kafarnaum: (hebräisch »Dorf des Naum«) Kleine Stadt am westlichen Ufer des Sees Gennesaret. In Kafarnaum hat Petrus ein Haus, in das Jesus nach dem Besuch der Synagoge von Kafarnaum (Mk 1,21) einkehrt und die Schwiegermutter des Petrus heilt (Mk 1,29–31). Auch später kehrt Jesus nach Kafarnaum zurück, dort heilt er etwa den Gelähmten (Mk 2,1–12). Kafarnaum ist Zentrum des ersten öffentlichen Wirkens Jesu. Dennoch beklagt Matthäus, dass die Stadt die Botschaft Jesu nicht annimmt (Mt 11,23).

Kana: (hebräisch »Schilfrohr«) Kleiner Ort in Galiläa, etwa 14 km nordöstlich von Nazaret. In Kana verwandelt Jesus bei einer Hochzeit Wasser in Wein – sein erstes Zeichen (Joh 2,1–11). Auch später kommt er nach Kana (Joh 4,46); dort sucht ihn ein königlicher Beamter auf, dessen Sohn im Sterben liegt.

Karmel: (hebräisch »Obstgarten«) Gebirge mit üppiger Vegetation im Norden Israels, oberhalb der Ebene Jesreel (Höhe bis 552 m). Hier findet eine entscheidende Auseinandersetzung zwischen Elija und den Baalspriestern statt (1 Kön 18,19–43). Elija und Elischa ziehen sich in das Karmel-Gebirge zurück. Die Propheten loben den Karmel wegen seiner Schönheit und Fruchtbarkeit (Jes 33,9).

Korinth: Wichtige und große griechische Hafenstadt, in römischer Zeit Hauptstadt der Provinz Achaia mit mehr als einer halben Million Einwohner. Auf seiner zweiten Missionsreise predigt Paulus in Korinth. Er schließt sich einem Zeltmacherehepaar Aquila und Priszilla an und arbeitet bei ihnen (Apg 18,1–3). Paulus bleibt eineinhalb Jahre in Korinth, schreibt von hier aus den ersten Thessalonicherbrief. Auf seiner zweiten Missionsreise schreibt Paulus der Gemeinde mehrere Briefe und nimmt darin Stellung zu verschiedenen aktuellen Problemen der Gemeinde. Auch richtet er bald danach von Ephesus aus zwei weitere Brief an die Gemeinde. Von dem umfangreichen Briefwechsel sind nur zwei Briefe im Neuen Testament erhalten. Darin klingt an, dass die Gemeinde von allerlei Missständen und Spaltung bedroht war.

Kreta: Größte Insel im Mittelmeer, im Süden des Ägäischen Meeres gelegen. In der Pfingsterzählung (Apg 2,11) werden Bewohner aus Kreta genannt, wahrscheinlich jüdische Proselyten. Auf seiner Reise als Gefangener nach Rom kommt Paulus nach Kreta und rät angesichts des Windes zum Überwintern; doch das Schiff fährt weiter und gerät in den Sturm, der es nach Malta verschlägt (Apg 27). Der Titusbrief richtet sich an einen Gemeindeleiter, der »in Kreta zurückgelassen wurde«, um in den dortigen Gemeinden Älteste einzusetzen (Tit 1,5).

Libanon: (hebräisch »weiß«) etwa 170 km lange Gebirgskette im Norden von Israel mit Bergen bis über 3000 Meter. Der Libanon ist im Alten Testament berühmt wegen seiner riesigen Zedern und Zypressen (Ri 9,15). Hiram, der König der Stadt Tyrus schickt König Salomo Bauholz aus dem Libanon für den Bau des Jerusalemer Tempels (1 Kön 5,20). Aus dem Gebirge kommt lebendiges Wasser (Hld 4,15). Die Verheißung der Errettung Israels wird mit Bildworten ausgeschmückt: Wurzeln schlagen wie der Libanon, der Duft und der Wein des Libanon (Hos 14,6–8).

Malta: Kleine Mittelmeerinsel südlich von Sizilien. Paulus landet auf seiner Reise nach Rom als Gefangener nach einem Schiffbruch auf Malta und überwintert bei den gastfreundlichen Einwohnern (Apg 27,27–28,10).

Mittelmeer: Das – aus der Sicht des von Wüste und Nomadentum geprägten Israel – riesige Meer wird auch »Großes Meer« genannt (im Gegensatz zu den kleinen »Meeren« See Gennesaret und Totes Meer). Auch findet sich in der Bibel der Name »Westliches Meer« und »Meer der Philister«. Israel war nie ein Seefahrervolk, das Meer bedeutet Schrecken und Bedrohung (Ijob 38,8) und ist von Meeresungeheuern bewohnt (Leviatan, Ps 74,13–14). Im Hintergrund spielen dabei auch die Mythen von der Urflut eine Rolle, in denen Wasser das Leben der Menschen grundsätzlich bedroht. In der Jonaerzählung wird die Gefahr einer Reise auf dem Meer deutlich. Auf seinen Missionsreisen reist Paulus auch auf dem Mittelmeer, gerät dort ebenso in Gefahr und erleidet Schiffbruch.

Nazaret: Zur Zeit Jesu kleiner Ort (heute Stadt) in Galiläa, etwa 30 km westlich vom See Gennesaret. Nazaret ist die Stadt Josefs, Marias und Jesu, »ihre Stadt« (Lk 2,39) und wohl auch der historische Geburtsort Jesu (»theologischer Ort« ist Betlehem, die Stadt Davids). In Nazaret verbringt Jesus die erste Zeit seines Lebens bis zu seinem öffentlichen Wirken. Auch danach kehrt er nach Nazaret zurück und lehrt am Sabbat in der Synagoge, wird aber von den Bewohnern seiner Heimatstadt abgelehnt (Lk 4,16–30). Dennoch wird er im Neuen Testament häufig als »Jesus von Nazaret« oder »der Nazarener« bezeichnet (etwa Mk 1,24).

Nazaret

Negeb: (hebräisch »trocken, Süden, Mittag«) Wüste im Süden Palästinas, auch »Südland« genannt im Gegensatz zum Bergland Galiläas und Judas. Die Bibel führt verschiedene Völker auf, die im Negeb wohnen: Keniter, Kereter, die Stämme Kalebs ... Abraham und Isaak ziehen durch den Negeb, ebenso die Kundschafter des Mose.

Ninive: Hauptstadt von Assur (Assyrien) am linken Ufer des Tigris in Mesopotamien. Das Buch Tobit erzählt, dass Israeliten aus Galiläa durch König Salmanassar nach Ninive verschleppt wurden (Tob 1,3). Der Prophet Nahum kündigt den Untergang Ninives an (Nah 1-3). Im Buch Jona spielt Ninive eine entscheidende Rolle: Auch der »boshaften und gottfernen» Stadt gilt Gottes Erbarmen.

Philippi: Eine nach dem Vater Alexanders des Großen, Philippus II., genannte Stadt in Mazedonien, seit 31 v. Chr. römische Kolonie mit weithin italienischer Bevölkerung und jüdischen Minderheit. Auf seiner zweiten Missionsreise gründet Paulus in Philippi die erste christliche Gemeinde auf europäischem Boden (Apg 16,12). Als Unruhestifter wird er ins Gefängnis geworfen, kommt aber bald wieder frei. Auf seiner dritten Missionsreise kommt er wieder nach Philippi. Der Brief des Paulus an die von ihm gegründete Gemeinde ist wahrscheinlich im Jahr 55 während seines Gefängnisaufenthalts in Ephesus geschrieben und ist Ausdruck seines herzlichen Verhältnisses zu den Christen dieser Stadt.

Phönizien: (griechisch »Dattelpalme«) Küstenstreifen zwischen dem Libanongebirge und dem Mittelmeer vom Karmelgebirge bis zum Fluss Orontes.

Qumran: Am Nordwestende des Toten Meeres gab es um die Zeitenwende eine Siedlung der Essener, den Ort Chirbet Qumran. Diese Gruppe von Juden hatten sich abgesondert und legten das jüdische Gesetz streng aus. Sie hielten sich für die von Gott erwählte »Gemeinde des Bundes«, für die »Söhne des Lichtes«. Auf die »Söhne der Finsternis« (alle, die sich nicht streng an das Gesetz hielten), sah man voller Verachtung herab. Beim Aufstand der Juden gegen die Römer (66–70 n. Chr.) wurde Qumran im Jahr 68 zerstört. Vorher aber konnten die Bewohner eine Reihe von Schriftrollen in den Höhlen oberhalb des Ortes verbergen, die 1947 gefunden wurden. Unter diesen ältesten Handschriftfunden der Bibel sind: eine fast vollständige Rolle mit dem Buch Jesaja; Fragmente anderer alttestamentlicher Handschriften; Kommentare zu biblischen Schriften; die Gemeinderegel und andere Gesetzessammlungen von Qumran; Gebete und liturgische Texte. Die essenischen Schriften geben zudem einen guten Einblick in die jüdische Zeitgeschichte zur Zeit Jesu und in die Gemeinschaft der Essener. Es zeigt sich eine streng geordnete und hierarchisch strukturierte Gemeinschaft, an deren Spitze ein »Lehrer der Gerechtigkeit«, ein Hoherpriester, stand. Die Qumran-Gemeinde steht in keiner direkten Verbindung zum Christentum, wohl aber ist es möglich, dass Johannes der Täufer essenisch beeinflusst war.

Rom: Hauptstadt des römischen Reiches und zur Zeit Jesu Mittelpunkt der damals bekannten Welt rund um das Mittelmeer. Auch Judäa steht seit 63 vor Christus unter römischer Herrschaft. Rom ist der Sitz des römischen Kaisers, der seit Augustus als Gott verehrt wird. Im Neuen Testament spielt Rom mehrfach eine Rolle: Der römische Statthalter in Jerusalem, Pontius Pilatus, übergibt Jesus zur Kreuzigung, römische Soldaten nehmen die Hinrichtung vor. Lukas konzipiert seine Apostelgeschichte als Weg, den das junge Christentum von Jerusalem aus (Pfingstereignis) bis nach Rom geht. Paulus will (etwa im Jahr 56) nach Rom reisen, um von dort aus in den westlichen Mittelmeerländern zu missionieren. In Rom gab es zu dieser Zeit bereits eine christliche Gemeinde, die aber nicht von Paulus gegründet war. Dieser Gemeinde stellt sich Paulus mit dem Römerbrief vor. Die Apostelgeschichte erzählt, wie Paulus als Gefangener nach Rom gelangt, dort aber den christlichen Glauben predigen kann. Über sein weiteres Schicksal erzählt das Neue Testament nichts. Der Legende nach sind Petrus und Paulus in Rom hingerichtet worden – dies begründet die Bedeutung Roms für das Christentum.

Saba: Die Königin von Saba aus dem Land der Sabäer (im südlichen Arabien, nach einer anderen Tradition aus Äthiopien) besucht König Salomo und ist von dessen Weisheit und Reichtum sehr beeindruckt (1 Kön 10). Die Königin schenkt Salomo große Mengen Gold, Balsam und Edelsteine.

Samaria/Samarien: Die Stadt Samaria (hebräisch »Wachturm«) liegt auf dem gleichnamigen Berg nördlich von Jerusalem und wurde von König Omri erbaut. Nach der Teilung des Reiches in Juda (mit Jerusalem) und Israel im Jahr 931/926 wird Samaria ab 870 zur Hauptstadt des Nordreiches. Die Geschichte der Könige von Samaria ist eine Geschichte der Gewalt und der Verschwörungen (2 Kön 10,1–17). Im Jahr 721 wurde die Stadt von den Assyrern (König Salmanassar) zerstört. Danach ging der Name auf die umliegende Landschaft über, das Gebiet zwischen Judäa und Galiläa. Die Bevölkerung Samariens war nach dem Untergang des Nordreiches eine Mischbevölkerung aus Juden und anderen Völkern. Dies führte zur religiösen Mischung, zu einer Verehrung sowohl von Jahwe wie auch anderer Götter (Amos 8,14). Gegen den Tempelkult in Jerusalem setzten die Samariter einen Opferkult auf dem Berg Garizim. Die Juden verachteten die Samariter. Dass Jesus in seinem Gleichnis einen Samariter als Modell für vorbildliche Nächstenliebe wählt (Lk 10,33), erregt Anstoß. Dies gilt ebenso für sein Gespräch mit einer Samariterin am Jakobsbrunnen (Joh 4). In Samarien missionierten bereits früh Christen von Jerusalem aus: Philippus (Apg 8,4–13), aber auch Petrus und Johannes (Apg 8,14–25).

Schilo: Stadt und altes Heiligtum etwa 40 km nördlich von Jerusalem. Josua verteilt in Schilo das eroberte Land an die zwölf Stämme (Jos 18,1–10). In Schilo wurde jährlich ein Fest zur Ehren Jahwes gefeiert. Der junge Samuel tut im Tempel von Schilo Dienst (1 Sam 2–3). Die Stadt wurde wahrscheinlich von den Philistern zerstört. Später werden Leute von Schilo auf einer Wallfahrt nach Jerusalem erwähnt (Jer 41,5).

Schiloach: Künstlich angelegter Teich in Jerusalem. König Hiskija (728–699) ließ einen Tunnel von der Gihonquelle im Kidrontal zum Felsbassin des Teiches schlagen und leitete so Wasser in die Davidsstadt (2 Kön 20,20). Jesus fordert einen Blindgeborenen auf, sich im Teich Schiloah zu waschen, um geheilt zu werden (Joh 9,7). Ein Turm stand nicht weit vom Teich. Bei seinem Einsturz wurden 18 Menschen erschlagen (Lk 13,4).

Sichem: (hebräisch »Schulter, Nacken«) Stadt 50 km nördlich von Jerusalem im Gebirge Efraim. Sichem ist eine uralte Kultstätte mit einem Baumkult (Terebinthe) und seit der Väterzeit ein heiliger Ort, an dem bereits Abraham und Jakob einen Altar errichten (Gen 33,20). Hier wird Josef begraben (Jos 24,32). Zur Zeit der Landnahme war Sichem Standort der Bundeslade und damit das religiöse Zentrum der Stämme Israels, zugleich der Versammlungsort, an dem das Volk unter Josua zusammenkam, um den Bund mit Gott zu erneuern (Jos 24). Salomo macht Sichem zur zweiten Hauptstadt seines Reiches. Steht Sichem in dieser Zeit für die Einheit des Reiches, so wird es bei der Trennung in Nord- und Südreich zur ersten Hauptstadt des Nordreiches (später Samaria), in der Rehabeam zum König Israels proklamiert wird. 724 wird Sichem durch die Assyrer zerstört.

Sidon: Bedeutende Hafenstadt in Phönizien, nördlich von Israel, heute Saida genannt. Nach Gen 10,15 ist Sidon die erste der kanaanäischen Städte. Sie wird »Festung am Meer« genannt (Jes 23,4); es gibt immer wieder Auseinandersetzungen zwischen Israel und Sidon. Israel lässt sich von Göttern Sidons verführen (1 Kön 11,5); Ezechiel verheißt der Stadt den Untergang (Ez 28,21–23). Jesus zieht sich in das Gebiet von Sidon und Tyrus zurück (Mt 15,21). Auch Paulus macht Station in Sidon (Apg 27,3–4).

Sinai: (abgeleitet vom hebräischen »Dornbusch«) Sinai ist zuerst die Halbinsel zwischen dem Roten Meer und dem Golf von Akaba, die Brücke zwischen Afrika (Ägypten) und Asien (Kanaan, Mesopotamien) , geprägt von Wüsten und Steppen. Weiter meint Sinai einen Teil der Wüste im Süden der Halbinsel, der für Israel auf seinem Weg in die Freiheit (Exodus) besondere Bedeutung gewann. Hier hat sich Gott dem Mose bereits vorher im brennenden Dornbusch geoffenbart (Ex 3). Schließlich meint Sinai auch den Berg, auf dem Mose von Gott die Zehn Worte (Zehn Gebote, Ex 20 und Dtn 5) und die Gesetzestafeln (Ex 24) empfing. Der Berg Sinai wird im Deuteronomium und in den Königsbüchern auch »Horeb« genannt. Zu ihm wanderte der Prophet Elija auf seiner Flucht vor der Königin Isebel. In der Landschaft und am Berg Sinai konzentriert sich eine der wesentlichen Erfahrungen Israels: Hier spricht Gott zu seinem Volk, hier stimmt das Volk dem Bundesschluss mit Gott zu. Hier kommt aber das Volk durch die Verehrung des Goldenen Kalbes auch zum Abfall vom Glauben an Jahwe. Mose verbringt 40 Tage und Nächte auf dem Berg (Ex 24,18). An den Berg Sinai werden in der Tradition Israels eine Fülle von Gesetzen und kultischen Regeln verlegt. Diese sind wohl zum großen Teil später entstanden (Exilszeit), werden aber zurückprojiziert, um so an der Autorität der Mosetradition teilzuhaben. Der genaue Ort ist historisch nicht fassbar; er wird in der Tradition mit dem Djebel Musa, dem Moseberg, identifiziert.

Smyrna: Größter Hafen Kleinasiens (heute Izmir in der Westtürkei). Das Sendschreiben der Offenbarung richtet sich an die christliche Gemeinde in Smyrna, die von einer Verfolgung bedroht ist, und an sechs andere Gemeinden (Offb 1,11; 2,8–11).

Sodom und Gomorra: Zwei Städte in der Ebene südlich des Toten Meeres. Sodom war die südliche Grenzstadt der Kanaaniter. Ihre Bewohner als böse und verderblich, vor allem wegen der Missachtung der Gastfreundschaft (Gen 19,8). Lot, der Neffe Abrahams, lässt sich in Sodom nieder; als die Stadt mit »Schwefel und Feuer« zerstört wird (Gen 19,23), kann er im letzten Augenblick fliehen, seine Frau aber schaut gegen Gottes Gebot zurück und erstarrt zur Salzsäule. Sodom gilt als Sinnbild des Bösen und Gottwidrigen, nicht einmal »zehn Gerechte« finden sich in der Stadt (Gen 18,32).

Tabor: 588 m hoher Berg, der markant aus der südwestlich des Sees Gennesaret gelegenen Ebene Jesreel herausragt. Bereits früh galt der Tabor als heiliger Berg, auf dem eine Kultstätte lag. Der Prophet Hosea wendet sich gegen diesen Kult und betont die alleinige Verehrung Jahwes (Hos 5,1). Psalm 89,13 verbindet den Berg mit dem Hermongebirge und versteht beide als natürliches Gotteslob. Obwohl im Neuen Testament nicht ausdrücklich benannt, gilt der Tabor Christen als der Berg der Verklärung Jesu (Mk 9,2).

Tarschisch: (griechisch »Edelstein«) Nicht näher bekannte Stadt wahrscheinlich im westlichen Mittelmeerraum (Spanien). Das am »Ende der Welt« liegende und nur mit Schiffen erreichbare Tarschisch ist berühmt wegen seines Reichtums (1 Kön 10,22) und seines Handels. Der legendären Erzählung nach will Jona nach Tarschisch vor dem Auftrag Gottes fliehen – die Stadt wird somit zum Sinnbild der Gottferne am Ende der Welt.

Thessalonich (Thessalonike): (griechisch »Sieg der Thessalia, heute Saloniki) nach einer Schwester Alexanders des Großen benannte Hafenstadt im Norden Griechenlands, Hauptstadt der Provinz Mazedonien. Paulus kommt auf seiner zweiten Missionsreise hierher und gründet zusammen mit Silas und Timotheus eine heidenchristliche Gemeinde. Wahrscheinlich ist Paulus später noch einmal in die Stadt gekommen, die er bei seinem ersten Besuch fluchtartig verlassen musste (Apg 17,1–13). Sein erster Brief an die Thessalonicher ist die älteste Schrift des Neuen Testaments, etwa im Jahre 50 von Korinth aus geschrieben.

Totes Meer: Etwa 75 km langer und 16 km breiter Binnensee, mit 392 m unter dem Meeresspiegel die tiefste Stelle der Erdoberfläche. Der Jordan mündet in das Tote Meer, einen Abfluss gibt es nicht. Da das zufließende Wasser verdunstet, hat das Tote Meer einen Salzgehalt von 25 % . Das Wasser ist ungenießbar, es gibt auch kein Leben im Wasser (»totes« Meer). In der Bibel wird das Tote Meer auch Meer von Araba (Jos 3,16), Salzmeer (Dtn 3,17) und östliches Meer (Ez 47,18) genannt.

Ur: Heimatort der Familie Abrahams (Gen 11,28) im unteren Teil Mesopotamiens, oft wird die Landschaft um Ur auch Chaldäa genannt. Abrahams Vater Terach zieht mit seiner Familie von Ur nach Haran (Gen 11,31).

Zion: vorisraelitischer Name für den südöstlichen Hügel Jerusalems, von David erobert (Davidstadt). In der prophetischen Tradition wird Zion weniger als geografischer Begriff gebraucht, sondern symbolisiert die Anwesenheit Gottes unter den Menschen (Jes 60,14). Somit ist der Zion auch Wallfahrtsziel (Jer 31,6). Nach dem Exil ist Zion die Stadt des endzeitlichen Heils.

Der Sinai (Moseberg) im Morgenlicht

Land und Leute zur Zeit der Bibel

Die Erzählungen der Bibel sind eingebettet in eine bestimmte Region mit ihren geografischen, klimatischen und wirtschaftlichen Bedingungen und mit ihrer Geschichte und Kultur. Palästina ist neben dem ägyptischen Raum und dem Raum des Zweistromlandes mit dem Fruchtbaren Halbmond das eigentliche Gebiet der Bibel. Deshalb sollen im Folgenden Aspekte von Land und Leuten in diesem Gebiet betrachtet werden. Doch haben sich die Lebensverhältnisse von der Eisenzeit (12.–6. Jahrhundert v. Chr.) bis zur Zeit Jesu durchaus geändert. Wir konzentrieren uns auf die Zeit Jesu.

Der bekannteste Name für das Gebiet im Vorderen Orient zwischen dem 30. und 33. Breitengrad und dem 34. und 36. Längengrad ist Palästina. Doch ist dieser Name in der Bibel unbekannt. Er stammt von den Philistern, jenen »Seevölkern« aus ägyptischer Sicht, die sich im 12. Jahrhundert v. Chr. in der Küstenebene niederließen. Später nannten griechische Seeleute nicht nur das Küstengebiet, sondern das ganze Land Palästina. Die Bibel braucht den Namen Kanaan für das Gebiet Palästinas. Er geht zurück auf die ursprünglichen Einwohner des Landes, die Kanaaniter, die nach dem Zeugnis der Bibel (etwa Josua und Richter) Feinde der Israeliten gewesen waren. Nach heutigem Stand der archäologischen Forschungen allerdings gehörten wohl die Israeliten weithin selber zu den Leuten von Kanaan (wohl verstärkt durch einwandernde Nomaden); erst in der Königszeit vor allem des 7. Jahrhunderts (Reich Juda) kommt es zu einer neuen Identität: Wir sind die an Jahwe glaubenden Israeliten im Gegensatz zu den Kanaanitern, die an die Götter der Kulthöhen (u.a. Baal und Aschera) glauben. Der Name Kanaan kommt vom akkadischen »Kinahhu« = »roter Purpur«, mit dem in der alten Zeit Handel getrieben wurde. – Aufgrund der beiden Königreiche finden sich die Namen Israel für das Nordreich und Juda für das Südreich um Jerusalem in der Bibel häufig.

Das Land

Als Land, »in dem Milch und Honig fließen« wird Palästina in der Bibel bezeichnet, als heiliges Land Gottes, das den darin wohnenden Menschen übergeben ist, damit sie als ein Volk den einen Gott preisen. Doch welcher Gestalt ist dieses »Gelobte Land«?

Zuerst einmal ist es ein sehr kleines Land, nicht größer als Belgien. Das heutige Israel (ohne die besetzten Gebiete, aber mit den großen Flächen im Süden) umfasst 21 056 km^2. Das biblische Land erstreckt sich in Nord-Südrichtung auf etwa 240 km, in der West-Ostrichtung auf zwischen 40 und 140 km. Dies bedeutet kurze Wege: Alle Orte waren in kurzer Zeit zu erreichen.

Dieses kleine Land zeigte trotzdem eine Vielfalt landschaftlicher Formen, eine große Fülle verschiedener Gesichter (vgl. Seite 67): fruchtbares Ackerland, verkarstete Berge, ein tief eingeschnittenenes Flusstal mit tropischer Vegetation, Wüste und Steppe, Wälder und Äcker. Dabei hat sich die Vegetation von der Zeit Jesu bis heute entscheidend geändert: Waren damals noch große Wälder in weiten Teilen des Landes, so sind diese in der osmanischen Zeit abgeholzt worden, so dass sich das Landschaftsbild entscheidend geändert hat, damit aber auch die Lebensverhältnisse der Menschen.

Die vielen
Gesichter des
Landes Israel
Akko
Der Berg Hermon
Das Jesreeltal
Der Jordan
Caesarea
Samaria
Judäa
Das Elahtal
Am Toten Meer – Lots Frau
Fluss Zin

Klima: Palästina ist geprägt von einem Mittelmeerklima. Deshalb gibt es nicht vier Jahreszeiten, sondern nur Winter und einen langen Sommer, unterbrochen von kurzen Zwischenzeiten. Man kann das Jahr auch in die winterliche Regenzeit und die sommerliche Trockenzeit unterteilen. Die Regenzeit beginnt mit leichten Regen im Oktober, dann ist die Zeit der Aussaat. In den folgenden Monaten regnet es aber nicht beständig, sondern zwischen vielen Sonnentagen gibt es kurze, aber heftige Sturzregen, bei denen sich die Wadis in den Bergschluchten zu reißenden Flüssen entwickeln (vgl. das Gleichnis vom Hausbau, Mt 7,24–27). Wasser bleibt deshalb ein Problem in Palästina: In der Regel ist zu wenig da; wenn es regnet, kann es zerstörende Wirkungen haben. Außerdem ist die Regenverteilung unterschiedlich: In Galiläa fällt mehr Regen als in Juda. Mit Beginn des Sommers (ab März/April) wird die Ernte eingebracht, Gerste zuerst, dann Weizen, später Weintrauben, Datteln und Oliven. Die Durchschnittstemperatur in Palästina beträgt ca. 22° C, doch gibt es erhebliche Unterschiede zwischen dem bis zu 1000 m hohen Bergland, wo es selbst im Sommer kalt werden kann und dem Jordangraben mit seinen tropischen Temperaturen von bis zu 50° C. Die vom Westen kommenden Winde sind geschätzt, weil sie Regen bringen, die trockenen und kalten Ostwinde und der südliche Wüstenwind gefürchtet.

Vier Großräume lassen sich in Palästina unterscheiden: **Küstenebene**, **Bergland**, **Jordansenke** und das **Land jenseits des Jordan** und das Bergland Idumäa südwestlich des Toten Meeres. Die Höhenunterschiede sind beträchtlich: Von der Küste aus steigt das Bergland bis auf fast 1000 m an, dann fällt das Gebiet in der Jordansenke steil ab bis auf mehrere hundert Meter unter dem Meeresspiegel und steigt auf der anderen Seite wieder an. Geologisch ist dies bedingt durch eine Platte aus Kalk, die von West nach Ost aufgeschoben wurde und im Osten (Jordansenke) zerbarst. Deshalb findet sich im Bergland überall verkarstetes Kalkgestein, Schluchten, Höhlen ...

Das eigentliche Kernland Palästinas ist das **Bergland** zwischen Küstenebene und Jordangraben. Vom Phönizien im Norden zieht sich das Bergland über Galiläa, Samaria nach Judäa hin, doch mit unterschiedlicher Gestalt. Während es in Galiläa leicht gewellt ist, sich zwischen den Karstbergen fruchtbare Bodenansammlungen ergaben, folgen in Samaria noch fruchtbarere Gebiete, die »Kornkammer« des ganzen Landes. Durch Einschnitte (etwa bei Megiddo, aber auch bei den Städten Sichem und Samaria) führten Handelswege vom Jordan zur Küste. Das südlichere Bergland Juda ist höher, karger, trockener, hat weniger fruchtbaren Boden, ist eher ein Land für nomadische Viehzucht als für ertragreichen Ackerbau.

Die **Küstenebene** dagegen war immer ein Gebiet fremder Völker, besonders der gefürchteten Philister. Hinter dem sandigen Küstenstreifen schließt sich eine fruchtbare Ebene an. An der Küste selbst lagen Städte wie Gaza, Askalon, Ashdod, Jaffa und die neue Stadt Cäsarea – alle nicht wirklich jüdisch geprägt.

Die nicht mehr als 30 km breite **Jordansenke** ist eine der beeindruckendsten Landschaften der Erde, das im Süden liegende, 1020 km^2 große Tote Meer die tiefste Depression der Erde, der Wasserspiegel liegt etwa 400 m, der tiefste Punkt des Toten Meeres 829 m unter dem Meeresspiegel. Auch der See Gennesaret liegt bereits 200 m unter dem Meeresspiegel. So haben wir hier ein völlig anderes Klima und dementsprechend eine andere, nunmehr tropische Vegetation.

Der in den Bergen des hohen Hermon entspringende Fluss **Jordan** ist der wichtigste Fluss Palästinas, in den Erzählungen der Bibel spielt er immer wieder eine Rolle (Durchzug durch den Jordan bei der Landnahme, Taufe Jesu ...). Wichtig ist im Norden der fischreiche **See Gennesaret**, von seiner harfenähnlichen Form her nach dem

Flora: Palästinas Flora hat sich in den letzten Jahrhunderten durch die Abholzungen während der osmanischen Zeit erheblich verändert: Wo früher ausgedehnte Wälder waren, ist heute verkarstetes Land. Die Flora an der Küste und im Bergland ist mediterran und damit subtropisch bestimmt, im Jordangraben ist es tropisch, im Süden gibt es ein Wüstenklima und entsprechende Pflanzen. Die typischen Bäume im Bergland waren zur Zeit Jesu Eichen und Terebinthen. Die Eiche ist der klassische biblische Baum (»die Eichen von Mamre« ...). Daneben gab es Johannisbrotbäume, wilde Olivenbäume, Pistazienbäume, Lorbeer und Platanen. Im höheren Bergland breiteten sich Sträucher und Heide aus, Ginster und Myrte, Senfstrauch und Ysop, dazu in der Steppe eine Fülle von Disteln und Dornengewächsen. Kräuter und Gewürzpflanzen gab es wild wie angebaut: Kamille, Minze, Kümmel, Anis ... Zu diesen Pflanzen kamen bunte Blumen, Lilien, Tulpen, Narzissen, Hyanzinthen und andere mehr. An Kulturpflanzen waren neben den verschiedenen Getreidesorten (Weizen, Dinkel, Gerste, Hirse) besonders der Ölbaum, der Weinstock und die Feige wichtig. Hinzu kamen Granatäpfel, Dattelpalmen, Mandelbäume und Sykomoren. An Gemüse gab es Linsen und Bohnen, Zwiebeln, Auberginen und anderes mehr. Insgesamt also ein fruchtbares und reiches Land mit einer bunten Vegetation.

Instrument »Kinnaret«, auch See Tiberias oder Galiläisches Meer genannt. Um den See waren Fischerorte, aber es gab auch eine ertragreiche Landwirtschaft – dieses Gebiet ist das Kerngebiet der Verkündigung Jesu. Der Jordan durchfließt den See Gennesaret und verläuft dann mäandernd bis zum Toten Meer, begleitet von Galeriewäldern. Ist das Gebiet um den Jordan durch Bewässerung noch fruchtbar, wenn auch von tropischem Klima, so wird die Landschaft ums Tote Meer steinig und lebensfeindlich. Es hat keinen Abfluss, der Zufluss des Jordan wird durch Verdunstung ausgeglichen; damit aber kommen immer mehr Mineralstoffe und Salze in den See – es gibt kein Leben im Wasser und auch nicht um das Tote Meer. Dennoch war dies ein Gebiet, in dem sich Menschen von der Gesellschaft abwandten und in Abgeschiedenheit lebten (Qumran).

Nicht zum heutigen Israel und Westjordanland gehörend, aber in biblischer Zeit immer wieder bedeutend (etwa Jakobs Kampf am Jabok) waren die **Gebiete jenseits des Jordan** und auch südwestlich vom Toten Meer. Hier lagen in der Königszeit die Reiche von Ammon und Moab, im Süden von Edom. Zur Zeit Jesu lag im Norden das Gebiet der Dekapolis (der Zehn Städte), weiter im Süden Peräa und in den gebirgigen Wüstengebieten südwestlich des Toten Meeres die Landschaft Idumäa (von Edom). Alles ist karg aufsteigendes Bergland, Steppe, geprägt von nomadischem Hirtenleben. Weiter im Osten und Süden liegt die Wüste.

Aufgrund dieser geografischen und klimatischen Gegebenheiten gab es in Palästina immer eine Mischung von bodenständigem Ackerbau und nomadischer Hirtenkultur. Was bereits im Mythos von Kain und Abel anklingt, was in den Sagen rund um die Landnahme und in der Richterzeit immer wieder deutlich wird, ist ein Konflikt zwischen Bauern und Hirten. Dabei konnten die Bauern allein von ihren Erzeugnissen leben, die Hirten waren auf Tauschhandel (etwa Felle gegen Getreide) angewiesen. Diese unterschiedlichen Lebensweisen (hinzu kam die wieder andere Lebensweise der Stadtbewohner) hatten Auswirkungen auf das religiöse Denken und Empfinden der Menschen: Der Bauer stand Fruchtbarkeitskulten und damit den kanaanäischen Gottheiten nahe, sein Denken kreiste um die zyklische Wiederkehr von Aussaat und Ernte, von Regen und Sonne, sein Blick war auf den Boden gerichtet. Dagegen waren die nomadischen Hirten von den Wegen mit ihren Herden geprägt, bei denen sie nachts den Blick zum Himmel hoben – hin zu einem transzendenten, nicht darzustellenden Gott.

Fauna: Die meisten wilden Tiere des alten Palästinas gibt es heute nicht mehr oder nur noch in geringer Zahl: Löwen und Wölfe, Antilopen und Gazellen, Schakale und Hyänen, Flusspferd und Krokodil. Dagegen sind Vögel und Insekten (darunter die gefürchtete, weil gefräßige Heuschrecke), dazu Repilien (Eidechsen und einige Schlangenarten) häufig anzutreffen.
An Haustieren stehen bei den Nomaden Schafe und Ziegen im Vordergrund, als Lasttier diente der kräftige Esel, dazu gab es Rinder – Ochsen wurden zum Pflügen eingesetzt. Schweine waren verpönt, Pferde, die als Kriegstiere angesehen wurden, selten, ebenso Kamele.

Ackerbau

Palästina ist in der Küstenebene, aber auch in den Landschaften Galiläa und Samaria und der dazwischen liegenden Jesreel-Ebene fruchtbares Ackerland. Im kargeren Bergland Judas lassen sich Feldfrüchte anbauen, wenn man den Boden entsprechend bereitet (mit Stützmauern befestigte Felder an Hängen) und für Bewässerung sorgt. So wurden im Laufe der Zeit umfangreiche Systeme der Wasserversorgung geschaffen: Dämme und Kanäle.

Angebaut wurde vor allem **Getreide**: Weizen und Gerste, dazu Dinkel, Emmer und Hirse. Die Bauern hatten dazu aber auch Gemüse- und Kräutergärten, in manchen Gegenden Weinberge oder Olivenhaine. An Vieh beschränkten sie sich auf ein paar Schafe (für Wolle), vielleicht einige wenige Rinder (für Milch) und vor allem einen oder zwei (= ein Joch) Ochen, die den Pflug ziehen mussten und neben dem Esel auch als Lasttiere dienten.

Mit Beginn des Winters (etwa Oktober/November) begann die **Aussaat**. Dazu wurde der Boden mit einer eisernen Pflugschar aufgeworfen. Diese Arbeit war besonders im Bergland schwierig: zu viele Steine, aber auch Disteln und andere Sträucher behinderten das Pflügen. Manchmal säte man das Getreide auch zuerst von Hand und pflügte danach. Dann konnte Saatgut auf den Weg, auf felsigen Boden oder unter Dornen fallen, wie es im Gleichnis heißt (Mk 4,1–8).

Im März/April begann man mit der **Ernte**, zuerst Gerste, dann Weizen. Dazu nutzte man eine Sichel, mit der man die Halme recht weit oben abriss. Sie brauchten nicht auf dem Feld getrocknet zu werden, sondern wurden gleich zum Hof gebracht, wo man sie ausbreitete und mit einem Dreschschlitten die Körner von der Spreu löste. Durch Worfeln mit der Wurfschaufel wurde beides getrennt. Die Körnerernte wurde in einem Vorratsraum in Krügen aufbewahrt. Nach der Ernte konnte man Erntedank feiern: Das später mit dem Pascha verbundene Fest der Ungesäuerten Brote war ebenso ein Erntedankfest wie das Pfingstfest. Man feierte Gott als den Geber aller Gaben der Erde.

Viehzucht

Viehzucht gab es in Palästina auf verschiedene Weise. In kleinerem Umfang hielten sich auch die Ackerbauer einige Tiere, hinzu kamen vor allem im Süden des Landes Halbnomaden, die sowohl von ihren Herden als auch von Ackerbau in geringerem Maße (auf kleinen und steinigen Feldern) lebten. Vor allem aber gab es eine aus alter Zeit stammende nomadische Tradition, die sich in Teilen Arabiens bis heute gehalten hat: Hirten, die mit ihren großen Schaf- und Ziegenherden (bis zu 300 Tiere) über die Felder und Weiden zogen. Das (Fettschwanz-) Schaf gab Milch, Wolle und Fleisch, die Ziege Milch und Haare für Decken und Zelte. Schaf und Ziege waren auch Opfertiere am Tempel in Jerusalem.

Kleinere Herden wurden von Familienangehörigen eines Bauern beaufsichtigt, oft auch von Kindern. Für die großen Herden gab es Berufshirten, die teilweise mit eigenen Herden unterwegs waren, teilweise auch von Gutsbesitzern eingestellt wurden (»Mietling«). Der Beruf des **Hirten** entsprach keineswegs dem romantischen Bild eines Tagträumers und Faulpelzes. Es war zum einen eine harte Arbeit, eine solch große Herde zusammenzuhalten, zum anderern gab es in der damaligen Zeit in Palästina eine Reihe von Raubtieren, Wölfen und Schakalen, die immer wieder Tiere rissen und denen der Hirt mutig und mit einer Keule und Steinschleuder bewaffnet (vgl. den Hirtenjungen David) entgegentreten musste. Der Hirte erscheint somit als mutiger, ausdauernder und entschlossener Mann – in diesem Sinne wurde er zum Bild auch für den König, der für sein Volk wie ein guter Hirt zu sorgen hat, mehr noch, er wurde zum Bild für Gott selbst. Dessen ungeachtet gab es zur Zeit Jesu auch den umgekehrten Ruf: dass Hirten es mit dem Eigentum ihres Herren nicht so genau nahmen, dass sie sich nicht genug Mühe gaben, dass sie faul seien.

Neben Schafen, Ziegen und – in geringerem Maß – Rindern, Eseln und Maultieren, dazu wenigen Kamelen züchtete man in der Geflügelzucht vor allem Tauben, die als Opfertiere gebraucht wurden. Hühnerzucht gab es vor allem seit römischer Zeit.

»Theologie« des Hirten: In der Bibel ist der Hirte ein Bild für Gott selbst, der sich um sein Volk wie ein guter Hirte kümmert. Stellen dazu finden sich etwa Ps 74, 77, 80 (»du guter Hirte Israels«), 107, aber auch anderenorts wie etwa Sir 8,13, Jes 40,11. Am bekanntesten ist der Psalm 23 »Der Herr ist mein Hirte«. Dieser Psalm gilt als Psalm Davids, der selber Hirte war – von da aus liegt das Hirtenmotiv in seinem Lebenshorizont. Die Sätze des Psalms zeigen die Sorge des Hirten, der auf rechten, nicht gefährlichen Wegen führt, der Weideplätze aussucht, auf denen alle genug haben, der für lebenswichtiges Wasser Sorge trägt. Er ist ein starker Hirte, der Schutz und Sicherheit gibt auch in Bedrängnis (»finstres Tal«). All dies sind kraftvolle Bilder für ein Gottesverständnis, das von der treuen Sorge Gottes für sein Volk ausgeht.

Fischfang: Israel war keine seefahrende Nation wie etwa die Phönizier. Im Gegenteil hatte das offene Meer etwas Bedrohliches. Dennoch gab es am Mittelmeer Fischer, die sich nahe am Ufer hielten. Umfangreicher aber war der Fischfang im See Gennesaret. Im Alten Testament ist Fisch nur an wenigen Stellen erwähnt; dagegen finden sich in den Evangelien eine Reihe von Erzählungen, denn einige der Jünger Jesu waren Fischer am See Gennesaret. Der Name der Stadt Betsaida bedeutet »Haus des Fischfangs«. Es gab in Israel Angeln aus Metall, doch in der Regel wurde mit Netzen gefischt. Dies geschah auf verschiedene Weise:

- mit dem Wurfnetz, ein Netz von etwa vier bis sieben Metern Durchmesser, das vom flachen Ufer aus oder auch von einem Boot in den See geworfen wird. An den Rändern ist es mit Netzgewichten aus Stein oder Blei beschwert. Die Fischer tauchten dann ins Wasser, um das Netz mit den Fischen zurückzuholen.
- mit dem Fesselnetz. Dieses bestand aus zwei oder drei hintereinander angebrachten Netzen mit jeweils engeren Maschen. Die Fische wurden mit Stangen hineingetrieben und verfingen sich in den engen Netzen.
- mit dem Schleppnetz, ein bis zu 200 m langes und 5 m tiefes Netz, das von zwei Booten durch das Wasser gezogen oder auch mit einem Boot aufs Wasser gebracht und vom Ufer aus ans Land gezogen wurde.

Handwerk

Neben Bauern, Hirten und Fischern gab es in Palästina verschiedene Handwerke, doch weniger, als wir es heute kennen. Denn das Korn wurde im Haushalt von den Frauen gemahlen, ebenso backten sie das Brot. Auch sorgten die Frauen für die Herstellung von Kleidung durch Spinnen, Weben und Nähen, so dass es nur in späterer Zeit spezialisierte Textilbearbeitung gab (Zeltmacher wie Paulus oder Färber). Drei Handwerke allerdings gab es in jedem Dorf: den Schmied, den Zimmermann und den Töpfer. Insgesamt nennt die Bibel etwa 25 Berufe, von den Sandalenherstellern bis zu den Zeltmachern, vom Steinmetz bis zum Goldschmied.

Schmied: Metallbearbeitung führte zu unterschiedlichen Produkten: Im Dorf ging es um Werkzeuge für die Landwirtschaft, um Hacken, Äxte und Pflugscharen, um die notwendigen Haushaltsgeräte. In der Stadt kam die Produktion von Waffen, Schmuck und Münzen hinzu. Für das Feuer wurde Holzkohle genutzt, die der Schmied selber herstellte, das Eisenerz kam aus den Bergen jenseits des Jordan.

Töpfer: Eine Fülle unterschiedlicher Produkte kam aus der Hand des Töpfers: Krüge, Töpfe und Geschirr in verschiedenen Größen und Formen, vom kleinen Becher bis zum großen Vorratskrug, dazu andere Produkte wie Öllampen, Schreibtafeln, aber auch Spielzeug. In den Dörfern wurden wohl meist nur einfach verzierte Gegenstände gefertigt, in den Städten elegante Gefäße von großer Schönheit. Gute Tonerde kam aus dem Jordantal.

Zimmermann: In Palästina ging es um die gesamte Holzverarbeitung ohne Spezialisierung. So ist der »biblische Zimmermann« Holzfäller, der die Bäume im Wald schlägt, er ist Bauarbeiter, der den Dachstuhl eines Hauses aufrichtet, er ist Schreiner, der Möbel fertigt, aber auch Türen und Fensterrahmen, er ist Wagner, die die Räder und Deichseln der Ochsenkarren oder gar den ganzen Karren herstellt. Auch die hölzernen Dreschschlitten wurden von Zimmerleuten hergestellt. Wegen ihrer vielfältigen und für Haushalt und Landwirtschaft notwendigen Erzeugnisse wurden Zimmerleute im Volk geachtet.

Handel

Palästina liegt zwar im Schnittpunkt der Großreiche Ägypten und Mesopotamien und so gibt es große Fernhandelsstraßen, allerdings entlang der Küste, nicht im Bergland. Deswegen hatte der Fernhandel in Juda nie eine bedeutende Rolle gespielt. Wohl aber gab es in Palästina eine Reihe von Produkten wie Korn, Öl und Datteln, die in die umliegenden Ländern bis hin nach Ägypten verkauft wurden. Auch mussten Rohstoffe eingeführt werden, Holz aus dem Norden, Eisenerz aus dem Osten, Weihrauch für den Tempel aus dem Süden, dazu kostbare Öle für Parfum. Geschäftsleute vor allem in den Hafenstädten hatten Beziehungen zur jüdischen Diaspora in den Städten des Mittelmeeres.

Vorrangig war allerdings in Palästina der regionale Handel, der auf den Märkten der größeren Orte und kleinen Städte vor sich ging. Dabei wurden die Erzeugnisse der Bauern und Hirten angeboten: Getreide und Gemüse, Oliven und Wein, dazu Tiere wie Lämmer und Ziegen, Felle und Wolle. Die einzelnen Handwerke verkauften ihre Produkte, Gefäße und Handwerkszeug etwa. Die Märkte wurden überwacht, es gab Marktaufseher, die gegen falsches Maß vorgingen und für gerechte Preise sorgten. Von den Märkten aus zogen auch ambulante Händler von Dorf zu Dorf, die besondere Kleidung und Schmuck anboten. In größeren Städten gab es Ladenbesitzer, ja in Jerusalem ganze Marktstraßen, nach Produkten geordnet wie auch heute noch auf orientalischen Märkten üblich.

Eine wichtige Aufgabe für einen florierenden Handel war das **Geldwechseln**. Gewiss gab es im ländlichen Raum noch Tauschwirtschaft, doch meist wurde mit Geld bezahlt. Allerdings gab es zur Zeit Jesu verschiedene Münzsysteme, die zueinander in Beziehung gebracht werden mussten. Vorrangig war das römische System mit Denar, Sesterz bis hin zum Quadrans. Daneben gab es aber – aus hellenistischer Zeit – auch das griechische System mit Drachmen und Obolos. Zusätzlich wurden an verschiedenen Stellen des Römischen Reiches, auch in Palästina, kleine Kupfermünzen geprägt, die beim alltäglichen Handel die größte Rolle spielten. Solche Münzen (pruta = »Scherflein«) werden im Neuen Testament mehrfach erwähnt (Mt 5,26; 10,29; Lk 21,2).

Münzen: Die Kupfermünze **Pruta** (Scherflein) war die kleinste Währungseinheit und wurde am meisten genutzt. Ein Denar bestand aus 192 Prutot. Die wichtigste Münzeinheit im Römischen Reich war der silberne **Denar**, nach dem meist gerechnet wurde. Die griechische Silbermünze Drachme hatte einen Wert von drei Viertel des Römischen Denars.
Der tyrische **Schekel** ist ursprünglich eine Gewichtseinheit von zwischen 14,2 und 16,3 Gramm. Er stellte als Silbermünze zur Zeit Jesu die »heilige Währung« dar, die im Tempel zur Bezahlung der Tempelsteuer eingesetzt wurde.
Eine **Mine** ist ursprünglich eine Gewichtseinheit beim Wiegen von Edelmetallen (ca. 600 bis 1000 g), später der Gegenwert von 100 Drachmen, allerdings keine Münze, sondern nur eine Summenbezeichnung.
Das biblische **Talent** ist eine Gewichtseinheit von 3600 Schekel (ca. 41–57,6 kg) und meint im Geschäftsleben ein entsprechendes Gewicht in Silber. Mit dem biblischen **Silberling** konnten Denare oder Drachmen gemeint sein.
Der Wert dieser Münzen ist schwer zu bestimmen, da die Lebenskosten anders waren als heute. Der silberne römische Denar entsprach dem Tageslohn eines Arbeiters im Weinberg (Mt 20,1–16). Ein Seah (etwa 9 Liter) Mehl kostete einen Denar, ein Amphore Olivenöl ebenfalls. Ein Lamm kostete vier Denare, ein Kalb zwanzig, ein Ochse bis zu zweihundert. Der Jahreslohn eines römischen Soldaten war fünfzig Denare.

Haus und Dorf und Stadt

Die Häuser im ländlichen Bereich Palästinas waren je nach Besitz der Familie unterschiedlich groß. Die Armen hatten nur einen kleinen kubischen Wohnblock von wenigen Quadratmetern, manchmal auch als Höhle oder halbe Höhle im Felsen eingebettet. Bei den Bauern mit etwas mehr Besitz gab es das Hofhaus: ein größerer Raum, wieder als kubischer Block gestaltet, oder auch mehrere hintereinander liegende Räume, davor ein von einer Mauer umgebener Hof. Das flache Dach wurde über eine außen liegende Treppe zugänglich gemacht.

Somit bestand das »normale« **Haus** in den ländlichen Bereichen Palästinas aus drei »Lebensräumen«: dem Raum im Hausinnern, dem Vorhof und dem Dach. Das Innere des Hauses ist ein einfach gestalteter Raum, dessen hinterer Bereich oft eine oder mehrere Stufen höher lag. Dort im Oberraum befanden sich auf dem Boden Matten: die Schlafstelle der Familie. Die Grenze zwischen Oberraum und Unterraum war oft eine Krippe für das Futter der Tiere, denn besaß man nur wenige Haustiere, nahm man diese in der Nacht mit ins Haus. Im Unterraum konnte ein Backofen stehen, es gab einen Ort für die Feuerstelle, vor allem aber wurden dort Wasserkrüge und andere Vorräte aufbewahrt. Wenn der Platz dort nicht ausreichte, hatte man Löcher in den Boden gegraben, in denen Vorratskrüge standen, oder man bewahrte einen Teil der Ernte auf dem Dach auf.

Das meist kleine (ca. 20–30 m^2) Haus wurde in der Regel aus ungebrannten, luftgetrockneten Lehmziegeln gebaut, die dann mit einem Kalkanstrich verputzt wurden (getüncht, vgl. das Wort Jesu von den »übertünchten Gräbern«, Mt 23,27). Bestenfalls hatte es ein Fundament aus Bruchsteinen. Der Boden im Innern wurde einfach aus Lehm gestampft. Fenster gab es keineswegs immer, falls doch waren sie nur klein und im Unterraum unmittelbar unter den Dachbalken angebracht. Das einzige Licht fiel oft durch die Tür, so dass es im Haus dunkel war (vgl. das Gleichnis von der verlorenen Drachme, Lk 15,8–10).

Das flache Dach wurde aus Balken errichtet, die über die ganze Breite des Raumes gelegt wurden. Zwischen die Balken wurde Stroh gestopft oder es wurden Strohmatten aufgelegt. Dann stampfte man Lehm darüber. So konnte man das Dach zwischen den Balken leicht wieder öffnen (vgl. die Erzählung von der Heilung des Gelähmten [Mk 2,4]). Das Dach wurde über eine Steintreppe vom Hof aus erreicht. Es wurde intensiv genutzt und diente einmal zum Trocknen von Getreide und Früchten, auch zum Lagern von Vorräten. Zum andern war das Dach ein beliebter Aufenthaltsort in den kühleren Abendstunden. In der heißen Zeit schlief man oft auf dem Dach. Dazu legte man einfach Matten aus oder schlug ein einfaches Zelt auf. Bei größeren Häusern konnte man statt eines Zeltes auch einen leichteren Oberbau errichten, das »Obergemach« (vgl. Lk 22,12 zum Abendmahl Jesu, aber auch in der Elijageschichte 1 Kön 17,19).

Im (Vor-)Hof spielte sich das eigentliche Leben einer Familie ab. Dort waren viele Gerätschaften, dort wurden die meisten Hausarbeiten verrichtet, auch waren Haustiere dort angebunden. Der Mahlstein für das Mahlen des Getreides war dort ebenso wie ein Bottich mit Stößel zum Stampfen.

Türen gab es zum Haus und als Eingangstor zum Hof. Die Türen konnten über einen Riegelbalken verschlossen werden. Ein loser Zapfen (oder mehrere) fixierte den Balken und konnte von außen mit Hilfe eines passenden Hebeschlüssels angehoben werden: Ein solcher Schlüssel wurde vom Hausherrn aufgehoben. Er bestimmte, wer eingelassen wurde oder draußen bleiben musste (vgl. im Gleichnis von den zehn Jungfrauen, Mt 25,10). Die Tür zum Haus war oft schmal, eine »enge Pforte« (Mt 7,13).

Um das Haus und den Hof gab es auf dem Land einen Kräuter- und Gemüsegarten, der einen wichtigen Beitrag zur Ernährung leistete. In den Städten lagen die Gärten aus Platzgründen außerhalb der Stadtmauern (vgl. etwa Garten Getsemani).

In den großen Städten gab es die Villen und Paläste der Reichen, zur Zeit Jesu im hellenistischen und römischen Stil. Die Häuser der Reichen und die Gutshäuser waren meist aus Bruchsteinen oder behauenen Steinen gebaut, die man in den palästinensischen Kalkbergen brach. Der Boden in solchen großen, aus vielen Räumen bestehenden Gebäuden bestand aus Fliesen aus gebranntem Ton oder – noch aufwendiger – aus Zedern- oder Zypressenholz. Mosaikböden wie sonst im römischen Reich gab es zur Zeit Jesu nicht.

Die einzelnen Häuser auf dem Land gruppierten sich zu kleinen Weilern oder **Dörfern**. Dies war im trockenen judäischen Bergland besondern von einer Wasserstelle, einer Quelle oder einem Brunnen abhängig. Solche Dörfer waren nicht groß, so wie die Gesamtbevölkerung nicht groß war.

Auch die **Städte** waren nicht groß, meist nur eine Ansammlung von wenigen Häusern, wie verschiedene Ausgrabungen immer wieder gezeigt haben. Erst in der hellenistischen Zeit kam es zu einer Stadtplanung mit einer strengen Quadrierung der Gebäude und geraden Straßen (etwa bei Städten der Dekapolis wie Gerasa). Die griechisch oder römisch beeinflussten Städte kannten einen Platz (Agora, Forum), die kleinen jüdischen Städte hatten dies nicht, sondern nur einen Markt vor den Toren.

Sichem

Kleidung

Im Vorderen Orient sind anders als im Westen, wo Kleidungsstücke einzelne Körperteile umhüllen (Hemd, Hose), Umlegekleider bis heute üblich, die den ganzen Körper in einem Stück bedecken. Zur Zeit Jesu waren folgende Kleidungsstücke gebräuchlich:
- *Schurz:* Seit der Zeit des Alten Ägyptens war der Schurz das Kleidungsstück des Mannes, ein wollener Wickelstreifen mit einem Gürtel. Zur Zeit Jesu dürfte der Schurz die normale Arbeitskleidung bei Bauern und Fischern gewesen sein.
- **Untergewand:** Ein weites, hemdähnliches Gewand mit halblangen Ärmeln, das bis zu den Knien (bei Männern) oder darüber hinaus bis zu den Knöcheln (bei Frauen) reichte. Wer vornehm war, trug zwei solcher Untergewänder, eins ohne und eins mit Ärmeln – darauf spielt Johannes des Täufers an (»zwei Gewändern«, Lk 3,11).
- *Gürtel:* Ein langer Leinenstreifen wurde um den Körper gebunden. An zwei Stellen wurde dieser Gürtel gedreht, so dass eine Tasche für Geld entstand (Mt 10,9).
- **Obergewand (Mantel):** (hebräisch talit) Der Mantel war ein ponchoähnliches Kleidungsstück, rechteckig (etwa 120 cm^2) und an den Rändern oft verziert. Beim Mann trug der Mantel rituelle Fransen, entsprechend der Forderung in Dtn 22,12. Der Mantel wurde über die Schulter geworfen, diente auch als Decke während der Nacht. Deshalb durfte ein Mantel nicht gepfändet werden. Bei der Erzählung vom Einzug Jesu in Jerusalem werden solche Mäntel vor ihm auf den Weg gelegt (Mk 11,8).

Die Kleidung war für Männer wie für Frauen gleich mit der Ausnahme, dass die Tunika bei Frauen länger war und wohl feinerer Stoff genutzt wurde.

Als Kopfbedeckung trug man eine Kopfschnur, die die Haare zurückband oder auch ein Kopftuch, das wie die heutige arabische Keffije um den Kopf gebunden wird.

Zur Zeit Jesu kannte man neben den üblichen Sandalen aus hartem Leder und mit Riemen zwischen den Zehen und Bändern bis an die Waden feste Schuhe aus Kamelleder und Halbstiefel. Das Ablegen der Schuhe, etwa beim Dienst der Priester im Tempel, war ein Akt der Ehrfurcht.

Stoffe: Das gebräuchlichste Material war Schafwolle, dazu für die Mäntel auch Ziegenhaare. An der Küste wuchs Flachs, so dass man Leinen weben konnte, es war aber vergleichsweise teuer. Seide war erst in der römischen Zeit bekannt und nur für die Oberschicht erschwinglich. Daneben werden noch Gewänder aus Purpur benannt, gemeint ist Wollkleidung, die mit Purpur besonders kostbar gefärbt ist.

Färbung: Wolle wurde in der Regel gebleicht und in Naturfarbe belassen. Bei den Reichen waren gefärbte Kleidungsstücke üblich. Man benutzte Naturfarben wie Indigo für Blau und Rubia Tinctorem für Rot. Am kostbarsten war die Pupurfarbe, die aus Absonderungen der Purpurschnecke gewonnen wurde. Wer sich in kostbares Leinen und Purpur kleiden konnte, hatte einen herausgehobenen Stand.

Schmuck: Es gab vielfältigen Schmuck, Ohrringe und Ketten mit Amuletten, Ringe um Arme und Füße, dazu Prachtgürtel und Schleier (vgl. Jes 3,18–24). Auch wurde wertvolle Kleidung häufig bestickt, unter anderem die Kleidung der Priester. Mit Fibeln befestigte man ein Kopftuch. Schmuck wurde aus Gold und Silber hergestellt und mit Edelsteinen besetzt. Männer trugen Siegelringe, Frauen bei festlichen Gelegenheiten ein Diadem, das von seiner Form her »Goldene Stadt« genannt wurde.

Fest und Spiel – Musik und Tanz

Feste sind im Leben der Menschen in Palästina an familiäre Ereignisse und an religiöses Brauchtum gebunden. So feierte man Geburt und Hochzeit mit Musik, Liedern und Tanz. Und an die großen Ereignisse der Geschichte Israels, an den Bund zwischen Gott und Menschen, erinnerten die religiösen Feste, allen voran das Pascha (Pessah).

Singen, Tanzen und Musik mit Instrumenten war die Sache von Frauen, seltener (wie bei David) von Männern. Die Hebräische Bibel erzählt mehrfach von Frauen, die Lieder singen. Es sind Siegeslieder wie bei Mirjam (Ex 15,20–21) oder bei Debora (Ri 5). Mirjam nahm dabei »die Pauke in die Hand, und alle Frauen zogen mit Paukenschlag und Tanz hinter ihr her«. Oder es sind Danklieder wie bei Hanna (1 Sam 2,1–11, vgl. das Magnifikat der Maria, Lk 1,46–55). Diese beiden Lieder sind in den Zusammenhang von Schwangerschaft und Geburt gestellt (vgl. auch das Lied des Zacharias in Lk 1,67–79), weil sich hier Gottes heilsames Wirken in besonderer Weise zeigt. Doch auch bei Todesfällen und Begräbnissen gab es Musik: Als Jesus in das Haus des Synagogenvorstehers kam, hörte er Flötenspieler (Mt 9,23). An Instrumenten werden zu Lied und Tanz vor allem Rhythmusinstrumente wie Pauken und Handtrommeln genutzt, dazu Melodieinstrumente wie Flöten und Saiteninstrumente. Auch religiöse Prozessionen zum Tempel wurden musikalisch begleitet, in Psalm 68,26 heißt es: »voraus die Sänger, die Saitenspieler danach, dazwischen Mädchen mit Pauken«.

Von **Spiel und Unterhaltung** spricht die Bibel wenig. Allein in Lk 7,32 werden Rollenspiele von Kindern erwähnt, die Hochzeits- und Trauerriten spielerisch nachempfinden. Doch gab es wie in allen Kulturen Spiele für Kinder und Erwachsene. Die Kinder hatten Puppen und kleine Tiere aus Keramik. Das apokryphe Kindheitsevangelium des Thomas erzählt von Tonvögeln, mit denen Jesus spielte. Auch gab es für die Kinder Kreisel. Kinder wie Erwachsene hatten Spielsteine und Würfel, bei Ausgrabungen sind viele aus Ton oder Stein gefunden worden. Von würfelnden Soldaten erzählt die Leidensgeschichte Jesu. Es gab auch Brettspiele wie Mühle oder ein anderes Spiel, bei dem das Brett in 24 Felder aufgeteilt war. Eine Art »Himmel-und-Hölle« Spiel glaubt man durch Linien nachweisen zu können, die auf Fliesen eingraviert sind. Gefunden wurden auch kleine Elfenbeintafeln mit Löchern darin, in denen man Kieselsteine hin- und herschob. Für die Kinder gab es Wurfringe und mit Federn gefüllte Bälle, mit denen man eine Art Volleyball spielen konnte.

Die Stellung der Frau

Einer Familie, einem Haus, einem Haushalt stand während der ganzen Zeit der Bibel und auch zur Zeit Jesu der **Mann** vor, er hatte ausgedehnte Rechte über seinen gesamten Besitz. Dazu zählte neben Land und Tieren die zum Haus gehörenden Menschen, auch die Ehefrau. Dies klingt etwa im letzten der Zehn Gebote vom Sinai an, in dem vom Haus, der Frau, dem Sklaven, dem Rind oder etwas anderem, das ihm gehört, die Rede ist. Die Ehefrau galt als Besitztum des Mannes und hatte von da aus geringe Rechte. Sie schuldete ihm Treue, doch er konnte sie ohne Mühe verstoßen. Die Frau galt als unmündig und für ihre Handlungen nicht verantwortlich. Geschäfte, die sie tätigte, konnten vom Mann widerrufen werden. Vor Gericht hatte sie kein Zeugnisrecht. Die geringe Stellung der Frau gegenüber ihrem Mann klingt auch im Sprachgebrauch an: Das hebräische Wort für »Haushalt« heißt »bet aw«, »Haus des Vaters«, nur in seltenen Fällen gibt es auch den Begriff »bet em«, »Haus der Mutter«.

Die **Frau** war nach jüdischem Recht nicht schutzlos, viele gesetzliche Regelungen gehen gegen gewalttätige Übergriffe von Männern gegenüber Frauen vor. Auch musste ein Mann entsprechend seiner Vermögensverhältnisse seiner Frau Unterhalt und Kleidung beschaffen, und es wird wohl der Regelfall gewesen sein, dass die Männer ihre Frauen sorgfältig ausstatteten. Das Elterngebot vom Sinai verpflichtet Kinder, »Vater *und* Mutter zu ehren«. Auch konnte die Frau über selbst erworbenen Besitz in gewissem Rahmen selber verfügen.

Der Platz der Frau war das Haus und der Haushalt – im positiven und negativen Sinn. Fragwürdig war, dass sich die Frau in der Öffentlichkeit nur eingeschränkt bewegen konnte. Es war ungehörig, dass sie in der Öffentlichkeit mit anderen Männern als ihrem Ehemann redete; insofern erregte das Verhalten Jesu (etwa das Gespräch mit der Samariterin, Joh 4) Anstoß. Allerdings gab es Ausnahmen: Auf dem Markt konnte die Frau die Erzeugnisse ihres Haushalts verkaufen, auch nahm sie an Wallfahrten und religiösen Prozessionen teil, bei Familienfesten in der Nachbarschaft war sie Gast.

Dennoch bleibt der Haushalt das eigentliche Wirkungsgebiet der Frauen. In diesem Bereich hatte sie das Sagen, hier war der Mann auf ihr Wirken angewiesen. Weil die Haushalte größer waren als unsere heutigen Kleinfamilien, entstand innerhalb des Hauses und auch mit den Nachbarinnen ein »Frauennetzwerk«, das die einzelnen Frauen in gemeinschaftliches Tun einband und ihnen den Rücken stärkte. Allerdings gab es im Haus naturgemäß auch Intrigen und Missgunst.

Der Arbeitsplatz der Frau war das Haus, besonders der dem Haus vorgelagerte Hof. Dort befanden sich in der Regel der Backofen und auch der Mahlstein für das Getreide. Dort hatten die Frauen auch den Webstuhl aufgebaut, dort wurden die Produkte der Landwirtschaft und des Viehs in Essen und Kleidung umgewandelt.

Erste Aufgabe der Frau war die Zubereitung von Nahrung – in der damaligen Zeit eine zeitaufwändige Angelegenheit. Die Körner mussten gemahlen, danach musste gebacken werden, eine anstrengende Sache. Etwa drei Stunden Zeit pro Tag brauchte eine Frau, um ausreichend Brot für eine Familie mittlerer Größe auf den Tisch zu bringen. Nur die wohlhabenden Frauen hatten Dienerinnen. Zum Brot kam die Zubereitung der anderen Nahrung, Gemüse, selten Fleisch, wohl Süßspeisen. Dazu musste der Gemüse- und Kräutergarten gepflegt werden.

Frau am traditionellen Webstuhl

Die Frau war verantwortlich für die Aufsicht, Pflege und Erziehung der kleinen Kinder. Allein deshalb musste sich die Frau meist in der Nähe des Hauses aufhalten. Später allerdings konnten ihr größere Töchter bei der Hausarbeit helfen. Männer halfen dagegen nur selten bei der Zubereitung der Nahrung. Allein das Schlachten und Zubereiten von Schafen und Ziegen war ihre Sache.

Neben der Sorge für die Nahrung war die Herstellung von Kleidung Aufgabe der Frau, ein ebenso langwieriger Prozess wie die Bereitung der Nahrungsmittel. Die meiste Kleidung wurde aus Schafswolle gefertigt, so dass am Beginn des Herstellungsprozesses das Scheren der Tiere und das Reinigen der Wolle stand. Dann musste die Wolle auf der Drehspindel zu Fäden gesponnen werden. Die Spindel war ein dünner Stab mit einem Gewicht in der Mitte. Die so gewonnenen Fäden wurden dann auf einem Webstuhl zu Stoffen verarbeitet, die dann zu Kleidungsstücken zusammengenäht wurden.

Die meiste Arbeit verrichteten die Frauen im Haus. Doch wir treffen sie in biblischer Zeit auch bei dreifacher Mitarbeit in der Landwirtschaft an: Dies betraf in erster Linie das Hüten des Viehs, zu dem bereits junge Mädchen beauftragt wurden (zum Hüten vgl. etwa Gen 29,9 die Erzähllung von Rahel). Auch finden wir Frauen beim Ährenlesen zur Zeit der Ernte (vgl. etwa die Erzählung von Rut). Schließlich benennen Hld 1,6 und Spr 31,16 die Arbeit im Weinberg, wo Weinstöcke gepflanzt, vor allem aber gepflegt werden mussten.

Arbeit außerhalb von Haus und Feld gab es nur noch auf den Märkten, wo die Frauen die Erzeugnisse ihres Hauses, Nahrungsmittel und Stoffe anboten. Der Markt war auch Ort des Austausches zwischen den Frauen. Nur sehr selten übten Frauen ein Handwerk aus, etwa Priszilla (Apg 18,3).

Alleinstehende Frauen: In der Regel wurden Frauen bereits sehr jung verheiratet, so dass das Leben nahezu aller Frauen von ihrer Ehe, ihrer Familie und ihrem Haushalt geprägt war. Dabei gab es allerdings zwei Ausnahmen: Männer konnten ihre Frauen entlassen, und es gab Witwen. Solche alleinstehenden Frauen hatten in der Gesellschaft einen schweren Stand. Nach jüdischem Gesetz konnte der Mann der Frau eine Scheidungsurkunde ausstellen, »wenn ihm etwas an ihr nicht gefällt oder er an ihr etwas Anstößiges entdeckt« (Dtn 24,1). Meist aber war Ehebruch der Grund für eine Scheidung. Ein anderer Grund war Unfruchtbarkeit. Umgekehrt war Frauen eine Scheidung nicht möglich. Sie konnten wohl ihren Mann verlassen und in ihre eigene Familie zurückkehren, waren aber damit rechtlos und hatten auch keinen Anspruch auf Besitz aus der Ehe. Das Neue Testament fordert unbedingte und lebenslange Treue der Ehepartner, allein Matthäus (Mt 5,31-32) erlaubt die Scheidung im Fall eines Ehebruchs durch die Frau. – Witwen hatten nicht nur ihren Mann, sondern auch die materielle Versorgung verloren und gehörten mit Waisen und Fremden zur armen Schicht im Volk, die besonderen Schutz braucht (Dtn 24,19).

Sitten und Gebräuche – von der Geburt bis zum Tod

»Kinder sind eine Gabe des Herrn, die Frucht des Leibes ist sein Geschenk« (Psalm 127,3). Die **Geburt** von Kindern, besonders von Söhnen, war in Israel das höchste Glück der Frauen, denn sie bedeuteten Segen und Sicherheit für das Alter. Unfruchtbarkeit galt dagegen als erheblicher Makel und als Schande, so dass »Ausweichmöglichkeiten« gesucht wurden – wie etwa die Zeugung von Kindern mit einer Magd, die dann als legitime Nachkommen anerkannt wurden (vgl. etwa die Söhne Jakobs mit Rahels Magd Bilha, Gen 30,1–8). Der Vater war bei der Geburt nicht anwesend, wohl aber eine Amme oder »Wehfrau«. Erst nach der glücklichen Geburt wurde der Vater hereingerufen, nahm sein Kind auf seine Arme und erkannte es damit als legitimes Kind an. Der erstgeborene Sohn war dabei Grund zu besonderer Freude. Kinder wurden lange, oft zwei Jahre, gestillt.

Acht Tage nach der Geburt musste jedes männliche Kind beschnitten werden. Die Bibel führt diesen (auch in anderen orientalischen Kulturen üblichen) Brauch auf den Bundesschluss Gottes mit Abraham zurück (Gen 17,10). In alter Zeit nahm der Vater die **Beschneidung** vor, zur Zeit Jesu (wie auch bei Juden heute) gab es überall einen *Mohel*, einen Beschneider. Die Beschneidung war – etwa zur Zeit der Makkabäer – das Zeichen der Volkszugehörigkeit; durch sie wurden die Jungen zu »Söhnen des Bundes«.

Zwar im mosaischen Gesetz genannt, wohl aber eher ein vorisraelitisches »Tabu« nomadischer Stämme, galt die Wöchnerin als unrein und musste zu Hause bleiben, 40 Tage bei einem Sohn, 80 Tage bei einer Tochter. Danach wurde sie durch ein Tieropfer (ein Lamm oder zwei Tauben) und durch das Gebet eines Priesters am Tempel »gereinigt« (vgl. Lk 2,21–24).

Der Vater hatte das Recht, dem Kind einen **Namen** zu geben. Meist war der zweite Namensbestandteil der Name des Vaters, der mit hebräisch *ben*, aramaisch *bar* an einen ersten Namen angehängt wurde (etwa »Simon bar Jonas«, Mt 16,17). Oft hatten die Namen eine konkrete Bedeutung: Rahel bedeutet »Lamm«, Lea »Kuh« (positiv, weil wertvoller Besitz), Jona »Taube« ... Viele Namen hatten einen Bezug zu einem Gottesnamen: Jeschua (aramäisch, griechisch »Jesus«) ist »Jahwe ist Heil, Jahwe rettet«); Rafael ist »Gott (El) hat geheilt«; Jeremia (hebräisch Jirmeja ist »Jahwe erhebt«) ...

Die Entwicklung der Kinder war durch das Lernen der Religion geprägt. Mit fünf Jahren sollten sie Lesen und Schreiben lernen und das Studium der Heiligen Schriften beginnen, mit zehn Jahren die auslegende Überlieferung zu diesen Schriften, mit 13 Jahren wurden die Jungen **»Söhnes des Gesetzes«** (vgl. Seite 93) genannt und damit volljährig. Dieser Schritt geschah mit der religiösen Feier des Bar Mizwa (heute für Mädchen ein ähnliches Fest Bat Mizwa).

Kein Leichnam durfte in Israel unbeerdigt bleiben – die Ehrfurcht vor dem Leib als Werk Gottes war groß. Man ehrte den Verstorbenen dadurch, dass der Leichnam gewaschen und mit Öl (meist Narde) gesalbt wurde. Dies war keine Einbalsamierung, sondern eine Ehrung, wie sie auch auf Festen den Gästen zuteil wurde (vgl. Joh 12,1–8). Das **Begräbnis** fand meist nur wenige Stunden nach dem Tod, spätestens am nächsten Tag statt – das subtropische Klima ließ keine andere Lösung zu. Man trug den Toten, in Leinentüchern eingewickelt, auf einer Bahre zum Bestattungsort; ein Sarg war zwar bekannt, wurde aber selter gebraucht. Das Grab konnte ein Erdgrab sein, meist aber war es eine in den Fels gehauene Höhle mit einer oder mehreren Grabkammern. In Israel kannte man keine Friedhöfe, die Gräber mussten mindestens 50 Ellen von menschlichen Wohnungen sein, denn jeder Kontakt mit Leichen oder Gräbern machte kultisch unrein.

Bildung und Erziehung: Die ersten Lebensjahre wurden die Kinder ausschließlich von der Mutter betreut, danach trennten sich die Wege von Jungen und Mädchen. Die Töchter blieben bis zur Heirat in der Obhut der Mutter und lernten alle hauswirtschaftlichen Arbeiten. Viele Rabbiner verweigerten den Mädchen das Recht auf Schulbildung, so dass sie nicht Lesen und Schreiben lernen konnten. Um die Jungen dagegen kümmerten sich die Väter. Von klein auf führten sie sie in ihr Handwerk ein. Der Weinbauer nahm seine Söhne in den Weinberg mit (Mt 21,28) und Jesus lernte bei Josef das Handwerk eines Zimmermanns. Die väterliche Erziehung legte vor allem Wert auf die Religion. Die Erzählungen der Bibel wurden vermittelt, die Gewohnheiten und Bräuche jüdischen Glaubens in der Familie beachtet, die Feste gefeiert. Mit fünf Jahren konnten die Jungen in eine Art Grundschule gehen, die den Synagogen angeschlossen war. Dort lernten sie Lesen und Schreiben und vor allem die Tora, die für Juden wichtigsten Bücher der Hebräischen Bibel.

Gräber am Ölberg in Jerusalem gegenüber dem Felsendom

Verlobung – Hochzeit – Ehe – Scheidung

Jüdischer Ehevertrag mit rechtlichen Bestimmungen und (über den Uhren) dem doppelten Glückwunsch »Masel tov« – »Viel Glück!«

In Israel und im Judentum sind **Ehe und Familie** die Grundlage der Gesellschaft. Sie ist nicht nur eine rechtlich fassbare Einheit von Menschen, sondern zugleich auch die Erfüllung des Willens Gottes und hat damit religiöse Bedeutung. Entsprechend hoch wird ihr Wert in Israel damals und im Judentum bis heute eingeschätzt. Gottes Gebot »Seid fruchtbar und vermehrt euch« (Gen 1,28) wird ernstgenommen; ein unverheirateter, zölibatärer Mann zählt dagegen nicht. So sind selbstverständlich auch Rabbiner verheiratet.

Meist ergab sich in biblischer Zeit eine Bindung von Mann und Frau aus **Heiratsverhandlungen** zwischen zwei Familien. In der Regel wurde eine Eheschließung aus wirtschaftlichen und familiären Gründen (Erhalt der Sippe) vorgenommen; die Meinung des Bräutigams und vor allem der Braut war dabei weniger gefragt. Auch heiratete man im alten Israel früh, der Mann mit etwa 18 Jahren, die Braut noch jünger. Mädchen galten ab dem Alter der ersten Menstruation als heiratsfähig, meist waren sie 13 oder 14 Jahre alt. In der alten Zeit war Polygamie üblich (vgl. die Väter- und Müttererzählungen im Buch Genesis), später die Einehe (vgl. das um 200 v. Chr. entstandene Buch Tobit). Aus Sorge um die Reinheit jüdischen Glaubens findet sich im mosaischen Gesetz (Ex 34,15–16) ein Verbot für Isreliten, sich Frauen aus Fremdvölkern zu nehmen. Aber selbst die Könige Israels (etwa Salomo oder Achab) hielten sich nicht daran. Und Rut, die moabitische Frau des Boas wurde zur Großmutter König Davids und findet sich deshalb im Stammbaum Jesu.

Bei den Heiratsverhandlungen ging es vor allem um die Höhe des Brautpreises (*mohar* – eine Leistung des Bräutigams an die Familie der Braut, um diese für den Verlust einer Arbeitskraft zu entschädigen) und der Mitgift (*shiluchim* – eine Abschiedsgabe der Familie der Braut, die diese mit in die Ehe brachte, die aber ihr persönliches Eigentum [etwa bei Scheidung] blieb). Die Mitgift bestand oft aus Schmuck.

Die **Verlobung** hatte bereits einen hohen rechtlichen Stellenrang. Nun war der Heirtasvertrag für beide Seiten bindend; der Bräutigam sprach bei der religiösen Zeremonie im Haus der Brautfamilie: »Sieh dich mir als anvertraut an!« Ab der Verlobung war der Heiratsvertrag gültig, auch wenn die eigentliche Trauung wegen des niedrigen Alters der Brautleute manchmal noch Jahre auf sich warten ließ.

Die Verlobungszeit dauerte mindestens ein Jahr, sie war aber mit Rechten und Pflichten bereits sehr nahe am Ehestand. Dann kam die eigentliche Trauung, die Besitzergreifung einer Frau durch den Mann – der Bräutigam holte seine Frau in einem Prozessionszug in sein Haus (vgl. Mt 1,20: »Josef, fürchte dich nicht, Maria als deine Frau zu dir zu nehmen«). Im Neuen Testament werden Hochzeiten an verschiedenen Stellen erwähnt (vgl. Mt 25,1–13; Lk 12,36; Joh 2,1–11 ...).

Die **Hochzeitsfeier** war ein Fest der beiden Sippen, ja, des ganzen Dorfes und dauerte bis zu sieben Tagen (bei Wiederverheiratung einer Witwe nur einen Tag). Am Vorabend der Trauung holte der Bräutigam seine festlich geschmückte Braut in einem Prozessionszug aus dem Haus der Brauteltern in sein Haus (»heimholen«, vgl. das Gleichnis von den Jungfrauen, Mt 25,1–13). Bei der Trauung selber wurde von den Eltern, in späterer Zeit von einem Rabbi, ein Hochzeitssegen gesprochen. Mehrere Tage verbrachten das Brautpaar und die vielen Gäste nun mit Musik und Tanz, mit Spiel und festlichem Essen.

Ehe und Familie stehen im Judentum unter Gottes Schutz und Segen, die Kinder entstammen diesem gesegneten Bund und werden somit in die religiöse Tradition Israels integriert. Doch innerhalb der Familie war das Verhältnis hierarchisch: Herr war allein der Vater; Frau und Kinder wurden als Besitz des Mannes angesehen, über das er uneingeschränkt verfügen konnte – bis hin zum Verkauf als Sklaven zumindest in der alten Zeit. So wurde der Ehemann auch *baal* genannt – »Herr«. Das hebräische *bajith* war das »Haus« des Mannes mit allen Personen und allem Besitz darin. Für dieses »Haus«, diese »Hausgemeinschaft« hatte der Mann zu sorgen. Umgekehrt hatten ihn Frau und Kinder zu ehren.

Scheidung: Eine Scheidung war in Israel dem Mann auch mit den fadenscheinigsten Gründen möglich: Schon wenn sie ihm nicht mehr gefiel oder wenn er an ihr etwas »Anstößiges« entdeckte (vgl. Dtn 24,1), reichte das für eine Scheidungsurkunde, gegen die sich die Frau nicht wehren konnte. Umgekehrt konnten Frauen nicht die Scheidung erklären, ihnen blieb dann nur ein stillschweigendes Verlassen des Mannes mit der daraus folgenden rechtlichen Unsicherheit und der gesellschaftlichen Ausgrenzung. Ehebruch einer untreuen Frau scheint der wichtigste Grund für einen Mann zu sein, sich von seiner Frau scheiden zu lassen und sie zu vertreiben. Von den Anfangszeiten der Bibel, in denen Polygamie häufig vorkam (Väter Israels), über eine Monogamie mit leichter Scheidungsmöglichkeit für den Mann führt eine Linie zum Ideal der lebenslangen Treue, wie sie in den Evangelien als Stellung Jesu zum mosaischen Scheidungsverbot anklingt. Durch Tod des Mannes oder durch Scheidung gelangte eine Frau in Israel in eine prekäre Situation, da nun ihr Lebensunterhalt nicht mehr gesichert war. Wenn es noch möglich war, kehrten solche Frauen deshalb in ihr Elternhaus zurück.

Ein Rabbiner nimmt eine jüdische Trauung unter der »Chuppa«, dem Hochzeitsbaldachin vor.

Gebet und Gottesdienst

Den Menschen der Bibel ist das ganze Leben von ihrem Glauben an den einen Gott durchzogen, Festtage wie Alltag. Entsprechend durchziehen auch Gebete den Tagesablauf eines gläubigen Juden (ähnlich *salat*, das fünfache Gebet der Muslime und heute nur noch selten Morgen-, Tisch- und Abendgebet der Christen – beide Gebetsverpflichtungen sind vom jüdischen Vorbild abhängig). Juden beteten ab der Volljährigkeit (ca. 13 Jahre – Bar/Bat Mitzwa) in der Regel morgens nach dem Aufstehen wie abends vor dem Schlafengehen, dazu am Mittag um die volle Stunde. Durch die Hinwendung zu Gott im Gebet und durch das Erinnern der Heilstaten Gottes in den Gebetsworten sollte der Glaube lebendig gehalten, vor allem aber der Name des Höchsten gepriesen werden.

Als Morgen- und Abendgebt wurde (neben anderem) der wichtigste Gebetstext gesprochen (wie das Vaterunser im Christentum): das *Sch'ma Jisrael*, das der Tora entnommen ist (Dtn 6,5–9):

Sch'ma Jisrael: Höre, Israel! Der Herr, unser Gott, der Herr ist einzig. Darum sollst du den Herrn, deinen Gott, lieben mit ganzem Herzen, mit ganzer Seele und mit ganzer Kraft. Diese Worte, auf die ich dich heute verpflichte, sollen auf deinem Herzen geschrieben stehen. Du sollst sie deinen Kindern wiederholen. Du sollst von ihnen reden, wenn du zu Hause sitzt und wenn du auf der Straße gehst, wenn du dich schlafen legst und wenn du aufstehst. Sie sollen zum Schmuck auf deiner Stirn werden. Du sollst sie auf die Türpfosten deines Hauses und in deine Stadttore schreiben.

Jude beim Gebet. Am Arm sind die Teffilin, die Gebetsriemen, zu sehen, auf der Stirn die Kapsel mit Bibelversen darin.

Im Gebet gibt der Glaubende Antwort auf Gottes Wort und Gottes Handeln. In der Bibel finden sich an vielen Stellen Gebete der wichtigen Personen, oft an den entscheidenden Stellen der Geschichte Israels. Darüber hinaus aber sind 150 Gebetstexte im Buch der **Psalmen** gesammelt, das damit so etwas wie ein »biblisches Gebetbuch« wird. Die Psalmen lassen unterschiedliche Lebenssituationen von Menschen erkennen, oft geht es um Notlagen oder es geht um überwundene Schwierigkeiten und neugewonnene Freiheit, für die man Gott dankt. Somit gibt es in den Psalmen Lob und Preis ebenso wie Dank und Bitte. Aber auch Suchen und Fragen, Klagen und sogar Anklagen spielen als Grundthemen der Menschen eine Rolle.

Ein wichtiges jüdisches Gebet zur Zeit Jesu ist das *Schemone esre*, das Achtzehnbittengebet. Es beginnt in der heutigen Fassung:

Gelobt seist du, Ewiger,
unser Gott und Gott unserer
Väter, Gott Abrahams, Gott
Isaaks und Gott Jakobs,
großer starker und furchtbarer Gott,
der du beglückende Wohltaten
erweisest und Eigner des Alls bist,
der du der Frömmigkeit der Väter
gedenkst und einen Erlöser bringst
ihren Kindeskindern
um deines Namens willen in Liebe.
König, Helfer, Retter und Schild!
Gelobt seist du, Ewiger,
Schild Abrahams!

Die Reste der zur Zeit Jesu bestehenden Synagoge in Kafarnaum am See Gennesaret. Es war eine dreischiffige Halle; der Toraschrein mit den Rollen der Heiligen Schrift befand sich im Süden – in der Gebetsrichtung nach Jerusalem.

Mit **Synagoge** (griechisch »Versammlung«) wird das Haus bezeichnet, in dem die jüdische Gemeinde zusammenkommt, aber auch die Gemeinde selber. Wahrscheinlich sind die ersten Synagogen als Stätten der Lehre und des gemeinsamen Gebetes im Exil in Babylon nach der Zerstörung des Tempels in Jerusalem entstanden. Solche Synagogen gab es später in ganz Israel und in der jüdischen Diaspora. Die Synagogen entwickelten sich zu den geistig-spirituellen Zentren des Judentums, besonders nachdem der wieder errichtete Jerusalemer Tempel im Jahr 70 nach Christus von den Römern zerstört wurde und somit die national-religiöse Mitte Israels nicht mehr bestand.

Die meisten Synagogen sind baulich so ausgerichtet, dass eine Wand Jerusalem zugewandt ist. Vergleichbar ist die Ausrichtung der Gebetsnische (Mihrab) in den Moscheen des Islam, die nach Mekka weist, und der Altarraum in christlichen Kirchen, der oft geostet (»Christus als Licht«) ist. In der Synagoge findet sich in der Jerusalem zugewandten Seite ein Schrein mit den Torarollen, aus denen im Gottesdienst vorgelesen wird. Diese Torarollen sind kostbar geschmückt und mit einem Umhang versehen – Zeichen der Ehrfurcht vor dem Wort Gottes. Im Gottesdienst wird die entsprechende Rolle auf ein großes Lesepult gelegt und bis zur entsprechenden Stelle ausgerollt.

Jeder erwachsene Jude konnte und kann auch heute Lesungen aus der Hebräischen Bibel vortragen. Schriftgelehrte (Rabbiner) oder Menschen, die man für schriftkundig hielt, erklären diese dann. Auch Jesus hat sowohl Synagogen besucht wie in ihnen am Sabbat beim Synagogengottesdienst Texte gelesen und ausgelegt (vgl. etwa Lukas 4,16–30). Ebenso besuchten die Christen der ersten Zeit weiterhin neben ihren sonntäglichen Gottesdiensten am Sabbat die Synagoge. Der Synagogengottesdienst ist ein reiner Wortgottesdienst, ein gemeinsames Mahl der Gemeindemitglieder findet in anderen Räumen der Synagoge und außerhalb der Liturgie statt.

Die Synagoge ist der Ort des öffentlichen Gemeindegottesdienstes am Sabbat, aber dennoch keine Kirche, sondern eher mit einem Gemeindehaus zu vergleichen. Denn hier findet auch die Unterrichtung der Kinder statt, sie ist zudem die Mitte des gesellschaftlichen Lebens der Gemeinde. Zu Festen kommt man hier zusammen, für festliche Bewirtung ist in den Räumen der Synagoge gesorgt.

Hawdala – das Ende des Sabbat

Extra:

Der Sabbat

Bereits seit alter Zeit ist in Israel der siebte Tag der Woche, der Sabbat (unser Samstag) Ruhe- und Feiertag, der von orthodoxen Juden auch heute noch sehr streng eingehalten wird. Dies wird auf das Zehnwort vom Sinai (»Zehn Gebote«) zurückgeführt: »Sechs Tage sollst du arbeiten, am siebten Tag sollst du ruhen« (Ex 34,21) und auf zweifache Weise begründet:
Zum einen ergibt es sich aus der mythischen Erzählung von der Erschaffung der Welt in sechs Tagen; am siebten Tag aber ruhte Gott (Gen 2,2–3: »Und Gott segnete den siebten Tag und erklärte ihn für heilig; denn an ihm ruhte Gott, nachdem er das ganze Werk der Schöpfung vollendet hatte«). Doch ist inzwischen nachgewiesen, dass der erste Schöpfungsbericht erst im babylonischen Exil in die Form von sechs Schöpfungstagen und einem Ruhetag gebracht wurde (dort Entstehung der Priesterschrift als Quelle von Genesis 1,1–2,4). Dies geschah, um dem Volk im Exil (in der Diaspora des Exils) einen Halt durch die Feier des Sabbats zu geben.
In Babylon hatte die dorthin ins Exil verschleppte Oberschicht auch die Sieben-Tage-Woche der Babylonier kennengelernt (= ein Viertel des Mondmonats). Der Tag des Vollmonds hieß babylonisch *shabattu*. Die hebräische Wortwurzel *sb* (= sieben) ähnelt der Wortwurzel *sbt* (= aufhören, von etwas ausruhen), daraus entwickelte sich der Name

Sabbat (»Schabbat« ausgesprochen, jiddisch *Schabbes*) in der Bedeutung von Ruhetag.

Wichtiger als diese erste Begründung vom Schöpfungsmythos her erscheint allerdings die zweite Begründung des Sabbats, die sich in einer anderen Version des Zehnworts findet (Dtn 5,12–15): »Achte auf den Sabbat: Halte ihn heilig ... Als du in Ägypten Sklave warst, hat dich der Herr ... dort herausgeführt. Darum hat es dir der Herr, dein Gott, zur Pflicht gemacht, den Sabat zu halten.« Seit dem Exil wurde die Feier des Sabbats für Juden ebenso wie die Beschneidung zu einem Zeichen der Zugehörigkeit zum Volk Gottes. Als von Gott Befreite sollen die Menschen in Freiheit mit der Welt umgehen und sich zumindest an einem Tag nicht dem Zwang zur Arbeit beugen. Das Sabbatgebot – so verstanden –, leistet damit einen Beitrag zur Humanisierung der Welt des Menschen.

Der Sabbat ist somit ein religiös, aber auch allgemein menschlich begründeter wöchentlicher Feiertag. Er beginnt und endet mit dem Sonnenuntergang (also von Freitagabend bis Samstagabend). Am Sabbat nimmt man sich Zeit für die Familie, hält am (Vor-)Abend ein festliches Mahl, geht am Tag selber zum Synagogengottesdienst, studiert die Schriften der Bibel und hält sich von jeder Arbeit fern.

Um wirklich Ruhe zu halten, umgaben die Pharisäer späterer Zeiten den Sabbat mit vielen Geboten (nicht weiter als eine kurze Strecke gehen, kein Feuer machen ...). Dagegen wendet sich Jesus, der den Sabbat zwar grundsätzlich bejaht, aber jede kleinliche Gesetzlichkeit im Zusammenhang mit dem Sabbat ablehnt: »Der Sabbat ist für den Menschen da, nicht der Mensch für den Sabbat« (Mk 2,27).

Der Sabbat ist das Vorbild für den christlichen Sonntag, den Herrentag der Auferweckung Jesu (vgl. die Nennung in Offb 1,10) mit dem Herrenmahl (vgl. 1 Kor 11,17–34) und (teilweise) für den islamischen Freitag als Ruhe- und Feiertag (mit Gottesdienst/Eucharistie bzw. Moscheebesuch/Freitagsgebet).

Israel kannte zumindest in der Theorie neben dem Sabbat auch ein Sabbatjahr: Entsprechend der Wochentagsregelung mit dem Sabbat soll in Israel jedes siebte Jahr ein Ruhejahr sein, bei dem der Ackerboden nicht bebaut werden darf (Lev 25,1–8). Diese Regelung wurde aber kaum durchgeführt.

Der Sabbat gilt als *das* Zeichen zwischen Gott und seinem Volk, ein Zeichen der Heiligung des Volkes Gottes (vgl. Ex 31,13ff).

Orthodoxe Juden unserer Zeit beim Studium der Tora

Feste zur Zeit der Bibel

»Dreimal im Jahr sollst du mir ein Fest feiern. Du sollst das Fest der Ungesäuerten Brote halten ... Du sollst auch das Fest der Ernte, des ersten Ertrags deiner Aussaat auf dem Feld, halten, ebenso das Fest der Lese am Ende des Jahres, wenn du den Ertrag deines Feldes eingebracht hast.« (Ex 23,14–16) Die Feste in Israel waren alle religiös bestimmt und richteten sich in Dank und Lob an den Herrn des Lebens, der die Gaben der Ernte schenkte und der in die Geschichte Israels zum Wohl seines Volkes eingegriffen hat (»Fest der Ungesäuerten Brote« = Pessah/Pascha = Erinnerung an die Befreiung aus der Knechtschaft Ägyptens). Diese Feste hatten immer Gemeinschaftscharakter; man feierte sie im Kreis von Familie und Nachbarschaft oder sogar bei den großen Wallfahrtsfesten mit allem Volk in Jerusalem (vgl. Seite 92). Manche Feste gehen auf sehr frühe Zeit zurück, so das Wochenfest als Erntedankfest (Pfingsten), das später einen neuen Akzent durch die Erinnerung an den Bund Gottes bekam. Die wichtigsten Feste waren und sind bei Juden bis heute Pessah/Pascha, Schawuot/Wochenfest und Jom Kippur/Versöhnungsfest (dies zusammen mit dem Neujahrsfest Rosch ha-Schana).

Pessah/Pascha

(Die Einheitsübersetzung der Bibel spricht durchgehend von Pascha, die Lutherbibel von Passa, obwohl das Wort Pessah angemessener wäre. Das hebräische Wort »pessah« [dann aramäisch »pasha« und griechisch »pascha«] ist in seiner Bedeutung nicht sicher geklärt. Biblisch wird es meist als »vorübergehen«, Pessah also als »Vorübergang des Herrn« gedeutet. (Zu Pessah vgl. auch Seite 162 und 170–171.)

In der jetzigen Erzählung vom Pascha (Exodus 12) sind unterschiedliche Traditionen zusammengeflossen, die durch die theologische Geschichtsdeutung Israels zu einer Einheit wurden. Das Pascha dürfte ursprünglich ein **Mahl von Nomaden** in der Wüste gewesen sein, bei der Kleinviehhirten in der Vollmondnacht des Frühlingsbeginns durch diese kultische Handlung Schutz und Segen für ihre Herden und für sich selbst erbaten. Die Art des Mahles lässt diesen Hintergrund noch erkennen: die Hüften gegürtet, Stab in der Hand, auch ungesäuertes (deshalb schnell zu fertigendes) Brot, Bitterkräuter aus der Wüste und ein gebratenes Tier aus der Herde.

Dieses nomadische Mahl wurde dann in einer rückblickenden Deutung mit der **Aufbruchssituation aus Ägypten** verbunden, also in einen heilsgeschichtlichen Kontext gestellt und mit der Gotteserfahrung Israels verknüpft. Die einzelnen Elemente des Nomadenmahls wurden von dieser Deutung her neu erklärt, etwa die Bitterkräuter als Hinweis auf die Unterdrückung in Ägypten, das ungesäuerte Brot als Hinweis auf den überraschenden Aufbruch ...

In Kanaan wurde diese »heilsgeschichtliche« Paschafeier dann mit einem weiteren Fest verbunden, das aus einer Ackerbaukultur stammt: dem siebentägigen Fest der ungesäuerten Brote (Mazzot). Auch dieses Fest ist wahrscheinlich vorisraelitischen Ursprungs und steht im Zusammenhang mit dem **Erntebeginn**: Die Erstlinge der neuen Ernte werden zu neuem Brot gebacken – neues Leben entsteht durch die Gnade und das Erbarmen der Gottheit. Dieser Gedanke eines neuen Lebens konnte leicht mit der Erinnerung an die Befreiung aus Ägypten verbunden werden, weil es auch hier um neue Lebensmöglichkeiten für die geht, die sich an den Herrn des Lebens binden. Die so erweiterte Paschafeier wurde zuletzt in einer Feier am Jerusalemer Tempel zentralisiert, daran hielt man vor allem nach der Rückkehr aus dem Exil fest, die als zweiter Auszug aus der Knechtschaft verstanden wurde. So macht sich auch Jesus auf nach Jerusalem, um das Paschafest zu feiern.

Seite aus einer Pessah-Haggada, einer Schrift zur Liturgie der Paschafeier (Pessah) – vor dem Fest wird alles gesäuerte Brot bis auf den letzten Krümmel aus dem Haus geräumt

Pessah/Pascha ist also eine heilsgeschichtliche Feier, eine Erinnerung an den befreienden Gott, der für sein Volk der »Ich-bin-da« ist, seine Klagen in der Unterdrückung hört und es zu neuem Leben befreit. Deshalb steht im Mittelpunkt der Feier auch die Hagada, die erinnernde und vergegenwärtigende Erzählung von der Rettung. Das Mahl selber schafft Gemeinschaft der Menschen untereinander (Volk auf dem Weg) und mit dem befreienden Gott, dessen Lob gesungen und dem gedankt wird. Solche Gedanken finden sich in veränderter Form in der christlichen Eucharistie wieder.

Die Feier des Pessah: Der Tisch ist mit (ungesäuerten) Brotfladen (Mazzot), grünen Kräutern, einem Fruchtmus (Charoset), einem gebratenen Lamm und Eiern, rotem Wein oder Traubensaft bereitet. Zu Beginn werden die Kerzen angezündet und ein Lobpreis Gottes gesprochen, danach ein Becher Wein getrunken. Das Brot wird gezeigt: »Seht, das ist das Brot der Tränen, das unsere Väter im Land Ägypten gegessen haben«. Danach fragt der Jüngste im Kreis: »Warum feiern wir in dieser Nacht dieses Fest?« Der Hausvater erzählt daraufhin die Geschichte der Befreiung – die Hagada (Erzählung) vom Auszug aus Ägypten. Daran schließt sich das Hallel, das Danklied an. Ein zweiter Becher Wein wird getrunken, Brot, Bitterkräuter und Charoset werden gegessen. Schließlich wird auch das Lamm gegessen und die Feier schließt mit Dank und Segen.

Aus der Pessah-Haggada: »In jedem Zeitalter ist der Mensch verpflichtet, sich vorzustellen, er selbst sei mit aus Ägypten gezogen. Nicht unsere Vorfahren allein hat Gott erlöst, er hat uns mit ihnen erlöst.«

Schawuot/Wochenfest/Pfingsten

Hebräisch »Schawuot« = jüdisches Wochenfest, sieben Wochen nach dem Pessah – christlich »Pfingsten«, sieben Wochen nach Ostern. Das **jüdische Pfingstfest** ist ursprünglich ein fröhliches Erntedankfest für die Weizenernte, das wohl aus vorisraelitischer Zeit stammt und von den kanaanäischen Stämmen übernommen wurde. In Ex 34,22 wird es auch »Tag der Erstlingsfrüchte« genannt. Bei diesem Fest las man nach dem Exil als Toralesung das Kapitel aus dem zweiten Buch Mose über den Bundesschluss am Sinai (das Kapitel 34, aus dem der Vers zum Wochenfest stammt). Deshalb überlagerte der Dank für den Bundesschluss am Sinai und die Übergabe des Gesetzes an Israel die Erntedankfeier: Schawuot/Wochenfest erinnert und vergegenwärtigt im jüdischen Raum den Bund Gottes mit den Menschen. Daran knüpft die christlichen Sinngebung des Festes an: Durch Jesus ist ein neuer Bund geschlossen, der an Pfingsten durch den Geist Gottes besiegelt wird. Pfingsten ist das Fest des Neuen Bundes und des neuen Volkes Gottes, der Kirche. Vom ersten Pfingstfest berichtet Lukas in der Apostelgeschichte (Apg 2). Ihm geht es darum, wie sich die junge Kirche von Jerusalem ausgehend bis nach Rom (dem Zentrum der damaligen Welt) ausbreitet. Dabei geht es der Pfingsterzählung nicht um einen historischen Bericht, sondern um eine theologische Deutung des Geschehens am Anfang der Kirche. Der Name »Pfingsten« kommt von griechischen *pentecoste* = fünfzig (Tage nach Pessah/Ostern).

Sukkot/Laubhüttenfest

Sukkot war nach Pessah und Schawuot das dritte und wichtigste **Erntedankfest**. Das siebentägige Fest fand im Herbst nach Abschluss aller Erntearbeiten statt. Auch dieses Erntefest kann auf kanaanäisch-vorisraelitische Zeiten zurückgehen, als man in den Wein-und Obstgärten einfache Hütten (*sukka*) aus Zweigen errichtete, um darin während der Erntezeit zu übernachten. Israel (nach dem Exil und nach dem Reformer Esra) bindet dieses übernommene Fest dann an die eigene Deutung der Geschichte Israels als von Gott gewirkte Heilsgeschichte: Das Fest erinnert nun an den Zug Israels durch die Wüste und daran, dass Gottes Lichtglanz auf dieser Wüstenwanderung über den Zelten/Hütten der Israeliten war. Deshalb baut man nun Hütten aus Zweigen, Blättern, Blumen und Früchten und isst und schläft auch in diesen Hütten. Entsprechend der Forderung in Lev 23,40 wählt man Zweige einer Zitrusfrucht, von Palmen, Myrten und Weiden.

Juden feiern das Laubhüttenfest

Rosch ha-Schana/Neujahrsfest und Jom Kippur/Versöhnungsfest

Rosch ha-Schana, der »Tag des Lärmblasens« (Lev 23,23–25), wird in späterer Zeit zum **Neujahrstag**. Er wird mit dem Gedanken des Gerichtes verbunden: Die ganze Welt steht vor dem Richter, ihr Schicksal im neu beginnenden Jahr wird in das Buch des Lebens eingetragen. So schließen sich an den ursprünglich frohen Festtag zehn Bußtage an, die mit dem **Versöhnungsfest** Jom Kippur abgeschlossen werden, dem höchsten Feiertag des jüdischen Jahreskreises. Dieses Fest war in besonderer Weise mit dem Jerusalemer Tempel verbunden, denn an diesem Tag durfte der Hohepriester das einzige Mal im Jahr in das Allerheiligste treten, um durch ein Opfer das Volk mit Gott zu versöhnen. An diesem Tag gab es auch das Ritual des Sündenbocks: von zwei Ziegenböcken wurde einer für Gott im Tempel geopfert, der andere wurde für den bösen Dämon Azazel in die Wüste gejagt. Durch Handauflegung des Hohepriesters wurden ihm vorher die Sünden des Volkes aufgelegt. Obwohl sich in diesem Ritus sehr alte Elemente finden, scheint er in Israel erst in späterer Zeit eingeführt worden zu sein. Am Jom Kippur ist jede Arbeit streng verboten, es ist ein ruhiger Tag der Besinnung.

Purim – biblischer Karneval

Purim-Fest in Jerusalem

Das Purimfest hat keinen Bezug zum Kult oder Tempel. Es ist ein fröhliches Fest, bei dem man ausgelassen isst und trinkt und sich gegenseitig beschenkt. Die Kinder verkleiden sich und machen Musik. Das Fest geht zurück auf das biblische Buch **Ester**, das eine Begebenheit aus dem persischen Reich schildert: Haman, der Verwalter des Reiches zur Zeit des persischen Kaisers Artaxerxes, hatte durch Loswurf (*puru* = Werfen von Losen) einen Tag festgesetzt, an dem die Juden seines Reiches ausgerottet werden sollten. Doch die zum Judentum gehörende Königin Ester und ihr Onkel Mordechai verhindern dies unter Einsatz ihres Lebens: Wie bei der alttestamentlichen Josefsgeschichte (Genesis 37–50) siegt das Gute über das Böse – das wird laut und fröhlich gefeiert.

Chanukka/Lichterfest

Das Lichterfest Chanukka (= Erneuerung) ist das jüngste der jüdischen Feste. Es geht zurück auf die Zeit der Makkabäer und erinnert an den Sieg des Judas Makkabäus über das syrische Heer der Seleukiden im Jahr 164 vor Christus. Dadurch wurde Juda wieder unabhängig. Der Jerusalemer Tempel war vorher teilweise zerstört und in den Augen der Juden durch die heidnischen Soldaten entweiht worden. So ordneten die makkabäischen Führer eine große **Reinigungszeremonie des Tempels** an. Dabei fanden sie als einzigen Gegenstand, der nicht entweiht worden war, ein kleines Fläschchen Öl, das für einen Tag Licht geben konnte. Durch ein Wunder aber reichte das Öl dieses Mal für acht Tage und Nächte, so dass die Neueinweihung des Tempels sich anschließen konnte. Daran erinnert der Ritus des achttägigen Chanukka-Ritus, bei dem man am ersten Tag eine Kerze anzündet und dann jeden Tag eine mehr. Die neunte Kerze ist der »Diener«, mit dem die anderen Kerzen angezündet werden – so ergibt sich ein neunarmiger Leuchter zum Chanukka-Fest (nicht zu verwechseln mit dem siebenarmigen Leuchter, der *menora*, die entsprechend der Anordnung in Ex 25,31–40 im Bundeszelt, später im Tempel stand und als Symbol für die im Tempel anwesende Herrlichkeit Gottes gilt).

Wallfahrt zum Tempel

Drei der jüdischen Feste gelten als **Wallfahrtsfeste**, die von vielen Juden zu einer Wallfahrt nach Jerusalem und in den Tempel genutzt wurden: Pessah, Schawuot und Sukkot. Wallfahrten haben aber auch in der Zeit vor dem Tempelbau das religiöse Leben in Israel geprägt. In nomadischen oder halbnomadischen Kulturen gibt es religiöse Orte, die Wasser, Weideplätze und schattige Bäume aufweisen müssen und zu denen die nomadischen Clans zu bestimmten Gelegenheiten pilgern. In der frühen Zeit Israels waren dies etwa Mamre (mit seinen Eichen), Bethel, Sichem, Hebron, Gilgal und Beerscheba, wo der Gott »El« verehrt wurde. Nach der nomadischen Zeit war Schilo ein solcher Wallfahrtsort (vgl. 1 Sam 1,3). In der Königszeit wurde nach dem Bau des Tempels unter Salomo (Regierungszeit ca. 970–930) Jerusalem zum alleinigen Wallfahrtsort. Nach der Reichsteilung wählte man im Nordreich Bethel und Dan aus. Die Hochzeit der Wallfahrten nach Jerusalem war jedoch die Zeit nach dem Exil und den Reformen des Esra und Nehemia bis zur Zerstörung des Tempels im Jahr 70 nach Christus. – Die Psalmen 120–134 werden als Wallfahrtslieder gekennzeichnet und hatten wohl ihren Sitz im Leben in den Prozessionen der Pilger zur Heiligen Stadt und zum Tempel.

Ein Wallfahrtslied Davids:
Ich freute mich, als man mir sagte:
»Zum Hause des Herrn wollen wir pilgern.«
Schon stehen wir in deinen Toren, Jerusalem:
Jerusalem, du starke Stadt,
dicht gebaut und fest gefügt.
Dorthin ziehen die Stämme hinauf,
die Stämme des Herrn, wie es Israel geboten ist,
den Namen des Herrn zu preisen.
Denn dort stehen Throne bereit für das Gericht,
die Throne des Hauses David.
Erbittet für Jerusalem Frieden!
Wer dich liebt, sei in dir geborgen.
Friede wohne in deinen Mauern,
in deinen Häusern Geborgenheit.
Wegen meiner Brüder und Freunde
will ich sagen: In dir sei Friede.
Wegen des Hauses des Herrn, unseres Gottes,
will ich dir Glück erflehen.
Psalm 122

Ein Junge mit Torarollen in einer Synagoge – Bar Mitzwa

Bar Mitzwa/Bat Mitzwa

Unter den Schriften der Hebräischen Bibel, der jüdischen Heiligen Schrift, hat die Tora (vgl. Seite 106) mit den fünf Büchern Mose eine herausragende Bedeutung. Sie ist die Grundlage jüdischen (und damit letztlich auch christlichen) Glaubens. Die Schriften der Tora werden deshalb auch bei der Feier zur Bar Mitzwa (= »Sohn der Pflicht« bei Jungen) beziehungsweise Bat Mitzwa (= »Tochter der Pflicht« bei Mädchen – nur in liberalen Reformgemeinden) in einem feierlichen Gottesdienst übergeben. Nun darf er – in hebräischer Sprache – wie alle Männer der Synagoge einen Abschnitt aus der Tora feierlich vortragen. Diese Feier gilt als Ritus der Mündigkeit (entfernt vergleichbar mit der Firmung/Konfirmation im christlichen Raum) und der (religiösen) Volljährigkeit. In der Regel werden die Jugendlichen beim Beginn der Pubertät (bei Jungen ca. 13 Jahre, bei Mädchen ca. 12 Jahre, heute in manchen Synagogengemeinden auch erst mit ca. 15 Jahren) zur Bar Mitzwa zugelassen. Ab diesem Tag gelten sie als mündig und haben deshalb auch alle Gebote und Verbote des jüdischen Gesetzes zu beachten.

Bar/Bat Mitzwa geht nicht auf die Bibel zurück, sondern findet sich als Bar Mitzwa erstmalig Ende des 13. Jahrhunderts nach Christus bei einem Nürnberger Rabbiner. Bat Mitzwa wurde erst 1922 von einem Reformrabbiner in den USA eingeführt. Die Feier von Bar/Bat Mitzwa teilt sich in den Synagogengottesdienst und in eine häusliche Familienfeier mit oft hohem Aufwand und vielen Gästen. Bei der gottesdienstlichen Feier wird der Junge namentlich aufgerufen, spricht Segenssprüche über die Tora und trägt dann singend eine Torastelle vor – keine leichte Aufgabe, da in Hebräischer Sprache und da die Schriften der Torarollen nicht vokalisiert sind (also entsprechend der alten Schreibweise nur die Konsonanten des entsprechenden Textes enthalten). Nach der Lesung kann der »Sohn der Pflicht« den Text der Gemeinde auch erläutern oder Worte des Dankes an seine Eltern und den Rabbiner richten.

Essen und Trinken zur Zeit der Bibel

Nahrungsbeschaffung und Nahrungsbearbeitung sind wesentlicher Bestandteil der menschlichen Kultur, die sich nach Geografie und Klima, nach Fauna und Flora, aber auch nach Gewohnheiten und religiösen Vorstellungen in unterschiedlichen Küchen der Menschen zeigt. So sind Essen und Trinken in Israel natürlich mediterran, aber dennoch mit eigenen Akzenten, die sich aus dem jüdischen Religionsgesetz (Speisevorschriften) ergeben. Die in einem Teil der Länder des Fruchtbaren Halbmonds (vgl. S. 29–30) befindliche Natur und die religiös geprägte Kultur Israels ergänzen sich in den Ernährungsweisen. Auf den folgenden Seiten werden einige der Nahrungsmittel in Israel vorgestellt.

Der Garten Eden: Symbol der Fülle

In der Erzählung vom Auszug Israels aus Ägypten heißt es zu Beginn, dass Jahwe das Volk »in ein schönes Land hinaufführt, in ein Land, in dem Milch und Honig fließen« (Ex 3,8). Dies wird an anderer Stelle der im Exil entstandenen Priesterschrift genauer ausgeführt: »Der Herr, dein Gott, führt dich in ein prächtiges Land, ein Land mit Bächen, Quellen und Grundwasser, das im Tal und am Berg hervorquillt, ein Land mit Weizen und Gerste, mit Weinstock, Feigenbaum und Granatbaum, ein Land mit Ölbaum und Honig, ein Land, in dem du nicht armselig dein Brot essen musst« (Dtn 8,7–9). In der Tat ist Israel in weiten Teilen ein fruchtbares Land (vgl. S. 70), wenn denn ausreichend Wasser vorhanden ist. Die glaubenden Menschen in Israel führen diese guten Gaben des Landes auf Gott zurück, betrachten sie als Geschenke des Israel zugewandten Gottes: »Alle Augen warten auf dich und du gibst ihnen Speise zur rechten Zeit. Du öffnest deine Hand und sättigst alles, was lebt, nach deinem Gefallen.« (Psalm 145,15–16)

Die reiche Fülle an Getreide und Gemüse, an Kräutern und Obst, dazu Fisch und Fleisch (erlaubter Tiere) – das erinnert Israel an den Garten des Anfangs. Für nomadische Steppen- bzw. Wüstenbewohner musste die Landnahme eines solch reichen Landes, dazu mit ausreichend Wasser, wie ein Traum sein – der Traum von Eden, vom Paradies (persisch = »Garten«): »Dann legte Gott, der Herr, in Eden, im Osten, einen Garten an ... Er ließ aus dem Ackerboden allerlei Bäume wachsen, verlockend anzusehen und mit köstlichen Früchten ...« (Gen 2,8–9). Das Geschenk des Lebens wird im Land erfahrbar – das Volk dankt in seinen Gebeten und Erntedankfesten (vgl. S. 88ff).

Immer wieder spricht die Bibel in verschiedenen Zusammenhängen von Nahrung. Dies beginnt beim Linsengericht, das Jakob seinem Bruder Esau für das Erstgeburtsrecht verkauft, es findet sich beim Manna der Israeliten in der Wüste, es findet sich beim Rezept, das der Prophet Ezechiel für ein zeichenhaftes Brot aufführt: »Nimm dir Weizen, Gerste, Bohnen, Linsen, Hirse und Dinkel; tu sie zusammen in ein Gefäß und mach dir Brot daraus!« (Ez 4,9) Und Jesaja (Jes 28,25) schreibt: »Der Bauer streut Kümmel und Dill aus, sät Weizen und Gerste und an den Rändern den Dinkel«.

Getreide

Weizen und Gerste als Grundnahrungsmittel sind die beiden Pflanzen, die in der Liste der sieben bedeutenden Nahrungsmitteln in Dtn 8,8 genannt werden. Er herrscht heute Übereinstimmung darüber, dass im Gebiet des Fruchtbaren Halbmondes Getreide zuerst kultiviert wurde – Jahrtausende vor der Geschichte Israels. Der in diesem Gebiet (also auch in Israel) angebaute Emmer-Weizen ist genetisch die »Mutter« nahezu aller heute in der Welt angebauten Weizenarten. Hier ist der Ausgangspunkt eines Prozesses, durch den sich die Menschheit von nomadischen Jägern und Sammlern zu sesshaften Bauern entwickelte. Im alten Mythos vom Schafhirt Abel und vom Ackerbauer Kain und ihrem Kampf gegeneinander (Gen 4,1–16) klingt dies noch an. Die Ernte des Getreides war von hoher Bedeutung, ihr folgten die Erntedankfeste Pessah (vgl. S. 88) mit den Erstlingsfrüchten der Gerste und Schawuot (vgl. S. 90) mit denen des Weizen. Nach der Ernte wurde das Getreide gedroschen und geworfelt und dann eingelagert.

Getreide ist die Grundlage menschlicher Ernährung. In Israel wurde *Weizen* vor allem für die Ernährung der Menschen genutzt, die nur halb so teure *Gerste* galt eher als Viehfutter. Das liegt auch daran, dass sich Gerstenbrot mit weniger Gluten schwerer backen lässt und grob und hart ist. Getreidekörner konnten aber, wenn sie noch grün und weich sind, unmittelbar nach dem Pflücken gegessen werden (vgl. Mk 2,23). Auch wurden die reifen Körner in einer Pfanne über offenem Feuer geröstet (vgl. Rut 2,14).

In der Regel aber wurde täglich Brot gebacken (»das tägliche Brot«, vgl. die entsprechende Vaterunserbitte Mt 6,11 und Lk 11,3). Das war eine mühsame und zeitraubende Arbeit für die Hausfrau, denn die Körner wurden mit einer Handmühle zu Mehl gemahlen: Ein Mahlstein wurde auf einem unteren Stein gedreht. Danach wurde das Mehl mit Wasser versetzt und geknetet. Sauerteig (mehrere Wochen alter Teig, in dem sich Hefe auf natürlichem Weg entwickelt hatte) wurde hinzugefügt – nun hieß es warten, bis der ganze Teig durchsäuert war. (Wer es eilig hatte, musste ungesäuerten und deshalb nicht so schmackhaften Teig backen, vgl. Ex 12,39 beim Auszug aus Ägypten.) Das Backen dauerte nur kurz, denn es wurden flache, runde Brotfladen gebildet, die im Ofen innerhalb weniger Minuten fertig waren. Solche »Öfen« konnten ein einfaches Kohlenfeuer sein oder ein Ofen aus Ton oder Lehm in einer Ecke des Hofes. Einfaches Brot hatte eine unregelmäße Form, mit der man oft auch Steine assoziieren konnte – zwischen Brot und Stein gibt es oft eine bildhafte Beziehung (vgl. Mt 4,3; 7,9).

Brot fand sich auch im Tempel: Die zwölf Schaubrote (*lechem panim*) sind ungesäuerte Brote, die an die zwölf Stämme Israels erinnern und – jeden Sabbat frisch bereitet – als Opfergabe im Tempel ausgestellt wurden. Beim täglichen Tischgebet wurde in Israel eine Danksagung gesprochen: »Gepriesen bist du, Herr, unser Gott, Schöpfer der Welt, für das Brot, die Frucht der Erde und der menschlichen Arbeit.«

Gemüse

Während der ganzen Geschichte Israels bis hin zur Zeit Jesu war Gemüse das zweitwichtigste Nahrungsmittel nach Getreide – noch vor Fisch und Fleisch. Hier wird die Veränderung deutlich, die sich vom Nomadentum hin zur sesshaften Bevölkerung ergeben hat: Bei Nomaden ist Fleisch das Grundnahrungsmittel, hinzu kommt Getreide, das gegen Felle und Milch von Bauern getauscht wird. Die Zahl der Gemüsesorten in Israel ist hoch, alte Quellen sprechen von mehr als zwanzig Arten.

An erster Stelle sind die verschiedenen Sorten von *Linsen*, einem bis zu 50 cm hohem einjährigen Krautgewächs zu nennen, dessen Ursprungsgebiet der Vordere Orient ist. Es gibt braune (geschält grüne), rote und schwarze Linsen, aus denen ein Brei gekocht wird. Linsengerichte sind wegen ihres hohen Proteingehaltes sehr nahrhaft und werden deshalb zusammen mit Zwiebeln häufig gekocht. In der Bibel werden Linsen mehrfach erwähnt: das Linsengericht des Jakob (Gen 25,34) etwa oder in der Davidsgeschichte (2 Sam 17,28). Linsen können gut aufbewahrt werden.

Auch die *Kichererbse* aus der Familie der Hülsenfrüchte wurde bereits vor mehr als 8000 Jahren im Vorderen Orient angebaut. Kichererbsen sind sowohl nahrhafte Bauernspeise wie auch Viehfutter.

Viele andere Gemüsearten wurden in Israel angepflanzt, etwa die großen und goldbraunen *Saubohnen* (*ful*), die allerdings sehr lange gekocht werden müssen, bevor sie verzehrbar sind (vgl. Ez 4,9). Weiter gibt es *Gurken* und *Melonen*, *Lauch*, *Knoblauch* und *Zwiebeln*. Weitere Gemüsesorten wie Tomaten, Auberginen und Kartoffeln, die heute im Mittelmeerraum gegessen werden, gab es dagegen in biblischer Zeit dort noch nicht. Lukas (11,42) erwähnt Minze und Gewürzkraut. Hier klingt die Unterscheidung an zwischen angebauten Gartengemüsen und wild wachsenden Kräutern wie Malven und Rauken, die Nahrung für Arme oder in Notzeiten darstellten. Ebenso gehörten Runkelrüben zur Speise der Armen. Die Frühlingszwiebel und der Knoblauch waren dagegen in allen Schichten sehr geschätzt. Kürbisarten (vor allem Flaschenkürbis) ist ebenfalls ein sehr altes Gemüse, das bereits in vorisrelitischer Zeit im Vorderen Orient angebaut wurde.

Gemüse braucht mehr Wasser als Getreide. Deshalb war die künstliche Bewässerung während der langen Trockenperioden in Israel von hoher Bedeutung. Die Bauern legten künstliche Terrassen an den Berghängen aus Kalkstein an und füllten sie mit Erde. Von Quellen aus, die zumindest ein wenig Wasser auch in den Trockenzeiten des Jahres gaben, leiteten sie Kanäle auf diese Terrassen. Manchmal gruben sie auch Teiche an ergiebigen Quellen, so dass sie genügend Wasser zur Verfügung hatten. Der Gemüsebauer wurde auch Gärtner genannt, selbst Gott wurde voller Hoffnung so bezeichnet, weil er die Öden Zions neu zu einem Garten machen wird (Jes 51,3).

Fisch/Fleisch

In Israel ist der **Fisch**fang besonders mit dem See Gennesaret in Galiläa verbunden – so sind mehrere der Jünger Jesu Fischer aus Kafarnaum (etwa Petrus, vgl. Mk 1,20; Lk 5,2–11; Joh 21,1–3). Weil Fisch nur schwer frisch zu halten ist, finden wir Fischgerichte in Israel nahezu ausschließlich im näheren Umfeld des Sees oder entlang des Jordans. Fischfang im Mittelmehr hat bei den Juden nie eine Rolle gespielt – das große Meer war eine feindliche, ja, dämonische Lebenswelt, der man sich nicht anvertraute; Fremdvölker wie die Phönizier etwa nutzten dagegen die reiche Fischwelt des Mittelmeeres als ergiebige Nahrungsquelle. Immer wieder kommt aber vor allem im Neuen Testament (mit seiner Nähe zu Galiläa, der Heimat Jesu) die Lebenswelt der Fischer in den Blick (vgl. Mt 7,9–10, Mk 6,37: »fünf Brote und zwei Fische«). Der Name der kleinen Hafenstadt Betsaida bedeutet »Haus des (Fisch-)Fangs«.

Im Matthäusevangelium findet sich die legendenartige Erzählung, dass Jesus Petrus beauftragt, einen Fisch zu angeln, in dessen Maul sich dann eine Münze zur Steuerzahlung findet (Mt 17,27). Einige neutestamentliche Erzählungen über Jesus und seine Jünger spielen auf dem See bzw. am Seeufer (Mk 3,7–9: die Predigt Jesu am Seeufer; Mk 6,30–44: reiche Speisung; Mk 6,45–52: Wandel Jesu auf dem See; Lk 4,31: Predigt im Küstenort Kafarnaum; Lk 5,1–11: reicher Fischfang; Lk 8,22–25: Seesturm).

Gefischt wurde mit Fesselnetz oder Schleppnetz, das von einem Boot ausgeworfen und dann an Land gezogen wurde. Somit brauchte man Mannschaften von sechs bis acht Männern für ein Fischerboot. Als Speise erlaubt waren nur Fische mit Schuppen (vgl. Lev 10,9–11); schuppenlose Aale, Rochen und Welse waren kultisch unrein und wurden nicht verzehrt.

Fleisch war bei den Bauern (anders bei den Nomaden) ein teures und deshalb seltenes Nahrungsmittel. Es gab vor allem Fleisch von Haustieren: von Rindern, Schafen und Ziegen, auch von Hühnern, Fasanen und Truthähnen. Nur noch selten wurden Gazellen gejagt oder Wachteln mit einem Netz eingefangen. Gejagte Tiere galten als unrein, weil sie nicht in der richtigen, koscheren Weise geschlachtet werden konnten. Hinzu kamen auch Insekten wie etwa Heuschrecken, die geröstet und in Honig getunkt wurden (vgl. Mt 3,4). Fleisch wurde gebraten oder zusammen mit Kräutern und Gemüse in einem Topf gekocht.

Fleisch wurde auch rituell benötigt: Beim Pessah wurde in jeder Familie ein Lamm rituell geschlachtet, dann gebraten und zusammen mit Bitterkräutern (Gemüse) und ungesäuertem Brot gegessen (vgl. S. 88–89). Während der Zeit des Jerusalemer Tempels (und vorher an den verschiedenen Kultstätten) wurden viele Tiere als Opfer dargebracht: Rinder, Schafe, Ziegen, aber auch Tauben. Ein Teil wurde verbrannt, ein Teil von Priestern und Leviten gegessen.

Obst

Auf dem Zug durch die Wüste schickt Mose Kundschafter nach Kanaan, um das Land zu erkunden. Dort schneiden sie eine riesige Rebe mit einer Weintraube ab, dazu auch Granatäpfel und Feigen (Num 13,17–24): Es ist – so ihr Fazit – wirklich ein Land, in dem Milch und Honig fließen, ein Land des Überflusses. Dieser Reichtum zeigt sich besonders in der Zahl der in Kanaan wachsenden Früchte: Weintrauben, Datteln, Feigen, Granatäpfel, Johannisbrot, Zitrusfrüchte, aber auch Nüsse und Mandeln.

Die wichtigste Frucht war die *Dattel*, die man als feste Nahrung aß oder kochte und seihte, um daraus Dattelhonig zu gewinnen. Datteln wurden zuerst in Mesopotamien angepflanzt, fanden sich aber auch schon in vorisraelitischer Zeit in Kanaan. So konnte Mose vom Berg Nebo aus das Jordantal und die Dattelpalmen von Jericho sehen (Dtn 34,3). Von hier kamen auch zur Zeit Jesu Datteln für die jüdische Bevölkerung, aber auch für den Export. Aus Datteln bereitete man zusammen mit Walnüssen, Mandeln, Honig, Zimt, schwarzem Pfeffer und Kardamon einen schmackhaften Brei. Die Dattelpalme galt aber auch als Symbol des Lebens, weil der hoch aufragende Baum in der Steppe aus der Ferne das erste Zeichen dafür war, dass es dort Wasser gab.

Die *Feige* wurde wahrscheinlich auf der arabischen Halbinsel systematisch angepflanzt, später (ab 3000 v. Chr.) auch in Ägypten und Kanaan. Dabei braucht ein Feigenbaum viel Pflege, damit aus dem kleinen Busch ein bis zu 10 m hoher Baum werden kann. Feigenbäume, die zur Familie der Maulbeeren gehören, bringen das ganze Jahr über Früchte, die frisch oder getrocknet gegessen werden können, sich also auch als Nahrung auf einer Reise eignen. Die Sykomorenfeige, auch Maulbeerfeige genannt, ist ein Verwandter der gewöhnlichen Feige; die großen Laubbäume tragen gelblichrote Früchte, die in Büscheln zusammenstehen. Der Prophet Amos bezeichnet sich als Schafzüchter und Züchter von Maulbeerfeigen (Am 1,1 und 7,14).

Andere Früchte in Israel sind die *Granatäpfel*, die frisch oder eingemacht gegessen wurden. Ebenso presste man auch Saft aus ihnen. Sie sind ein Symbol der Schönheit (vgl. Hld 6,7). Die Schoten des *Johannisbrotbaums* sind sehr nahrhaft, aus ihnen wird ein Brei gekocht. Die Früchte können das ganze Jahr aufbewahrt werden. Meist werden die Schoten aber von Nichtjuden als Viehfutter gebraucht (vgl. Lk 15,16). *Zitrusfrüchte* stammen ursprünglich aus Indien und werden in der Bibel nicht erwähnt, wohl aber in alter Tradition beim Laubhüttenfest gebraucht. In der Bibel ebenfalls nicht erwähnt, aber vielleicht doch in biblischen Zeiten angepflanzte Obstsorten sind Pfirsische, Äpfel, Pflaumen und Aprikosen.

Eine besondere Frucht in allen mediterranen Ländern ist die *Olive*, die am im Alter sehr knorrigen Ölbaum wächst und bereits seit 6000 Jahren als Nutzpflanze angebaut wird. Oliven werden gegessen, aber vor allem wird aus ihnen Öl gewonnen.

Kräuter und Gewürze

Kräuter und Gewürze machen die Nahrung nicht nur schmackhafter, Salz und Pfeffer dienen als Konservierungsmittel, andere Gewürze wurden in biblischer Zeit auch in Kosmetika oder als Duftmittel im Haus oder beim Weihrauch im Tempel eingesetzt. Das Klima Israels ist für die meisten Gewürze bestens geeignet. Folgende Gewürze spielen in der Bibel eine Rolle:

Salz wurde am Toten Meer abgebaut, die Salzkristalle waren noch mit Erde vermengt. Wenn man sie bei Tisch herausgebrochen hatte, blieb nur leicht salzige Erde übrig, die keinen Wert hatte (vgl. das Wort Jesu in der Bergpredigt vom schal gewordenen Salz, Mt 5,13). Salz gilt als wertvoll und gesundheitsfördernd, zugleich aber als Bild für Unfruchtbarkeit und Zerstörung. So streute Abimelech Salz über die zerstörte Stadt Sichem (Ri 9,45).

Gewürze im Großen Basar von Damaskus

Weitere Gewürzkräuter:

- *Aloe* – ein Duftmittel vor allem für die Totensalbung.
- *Anis* – die dem Dill ähnelnde Pflanze wurde vor dem Backen auf das Brot gestreut.
- *Lorbeer* – der Gewürzstrauch bringt blaue Beeren hervor.
- *Zimt* – die Rinde des Zimtbaumes wird als Gewürz und als Duftmittel gebraucht.
- (*Schwarzer) Kümmel* – der im Mittelmeerraum beheimatete Kümmel ist ein Gewürz bei schweren Speisen, weil seine ätherischen Öle die Verdauung erleichtern.
- *Koriander* – vom einjährigen Kraut, das stark nach Wanzen riecht (Wanzenkraut) und aus Ägypten stammt, werden die Samen und auch die Blätter genutzt.
- *Gewürzrohr* – (Jer 6,20) wahrscheinlich Ingwerstauden, die als Kosmetikum und als Öl zum Einbalsamieren gebraucht wurden.
- *Wermutkraut* – oft Essig genannt (Ps 69,22; Mt 27,34) hat einen hohen Anteil an Bitterstoffen und wurde in der Antike als Medizin bei Schmerzen und Magenbeschwerden eingesetzt. Es ist bis heute ein Symbol für Bitterkeit (»Wermutstropfen«).
- *Biblischer Ysop* – (nicht zu verwechseln mit dem bei uns wachsenden Eisenkraut/echter Ysop) die Blätter werden zerstoßen und als Gewürz zu Salaten gebraucht.
- *Minze* – die 30 verschiedenen Arten der Minze stellen wegen ihrer ätherischen Öle wichtige Gewürzkräuter dar, die vielfältig in Küche und Medizin eingesetzt werden.
- *Weißer Senf* – die aus kleinen Samen hoch aufragenden Senfstauden wachsen wild ebenso wie in Kräutergärten. Brauner und schwarzer Senf wird bis zu 2 m hoch.
- *Myrrhe* – als Duftmittel genutzt und als Würze, um billigen Wein zu verbessern.

Weitere Gewürze sind: Narde, Raute, Safran, Salbei, Sumach (die ungiftige Art).

Getränke

Das wichtigste Getränk war natürlich das klare *Wasser*, bevorzugt aus einer »lebendigen« Quelle oder einem sauberen Brunnen geschöpft. Im trockenen Klima des Heiligen Landes mit mindestens acht Monaten ohne Regen musste das Wasser sorgfältig bevorratet werden. So finden wir Transportsysteme und Bewässerungsanlagen, vor allem aber große Zisternen, in den Wasser aufbewahrt wurde. Sie liegen unter der Erde – die Dunkelheit verhindert die Entstehung schädlicher Bakterien. Wasser ist für nomadische Steppenbewohner wie auch für das sesshaft gewordene Volk Israel von so hoher Bedeutung, dass es als das Symbol für das Leben überhaupt gilt.

Dem Wasser steht der *Wein* gegenüber, Zeichen nicht des Lebensnotwendigen, sondern der Lebensfreude: »Der Wein erfreut das Herz des Menschen« (Psalm 104,15). Wie alle Länder des Mittelmeerraumes ist der Anbau von Weintrauben in Israel günstig, obwohl als Ursprung der Kultivierung des Weinstocks der Südkaukasus gilt. Doch seit 3000 vor Christus gibt es im Nahen Osten die Produktion von rotem Wein. Weißwein wird erst in der Zeit der Ptolomäer (ca 200 vor Christus) erwähnt, als Weinstöcke mit anderer genetischer Ausstattung über die Handelswege nach Israel kamen. Weinstöcke wurden in großen Weinbergen kultiviert, danach wurden die Trauben in offenen Becken mit den Füßen zerstampft. Um Pilzbildung im Saft und damit das Umkippen des Weins in Essig zu verhindern, wurde oft Terebinthenharz mit Wein vermischt.

Ein anderes Getränk ist *Würzwein*, bei dem Rotwein mit Rosinen und Honig, manchmal auch mit Kardamon und Safran vermischt wird.

Bier war im Vorderen Orient bekannt, wurde aber eher als barabarisches Getränk angesehen.

Wohl aber gab es *Dattelwein* und Saft und Wein aus anderen Früchten wie Balsam, Äpfeln, Feigen und Granatäpfeln.

Ziegenmilch, später auch die *Milch* der kleinen Baladirinder und Milch der Kamelstuten waren als Nahrungsmitel nicht nur bei den Nomaden von Bedeutung. Kanaan gilt deshalb auch den sesshaften Bauern als Land, in dem »Milch und Honig fließen« (Ex 3,8). Die Milch wurde zu Käse und Joghurt weiterverarbeitet.

Die Hebräische Bibel – das Alte Testament

Die Bibel der Juden und Christen

Die Bibel – das **Buch der Bücher** – ist ein Schatz für die Menschheit. Darüber hinaus ist sie aber auch (in unterschiedlicher Weise) das heilige Buch für die Menschen in zwei Weltreligionen, sie ist in ihrem ersten und größeren Teil die Glaubensgrundlage für Juden und Christen. Das Erste, Alte Testament in der Bibel der Christen, der erste große Hauptteil der Christlichen Bibel also, entspricht weithin der Hebräischen Bibel der Juden. Das Erste Testament war und ist die Bibel, die Menschen jüdischen Glaubens als ihr heiliges Buch verehren. Das Erste Testament war auch die Bibel des Juden Jesus und ebenso die Bibel der Apostel, die Bibel von Paulus und den ersten Christen.

Das Neue, Christliche Testament dagegen ist als zweiter Teil der Christlichen Bibel für Christen bedeutsam, nicht für Juden. Doch ist dieser zweite Teil nicht ohne den ersten zu verstehen: Das Neue Testament setzt das Alte Testament voraus, die Hebräische Bibel der Juden. Deshalb bleibt das Alte Testament wichtig – für Juden *und* für Christen. Ohne die Botschaft des Alten Testaments gleicht das Neue Testament einem Baum ohne Wurzeln, einem Haus ohne Fundament. Das hat der Verfasser des Hebräerbriefes richtig erkannt, wenn er am Beginn seines Briefes schreibt: »Viele Male und auf vielerlei Weise hat Gott einst zu den Vätern gesprochen durch die Propheten; in dieser Endzeit aber hat er zu uns gesprochen durch den Sohn ...« (Hebr 1,1–2).

Das Erste, Alte Testament erzählt vor allem die Geschichte des Volkes Israel, es erzählt von den großen Gestalten des Volkes, angefangen von den Vätern und Müttern, die am Anfang standen, dann die Geschichte von Mose und der Befreiung aus Ägypten, gefolgt vom Leben des Volkes Israel im Land Kanaan, von der Königszeit, von David, den Königen nach ihm und vom Untergang des Reiches. Es erzählt von der Gefangenschaft in Babylon, von einem Neubeginn nach dem Exil und vom Wiederaufbau Jerusalems und des Tempels.

All diese Geschichten aber machen das Erste, Alte Testament nicht zu einem Geschichtsbuch. Es bleibt ein Buch, das vor allem anderen vom Glauben sprechen will, von den sehr unterschiedlichen Erfahrungen, die Menschen mit Gott gemacht haben, von ihrer Suche nach Gott und vom Glück und zugleich der Betroffenheit, wenn sie ihm begegnen. Es bleibt ein Buch, das das

Menora,
hebräische Cervera-Bibel,
Spanien 1300 (zu Psalm 67)

Ringen der Menschen um den Glauben zur Sprache bringt, ihre Fragen und ihr Zweifeln, ihr Suchen und ihre Klage über die Unbegreiflichkeit Gottes. Es bleibt bei allen Geschichten ein Buch des Gebets, der Antwort des Menschen auf die Erfahrung Gottes. Die Bibel – und das gilt für das Alte wie für das Neue Testament – ist ein Buch des Glaubens.

Damit aber hat auch die Hebräische Bibel, das Erste, Alte Testament Bedeutung nicht nur für Menschen einer bestimmten Zeit und Kultur und nicht nur für Juden. Auch die Schriften im ersten Teil der Bibel gehören zu einem »Menschheitsbuch«, zu einem Buch, das allen Menschen zu allen Zeiten und in allen Völkern Hilfe, Halt und Trost geben kann. Es geht in der Bibel – und das wird gerade im Alten Testament immer wieder deutlich – um die großen Fragen der Menschen, die immer wiederkehren: Es geht um die großen Fragen: Woher kommen wir, kommen Welt und Menschen? Wozu leben wir, wie kann unser Leben gelingen? Wohin gehen wir, was ist das Ziel unseres Lebens?

Die Schriften der Bibel bieten keine fertigen Antworten, wohl aber Anregungen zum Nachdenken, gesammelte Erfahrungen von vielen Menschen, die mit eigenen Erfahrungen verglichen werden können. Die Bibel ist ein Schatz für jeden Menschen.

Altes Testament – nichts für Christen?

Im 2. Jahrhundert n. Chr. lebte im Mittelmeerraum ein Kaufmann, der zuerst Christ war, sich aber neu ausrichtete: Marcion (ca. 85–160) vertrat eine scharfe Trennung zwischen Altem und Neuem Testament: Das Alte Testament, die Bibel der Juden, ist geprägt von einem bösen Gott, der die Welt unvollkommen und mit Leid und Unglück behaftet schafft, der ein nicht einzuhaltendes Gesetz fordert, der zudem für ein grausames Endgericht zuständig ist. Dagegen steht der von Jesus verkündete gute Gott des Neuen Testamentes, der mit dem ersten nichts zu tun hat, sondern der ein Gott der Liebe und des Erbarmens ist und der von der Knechtschaft des Gesetzes-Gottes befreit. Dementsprechend akzeptiert Marcion auch das Alte Testament nicht als Heilige Schrift. – Eine solche radikale Auffassung ist heute selten; dennoch gibt es immer wieder die Meinung, dass für Christen allein das Neue Testament mit seiner Botschaft von Gott als gutem Vater maßgebend ist. Gegen solche Einstellungen muss klar betont werden, dass die Bibel mit ihren beiden Teilen für Christen eine unlösbare Einheit ist. Für Jesus, aber auch für seine Jünger und für die ersten Gemeinden war die Hebräische Bibel der Juden ihre heilige Schrift – die Schriften des Neuen Testaments entstanden erst allmählich. Zudem sind weder das Leben Jesu noch seine Botschaft ohne den Hintergrund der Hebräischen Bibel zu verstehen. Das Neue Testament lässt sich nicht ohne das Alte lesen.

Am Freiburger Münster finden sich die Skulpturen »Synagoge« und »Ekklesia«, die aus der spätmittelalterlichen Sicht (Bauzeit 1200–1513) den Kontrast zwischen Juden und Christen, damit auch zwischem Erstem und Zweitem Testament aufzeigen: Die jüdische Synagoge steht mit verbundenen Augen da, sie ist blind und hält eine zerbrochene Schriftrolle – ihr steht die christliche Ekklesia (Kirche) mit Kreuz und Abendmahlskelch gegenüber. Diese Sicht ist heute nicht mehr zu akzeptieren.

Die Tora

Die ersten fünf Bücher der Hebräischen Bibel (des Ersten, Alten Testaments) haben eine besondere Bedeutung und werden bereits durch ihren hebräischen Namen hervorgehoben. Diese Bücher sind die **Tora** – das bedeutet: »Weisung, Gesetz, Gebot, Belehrung« (Gottes). Für das Judentum ist die Tora die zentrale Aussage der Hebräischen Bibel, Ursprung, Kern und innere Mitte ihrer heiligen Schrift. Christen nennen diese fünf Bücher unter Bezugnahme auf die Gesetzgebung des Mose am Berg Sinai »die **fünf Bücher Mose**« (griechisch »**Pentateuch**« = das auf fünf [penta] Behälter verteilte Buch). Auch für sie haben die ersten fünf Bücher des Alten Testamentes unter den Schriften des ersten Teils der Bibel eine herausgehobene Bedeutung. Ebenso nimmt der islamische Koran in einigen Versen Bezug auf die Tora, hält allerdings die heutige schriftliche Fassung bei Juden und Christen für verfälscht und deshalb ohne Wert.

Das gesamte, in einem komplizierten Entstehungsprozess zusammengetragene Werk der Tora gliedert sich in fünf Schriftrollen (bei den Christen fünf Bücher), die wie folgt benannt werden:

Juden (Benennung nach den ersten Worten)	Katholische Christen (Benennung nach Inhalt)	Evangelische Christen (Benennung nach Reihenfolge)
1. Bereschit (Im Anfang schuf Gott ...)	1. Genesis (= Entstehung)	1. Buch Mose
2. Schemot (Dies sind die Namen ...)	2. Exodus (= Auszug)	2. Buch Mose
3. Wajikra (Und es rief ...)	3. Levitikus (= über die Leviten)	3. Buch Mose
4. Bemidbar (In der Wüste ...)	4. Numeri (= Zahlen)	4. Buch Mose
5. Devarim (Dies sind die Worte ...)	5. Deuteronomium (= zweites Gesetz)	5. Buch Mose

In der alten Zeit wurden die ersten fünf Schriften der Bibel als die fünf von *Mose* geschriebenen Bücher verstanden und dabei die Autorschaft des Mose als selbstverständlich vorausgesetzt. Dass es bei einer solchen Benennung nicht um eine Verfasserangabe im heutigen Sinn geht, sondern um eine Einordnung der Erzählungen und Texte unter die Autorität des Mose, des großen Führers Israels in die Freiheit, wurde dabei nicht gesehen. Heute ist uns bewusst, dass die ersten fünf Bücher der Bibel in einem jahrhundertelangen Entwicklungsprozess (etwa von 1000 bis 400 v. Chr.) entstanden sind, aus mehreren, voneinander unabhängigen Quellen schöpfen und zudem unterschiedliche Textsorten (von unterschiedlichen Autoren) in einem redaktionellen Prozess zusammenführen.

Die Tora, der Pentateuch, die fünf Bücher Mose ist – wie andere biblische Bücher – aus mehreren Quellen redaktionell zusammengeführt worden. Diese Quellen werden meist **Jahwist** (J), **Elohist** (E), **Deuteronomist** (D) und **Priesterschrift** (P) genannt. Allerdings bleiben solche Aufteilungen hypothetisch, und es gibt zu vielen Stellen auch andere Meinungen.

In diesen fünf Rollen/Büchern sind erzählende Überlieferungen (Familiensagen, Stammväterlegenden, Ätiologien [Erzählungen über Kultorte] und Sippenüberlieferungen), gottesdienstliche Überlieferungen (vom späteren Tempelkult in Jerusalem aus gesehen), Rechtsüberlieferungen (Gesetze, Anweisungen zur Rechtsprechung) und volkstümliche Weisheit (Sprüche, Redensarten) in bunter Folge gesammelt. Die meisten dieser unterschiedlichen Textsorten (Gattungen) wurden zunächst wie viele Quellbäche mündlich überliefert, danach zu einem breiten Strom zusammengetragen und verschriftlicht und schließlich von der Endredaktion des Pentateuch (um 400 vor Christus) zusammengesetzt. Dabei ließ man Doppelungen nebeneinander bestehen oder verwob unterschiedliche Quellen so sehr, dass eine Scheidung heute teilweise schwierig oder unmöglich ist.

Juden verehren die Tora in hohem Maß. Die Torarollen werden nur von ausgebildeten Schreibern (Sofer) mit der Hand geschrieben, durch einen Toramantel aus Stoff geschützt und mit Schild und Krone festlich geschmückt.

Torarollen in einem kostbar geschmückten Behälter, auf dem die Gesetzestafeln des Zehnworts vom Sinai (Zehn Gebote) abgebildet sind.

Nach dem Exil werden Jerusalem und sein Tempel wieder aufgebaut. In dieser Zeit (etwa um 400 v. Chr.) übergibt der Priester Esra die Tora (Gesetz des Mose) an das Volk in Jerusalem:

»Das ganze Volk versammelte sich auf dem Platz vor dem Wassertor und bat den Schriftgelehrten Esra, das Buch mit dem Gesetz des Mose zu holen, das der Herr den Israeliten vorgeschrieben hat. Am ersten Tag des siebten Monats brachte der Priester Esra das Gesetz vor die Versammlung; zu ihr gehörten die Männer und die Frauen und alle, die das Gesetz verstehen konnten. Vom frühen Morgen bis zum Mittag las Esra auf dem Platz vor dem Wassertor den Männern und Frauen und denen, die es verstehen konnten, das Gesetz vor. Das ganze Volk lauschte auf das Buch des Gesetzes ... Dann pries Esra den Herrn, den großen Gott; darauf antworteten alle mit erhobenen Händen: Amen, amen! Sie verneigten sich, warfen sich vor dem Herrn nieder, mit dem Gesicht zur Erde.«

aus Nehemia 8,1-6

Tora – Mischna – Gemara – Talmud

Die Tora – die Mose am Sinai geoffenbarte Weisung – enthält 613 Verpflichtungen, die für Juden ab ihrer religiösen Mündigkeit (vgl. Bar Mitzwa, Seite 93) gültig sind: 248 Gebote (entsprechend der angenommenen Zahl menschlicher Knochen) und 365 Verbote (entsprechend der Zahl der Tage im Jahr). Symbolisch soll also ausgedrückt werden, dass der ganze Mensch (mit all seinen Gliedern) über alle Zeiten hinweg (jeden Tag des Jahres) die Gebote Gottes befolgen soll, damit er »lange lebe in dem Land, das der Herr ihm gibt« (vgl. Ex 20,12).

Nach jüdischer Auffassung ist dieses Gesetz Gottes zweifach übergeben und tradiert worden: zum einen als schriftlicher Text, als **Tora** der fünf Schriftrollen, zum andern als mündliche Überlieferung, die über Jahrhunderte hinweg von den Gelehrten Israels bewahrt wurde. Diese mündliche Überlieferung wurde zudem den je neuen Zeitumständen angepasst, so dass die Weisung Gottes vom Sinai auch in veränderten Situationen lebendig blieb. Als jedoch durch den römisch-jüdischen Krieg (Zerstörung Jerusalems 70 n. Chr.) und die Vertreibung der Juden aus ihrem Land diese mündliche Überlieferung gefährdet war, wurde auch sie schriftlich gefasst – es entstand die **Mischna** (hebräisch »Wiederholung« [des Gesetzes]) in verschiedenen Ausgaben, die etwa um 200 n. Chr. verbindlich in einer Schrift zusammengefasst wurden.

Doch die Auslegungsgeschichte der Weisung Gottes vom Sinai ging auch danach weiter: Neue Kommentare von Gelehrten entstanden – zum einen wie bisher in Palästina/Israel, zum andern aber in der relativ freien Atmosphäre des Perserreiches bei der dortigen jüdischen Diasporagemeinde in Babylonien. Diese auf Tora und Mischna aufbauenden Auslegungen bis zum 6. Jahrhundert erhielten den Namen **Gemara** (aramäisch »Vollendung« [des zu Lernenden]).

Mischna und Gemara waren eine Grundlage, auf die weitere Kommentare jüdischer Gelehrter bis ins 12. Jahrhundert aufbauten. Sowohl in Israel/Jerusalem/Palästina (aramäische Sprache) als auch in Babylon/Persien (hebräische Sprache) entstand ein neuer, umfangreicher Kommentar zum jüdischen Religionsgesetz, der **Talmud** (hebräisch »Belehrung«), ein Sammelwerk jüdischer Gelehrsamkeit. Man spricht deshalb von einem Jerusalemer (oder Palästinensischen) und einem Babylonischen Talmud, meist ist der zweite gemeint.

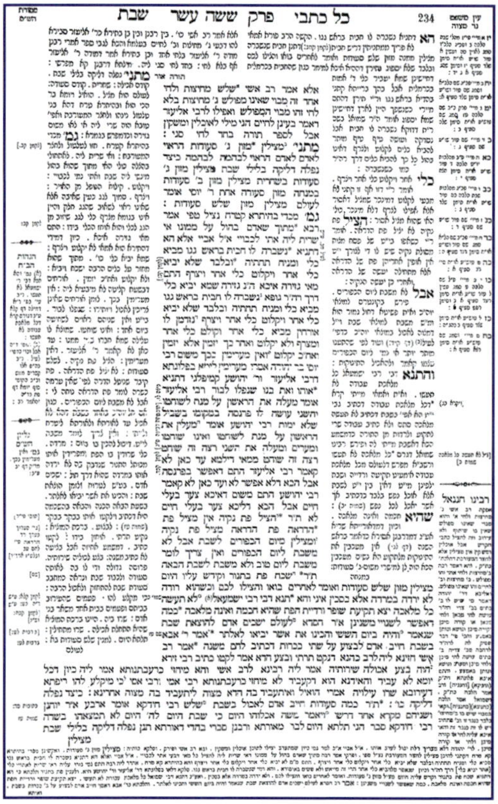
234 כל כתבי פרק ששה עשר שבת

Die Texte des Talmud werden jeweils in der Mitte der Seite gedruckt, die Kommentare von Gelehrten zu den jeweiligen Stellen sind außen angeordnet.

Tora – Propheten – Schriften

Die Einteilung der biblischen Schriften in verschiedene Gruppen erfolgt bei Juden und Christen unterschiedlich. Juden bezeichnen die Bibel auch mit einem Kunstwort **Tanach** (auch Tanak), das sich aus den drei hebräischen Konsonanten Taw, Nun und Kaph zusammensetzt. Damit sind gemeint:

T *Tora*: mit den fünf Büchern Mose;

N *Nebiim* (auch Neviim): die *Propheten* mit den Büchern Josua, Richter, Erstes und Zweites Buch Samuel (zusammen), Erstes und Zweites Buch der Könige (zusammen), Jesaja, Jeremia, Ezechiel und dem Zwölfprophetenbuch (Hosea, Joël, Amos, Obadja, Jona, Micha, Nahum, Habakuk, Zefanja, Haggai, Sacharja, Maleachi zusammen);

K (gesprochen »ch«) *Ketubim*: *Schriften* mit den Büchern Psalmen, Ijob, Sprichwörter, Rut, Hohelied, Kohelet, Klagelieder, Ester, Daniel, Esra und Nehemia (zusammen), Erstes und Zweites Chronikbuch (zusammen).

Insgeamt sind das 24 Einzelschriften in der Hebräischen Bibel (manchmal sind sie auch zu 22 zusammengefasst entsprechend der Anzahl von 22 hebräischen Buchstaben). Diese Bücher liegen etwa um 200 v. Chr. in ihren jeweiligen Endfassungen vor, sodass der Umfang (Kanon) des Tanach etwa um das Jahr 100 v. Chr. endgültig festgelegt wurde. (Im frühen Christentum war der Kanon der biblischen Bücher, nun Altes und Neues Testament, etwa ab 300 n. Chr. verbindlich – vgl. Seite 24–27.)

Im jüdischen Synagogengottesdienst wird aus den drei Teilen der Hebräischen Bibel gelesen. Dabei ist naturgemäß die Lesung aus der Tora die wichtigste. Die Tora wird in 51 Wochenabschnitte eingeteilt, sodass die Gemeinde innerhalb eines Jahres den gesamten Text dieser fünf Bücher hört. Passend zum Tora-Text wird ein Text aus den Propheten gelesen, dazu kommen Psalmen. Fünf Bücher werden an Festtagen vorgetragen (Hohelied zu Pessah, Rut zu Schawuot, Klagelieder zum Gedenktag der Tempelzerstörung, Kohelet zum Laubhüttenfest, Ester zum Purim, vgl. Seite 88–91).

Tanach der Juden und Altes Testament der Christen:
Die **Hebräische Bibel** der Juden (Tanach) ist weithin das Alte Testament der Christen. Zum Tanach kommen allerdings mit unterschiedlicher Verbindlichkeit auch andere Schriften aus dem Spätjudentum hinzu, die sich nur in einer griechischen Übersetzung der Hebräischen Bibel finden, der Septuaginta, die etwa von 250–100 v. Chr. in der jüdischen Diasporagemeinde in Alexandrien angefertigt wurde. Die evangelischen Christen folgen Martin Luther, der für seine Bibelübersetzung aus dem Hebräischen nur die Bücher des Tanach als kanonisch bezeichnet, die zusätzlichen griechischen Bücher als apokryph (inzwischen trotzdem in vielen evangelischen Bibeln enthalten). Die katholischen Christen benennen den Unterschied zwischen den hebräischen Schriften des Tanach und den ergänzenden der Septuaginta dadurch, dass sie die zusätzlichen Schriften als »deuterokanonisch« (= zweiter Kanon) bezeichnen.
Die **Christliche Bibel** unterscheidet sich in der Abfolge der Schriften und in den Hauptteilen von der jüdisch-hebräischen Bibel (vgl. dazu den Überblick auf Seite 26): Sie führt zuerst die »Bücher der Geschichte des Volkes Gottes auf (von Genesis/1 Mose bis 2 Makkabäer), dann die Bücher der Lehrweisheit und der Psalmen (von Ijob bis Jesus Sirach) und schließlich die prophetischen Bücher (von Jesaja bis Maleachi). In den evangelischen Bibeln finden sich 39 Einzelschriften und weitere Apokryphen; in den katholischen, die deuterokanonischen eingeschlossen, 49 Bücher.

Extra:
Überblick über die Geschichte Israels und die Entstehung der Bibel

Nomadenstämme in Mesopotamien und Kanaan (ca. 1700- 1200)	Nomadenstämme von Ägypten nach Kanaan (ca. 1200)	Landnahme (ca. 1200–1150)
Väter- und Müttererzählungen (zuerst selbstständige Einheiten, dann verknüpft); Sagen und Listen aus der Frühzeit der Stämme	Grunderfahrung der Rettung aus Unterdrückung; Moselegenden, ätiologische (Orte erklärende) Erzählungen (etwa Ex 17: Massa und Meriba)	ätiologische Erzählungen (etwa Jos 4: Gedenksteine); Heldenlegenden über Josua; Bekenntnisse, Listen, Gebotsreihen
erste Teilstücke von Genesis 12–50; Nachklang in Psalm 105	Teile von Exodus; Nachklang in den Psalmen 66; 105; 114	Josua

Nordreich Israel (926–722)	Südreich Juda (926–586)	Reform des Joschija (640–609)
Auseinandersetzung zwischen kanaanäischen Gottheiten dem Jahwekult: Elohim (die Götter) und Jahwe; Propheten Jahwes treten auf (besonders Elija/Elischa)	Jerusalem und der Tempel als Kultzentrum und innere Mitte des Volkes; Ausgestaltung des Tempelkults; ein Gott – ein Tempel – ein Land – ein König;	Jahwe als einziger Gott für Juda und die Völker; Zion (Jerusalem, Tempel) als zentraler Ort; Bundestheologie: Gott und sein Volk
E = Elohist (zweite »Quelle« des Pentateuch); Redaktion von J und E; Amos; Hosea	Quellen des deuteronomistischen Geschichtswerkes (später Aufnahme in Dtn, Jos, 1 Sam, 2 Kön); Jesaja I	D = Deuteronomist (dritte »Quelle« des Pentateuch); Psalm 122; Zefanja; Jeremia; Nahum

Die Schriften der Hebräischen Bibel (des Alten Testaments) sind in einem komplizierten und sich über Jahrhunderte hinziehenden Prozess entstanden, der nur teilweise und hypothetisch rekonstruiert werden kann. Dies gilt besonders für die Tora (Pentateuch), dessen hypothetische Quellen J, E, D, P in ihrem Textbestand nicht gesichert sind. Aber auch prophetische Bücher (wie Jesaja oder Sacharja) haben eine komplizierte Entstehungsgeschichte und fassen unter dem Prophetennamen Texte aus unterschiedlichen Zeiten und damit von unterschiedlichen Verfassern zusammen. Der Überblick gibt deshalb deshalb nur stichwortartig Zeiten, Themen und Bücher der Bibel an.

Zeit der Richter (ca. 1150–1000)	Zeit Sauls und Davids: Staatswerdung (ca. 1000–960)	Zeit Salomos: Tempelbau (ca. 960–926)
Heldenlegenden (etwa Deborah, Gideon ...); Sagen; Listen; Rechtssätze; Lieder; erste Propheten (Samuel)	Erzählungen über Verstaatlichung und Königsideologie; Königspsalmen	Königs- und Reichsideologie; Beschreibung des Kultes, Gebete zum Tempelkult (Psalmen ...)
Teile Richter erste Psalmen als Gebete an Kultstätten	Königspsalmen (David zugeschrieben); anfanghaft: Erzählungen zur Königszeit: Quellen zu späteren Geschichtswerken (1 Sam – 2 Kön)	J = Jahwist (erste »Quelle« des Pentateuch, evtl. auch später); Psalmen; Königserzählungen als Quellen zu 1 Sam – 2 Kön

Exil in Babylon (586–538)	Rückkehr und Wiederaufbau (538–ca. 400)	Spätzeit: Hellenismus (ca. 323–64)
Neuorientierung: Jahwe gegen die Götter der Völker; Bundestheologie; Relecture des Exodus: Gott führt wieder in Freiheit, wenn das Volk den Bund hält	Bundestheologie und Ausgestaltung des Gesetzes des Mose; Wiederaufbau von Jerusalem und Tempel – Tempelkult; Priesterherrschaft statt Königsherrschaft;	Auseinandersetzung mit Religionen und Kultur der Nachfolgereiche Alexanders des Großen; griechische deuterokanonische Schriften (1,2 Makk, Sir, Weish)
P = Priesterschrift (vierte »Quelle« des Pentateuch); Psalm 79; 137; deuteronomistisches Geschichtswerk; Jesaja II (Deuterojesaja) Jeremia; Ezechiel	Endredaktion Pentateuch; Esra und Nehemia; Jesaja III (Tritojesaja); Haggai; Sacharja; Endfassung 150 Psalmen; Ijob und Sprüche als Weisheitsliteratur	Chronistisches Geschichtswerk (1 und 2 Chr); Endfassung Sacharja; Tobit, Judit, Ester; Hohelied; Daniel (Teile); Weisheitsliteratur (Koh, Spr)

Grundthema der Bibel – Gott und die Menschen

Die Bibel ist ein umfangreiches Buch, zudem in viele Einzelschriften und unterschiedliche Textsorten aufgeteilt, sodass es schwierig ist, einen Überblick zu gewinnen und zu behalten. Was ist in der Bibel wichtig, was ist darin Hauptsache? Was umgekehrt ist zeitgebundene, heute nicht mehr aktuelle Aussage, ist Nebensache? Gibt es eine »innere Mitte« der Bibel, einen grundlegenden Kern, der alles andere prägt, ein Zentrum also, um das sich alles andere gleichsam in konzentrischen Kreisen anordnen lässt?

Immer wieder haben Theologen nach dieser inneren Mitte der Bibel gesucht. Doch es zeigte sich, dass die vielen Texte der Bibel einem Wildbach gleichen, der sich nicht kanalisieren lässt. Eine solche Fülle von unterschiedlichen, teilweise ergänzenden, manchmal auch widersprechenden Aussagen zu den unterschiedlichsten Lebensbereichen der Menschen ergeben keine Grundfarbe, sondern ein buntes Farbspektrum. Die Bibel kennt viele Farben!

Dennoch ist die Suche nach der inneren Mitte nicht sinnlos. Denn sie hilft, zu konzentrieren, die vielen Aussagen auf zentrale Bekenntnisse zu fokussieren. Wir wollen auf dieser, der folgenden und auch späteren Doppelseiten (jeweils mit grünem Hintergrund) den Versuch einer solchen Konzentration wagen, um zu einer besseren Zugangsmöglichkeit und einem besseren Verständnis biblischer Texte beizutragen. Dabei unternehmen wir diesen Versuch vom christlichen Standpunkt aus – es geht im Folgenden um einen Zugang zur Bibel für *Christen.* Für Christen finden sich Altes, Erstes und Neues Testament in einem Buch – sie erzählen miteinander die Geschichte von Gott und den Menschen. Hier nun beginnen wir mit Aussagen zur Hebräischen Bibel, dem Alten Testament.

Titelillustration zu Genesis 1 aus der deutschsprachigen Wenzelsbibel, entstanden ca. 1390 n. Chr. für König Wenzel IV. von Böhmen

Gott und die Menschen – das ist für uns eine übergreifende und erste Aussage, um die Inhalte der Bibel zu beschreiben, und es ist eine Aussage, bei der beide Seiten in unlösbarer Beziehung zueinander stehen:

Die Bibel erzählt von Gott, sammelt Erfahrungen, die Menschen mit Gott gemacht haben, deutet solche Erfahrungen oder stellt sie in neue Sinnzusammenhänge (erneutes Lesen und Überarbeiten biblischer Texte in anderen Situationen). Die Bibel kennt nicht allein erzählende Texte über Gott, sie wendet sich ebenso in Gebeten und Liedern, in Hymnen und Klagerufen unmittelbar an Gott. Wir finden in ihr unterschiedliche Reflexionen über Gottes Handeln mit der Welt und den Menschen; wir finden eine reiche Bildersprache, die Aussagen über Gott wie ein Puzzle oder ein riesiges Mosaik zusammenstellt; wir finden – aus der Sicht des Glaubens gesprochen – in ihr das Wort Gottes an uns (dargestellt in vielen einzelnen Worten Gottes für die Menschen). Kein Zweifel: Die Bibel ist *ein Buch über Gott.*

Ebenso aber und unlösbar damit verbunden, ist die Bibel ein Buch über die Menschen. Sie greift menschliches Leben in allen Bereichen auf, erzählt von Liebe und Glück, von Trauer und Enttäuschung. Sie scheut sich nicht, die belastenden Seiten menschlichen Lebens detailliert, ja manchmal brutal deutlich vor Augen zu stellen: Es geht um Schuld und Sühne, um Krankheit und Elend, um Krieg und Streit, um Mord und Eifersucht, um den Menschen in vielfältigen Situationen seines Versagens. Ebenso aber beschreibt sie – in oft poetischer Sprache – die staunenswerten Seiten des Menschen, der (vgl. Psalm 8,6) nur wenig geringer ist als Gott. Sie schildert somit Menschen, Frauen wie Männer, Junge wie Alte, die sich in bewundernswerter Weise für andere einsetzen, die Versöhnung und Gemeinschaft, Liebe und Fürsorge, Treue und Erbarmen in hohem und vorbildlichem Maß leben. Biblische Gestalten umfassen somit alle Höhen und Tiefen menschlichen Lebens – ein gutes Beispiel dafür ist David, der große König Israels und zugleich ein schwacher Mensch, der selbst vor einem Mord nicht zurückschreckt. Also ebenfalls kein Zweifel: Die Bibel ist *ein Buch über die Menschen.*

Das Besondere der Bibel ist nun, dass beides miteinander verbunden wird: Die Bibel ist ein Buch über Gott *und* über die Menschen. Es geht ihr nicht um theologische Spekulationen, die den Boden unter den Füßen verloren haben und deshalb letztlich für das Leben der Menschen ohne Bedeutung sind. Es geht ihr aber auch nicht um soziologische Deutungen des Menschen und seiner Lebensformen, die ohne Bezug zur Transzendenz, zu einem den Menschen Übersteigenden, ausgesprochen werden. Es geht ihr vielmehr darum, beides, Gott und die Menschen, in ihrer beständigen Beziehung und Wechselwirkung zu schildern und die unglaublich vielen Facetten dieser Beziehung umfassend darzustellen, nicht zu harmonisieren, sondern nebeneinander anzuordnen in einer großen Fülle von Erfahrungen verschiedenster Art, gesammelt über viele Jahrhunderte in vielen unterschiedlichen Büchern.

Das macht den Reichtum der Bibel aus und zugleich ihre Weisheit, die den kulturellen und zeitlichen Rahmen ihrer Entstehung bei weitem überschreitet und die sie zu einem Schatz für die ganze Menschheit werden lässt – zu einem Buch, das zwischen Gott und den Menschen steht, das verbindet und vermittelt, das Zuspruch und Anspruch ist, das Gemeinschaft zwischen Gott und den Menschen schafft, ein lebendiges Wort auch für uns heute.

Die beiden Wege – Psalm 1
Wohl dem Mann, der nicht dem Rat der Frevler folgt,
nicht auf dem Weg der Sünder geht,
nicht im Kreis der Spötter sitzt,
sondern Freude hat an der Weisung (Tora) des Herrn,
über seine Weisung nachsinnt bei Tag und bei Nacht.
Er ist wie ein Baum, der an Wasserbächen gepflanzt ist,
der zur rechten Zeit seine Frucht bringt
und dessen Blätter nicht welken.
Alles, was er tut, wird ihm gut gelingen.
Nicht so die Frevler: Sie sind wie Spreu, die der Wind verweht.
Darum werden die Frevler im Gericht nicht bestehen
noch die Sünder in der Gemeinde der Gerechten.
Denn der Herr kennt den Weg der Gerechten,
der Weg der Frevler aber führt in den Abgrund.

Die Verbindung von Gott und Mensch in den Schriften der Bibel wird besonders deutlich an den großen biblischen Gestalten, an alttestamentlichen Personen wie Abraham, Mose und David, Sara, Mirjam und Rut, neutestamentlich an Petrus und Paulus, Maria und anderen mehr. Wenn die Lebens- und Glaubensgeschichten solcher Menschen in Ausschnitten erzählt werden, dann geht es dabei nicht um Geschichtsschreibung, nicht um *biblische Geschichte*. Auch geht es nicht um gute und packende Geschichten in einer poetischen Sprache, es geht nicht um *biblische Geschichten*. Vielmehr geht es darum, wie ein bestimmter Mensch (ein aus dem Glauben lebender und zugleich um den Glauben ringender Mensch) in einer bestimmten Situation von Menschen (Leben in der Ambivalenz von Gefährdung und Geborgenheit) zu einem typischen Lösungsversuch (Leben aus dem Glauben, aus der Liebe, aus der Hoffnung ...) gelangt und diesen Versuch überzeugend zu leben weiß. Von hier aus ergibt sich die Bedeutung biblischer Gestalten auch für unsere Zeit.

Dabei bleiben solche Personen natürlich an ihre Zeit und Umwelt gebunden (es geht nicht um eine typologische Deutung abgehobener, spiritueller Gestalten). Die historische Situierung der biblischen Personen durch die biblischen Erzähler lässt sich nicht aufheben (die Frage, ob Gestalten wie Abraham und Mose wirklich historisch waren, ist damit noch nicht beantwortet; aus der Sicht der biblischen Erzähler allerdings waren sie es). Dennoch lassen sich trotz der historischen und kulturellen Distanz der biblischen Gestalten und ihrer Lebenswege zu unserem Leben Bezüge zwischen damals und heute schaffen.

Es ging damals um die gleichen menschlichen Grundfragen, die auch uns heute bewegen. Es ging um die gleiche Sinnsuche, die auch uns heute antreiben kann, wenn wir die Oberflächlichkeit mancher Lebensgestaltung hinter uns lassen. Es ging und geht um Glück und Leid des Menschen in vielfältigen Facetten. Es ging und geht um gelingendes Leben aus dem Glauben.

Die Bibel bringt also die Lebens- und Glaubenserfahrungen vieler namentlich bekannter (etwa David im Alten Testament oder Paulus im Neuen) oder auch unbekannter (etwa die Dichter der Psalmen) Menschen ein und webt daraus ein überaus feines Netz von Aspekten, wie Gott und die Menschen in Beziehung stehen. Dies tut sie nicht im Sinne eines historischen Rückblicks (»Es ist interessant zu wissen, dass das einmal so war«), sondern im Sinne einer Lebenshilfe, eines Angebots, die Erfahrungen biblischer Gestalten mit dem eigenen Leben zu verbinden und dadurch Orientierung und Wegweisung zu erhalten. Die Bibel ist somit nicht allein Buch, sondern Wegweiser, nicht allein Schrift, sondern Hinweiszeichen; sie erzählt nicht allein vom Leben der Menschen, sondern vom Leben aus dem Glauben, das Menschen geführt haben und auch heute führen können. Die Geschichten der Bibel können und sollen zu *unseren* Geschichten werden – selbst in einer heute so andersgearteten Gesellschaft und Kultur als der in der Bibel.

Wo dies geschieht, wo Menschen die Bibel in ihr persönliches Leben einlassen, da sind erstaunliche Veränderungen möglich. Die Bibel, so spüren es auch heute viele, vermag Impulse zu einem gelingenden Leben zu geben, sie macht Mut, die Beschwernisse des Alltags auszuhalten, sie ermuntert zu einer Hoffnung über den Tag hinaus. Die Bibel lässt den Menschen neu über die Grundfragen der Menschheit nachdenken: »Woher kommen wir? Wozu leben wir? Wohin gehen wir?«

Der evangelische Pfarrer Jörg Zink hat dies einmal so ausgedrückt: »Ich brauche die Bibel, um zu wissen, wohin die Reise mit mir gehen soll.« Die Bibel kann zur Lektüre auf dem Weg eines ganzen Lebens werden, denn sie stellt uns Weggeschichten vor Augen: Weggeschichten von Menschen mit ihrem Gott.

Marc Chagall, Das Leben, 1964

Urgeschichte

Die ersten elf Kapitel im ersten Buch der Bibel (Bereschit – Genesis – 1. Buch Mose) haben einen ganz eigenen Charakter und sind eine eigenständige Textsorte. Sie werden als **Urgeschichte** bezeichnet, als Geschichten vom Anfang (»ur« im Sinne von Beginn, ursprünglich), doch dieser Name ist missverständlich. Es geht nämlich gerade nicht um die historische Darstellung der Geschehnisse am Anfang der Menschheit, wie unser heutiger Begriff »*Geschichte*« es vermuten lässt. Es geht auch nicht um *Geschichten*, die in märchenhafter Form etwas Unbegreifliches schildern. Ebenso wenig geht es um eine naturwissenschaftliche Darstellung von Entstehungsprozessen, die zum Kosmos und zur Menschheit geführt haben.

Die Urgeschichte der Bibel ist vielmehr eine »*Menschheitsgeschichte*«, die grundsätzlich und damit für alle Zeiten und Kulturen bedeutsame Aussagen machen möchte. Diese Menschheitsgeschichte greift die Grundfragen der Menschen nach dem Woher, Wozu und Wohin auf, die dreifache Fragestellung: »Woher kommen wir? Wozu leben wir? Wohin gehen wir?« In diesen Kontext werden Themen wie das Verhältnis von Gott und Mensch, von Mensch und anderen Lebewesen, von Mann und Frau, von Gut und Böse, von Schuld und Versagen eingeordnet. Die Urgeschichte der Bibel erzählt also nicht von einem mythischen Anfang der Menschheit, sondern sie verdeut-

Prakhongkoon Phongphaiboon, Thailand, Adam und Eva

licht Grundsätzliches, das für alle Zeiten und Kulturen gilt.

Sie ist zudem ein religiöser, ein theologischer Text, ein entsprechend der damaligen Kultur in Erzählungen und Mythen gefasstes Glaubensbekenntnis. Sie ist kein historischer oder naturwissenschaftlicher Text, deshalb dürfen auch historische oder naturwissenschaftliche Fragen nicht an die ersten Kapitel der Bibel gestellt werden. Die Texte der Bibel fragen nicht wie die Naturwissenschaft danach, wie der Anfang und die Entwicklung des Lebens erfolgen konnte, sondern bedenken den Grund von allem, die Ermöglichung der evolutiven Prozesse durch einen dahinterliegenden, transzendenten (jenseits von Zeit und Raum liegenden und deshalb auch naturwissenschaftlich nicht zu erfassenden) Sinn.

Die ersten Erzählungen der Bibel stehen deshalb nicht im Gegensatz zu heutigen Erkenntnissen der modernen Wissenschaften, sondern sie behandeln in ihrer mythischen und narrativen Sprache die Grundsatzfragen der Menschheit nach Sinn und Moral, nach Diesseits und Jenseits, nach Heil und Leben. Allerdings machen solche Texte den Menschen in unserer Kultur durch ihre andere Textsorte erhebliche Verständnisschwierigkeiten. Sie müssen gründlich ausgelegt werden, um ihren tieferen Sinn auch in unserer Zeit sichtbar werden zu lassen.

Die Quellen des Pentateuch und der biblischen Urgeschichten: Zwei Schöpfungserzählungen mit völlig anderer Sicht, Wasser, das in der Fluterzählung einmal vom Himmel kommt, einmal aus der Erde bricht, dazu sehr unterschiedliche Zeitangaben über die Länge der Flut – aus vielen solchen Erkenntnissen haben die Bibelwissenschaftler folgern können, dass die fünf Bücher Mose (Pentateuch = Tora) nicht einheitliche Bücher, sondern aus unterschiedlichen Quellen zusammengesetzte Schriften sind, die zu unterschiedlichen Zeiten und mit unterschiedlicher Aussageabsicht entstanden und später durch eine Endredaktion zusammengetragen wurden. Dies gilt für das Buch Genesis in besonderer Weise. Man hat versucht, solche Quellen zu »scheiden« und ist zu beachtlichen Ergebnissen gekommen. Dennoch bleiben solche Trennungsversuche im Letzten hypothetisch.
An Quellen des Pentateuch werden genannt:
J = Jahwist: entstanden um 1000 v. Chr. (vielleicht schon Zeit der Könige David und Salomo, sonst kurz danach) im Südteil Israels (Juda). Diese Quelle bevorzugt als Gottesnamen »Jahwe«, deshalb »Jahwist«. Der Jahwist schreibt als Erzähler am Königshof die Geschichte der Menschheit als Heilsgeschichte. Er erzählt in breiter Form und schildert Gott in anthropomorpher Weise, d. h. menschennah und menschlich handelnd – wie ein König mitten unter seinen Untertanen.
E = Elohist: entstanden um 900 v. Chr. im Nordteil Israels. Er bevorzugt als Gottesnamen »El« und (Plural) »Elohim«, deshalb Elohist. Er schildert Gott im Kontrast zu den erdverbundenen kanaanäischen Gottheiten als transzendenten Gott, der weit von den Menschen entfernt ist und zu ihnen nur durch Engel oder Träume spricht. Er ist der Gesetzgeber der Völkerwelt.
D = Deuteronomium: entstanden um 620 v. Chr. (Reform des Joschija) im Südreich Juda, enthält aber auch ältere Stücke. Der Deuteronomist (»zweites Gesetz«) führt vor allem religiöse Riten, Gebräuche und Gesetzesvorschriften auf. (Er ist als Quelle des Pentateuch vom später im Exil entstandenen deuteronomistischen Geschichtswerk zu unterscheiden, das in einer großen Linie die Heilsgeschichte Israels vom Buch Deuteronomium bis zum Buch 2 Könige darstellt – die Pentateuchquelle D ist wohl der älteste Teil dieses Geschichtswerks.)
P = Priesterschrift: entstanden in der babylonischen Gefangenschaft (586–538 v. Chr.), als die ins Exil verschleppte Tempelpriesterschaft sich neu auf die kultischen und theologischen Traditionen Israels besann und diese in Auseinandersetzung mit den Fremdgöttern Babels in neuer Weise niederlegte. Die Priesterschrift führt eine Theologie der Ordnungen auf: Gott schafft die Welt geordnet (Genesis 1), der Mensch (nicht nur in Israel, sondern in allen Völkern) hat dieser Ordnung zu entsprechen, wenn er Heil erlangen will.
Endredaktion des Pentateuch: um 400 v. Chr. wahrscheinlich im wiederaufgebauten Jerusalem (im Tempel?).

Extra:
Überblick über das Buch Genesis

Das erste Buch der Bibel, das Buch Genesis, besteht aus drei Hauptteilen: Der **»Urgeschichte«** in Kapitel 1–11, den **Vätergeschichten** in Kapitel 12–36 und der **Josefsgeschichte** in Kapitel 37–50.

Die Vätergeschichten bilden den Hauptteil dieses ersten Buches der Bibel, die Josefsgeschichte ist in späterer Zeit mit den Vätergeschichten verknüpft worden. Noch später wurden die mythischen Erzählungen der »Urgeschichte« vorangestellt, die grundsätzliche Aussagen über Welt, Menschen und Gott machen.

Bei den Erzählungen über die Väter (und Mütter wie Sara, Rachel ...), über die großen Gestalten am Anfang des Volkes Israel, geht es nicht um eine Lebensbeschreibung bestimmter Personen, sondern es geht um Grundthemen des Glaubens:

- Es geht um Erfahrungen, die Menschen mit Gott machen: Gott zeigt sich als Wegbegleiter (Abrahams, Josefs), bleibt ihnen aber unbegreiflich (Opferung Isaaks, Jakob am Jabbok).
- Es geht um den Aufbruch von Menschen aus ihrer Heimat in ein neues Land: Im Vertrauen auf Gott können Menschen aufbrechen und neue Wege gehen. Von Gott gesegnet, können sie einander zum Segen werden.
- Es geht um die Beziehung zwischen Gott und den Menschen: Gott spricht Menschen immer wieder an und diese geben ihm eine Antwort des Glaubens: Sie vertrauen sich ihm an, ganz und gar. Dadurch aber erhalten sie Leben, Hoffnung und Zukunft.

Die Väter, Detail aus dem Wandgemälde Jüngstes Gericht aus der Sweta-Bogorodiza-Kirche im Kloster Rila, Bulgarien, 19. Jahrhundert. Abraham, Isaak und Jakob sitzen thronend in einer paradiesischen Landschaft. Jakob hält in einem Tuch seine zwölf Söhne, die für die zwölf Stämme Israels und damit für ganz Israel stehen. Abraham hält eine kleine Gestalt auf seinem Schoß – seine Geste verweist auf Christus mit dem Kreuz: Mit ihm beginnt der Stammbaum, der zu Jesus Christus führt (vgl. Mt 1).

Urgeschichte

Kapitel 1-2	Schöpfung
Kapitel 3-5	Sündenfall, Kain und Abel, Lamech
Kapitel 6-9 (10)	Die große Flut Noach
Kapitel 11	Turmbau zu Babel, Zerstreuung der Menschen, Sprachverwirrung

Vätergeschichten

Kapitel 12-17	Abraham: Verheißung von Landnahme und Nachkommenschaft, Bund
Kapitel 18-20	Abraham: erneute Verheißung eines Sohnes
Kapitel 21-25	Abraham: Die Geschichte Abrahams mit Isaak
Kapitel 21, 24-27	Isaak: Bund, Land, Nachkommenschaft
Kapitel 25, 27-35	Jakob: Jakob und seine zwölf Söhne

Josefsgeschichte

Kapitel 37-38	Josef und seine Brüder, die Familiengeschichte Judas
Kapitel 39-41	Josef in Ägypten, Gott ist mit Josef auch in der Not
Kapitel 42-50	Jakobs Familie in Ägypten: Gott wendet alles zum Guten.

Adam und Eva – Genesis 2

Das Buch Genesis kennt zwei Schöpfungserzählungen: die Erschaffung des Kosmos (Genesis 1,1–2,4a – Quelle Priesterschrift) und die Erschaffung des Menschen (Genesis 2,4b–25 – Quelle Jahwist). Da die zweite Erzählung die ältere ist, behandeln wir sie zuerst. Sie ist mit der Erzählung vom Sündenfall in Genesis 3 (vgl. Seite 124–125) verbunden, doch waren beide Texte ursprünglich selbstständig.

Die Schöpfungserzählung ist in sich nicht einheitlich: Die Verse 2,4b–8 und 18–25 über die Erschaffung von Adam und Eva gehören zusammen. Darin sind die Verse 9 und 15–17 mit dem Motiv des Gartens und der Bäume eingeschoben. Dieser Einschub umfasst wiederum einen weiteren mit der Aufzählung der vier Paradiesströme in Vers 10–14. Nimmt man diese Einschübe beim Lesen heraus, wird der Text leichter verständlich. Wie so häufig bei biblischen Texten gibt es nicht nur einen Kerngedanken, sondern eine Fülle von Motiven und Erzählsträngen.

Es gab noch nicht …: Der Eingangsvers der Erzählung führt auf, dass zwar die Erde da war, nicht aber Pflanzen, das Wasser des Regens und die Menschen. Alles ist noch vor der nun zu erzählenden Geschichte vom Anfang und damit vor oder besser außerhalb der Zeit. Der Text ist »Urgeschichte«, also eine Menschheitserzählung vom Anfang, die aber alle Zeit umgreift, ein »mitlaufender Anfang« ist. Dabei wird die den Menschen umgebende Welt (des Vorderen Orients) geschildert, nicht die Weiten des Kosmos wie in Genesis 1 – das Leben der Israel umgebenden Nomadenvölker wird sichtbar: Wüste und Steppe, kein Wasser, Sehnsucht nach üppigen Pflanzen und Überfluss von Wasser, nach Oase und Garten (vgl. Seite 126–127).

Adam: Das hebräische Wort »adam« kann ein Eigenname sein, bedeutet aber in seiner ursprünglichen Fassung (und auch hier in Genesis 2) etwas Umgreifenderes als eine einzige Person: Adam, das ist der Mensch überhaupt, die *Menschheit* unabhängig von Zeit und Raum, die Gattung der Menschen. Wenn über »Adam« erzählt wird, dann wird über die ganze Menschheit erzählt. Dabei gibt es im Hebräischen ein Wortspiel zwischen »adam« = Mensch, Menschheit und »adamah« = Erde, Staub, Erdboden: Mensch und Erde gehören zusammen. Die Erde ist für den Menschen da – der Mensch soll die Erde wie einen Garten bebauen und pflegen.

Diese Beziehung zwischen Mensch und Erde klingt auch in Gen 3,19 an: »Staub bist du, zum Staub musst du zurück.« Adam und Erde gehören also dem Bereich des Stofflichen und damit des Vergänglichen an, Menschheit und Erde sind hinfällig – entwickeln sich und vergehen. Die Vergänglichkeit des Menschen aber wird durchbrochen durch den Lebensatem Gottes. Dies meint im jüdisch-semitischen Kontext nicht einen göttlichen Zug im Menschen, auch nicht eine in ihn hineingelegte überirdische, göttliche Seele (so sieht es die griechische Philosophie nach Platon), sondern das Leben, die Lebendigkeit überhaupt. Nur wenn dieser Lebensodem Gottes da ist, existiert der Mensch; zieht Gott sein Geschenk des Lebens zurück, vergeht der Mensch.

Eva: Das hebräische Wort »chawwa« bedeutet das »Lebendige«. Gen 3,20 deutet die Benennung der Frau wie folgt: »Adam nannte seine Frau Eva (Leben), denn sie wurde die Mutter aller Lebenden.« Das Motiv von der Rippe des Adam, aus der Eva geschaffen wird, stammt aus dem Sumerischen: Dort gibt es ein Wortspiel zwischen den

Begriffen für »Rippe« und »Leben spendende Frau«. Gemeint ist aber hier eine unbedingte Zusammengehörigkeit von Mann und Frau – nur zusammen sind sie die eine Menschheit. Dies wird im Spruch von Vers 23 ausgedrückt, wo die hebräischen Worte »isch« = Mann und »ischa« = Frau diese Verwiesenheit aufeinander im Wortspiel ausdrücken (Luther übersetzt deshalb passend »Mann und Männin«). Die enge personale Gemeinschaft überrascht in diesem Text, wo doch im Vorderen Orient zur Zeit der Textentstehung (und teilweise bis heute) die Frau als Besitzstück des Mannes galt.

Der Mensch in seiner Umwelt: Der Mensch als Mann und Frau, der Erde entnommen, aber mit Gottes Leben beseelt, steht also in einem Beziehungsgeflecht von Gott und Mitmensch. Um ihn herum wird die »andere« Welt angeordnet: der Garten mit seinen Pflanzen und Bäumen, die Tiere, die der Mensch benennen darf. Der Mensch ist in der Sicht dieser Schöpfungserzählung die innere Mitte der Erde und des Lebens darauf. Dies aber bedeutet Verantwortung füreinander (umfassende Gemeinschaft von Mann und Frau – ein Fleisch) und für alles Geschaffene.

Die Kernaussagen von Genesis 2:
Es ist sinnvoll, die vielfältigen Aussagen biblischer Texte auf Kernaussagen zu konzentrieren (vgl. zu Genesis 1 Seite 129).

Zu Gott:
- Es ist ein Gott alleine – keine Göttervielfalt.
- Er ist souverän in seinem Handeln, von niemandem abhängig.
- Er ist menschenähnlich im Handeln und Sprechen.

Zur Welt:
- Erde bereits vorhanden, nur ohne Wasser, deshalb ohne Leben.
- Erde entwickelt sich – Garten (Nebenaspekt der Erzählung).
- Tiere werden nach dem Menschen geschaffen.
- Kosmos/Weltall/Himmel nicht erwähnt

Zum Menschen:
- Der Mensch wird am Anfang vor anderen Lebewesen geschaffen (Aspekt Bedeutung und Würde).
- Der Mensch ist von Gott gewollt.
- Durch das Benennen der Tiere wird er zum Haupt der Schöpfung (benennen = Macht über etwas gewinnen).
- Der Mensch ist Mann und Frau.
- Der Mensch muss zwischen Gut und Böse entscheiden (Genesis 3).

Giovanni Boccaccio, Adam und Eva. Buchmalerei in: Von den Schicksalen illustrer Männer und Frauen – Handschrift, Paris ca. 1415

Extra:
Bildhaftes, symbolisches, mythisches Sprechen

Die großen Fragen des Lebens »Woher kommen wir? – Wozu leben wir? – Wohin gehen wir?« bewegen die Menschen zu allen Zeiten und an allen Orten. Alle Kulturen und Religionen haben auf die Frage nach dem Anfang und Ursprung Antworten versucht. Wenn man nämlich um den Sinn des Anfangs weiß, kann man auch ein sinnvolles Ziel bestimmen und die Zeit zwischen Anfang und Ende sinnvoll und verantwortlich leben. Die Frage nach dem Anfang konnte man erst in unserer Zeit unter naturwissenschaftlichen Gesichtspunkten stellen, doch wird bei uns zunehmend auch unter Naturwissenschaftlern deutlich, dass die naturwissenschaftliche Forschung keineswegs die Sinnfrage beantwortet. Vieles bleibt rätselhaft, vor allem aber die Frage nach dem Grund. Während die Naturwissenschaft immer besser die Frage »Wie ist etwas entstanden?« beantworten kann, übersteigt die Frage »Warum ist überhaupt etwas entstanden?« ihr Fach und ihre Kompetenz.

Deshalb brauchen wir heute – ebenso wie Menschen zu anderen Zeiten und an anderen Orten – eine andere Sprechweise (Textsorte), um das, was wir glauben und woraus wir leben, in Worte zu fassen. Es geht um ein bildhaftes, symbolisches, metaphorisches, ja mythisches Sprechen und Erzählen. Dazu fällt auf, dass eine solche religiöse Sprache sich quer durch die Kulturen und Zeiten der gleichen Symbole und Bilder bedient und zu durchaus vergleichbaren Antworten kommt. Hierin scheint ein allen gemeinsamer Zug des Menschen zu liegen.

So finden wir in allen Kulturen Erzählungen, die vom Anfang berichten, vom Ursprung allen Lebens, vom Beginn der Welt, der Erde, der Pflanzen und Tiere, der Menschen. Teilweise sind solche Erzählungen ausgesprochen fantasiereich, reichhaltig in ihren Bildern und poetisch in ihrer Sprache. Solche Erzählungen vom Beginn und Ursprung werden **Mythen** genannt (von griechisch »mythos« = Wort, Erzählung, Geschichte).

Auch wenn die Mythen der Völker scheinbar in die Vergangenheit blicken, scheinbar Ereignisse längst vergangener Zeiten in einer oft ungewöhnlichen und befremdlichen Weise erzählen. Sie

Mythen der biblischen Urgeschichte (Genesis 2–4):
Linker Flügel der Bernwardstür am Dom zu Hildesheim, ca. 1015.
Die Tür stellt typologisch die Erzählung über Adam dar
(auf dem rechten Flügel wird Christus als zweiter Adam gegenübergestellt):
Erschaffung des Adam (und Adam huldigt Gott) – Gott führt Eva zu Adam –
Sündenfall – Urteil über Adam und Eva – Vertreibung aus dem Paradies –
Erdenleben – das Opfer von Kain und Abel – Kain erschlägt Abel

handeln nicht von Vergangenem, sondern drücken Allgemeinmenschliches aus, machen Grundsatzaussagen über den Kosmos, die Erde, den Menschen, auch über die Götter. Der Mythos kehrt nicht in die Vergangenheit zurück, sondern sucht das durch alle Zeiten hin Allgemeine sichtbar werden zu lassen. Damit hat er aber auch für die Gegenwart Relevanz: Er verändert und gestaltet gegenwärtiges Leben.

Dabei gibt es unterschiedliche Mythen:

- **kosmologische Mythen**, die den Ursprung und das Wesen des Kosmos und der Geschöpfe darin reflektieren;
- **Naturmythen**, die Besonderheiten bestimmter Lebewesen, aber auch ungewöhnlicher Orte wie Berge, Bäume, Quellen etc. erzählerisch begründen;
- **theologische Mythen**, die von der Erschaffung von Göttern, den Beziehungen der Götter untereinander und ihrem Bezug zu den Menschen und Völkern künden;
- **ätiologische Mythen** (ätiologisch – den Ursprung erklärend), die bestimmte Ereignisse, Feste und Tabus oder Eigenschaften von Menschen, Tieren und Pflanzen in Geschichten deuten;
- **soteriologische Mythen**, in denen ein Retter (gleich ob Gott, die Erscheinungsweise eines Gottes [Avatara, Inkarnation] oder menschlicher Held) Erlösung von Bedrohung, Leid oder Tod bringt;
- **historische Mythen**, in denen eine geschichtlich fassbare Persönlichkeit mit übermenschlichen Eigenschaften versehen wird;
- **moralisch-ethische Mythen**, die Gut und Böse, richtiges und falsches Verhalten, Tugenden und Laster thematisieren.

Über lange Zeit hinweg, oft über viele Jahrhunderte, wurden und werden solche Ursprungstexte mündlich, später auch schriftlich weitergegeben. Sie bilden einen Schatz, den einzelne Völker besitzen und der eine gemeinschaftsbildende Funktion hat. Natürlich sind solche Erzählungen in hohem Maße vom Umfeld, von der jeweiligen Gesellschaft und ihrer Lebensweise geprägt, aber letztlich führen sie in eine vergleichbare Richtung. Die Mythen der Völker erscheinen, als ob viele Maler die gleichen Motive mit jeweils anderen Farben gestalten.

Und was sind solche Motive, die in Mythen erzählt werden? Im Letzten geht es immer um eine Sache: Der Mensch hat sein Leben nicht aus sich selbst, sondern es ist verdanktes, geschenktes Leben, das seinen Ursprung (und damit auch sein Ziel, denn der Anfang bedeutet auch das Ende) in einer Gottheit, in einem göttlichen Wesen, in einer göttlichen Kraft hat. Was für die Schöpfung gilt, gilt dann auch für andere Erzählmotive wie Sündenfall oder das Ereignis einer großen Flut: Menschen leben nicht allein für sich, sondern in der Abhängigkeit vom Göttlichen, von einem oder mehreren Göttern: Gott und Menschen gehören zusammen.

> **Der eigentliche Sinn des Mythos ist nicht der, ein objektives Weltbild zu geben; vielmehr spricht sich in ihm aus, wie sich der Mensch selbst in seiner Welt versteht; der Mythos will nicht kosmologisch, sondern anthropologisch – besser: existenzial interpretiert werden.**
>
> **Rudolf Bultmann, evangelischer Theologe**

Das Schicksal von Einzelpersonen, von denen Mythen berichten, wird dabei in einen größeren Zusammenhang gestellt, der Personen, Handlungen und Wahrheiten mit Bedeutung und Sinn ausstattet. Mythen sind sinnstiftend und deshalb gerade im Bereich religiösen Sprechens unverzichtbar.

Allerdings muss die Textsorte des Mythos richtig eingeordnet werden: Es geht darin nicht um historische, naturwissenschaftliche, überhaupt nachprüfbare Vorkommnisse. Vielmehr machen Mythen grundlegendere Wahrheiten deutlich, tieferen Sinn, letzte Verbindlichkeit über alles Einzelne hinweg. Also ist es nicht wichtig, ob Adam und Eva (biblisch), Gilgamesch (mesopotamisch), Rama und Krishna (hinduistisch), Osiris (ägyptisch) gelebt haben. Entscheidend ist allein die Botschaft, die mit diesen symbolhaften, archetypischen Erzählungen transportiert wird: die Aussagen über Gott, die Götter, das Transzendente, über den Kosmos, die Gestirne, die Erde, die Tiere und Pflanzen, über den Menschen und seine Welt:

Mythen erzählen vom Wesentlichen.

Sündenfall – Kathedrale von Stavanger, Norwegen

Sündenfall – Genesis 3

Die beiden Schöpfungserzählungen in Genesis 1 und 2 stellen einen Prozess vom Chaos zur Ordnung (Gen 1: des Kosmos; Gen 2: des Gartens) dar, vom Gestaltlosen zum Gestalteten, vom Nichtlebendigen zum Leben. Eine solche Schöpfungsordnung ist gut.

Doch sieht die Welt anders aus: Vieles ist staunenswert, vieles aber auch ist gebrochen, unvollkommen, mit Leid, Bösem und Tod behaftet. So entstehen Fragen wie die folgenden: Wie kommt das Böse in die Welt? Trägt der Mensch Verantwortung für Leid und Böses? Wie steht Gott zum Bösen, zum Leid, zum Tod?

Das Volk Israel suchte ausgehend von seinem Glauben an den befreienden und den Menschen zugewandten Gott nach Antworten auf diese Grundfragen des Menschen – eine Deutung findet sich in Genesis 3 (und 4: Kain und Abel), wie Genesis 2 der Quelle Jahwist zuzuordnen. (In vielen anderen Schriften der Bibel wird das Thema Leid und Böses ebenfalls, oft in anderer Weise thematisiert, vgl. etwa Ijob und die Gottesknechtlieder bei Jesaja – die Bibel ist ein buntes Mosaik menschlicher Erfahrungen mit Gott.) Wiederum geht es um einen mythischen Text, also nicht um eine historische Darstellung einer ersten Sünde, auch nicht um Adam und Eva als zwei geschichtliche Individuen am Anfang der Zeit. Adam und Eva sind vielmehr urzeitliche (allgemeinzeitliche) Repräsentanten der Menschheit überhaupt. Jeder ist Adam, jeder ist Eva.

Auch dieser Text kennt Einschübe in eine ursprüngliche Erzählung in den Versen 14–20 und 22. Liest man allein die Verse: 2,16–17 und 3,1–13.21.23–24, gewinnt man einen besseren Überblick. Die eingeschobenen Verse sind Ätiologien, die Fragen wie die folgenden mit dem Anfang verbinden wollen: Warum ist die Schlange Feind des Menschen und kriecht auf dem Boden? Warum geht die Geburt unter Schmerzen vor sich? Warum gibt es ein Herrschaftsverhältnis des Mannes über die Frau? Warum muss der Mensch den »Garten« unter Anstrengung und Mühsal bebauen? Warum gibt es den Tod? Solche Fragen – so wichtig sie sind – haben aber mit der Kernaussage des Haupttextes zuerst einmal nichts zu tun und können zurückgestellt werden.

Bereits im zweiten Kapitel wird in Vers 16–17 das Motiv des **Baumes** aufgeführt und schafft damit eine Verbindung zu Kapitel 3. Dieser Baum wird als »Baum der Erkenntnis von Gut und Böse« bezeichnet – in einem Einschub zur Frage der Sterblichkeit des Menschen wird in Genesis 3,22 ein zweiter Baum erwähnt, der »Baum des Lebens«. Der Baum ist ein allgemein menschliches Symbol in mehrfacher Hinsicht: Zum einen ist er ein Grundsymbol für das Leben allgemein und für den Menschen im Besonderen (vgl. Seite 114: Psalm 1). Im Jahreskreis von Frühjahr bis Winter deutet er auf den Kreislauf des Lebens mit Geburt und Tod hin, mit Wachsen und Vergehen. Bäume sind aber zum andern in vielen Kulturkreisen ein Symbol für die Verbindung von Erde und Himmel, von Menschen und Gott/Gottheiten: Sie wurzeln in der Erde und strecken ihre Äste zum Himmel aus. So spielt der Baum kultur- und religionsgeschichtlich eine bedeutende Rolle. Er ist der Weltenbaum (ähnlich Weltenberg), und wer ihn wie ein Schamane besteigt, kann in die jenseitige Welt gelangen und sich dem Göttlichen nähern. Im Christentum wird das Kreuz auf Golgota als Lebensbaum des Neuen Bundes gesehen und mit dem Paradiesbaum in Beziehung gesetzt.

Der **Baum des Lebens** spiegelt die Hoffnung der Menschen auf Unsterblichkeit, auf Sein wie die unsterblichen Götter wider. Er findet sich in allen alten Kulturen nicht nur Mesopotamiens, sondern auch in Fernost oder in Mittelamerika. Doch eine solche Unsterblichkeit steht dem Menschen nicht zu – so der Einschub von Vers 22 in der biblischen Paradieserzählung. Der Mensch darf sich nicht anmaßen, wie Gott zu sein.

Der **Baum der Erkenntnis von Gut und Böse** setzt einen anderen Akzent: Doppelbegriffe wie Himmel und Erde, Gut und Böse ... meinen in asiatischen Kulturen etwas Allumfassendes, alles, was zur Umwelt des Menschen gehört. »Erkennen« ist semitisch und damit biblisch nicht allein ein intellektuelles Verstehen, sondern in sich aufnehmen, vertraut werden mit, beherrschen, in Besitz nehmen, Herr über etwas sein. Wer in diesem Sinne Herrscher über alles sein will, maßt sich an, Gott zu sein – der Mensch erhebt sich über die ihm in der Schöpfungsordnung zugewiesene Position, er ist sich seiner Schöpfung und damit seiner Abhängigkeit von Gott nicht mehr bewusst (in der Erzählung vom Turmbau zu Babel geht es um Ähnliches, vgl. Seite 136–137).

Die **Schlange** ist in mythischen Erzählungen entweder ein Symbol des Lebens (wegen der Erneuerung der Schlangenhaut ein Symbol für erneuertes Leben), vor allem aber ein Symbol für eine dämonische Macht, die das Leben des Menschen bedroht. In der Exodustradition vom Weg Israels durch die Wüste wird das Volk von Giftschlangen bedroht, kann aber durch den Anblick einer Kupferschlange Rettung finden (vgl. Num 21,4–9). Dabei ist es denkbar, dass die Schlange hier Symbol einer kanaanäischen (Fruchtbarkeits-)Gottheit ist, die Leben schenkt. Die Schlange von Genesis 3 jedenfalls ist nicht mit viel später entstandenen Vorstellungen eines Teufels oder Satans zu verbinden, es geht hier nicht um eine Personifizierung des Bösen. Die eigentliche Herkunft des Bösen bleibt – wie insgesamt in der Bibel – im Dunkeln. Doch der Mensch öffnet sich dem Bösen – das ist seine Schuld und dafür muss er Verantwortung tragen. Alle Theorien über irgendeine konkrete Tat (etwa sexueller Art), die in der Auslegungsgeschichte geäußert wurden, sind Spekulation und treffen die Textsorte des Mythos nicht.

Die **Vertreibung aus dem Paradies** folgt aus der Anmaßung des Menschen, wie Gott sein zu wollen, über alles herrschen zu wollen. Sein Wahn führt zum Gegenteil: Seine Ohnmacht und Begrenztheit (= »Nacktheit«) wird deutlich, er verliert die Geborgenheit des Gartens. Dennoch sorgt der hier sehr menschenähnlich dargestellte (anthropomorphe) Gott weiterhin für seine Geschöpfe – das Leben geht weiter.

Lucas Cranach der Ältere (1472–1553), Adam und Eva im Garten Eden, 1530

Extra:
Das Paradies

In der Schöpfungserzählung von Genesis 2 finden sich in den Versen 8–9;15–16 und 10–14 zwei Einschübe, die von einem Garten in Eden und von vier in Eden entspringenden Strömen erzählen. Die christliche Tradition spricht in diesem Zusammenhang vom **»Paradies«** (ähnlich im Islam, vgl. aber auch den Garten Avalon bei den Kelten oder den Garten der Hesperiden mit goldenen Äpfeln bei den alten Griechen). Was ist mit solchen mythologischen Aussagen gemeint?

Das Wort »Paradies« (griechisch »paradeisos«) kommt aus der altiranischen Sprache Avesta. Dort meint »Pairidaeza« einen umwallten, umzäunten Bereich, einen Garten, wie wir ihn bei vielen Herrschern Assyriens, aber auch der persischen Achämeniden finden (heute etwa auch bei den Mogul-Gärten Indiens): In einem großen umzäunten Bereich finden sich großzügige Wasserbecken, vielfältige Bäume, bunte Blumen (vor allem Rosen als königliche Blumen), oft auch Wild, das der Herrscher jagen konnte. Solche Gärten sind besonders in Gebieten mit Steppen oder Wüsten ein Ort der Harmonie, der Wonne, des umfassenden Glücks – ein Garten der harmonischen Ordnung. Christliche Klostergärten, aber auch die geordnete Gartenkunst der französischen Barockgärten verweisen auf Vollkommenheit und damit auf eine letztlich übermenschliche Ordnung.

So verwundert es nicht, dass der Begriff Paradies in der christlichen und islamischen Tradition (weniger in der jüdischen) gewählt wurde, um die von Gott gewollte harmonische Ordnung des Anfangs darzustellen: Gott schafft einen Garten, in dem sich der Mensch wohlfühlen kann. Hier ist auch bedeutsam, dass die Bibel an dieser Stelle eine grundsätzlich andere Aussage macht als die Israel benachbarten Kulturen: In den Schöpfungsmythen Mesopotamiens, die die biblischen Verfasser mit Sicherheit gekannt haben, schaffen die Götter die Menschen, damit diese durch ihre Arbeit den Göttern Nahrung verschaffen – zu solcher Arbeit sind die Götter schlicht zu faul. In der Bibel aber schafft Gott in treuer Fürsorge für die Menschen einen Garten, den sie bebauen

und pflegen dürfen – zu harter Arbeit werden sie erst nach dem Sündenfall und der Vertreibung aus dem Paradies verpflichtet.

Nach dem antiken Grundsatz »Im Anfang liegt bereits das Ende verborgen« wurde die christliche Paradiesvorstellung mit einem Leben nach dem Tod verbunden, mit der Vollendung in Gottes Reich (vgl. etwa das Wort Jesu zu einem der Mitgekreuzigten: »Heute noch wirst du mit mir im Paradies sein.«).

In Genesis 2–3 findet sich der Begriff »Paradies« nicht; stattdessen wird vom **»Garten Eden«** gesprochen. Der sumerische Begriff »Guan Eden« (hebräisch »Gan Eden«, arabisch/koranisch »dschanna adn«) bedeutet »Rand der himmlischen Steppe«. Wiederum wird eine Beziehung zwischen einem geordneten Land und den Göttern ausgesagt: An dieser Stelle trifft die Götterwelt mit ihrer Lebenskraft auf die Menschenwelt. Dies geschieht zudem im »Osten«, in der Richtung des Sonnenaufgangs, des Lichts, das die Dunkelheit überwindet und damit in der Richtung des Heils (vgl. die Ostung der meisten christlichen Kirchen – hier bedeutet der im Osten der Kirche liegende Altar einen Verweis auf Christus, das Licht der Welt).

Es ist denkbar, dass die in Genesis 3 gezeigte Entwicklung auf einer Erfahrung im Hintergrund beruht: Ein ursprünglich reiches und fruchtbares Land (ein »Garten«) brachte durch Versteppung nicht mehr genug zum sorglosen Leben hervor. Nun müssen sich die Menschen mit Viehzucht und Ackerbau mühen, um das Lebensnotwendige zu erarbeiten.

Mit dem Garten Eden werden in einem weiteren Einschub vier Ströme verknüpft: Wasser im Überfluss ist der Traum aller nomadischen Völker. Zwei dieser Flüsse werden meist mit den mesopotamischen Flusssystemen Euphrat und Tigris identifiziert. Die beiden anderen, Pischon und Gihon, bleiben ungewiss. Antike und mittelalterliche Autoren haben vom Nil über den Indus bis zur Donau nahezu jeden großen Fluss Eurasiens und Afrikas vorgeschlagen; oft werden auch Zuflüsse von Euphrat und Tigris genannt.

Doch solche Spekulationen sind ebenso wie die Frage »Wo war Eden?« sinnlos, wenn man die Textsorte Mythos bedenkt: Es geht nicht um einen historischen, real fassbaren Ort, sondern um eine tiefere Symbolik: um die Sehnsucht des Menschen nach Vollendung, nach gelingendem und reichem Leben im Überfluss. Das aber, was für das Ende erhofft wird, muss bereits am Anfang dagewesen sein – das Paradies.

Ein Loblied auf den Schöpfer – Genesis 1

Obwohl Genesis 1 in der Anordnung unserer heutigen Bibel vor der Erzählung von der Erschaffung Adams und Evas (vgl. Seite 120–121) steht, ist der Text, den man der Priesterschrift aus dem 6. Jahrhundert zuordnet, erheblich jünger. Dass er dennoch am Anfang der Tora und der gesamten Bibel steht, hängt damit zusammen, dass hier der Blick auf den ganzen Kosmos geweitet ist: »Am Anfang schuf Gott Himmel und Erde.«

Ebenso wie in den anderen Kapiteln der biblischen Ur»geschichte« (Gen 1–11) wird in dieser ersten, kosmologischen Schöpfungserzählung keine Aussage über den Ursprung der Welt im naturwissenschaftlichen oder historischen Ablauf gemacht, obwohl das damalige Weltbild immer mitschwingt. Nicht das »Wie« sondern das »Dass« der Schöpfung ist wichtig, nicht *wie* etwas (Kosmos, Erde, Pflanzen, Tiere, Menschen) geworden ist, sondern *warum* es überhaupt ist (der Philosoph Ludwig Wittgenstein: »Nicht wie die Welt ist, ist das Mystische, sondern dass sie ist«). Es geht also um Aussagen des Glaubens auf Fragen nach dem Menschen, nach der Gründung und dem Ziel seiner Existenz, nach seiner Hinordnung auf einen letzten Grund außerhalb von Zeit und Raum, auf Gott. Es geht um das innerste Geheimnis der Schöpfung, das nur im Glauben zu erfassen ist und auf einer anderen Ebene liegt als die Naturwissenschaft.

Der Text hat eine lange Redaktionsgeschichte. Unterschiedliche Schöpfungserzählungen, wie es sie auch in mesopotamischen Kulturen gibt, sind vereint: Erzählungen vom Ursprung der Welt (des Kosmos) und Erzählungen vom Ursprung des Menschen (der Menschheit – »adam«). Die Verfasser der Priesterschrift (im Exil in Babel) haben den Text in Kenntnis der babylonischen religiösen Umwelt geschrieben, ihm aber durch den Glauben an den einen und transzendenten Gott, der allein durch sein Wort schafft, einen wesentlich anderen Akzent gegeben.

Zudem ist in einem späteren Redaktionsschritt die Erschaffung von acht Werken auf sechs Tage zusammengedrückt worden, damit sich mit dem Ruhetag am Ende ein Sieben-Tage-Schema ergibt – das Modell der Sieben-Tage-Woche und des heiligen Sabbats, der für die Juden im Exil ein wesentliches Kennzeichen ihrer religiösen Identität wurde. Durch den gleichbleibenden Aufbau (Einleitung – Befehl – Vollzug – Beurteilung – zeitliche Einordnung) erinnert diese Schöpfungserzählung an einen poetischen, in Strophen gegliederten Text: Es ist ein **Loblied** auf den Schöpfergott.

Himmel und Erde: Gott setzt den Anfang von allem, den Beginn des ganzen Weltalls (zwei gegensätzliche Begriffe meinen die Gesamtheit, vgl. Seite 125 »Gut und Böse«). Er tut es mühelos; allein sein Wort wirkt und bewirkt Leben. Er bewirkt alles, es gibt keine andere Macht außer ihm; Licht und Gestirne sind – anders als in Mesopotamien – nicht göttliche Wesen, sondern geschaffen und dem Kosmos aller geschaffenen Dinge zugehörig. Es gibt auch keinen Schöpfungskampf wie in anderen Mythen.

Tohuwabohu: (das hebräische Wort für »wüst und wirr«, griechisch »chaos«) meint das Nichtige, das (noch) Nichtexistierende, das Leere. Die *Urflut* ist zu verstehen als wogender, chaotischer Allozean, ein Ausdruck des Grauens, der Gefahr, der Angst und Bedrohung, des Preisgegebenseins. Ebenso wird dies durch das Symbol der *Finsternis* ausgedrückt. Hier muss noch einmal das Spezifische der mythologischen Sprache (vgl. Seite 122–123) in Erinnerung gerufen werden: Es geht nicht um ein Geschehen am

Anfang der Zeit, sondern um etwas Grundsätzliches außerhalb von Zeit und Raum. Damit ist das finstere Chaos und die Urflut eine immerwährende Bedrohung und Gefährdung von Welt und Mensch. Dort, wo die Verbindung des Geschaffenen mit dem Schöpfer nicht gegeben ist, droht der Rückfall in den Abgrund.

Gottes Geist – Gott spricht: Gott ordnet das Chaotische und macht es in den folgenden Schöpfungswerken von außen nach innen zum Lebensraum für den Menschen, auf dessen Erschaffung das ganze Schöpfungslied als Ziel zuläuft. Eine Benennung der Werke durch Gott bedeutet seinen Herrschaftsanspruch über alles.

Die Menschen – Abbild Gottes: Höhepunkt und Ziel von Gottes Schaffen ist der Mensch, die Menschheit (»adam«) als Mann und Frau. Die Gottesebenbildlichkeit kann gedeutet werden als Beziehung zu Gott: Allein der Mensch reflektiert sein Sein und gelangt zum Glauben an Gott als Urgrund seiner Existenz. So ist er ein Geschöpf, mit dem Gott in Wort und Antwort in Beziehung treten kann. Er ist zugleich gesegnet (Fruchtbarkeit als Gottesgabe) und mit der Aufgabe betraut, die Welt zu beherrschen – das heißt: zu pflegen und zu bewahren.

Die Kernaussagen von Genesis 1:
(vgl. dazu auch zu Genesis 2 auf Seite 121).

Zu Gott:

- Es ist ein Gott alleine – keine Göttervielfalt.
- Er ist souverän in seinem Handeln, von niemandem abhängig.
- Er ist Geistwesen, ewig, nicht werdend, nicht geschaffen.

Zur Welt:

- Himmel und Erde entstehen – der ganze Kosmos.
- Schöpfung bedeutet die Ordnung des Chaos.
- Die Welt und die Lebewesen darin entstehen in einem Entwicklungsprozess.
- Die Erde ist im Zentrum des Kosmos.

Zum Menschen:

- Der Mensch steht am Ende des Entwicklungsprozesses.
- Er ist von Gott explizit gewollt und Gottes »Ebenbild«.
- Deshalb ist er das »Haupt« der Schöpfung.
- Der Mensch hat den Auftrag, »sich die Welt untertan zu machen« im Sinne von pflegen und bewahren.
- Der Mensch ist als Mann und Frau geschaffen und somit sind beide aufeinander verwiesen.

Die Erschaffung der Welt – Gott als Baumeister des Kosmos,, Bible moralisée, Frankreich, um 1270

Extra:

Naturwissenschaft und Bibel – Evolution oder Schöpfung

Drei Textsorten:

- Schwertlilie, auch Iris genannt, nach ihren schwertförmigen Blättern benannt; Blüte blau, weißblau, bei einer Art gelb, Größe ca. 50–100 cm ...
- Zu deinem Geburtstag habe ich dir einen Blumenstrauß mitgebracht. Sind das nicht prächtige Farben. Und so schöne Blüten. Der Strauß passt gut zu dir ...
- Gott, die Schwertlilien sind wunderschön. Hoch ragen sie auf mit ihren tiefblauen Blüten. Danke für die schönen Blume. Danke für die Tiere, danke für die Menschen. Danke für jedes Leben ...

Drei Textsorten –
drei Wahrheiten in unterschiedlicher Sichtweise, die einander nicht widersprechen, sondern ergänzen.

Vincent van Gogh,
Schwertlilien, 1889

Die Naturwissenschaften haben besonders in den letzten Jahrhunderten das Weltbild und die Denkweise der Menschheit entscheidend verändert. Trotz vieler noch offener Fragen gibt es nach Übereinstimmung der unterschiedlichen, aber sich in ihren Ergebnissen ergänzenden Naturwissenschaften ein Standardmodell: eine Entwicklungslinie, bei der von einem ersten Beginn an (»Urknall« als populäre Bezeichnung eines komplexen Vorgangs) eine Entwicklungslinie sichtbar wird, wie sich die Materie entwickelt, wie sich Anorganisches zu Organischem aufbaut, wie sich das Leben in immer komplexere Formen zeigt bis hin zum Bewusstsein des Menschen von sich selber. Diese Enwicklungslinie, in der Folge von Charles Darwin mit *Evolution* bezeichnet, hat sich in immer neu modifizierter Form heute durchgesetzt.

Der französische Physiker Pierre Laplace (1749–1827) war der Verfasser eines Buches über die Entwicklung des Sonnensystems. Von Kaiser Napoleon wurde er gefragt, warum er in diesem Buch Gott nicht erwähnte. Laplace' stolze Antwort: »Sire, ich bedurfte dieser Hypothese nicht!«

Von ihren wissenschaftlichen Methoden her können Naturwissenschaftler bei der Erforschung des Kosmos und des Menschen grundsätzlich nicht auf ein Eingreifen einer göttlichen Macht Bezug nehmen. Alles, was in Raum und Zeit geschieht, wird von erklärbaren und immer weiter zu erforschenden Naturgesetzen beherrscht. Gott aber ist ebenso grundsätzlich kein Gegenstand der Natur – deshalb ist er für die Naturwissenschaft auch nicht fassbar. Er lässt sich weder beobachten noch berechnen noch in Versuchen aufspüren.

Einige Wissenschaftler (wie etwa der englische Biologe Richard Dawkins in seinem Buch »Gotteswahn«) kommen von diesem Ausgangspunkt zur Folgerung, dass Gott deshalb grundsätzlich überflüssig ist. Der Glaube an Gott ist nichts anderes als ein Wahn, mit dem sich die Menschen über ihre Begrenztheit hinwegtäuschen und vertrösten wollen. Steht also die Naturwissenschaft gegen den Glauben? Oder krasser gefragt (Frank Schätzing in seinem Buch »Lautlos«): »Warum sollte Gott – sofern er existiert – einen Haufen schlecht erzogener Gene lieben,

Der Schweizer Psychologe und Psychiater Carl Gustav Jung (1875–1961) schreibt in seinem Buch »Lebenswende«: »Verstehen wir überhaupt je, was wir denken? Wir verstehen bloß jenes Denken, das nichts ist als eine Gleichung, aus der nie mehr herauskommt, als wir hineingesteckt haben. Das ist der Intellekt. Über ihn hinaus gibt es ein Denken in urtümlichen Bildern, in Symbolen, die, älter als der historische Mensch, ihm seit Urzeiten angeboren und alle Generationen übedauernd, ewig lebendig die Untergründe unserer Seele erfüllen. Volles Leben ist nur in Übereinstimmung mit ihnen möglich, Weisheit ist Rückkehr zu ihnen.«

die sich beständig an den Kragen gehen und nebenher ihren Planeten ruinieren?«

Eine Antwort ergibt sich aus den drei Sprechweisen zur Schwertlilie: Es gibt unterschiedliche Formen, mit der einen Wirklichkeit umzugehen, es gibt unterschiedliche Schichten der Wirklichkeit. Der Physiker Werner Heisenberg (1901–1976) sagt: »Die Wirklichkeit, von der wir sprechen können, ist nie die Wirklichkeit an sich, sondern immer von uns gestaltete Wirklichkeit.« In einer ersten Schicht können wir die Erscheinungen und Abläufe der Natur mit den Sinnen untersuchen und naturwissenschaftlich erklären. In einer anderen Schicht geht es um zwischenmenschliche Beziehungen, die sich der Erklärung entziehen und auf einer ganz anderen Ebene liegen. Schließlich versucht der Mensch als einziges Lebewesen in einer noch tieferen Schicht der Wirklichkeit über den letzten Grund der Wirklichkeit zu reden und mit ihm zu reden – ein religiöses, symbolisches, spirituelles Reden, das anders ist als naturwissenschaftliche Texte und ein persönliches Gespräch. Der Naturwissenschaftler hat seine eigene und berechtigte Fragestellung. Das Nachdenken aber über einen letzten Grund geschieht in bildhaftem, symbolischem Sprechen.

Beachtet man diese unterschiedlichen Schichten des Erkennens und Sprechens, dann wird deutlich, dass es nicht zulässig ist, solche Wirklichkeitsschichten zu vermischen. So müssen als »Sackgassen des Denkens« bezeichnet werden:

- die Auffassung, Gott sei wie ein Baumeister und habe alles und jedes durch sein unmittelbares Eingreifen geschaffen (vgl. das Bild auf Seite 129). Der *Kreationismus* ist unzulässig, weil er die Ebenen von Naturwissenschaft und Glaube vermischt.
- die Auffassung, Gott als intelligente Ordnung der Welt, bei der Gott in den Naturgesetzen gleichsam anwesend ist und alles bewirkt. Auch beim *Intelligent Design* werden die Ebenen unzulässig vermischt.
- die Auffassung, Gott greife nach Belieben in Naturgesetze und in den Lauf der Dinge ein und setze Naturgesetze außer Kraft. Einem solchen *unberechenbaren Gott* könnte man sich nur bedingungslos unterwerfen.

Dagegen müssen die Wirklichkeits- und Sprachebenen deutlich unterschieden werden: Die Naturwissenschaften führen zu Sachwissen in immer größerem Ausmaß; die Religionen, der Glaube (und darin eingeschlossen die Heiligen Schriften der Religionen wie auch die Bibel) bringen den Menschen Lebenswissen, Orientierungswissen, Hoffnungswissen. Beides steht nicht gegeneinander, sondern kann aufeinander bezogen werden. Die Naturwissenschaft ist eigenständig, die Religion auch. Es gibt ein »Buch der Natur« und ein »Buch der Bibel«, so sagte es Galileo Galilei (1564–1642). Naturwissenschaft und Glaube (Bibel) dienen beide dem Menschen auf ihre je eigene Weise. Der Theologe Hans Küng (*1928) drückt dies so aus: »Ich möchte die Bibel ernst, aber gerade deshalb nicht buchstäblich nehmen.«

Brüder wie Kain und Abel – Genesis 4

Die Erzählung vom Brüderpaar Kain und Abel und vom Brudermord folgt unmittelbar auf die Erzählung von der Anmaßung des Menschen und seinem Versuch, wie Gott zu sein. Hier und in der Nachkommenschaft von Kain bis Lamech wird also gleichsam die Folge seiner Überheblichkeit geschildert: Es ist eine Abfolge von Gewalt und Mord und Krieg. »*Wir alle sind Brüder – wie Kain und Abel*«, so hat der polnische Philosoph und Dichter Stanislaw Jercy Lec (1909–1966) gesagt und damit diesen mythologischen Text am Anfang der Bibel auf eine allgemein die Menschheit betreffende Aussage gehoben. Und in der Tat, Aggression gehört, so der Biologe und Verhaltensforscher Konrad Lorenz (1903–1989), zu den unentbehrlichen Anteilen im »großen Konzert der Triebe«, weil dadurch u. a. »eine Verteilung gleichartiger Lebewesen über den verfügbaren Lebensraum und eine Selektion durch Rivalenkämpfe bzw. durch Verteidigung der Nachkommenschaft« stattfindet. »Das sogenannte Böse« (so der Titel seines Buches) gehört wesentlich zum Menschen. Der Mythos in Genesis 4 kündet davon.

Dabei ist auch dieser Text vielschichtig aufgebaut: Ein kleiner Textbestandteil (Verse 1–2 und 25–26) zeigt fortlaufend die Generationenfolge von Adam/Eva über Kain/Abel und Set zu Enosch. In diese Abfolge sind zwei weitere Texte eingeschoben: eine an den Namen Kain in Vers 2 anknüpfende Erzählung über die beiden Brüder und den Mord (Verse 3–16) und eine genealogische Liste der Nachkommen Kains von Henoch bis zu Lamech (Verse 17–24).

Die Erzählung von Kain: Abel (assyrisch = »Hauch, Nichtigkeit«) ist im Text bis auf die Darbringung seines Opfers passiv, es geht allein um Kain (sumerisch = »Schmied, Handwerker«) und um sein Verhältnis zu Mitmenschen (zum Bruder) und zu Gott, mit dem er redet. Das »Land Nod« am Ende des Einschubs bedeutet »umherirren, flüchtig«; es ist also kein reales Land, sondern nur symbolisch zu verstehen als Land der Ruhelosen. Aus solchen Namenserklärungen geht bereits hervor, dass es sich wiederum nicht um ein historisch festzumachendes, individuelles Geschehen am Anfang der Zeit handelt, sondern um Grundfragen menschlichen Lebens, der Menschheit überhaupt, als deren Repräsentanten (oder Archetypen) Kain und Abel benannt werden: Jeder ist Abel, jeder ist Kain, jeder ist Opfer und Täter.

Schafhirt und Ackerbauer: Die kulturelle Umwelt zur Zeit des biblischen Erzählers (Quelle J, also etwa um das Jahr 1000 v. Chr. zur Zeit des Schafhirten und Königs David) wird in die Urzeit, in die für alle Kulturen und Völker und Epochen gültige allgemeine Zeit, zurückprojiziert. Somit will der Text nicht wörtlich genommen werden, sondern bringt am »konkreten« Fall des »erfundenen« Kain das Allgemeine, das Urgeschichtliche, das Urmenschliche zum Ausdruck.

Er erschlug ihn: Der Erzähler will die Folge der Ursünde deutlich machen, die grundsätzliche Problematik des Menschen, der sich gegen Gott und seine Ordnung auflehnt (Gen 3): Wo das Verhältnis des Menschen zu Gott gestört ist, da folgt die Störung des Verhältnisses zu anderen Menschen auf dem Fuß – bis hin zur Vernichtung der Existenz, des von Gott dem Menschen geschenkten Lebens. Es entsteht eine Spirale von Gewalt, die sich in der Folge immer weiter verstärkt:

Lamech: Die Gewalt wird bei den Nachkommen Kains maßlos (Verse 23–24). Die mythologische Geschlechterfolge ist durchsetzt von ätiologischen (den Ursprung erzählenden) Deutungen: Stammvater von Viehhirten, Eisenhandwerkern, Flötenspielern ... Der Mensch wird Kulturschaffender, der nicht nur für seinen Lebensunterhalt (Hirt, Bauer) sorgt, sondern auch hilfreiche Geräte erfindet und schafft und durch Musik sein Leben bereichert. Doch all diese »Fortschritte« führen letztlich zu einem unfassbaren Ausbruch von Gewalt: Kain und Lamech sind das Symbol der gottfernen Gewalt.

Enosch: Dagegen steht in der Linie Adam – Set ein Sohn mit Namen Enosch (hebräisch = »Mensch, Mann« – vergleichbar »adam« = »Mensch, Menschheit«). Hier setzt Gott (Vers 25) also einen Neubeginn mit der Menschheit – und dies ist der Beginn der Verehrung des Namens des Herrn, also dessen, was sich in der Toraverehrung der Juden fortsetzt: ein Leben nach Gottes Willen. Lamech und Enosch stehen als Kontrast für die Möglichkeiten des Menschen, einander im Guten wie im Schlechten Bruder zu sein.

Gott überwindet das Böse (aus Psalm 46):
Gott ist uns Zuflucht und Stärke, ein Helfer in allen Nöten.
Darum fürchten wir uns nicht, wenn die Erde auch wankt,
wenn Berge stürzen in die Tiefe des Meeres ...
Der Herr der Heerscharen ist mit uns, der Gott Jakobs ist unsere Burg.
Völker toben, Reiche wanken,
es dröhnt sein Donner, da zerschmilzt die Erde.
Kommt und schaut die Taten des Herrn,
der Furchtbares vollbringt auf der Erde.
Er setzt den Kriegen ein Ende bis an die Grenzen der Erde;
er zerbricht die Bogen, zerschlägt die Lanzen,
im Feuer verbrennt er die Schilde.
Lasst ab und erkennt, dass ich Gott bin,
erhaben über die Völker, erhaben auf Erden.

Der amerikanische Präsident Obama
betete diesen Psalm in New York
zum 10. Jahrestag des Anschlags vom 11. September 2001.

Wenige Stunden nach dem Anschlag von New York schickte der
Dalai Lama, das geistliche Oberhaupt der tibetischen Buddhisten,
ein Telegramm an den amerikanischen Präsidenten Bush:
»Lieber Herr Präsident, auch Bin Laden ist unser Bruder.«

Kain und Abel – Elfenbein, Kathedrale von Salerno, ca. 1084

Noach und die große Flut – Genesis 6–9

Vom Sündenfall (Gen 3) über Kain und Lamech (Gen 4) wird eine Geschichte des Bösen im Menschen deutlich, die sich als Entfremdung des Menschen von Gott und als gestörtes Verhältnis der Menschen untereinander äußert. Kann diese Entwicklung immer so weitergehen oder steuert nicht alles auf eine große Katastrophe zu? Wie verhält sich Gott angesichts des stetig wachsenden Bösen? Greift er ein? Auf diese Fragen versucht die Sinfluterzählung in Genesis 6–9 eine Antwort zu geben.

Worterklärung: Das Wort *Sintflut* (aus althochdeutsch »sinvluot« = große Flut) findet sich nicht im Text, sondern ist eine spätere Benennung. *Noach* bedeutet im Hebräischen »Ruhe, Tröster, Erlöser«: Noach ist der »Tröster« des Menschengeschlechts, weil Gott mit ihm, dem Gerechten, einen Neubeginn für die Menschheit setzte. *Arche* (hebräisch »tebah« = Kasten, lateinisch »arca«, von da aus Lehnwort ins Deutsche) wird auch das Kästchen genannt, in dem Mose gerettet wird (Ex 2). Auch da dient ein im Auftrag Gottes geschaffenes Gebilde der Rettung des Menschen gegen die Chaosmächte (der Urflut, des brutalen Pharao ...) – die Assoziation Kind in Gebärmutter liegt durch die Akzente Geborgenheit und Sicherheit nahe.

Geschichtlichkeit: Eine große, die ganze Erde überschwemmende Flut hat es in der Zeit der Menschen nie gegeben. Wohl aber gibt es in vielen Völkern eine historisch nicht genau fassbare Erinnerung an eine große (regionale) Flut – auch für den baby-

Prakhongkoon Phongphaiboon, Thailand, Die große Flut

lonischen Raum. In Babylon etwa erzählt das Gilgamesch-Epos (ca. 2000 v. Chr.) auf seiner 11. Tafel von der Gefährdung des Menschen durch eine katastrophale Flut. Der Held Ziusudra, vom Gott Enki gewarnt, kann durch den Bau eines Schiffes entkommen. Es gibt also ein historisches Grundmaterial, das von den biblischen Verfassern umgearbeitet wurde. Das gilt bereits für die ältere Quelle J (Jahwist), mehr aber für die in Babylon entstandene Quelle P (Priesterschrift).

Zwei Quellen in einem Text: Während die beiden auf P und J beruhenden Schöpfungserzählungen (Gen 1–2) textlich voneinander getrennt sind, wurden in der Sintflut- und Noacherzählung zwei Fassungen derselben Geschichte zwar kunstvoll, aber nicht immer logisch zusammengebaut. Dadurch ergeben sich viele Wiederholungen, aber auch Unterschiede, etwa:

- Zahl der Tiere: Vers 6,19 = ein Paar – Vers 7,2 = sieben Paare;
- Zeit des Regens: Vers 7,12 = 40 Tage – Vers 7,24 = 150 Tage ...

Die Quelle J ist der einfachere, naivere, aber besser erzählte Text; die Quelle P versucht, nach damaligem Verständnis wissenschaftlich zu sein, und nennt genaue Zahlen und Zeitangaben. Der Endredakteur hat P als Grundlage gewählt und darin J eingearbeitet.

Zum Inhalt (vgl. Gen 6–9): Die »Flutwelle« des anwachsenden Bösen (Sündenfall – Kain – Lamech ...) wird durch Gottes Eingreifen angehalten. Weniger aber als um die Vernichtung der Menschen in ihrer Schlechtigkeit geht es dem Text um das Ziel in Kapitel 9: um einen Neubeginn und den Bund Gottes mit Noach, der zum Modell eines Bundesschlusses wird und später im Abrahamsbund und im Sinaibund (Mosetradition) zunehmend von allen Völkern (Noach) über die vorderorientalischen nomadischen Stämme (Abraham und Väter/Mütter) auf Israel (Mose) hin konkretisiert wird. Das Bundesthema der Tora (besonders Genesis, Exodus und Deuteronomium) bleibt auch in späterer Zeit (etwa bei den Propheten) eine der Grundlinien biblischer Theologie und setzt sich dann im Neuen Testament im Blick auf Christus fort (vgl. Hebr 1,1–2). Der Bund Gottes mit den Menschen ist kein Bundesschluss zwischen Gleichberechtigten (etwa zwischen Königen verschiedener Völker), sondern eine Bestätigung der von Gott am Anfang bei der Schöpfung gesetzten Ordnung: Der Herr des Kosmos schenkt Leben und Heil dem Einzelnen, dem Volk, der Menschheit (Segen, vgl. Gen 9,1–7) – umgekehrt bestätigen die Menschen diesen Bund. Gott sagt ein unbedingtes Ja zu seiner Schöpfung und zu allem Leben; dies darf der Mensch dankbar annehmen.

In den Text sind mancherlei andere Textformen eingeflossen, etwa der Rechtssatz »Wer Menschenblut vergießt, dessen Blut wird durch Menschen vergossen« (Gen 9,6) oder der ätiologische, den Ursprung erklärende Text über den Bogen in den Wolken (Gen 9,12–17). Wiederum bedeutsam ist aber die Haupttextsorte des Mythos, der von einem Vorgang in einer unbestimmten Anfangszeit erzählt, aber überzeitlich gültig ist für alle Völker. Fragen wie: »Wo ist das Gebirge Ararat (etwa der gleichnamige Berg im Nordosten der Türkei, wie es vor allem die armenischen Christen glauben)?« oder: »Wie können alle Tierarten in eine Arche passen?« sind von vornherein sinnlos. Es geht um die Überwindung der Spirale des Bösen durch einen von Gott gesetzten Neubeginn mit der Menschheit und mit allem Leben – um nichts sonst.

Herr, unser Herrscher, wie gewaltig ist dein Name auf der ganzen Erde!
Psalm 8,1

Ein Turm bis an den Himmel – Genesis 11

Von den Versen 1 und 7 her scheint die Erzählung in Genesis 11 eine Ätiologie zu sein, eine Erzählung, die mit einer »Anfangsgeschichte« zu begründen sucht, warum die Menschen unterschiedliche Sprachen sprechen. Doch sind in diesen Text sehr unterschiedliche Motive (Erzählstränge) ineinander verarbeitet. Es gibt Widersprüche im Text, etwa: »Der Herr steigt herab« – »wir steigen hinab«; die Menschen bauen Stadt und/oder Turm; die Strafe ist entweder Zerstreuung oder Sprachverwirrung ... Der Jahwist, zu dessen Erzählstrang im Pentateuch dieser Text gehört, hat verschiedene Erzählmotive nicht genau angeglichen, sondern in ihrem Eigenwert stehen lassen. Vier solcher Motive sind zu erkennen:

- **Turmbau:** Menschen versuchen über einen Turm bis hinauf zum Himmel Gott zu erreichen, gottgleich zu werden, sich einen Namen zu machen, das heißt Macht zu haben über Erde und Himmel (vgl. den Baum in Genesis 3, der von der Erde bis zum Himmel ragt und der Erkenntnis [der Macht] über Gut und Böse [über alles in der Welt] dient). Gott weist diesen Anspruch des Menschen als Überheblichkeit zurück.
- **Sprachverwirung:** Aus der einen Anfangssprache sind viele Sprachen geworden. Diese Sprachverwirrung schafft Uneinigkeit unter den Menschen und verhindert ihre Zusammenarbeit. (Ein Gegenentwurf zu dieser Sprachverwirrung ist das Verständnis der vielen Sprachen in der neutestamentlichen Erzählung von Pfingsten, vgl. Apg 2.)

Prakhongkoon Phongphaiboon, Thailand, Der Turmbau

- **Zerstreuung der Menschen:** von einem gemeinsamen Wohnort am Anfang hin zu vielen Orten über die ganze Welt verstreut. Auch hier zerfällt eine ursprüngliche Einheit – die wird am Ende der christlichen Bibel durch die neue Stadt Jerusalem (gegen Babel) wiederhergestellt (vgl. Offb 21).
- **Namenserklärung der Stadt Babel:** Nebenmotiv, das sich aus der Bedeutung der Stadt Babel als Hauptstadt eines Weltreiches ergibt. Babel wird verstanden als Symbol der Sünde und der Gottferne – Jerusalem dagegen als Symbol der Gottnähe und des Heils.

Babel: (hebräisch »bll« = verwirren) Die Namensdeutung gehörte ursprünglich nicht zur Turmbauerzählung. Doch kannte man dort solche Türme. Gegen die babylonische Deutung dieser Türme als Verbindung von Erde und Himmel, von Gott und Mensch, wird der Turm in Babel in der Bibel zum Symbol des Aufstandes des Menschen gegen Gott. Dagegen greift Gott ein: Er bewahrt den Menschen vor seiner eigenen Maßlosigkeit.

Tempelberg und Tempelturm – die Achse der Welt:
Viele Religionen verehren den Weltenberg als die Achse, die Himmel und Erde verbindet. Die Türme der Religionen sind gleichsam von Menschenhand gebaute Weltenberge und zeigen die gleiche Symbolik: Sie stehen für die Verbindung von Himmel und Erde, Gott und Menschen. Wir finden Türme etwa: in den Kirchtürmen christlicher Kirchen, aber auch im »Gebäudeberg« etwa der Hagia Sophia in Istanbul, in den Minaretten muslimischer Moscheen, in den Tortürmen hinduistischer Tempel (Vimana) ebenso wie in den Prasat von Angkor Wat in Kambodscha oder in den Prangs in Thailand. Buddhistische Tempel haben turmähnliche Bauten, der Erleuchtungstempel im indischen Bodh Gaya ist das beste Beispiel dafür. – Das Judentum kennt den Berg des Herrn, den Tempel, der hoch über Jerusalem die Stadt überragt und zu dem das Volk hinaufzieht (hin zum Herrn, Ps 122,1). – In den alten Religionen Mesopotamiens gibt es Tempeltürme ebenso wie in den Kulturen Mittelamerikas. Die gestuften Türme im Alten Orient trugen wahrscheinlich einen Opfertempel an der Spitze. Nur die Repräsentanten des Volkes (König und Priester) durften dort – dem Himmel am nächsten – Opfer darbringen. Das Bild oben zeigt ein Modell des Mardukheiligtums mit dem »Turm zu Babel« (6. Jahrhundert v. Chr.). Solche Türme wurden **Zikkurat** genannt (babylonisch »Himmelshügel, Götterturm«). Die Erinnerung an solche Tempeltürme kann hinter Genesis 11 stehen.

Mit der Erzählung vom Turmbau schließt die biblische Ur»geschichte«. Doch auch wenn die mythologischen Erzählungen am Anfang der Bibel wie eine Art Überschrift über die weiteren Texte und Bücher stehen, auch wenn sie unter den alttestamentlichen Texten am bekanntesten sind und als die wichtigsten erscheinen, für den Glauben Israels sind sie es nicht. Für Israel und damit für die jüdisch-christliche Tradition sind vor allem die Befreiung Israels aus Ägypten (Exodus-, Mosetradition, vgl. Seite 164ff) und die Erzählungen über die Väter und Mütter (Abraham-, Isaak-, Jakob-, Joseftradition, vgl. Seite 140ff) entscheidend. Darüber reflektiert das jüdische Volk in der Exilszeit und formt so seinen Glauben an einen Gott der Befreiung und der Zuwendung zu den Menschen – wie auch die Botschaft Jesu lautet.

Extra:

Überblick über die biblische Urgeschichte – die Urerzählungen in Genesis 1–11

Die Erzählungen am Anfang der Bibel sind »Menschheitsgeschichten«, die weder historisch zurückblicken noch naturwissenschaftlich erklären wollen, sondern die Grundfragen der Menschen aufgreifen und darauf in erzählerischer Form eine theologische Antwort geben.

Grundfragen	Kapitel	theologische Antwort
Woher kommt die Welt? Woher kommt der Mensch?	1 Schöpfung	aus Chaos geordnete Schöpfung
Der Mensch als Mann und Frau? Der Mensch und die anderen Lebewesen?	2	aus Wüste Leben im Garten
Wie stehen Gott und Mensch zueinander?	3 Sündenfall	Aus geordneter Schöpfung wird durch Schuld des Menschen wieder Chaos.
Wie ist das mit Gut und Böse? Wie kommen Leid und Schuld in die Welt?	4 Kain/Abel/Lamech (5)	Die Gewalt des Menschen steigert sich in der Gottferne ins Unermessliche.
Muss die Geschichte des Bösen nicht zur Katastrophe führen?	6 – 9 Noach	Gott überwindet den Exzess der Gewalt.
Wie stellt sich Gott dazu? Verlässt er den Menschen?	(10)	Gott schließt einen Bund mit den Menschen.
Was kann der Mensch aus eigener Kraft schaffen? Wo wird er Gott gegenüber überheblich?	11 Turmbau	Der Mensch kann nicht aus eigener Kraft göttlich werden. Der Mensch soll Gott als den Herrn anerkennen.

Die Schöpfung
Relief am Hauptportal
des Ulmer Münsters

Kernaussagen über Gott	Kernaussagen über Welt	Kernaussagen über Menschen
Gott schafft gut – transzendenter Gott Gott schafft gut – anthropomorpher Gott	Die Welt ist Schöpfung, nicht göttlich. Die Welt ist von Gott abhängig, aber dem Menschen anvertraut.	Der Mensch ist Krone und Ziel der Schöpfung (Pflegeauftrag). Der Mensch benennt (= Macht) andere Lebewesen. Der Mensch als Mann und Frau.
Gott setzt dem Menschen Grenzen. Trotz der Schuld des Menschen erhält Gott ihn und sorgt für ihn. Das Böse und das Leid kommen nicht von Gott.	Die Welt und die Schöpfungsordnung des Anfangs sind durch die Schuld des Menschen gestört. Leid geschieht durch die Schuld des Menschen und seine Trennung von Gott.	Der Mensch ist mit freiem Willen beschenkt, aber Gott ungehorsam. Der Mensch leidet selbst unter den Folgen seines Handelns in einer gestörten Umwelt. Der Mensch leidet unter gestörten sozialen Beziehungen.
Gott fängt immer wieder neu mit dem Menschen an. Gott bindet sich an den Menschen und dies bedeutet Segen und Heil.	Die Welt und alle Lebewesen darin sind eingebunden in das Schicksal des Menschen: Untergang oder Neubeginn mit dem Segen Gottes.	Der »gerechte« Mensch (Noach als Typus des Gerechten) kann auf die Rettung durch Gott vertrauen. Der Mensch trägt Verantwortung für alle Lebewesen.
Gott ist vom Menschen nicht einzuholen und nicht zu beherrschen.	Die Welt kann vom Menschen gestaltet werden.	Wenn der Mensch sich nicht mehr als Geschöpf und abhängig von Gott versteht, entsteht Unheil: Trennung und Verwirrung.

Väter- und Müttergeschichten

Nach den grundlegenden Menschheitsgeschichten der »Urgeschichte« in Genesis 1–11 erzählt die Bibel von großen Gestalten, die am Anfang des Volkes Israel stehen: von Abraham, Sara und Hagar und ihren Söhnen Ismael und Isaak, von Isaak und seiner Frau Rebekka und ihren Söhnen Esau und Jakob, von Jakob und seinen Frauen Lea und Rahel (Rachel), den Mägden Bilha und Silpa, von den zwölf Söhnen Jakobs, vor allem vom Zweitjüngsten Josef. Diese Geschichten in Genesis 12–50 werden meist »Vätergeschichten« genannt, Erzählungen über die Väter Israels. Doch spielen die Frauen dieser biblischen Patriarchen eine bedeutende Rolle, so dass man von »Väter- und Müttergeschichten« sprechen muss. Diese legendenhaften Gestalten am Anfang des Volkes Israel machen Erfahrungen mit dem Gott Jahwe, die danach für Israel zu allen Zeiten wichtig wurden: Gott begleitet sie auf ihrem Weg (vgl. Seite 142–143). Er führt alles, selbst das Böse, letztlich zum Guten. Er spendet Segen und Leben.

Diese Kernaussagen werden in Texte sehr unterschiedlicher Gestalt »verpackt«. Die beiden schon von den Urgeschichten her bekannten Quellen J (Jahwist) und P (Priesterschrift, vgl. Seite 117) sind von der Endredaktion etwa im 5.–4. Jahrhundert zusammengestellt worden. Doch gehen ältere Erzähleinheiten vermutlich weit vor die Zeit von 1000 v. Chr. (Quelle J) zurück: kleine Erzähleinheiten mit oft schwer einzuordnenden Inhalten. Man nimmt heute an, dass diese Erzähleinheiten zu den drei Patriarchen Abraham, Isaak und Jakob ursprünglich selbstständig und in verschiedenen Räumen angesiedelt waren (vgl. die Erwähnungen bestimmter Orte in den Erzählungen und die Karte auf Seite 139). Erst in einer späteren redaktionellen Bearbeitung wurden diese drei großen Gestalten genealogisch zusammengefasst und das Ganze zu einer »Familiensaga« zusammengestellt.

Dabei standen diese Väter- und Müttererzählungen unter dem Thema »Grundlage und Fundament des Glaubens«. Es geht dabei um eine Rückbesinnung auf einen Anfang, nicht im Sinne einer heutigen historischen Forschung, sondern im Sinne eines »mitlaufenden Anfangs«, bei dem die Lebens- und Glaubenswelt vergangener Zeiten Relevanz für andere Zeiten erhält. So kann im Buch Deuteronomium (Dtn 26,5ff), in der Endfassung im Exil oder danach entstanden, über Abraham und seine Nachkommen das Bekenntnis formuliert werden:

Mein Vater war ein heimatloser Aramäer. Er zog nach Ägypten und wurde dort ... zu einem großen Volk ... Die Ägypter behandelten uns schlecht ..., doch der Herr hörte

Nomaden, ägyptische Wandmalerei, um 1800 v. Chr.

Gustav Doré (1832–1883), Abraham übersiedelt nach dem Land Kanaan, um 1866

unser Schreien und ... führte uns aus Ägypten und gab uns dieses Land ...

In einem solchen Text wird die gesamte Tradition des Volkes auf eine einzige Person, auf den »einen Vater des Glaubens« projiziert. Der Eine steht für alle. Abraham (und in der Folge die anderen Stammväter und -mütter des Glaubens) ist das in einer Person konzentrierte Volk, mit dem Gott immer wieder neu handelt.

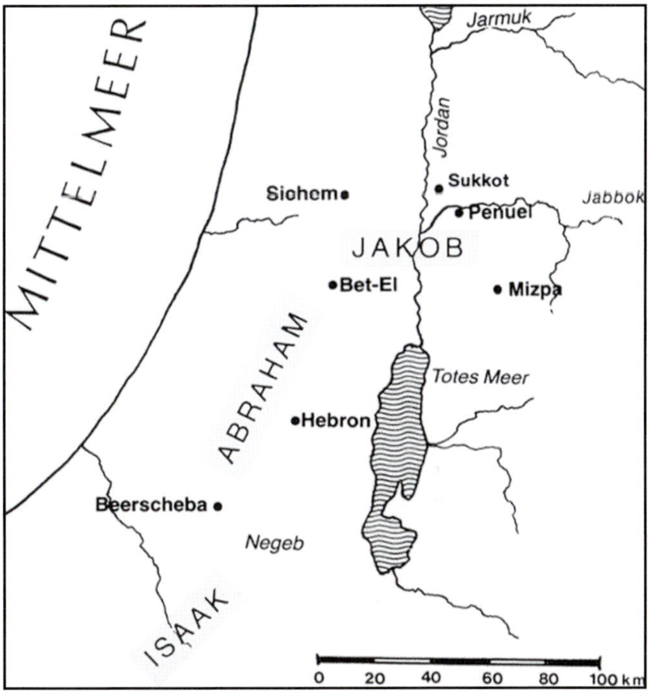

Es ist deshalb müßig, nach dem *historischen* Abraham zu fragen. Gewiss geben die Texte den kulturellen, gesellschaftlichen, politischen und religiösen Kontext des 2. Jahrtausends v. Chr. im Vorderen Orient wieder. Sicher spiegelt sich darin auch die nomadische Lebensweise wandernder Clans und Stämme im Fruchtbaren Halbmond (vgl. Seite 30–31). Aber es geht nicht um die Frage, ob Abraham eine historische oder fiktive Person war, sondern es geht um die Grunderfahrung des Glaubens, die sich in den Erzählungen über ihn ausdrückt. Die Stammvätererzählungen sind keine Phantasieprodukte, aber sie sind eine Textsorte, die auf einem historischen Hintergrund theologische Deutungen vollzieht. Und da hat Abraham, haben die Stammväter und -mütter den Menschen aller Zeit und vor allem in den drei großen vorderorientalischen Religionen Entscheidendes zu sagen (vgl. Seite 146–147).

Abraham (und mit ihm natürlich auch Isaak und Jakob, Sara, Lea, Rahel und Rebekka) steht als »Vater des Glaubens« deshalb am Anfang der Geschichte Israels, aber auch am Anfang der drei im Vorderen Orient entstandenen Religionen Judentum, Christentum und Islam. Er ist zusammen mit Mose und David die entscheidende Gestalt der Hebräischen Bibel, des Alten, Ersten Testaments.

Grundthema der Bibel – Gott, der auf dem Weg begegnet

Menschen suchen nach Gott, nach dem Göttlichen, das ist das Bemühen aller Religion, aller Religionen in unterschiedlichen Kulturen und zu unterschiedlichen Zeiten. Menschen streben nach einem übergreifenden Sinn; der religiöse Mensch will zu dem gelangen, was ihn unbedingt angeht, was im Letzten sein Leben ausmacht. Menschen sind auf einem Weg durch das Leben – Menschen sind auf einem Weg zu Gott.

Die Botschaft des Alten Testaments stellt diese religiöse Grunderfahrung auf den Kopf, wenn sie in vielen Texten zum Ausdruck bringt: Gott ist auf dem Weg zum Menschen. Gott lässt den Menschen auf seinem Lebensweg nicht allein, sondern hält seine Hand über ihn. Gott kommt auf den Menschen zu. Gott geht mit dem Menschen, er ist ihm auf verborgene Weise nahe, er begleitet ihn mit Hilfe und Segen. Gott sucht nach dem Menschen.

Abraham ist unter allen biblischen Gestalten gleichsam die Modellfigur für diesen Grundsatz, mit der die Bibel Gottesfahrungen einzelner Personen wiedergibt. Abraham ist der exemplarische Mensch auf dem Weg. Abraham ist der Mensch, an dem beispielhaft deutlich wird, wie Gott uns auf dem Weg begegnet. Abraham ist schließlich derjenige, an dem wir exemplarisch die Antwort ablesen können, die der Mensch auf Gott hin geben kann. Abraham ist das Modell des glaubenden Menschen, ist Stammvater des Glaubens für Juden, Christen und Muslime.

Abraham erfährt Gott als den, der ihn anspricht, der ihm auf seinem Lebensweg begegnet, der ihn aus seiner Heimat herausführt in eine ungewisse Zukunft, aber auf diesem Weg bei ihm bleibt und treu zu seinen Verheißungen steht. Gott fordert von Abraham einen unerschütterlichen Glauben und Abraham ist dazu bereit. Die uns befremdlich anmutende Erzählung von der »Opferung« seines Sohnes Isaak ist nichts anderes als eine Erzählung, die diese Aussage auf die Spitze treibt.

Das Wagnis eines unerschütterlichen Glaubens kann Abraham auf sich nehmen, weil er Gott immer als den er-

Abraham, Wiener Genesis, Syrien, um 550

fahren hat, der ihn nicht allein lässt. Die Erfahrung des ihm zugewandten und treuen Gottes ist gleichsam das gute Wort, auf das der Mensch die Antwort des Glaubens gibt. Zuerst steht hier die Bewegung Gottes auf den Menschen hin, der Mensch gibt dann seine Antwort. Abraham wird zum Vorbild glaubender Menschen aller Zeiten und Kulturen, er wird zu einem herausragenden Beispiel gelingenden Lebens aus gelebtem Glauben heraus.

Was für Abraham gilt und über ihn im ersten Buch der Bibel in breiter Weise erzählt wird (Gen 12–25), lässt sich auch bei vielen anderen Gestalten der Bibel entdecken. Immer wieder erfahren sie, dass Gott sie auf dem Weg begleitet, dass er Segen gibt und schützt, dass er Böses in Gutes verwandelt, dass er ein menschenfreundlicher und befreiender Gott ist.

Solche grundlegenden Erfahrungen eines Gottes werden etwa deutlich am alttestamentlichen Josef (Gen 37–50), der nach Ägypten verschleppt wird, dort aber durch die Hilfe Gottes an die Spitze des Volkes kommt und in dieser Rolle auch seiner Familie helfen kann: Gott wendet das Böse zum Guten. Solche Erfahrungen werden deutlich an Mose und mit ihm am Volk Israel insgesamt, das sich mit Gottes Hilfe auf einen Weg machen kann, der zu Befreiung und zu erfülltem Leben führt. Dies wird an vielen anderen Personen deutlich, hier soll beispielhaft noch eine Frau aufgeführt werden: Rut (vgl. das biblische Buch Rut, Seite 198).

Rut ist keine Jüdin, sondern aus der Sicht Israels Ausländerin, ein Wirtschaftsflüchtling, der sich aus materieller Not in der Heimat auf den Weg nach Israel macht. Dort lernt sie in Boas einen Menschen kennen, der sie aus ihrer Not herausholt und in dem Gottes Liebe zu den Menschen durchscheint. Rut kann ihr Leben im fremden Land neu verwurzeln, sie wird schließlich zur Ahnfrau des großen Königs David. Rut macht die Erfahrung, dass Gott sie auf ihrem Weg begleitet und sie segnet. Dadurch kann sie zum Segen für Israel werden.

Ein erstes Grundthema der Bibel hat Gott als den gezeigt, der in eine Beziehung zu den Menschen eintritt und ihnen zugewandt ist. Eine zweite durchgängige Erfahrung schildert Gott als den, der auf dem Lebensweg begegnet und der dem Menschen nahe ist. Auf eine solche Erfahrung kann der Mensch mit unerschütterlichem Glauben antworten, er kann Gott vertrauen. Der Mensch kann sich in die Hände Gottes legen, kann sein Leben Gott übergeben.

Auch diese Erfahrung gilt nicht nur für vergangene Zeiten. Sie gilt für jede Kultur und jede Zeit – durchaus auch für uns. Menschen unserer Zeit spüren vielleicht deutlicher als frühere Generationen die Dynamik des Lebens: Wir sind beständig auf dem Weg, verändern uns – räumlich, vor allem aber geistig-psychisch. Neue Anforderungen haben Auswirkungen auf unser Leben und unsere konkrete Lebensgestaltung. Gerade weil wir so sehr auf dem Weg sind, weil kaum noch etwas in unserer Gesellschaft als sicher und beständig erscheint, weil wir in all diesen Veränderungen Orientierung brauchen, ist es »lebenswichtig«, nach Gott Ausschau zu halten. Es macht Sinn, inmitten unserer sich so schnell verändernden Lebenswelt nach Gott zu suchen, der uns immer wieder – an besonderen Stellen oder ganz unscheinbar – auf unserem Weg begegnet. Das Glaubensmodell Abrahams, aber auch der anderen biblischen Frauen und Männer kann für das eigene Leben fruchtbar gemacht werden. Die *alte* Gotteserfahrung Israels kann Halt und Orientierung für Menschen *heute* bedeuten.

Abram wird zu Abraham – Genesis 12–14

Die Namensbezeichnung wechselt im Ablauf der Abrahamsgeschichten von **Abram** (hebräisch »avram« = »Der Vater ist erhaben«) zu **Abraham** (hebräisch = »Der Vater liebt« oder »Der Vater der Menge [von Völkern]«). Abrahams Frau **Sara** (= Prinzessin, Herrin) heißt zu Beginn der Abrahamstradition noch **Sarai**. Durch die beiden Namensänderungen wird unabhängig von einer inhaltlichen Bedeutung die große Veränderung ausgedrückt, die sich auf Gottes Geheiß hin durch den Weg in die Fremde für Abraham und seine Familie ergeben hat.

Die Väter- und Müttergeschichten lassen sich wie folgt einteilen:

- Geschichten über Abraham: Genesis 12–23; 25;
- Geschichten über Isaak: Genesis 24; 26–27;
- Geschichten über Jakob: Genesis 27–36; 49–50;
- Geschichten über Josef: Genesis 37–50.

Auch ohne dass die Frage der Geschichtlichkeit Abrahams ausreichend gelöst ist (historische oder fiktive Persönlichkeit), so ist Abraham (muslimisch Ibrahim) doch eine die Glaubenserfahrungen Israels fokussierende Gestalt – das große Modell biblischen Glaubens (auch im Koran). Abraham steht am Übergang einer polytheistischen Götterverehrung hin zum Bekenntnis des einen Gottes. Auch wenn dieser Monotheismus in Israel in Reinform erst viele Jahrhunderte später zum Ausdruck kam (wohl kaum vor dem Exil im 6. Jahrhundert v. Chr.), so ist in Abraham der Grund für solchen Glauben gelegt. Abraham erfährt seinen Gott als persönliches Gegenüber, als denjenigen, der ihn anspricht, der ihm einen neuen Weg weist, der treu zu seinen Verheißungen steht, dem man ihn unbedingter Weise vertrauen kann. Weil Abraham (mit Sara) sich darauf einlassen kann, wird er zum »Vater des Glaubens«.

Mit Abraham verbindet sich in besonderer Weise das Motiv des Weges. Abraham erfährt Gott als Wegbegleiter und als Orientierung auf dem Weg. Zugleich erfährt er nicht nur den Zuspruch Gottes und seine helfende Hand, sondern ebenso den Anspruch Gottes: aufzubrechen aus allem bisher Gewohnten und einen Weg zu suchen in ein neues Land.

Das Thema Aufbruch, Auszug aus dem Bisherigen ist ein Grundthema der Glaubensgeschichte Israels, das sich in der Gestalt Abrahams erzählerisch konzentriert, in der Erzähltradition vom Auszug Israels aus Ägypten unter der Leitung des Mose zur Gründungserzählung Israels wird und schließlich in der Erfahrung des Exils und des anschließenden Neubeginns seine Bewährungsprobe erhält. Neutestamentlich lässt sich dieses Grundmotiv mit dem Begriff »metanoia« bezeichnen, der je neuen Umkehr und Zuwendung zu Gott und dem von ihm geschenkten Leben. Und genau das ist die Erfahrung Abrahams: Weil er sich auf den von Gott gewiesenen Weg macht, erhält er neues Leben geschenkt.

Die Abrahamsgeschichte beginnt in Genesis 12,1–5 mit einem Paukenschlag, der aber zugleich die Überschrift über die ganze Väter- und Müttertradition ist. Aus der Geschlechtergenealogie in Genesis 11,27–32 wissen wir, dass bereits Abrahams Vater Terach mit seiner Familie aus Ur in Mesopotamien aufbrach mit dem Ziel Kanaan, doch in Haran im Grenzgebiet der heutigen Türkei und Syriens (vgl. Karte Seite 30)

Rembrandt Harmenszoon van Rijn, Abraham im Gespräch mit dem Engel (Genesis 18,10), um 1636-1637

blieb. Nun aber ergeht der Ruf Gottes an Abram: »Zieh weg aus deinem Land, von deiner Verwandtschaft und aus deinem Vaterhaus in das Land, das ich dir zeigen werde. Ich werde dich zu einem großen Volk machen, dich segnen und deinen Namen groß machen. Ein Segen sollst du sein ... Durch dich sollen alle Geschlechter der Erde Segen erlangen«. (Gen 12,1–3) Abraham empfängt von Gott einen Zuspruch und einen Anspruch zugleich: Gott erwartet von ihm Gehorsam und die Bereitschaft zu einem Aufbruch ins Ungewisse (für einen nomadischen Hirten allerdings nicht so ungewöhnlich wie für Menschen in Sesshaftigkeit). Der Zuspruch liegt im Segen Gottes für Abraham, für seinen Clan und schließlich für »alle Geschlechter«.

Wie bei Noach (vgl. Seite 134–135) so zeigt sich hier ein Aspekt universalen Heils, wie er viel später beim Propheten Jesaja wiederkehrt, wenn er von der Wallfahrt der Völker nach Jerusalem und vom Festmahl der Völker auf dem Berg Zion spricht (Jes 25,6–8; 60,1–3): Der Segen Gottes gilt allen Menschen.

Abraham gelangt in das verheißene Land; erste Stationen sind das alte Heiligtum in Sichem (Orakeleiche) und Bet-El (hebräisch = »Haus Gottes«). An diesen Orten erfährt Abraham in besonderer Weise den ihn auf seinem Weg begleitenden Gott – der Bau von Altären (wohl einfach aus Steinen aufgeschichteter Ort für ein Opfer) ist Teil der Antwort des Abraham auf den Anspruch Gottes.

Es folgt in Genesis 12,10–20 ein Einschub, der in Genesis 20,1–18 eine Parallele hat. Abraham gibt seine Frau als seine Schwester aus, weil er in Ägypten (Gen 12; in der Wüste Negeb: Gen 20) Angst um sein Leben hat. Doch gerade durch diese Lüge entstehen Plagen für das Land (eine Vorwegnahme der Plagen in der Mosetradition), doch die fremden Herscher (Pharao, Abimelech) erweisen sich als mehr am Willen Gottes orientiert als Abram.

Weitere eigenständige Erzählstücke sind die Abram-Lot-Erzählung (Gen 13) und der Auftritt des Melchisedek (Gen 14), des Königs von Salem (= Jerusalem), der heiligen Stadt.

Die Bedeutung Abrahams:

»Abraham wäre würdig gewesen, noch vor Adam erschaffen zu werden; aber der Herr sprach: ›Schaffe ich den Abraham zuvor und verdirbt die Welt, so kann keiner kommen, der sie wieder heil macht. Ich will nun als ersten den Adam kommen lassen, auf dass, wenn er strauchelt, nach ihm Abraham komme und alles wieder gut mache. Hat ein Mensch einen starken Pfeiler, wo setzt er ihn hin? Doch nur in die Mitte des Baus, damit er die Wände vor und hinter sich stütze.‹ Also tat auch der Herr mit Abraham: Er setzte ihn in die Mitte der Zeiten, auf dass er die Geschlechter vor und hinter sich trage.«

jüdische Legende

Extra:
Die abrahamitischen Religionen

Die drei im Vorderen Orient entstandenen und voneinander abhängigen Religionen Judentum, Christentum und Islam werden heute oft als die abrahamitischen (oder auch abrahamischen) Religionen bezeichnet, weil sie ihren Glauben gemeinsam auf Abraham als »Stammvater des Glaubens« gründen. Sie erscheinen somit als Geschwisterreligionen, die zum einen vernetzt sind, die sich zum andern aber heute wieder stärker als zuvor abstoßen. Vielerlei Krisen in der heutigen Welt sind zumindest zum Teil von dieser januskÖpfigen Beziehung von Judentum, Christentum und Islam bestimmt. Ein Trialog der drei ist deshalb nicht allein aus religiösen Gründen (als gegenseitige Bereicherung durch die unterschiedlichen Glaubenstraditionen), sondern auch aus dem Willen zum Frieden in einer pluralen Welt unerlässlich.

Die Gestalt des Abraham, der in allen drei Religionen verehrt wird, kann dabei ein Schlüssel sein, der zum einen Gemeinsamkeiten aufzeigt, zum andern aber auch Profilierungen und Unterschiede nicht verschweigt, sondern fruchtbar werden lässt. Der jüdische Gelehrte Abraham Joshua Heschel hat den Spruch geprägt: »*Keine Religion ist ein Eiland. Wir sind alle miteinander verbunden.*« Die Bibel erwähnt Abraham an 258 Stellen, davon 73 Mal im Neuen Testament. In 25 Suren des Korans wird Abraham erwähnt, sein Sohn Ismael in weiteren 10 Suren. Wichtiger aber als die Häufigkeit der Nennung ist die inhaltliche Bedeutung dieses Mannes für jüdischen, christlichen und muslimischen Glauben. Abraham also als die große Gestalt, die alle drei Religionen verbindet?

Abraham im Judentum:
Jeder Jude sieht in Abraham seinen Vater, erkennt in diesem wandernden Fremden, der am Ende ein Land geschenkt bekommt, sein eigenes Schicksal: die Zerstreuung in der Fremde und die Heimkehr in das heilige Land Israel. Dabei betonen Juden besonders den Aspekt des *Bund*es, den Gott mit Abraham schließt und den sie in ihrer Volks- und Religionsgeschichte fortgeführt erkennen.

Dieser Bund verweist in die Zukunft: Israel wird zum *Volk* der Hoffnung, das in aller Bedrängnis stets auf den erbarmenden Gott vertraut und sich von ihm in eine gute Zukunft geführt weiß. Der Bund verweist aber auch auf ein bestimmtes Land, einen geschichtlich fassbaren Ort, auf Kanaan, Palästina als Heimstätte – der Fremde gewinnt eine Heimat. So bedeutet der Bund mit Gott für Juden: *Volk im Land* (vgl. Gen 17,7–8).

Von Abraham her sieht Israel, sehen Juden heute eine Linie, die über Sara und Isaak zu Jakob führt, der auch Israel genannt wird, und weiter zu den zwölf Stämmen Israels. In dieser Linie versteht sich Israel als *erwähltes Volk, das ein Zeichen unter den Völkern* ist. Nicht auf Mission anderer war die Geschichte der Juden ausgerichtet, sondern immer darauf, durch ein gottgeleitetes Leben diese Zeichenhaftigkeit des einen, erwählten Volkes zu künden – dies aber in der Anbindung an das Land der Väter, auch wenn Juden dieses Gebiet in den zurückliegenden 3000 Jahren nur kurze Zeit in Besitz hatten.

Gewiss, es gibt im Judentum im Blick auf Abraham auch die Sicht, dass dieser zum Segen für alle Völker werden soll, zum Segen Gottes für eine nach Sintflut und Babel erneuerte Menschheit: Er ist Stammvater »einer Menge von Völkern«. Doch hat in Israel und bei den Juden bis heute ein Partikularismus den Vorrang: Abraham ist zuerst und vor allem Stammvater Israels. Ja mehr noch, man betont eine gewissen Exklusivismus: Nur den Juden gehört dieser Abraham.

Abraham im Christentum:
Im Christentum wird Abraham unmittelbar mit Jesus verbunden: Im Stammbaum des Matthäusevangeliums (Mt 1,1) findet sich: »Stammbaum Jesu Christi, des Sohnes Davids, des Sohnes Abrahams.« Hier geht es um eine geglaubte Abhängigkeit in der Ge-

schlechterfolge: von Abraham über David zu Jesus, dem Christus Gottes. Denn dem Neuen Testament geht es nicht länger um das Volk, das genealogisch aus Abraham erwachsen ist. Zuerst für Paulus, dann aber auch für die Evangelisten ist die Zugehörigkeit zu Abraham, das »Kind Abrahams sein«, nicht an Abstammung gebunden, sondern entsteht aus der Grundhaltung, die man bei Abraham wahrnimmt: Er gilt als modellhafter Mensch des Glaubens, des Vertrauens in Gott, der sein ganzes Leben von diesem Glauben bestimmen lässt. Von da aus kann Paulus sagen: »Alle, die glauben, gehören zu Abraham.« (Gal 3,9)

In Abraham, so Paulus, macht Gott nicht nur ein Volk, sein erwähltes Volk gerecht, sondern alle Völker: »Durch den Glauben werden die Heiden gerechtfertigt, deshalb wurde dem Abraham verkündet: ›Durch dich sollen alle Völker Segen empfangen.‹« (Gal 3,8, vgl. Gen 12,3 und 18,8). Wenn man so denkt, dann kommt es auch nicht länger auf die Ordnung des jüdischen Gesetzes an, nicht auf Beschneidung und Speisegebote wie bei den Juden, sondern allein und ausschließlich auf den Glauben. Die, die glauben, sind Abrahams Kinder – Juden wie Heiden. Der Segen, den Abraham von Gott empfängt, ist nicht länger auf Israel beschränkt, sondern dehnt sich auf alle Völker aus. Natürlich ist der Bund Gottes mit Israel ungekündigt, deshalb muss Israel auch nicht missioniert werden, aber für Paulus und die christliche Tradition nach ihm steht Abrahams Glaube im Dienst am Christusglauben.

Die abrahamitischen Religionen:
Der amerikanische Jude, Rabbi Michael Wyschogrod, schrieb 1982: »Die Kinder Abrahams zu lehren, die Gegenwart des Patriarchen in den Anhängern der anderen abrahamischen Glaubensbekenntnisse zu erkennen: Das ist die Forderung Abrahams, des Lehrers von Beerscheba.«
Papst Johannes Paul II. sagte 1985 anlässlich eines christlich-islamischen Dialogtreffens: »Wie ich oft bei anderen Treffen mit Muslimen gesagt habe: Euer Gott und unserer ist einer und derselbe, und wir sind Brüder und Schwestern im Glauben Abrahams.«
Und der frühere Präsident des Iran, der Mullah Seyed Mohammed Khatami, drückte es im Jahr 2000 so aus: »Nach unserer Überzeugung haben alle Religionen die gleiche Wurzel; alle abrahamitischen Religionen besitzen eine einzige Substanz.«

Abraham (Ibrahim) im Islam:
Ibrahim ist ein treuer monotheistischer Glaubenskämpfer und damit Vorbild für Muslime heute. Er ist die archetypische Verkörperung von *Islam* (= Hingabe an Gott). Damit ist er auch Kronzeuge gegen Judentum und Christentum und deren Verfälschung (Judentum: nur Israel, nicht die Völker, Christentum: Beigesellung Jesu [und Marias] zu Gott). Ibrahim ist somit vor allen Religionen ein echter Muslim. Damit ist der Islam die *älteste* Religion – dies musste nur von Mohammed erkannt und die alten Religionsformen mussten gereinigt werden (wie bei Ibrahim). Der Islam ist die bessere, weil die ursprüngliche Religion – dafür steht Ibrahim.

Gott spricht zu Abraham/Ibrahim, persische Buchmalerei, 16. Jahrhundert

Der Bund Gottes – Genesis 15; 17

Eine durchgehende Linie der ganzen Bibel ist das Leitwort **Bund** (hebräisch »berit«), das sich im Sprechen vom Neuen und Alten Bund, vom Noach-, Abraham-, Mose- und Davidbund ausdrückt. Entsprechend der Wortbedeutung in den vorderorientalischen Kulturen wird auch in Israel ein Bund nicht als Vertrag zwischen Gleichgestellten betrachtet, sondern als Beziehung entsprechend der eines Großkönigs zu seinen Vasallen gedeutet: Der stärkere Partner verspricht, den schwächeren mit seiner Macht zu schützen. Umgekehrt ist der schwächere zum Dienst am stärkeren Partner bereit und diesem gehorsam. Diese Bundesbeziehung wird nun nicht politisch oder wirtschaftlich (wie beim Großkönig und den Vasallen), sondern religiös auf das Verhältnis von Gott und den Menschen (der Menschheit, den Vätern und Müttern, dem Volk Israel ...) angewandt.

Dabei kennt die Hebräische Bibel verschiedene Bundesschlüsse:

- **Noachbund** (Gen 9): Gegen die Spirale von Gewalt und Vernichtung (Kain – Lamech – Flut) setzt Gott seinen Segen – einen Bund zwischen ihm und »allen Wesen aus Fleisch auf der Erde«. Der Noachbund ist ein Menschheitsbund (vgl. Seite 134–135).
- **Abrahambund** (Gen 12,15,17): Nach der Zerstreuung der Menschheit und ihrer Uneinigkeit (Turmbau – Sprachverwirrung) beginnt Gott erneut mit einigen, beispielhaften Menschen, mit den Vätern und Müttern von Abraham und Sara bis Josef. Hier wird die Grundlage nicht allein für das Volk Israel (Judentum) gelegt, das sich später auf Abraham berufen wird, sondern auch für Christentum und Islam, die beide den unbedingten Glauben Abrahams als Maßstab kennen (vgl. Seite 146–147).
- **Mosebund** (Ex 24): Nach der Unterdrückung und Gewalt in Ägypten setzt Gott mit dem Volk auf dem Weg einen Neubeginn: Er wird seinen Weg mit Segen begleiten, erwartet aber umgekehrt, dass es seine Wegweisung (Gesetz) einhält.
- **Josuabund** (Jos 24): Nach den Kämpfen der Landnahme erneuert Gott mit dem Volk und mit Josua den Mosebund – er ist es, der sein Volk aus dem Sklavenhaus in Ägypten herausgeführt hat (Jos 24,7), er begleitet es weiter mit seinem Segen.
- **Davidbund** (2 Sam 23,5): Zu Volk und Land wird unter David das Königshaus in den Bund Gottes mit seinem Volk integriert. Das Königreich Gottes konkretisiert sich nun bis zum Exil in Volk, Land, König, denen der Segen Gottes zugesprochen wird.
- **Esrabund** (Neh 8): Nach der Rückkehr aus dem Exil und der Wiedererrichtung Jerusalems und des Tempels wird der Mosebund vom Schriftgelehrten Esra erneuert: Nicht mehr der König ist nun der Repräsentant dieses Bundes, sondern die Tora.

Im Neuen Testament wird entsprechend Jeremia 31,31–33 ein **Neuer Bund** Gottes mit dem neuen Gottesvolk in Jesus, dem Christus, geschlossen (vgl. Hebr 4,14): Er ist der Mittler des neuen Bundes (Hebr 12,24). Der Segen Gottes erstreckt sich nun wiederum (wie beim Noachbund) auf alle Völker der Erde.

Der Bundesschluss wird jeweils mit einem **Zeichen** verbunden, der auf die Verbindung des Menschen mit Gott aufmerksam machen soll: Beim Noachbund ist es der Bogen zwischen den Wolken, beim Abrahambund (und folgend bis Esra) ist es die Beschneidung und die Einhaltung der Tora. Beim Neuen Bund ist das Zeichen der auferweckte Jesus Christus selbst, »kein anderes Zeichen wird gegeben werden« (Mk 8,12).

Gott zu Gast bei Abraham – Genesis 18

Bereits mehrfach (Gen 12,2; 13,15f; 15,4ff; 15,18) war Abraham von Gott reiche Nachkommenschaft verheißen worden – der ihm zugesprochene Segen Gottes sollte sich auf alle Geschlechter der Erde erstrecken. Doch, so erzählt der Jahwist, die Realität steht dem entgegen – Abraham und Sara bleiben kinderlos bis ins hohe Alter, eine Schmach besonders in den nomadischen Kulturen des Altertums.

Hier setzt nun die eigenartige Erzählung von Genesis 18,1–15 ein: Gott kommt in verborgener Weise als Gast zu Abraham und Sara. In dieser Erzählung finden wir verschiedene Erzählstränge: Es geht um das Thema Kinderlosigkeit und Verheißung eines Nachkommen binnen eines Jahres. Es geht aber auch um Gastfreundschaft und Mahlgemeinschaft. Und es geht um die Begegnung von Gott und Mensch.

Gastfreundschaft hat im Vorderen Orient und damit in Israel besondere Bedeutung. Mit wem man sein Brot gebrochen hat, dem kann man nicht mehr Feind sein. Wen man in sein Haus aufnimmt, der steht unter besonderem Schutz – im Gast nimmt man Gott selber auf. Die Gastfreundschaft ist bei Nomaden in Steppe und Wüste lebensnotwendig, deshalb ist die Freundlichkeit Abrahams den drei Männern gegenüber nicht ungewöhnlich. Wohl aber zeigt sich in der Anrede der Drei/des Herrn an Abraham, dass der Gebende nicht der Gastgeber ist, sondern der Gast. Er beschenkt das Ehepaar mit einer Verheißung, die eine Perspektive in die Zukunft eröffnet.

Nachkommenschaft ist für Menschen in antiken Kulturen und damit für Israel unerlässlich. Nur so lässt sich leben im Land, das Gott schenkt. Kinderlosigkeit ist deshalb ein großes Übel und immer wieder Thema der Bibel (etwa Elkana und Samuel in 1 Sam 1 oder Zacharias und Elisabet in Lk 1). Beim Stammvater Abraham jedoch geht es nicht allein um »persönliches Familienglück«, sondern um die Heilszusage Gottes an das Volk Israel (aus Abraham erwachsen) bzw. an die ganze Menschheit (die Glaubenden als »Abrahamskinder«, vgl. Gal 3,6ff). Hier konzentriert sich in einem neugeborenen Kind die Heilszusage Gottes an alle Menschen – die Parallele zu den Geburtslegenden über Jesus (Mt 1–2; Lk 1–2) ist nicht zu übersehen.

Begegnung mit Gott: Die eigenartig schillernde Rede von »drei Männern« und zugleich »dem Herrn« lässt Gott in dieser Szene zugleich menschlich nahe erscheinen und unerreichbar. Der anthropomorphen (menschenähnlichen) Erzählung des Jahwisten steht die Unverfügbarkeit Gottes gegenüber, der souverän spricht und verheißt. So ist die Begegnung zwischen Gott und Menschen: zugewandt und unnahbar, menschlich erfahrbar und fremd (vgl. etwa Mose und Gott in Ex 3).

Die Gastfreundschaft Abrahams, hebräische Handschrift, Nordfrankreich, 13. Jahrhundert

Die Nachkommen Abrahams: Ismael und Isaak – Genesis 16; 21–22

In den Väter-/Müttergeschichten hat das Thema Nachkommenschaft hohe Bedeutung, weil eine heilsgeschichtliche Linie aufgezeigt werden soll, die bis zum Volk Israel führt. Somit ist die Kinderlosigkeit von Sara und Abraham nicht nur Teil der abrahamischen »Familiensaga«, sondern ein Feld, auf dem sich die Treue der Verheißungen Gottes zeigen kann: Gottes Verheißungen werden wahr, auch wenn die Betroffenenen wegen ihres hohen Alters nicht mehr daran glauben und zweifeln (Gen 18,12ff). So sind diese Erzählungen eine Ermunterung auch für Menschen späterer Generationen zum Vertrauen auf Gott – es gilt zu glauben wie Abraham.

Entsprechend altorientalischem Brauch hatte Abraham mit seiner Magd Hagar einen Sohn (Gen 16), nachdem sich seine Frau Sara als unfruchtbar zeigte. **Ismael** ist damit der Erstgeborene und damit auch der im Erbrecht bevorzugte Sohn: Weil Sara dies nicht ertragen kann, verstößt sie ihre Magd und deren neugeborenen Sohn (Gen 16,6). Doch Gott (»ein Engel des Herrn«) greift ein und ermuntert Hagar, zur Sippe Abrahams zurückzukehren. Es folgt die Verheißung an Hagar, dass ihre Nachkommen zahlreich sein werden.

Nach der Geburt **Isaaks** (Gen 21) spitzt sich die Situation zu. Sara will ihren eigenen Sohn zum legitimen Nachfolger Abrahams machen und sie hat Erfolg: Diesmal entlässt Abraham in einem förmlichen Rechtsakt Hagar und Ismael. Doch wiederum greift Gott ein und schützt die in der Wüste Umherirrenden. Sie finden einen Brunnen – nach islamischer Tradition ist dies die Quelle Zamzam, aus der die muslimischen Pilger bei der Hadsch nach Mekka Wasser schöpfen. Der Name Ismael (Gott hört) erweist sich als stichhaltig: Gott hört auf die Not der Armen und rettet sie – ein durchlaufendes Thema der Väter- und Müttergeschichten (vgl. etwa die Josefstradition).

Es folgt in Genesis 22 die Erzählung von der Opferung Isaaks. Das Opfern von Kindern wird in der Umwelt Israels häufig erwähnt: Man gibt Gott das Wertvollste, was man besitzt. Die Abrahamserzählung lässt in ihrem Ablauf erkennen, dass diese alte Tradition in Israel durch ein Tieropfer ersetzt wurde. Diese Wende zu größerer Humanität und Respekt vor dem Leben wird dann mit dem Motiv Glaubensgehorsam verknüpft, das auch sonst die Abrahamserzählungen bestimmt (Auszug aus der Heimat ...). Wiederum greift Gott selber ein und wendet die Notsituation: Abraham hat dic Prüfung bestanden, ihm spricht Gott Segen in Fülle zu: »So zahlreich wie die Sterne am Himmel werden deine Nachkommen sein« (Gen 22,17).

Die Erzählung vom Glaubensgehorsam Abrahams ist zugleich eine Rettungsgeschichte Isaaks, die in eine Linie gestellt werden kann mit Noach, mit Jona, mit Daniel in der Löwengrube – und schließlich auch mit der Rettung (Auferweckung) Jesu aus der Welt des Todes. Hoffnung auf Rettung soll deshalb den Glaubenden bestimmen – zu allen Zeiten und in jeder Situation.

Jan Mostaert (ca. 1475–1552), Die Verbannung von Hagar

Ismael – Stammvater der Araber und der Muslime:
In der jüdisch-christlichen Tradition gilt Isaak als der Nachkomme Abrahams, der zu einer Linie von Abraham über Isaak, Jakob, Juda zu David (und dann neutestamentlich zu Jesus, vgl. Mt 1) führt. Muslime machen zu Recht darauf aufmerksam, dass nach altem orientalischen Recht Ismael, der Sohn Abrahams mit seiner Magd Hagar der Erstgeborene ist. Damit ist Ismael auch Träger der Verheißung Gottes. In einer gewissen Parallele zu den zwölf Söhnen Jakobs und den sich daraus ergebenden zwölf Stämmen Israels spricht die islamische Tradition von Ismael und seinen Nachkommen, die zu den zwölf arabischen Stämmen wurden. Zu diesen Stämmen gehören die Koreischiten (Quraisch), aus dem der Prophet Mohammed stammt. So betonen Muslime eine ununterbrochene Traditionslinie vom ersten Muslim (= Gott Ergebenen) Abraham bis zu Mohammed, dem letzten und endgültigen Propheten. Abraham und Ismael kommen auch nach Mekka und reinigen dort die Kaaba vom Götzenglauben (Koran; Sure 22,26) und rufen dort zur Pilgerfahrt nach Mekka auf (Hadsch = eine der fünf Säulen des Islam). Auch ist es nicht Isaak, den Abraham am Berg Morija opfern soll, sondern sein Erstgeborener Ismael. Allerdings geschieht die Bindung des Sohnes nur im Traum Abrahams (Sure 37,99ff) – allein sein Glaube wird auf die Probe gestellt – eine Probe, die der Muslim Abraham besteht.

Bild links: Die Opferung Isaaks,
byzantinischer Mosaizist um 530, Detail des Mosaikbodens der Synagoge in Beit Alfa im Norden Israels:
Rechts im Bild hält Abraham seinen kleinen Sohn Isaak hoch, um ihn in das Opferfeuer zu legen.
Doch greift Gott (»ein Engel vom Himmel her«, Hand in der Mitte) ein und verwehrt Abraham dieses Opfer.
Unter der Hand das Ersatzopfer des Widders, der sich im Gebüsch verfangen hat.
Ganz links die beiden Jungknechte mit einem Esel als Tragtier.

Isaak und Rebekka:
Isaak (hebräisch Jizhak = »Dass [Gott] lache«), der zweite Sohn Abrahams, setzt die Linie der Patriarchen fort. Über ihn und seine Braut Rebekka wird in Genesis 24 eine Brautwerbungsgeschichte in breiter orientalischer Erzählkunst aufgeführt. Rebekka, die Tochter Betuëls, Schwester des in der Jakobserzählung wichtigen Laban, wohnt in der ursprünglichen Heimat Abrahams, im mesopotamischen Nahor. Dorthin wendet sich der Großknecht im Auftrag Abrahams, um eine Braut zu finden – denn eine Frau aus Kanaan soll es nicht sein (wahrscheinlich steht hier der spätere Konflikt zwischen Israel und den kanaanäischen Völkern im Hintergrund). Entsprechend orientalischem Brauch wird die Hochzeit durch die Eltern der Brautleute verhandelt; Isaak und Rebekka finden aber in Liebe zueinander (Gen 24,67). Von Isaak wird danach nicht mehr viel erzählt: Ihm werden Zwillinge geboren: Esau und Jakob. Er zieht mit seinen Herden in die Stadt Gerar der Philister. Eine Parallele zu Genesis 20 (Abraham vor Abimelech) erzählt von seiner Begegnung mit dem König der Philister Abimelech. Isaak kann als Fremder (ein durchlaufendes Motiv der Geschichte Israels) im Land wohnen und wird wohlhabend. So schließt die eigentliche Isaakgeschichte: »Jetzt hat uns der Herr weiten Raum verschafft, und wir sind im Land fruchtbar geworden.« (Gen 26,22) Wiederum zeigt sich also die Verbindung von Vertrauen auf Gott mit dem Besitz des Landes und reicher Nachkommenschaft (hier Sippe, später Volk) – ein Gott, ein Land, ein Volk.

Gott ist mit einem Betrüger – Genesis 25–35

Die Erzählungen von Jakob, dem Betrüger, der dann selber betrogen wird, gehören zu den bekanntesten Texten der Bibel. Der Name **Jakob** (hebräisch »Ja'akob« = »möge Gott beschützen«) wird auch mit dem hebräischen Wort für Ferse verbunden (Gen 25,26) oder mit dem Wort für »verdrängen, betrügen« (wegen der Verdrängung Esaus). Er ist der Zweitgeborene der Zwillinge und steht deshalb rechtlich hinter seinem Bruder zurück. Isaak und Rebekka teilen ihre Zuwendung verschieden auf: Für Isaak ist Esau, sein Erstgeborener, zudem ein erfolgreicher Jäger, der Lieblingssohn, für Rebekka ist es Jakob, »ein Mann bei den Zelten«. Damit sind die Weichen gestellt für einen doppelten Betrug:

Esau (= »der Struppige, Behaarte«) verschleudert impulsiv sein Erstgeburtsrecht gegen ein Linsengericht (Gen 25,33), dessen Bedeutung sich ihm wohl nicht erschlossen hat. Der zweite Betrug Jakobs geht tiefer, ist hier doch nicht allein sein Bruder betroffen, sondern auch sein inzwischen blinder Vater als Patriarch der Sippe: In einer breit ausgeführten Erzählung wird dargestellt, wie Jakob sich mit tatkräftiger Hilfe seiner Mutter Rebekka als Esau ausgibt und so den Erstgeburtssegen von Isaak empfängt. Der trickreiche und hinterhältige Betrüger kommt so in die Linie der Heilsgeschichte Israels von Abraham bis David. Ihm wird die Verheißung zugesprochen, dass »die Völker ihm dienen werden, die Stämme sich vor ihm niederwerfen«. Der Segensspruch schließt mit dem Wort, das in Genesis 12,3 von Gott bereits zu Abraham gesagt worden war: »Verflucht sei, wer dich verflucht; gesegnet sei, wer dich segnet« (Gen 27,29). Abraham, Isaak und Jakob werden durch Gottes Ruf und Führung zu den »gesegneten Vätern« Israels (vgl. das Bild auf Seite 118).

Doch den Betrüger erwartet kein leichtes Leben: Er muss vor Esau fliehen, als dieser den Betrug merkt und ihm nachstellt. So wendet er sich der Heimat seiner Ahnen zu und flieht auf Anraten seiner Mutter Rebekka nach Haran. Dies wird mit dem Motiv der Brautwerbung verknüpft, wie es schon aus Genesis 24 bekannt ist: Nicht eine Frau aus Kanaan soll die Geschlechterfolge sichern, sondern eine Frau aus der Sippe Abrahams und Rebekkas. Jakob gelangt zu Rebekkas Bruder Laban und dient ihm als Hirte. Laban verspricht ihm seine jüngere Tochter Rahel (auch Rachel = »[Mutter-]Schaf«) um sieben Jahre Dienst. Doch als diese Zeit vergangen ist, wird der Betrüger Jakob nun selber betrogen. Laban schiebt ihm seine ältere Tochter Lea (= »Kuh«) unter, die nach dem Brauch als erste verheiratet werden muss (Gen 29,23). Erneut dient Jakob sieben Jahre, bevor Rahel seine Zweitfrau werden kann (Gen 29,28). Doch Jakob bleibt weiterhin der trickreiche, sich Vorteil verschaffende Mann und erhält auf Kosten Labans eine große Vieherde (Gen 30,25–43). Mit seiner inzwischen durch zwei Hauptfrauen (Lea und Rahel) und zwei Nebenfrauen (Silpa und Bilha als Mägde) und vielen Söhnen großen Familie und einer beträchtlichen Herde von Kleinvieh verlässt Jakob seinen Schwiegervater im Zweistromland und kehrt nach Kanaan zurück.

Girolamo da Treviso (1497–1544), Isaak segnet Jakob. Der Renaissancemaler versetzt die Erzählung in eine Szenerie Norditaliens: Der blinde Isaak betastet die Hand Jakobs, auf dem Tisch links das falsche »Wildbret«, mit dem er getäuscht wurde. Rebekka, die Urheberin dieses Betrugs, steht schützend hinter Jakob.

Die »Familiensaga« der Nachkommen Abrahams hat sich inzwischen ausgeweitet. Wieder spielt das Thema Kinderlosigkeit eine Rolle und wieder (wie bei Abraham, Hagar und Ismael) ersetzen Mägde die Hauptfrauen Jakobs. So kommen im Wechsel zwischen **Lea** (Ruben; Simeon, Levi, Juda), **Bilha** (Dan, Naftali), **Silpa** (Gad, Ascher), wiederum Lea (Issachar, Sebulon und Tochter Dina) und schließlich auch **Rahel** (Josef) elf Söhne und eine Tochter zur Welt (Gen 29,31–30,24). Später, in Kanaan, wird als Nachkömmling noch Benjamin von Rahel geboren, der in der Josefsgeschichte eine wichtige Rolle spielt. Doch bei dieser Geburt stirbt Rahel (Gen 35,16–20).

Mit Benjamin ist die Reihe der **zwölf Söhne Jakobs** vollständig. Dessen Name wird von Gott in »Israel« geändert (Gen 35,10, hebräisch = »möge Gott kämpfen, möge sich Gott als stark erweisen«) und damit perspektivisch auf das spätere Volk Israel geöffnet (Exodustradition mit Auszug aus Ägypten, Bundesschluss am Sinai, Landnahme Kanaans, des Landes von Abraham, Isaak und Jakob). Somit steht am Anfang Israels die Zahl »zwölf«. Sie spielt in Mythologie, Religion und Gesellschaft eine große Rolle: Zwölf Mondzyklen (= Monate) ergeben das Sonnenjahr; der Tag wird in zweimal zwölf Stunden eingeteilt; in der griechischen ebenso wie in der germanischen Mythologie gibt es zwölf Hauptgötter. Das Christentum versteht die Zwölf als heilige Zahl, weil aus Drei (= Trinität, Gott) mal Vier (= Himmesrichtungen, Erde) zusammengesetzt. Das sich aus den Söhnen Jakobs ergebende Zwölf-Stämme-Schema wird neutestamentlich von Jesus genutzt, um mit den »Zwölf« (später »Apostel« genannt) zeichenhaft das neue Israel, den Neuen Bund zu errichten.

Marc Chagall, Jakobs Traum (Ausschnitt)

Himmelsleiter – Genesis 28

Das Bild von einer Leiter zum Himmel gibt es in vielen Religionen: Erde und Himmel, Menschen und Gott (Gottheit, das Transzendente) werden in diesem Bild miteinander verbunden. Biblisch gesehen ist der **Traum Jakobs von der Himmelsleiter** (Gen 28,10–17), auf der Engel (= Boten Gottes – Gott selbst) auf- und niedersteigen, das Gegenbild zum Turmbau von Babel, der auch bis an den Himmel reichen soll. Doch hier wird die Verbindung Erde – Himmel, Menschen – Gott nicht vom Menschen aus eigener Kraft (und damit Überheblichkeit) versucht, sondern Gott selbst kommt dem Menschen entgegen – ein Schlüsselthema der biblischen Botschaft. Gott wendet sich den Menschen zu, hier dem Stammvater Jakob, er will mit ihnen einen Bund der Freundschaft schließen (»ich bin mit dir«, Gen 28,15). Die Himmelsleiter taucht in der Bibel zwar nur an dieser Stelle auf, aber sie ist ein ähnliches Symbol für die Beziehung von Gott und Mensch wie Berg, Baum und Regenbogen. An dieser Stelle ist »das Tor des Himmels« (Gen 28,17, vgl. die Vision des Stephanus in Apg 7,56: »Ich sehe den Himmel offen« – dort ist es der Menschensohn [Jesus], der die Verbindung der Menschen zu Gott schafft).

Wieder geht es in der Prophezeiung dieses Textes um Nachkommenschaft und Segen über viele Geschlechter hinweg – *das* Thema der Vätertradition. Ebenso wird das Stichwort »Land« aufgegriffen: »Ich bringe dich zurück in dieses Land.« Durch die Nennung des Ortes Bet-El werden die Jakobserzählungen dem Raum im Norden zwischen Sichem und dem Jordan zugeordnet, die Abrahamstraditionen verbinden sich mit dem weiter südlich gelegenen Hebron (vgl. die Karte auf Seite 141).

Wie bei Abraham und Isaak finden wir auch bei Jakob die Einheit von Gott, Volk und Land, die maßgebend für die Geschichte Israels durch alle Veränderungen der Zeit wurde. Auch wenn es sich hier noch um umherziehende Nomaden ohne Sesshaftigkeit und festen Wohnsitz handelt, so entsteht durch den Bau von Altären eine Weihung des Landes (Abraham in Sichem und Bet-El: Gen 12,6-8; Isaak in Beerscheba: Gen 26,25; Jakob wiederum in Bet-El, dem er diesen Namen [Gotteshaus] gab: Gen 28,18): Dies ist heiliger Boden, Gottes Land, von Gott den Vätern und später Israel, David ... anvertrautes Land. Bis in die Politik des heutigen Staates Israel wirkt sich diese Bindung von Volk und Land aus, gleich ob der Gottesbezug noch akzeptiert wird (wie bei orthodoxen Juden) oder nicht (wie bei »säkularen« Juden). Auch die Rückkehr Israels/Judas aus der Knechtschaft in Ägypten bzw. aus dem Exil in Babylon kennt diese Anbindung des Volkes an sein von Gott gegebenes und damit heiliges Land, dem dazu auch ein Tempel in Jerusalem gebaut werden muss (vgl. 1 Kön 5,15ff; Esra 1).

Jakobs Kampf – Genesis 32; 35

Paul Gauguin, Jakobs Ringen mit dem Engel, 1888

Der Betrüger Jakob war selber in der Fremde (durch seinem Onkel Laban) betrogen worden, doch kann er mit seiner größer werdenden Sippe und zudem mit Wohlstand (Viehherden) in seine Heimat nach Kanaan zurückziehen. Doch bleibt für ihn das Problem mit seinem Bruder Esau, dessen Rache er fürchten muss. So versucht er, durch reiche Geschenke seinen Bruder friedlich zu stimmen (Gen 32,1–22), und erreicht dadurch sogar die vollständige Versöhnung mit Esau. In diese Handlung ist ein eigenartiger mythologischer Text eingeschoben, der von Jakobs **Kampf mit Gott** handelt. Dieser Text des Jahwisten (Quelle J) muss aber zusammen mit dem Abschluss der Jakobsgeschichte dieser Quelle in Genesis 35,1–8 gelesen werden (die Quelle der Priesterschrift führt die Erzählungen über Jakob noch ein Stück weiter und schließt – entsprechend ihrem Stil – mit langen genealogischen Listen über die Nachkommen Esaus in Genesis 36).

Die Bibel erzählt von vielfältigen Erfahrungen, die Menschen mit Gott gemacht haben. Diese Erfahrungen sind nicht einheitlich, sondern ergeben ein buntes Mosaik von Annäherungen an das Geheimnis Gottes: Manchmal wird Gott ganz menschenähnlich der biblischen Gestalt gegenübergestellt (wie häufig bei den Vätern und Müttern), manchmal aber bleibt er dunkel, fremd, unbegreiflich und geheimnisvoll – so wie in dieser Erzählung vom Gotteskampf am Jabok, einem Nebenfluss des Jordan. Es kann angenommen werden, dass hier eine ältere lokale Sage von einem Flussdämon, der Menschen in der Nacht (Dunkelheit als widergöttliche Macht) angreift, in die Vätererzählungen integriert wurde. Diese Macht kann Jakob zwar verletzen, aber nicht töten, ja, sie muss ihm sogar durch den Segen von ihrer eigenen Kraft abgeben. Erst später wurde dieser Mythos mit dem Jahweglauben verknüpft; deshalb kann Jakob nun diesen Ort »Gottesgesicht« benennen (Penuël) – er hat an diesem dunklen Ort und in diesem nächstlichen Kampf eine Seite des Transzendenten erfahren, eine den Menschen übersteigende Kraft.

Dieser Mythos muss in der Redaktion des Jahwisten (und erst recht in der Endredaktion des Verfassers des Buches Genesis) zusammen mit Genesis 35,1–8 gelesen werden. Hier geht es um den wahren Jahweglauben, der alle fremden Götter ausschließt (entsprechend müssen alle Götterbilder, die die Sippe des Jakob noch in ihrer Mitte hat und wohl auch verehrt, entfernt und vernichtet werden). Es gibt einen Gott allein und der ist Herr der Geschichte und gibt Jakob deshalb den neuen Namen »Israel« (= Gott kämpft, Gott ist Herr). Damit wird von Jakob aus eine Linie zum späteren Volk Israel gezogen: Gott führt Israel, wie er Jakob geführt hat.

Die Josefsgeschichte in den Kapiteln 37–50 des Buches Genesis ist ein sprachlich schön gestalteter kleiner Roman – eine Novelle –, der von Josef, dem zweitjüngsten Sohn Jakobs und dessen Frau Rahel, und von seinen elf Brüdern erzählt. Diese Novelle ist unabhängig von den anderen Väter- und Müttergeschichten entstanden (vgl. Seite 160) und erst später in den einzelnen redaktionellen Stufen des Buches Genesis mit dem Gesamt des Buches verknüpft worden. Dies geschah besonders durch die Gestalt des nunmehr als alt geschilderten Patriarchen Jakob. Grundlegendes Thema dieser Erzähleinheit sind Schuld und Versöhnung, Überwindung des Bösen durch das Gute. Menschliches Fehlverhalten wird breit erzählt: Jakob zieht Josef vor, der wiederum prahlt vor seinen Brüdern. Diese sind erfüllt von Hass, wollen ihn töten, verkaufen ihn aber dann als Sklaven des Potifar nach Ägypten. Dessen Frau wiederum verleumdet Josef und klagt ihn zu Unrecht an … Doch all dies Böse wird am Ende deshalb überwunden, weil Gott alles zum Guten führt. So gelangen die bunten und mit vielerlei Motiven reich ausgestatteten Väter- und Müttererzählungen (und damit das Buch Genesis) zu einem guten Schluss: Gott erhält die Menschen seines Bundes auch in der Not am Leben.

Josef und seine Brüder – Genesis 37–50

Die Josefsgeschichte ist eine der schönsten Erzählungen der Hebräischen Bibel (vgl. mit ähnlicher sprachlicher Feinheit die Bücher Jona, Tobit und Ester). Es ist nicht verwunderlich, dass dieser Text auch spätere Literaten zu eigenen Darstellungen angeregt hat – die wohl bekannteste ist das große, vierbändige Romanwerk von Thomas Mann (1875–1955), dessen erster Band (»Die Geschichten Jaakobs«) eine Einführung in die Väterthematik darstellt, die dann in drei opulenten Bänden (»Der junge Joseph« – »Joseph in Ägypten« – »Joseph, der Ernährer«) ausgeführt wird.

Der biblische Text zeigt Josef auf einem langen Weg mit immer wieder neuen Höhen und Tiefen, mit Gefahren und Bedrohung des Lebens und mit je neuer Rettung,

Marc Chagall, Glasfenster zu den zwölf Söhnen Jakobs in der Kapelle der Hadassah-Klinik, Jerusalem, hier: Juda, Simeon, Levi, Ascher, Josef, Benjamin, 1962

mit Erniedrigung und Erhöhung. Wie auch bei anderen biblischen Gestalten (Abraham, Mose ... durchaus auch Jesus) lässt sich vom Wegmotiv her der Ablauf der Erzählung aufschlüsseln:

- **Der elfte Sohn wird verwöhnt:** Jakobs Hauptfrau und Josefs Mutter Rahel starb bei der Geburt des Benjamin (vgl. Genesis 35,16–20). Josef ist der erst im hohen Alter Jakobs geborene erste Sohn seiner Hauptfrau und dem Patriarchen deshalb besonders wichtig (für diese Frau hat er zweimal sieben Jahre gedient), wichtiger als die Söhne seiner Nebenfrau Lea und der Mägde Bilha und Silpa (vgl. Genesis 29–30). Jakob verwöhnt also seinen elften Sohn Josef. Entsprechenden Widerstand erhält Josef von seinen älteren Brüdern. Der bunte Ärmelrock des Josef wird zum Auslöser und Symbol des Hasses seiner Brüder – ein Anklang an die Kain-Abel-Erzählung in Genesis 4.
- **Josefs Träume:** Die Träume Josefs und sein naives oder prahlerisches Erzählen davon (die Garben neigen sich vor Josef ebenso wie sich die Brüder später vor dem Herrn von Ägypten neigen; Sonne, Mond und Sterne neigen sich vor ihm ...) verschärfen die Situation. Diesen Träumer, der sich über sie erhebt, wollen sie ausschalten und beschließen, ihn zu töten.
- **Die Zisterne und der Verkauf an die fremden Händler:** Hass führt zur Tötungsabsicht. Auch wenn die Brüder Josef nicht direkt ermorden, ohne Hilfe wäre er in der Zisterne dem Tod geweiht. Über seine Reaktion und seine Gefühle wird ebensowenig erzählt wie in der Erzählung von der Opferung Isaaks über dessen Gefühle. Wohl aber wird ansatzweise vom Mitleid der beiden Brüder Ruben und Juda erzählt: Juda vor allem ist es, der durch seinen Rat den weiteren Ablauf der Geschichte bestimmt – er ist zugleich der Stammvater des Stammes Juda, auf den sich das Königreich David zurückführt. Eine besondere Stellung ist ihm angemessen.

Die große Handelsstraße von Mesopotamien nach Ägypten führte durch Palästina. So ist es keine Seltenheit, dass Kaufleute diese Route nehmen. Auch dürfte der Verkauf von Menschen als Sklaven in Israel nichts Ungewöhnliches gewesen sein. Ein Sklave (Diener) galt nicht als eigenständige Person, sondern als Besitzstück seines Herrn (wie auch die Frau). Das Leben Josefs ist zwar durch den Verkauf an die Kaufleute gerettet, aber er geht einer ungewissen Zukunft entgegen.

Josef in Ägypten

(Zu Ägypten [= »Haus des Gottes Ptah«] vgl. Seite 32–35.)
Der Tiefpunkt (unter der Erde in der Zisterne) ist überwunden, ein neuer Anfang und damit die Chance eines neuen Aufstiegs wird sichtbar – allerdings in einem fremden Land. Doch dadurch wird in der Gestalt Josefs eine räumliche Verbindung geschaffen, die später von größter Bedeutung sein wird: Was hier nur als Handels- und Wanderwege nomadischer Viehzüchter von Kanaan nach Ägypten gesehen wird, wird im Buch Exodus zum umgekehrten Weg des aus der Knechtschaft Ägyptens befreiten Volkes nach Kanaan. So ergibt sich bereits hier ein großer heilsgeschichtlicher Zusammenhang: Gott führt sein Volk, beginnend bei den Vätern (und Müttern), er wendet alles zum Guten, er befreit aus Knechtschaft und Unterdrückung.

- **Bei Potifar:** Josef gewinnt schnell das Vertrauen seines neuen Herrn Potifar (ägyptisch = »der, den der Gott Ra gegeben hat«) und wird zum Verwalter von dessen Gütern bestellt. Er wird zum Segen für Potifar und sein ganzes Haus. Wiederum wird deutlich, dass Gott alles zum Guten wendet und Josef aus der Tiefe herausholt.
- **Im Gefängnis:** Erneut wird durch die Schuld von Menschen das Schicksal Josefs gewendet: Potifars Frau verleumdet ihn, als er sich ihr verweigert, und Potifar selber bemüht sich nicht ausreichend um eine Klärung der Vorwürfe: Letztlich ist Josef doch nur ein Sklave, mit dem man – auch ohne geregeltes Verfahren – machen kann, was man will. Josefs Situation im Gefängnis ähnelt der in der Zisterne, zum zweiten Mal ist Josef ganz unten angelangt. Hier ist es der Gefängnisleiter, der Josef wahrnimmt und ihm aufhilft – die biblische Deutung: »Der Herr war mit ihm« (Gen 39,23).
- **Am Hof des Pharao:** Der tiefsten Erniedrigung folgt neue Rettung durch Gott und eine Erhöhung, wie sie in Ägypten nicht übertroffen werden konnte. Josef, der Träumer und zugleich der Gefangene ohne Rechte, deutet die Träume des ebenfalls in Gefangenschaft geratenen Mundschenks des Pharao und des Oberbäckers – seine Traumdeutungen bewahrheiten sich. Daran erinnert sich der wieder ins Amt eingesetzte Mundschenk, als der Pharao selber einen Traum von sieben fetten und sieben mageren Kühen hat und keiner der offiziellen Traumdeuter eine Erklärung findet. Josef wird zum Pharao einbestellt und kann dessen Traum zuverlässig deuten und Empfehlungen für ein verantwortungsvolles Handeln geben.

Peter von Cornelius, Joseph deutet den Traum des Pharao, 1816

Josef wird zum Stellvertreter des Pharao und Herrn über Ägypten. Da der Pharao als göttlich galt (als Mittler zwischen Himmel und Erde und als Sohn der Götter), war das Amt Josefs die höchste Position, die ein (sterblicher) Mensch in Ägypten einnehmen konnte: Vom in der Fremde verkauften Sklaven, der im Gefängnis landete, führt sein Weg bis zum Amt des höchsten Herrn des Landes. Die Deutung dieses Geschehens wird in der Erzählung vorab gleich mitgeliefert: »Aber der Herr war mit Josef«: Gott bewegt Menschen, mit Josef so zu handeln, wie er es in seinem Plan vorgesehen hat. Die vielen kleinen Einzelelemente der Erzählung stehen in einem viel größeren Sinnzusammenhang, den die Protagonisten damals nicht auf Anhieb erkennen konnten. Erst in der Perspektive des Lesers/Hörers des Buches Genesis ergibt sich ein Gesamtzusammenhang, der nicht allein die Väter- und Müttergeschichten umgreift, sondern die ganze Heilsgeschichte Gottes mit seinem auserwählten Volk.

Josef ist nun wieder ganz oben, seine Kindheitsträume sind in Erfüllung gegangen. Das wird nicht allein durch sein hohes Amt und seine neu gewonnene Macht deutlich, sondern auch durch die Gründung einer Familie mit der ägyptischen Priestertochter Asenat und durch die Geburt seiner beiden Söhne Manasse (»Gott hat mich meine Sorge vergessen lassen«) und Efraim (»Gott hat mich Frucht bringen lassen«) – die in den Väter- und Müttergeschichten immer wieder verheißenen Nachkommen.

Josef fehlt es nun an nichts mehr. Das einzig Ungeklärte und nicht Aufgearbeitete bleibt das Verhältnis zu seiner eigenen Herkunftsfamilie, zu seinen Brüdern. Und darum geht es in einem weiteren Abschnitt der Geschichte, mit dem die Erzählung den Bogen wieder von Ägypten nach Kanaan spannt. Auch im letzten Abschnitt des Buches Genesis wird sich zeigen, dass Gott gegen alle menschliche Schuld alles zum Guten wenden kann.

Juda und Tamar:

In die Josefsgeschichte ist – gleichsam als verzögerndes erzählerisches Moment – in Genesis 38 eine eigenartige und unserem heutigen Empfinden sehr fremde Geschichte vom Josefbruder Juda und seiner Schwiegertochter Tamar eingeschoben. Tamar ist neutestamentlich insofern von Bedeutung, als sie im Stammbaum bei Matthäus erwähnt wird (Mt 1,3), als einzige Frau zusammen mit der Dirne Rahab (vgl. Jos 2), der Moabiterin Rut (vgl. das gleichnamige Buch), der Hethiterin Batseba (vgl. 2 Sam 11). Alle Frauen haben aus streng orthodoxer jüdischer Sicht einen Makel: Ausländerin, Dirne, Frau mit Inzestkindern – doch an allen hat sich aus der Sicht der Bibel Gottes Barmherzigkeit und Gerechtigkeit gezeigt; sie stellen große Frauengestalten im Ablauf der Heilsgeschichte dar.

Die Erzählung in Genesis 38 lässt kanaanäischen Hintergrund erkennen. Die namenlose Frau, die Juda sich erwählt, ist Kanaanäerin – eine Mischung der nomadischen Clans mit der sesshaften kanaanäischen Bevölkerung in der Tiefebene wird als selbstverständlich erwähnt. Drei Söhne entspringen dieser Verbindung: Er (= »wachsam«), Onan (= »der Starke«) und der spätgeborene Schela (»Bitte«).

Er wird mit Tamar (= »Palmenbaum«) verheiratet, aber er stirbt kinderlos. Nach dem damaligen Brauch der Schwagerehe (Leviratsehe) musste der Bruder als zweiter Ehemann einspringen, um dem Verstorbenen Nachkommenschaft zu erwecken (und damit auch die Frau im Alter zu versorgen). Onan verweigert sich dem und stirbt ebenfalls. Juda nun scheint zu befürchten, dass an der Frau Tamar etwas Todbringendes haftet, und verweigert seinem dritten Sohn die Ehe mit ihr. Die Geschichte fährt nun fort, wie sich Tamar durch eine List als Dirne ausgibt und nun Zwillinge von Juda selbst empfängt: Perez und Serach. So wird der zuvor kinderlosen und damit in einer prekären Situation befindlichen Frau Gerechtigkeit zuteil – auf eine in unseren heutigen Augen allerdings fragwürdige Weise. Doch nicht um ein moralisches Urteil geht es der Bibel, sondern um den Erweis einer Führung durch Gott selbst.

Am Ende wird alles gut

- **Die Brüder kommen nach Ägypten:** Wieder geht es um eine Not, wieder sind Menschen – diesmal aber nicht Josef, sondern seine Brüder und der alte Vater samt ihrem Familienclan – in Gefahr. Wieder aber ist Hilfe möglich durch die treue Sorge Gottes, die sich in Josef zeigt: Gott hat ihn »fruchtbar« werden lassen für die Menschen. So erhalten sie aus vollen Speichern genügend Brot zum Leben – das Motiv der mehr als ausreichenden Nahrung taucht in der Bibel immer wieder auf, im Alten wie auch im Neuen Testament (vgl. Manna, Große Speisung ...). Gefahr und Rettung – dies ist ein Grundthema der Hebräischen Bibel (vgl. Exodus, Exil, Psalmen ...).

  Als die Brüder nach Ägypten kommen, werden die früheren Träume Josefs Wirklichkeit: Die älteren Brüder neigen sich vor ihm, liegen ihm zu Füßen. Die Verhältnisse sind im Vergleich zur Zisternenszene nun umgekehrt: Josef ist oben, sie sind unten; er hat die Macht und die Verfügungsgewalt über die notwendige Nahrung, sie sind die Bittsteller. Wie also wird sich Josef verhalten? Gilt für ihn das Gesetz der Vergeltung wie bei Lamech – oder wird im letzten Teil dieser Josefsnovelle erneut deutlich, dass Gott alles zum Guten wendet? Die zweite Reise der Brüder mit Benjamin erhält einen besonderen Akzent durch die Prüfung, die Josef seinen Brüdern auferlegt – Prüfung: ein Motiv, das wir aus der Abraham-Isaak-Erzählung kennen. Nun wird sich zeigen, ob sie sich wirklich geändert haben, ob sie einen neuen Weg gehen.
- **Die Versöhnung:** Schließlich kommt es in der Schlussszene zur Versöhnung. Auch dieses Geschehen wird auf das Wirken Gottes zurückgeführt. Josef selbst gibt die Deutung, wenn er zusammenfassend sagen kann: »Denn um Leben zu erhalten, hat mich Gott vor euch hergeschickt« (Genesis 45,5). Selbst seine Erniedrigung führt Josef jetzt auf den großen Heilsplan Gottes zurück: »Also nicht ihr habt mich hierher geschickt, sondern Gott« (Genesis 45,8). So lässt sich die Josefsnovelle von ihrem guten Ende her zusammenfassen: Gott wendet die Not zum Überfluss, das Böse zum Guten. Und dies bedeutet einen Neubeginn, der die weitere Geschichte Gottes mit seinem Volk vorantreibt: An die Josefserzählung schließt sich die Exoduserzählung nahtlos an.

Die alttestamentliche Josefsgeschichte am Ende des Buches Genesis ist eine novellenartige Erzählung, die in der Endfassung eine literarisch hochstehende Einheit bildet, in die aber mehrere unterschiedliche Traditionen eingeflossen sind. Diese Traditionen stammen nicht alle aus Israel.

Eine »ägyptische« **Grunderzählung** etwa berichtet von einem Mann, der aus einer nach Ägypten gekommenen Volksgruppe stammt, den Hebräern, mit einem semitischen Namen **Josef** (= »Gott möge hinzufügen«). Durch viele Gefahren und Mühen hindurch steigt er zu höchsten Ehren und Würden am Hof des Pharao auf und bringt dem Land auch in schwierigen Situationen (Hungersnot) Wohlstand und Glück: Ein Fremder wird zum Segen für ganz Ägypten. Bereits in dieser Grundfassung wird in erzählerischer Form deutlich, wie Gott (eine in der Grundfassung vielleicht noch gar nicht genau festgelegte Gottheit) auch in der Not alles zum Guten wenden kann.

Ob diese ägyptische Grundfassung bereits mit dem Namen Jakob verbunden war, ist genauso unsicher wie ihre zeitliche Einordnung. Sicher erscheint nur, dass die Grund-

Rembrandt Harmenszoon van Rijn, Jakob segnet die Söhne des Joseph, 1656

Das Bild zeigt den greisen Patriarchen Jakob, neben ihm Josef , der einen (osmanisch-türkischen) Turban trägt, wie er zur Zeit Rembrandts als orientalische Tracht bekannt war. Neben Josef seine ägyptische Frau Asenat, darunter die beiden Söhne Manasse und Efraim – diese beiden stellen die Zukunft des Volkes dar, aus dem sich dann in einer langen Geschichte Israel entwickelte.

fassung in Israel umgeformt und durch andere, spätere Glaubenserfahrungen Israels mit dem rettenden Gott ergänzt wurde: Dabei geschah auch eine Verknüpfung mit den anderen Väter- und Müttertraditionen über Abraham, Isaak und Jakob. Zudem kamen das Motiv der zwölf Brüder (heilige Zahl, damit eine grundsätzliche Aussage über menschliche Beziehungen in Konflikt und Versöhnung) und die Benjaminerzäh lung hinzu – eine Umformung, die nach der Landnahme aufzeigen will: Gott selbst schafft eine Einheit der zwölf Stämme Israels: das Haus Jakob ist das Haus Israel. Die Josefserzählung erhält so einen auf Israel bezogenen Akzent – bereits in den Anfängen Israels (den Vätergeschichten) wird der Wille Gottes deutlich, das Volk zu einen, es auf einen guten Weg zu führen und zu schützen.

Die Person Josefs ist außerbiblisch nicht belegt. Dennoch ist seine Geschichte so sehr von damaligem zeitgeschichtlich-ägyptischen Kolorit geprägt und passt sich so gut in die Gesamtsituation des alten Ägypten ein, dass der erzählte Vorgang die damalige Zeit widerspiegelt. Auch die Situation der nomadisch herumziehenden Familienclans passt gut in die damalige Situation.

Zum theologischen Kern der Josefsgeschichte:

- Josef ist der **Typus des von Gott erwählten Menschen**. Gott wählt aus verschiedenen Völkern und vielen Menschen (aus zwölf Brüdern) Josef aus, um mit und durch ihn seine Geschichte des Heils für die Menschen weiterzubringen.
- Josef ist der **Typus des Menschen, an dem Gott handelt** und den Gott auch durch Not hindurch zum Guten führt. Immer wieder macht Josef die Erfahrung, dass gerade in Situationen größter Not (in der Zisterne, im Gefängnis ...) Gott eingreift, seinen Erwählten erhöht und alles zum Guten führt.
- Josef erfährt die Güte Gottes gerade darin, dass er dadurch selber zu Güte und Versöhnung fähig wird. Er ist zur Vergebung und Hilfe selbst gegenüber denen bereit, die ihm schweres Unrecht getan haben, aber dann ihr Verhalten ändern: Josef ist der **Typus des aus Gottes Liebe heraus verzeihenden und helfenden Menschen**.

Josef stellt also insgesamt den Menschen dar, der von Gott her **Segen** im Leben erfährt und von da aus selber Segen für andere sein kann (vgl. Genesis 12,2 – dort im Zusammenhang mit Abraham).

Befreiungsgeschichten

Das Buch Exodus (Ex = 2 Mose): Das zweite biblische Buch weist mit den Erzählungen von Mose, vom brennenden Dornbusch und der Jahweoffenbarung, der Feier von Pessah (Pascha), dem Durchzug durch das Rote Meer, dem Bundesschluss am Sinai mit dem Zehnwort (Zehn Gebote) eine Fülle von Texten auf, die zur Grundlage jüdischen und damit auch christlichen Glaubens gehören.

Dieses zweite Buch der Bibel scheint dabei auf den ersten Blick eine Fortsetzung des Buches Genesis zu sein: Josef hatte seinen Stamm nach Ägypten geführt (Gen 46) – Mose führte das inzwischen anwachsende Volk wieder aus Ägypten heraus, weil es sich als Land der Unterdrückung und der Zwangsarbeit erwies. So wird in der Abfolge der beiden Bücher die Geschichte Israels (von Abraham bis Mose) als Heilsgeschichte gedeutet: Gott führt die Väter/das Volk und rettet aus der Not.

Auf den zweiten Blick erweist sich das Buch Exodus als vielschichtiger. Es besteht aus unterschiedlichen Traditionssträngen, von denen viele erst in der Exilszeit geschaffen wurden. Ein bereits aus der alten Zeit überliefertes Ereignis (die gelungene Flucht einer Volksgruppe aus der Unterdrückung in Ägypten) wird später in einer ähnlichen Notsituation (Exil) neu gedeutet und dabei auf den inzwischen ausgeformten Glauben an Jahwe bezogen. Am Anfang steht also eine **Mosetradition**, die von einem Mann erzählt, der aus einer unterdrückten Schicht der ägyptischen Bevölkerung stammt (die »Hebräer«). Er muss fliehen und macht auf seiner Flucht eine Gotteserfahrung, die sein Leben verändert. Gott zeigt sich ihm in einem unbegreiflichen Zeichen (der brennende, aber nicht verbrennende Dornbusch) und benennt sich als Jahwe, als »Ich-bin-da-für-die-Menschen«. Mose kehrt nach Ägypten zurück und kann als Anführer eine kleine Gruppe der unterdrückten Hebräer aus dem Land führen. Die verfolgenden ägyptischen Streitwagen versinken im Schilfmeer.

Diese ursprüngliche Erzählung wird in der Folge mit vielen anderen Traditionen verknüpft. So wird die **Pessahtradition** (Pascha, vgl. Seite 88–89 und 170–171) angebunden, die eine vierfache Geschichte kennt: 1. Zum Frühlingsbeginn brachen die nomadischen Hirten mit ihren Herden zu den Sommerweiden auf. Dies wurde mit einem in der Familie (Sippe) angesiedelten Ritus begangen, der aus einem gemeinsamen Mahl (Lammfleisch, ungesäuertes Brot, Kräuter ... wie auch sonst beim nomadischen Mahl) und einem Blutritus (Bestreichen der Zeltpfosten mit dem Blut des Opfertieres zur Abwehr des Bösen) bestand. 2. Nach der Landnahme und Sesshaftwerdung Israels wurde dieses nomadische Fest mit der religiösen Tradition vom Auszug aus Ägypten verbunden, der Gründungserzählung Israels. Nach wie vor wurde Pascha in den Familien gefeiert, erhielt aber nun eine neue Deutung: Gedenken an die rettende Tat Gottes. 3. Nach der Neubesinnung im Exil und der Rückkehr wurde im Rahmen einer Kultreform versucht, alle wesentlichen Feste Israels am Tempel in Jerusalem anzusiedeln. Das familiäre Paschafest wurde zu einem Tempelfest, zu dem allerdings die Familien und Sippen in kleinen Gruppen zusammenkamen. Das Abendmahl Jesu ist in der Darstellung der synoptischen Evangelien ein solches Pascha. 4. Nach der Zerstörung des Tempels überlebte das Pascha durch eine erneute Rückbindung an die Familien. Es kündet im Judentum bis auf den heutigen Tag von der Rettung aus Not und Unterdrückung durch das Eingreifen Gottes.

Ebenso wie die Paschatradition wurden andere Traditionen in die Mosetradition eingegliedert bzw. die ursprüngliche Tradition wurde erzählerisch ausgestaltet: So darf man etwa die Erzählung von den zehn (= Vollkommenheitszahl) Plagen als eine spätere Dramatisierung des Geschehens verstehen, ebenso das Auftreten Mose vor dem Pharao, was am ägyptischen Hof nicht denkbar war. Eingebunden in die Mosetradition wurden dann unterschiedliche Gesetzestexte, von denen die **Zehn Gebote** (Exodus 20) und das **Bundesbuch** (Exodus 21–23) die bekanntesten sind. Die Zehn Gebote (Dekalog) sind von einer Grundfassung kurzer Sätze ausgehend über längere Zeit erweitert und in der endgültigen Fassung erst in nachexilischer Zeit zusammengestellt worden. So gibt der Dekalog das Ethos der Anfangszeit Israels ebenso wieder, wie er den Veränderungsprozess sichtbar macht, der durch eine sich wandelnde Zeit entsteht. Entscheidend für die zehn Einzelgebote (die zum Teil allgemein menschliches Ethos sind) ist die Einleitung: das Bekenntnis zu Gott, der aus Ägypten befreit hat. Aus der Erfahrung eigener Befreiung kann Israel bereit werden, nun selber zur Befreiung der Menschen von Unterdrückung und zum Schutz des Lebens beizutragen.

Die letzten Kapitel (25–40) des Buches Exodus behandeln eine Fülle von Anordnungen über den **kultischen Dienst** in Israel. Sie stehen in Zusammenhang mit der Tradition und Liturgie des Tempels, wie sie in der Exils- und Nachexilszeit neu bedacht wurden. Für heutige Leser sind sie eher eine mühsame Lektüre (ebenso wie die folgenden Bücher Levitikus und Numeri).

Das Buch Exodus führt zum Kern jüdischen Glaubens. Es hat deshalb sowohl in der jüdischen als auch in der christlichen Tradition einen besonderen Stellenwert.

Deutscher Maler um 1350, Machsor (Gebetbuch) zum Schawuot (Pfingstfest),
Mose empfängt die Gesetzestafeln

Grundthema der Bibel – Gott, der aus der Not befreit

Die Erzählungen der Bibel von Mose und dem Volk Israel auf seinem Weg aus der Knechtschaft Ägyptens in das verheißene Land bilden den **Grundstock alttestamentlichen Glaubens**. Die Vätergeschichten von Abraham bis Josef sind dem vorgelagert, und davor liegt, noch einmal bewusst vorgeschaltet, die »Urgeschichte« mit den Erzählungen von der Schöpfung bis zum Turmbau von Babel (Gen 1–11).

Grundlage des Alten Testaments ist also die **Exodustradition** (Exodus = Auszug). Sie drückt die Grunderfahrung Israels, damit auch des jüdisch-christlichen Glaubens aus: Gott ist kein Sklavenhalter, kein Gott der Unterdrückung und der Knechtschaft, sondern ein Gott der Befreiung, der Freiheit und des befreiten, gelingenden Lebens.

Dieser Gott der Befreiung hat das kleine, unterdrückte Volk der »Hebräer« gegen alle Schwierigkeiten und den Widerstand der Ägypter aus der Knechtschaft herausgeführt. Dieser Gott der Befreiung hat die Fliehenden am Roten Meer vor der ägyptischen Verfolgertruppe auf wunderbare Weise gerettet. Dieser Gott der Befreiung hat sein Volk auf einem endlosen Weg durch die Wüste beschützt und geführt. Dieser Gott der Befreiung hat dem Volk mit dem Gelobten Land die Perspektive eines gelingenden und heilen Lebens vor Augen gestellt. Israel verstand dieses Geschehen als Großtat seines Gottes, die es von Generation zu Generation weitererzählte. Auch heute bildet die Exodustradition das Fundament jüdischen und damit auch christlichen Glaubens.

Diese Grunderfahrung Israels blieb kein einmaliges Geschehen. Der Retter am Anfang der Geschichte Israels blieb weiterhin der Retter. Das spürte Israel in den vielfältigen Bedrohungen der Richterzeit, als umliegende Völker die neu gewonnene Freiheit gefährdeten und das »von Gott geschenkte« Land bedrohten. In solchen Situationen beruft Gott Richter und Retter, die diese Befreiung durch Gott je neu verwirklichen. Auch die Königszeit Israels ist von diesem Motiv geprägt: Die abenteuerliche Geschichte von David und Goliat etwa stellt nichts anderes dar als eine Fortsetzung dieser biblischen Grundlinie: Gott ist seinem Volk nahe und rettet es.

In herausragender Weise wird diese Grunderfahrung Israels in dem Geschehen des Exils neu deutlich: Wieder ist Israel unterdrückt, aus seiner Heimat vertrieben, wieder klagt es wie in Ägypten und schreit zu seinem Gott. Und wieder hört Gott das Rufen der Unterdrückten, wieder führt er ein Volk aus der Knechtschaft in die Freiheit, wieder schenkt er die Chance eines Neubeginns.

Was eine Grunderfahrung des ganzen Volkes ist, gilt auch für den einzelnen Menschen in Israel. Die Psalmen künden uns immer wieder von Menschen, die in ausweglose Not geraten sind und um Hilfe rufen. Sie künden uns aber zugleich vom dankbaren Bekenntnis solcher Menschen, die gerade in der Not die Befreiung Gottes erfahren haben. Dafür danken sie ihm in ihren Liedern. Auch einzelne andere alttestamentliche Bücher, ob mehr erzählend wie Judit oder Ester oder mehr prophetische Poetik wie der zweite Teil des Buches Jesaja, umkreisen immer wieder dieses Grundthema. Die Exoduserfahrung ist *der* Schlüssel, mit dem man die Schriften des Alten Testaments »aufschließen« kann.

Rembrandt Harmenszoon van Rijn,
Mose zerschmettert die Gesetzestafeln, 1659

Der **Gottesname »Jahwe«** ist also eine grundlegende Zusammenfassung der im Alten Testament niedergelegten Gotteserfahrung vieler Menschen zu unterschiedlichen Zeiten: »Ich bin da. Ich werde weiterhin da sein. Ich bin da für euch. Ich werde auch in Zukunft für euch da sein – helfend, stärkend, rettend, befreiend.«

Gott ist also in der durchgängigen Erfahrung des Alten Testaments ein Gott der Befreiung, ein Gott, der Ja zum Leben sagt und deshalb gegen alle Unterdrückung und Not vorgeht, ein Gott, der neue Lebensmöglichkeiten eröffnet: der aus dem Dunkel zum Licht, aus der Knechtschaft zur Befreiung, aus der Wüste in ein neues, fruchtbares Land führt.

Solche Erfahrungen blieben nicht auf Israel beschränkt. Immer wieder wurden in der Geschichte vergleichbare Erfahrungen gemacht. Besonders in Lateinamerika mit seinen großen gesellschaftlichen und wirtschaftlichen Spannungen zwischen Reichen und Armen, Landbesitzern und Landlosen verbindet man die eigene Lebenssituation mit der Israels in Ägypten. Die von Lateinamerika ausgehende »Befreiungstheologie« verknüpft die Erfahrung des Exodus mit Erfahrungen von Menschen in heutigen Gesellschaften. Auch heute gilt: Gott ergreift Partei für die Armen, er will nicht den Tod, sondern das Leben.

Wer sich zu diesem Gott der Befreiung bekennt, wird Konsequenzen für die eigene Lebensgestaltung ziehen. Aus einer solchen Gotteserfahrung erwächst das Bemühen von Menschen, nun selber gegen Unfreiheit und Not vorzugehen. Weil Gott ein Gott der Befreiung ist, können Menschen, die sich an diesen Gott binden, zu Menschen der Befreiung werden. Die eindringliche soziale Botschaft mancher Propheten in Israel etwa beruft sich ausdrücklich auf die Exodustradition: Weil ihr Fremde in Ägypten und selber in Not wart, sollt ihr die Not der Fremden bei euch nicht übersehen.

Die Erfahrung des befreienden Gottes hat also eine kritische Auswirkung auf heutiges Leben: Sie führt zu der gewissenhaften Prüfung, wo Menschen in ihrer Gesellschaft, aber auch in der Kirche Strukturen der Unfreiheit beibehalten. Sie bedeutet eine Mahnung zu einer grundlegenden Umkehr. Sie macht denen Mut, die Unterdrückung erleiden. Die *alte* Gotteserfahrung Israels ist Hoffnung für Menschen *heute*.

Haggada aus Moravia (Mähren), um 1740,
Die Auffindung Mose

Der Name Mose: Über die genaue Herkunft des Namens »Mose« gibt es keine Sicherheit. Der hebräische Name »Moscheh« kann vom ägyptischen »mes« = »gebären, Sohn des« abgeleitet sein (vgl. Tutmosis, Ramses). Er wird in der Bibel (Ex 2,10) vom hebräischen »maschah« = »herausziehen (aus dem Wasser)« gedeutet.
Die Kindheitslegende des Mose (Ex 1,8–2,10): Wie häufig in der Antike bei bedeutenden Persönlichkeiten gibt es auch über Mose eine Geburtslegende: Das gefährdete Kind wird gerettet (vgl. oben das Bild aus der Haggada). Damit ist am Anfang der Mosetradition gleichsam das Thema des ganzen Buches Exodus als »Überschrift« angegeben: Wie dieses Kind vor dem Morden und der Unterdrückung des Pharao durch das Eingreifen Gottes gerettet wird, so wird das Volk Israel ebenso aus der Unterdrückung herausgeführt. Neutestamentlich wiederholt sich dieses Erzählmotiv in der Kindheitsgeschichte Jesu und im Kindermord von Betlehem (Mt 2,16–18). Auch außerbiblisch gibt es Kindheitsgeschichten bedeutender Gestalten (etwa Kaiser Augustus), in der Bibel finden sich solche Elemente etwa zum Propheten Samuel (1 Sam 1–3) oder zum König David (1 Sam 16). In den biblischen Texten geht es darum, dass bereits am Anfang eines Lebens (in der Kindheit) durch Gottes Wirken deutlich wird, dass ein Mensch zu einer besonderen Aufgabe berufen ist: Mose wird sein Volk in die Freiheit führen.
Doch bevor dies geschieht, hat Mose einen langen Weg zurückzulegen. Er, der am Hof des Pharao erzogen wurde, sieht die Misshandlung seines Volkes und erschlägt einen Ägypter. Danach muss er als Hirt in die Wüste Sinai fliehen – doch dort begegnet er Gott.

Jahwe: das Feuer Gottes im Dornbusch – Exodus 3

Die Hebräische Bibel ist voller Bildworte, mit denen die Verfasser der biblischen Bücher diejenigen Gotteserfahrungen wiedergeben, die sehr unterschiedliche Menschen in sehr unterschiedlichen Kulturen und Situationen mit Gott gemacht haben. Da wird Gott als Hirte oder König, Vater oder Mutter, Arzt, Helfer oder Retter bezeichnet und mit einem Felsen, mit Licht, mit einer festen Burg ... verglichen. Eine Gotteserfahrung aber scheint wie eine Überschrift über alle Gotteserfahrungen zu stehen: Gott ist für die Menschen da, er ist der **»Ich-bin-da-für-euch«**. Diese Benennung Gottes ergibt sich in der Mosetradition aus der Erzählung von Moses Begegnung mit Gott am brennenden Dornbusch.

Nach der Kindheitslegende des Mose in Exodus 1–2 und der Darstellung der Unterdrückung der »hebräischen« Volksgruppe wird erzählt, wie Mose nach dem Totschlag an einem ägyptischen Aufseher in die Wüste/Steppe Sinai nach Midian flieht und dort einem nicht näher fassbaren Priester Reguël/Jitro als Hirt dient. Die Herkunft des Mose wird aus dem Volk der »Israeliten« angegeben – doch dieser Name dürfte eine spätere Zuordnung der Endredaktoren des Buches Exodus sein und nicht auf historisch fassbarem ethnologischen Bestand gründen.

Der entscheidende Kern der Mosetradition folgt nun in Kapitel 3 des Buches Exodus: die Begegnung mit Gott im brennenden Dornbusch am Gottesberg Horeb. Die Bibel spricht an vielen Stellen von einem »Gottesberg« (= allgemein menschliches Symbol für die Begegnung von Himmel und Erde, Gott und Menschen, vgl. auch den Tempelberg Zion in Jerusalem). Dies ist biblisch ein Ort in der Wüste, an dem in besonderer Weise die Nähe Gottes zu erfahren ist. Dieser Berg wird manchmal Horeb (= »Ödland, Wüstengebiet«), manchmal Sinai genannt. Hier am Sinai begegnet Gott (Jahwe) dem Mose, hier übergibt er ihm später (Ex 20, vgl. Seite 176–177) die Bundestafeln mit dem Zehnwort.

Die christliche wie muslimische Tradition benennt einen Berg (2285 m) im Süden der Halbinsel Sinai als Moseberg. An seinem Fuß liegt das im 6. Jahrhundert gegründete Katharinenkloster. Ob dieser Berg mit der Mose- und Exodustradition in Verbindung zu bringen ist, bleibt historisch ungewiss – für Glaubende der drei abrahamischen Religionen ist hier der Ort der unmittelbaren Gottesnähe nicht nur für Mose und Israel, sondern für alle Glaubenden.

Synagoge von Dura Europos, 3. Jh. n. Chr.,
Mose und der brennende Dornbusch

Jahwe: An mehr als 6000 Stellen verwendet die Hebräische Bibel einen Gottesnamen, der in den deutschen Bibeln mit »Jahwe« wiedergegeben wird. Doch ist dieser Gottesname in der Hebräischen Bibel ausschließlich mit den vier Konsonanten JHWH geschrieben, dem Tetragramm (= vier Buchstaben). Wegen des Verbots in Exodus 20,7 scheuten sich die Juden, den Gottesnamen überhaupt auszusprechen, und sprachen eher von »adonai« (= ehrfurchtsvoller Plural: »meine Herren«, auch »der/die Ewige«), im gottesdienstlichen Gebrauch meist von »ha-schem« (= »der Name«). Als in mittelalterlicher Zeit (ca. 700–1000 sowohl in Galiläa wie in Babylon) die jüdischen Gelehrten der Masoreten (Punktatoren) Vokalpunkte zu den Konsonanten des Tetragramms setzten, wählten sie die Vokale von »adonai«. Aus dieser Vokalisierung haben einige christliche Gruppen den Gottesnamen »Jehova« abgeleitet. Wahrscheinlicher ist aus sprachhistorischen Gründen, dass JHWH – wenn überhaupt gesprochen – als »Jahwe« ausgesprochen wurde. Die griechische Übersetzung gibt dann »JHWH-adonai« mit »kyrios« (= Herr) wieder.

Die Erzählung vom brennenden und doch nicht verbrennenden Dornbusch bleibt in vielen Aspekten geheimnisvoll, symbolisch – sie ist eine bildhafte Rede, die das Unfassbare, Numinose, Unbegreifliche Gottes darstellt, eine zugleich Vertrauen und Schauer erweckende Vorstellung, wie eine jenseitige Macht den jungen Mann Mose ergreift, ihn zum Propheten erwählt und mit einer Sendung beauftragt.

Dies beginnt bereits mit dem nicht zu erklärenden Dornbusch, der brennt, aber nicht verbrennt. Das Symbol Feuer hängt eng mit dem Symbol Licht zusammen, übersteigt dieses aber in einigen Zügen. So ist Feuer ein ambivalentes, doppelgesichtiges Symbol, das Bedrohung, Vernichtung, Gefahr ausdrücken kann, aber ebenso Wärme, Licht, Geborgenheit. Es gibt einen feurigen Hass ebenso wie eine feurige Liebe. Feuer als Gottessymbol (vgl. auch die vor Israel auf seinem Wüstenzug herziehende Feuersäule in Exodus 13,21) verweist auf Kraft, Unbegreiflichkeit, Heiligkeit und eine alles bestimmende Macht, aber ebenso auf Zuwendung durch Gott, Liebe, Treue und Fürsorge. Feuer zeigt auch Gottes machtvolles Gericht (vgl. Joël 2,3: »Vor ihm her verzehrendes Feuer, hinter ihm lodernde Flammen«).

Feuer (und zugleich Blitze und Donner, die im Buch Exodus bei Gotteserscheinungen und Gottesreden oft erwähnt werden) erinnern vielleicht an eine vorisraelitische Gewittergottheit auf dem Sinai, der sich die flüchtende Hebräergruppe nun zuwendet und die sie als Retter und Fluchthelfer versteht. Ein solcher strenger und unnahbarer Gott der Wüste steht für Israel gegen die bunte Göttervielfalt Ägyptens, von der es sich durch seine Wüstenwanderung zunehmend ablöst. Der eine oder andere Rückfall durch die Erinnerung an die Fülle Ägyptens (jeweils als »murren« bezeichnet) wird von dem gewaltigen und auch gewalttätigen Gott Jahwe jedoch hart sanktioniert (vgl. die Erzählung vom Goldenen Kalb in Exodus 32, besonders die Verse 26–29 mit der Erschlagung von 3000 Männern als »Rache« am Bundesbruch).

Gott sendet Mose vom Sinai aus zurück nach Ägypten zu seinem Volk Israel. Da in Ägypten viele verschiedene Götter verehrt wurden, ist die Frage des Mose verständlich: »Was soll ich den Israeliten sagen, wenn sie mich fragen: ›Wie heißt der Gott?‹« Gott antwortet mit dem Gottesnamen: **»Ich bin der ›Ich-bin-da‹«** (Ex 3,14). Dieser Gottesname sagt in der Tradition der Tora aus:

– **Der Name Gottes:** Er ist der Geheimnisvolle, der Unbegreifliche, der Unzugängliche. Anders als in den damals umliegenden Religionen, wo Menschen glaubten, mit der Nennung des Namens ihres Gottes diesen Gott zu etwas zwingen zu können, bleibt Jahwe für den Menschen unverfügbar. Er entzieht sich dem Menschen und begegnet ihm zugleich.

– **Ein einziger Gott:** Anders als in Ägypten, Mesopotamien und Kleinasien mit einer kaum überschaubaren Fülle von Gottheiten steht JHWH allein. Gott ist einfach da, es wird nicht von seiner Entstehung in einem Schöpfungsmythos erzählt, sondern er ist ein ewiger Gott, steht über allen Zeiten und Räumen.

– **Ein Gott für die Menschen:** Dennoch ist Jahwe nah und den Menschen zugewandt. Dies ist für Mose und Israel, in der Folge aber für alle Juden und Christen der wichtigste Aspekt dieses Gottesnamens: Gott ist nicht der Ferne, sondern er kümmert sich um die Menschen. Er ist ein Gott der Befreiung und einer, die sich ein Volk erwählt und es in ein gutes Land führt. Deshalb ist der genaue Sinn des Namens Jahwe nicht einfach »Ich-bin-da«, sondern »Ich-bin-da-für-euch«.

Die zehn Plagen Ägyptens – Exodus 5–11

Gustave Doré, Mose und Aaron vor dem Pharao, um 1866

In Ex 1,11 werden zwei Städte im Nildelta erwähnt, die von hebräischen **Fronarbeitern** errichtet werden. Damit ist ein – ungewisser – Anhaltspunkt für eine zeitliche Einordnung der Exoduserzählung gegeben: die Zeit des Pharao Ramses (1290–1224 v. Chr.), der in seiner langen Regierungszeit ein gewaltiges Bauprogramm verwirklichte. Unter den Fronarbeitern sind wohl aus dem Nomadentum kommende kleine Stammesgruppen zu verstehen, die gegen die Unterdrückung aufbegehren und zurück in die ihnen bekannte Wüste im Osten fliehen. Mose ist der Anführer dieser Gruppe und tritt – so die erzählerische Ausschmückung der Bibel – dem Pharao gegenüber: hier der Prophet des gewaltigen Gottes JHWH, dort der als brutal geschilderte Machthaber eines großen Reiches.

Die dramatische Erzählung von der Auseinandersetzung Mose (und seines Bruders Aaron) mit dem Pharao wird durch **zehn** (heilige Zahl der Vollständigkeit) **Plagen** untermalt, die das Volk Ägyptens treffen Ex 7,14–11,5). Was genau hinter den Plagen steht, kann nicht mehr erschlossen werden. Naturwissenschaftler glauben, dass das »Blut im Nil« (Plage 1) durch zyklisch auftauchende giftige Cyanobakterien (Blaualgen) im Wasser bewirkt wurde. Diese verringern den Sauerstoff, so dass Wasserpflanzen verfaulen und die Frösche das Wasser verlassen (Plage 2). Wenn die Frösche am Wasser fehlen, entwickeln sich zunehmend Stechmücken (Plage 3) und anderes Ungeziefer (Plage 4). Diese wiederum bringen Krankheiten für Vieh (Plage 5) und Mensch (Plage 6). Hinzu kommt – ohne inneren Zusammenhang – Hagelschlag (Plage 7). Weil keine Fische und Frösche im Wasser sind, verringert sich die Zahl der Reiher und Ibisse, die auch die natürlichen Feinde der Heuschrecken sind. Diese können deshalb in großer Zahl das Land verwüsten (Plage 8). Die Sonnenfinsternis macht symbolisch die Verblendung des Pharao und der Ägypter deutlich (Plage 9), denen JHWH mit der Erschlagung der Erstgeborenen entgegentritt. Wichtiger als solche Erklärungsversuche ist jedoch die theologische Aussage dieses Textes: Gott befreit sein Volk aus der Unterdrückung. Dies wird in den folgenden Erzählungen weiter verdeutlicht.

Pessah: Vorübergang des Herrn – Exodus 12

(Vgl. auch Seite 88–89 und 162.)
Neben dem wöchentlichen Sabbat ist die jährliche Feier des Pessah (Pascha) prägend für jüdisches Leben bis auf den heutigen Tag. Ursprünglich war es ein Fest der nomadischen Hirtenclans, das nach der Landnahme mit der Grunderfahrung Israels von der Befreiung aus Ägypten verbunden wurde. In der Zeit des zweiten Jerusalemer Tempels (von der Rückkehr aus dem babylonischen Exil bis zur Zerstörung des Tempels im Jahr 70 durch die Römer) gehörte Pessah zusammen mit Schawuot (Wochenfest/Pfingsten) und Sukkot (Laubhüttenfest) zu den drei Wallfahrtsfesten (vgl. Seite 90 und 92), bei denen die einzelnen Familien nach Jerusalem pilgerten und dort in der größeren Gemeinschaft des Volkes den Bund mit Gott festlich bestätigten. Es wird nach der Zerstörung des Jerusalemer Tempels wieder wie im Ursprung ein Familienfest (Clanfest), bei dem man zusammenkommt und der Befreiung Israels aus Ägypten gedenkt, damit aber diese Befreiung auch auf das eigene Leben anwendet: Wie der Gott der Befreiung damals Israel zugewandt war, so ist er es auch heute im Blick auf uns und unser Leben – er steht gegen alle Unterdrückung und Not. Pessah ist eine heilsgeschichtliche Feier, aber der Festinhalt besteht nicht allein aus Erinnerung an ein vergangenes Geschehen, sondern er wird vergegenwärtigt, aktualisiert, auf heutiges Leben bezogen.

Im Mittelpunkt der Feier des Pessah steht deshalb die Haggada, die erinnernde und vergegenwärtigende Erzählung von der Rettung. Das gemeinsame Mahl an Pessah schafft Gemeinschaft der Menschen untereinander (Volk auf dem Weg) und mit dem befreienden Gott, dessen Lob gesungen und dem für seine Gaben Wein und Brot, vor allem aber für sein rettendes Eingreifen gedankt wird. Diese Gedanken sind von der jüdischen Pessah-Feier in die christliche Eucharistie übergegangen.

Das Fest markiert das Ende der Unterdrückung und den Beginn des Weges in die Freiheit. Die Vorbereitung beginnt mit einem apotropäischen (= Unheil abwehrendem) Ritus, der wahrscheinlich aus alter Zeit vor Israel stammt und mit dem die Hirten in der Wüste/Steppe die bösen Wüstendämonen von sich, ihren Familien und ihren Herden abwehren wollten: Man streicht das Blut eines Jungtieres auf die Zeltpfosten und markiert damit einen heiligen Raum, in den nichts Böses eindringen kann.

Israel übernimmt diesen Brauch und lässt damit gleichsam die »böse« Unterdrückung Ägyptens außen vor. Zum Pessahmahl nimmt man zudem **ungesäuertes Brot** (Mazzen); das Haus oder Zelt wird von allem alten gesäuerten Brot gründlich gereinigt. Dies ist ein wahrscheinlich auf ein frühes Erntedankfest zur Ernte des Wintergetreides zurückgehender Brauch, der Neubeginn und die Hoffnung auf ein fruchtbares neues Jahr ausdrückt. Israel versteht diesen Ritus im Kontext seines plötzlichen Aufbruchs und zugleich als Neubeginn, bei dem alles Alte, Hinderliche, Beengte und Niederdrückende zurückbleiben soll: Die Zukunft ist offen – doch steht sie unter dem Schutz des Gottes, der die Gaben Brot und Wein schenkt. Im Dankgebet der Haggada über das ungesäuerte Brot heißt es: »Gelobt seist du, Ewiger, unser Gott, König der Welt, der die Erdfrucht schafft: Dies ist das armselige Brot, das unsere Vorfahren im Lande Ägypten aßen.« Und weiter: »Diese Mazza, die wir essen – warum? Weil der

Teig unserer Vorfahren nicht Zeit hatte zu säuern, da schon der König aller Könige, der hochgelobte Heilige sich ihnen offenbarte und sie erlöste; denn so heißt es: Sie buken von dem Teige, den sie aus Ägypten mitgenommen, ungesäuerte Kuchen. Denn er blieb ungesäuert, da sie aus Ägypten herausgetrieben wurden und sie sich weder aufhalten noch sonst eine Reisekost besorgen konnten.« Ähnlich wird über den Wein gesprochen: »Gelobt seist du, Ewiger, unser Gott, König der Welt, der die Frucht des Weinstocks schafft.«

Das gemeinsame Mahl und die entsprechenden Gebete (und auch Lieder) führen Menschen zusammen. Die entscheidende Grundlage aber ihrer Gemeinschaft ist das gemeinsame Bekenntnis zum Gott der Befreiung, der seinem Volk beim Auszug aus Äygpten zugewandt war, aber ebenso bei der Rückkehr aus dem Exil und bei vielen anderen Ereignissen der Heilsgeschichte bis auf den heutigen Tag. Dieses Bekenntnis zum befreienden Gott wird zu Beginn des Festes gleichsam »hervorgelockt« durch die Fragen des jüngsten Festteilnehmers: »Was unterscheidet diese Nacht von allen anderen Nächten? In allen anderen Nächten können wir Gesauertes und Ungesäuertes essen, in dieser Nacht nur Ungesäuertes. In allen anderen Nächten können wir verschiedene Kräuter essen, in dieser Nacht nur bittere Kräuter ...«

Dominikanerkirche Friesach (Kärnten), Hochaltar, Pessah

Darauf antwortet das Familienoberhaupt: »Einst waren wir Knechte des Pharao in Ägypten, da führte uns der Ewige, unser Gott, von dort heraus, mit starker Hand und ausgestrecktem Arm. Hätte der Heilige, gelobt sei er, unsere Vorväter nicht aus Ägypten herausgeführt, so wären wir, unsere Kinder und alle unsere Nachkommen Diener der Pharaonen in Ägypten geblieben; darum ... ist es unsere Pflicht, vom Auszug zu erzählen.«

Mit der Erzählung vom Pessah wird die wesentliche Intention biblischer Texte deutlich: Sie erzählen nicht einfach von Vergangenem, erinnern nicht an bedeutungslose Geschehnisse früher Zeiten, sondern sie wollen vergegenwärtigen, die alten Texte in einer neuen Zeit neu lesen und dadurch die Menschen in den jeweils neuen Situationen, Zeiten und Kulturen verändern. Biblische Texte sind transformierende Texte, sie wollen Menschen bewegen, sie auf einen Weg mit dem Gott bringen, von dem die Bibel in den vielen unterschiedlichen Erzählungen berichtet. Im Buch Exodus ist dies der Gott, der aus der Unterdrückung befreit und so Hoffnung schenkt.

Durchzug durch das Meer – Exodus 13–15

Nach der Gottesbegegnung am Horeb und dem »ersten« Pessah in Äygpten folgt sogleich eine weitere der ganz bedeutenden Erzählungen der Bibel: der Durchzug durch das Schilfmeer (Rotes Meer) – einer der grundlegenden Texte der Hebräischen Bibel und des sowohl jüdischen als auch christlichen Selbstverständnisses (vgl. etwa die dritte Lesung der christlichen Osternachtsfeier, die diesen Text verkündet). Zur wesentlichen Aussage über den Durchzug durch das Schilfmeer und die endgültige Befreiung aus der Unterdrückung Ägyptens (dargestellt am Untergang des Pharao und seines Heeres im Meer) in Exodus 14 wird durch einen Verheißungstext in Exodus 13 hingeführt, der die unmittelbare Nähe Jahwes zu seinem Volk durch das Bild der voranziehenden Wolkensäule (tags) oder einer Feuersäule (nachts) verdeutlicht. Den Abschluss der Befreiungserzählung vom Schilfmeer bildet das doppelte Loblied des Mose und der Mirjam in Exodus 15.

Wie bei allen Erzählungen der Hebräischen Bibel muss man auch bei diesem Text weniger nach geografischen Details (Festlegung der Orte und der Wegstrecke) und naturwissenschaftlich deutbaren Vorgängen Ausschau halten, um zu einem Verständnis der Perikope zu kommen. Es geht hier nicht um ein äußeres Geschehen, obwohl dem Vorgang der Befreiung auch ein wie auch immer geartetes äußeres Geschehen zugrunde liegt. Dies aber ist heute nicht mehr fassbar, und es ist in einer »heilsgeschichtlichen« Erzählung auch nicht das Eigentliche und Entscheidende. Vielmehr geht es hier darum, in einem geschichtlichen Vorgang (Flucht einiger in Ägypten unterdrückter Stämme in die Wüste) ein Wirken Gottes mit den Menschen zu erkennen und so Geschichte aus dem Glauben zu deuten. Dieses Ereignis stellt für Israel zusammen mit dem Bundesschluss am Sinai (vgl. Seite 176–177) den Beginn seiner Volkswerdung dar.

Wenn man den Text »heilsgeschichtlich« deutet, bekommen die Einzelheiten der Erzählung eine besondere Leuchtkraft. Die Wasser des Roten Meeres etwa erinnern an die Chaoswasser des Anfangs (Gen 1) oder an die Große Flut (Noach, Gen 6–9), an die den Menschen bedrohenden Kräfte; sie sind Hinweise auf Zerstörung und Vernichtung, auf Tod und Untergang. Dass Israel – Gottes Volk – in dieser Situation der Bedrohung von Gott nicht allein gelassen wird, nicht der Armee des Bösen und Widergöttlichen ausgesetzt ist, macht die Herrschaft und Herrlichkeit Gottes deutlich. Er ist der Herr über diese Kräfte, der Herr über Leben und Tod.

Christen deuten diesen Text weiter: Gott führt sein Volk durch den Untergang zu neuem Leben, durch den Tod zur Auferstehung. Pascha und Auszug sind in christlicher Sicht österliche Texte, die auch mit der Taufe verbunden werden. Jetzt ist Jesus derjenige, der durch den Tod hindurch von Gott zu neuem Leben geführt wurde und uns auf diesem Weg voranging.

Der Durchzug durch das Schilfmeer wird somit in der biblischen Tradition zum Symbol für Rettung und Befreiung. Das Alte, Bedrückende, Unterjochende liegt hinter den Chaoswassern, und vor dem Volk liegt der Weg in die Freiheit hin zum Gelobten Land. Dass dieser Weg schwieriger wird als erwartet und immer neue Bewährung erfordert, muss Israel erst lernen.

Damals sang Mose dieses Lied:
»Ich singe dem Herrn ein Lied,
denn er ist hoch und erhaben.
Rosse und Wagen
warf er ins Meer.
Meine Stärke und mein Lied
ist der Herr,
er ist für mich
zum Retter geworden.
Er ist mein Gott,
ihn will ich preisen.
Du lenktest in deiner Güte
das Volk, das du erlöst hast,
du führtest sie machtvoll
zu deiner heiligen Wohnung.
Hindurch zog das Volk,
das du erschufst.
Der Herr ist König
für immer und ewig.
(aus Exodus 15,1–18)

Mirjam: Mit Mirjam, der Schwester des Mose und Aaron, begegnet uns eine der bedeutendsten Frauen der Hebräischen Bibel. Auch wenn über sie nur in wenigen Versen berichtet wird, klingt doch Großartiges an: In Exodus 15,20–21 wird sie als Prophetin bezeichnet, die den Frauen Israels voranschreitet und nach dem Durchzug durch das Schilfmeer mit »Paukenschlag und Tanz« Gott für seine Großtaten lobt. Der Prophet Micha stellt sie mit Mose und Aaron gleich: »(Der Herr sagt:) Ich habe dich aus Ägypten heraufgeführt und dich freigekauft aus dem Sklavenhaus. Ich habe Mose vor dir hergesandt und Aaron und Mirjam« (Mi 6,4). Auch die Kindheitslegende des Mose kann man mit Mirjam verbinden: Dort wacht die Schwester des Säuglings über das in einem Körbchen im Nilwasser ausgesetzte Kind. Sie findet auch eine Lösung, wie das Kind gerettet und versorgt werden kann (Ex 2,4.7–8). Mirjam erscheint als selbstbewusste Frau, die zusammen mit ihrem Bruder Aaron auch Mose selbst wegen seiner kuschitischen (also nicht aus dem Volk Israel stammenden) Frau kritisiert (Num 12,1–2). Dann erinnert sie daran, dass auch sie Offenbarungen von Gott selber erhalten hat: »Hat etwa der Herr nur mit Mose gesprochen? Hat er nicht auch mit uns gesprochen?« Daraufhin gibt Gott ihr zwar einen Verweis, weil sie die Führung des Mose anzweifelt – und dennoch: Als Prophetin wird sie bestätigt.

Prakhongkoon Phongphaiboon, Thailand, Durchzug durch das Rote Meer

Pötting (Oberösterreich), Pfarrkirche Kreuzauffindung, Glasfenster Mannaregen

Brot vom Himmel – Exodus 16

Brot und Wasser sind Grundsymbole menschlichen Lebens, die in allen Kulturen und Religionen wichtig sind. Die Wundererzählungen der Bibel vom Manna und vom Wasser aus dem Felsen greifen die allgemein menschliche Bedeutung (Brot und Wasser als das Lebensnotwendige) auf und verbinden es mit dem Glauben an Gott: Er schenkt dem Menschen das Lebensnotwendige, er sorgt treu und barmherzig für sein Volk Israel.

In der Exoduserzählung wird immer wieder vom Murren und Widerstand des Volkes gegen den Heilswillen Gottes berichtet – die Texte erscheinen geradezu als Kampf zwischen dem unwilligen Volk und dem je neu eingreifenden Gott – eine Dramaturgie zwischen Erde und Himmel, in deren Mitte Mose als Vermittler steht, als prophetische Gestalt, die den Willen Gottes dem Volk verkündet, zugleich aber auch das »Sprachrohr« Israels bei Gott ist. Dies gilt vor allem in den je neuen Notsituationen, denen das Volk auf seinem Weg durch die Wüste begegnet, wo es am Lebensnotwendigen (Brot und Wasser) mangelt und wo eine erneute Befreiung erforderlich ist.

Doch gerade in diesen Situationen greift Gott ein: Durch die Vermittlung von Mose gibt er dem Volk Brot zu essen: die eigenartige Speise Manna, die auf wunderbare Weise »vom Himmel kommt«. Der Name »Manna« wird dabei auf die Frage der Israeliten zurückgeführt: »Was ist das?« (hebräisch »man hu«). Eine naturwissenschaftliche Deutung – Manna als Tropfen aus der Manna-Tamariske – greift bei dieser Textsorte allerdings zu kurz. Selbst wenn das so gewesen ist, geht die Aussageabsicht des biblischen Erzählers doch in eine andere Richtung: »Dass« Israel gerettet wird, ist entscheidend, nicht das genaue »Wie«. Das »Dass« aber ist auf Gott zurückzuführen. So also sorgt Gott für sein Volk, so zeigt er ihm im Brot, dass er für es da ist, ein »Ich-bin-da-für-euch«.

Im Buch Deuteronomium und dort unmittelbar nach der erneuten Erzählung vom Bundesschluss am Sinai wird die Gabe des Brotes mit dem Wirken Gottes prägnant verbunden (Rede an Israel): »Durch Hunger hat Gott dich gefügig gemacht und dann mit dem Manna gespeist ... Er wollte dich erkennen lassen, dass der Mensch nicht nur von Brot lebt, sondern von allem, was der Mund des Herrn spricht.« (Dtn 8,3)

Wasser aus der Erde – Exodus 17

Jacopo Tintoretto, Mose schlägt Wasser aus dem Felsen, 1577
Scuola Grande di San Rocco, Venedig

Vom Wasser hängt alles Leben auf der Erde ab. Wasser ist deshalb auch das Symbol für Leben überhaupt. Für Völker, die in Wüsten oder Wüstennähe leben (wie Israel), ist die lebenserhaltende Kraft des Wasser unmittelbar bewusst. Dennoch greifen alle Religionen, auch die wüstenfernen, in irgendeiner Weise Wasser als Lebenssymbol auf. Für viele verbindet sich damit in mythischen Erzählungen die Schöpfung oder die Entstehung der Welt: Urflut, Himmelsozean, Gewinnung von Land aus Wasser, Lebenskraft und Fruchtbarkeit.

Wasser als lebenspendendes Element ist Bestandteil vieler religiöser Riten. Es hat dabei oft reinigende Kraft, z. B. bei den Waschungen und Bädern im Islam, im Judentum, im Hinduismus, beim christlichen Weihwasser ... oder es symbolisiert Neuanfang, Neuschöpfung, Initiation in eine Religion, z. B. Taufe ... Ferner kann Wasser Fruchtbarkeit symbolisieren, dann auch geistige Erkenntnis und geistiges Leben, Verehrung einer den Menschen stärkenden Gottheit und anderes mehr.

Zur lebenserhaltenden Bedeutung des Wassers tritt auch seine zerstörerische Kraft, die Flut, die alles mitreißen kann (vgl. die »Sintflut«, Gen 6–9), die Wasser des Schilfmeeres, die den Pharao und sein Heer vernichten – Wasser wird hier zum Zeichen des Todes.

In der jüdisch-christlichen Tradition hat Wasser eine herausragende Bedeutung. Im Alten Testament finden wir viele Berichte über die Kraft, aber auch über die Vernichtungsmöglichkeit des Wassers: Gottes Geist schwebt über den Wassern der Urflut; nach der großen Flut setzt Gott mit Noach einen neuen Anfang; die Israeliten ziehen durch das Rote Meer in die Freiheit ... Schließlich in Exodus 17: Gott schenkt das Wasser des Lebens und ermöglicht seinem Volk so das Überleben auch in der Wüste. Im Neuen Testament greift besonders Johannes das Symbol Wasser auf. Von Jesus her werden Ströme lebendigen Wassers fließen (Joh 7,38): Er ist der Quell des neuen, von Gott geschenkten Lebens – wie Mose als Prophet das Wasser aus dem Felsen schlug.

Im Buch wird das Wasser mit einer Verheißung an Israel verbunden: »Wenn der Herr, dein Gott, dich in ein prächtiges Land führt, ein Land mit Bächen, Quellen und Grundwasser ... dann vergiss deinen Gott nicht.« (Dtn 8,7.11)

Bundesschluss am Sinai – Exodus 19–20

Nach den Großtaten Gottes mit der Befreiung aus der Unterdrückung in Ägypten und der Schilderung der treuen Fürsorge Gottes für sein Volk auf seinem Weg in die Wüste gelangt das Buch Exodus zu seinem Höhepunkt im Bundesschluss am Sinai. Hier wird das besondere Verhältnis Gottes zu seinem Volk begründet: »Ihr habt gesehen, wie ich euch auf Adlerflügeln getragen und hierher zu mir gebracht habe. Jetzt aber, wenn ihr auf meine Stimme hört und meinen Bund haltet, werdet ihr unter allen Völkern mein besonderes Eigentum sein.« (Ex 19,4–5)

In der gewaltigen Offenbarung am Sinai zeigt sich Mose wieder als Mittler zwischen Himmel und Erde: Er allein darf auf den heiligen Berg steigen und dort – dem Himmel nahe – das Zehnwort Gottes in Empfang nehmen. Begleitet von Erscheinungen, die man mit einem Gewittergott verbindet, Wolken, Blitz und Donner, dazu gewaltiger Hörnerschall und Rauch, der den Berg vor den Augen des Volkes verdeckt, steigt Gott im Feuer (vgl. brennender Dornbusch) auf den Berg herab und spricht zu Mose im Donnerschall. Hier geschieht – das meinen all diese Bildworte eines gewaltigen Geschehens – etwas, das menschliches Begreifen übersteigt, etwas Geheimnisvolles, Numinoses, vor dem der Mensch nur demütig stehen kann (Ex 20,18: »Das Volk zitterte«). Hier am Sinai konzentriert sich die Begegnung Gottes mit den Menschen – neutestamentlich erinnert dies an die Verklärung Jesu auf dem Berg (vgl. Mk 9,2–10) und natürlich auch an die Bergpredigt, wo Jesus als zweiter Mose mit einem neuen Gesetz gezeichnet wird (vgl. Mt 5–7).

Die Offenbarung am Sinai mündet in den Geboten, die Gott seinem Volk gibt. Für Christen haben die **»Zehn Gebote«** (das Zehnwort vom Sinai) eine herausragende Bedeutung, wurde dieser Text doch zusammen mit dem Vaterunser und dem Glaubensbekenntnis zur Grundlage der in das Christentum einführenden Katechese. Dies wird z. B. am Großen Katechismus Martin Luthers deutlich (ähnlich aber auch in der katholischen Kirche), der als erstes Hauptstück die Zehn Gebote Gottes benennt, dann im zweiten Hauptstück auf das christliche Glaubensbekenntnis zu sprechen kommt und schließlich in eine Behandlung des Vatersunsers mündet. (Das vierte und das fünfte Hauptstück handeln dann von Taufe und Abendmahl.)

Der biblische Text der »Zehn Gebote« findet sich in etwas unterschiedlicher Form an zwei Stellen:

- Exodus 20,1–17,
- Deuteronomium 5,6–21

Dabei sind folgende Grundsätze wichtig:

- Die Zehn Gebote sind eingebettet in die Erzählung von der **Befreiung aus Ägypten** und vom Bundesschluss am Sinai. Beides ist der entscheidende hermeneutische (erklärende) Schlüssel für das Verständnis: Nur wer die Befreiung durch Gott erfahren hat, kann sich selbst in Freiheit an diesen Gott und seine Lebensregeln binden. Die Zehn Worte vom Sinai sind damit eine Brücke der Freundschaft und Beziehung zwischen Gott und den Menschen.
- Die Zehn Gebote sind in **einem längeren Prozess** formuliert worden. Obwohl sich bei den meisten Christen das Bild von Mose, der mit steinernen Gesetzestafeln den

Berg hinabsteigt, eingeprägt hat, ist ihre Entstehung anders einzuordnen: Der Text hat wie alle alttestamentlichen Texte eine lange Redaktionsgeschichte und ist von vielen Faktoren beeinflusst, die zeitlich später liegen und das Leben in Kanaan voraussetzen. Erst nach der Landnahme sind die Gebote mit der Mose-Tradition vom Bundesschluss verknüpft worden. Mose bleibt dabei der große Gesetzgeber, der von seiner Gotteserfahrung her eine Entwicklung von Normen in Gang gesetzt hat. Dennoch ist die konkrete Ausgestaltung der Gebote das Werk späterer Generationen.

– Die Zehn Gebote gibt es in **verschiedenen Fassungen**. Dies betrifft nicht nur die beiden Textversionen der Bibel, sondern auch die Zählung. Die Zahl »zehn« ist als Vollkommenheitszahl zu verstehen – alle Gebote Gottes sind hier prägnant zusammengefasst. Da es ursprünglich in der Bibel keine Verszählung gab und manche Versteile unterschiedlich zuzuordnen sind, unterscheidet sich in den verschiedenen kirchlichen Traditionen auch die Zählweise.

– Auch die Deutung der Zehn Gebote unterliegt **zeitlichen und kulturellen Bedingungen**. Um nur ein Beispiel zu nennen: Das Gebot der Elternehrung wurde lange Zeit als hilfreiches Disziplinierungsmittel der Kinder benutzt. Tatsächlich stellt es die deutliche Anforderung an erwachsene Menschen dar, für ihre alt gewordenen Eltern zu sorgen. Diese heute wieder aktuelle Anforderung muss zudem über das Verhältnis Eltern-Kinder hinaus auf die Beziehung von Starken zu Schwachen angewandt werden – eine Konkretisierung der Verbindung von Gottesglaube (Bund) und Nächstenliebe.

Haggada aus Moravia (Mähren), um 1740,
Mose empfängt die Gesetzestafeln auf dem Berge Sinai

Extra:
Das Zehnwort vom Sinai (Zehn Gebote)

Traditionell versteht man den Sinaibund vor allem im Blick auf die Zehn Gebote. Doch muss deutlich gemacht werden, dass das Entscheidende die Einleitung zu diesem Text ist: »Ich bin der Herr, dein Gott, der dich aus Ägypten geführt hat.« Die Zuwendung Gottes zu Israel ist das Erste, die Zehn Worte folgen dann als Richtschnur, wie sich der Mensch auf diesen Bund mit Gott einstellen kann. Sie sind Wegweiser, durch die der Mensch das von Gott geschenkte Leben bewahren und für sich und andere schützen kann. Dabei geht es in den ersten Geboten um den Schutz des Vertrauens zu diesem befreienden Gott, im zweiten Teil dann um das geregelte Miteinander der Menschen.

Die Zehn Gebote sind redaktionsgeschichtlich nicht als allgemeine Weisungen für alle Zeiten und Kulturen entstanden, sondern als konkrete »Wegweisung« für Israel damals in einer ganz bestimmten geschichtlichen und sozialen Situation: Nach der Landnahme brauchte man »Regeln des Zusammenlebens«, um der neu entstehenden staatlichen Ordnung eine Grundlage aus dem Glauben heraus zu geben. Dabei griff man auf Mose und seine Autorität zurück.

Aus der Anbindung der Zehn Worte an Israel damals wird ersichtlich, dass man diesen Text nicht unkritisch auf unsere Zeit übertragen kann. Vielmehr müssen die Gebote in einer veränderten Zeitsituation neu umgesetzt werden. Manche Gebote finden sich in vergleichbarer Weise auch in anderen Religionen und Kulturen (vgl. etwa die fünf buddhistischen Gebote für Laien), so dass man hier im Dialog der Religionen Parallelen ziehen kann (vgl. das von Hans Küng initiierte Projekt Weltethos).

Die Zahl Zehn ist symbolisch als Vollkommenheitszahl zu werten: Es geht um das Gesamt der Gebote Gottes, das sich hier in einem Text konzentriert. In den beiden Textfassungen (Ex 20 und Dtn 5) gibt es keine Zählung, außerdem unterscheiden sich die Texte. In den kirchlichen Traditionen gibt es unterschiedliche Zählweisen, so haben Katholiken und Lutheraner eine andere Zählung als die Reformierten. Dies führt teilweise zu beträchtlicher Verwirrung.

Zu einzelnen Geboten:

1. Keine anderen Götter und Bilderverbot: In vielen Völkern ist die Vorstellung verbreitet, dass man mit einem Bildnis Macht über ein Wesen erlangt (vgl. etwa das Märchen »Rumpelstilzchen«). Israel soll nicht versuchen, Macht über seinen Gott gewinnen zu wollen; es soll sich allein an den Gott der Befreiung halten, andere Götter nicht verehren – eine Forderung, die sich in einem langen Prozess (vgl. Seite 184–185) herausbildete und auf denen besonders die Propheten der Königszeit bestanden. Der Bund Gottes mit Israel ist so einmalig, dass er keinen Raum lässt für andere Götter. Zugleich ist Gott aber auch so transzendent und unbegreiflich, dass man sich kein Bild von ihm machen kann.

2. Verbot der Nennung des Gottesnamens: Nach Auffassung vieler Kulturen ist der Namensträger in seinem Namen anwesend. Das Aussprechen des Namens Gottes kann so gleichzeitig eine Ausnutzung der göttlichen Macht zu Segens- oder Fluchhandlungen bedeuten. Israel wendet sich gegen jede Magie und magische, Gott beschwörende Formeln. Das Aussprechen des Gotttesnamens ist nur zur Verehrung Gottes erlaubt. Am besten aber, so die Auffassung nach dem Exil, man spricht auch beim Gebet den Gottesnamen JHWH nicht aus, sondern umschreibt ihn (etwa durch »adonai« = Herr).

3. Sabbat: Der siebte Tag (Gen 2,2–3) ist der von Gott besonders geheiligte Tag, er soll auch für den Menschen ein besonderer Tag sein, der sich von der wöchentlichen Alltagsarbeit abhebt und an dem sich der Mensch Gott zuwendet. Dies geschieht unter dem Aspekt der Freiheit – der Mensch soll sich nicht versklaven lassen, auch nicht durch seine Arbeit: Er steht frei vor Gott. Spätere Zeiten regeln das Sabbatgebot bis in die kleinste Kleinigkeit, legen einen Schutzwall von Vor-

Aron de Chavez, Mose und Aaron, Ende 18. Jh., Kollegium der Juden aus Spanien und Portugal

schriften um dieses Gebot. Dagegen wendet sich Jesus (vgl. Mk 2,27).

4. Elterngebot: Dieses Gebot richtet sich *nicht* an Kinder, sondern an Erwachsene, die für ihre alt und damit arbeitsunfähig gewordenen Eltern sorgen sollen. Dies wird auch als Hinweis auf das Verhältnis von Mächtigen zu Ohnmächtigen verstanden: Der Mächtige ist verantwortlich für das Leben des Armen und Geringen. In Israel soll (im Gegensatz zu umliegenden Völkern) der Wert jedes auch noch so unbedeutenden Lebens geachtet werden.

5. Tötungsverbot: Der Schutz des Lebens durch das Tötungsverbot schließt im hebräischen Sprachgebrauch nicht die Todesstrafe (hebräisch: »sterben machen«) und das Töten von Feinden im Krieg (hebräisch: »erschlagen«) ein. Dennoch wird hier das Leben ausschließlich als in der Hand Gottes liegend gedeutet. Der Mensch kann sich nicht zum Herrn über Leben und Tod machen. Dies ist gegen Selbstjustiz und überbordende Rache (vgl. Lamech) gesprochen.

6. Verbot des Ehebruchs: Ein gelingendes Leben für alle setzt auch geordnete Verhältnisse der Geschlechter zueinander voraus. Dabei geht es weniger um sexuelles Verhalten, sondern um die soziale Einordnung und den sozialen Schutz aller. Das Füreinander der Partner darf nicht von außen gestört oder zerstört werden.

7. Verbot des Diebstahls: Auch der Schutz des Eigentums ist wesentlich für die soziale Ordnung eines Volkes. Damit ist Menschenraub wie auch Sachdiebstahl gemeint.

8. Verbot der Falschaussage: Damit ist in erster Linie die Falschaussage vor Gericht gemeint, aber auch jedes betrügerische Verhalten eines Menschen.

9. und 10. Verbot, sich den Besitz seines Nächsten unrechtmäßig anzueignen: Mit »Haus« kann neben dem Gebäude auch die Familie gemeint sein. Jede Ausbeutung, Unterdrückung und Versklavung von Menschen ist damit untersagt, eine konsequente Folgerung aus der befreienden Tat, die Gott an Israel vollbracht hat.

Das Goldene Kalb – Exodus 32

In der Geschichte der Religionen erscheint der Stier auf verschiedene Weise. Er ist Symbol der Kraft, der Wildheit, aber auch der Fruchtbarkeit. Bereits jungsteinzeitliche Felszeichnungen zeigen Stiere. Im alten Ägypten wurde der Fruchtbarkeitsgott Apis in Stierform mit der Sonne zwischen den Hörnern dargestellt. Durch seinen Bezug zum Gott des Jenseits Osiris wurde er als Gott der Lebenskraft, aber auch als Totengott verehrt. In der minoischen Kultur (Kreta) wie auch in Persien (Mithrasmythos: Der Lichtgott Mithras tötet den Urstier, aus dessen Körperteilen dann alle Lebewesen hervorwachsen) hat der Stier hohe Bedeutung, der römische Mithraskult knüpft in anderer Form daran an. In Indien ist der Stier das Reittier des Hauptgottes Shiva (allerdings erst in viel späterer als der biblischen Zeit), die Kuh wird als Lebenssymbol verehrt und geschützt.

Auch Israel kannte einen Stierkult: Als sich das Nordreich unter König Jerobeam I. 926 v. Chr. vom Südreich Juda trennte, stellte der König als Ersatz für den nun für sein Volk nicht mehr erreichbaren Jerusalemer Tempel in den Heiligtümern Bet-El und Dan zwei goldene »Kälber« auf, die den Gott El/Jahwe als »bodenständigen Gott« repräsentieren sollten: »Ihr seid schon zuviel nach Jerusalem hinaufgezogen. Hier ist dein Gott, Israel, der dich aus Ägypten heraufgeführt hat.« (1 Kön 12,28)

Die spätere Jerusalemer Sicht der Autoren, die das Buch Exodus in verschiedenen redaktionellen Stufen fertigten, sieht in diesem Stierkult Israels den Abfall vom Gott des Auszugs, der in der Wüste als unnahbar und bildlich nicht darstellbar erfahren wurde. So wenden sie sich scharf gegen einen solchen Götzendienst, verkleinern auch den gewaltigen Stier zu einem Kalb und verlegen die Auseinandersetzung um Gott und die Gottesverehrung aus ihrer Zeit in die Zeit der Wüstenwanderung vor der Landnahme – die prägende und deshalb bestimmende Zeit für Juda.

So werden auch die gegensätzlichen Aussagen in Exodus 20,18–21 (Das Volk zitterte vor dem Geschehen auf dem Berg) und in Exodus 32 (Aaron gießt auf Wunsch des Volkes ein Kalb, in dem die »Götter« verehrt werden sollen, die Israel aus Ägypten herausgeführt haben; vgl. 1 Kön 12,28) verständlich. Die beiden Erzählungen mit einer gegensätzlichen Reaktion des Volkes machen nur in ihrer unterschiedlichen Entstehungsgeschichte Sinn. Der Stierkult wird nun für Juda – anders im bald untergehenden Israel – zum Symbol dafür, dass sich der Mensch gegen Gott stellt und deshalb die entsprechenden Folgen zu tragen hat. Im Buch Exodus sind die Folgen entsetzlich: 3000 Mann werden in einem Pogrom niedergemacht (Ex 32,26–29).

Nicolas Poussin, Die Anbetung des Goldenen Kalbes, vor 1634

Der Tod des Mose – Deuteronomium 34

Mose wird im Buch Exodus als der geschildert, der als einziger aus seinem Volk Gott unmittelbar gegenübertreten kann, zu dem Gott in direkter Weise spricht. Das Volk Israel dagegen braucht Mose als Mittler. Doch auch Mose kann die Herrlichkeit Gottes nicht in ihrer Fülle wahrnehmen. Davon erzählt die Episode in Exodus 33,18–23: Mose bittet Gott, dass er ihm seine Herrlichkeit, seinen Glanz, seine Vollkommenheit zeigt. Doch Gott antwortet ihm: »Du kannst mein Angesicht nicht sehen, kein Mensch kann mich sehen. Doch ich ziehe an dir vorbei und du wirst meinen Rücken sehen.« Hier spiegelt sich eine der grundlegenden Erfahrungen Israels und zugleich die Ehrfurcht gläubiger Juden vor Gott und seinem »Namen«: Er, der Menschenfreundliche und Nahe, bleibt der Ferne und Unverfügbare. Er bleibt der Geheimnisvolle, dessen Wirken man in der Geschichte Israels und der Völker ahnen, über den man aber nicht bestimmen kann.

Die Bundeslade: Nach Exodus 25 erhält Mose die Anweisung für die Gestaltung eines Heiligtums, durch das die Nähe Jahwes mitten in seinem Volk repräsentiert werden soll: »Ich werde ich ihrer Mitte wohnen« (Ex 25,8). Die Bundeslade, in der die Bundesurkunde (Ex 25,22 – meist verstanden als die Steintafeln mit den Geboten Gottes aus Ex 24,12) aufbewahrt werden soll, ist ein hölzerner Kasten, ein Schrein. Später, nach den Wirren der Richterzeit, findet die Bundeslade ihren Platz im Allerheiligsten des Ersten Jerusalemer Tempels (von Salomo bis zur Zerstörung Jerusalems 586). Aus dieser Tempelzeit ist wohl rückblickend die Beschreibung der Bundeslade in die Mosetradition verlegt worden – hier erfolgt durch die in Anspruch genommene Autorität des Mose eine Bestätigung des Tempels und seines Kultes. – Zu verstehen ist die Bundeslade symbolisch als ein Zeichen der Nähe Gottes mitten unter den Menschen. Die Lade vergegenwärtigt Gott unter seinem Volk – er ist der »Ich-bin-da-für-euch«.

Die Mose-/Exodustradition der Bibel geht am Ende des Buches Deuteronomium mit der Erzählung über den Tod des Mose zu Ende (Dtn 34). Vorgeschaltet ist der alte und durch seine vielen Bildworte schwierige Text des Segens des Mose über die zwölf Stämme – die zwölf Söhne Jakobs (vgl. Seite 153 und 156–157) werden einzeln erwähnt. So wird in der Endredaktion der Tora (des Pentateuch) die Väter-/Stämmetradition mit der Mose-/Exodustradition verknüpft zu einer einzigen Heilsgeschichte, die von der Führung durch Gott spricht: Der Gott der Väter, ein Gott auf dem Weg, ist der Gott Moses, der Gott der Befreiung, und er bleibt – das zeigt das nächste Kapitel – der Gott, der in ein gutes Land führt. An die Befreiungsgeschichten schließen sich nun die Geschichten an, die von der Landnahme handeln – vom guten Land Kanaan.

Der **Aaronitische Segen** (Num 6,22–27) ist der älteste biblische Segensspruch, der im Judentum wie im Christentum (besonders in der evangelischen Kirche) gesprochen wird. Er stand wahrscheinlich in enger Verbindung mit dem Tempelkult in Jerusalem – dort wurde er von den Priestern gesprochen:
Der Herr sprach zu Mose: »Sag zu Aaron und seinen Söhnen: So sollt ihr die Israeliten segnen; sprecht zu ihnen: ›Der Herr segne dich und behüte dich. Der Herr lasse sein Angesicht über dich leuchten und sei dir gnädig. Der Herr wende sein Angesicht dir zu und schenke dir Heil.‹ So sollen sie meinen Namen auf die Israeliten legen und ich werde sie segnen.«

Die Bücher Levitikus – Numeri – Deuteronomium

Levitikus (Lev, 3 Mose): Das dritte biblische Buch besteht fast ausschließlich aus Anweisungen für den Tempelkult, für den die Priester aus dem Stamm Levi zuständig waren (deshalb die Benennung Levitikus = den Stamm Levi betreffend). Schon vom Thema her ist eindeutig, dass die Schrift in den Zusammenhang der priesterschriftlichen Überlieferung gehört, die in und nach der Exilszeit entstanden ist. Allerdings wird an manchen Stellen (etwa im so genannten Heiligkeitsgesetz [17–26]) auf ältere Traditionen zurückgegriffen. Es scheint also, dass, angestoßen durch die Neubesinnung des Exils, eine Neufassung kultischer Traditionen auf der Grundlage des Althergebrachten erfolgt ist. Diese Neufassung wird unter die Autorität des Mose gestellt und an den Bundesschluss vom Sinai angebunden und erhält so einen besonderen Wert. Die Vermischung von kultischen Geboten und Regelungen für das Alltagsleben zeigt, wie Religion und Alltagsleben im alten Israel miteinander verwoben waren. Für Leser heute sind die meisten Vorschriften dieses Buches nicht mehr nachvollziehbar. Allerdings gibt es eine wichtige Ausnahme, die unmittelbar mit der Botschaft Jesu korrespondiert – das Gebot der Nächstenliebe: »Du sollst deinen Nächsten lieben wie dich selbst. Ich bin der Herr« (Levitikus 19,18).

Numeri (Num, 4 Mose): Das vierte Buch der Bibel hat seinen Namen von den Zahlenlisten der ersten Kapitel, in denen das am Sinai versammelte Volk gemustert wird, bevor man wieder aufbricht, um den Weg zum Gelobten Land weiterzugehen. Aufbruch und Weg stellen auch die maßgeblichen Themen der folgenden Kapitel dar: Der Weg vom Sinai bis an die Grenze von Kanaan wird in einer bunten Mischung erzählender und anderer (Listen, Sammlungen von Vorschriften ...) Texte dargestellt. Dabei geht es inhaltlich vor allem darum, aufzuzeigen, wie sich Israel nach dem Bundesschluss am Sinai in seiner Beziehung zu Gott verhält: Immer wieder murrt das Volk und wendet sich gegen Gott. Daraufhin folgen in der Regel schwere Strafen, die das Volk zur Umkehr bewegen. Es wird also eine Art »Lernprozess im Glauben« dargestellt – vor dem Hintergrund eines Gottesbildes, das Zuwendung und Abwendung, Hilfe und Strafe, Zuspruch und Anspruch verbindet. Bei dieser – uns befremdenden Deutung eines strafenden Gottes – spielt die Entstehungzeit des Buches eine Rolle: Es ging darum, dem Volk in der Zeit vor, während und nach dem Exil eine Wegweisung zu geben, es zur Treue gegenüber Jahwe zu mahnen, zur Treue gegenüber dem Bundesschluss, der, damals am Sinai geschlossen, immer wieder neu mit Leben gefüllt werden muss.

An wichtigen und bekannten Texten des Buches ist zuerst der so genannte »Aaronitische Segen« (Priestersegen) in Numeri 6,22–27 zu nennen (vgl. Seite 181). Ferner finden sich in diesem Buch ähnliche Erzählungen wie im Buch Exodus: vom Wasser aus dem Felsen, vom Wachtelwunder ... Neu sind dagegen Erzählungen über die Kundschafter, die das verheißene Land erkunden (Num 13), über die Berufung Josuas (Num 27), über Kämpfe mit Völkern südlich und östlich des Jordan – insgesamt also eine Hinführung Israels nach Kanaan, die im Buch Josua dann ihr Ziel findet.

Deuteronomium (Dtn, 5 Mose): Das letzte der Bücher Mose ist in seiner redaktionellen Endfassung eine literarische Fiktion: Es schildert die letzten Tage des Mose bis zu seinem Tod und lässt Mose in der Art eines großen »Testaments« eine Zusammenfassung des ganzen Gesetzes vom Sinai (Deuteronomium = zweites Gesetz) verkünden. So ähneln viele Teile dieses Buches auch Stücken des Buches Exodus. Besonders deutlich wird dies, wenn etwa das Zehnwort vom Sinai (Zehn Gebote) in vergleichbarer Form wiederholt wird (Exodus 20 entspricht Deuteronomium 5). Grundlage des Buches sind einige sehr alte Texte, die aber in der Geschichte Israels immer wieder überarbeitet und auf neue Situationen hin angepasst wurden, bis diese biblische Schrift nach dem Exil ihre Endfassung erhielt.

Es geht in diesem Buch um den für den Glauben der Juden grundlegenden Bundesschluss vom Sinai: Gott bindet sich an Israel, erkennt das Volk als sein Volk an (wie eine Adoption), erwartet dann aber auch ein entsprechendes Bundesverhalten – die Einhaltung der von ihm gesetzten Gebote. Das Gesetz, die Weisung Gottes (Tora) wird somit zur Lebensgrundlage Israels. Hält es sich daran, so werden ihm Leben und Schalom zuteil. Übertritt es die Weisung Gottes, so wird es bestraft, wird gespalten (später ist dies die Spaltung in Nord- und Südreich), gerät in Unfreiheit (Verschleppung nach Babylon), hat unter Armut und Not zu leiden. Diese notwendige Anbindung des Volkes an Gott und die Treue zum Bund bewirken Heil und Leben. So ist auch die Grundforderung Gottes nach Liebe zu verstehen, die im bekanntesten Text des Buches aufscheint: »Höre, Israel! Jahwe, unser Gott, Jahwe ist einzig. Darum sollst du den Herrn, deinen Gott, lieben mit ganzem Herzen, mit ganzer Seele und mit ganzer Kraft« (Deuteronomium 6,4).

Das Buch Deuteronomium ist in vier Teile gegliedert: Nach einer ersten einführenden Rede (Kapitel 1–4,43), in der Mose auf die Geschichte der Befreiung zurückblickt und von da aus mahnt, Gottes Bund treu zu bleiben, folgt eine ausführliche Verkündigung des Gesetzes (Kapitel 4,44–28), die unter das Zehnwort vom Sinai und die Forderung nach Gottesliebe gestellt ist. Letzte Verfügungen des Mose (Kapitel 29–31) schließen sich an.

Das Buch endet mit zwei alten literarischen Stücken, dem Lied des Mose (Kapitel 32) und dem Segen des Mose (Kapitel 33). Danach folgt ein kurzer Bericht über den Tod des Mose auf dem Berg Nebo, von dem er das verheißene Land überblicken kann, in das er aber selbst nicht einziehen darf. Mose ist in den Büchern Exodus bis Deuteronomium als die Gründer- und Führergestalt Israels in der prägenden Anfangszeit dargestellt: »Niemals wieder ist in Israel ein Prophet wie Mose aufgetreten« (Deuteronomium 34,10). Von ihm her erhalten die ersten Bücher der Bibel (die jüdische Tora) ihre Bedeutung und ihre Autorität.

Titelseite des Buches Deuteronomium aus einer jüdischen Bibel, 13. Jh.

Extra: Gottesbilder und Gottessymbole der Bibel

Menschen machen sehr vielgestaltige Erfahrungen mit Gott, sie beschreiben ihn mit vielfältigen Bildern, sie verehren ihn auf unterschiedlichste Weise. So hat sich im Laufe der Religionsgeschichte ein ausgesprochen buntes und reiches Mosaik von Gottesvorstellungen in den Kulturen der Welt ergeben, sehr unterschiedliche Versuche, das Geheimnis des Lebens, das mit Gott, Götter, göttliche Kraft, Urgrund ... benannt wird, durch bildhaftes, symbolisches, metaphorisches Reden zu umschreiben. Die Religionen der Welt ergeben ein buntes **Gottesmosaik**.

Eine solche Vielfalt von Gotteserfahrungen und Gottesbildern finden wir auch in der Bibel, vor allem in den ja über eine lange Zeit und in sehr unterschiedlichen Kulturräumen und zeitgeschichtlichen Bedingungen entstandenen Schriften der Hebräischen Bibel, des Alten Testaments. Diese Gottesbilder sind keineswegs einheitlich, wie es ja auch die Lebensumstände und die Glaubenswege der biblischen Gestalten nicht waren. So lässt sich aus den unterschiedlichen biblischen Büchern auch eine Art **biblisches Gottesmosaik** zusammentragen.

Ein Gottesmosaik ist immer eine ganz persönliche Sache. Jeder wird aufgrund seiner Lebensgeschichte sein ganz persönliches Gottesmosaik zusammentragen. Das gilt auch für die biblischen Gestalten, die uns mit Namen bekannten wie Abraham und Sara, Mose, Aaron und Mirjam, David und die vielen namentlich nicht bekannten wie etwa die Beter der Psalmen. Nicht jede ihrer Erfahrungen mit Gott werden wir als Menschen einer anderen Zeit und Kultur nachvollziehen können. Dennoch können die biblischen Gottesbilder Hilfen zum Glauben sein, weil sie die Grundlage des jüdischen, des christlichen und über Aufnahme mancher Gedanken in den Koran auch des islamischen Glaubens sind. Die biblischen Mosaiksteine einer vielgestaltigen Gotteserfahrung sind Impulse, der Frage nach Gott auch in anderen Zeiten und Kulturen nachzugehen.

Die Gotteserfahrungen Israels haben sich auf der »Hintergrundfolie« der Gottesbilder umliegender Kulturen ergeben (vgl. auch das Kapitel »Länder und Kulturen der Bibel«, Seite 28–53). Aus diesen Kulturen ist durch Ausgrabungen eine Vielzahl von Statuen in Bronze oder Stein bekannt, die das Götterbild widerspiegeln. Das kann ein alter, bärtiger, auf einem Thron sitzender Gott sein, der die Hand zum Segensgestus erhebt – biblisch entspricht dem in etwa die Vorstellung des alten kanaanäischen Gottes **El**. Aber es kann auch ein jugendlicher, stehender Gott mit Speer oder Blitzbündel in der Hand sein, ein Wettergott, der zugleich in einer bäuerlichen, nicht nomadischen Kultur (Fruchtbarer Halbmond) als Regengott verehrt wird und für Fruchtbarkeit steht: etwa **Baal**, der syrisch-phönizisch-kanaanäische Berg-, Wetter- und Fruchtbarkeitsgott (babylonisch Hadad). Hinzu kommen zu solchen obersten Göttern verschiedene weibliche Gottheiten, kriegerisch wie die syrische (und ägyptische) Kriegsgöttin Anat, die Urmutter, oder solche vom Typ der Fruchtbarkeits- und Mutterschaftsgöttin wie **Astarte**, die Große Göttin der westsemitischen Völker, im griechisch-römischen Götterpantheon verwandt mit Aphrodite und Demeter. Hinzu kommt vor allem in alter Zeit die Verehrung von Gestirnen, ein Sonnen-und Sternenkult.

Dagegen setzt die Bibel in einem langen Entwicklungsprozess ein Gottesverständnis, das Gott zunehmend transzendent werden lässt (vgl. etwa die ältere Quelle J in Genesis 2 mit einem menschenähnlich [anthropomorph] handelnden Gott mit der jüngeren Quelle P in Genesis 1 mit dem transzendenten, allein durch sein Wort schaffenden Gott). Dieser Prozess umfasst auch ein zunehmend monotheistisches Verständnis: Es gibt nur einen und einzigen Gott. Während man in der Frühzeit noch einen für Israel wichtigen Gott (El, Jahwe) verehrte, andere Völker aber einen Bund mit anderen Göttern hatten (Ägypten, Mesopotamien, Phönizien ...), so

Marc Chagall,
Der brennende Dornbusch, 1966

Im Lichtkreis über dem Dornbusch erscheinen die hebräischen Buchstaben für Jahwe, das Tetragramm (von rechts nach links: JHWH).

drängen in der Königszeit besonders die Propheten (herausragend Elija) auf die alleinige Verehrung Jahwes als Gott nicht nur für Israel, sondern für alle Völker. Nach dem Exil schließlich hatte sich unter dem Eindruck der bedrohlichen Göttervielfalt Babylons der **Monotheismus** in Israel gefestigt.

Dieser einzige und alleinige Gott ist ein lebendiger Gott, der in der Geschichte Israels und der Völker wirkt. Er schafft den Kosmos und erhält ihn. Er führt die Menschen und Völker und setzt in seinen Geboten Grenzen und zeigt Lebensmöglichkeiten für alle auf. Dieser Gott ist zugleich der nahe, dem Menschen zugewandte, der »Ich-bin-da-für-euch«, und der jenseitige, transzendente, dem Menschen unbegreifliche und ferne Gott. Er ist als undurchsichtige Wolke und als verzehrendes Feuer mitten in seinem Volk, in der Bundeslade mitten im Tempel symbolisch anwesend, aber zugleich ein Gott, dessen Handeln man nicht begreifen kann, ein Gott mit Licht und Schatten, mit Gut und Böse, mit Heil und Unheil, wie es der Prophet Jesaja (45,6b–7) darstellt:

»Ich bin der Herr, und sonst niemand. Ich erschaffe das Licht und mache das Dunkel. Ich bewirke das Heil und erschaffe das Unheil. Ich bin der Herr, der das alles vollbringt.«

Dennoch, trotz dieser Unbegreiflichkeit und Fremdheit (vgl. das Buch Ijob), bleibt Gott derjenige, der Heil für die Menschen will, der aus Unterdrückung befreit und den Menschen (den einzelnen, seinem Volk Israel, den Völkern) eine Perspektive eines »guten Landes« gibt: **Heil von Gott für alle.**

Diesen Grundsatz umschreibt die Hebräische Bibel mit vielfältigen Aussagen und Sprachbildern:

- Gott kümmert sich um sein Volk wie ein *Hirt* um seine Schafe (Ps 23; Ez 34,12 ...).
- Er ist allein der *Retter* der Menschen und hat deshalb Anspruch auf alleinige Verehrung (Hos 13,4).
- Er ist der *Fels*, an den man sich halten kann (Ps 18,32).
- Er ist wie eine *Burg*, eine *Festung*, ein *Schild*, ihm kann man vertrauen (Ps 144,2).
- Er ist wie ein fürsorglicher *Vater* (Jes 64,9), aber auch wie eine liebende *Mutter*, die ihren Sohn tröstet (Jes 66,13).
- Er kann als *Arzt* bezeichnet werden, der für sein Volk Heil schafft (Ex 15,26).
- Er ist wie ein *Lehrer*, der sein Volk zum Guten erzieht (Ijob 36,22).
- Er ist wie ein *Wächter* im Weinberg, der seinen Weinberg (sein Volk) pflegt und bewässert (Jes 27,2–3).
- Er ist wie der *Töpfer*, der mit seinen Händen formt, alle Lebewesen sind das Werk seiner Hände (Jes 64,9).
- Er ist der *Erste* und der *Letzte*, außer ihm gibt es keinen Gott (Jes 44,6).

Landnahmegeschichten

An die Befreiungsgeschichten schließen sich – obwohl mit unterschiedlichem Entstehungshintergrund – die Landnahmegeschichten an: Israel gewinnt nach der Rettung aus Ägypten und dem langen Marsch durch die Wüste ein neues Land, oder – aus israelitischer Sicht – das Land der Väter Abraham, Isaak und Jakob zurück. Die Landnahme/Eroberung Kanaans führt dann im weiteren Verlauf zur Königszeit, die mit den großen Königen David und Salomo ihren Höhepunkt erreicht (vgl. 1,2 Sam).

Die jüdische Tradition betrachtet die den Büchern Mose folgenden Schriften nicht als Geschichtsbücher, sondern ordnet sie unter die sonstigen Bücher der Bibel ein (Josua, Richter, 1,2 Samuel und 1,2 Könige werden **»Vordere Propheten«** genannt im Gegensatz zu den »Hinteren Propheten« wie Jesaja, Jeremia ...). Die christliche Tradition (sowohl katholisch wie evangelisch) zählt die Schriften von Josua bis Ester als weitere **»Geschichts«bücher**, die die Heilsgeschichte Gottes mit seinem Volk Israel darstellen (nach katholischem Verständnis kommen die Bücher Tobit bis 2 Makkabäer als deuterokanonische Schriften hinzu, vgl. S. 24 und 26). Dabei geht es nicht um eine chronologisch und historisch nachprüfbare Darstellung der Geschichte Israels, sondern weiterhin – wie auch in den ersten Büchern der Bibel – um eine theologische Deutung, diesmal der Landnahme, der Staatsbildung, der Entstehung des Königreichs, der Aufteilung in zwei Reiche und ihres Untergangs im 8. bzw. 6. Jahrhundert. Allerdings sind in diesen Schriften zunehmend historische Informationen enthalten. Während die Anfangszeit (Landnahme und Richterzeit) noch von vielen Legenden und einer nachträglichen Deutung und Übermalung geprägt ist, lassen sich aus den Erzählungen über die Königszeit durchaus historische Details eruieren. Dennoch geht es diesen Schriften nicht um Geschichtsschreibung im heutigen Sinn, sondern um Glaubensgeschichte und um die Aufforderung, am Glauben und an der Bindung an Jahwe festzuhalten. Das war für alle biblischen Autoren, gleich ob zur frühen Zeit oder im Exil, besonders wichtig. Das Buch Rut fällt aus diesem Rahmen noch einmal heraus und erzählt in eigener Weise von der Beziehung der Menschen zu Gott.

Das letzte Buch der Tora, das Deuteronomium, steht in unmittelbarem Zusammenhang mit den folgenden Büchern, besonders Josua, Richter und den beiden Samuelbüchern. Diese Schriften scheinen eine fortlaufende Geschichtsschreibung von Mose über Josua und die Richter bis David zu bilden und so eine Kontinuität des Volkes Israel in seinem Land Kanaan aufzuzeigen – eine Begründung für die Beziehung Israels zu »seinem« Land bis in unsere Zeit. Man hat diese Schriften deshalb als **»Deuteronomistisches Geschichtswerk«** bezeichnet und einem namentlich unbekannten Verfasser bzw. einer Verfassergruppe zugeordnet. Dieser Verfasser habe wahrscheinlich im Exil in Babylon (6. Jahrhundert) geschrieben, als sich die nach Babel verschleppte Oberschicht des Volkes neu auf die grundlegenden Wurzeln ihres Glaubens besann. Doch muss dieses »Geschichtswerk« nicht auf einen Verfasser zurückgehen; die einzelnen Schriften können auch zu unterschiedlichen Zeiten entstanden sein. Wohl aber kommt in ihnen eine einheitliche Theologie zum Ausdruck, die das Volk unter seinem Gott Jahwe an das Land bindet. Diese Auffassung setzte in Israel zudem bereits vor dem Exil ein; vor allem die Zeit der Reformen des judäischen Königs Joschija (641–609 v. Chr.) kommt dafür in Frage. Joschija war davon geprägt, das Reich Davids sowohl politisch-terretorial als auch religiös-kultisch wiederherzustellen – eine Begründung dieses Anspruchs ergibt sich aus der Art, wie die Landnahme in den biblischen Büchern dargestellt wird. Ebenso passt dazu das Bemühen der Exilsjuden, ihre Kultur, Geschichte und religiöse Identiät durch einen Rückgriff auf die »Anfangszeit« des Volkes in seinem Land zu begründen.

Historisch hat eine Landnahme allerdings in der geschilderten Weise nicht stattgefunden (vgl. Seite 190–191). Doch geht es hier nicht um Geschichtsschreibung im heutigen Sinn, sondern um eine den Glauben der Juden bis heute begründende Theologie des Landes, das Gott seinem Volk verheißen hat.

Josua, Skulptur am Schönen Brunnen in Nürnberg, gestaltet von Heinrich Beheim, 1385–1396

Josua: (lateinische Schreibweise des hebräischen »Jehoschua« oder »Jeschua« [vgl. das griechische Jesus] = »Gott rettet, Gott ist Hilfe«) Im Buch Numeri wird erzählt, wie Mose Kundschafter aus den zwölf Stämmen in das Land Kanaan aussendet, die prüfen sollen, ob dieses Land den Verheißungen Gottes entspricht. Vom Stamm Juda wird Kaleb ausgesandt, von Efraim ein Mann Hoschea, den Mose aber Josua nennt (Num 13,16). Als die Kundschafter zurückkehren, warnen sie vor den starken Einwohnern des Landes. Allein Kaleb und Josua drängen darauf, in das Land einzuziehen, denn »wenn der Herr uns wohlgesinnt ist und uns in dieses Land bringt, dann schenkt er uns ein Land, in dem Milch und Honig fließen« (Num 14,8). Bereits hier zeigt sich Josua als ein mutiger Mann, der keine Angst selbst vor übermächtigen Feinden hat, weil »der Herr mit ihm ist« (Num 14,9). So verwundert es nicht, dass Josua auf Weisung Gottes von Mose zu seinem Nachfolger und Anführer des Volkes und des Heeres ernannt wird – er erhält einen Teil der »Würde des Mose« (Num 27,12–23). Daran knüpft der Anfang des Josua-Buches an, wo Josua nach dem Tod des Mose von Gott den Auftrag erhält, mit dem Volk über den Jordan zu ziehen und das Land zu betreten, das Gott ihnen gibt: »Wie ich mit Mose war, so will ich auch mit dir sein. Ich lasse dich nicht fallen und verlasse dich nicht. Sei mutig und stark!« (Jos 1,5–6)

Grundthema der Bibel – Gott, der in ein gutes Land führt

Nach den Stichworten Wegbegleitung und Befreiung ergibt sich ein weiteres Grundthema der Bibel: Gott ist den Menschen voraus, er ist ein Gott der *Zukunft*, ein Gott, der dem Einzelnen und dem ganzen Volk eine gute Zukunft eröffnet; ein Gott, der Wege bahnt in ein gutes Land, in ein Land voller Überfluss, ein Land, in dem »Milch und Honig fließen« (Ex 3,8).

Aus dieser Sicht gewinnt das Wegmotiv im Alten Testament eine besondere Bedeutung. Beim Weg gibt es nicht nur einen Anfang und nicht allein die Mühen des Weiterkommens, sondern vor allem ein Ziel, das einem vor Augen liegt und das einen immer wieder bestärkt, die nächsten Schritte zu gehen. Dies lässt sich an Israels Weg durch die Wüste (Exodustradition) verdeutlichen: Israel geht seinen Weg durch die bedrohliche Ödnis. Dabei gibt es Irrwege, das Volk begibt sich in Sackgassen, das Murren über fehlendes Wasser, über Mangel an Brot, vor allem aber der Tanz um das Goldene Kalb sind Beispiele dafür. Umgekehrt gibt Gott am Sinai mit dem »Zehnwort« (»Zehn Gebote«) eine deutliche Wegweisung, wie das menschliche Leben in der Beziehung zu Gott und den anderen Menschen gelingen kann. Gottes rettendes und segnendes Wirken führt Israel immer wieder auf den richtigen Weg zurück.

Vor allem aber, und dies gibt dem Volk die Kraft voranzuschreiten, hat Israel mit der Verheißung des Gelobten Landes ein Ziel vor Augen, das es antreibt, seinen Weg trotz aller Schwierigkeiten weiterzugehen. Es wird der Tag kommen, und er ist schon im Blick, da die Mühsal dieses Weges überwunden, da das Ziel erreicht ist. Israel lebt aus der Hoffnung.

Diese Haltung, die jüdisch-christlichen Glauben prägt, findet sich nicht allein in der Exodustradition. In hohem Maß ist eine solche Ausrichtung auf Hoffnung zu finden in den Erfahrungen des Exils, in der Botschaft der großen Propheten (vgl. etwa den zweiten Teil des Buches Jesaja), schließlich in der Erwartung des Messias, des Retters und Erlösers. Menschen der Bibel sind immer Menschen auf dem Weg und zugleich Menschen der Hoffnung, die nach vorn blicken, die die Erwartung haben: Das Eigentliche kommt erst noch. Abraham und der alttestamentliche Josef, Tobias und Rut sind nur markante Beispiele für Menschen auf dem Weg, für diese vierte Grundlinie biblischen Glaubens.

Durch solche Personen wird die Aussage der Bibel an konkreten Lebenswegen (gleich ob historisch oder fiktiv) deutlich gemacht: Glaubende Menschen leben aus der Hoffnung. Eine solche Hoffnung ist keine Illusion, sondern sie gründet auf vielfältigen Erfahrungen vieler Menschen aus vielen Jahrhunderten und in vielen unterschiedlichen geschichtlichen und kulturellen Situationen. Immer wieder haben biblischen Gestalten erfahren, dass Gott nicht nur Anfang und begleitende Gegenwart, sondern vor allem das Ziel ihres Lebens ist, dass ihre Hoffnung nicht enttäuscht wurde, dass ihr Vertrauen in das Leben einen guten Grund hat: Wir Menschen kommen von Gott, wir werden von Gott gehalten und geführt, wir gehen zu Gott. Alles andere ist dagegen unwichtig.

Die Hoffnung, von dem die biblischen Gestalten künden, wurzelt in ihrem Gottesbild (vgl. Seite 184–185). Einen Gott, den man als Hirt und König, als Licht und Fels benennt, kann einen guten Weg in die Zukunft bahnen, ihm kann man sowohl die eigene, persönliche Zukunft, als auch die Zukunft der Gesellschaft, des Volkes in die Hand legen.

Damit ergibt sich das Bekenntnis: Unser Gott ist uns voraus, er ist nicht nur Beginn, sondern auch Ziel unseres Lebens. Unser Gott will uns in ein gutes Land führen, in dem Milch und Honig fließen, sprich, in dem es keinen Mangel und keine Not, keine Klage und keine Trauer mehr gibt (vgl. Offb 21,4), sondern in dem Freude und Überfluss herrschen. Unser Gott ist ein Gott des Lebens, nicht des Todes, er will unser Leben vollenden, er ist ein Gott der Hoffnung und der Zukunft.

Gegen alles übersteigerte Vertrauen in menschliche Kraft (vgl. Gen 11), auch gegen ein rücksichtsloses Ausnutzen von Natur und Lebewesen setzen glaubende Menschen im Judentum und Christentum ihre Hoffnung darauf, dass unsere Zukunft nicht allein in unseren eigenen Händen liegt, sondern in den guten Händen Gottes. Dieses Vertrauen schenkt Gelassenheit auch in schwierigen Situationen. Diese Zuversicht gibt Kraft und Ausdauer, zudem den Mut, neue Wege zu beschreiten. Allerdings bedeutet dies keineswegs, dass die Menschen nun die Hände in den Schoß legen können. Jeder bleibt verantwortlich für die eigene Zukunft und für die anderer. Wie Gott eine gute Zukunft schafft, wie Gott dem Menschen neue Lebensmöglichkeiten schenkt, so soll der Mensch ebenfalls daran mitwirken: **Leben für alle**.

August Macke, Haus im Garten, 1914

Die Eroberung von Jericho
episkopale Grace-Kathedrale, (Ghiberti-Tür), San Francisco

Die Eroberung des Landes – Josua 1–12

Das Buch Josua beginnt – nach dem einleitenden Befehl Gottes an Josua, das verheißene Land in Besitz zu nehmen – mit der Erzählung von der Eroberung der Grenzstadt Jericho im Jordantal. In diese Erzählung ist ein rätselhafter Text vom Übergang über den Jordan eingeschoben: Die Wasser des Jordan werden angehalten, so dass die Priester mit der Bundeslade trockenen Fußes durch den (nicht allzu tiefen) Fluss ziehen können (Jos 3,13). Hierin ist natürlich eine Replik des Durchzugs durch das Rote Meer (vgl. Seite 172–173) zu sehen. Die zwölf Gedenksteine, die von je einem Vertreter der zwölf Stämme im Jordan aufgestellt werden (Jos 4,1–9), verbinden die Exodus- und Landnahmetradition mit der älteren der Väter und der von ihnen abstammenden zwölf Söhne Jakobs: **Hier ist das bereits den Vätern verheißene Land**.

Der Eroberung Jerichos (Jos 6) mit ihren eigenartigen Begleiterscheinungen (die Mauern fallen durch Hörnerschall und Kriegsgeschrei) werden in rascher Folge weitere kanaanäische Städte eingenommen: Ai, westlich gelegen (Jos 8), nach dem Sieg über fünf kanaanäische Könige bei Gilgal und deren Ermordung (Jos 10,26) sechs weitere Städte (Makkeda, Libna, Lachisch, Eglon, Hebron und Debir: Jos 10,28–40). Danach folgen Siege über die Könige im Norden (Jos 11). So wird der Eindruck erweckt, dass Josua und die Israeliten das ganze Land in einem raschen Eroberungszug unterworfen und die bisherigen Einwohner getötet haben – **dieses Land ist nun ihr Land**.

Schon die Erzählungen des Buches Richter mit seinen vielen Auseinandersetzungen mit kanaanäischen Völkern spricht gegen ein solches Bild. Auch ergeben die archäologischen Forschungen eine völlig andere Sicht: Jericho etwa war zu dieser Zeit nicht besiedelt, die etwas ältere Schicht in Jericho (aus der Zeit um 1400 v. Chr.) war ein kleiner Ort ohne Befestigungen: Die in der Bibel erwähnten Mauern von Jericho hat es nicht gegeben, ebenso wenig die Zerstörung vieler anderer genannter Orte. Wohl aber drang eine kleine nomadische Gruppe nach einem langen Weg aus Ägypten durch den Sinai in das weithin unbewohnte Bergland Kanaans ein und vermischte sich dort mit weiteren halbnomadischen Stämmen. Die fruchtbaren Ebenen aber, in denen auch die Ortschaften und Städte waren, blieben in der Hand kanaanäischer Völker. Erst David brachte hier eine grundlegende Änderung: **ein Land – ein Volk – ein König**.

Die Verteilung des Landes und die Erneuerung des Jahwebundes – Josua 13–24

Israel in seinem Land und das Land »gereinigt« von allen Völkern, die nicht zum Jahwebund gehören – das war der erste Schritt der Landnahme. Die für uns heute unfassbare Brutalität, mit der das Buch Josua (und folgend ähnlich auch das Buch Richter) diesen Prozess der Landnahme schildert und auf ein kurzes, äußerst »erfolgreiches« Geschehen konzentriert, stößt ab und lässt die Frage nach dem Gottesbild und der Stellung der Jahwereligion zur Gewalt aufkommen (vgl. Seite 196–197).

Dieses Land wird nun unter den zwölf Stämmen aufgeteilt (Kapitel 13–22). Auch dies ist eine Fiktion, denn die zwölf Stämme gab es so gar nicht. Wohl gab es – wie archäologische Befunde zeigen – mehrere Besiedlungswellen von Ost nach West, in denen nomadische und halbnomadische Stämme, die aus dem Osten über den Jordan kamen, als Bauern im Bergland sesshaft wurden und sich zu Clans und größeren Gruppen zusammenschlossen. Dabei gab es aufgrund der geografischen und klimatischen Verhältnisse eine Differenz zwischen dem wohlhabenderen Norden (Galiläa und Samaria) und dem kargen Bergland von Juda – die Teilung des Davidreiches ist bereits vorgezeichnet. Im Buch Josua wird aber deutlich, dass diese Landnahme nicht aus der Kraft Israels entstand, sondern aus dem Eingreifen seines Gottes Jahwe: vom Auftrag zur Landnahme (Jos 1) über die »Wunder« bei der Einnahme Jerichos (Jos 6) bis zum erneuten Bundesschluss in Sichem (Jos 23–24), der das Sinaigeschehen »wiederholt«.

Wer aber konnte ein Interesse an einer Schilderung militärischer Eroberung und zugleich am religiös bestimmten Gottesbund haben? Das Augenmerk muss sich wie beim ganzen Deteronomistischen Geschichtswerk (vgl. Seite 186–187) auf König Joschija richten: Er will nach dem Zerfall des Nordreiches ein einheitliches, auf Jahwe ausgerichtetes Reich errichten, das im Buch Josua gleichsam vorgebildet ist.

Das Buch Josua (Jos): Das Buch Josua schließt direkt an Deuteronomium an (Tod des Mose). Es wird in vielen Erzählungen, die nicht historische, sondern theologische Texte sind, aufgezeigt, wie Israel Stück für Stück das Land Kanaan als sein Heimatland erobert. Dies geschieht durch die Führung Gottes, der immer wieder (auch in wunderbarer Weise – die Mauern Jerichos fallen durch Hörnerklang) eingreift, um seinem Volk das verheißene Land zu geben. Gott hat seine Verheißung eingelöst – so das Buch Josua. Das allerdings bedeutet, dass auch Israel seinen Teil des Bundes erfüllen muss: die genaue Befolgung des Gesetzes. Wenn dies geschieht, braucht sich Israel um seine Zukunft keine Sorgen zu machen, denn Gott erweist sich als ein »Gott-mit-euch«: »Der Herr, dein Gott, ist mit dir bei allem, was du unternimmst« (Josua 1,9).
Nach der Darstellung der Landnahme (Kapitel 1–12) fährt das Buch mit einer Beschreibung der Verteilung des Landes an die zwölf Stämme fort (Kapitel 13-22) – auch dies eine theologische Deutung, denn so hat die Landnahme nie stattgefunden. Es geht aber um ein »theologisches Reich«, um das Miteinander von Gott und den Menschen. Dies greift Jesus später auf, wenn er mit den Zwölf (später Apostel genannt) ein Zeichen für die Wiederherstellung Israels und das ankommende Reich Gottes setzen will.
Der letzte Teil des Buches Josua (Kapitel 23–24) macht den Charakter des Buches als Glaubens- nicht als Geschichtsbuch noch einmal deutlich: Das Volk wird neu auf den Bund mit Jahwe und auf das Gesetz verpflichtet (Versammlung in Sichem). Nur so kann es im neugewonnenen Land in Frieden leben.

Heldengeschichten – das Buch Richter

Schilderte das Buch Josua die Landnahme und den Kampf Israels gegen die ansässige Bevölkerung, der am Ende des Buches zu einem erneuerten Gottesbund in Sichem führte, so setzt das Buch Richter mit vielerlei **Heldengeschichten** diesen Kampf Israels gegen die »feindlichen« Völker und damit den Kampf um den Jahweglauben fort. Das Buch Richter bildet somit eine nicht nur historische, sondern auch ideen- und glaubensgeschichtliche Brücke zwischen der Landnahmezeit unter Josua und der Königszeit unter Saul, David und Salomo. Hier wie auch im weiteren Ablauf der Geschichte Israels bis zu König Joschija (641–609 v. Chr.) und bis zum Exil (586–538 v. Chr.) geht es kontinuierlich um die Frage des rechten Glaubens an den Gott Jahwe, den Gott der Befreiung aus Ägypten, der seinen Bund mit Israel geschlossen hat (Sinaibund mit Mose, erneuert in Sichem mit Josua, erneuert in Jerusalem mit Josia und wiederum nach dem Exil bei der Neuerrichtung des Tempels und der Stadt Jerusalem).

Dieser Bund, der Israel befreites Leben und ein verheißenes Land schenkt, ist aber beständig gefährdet durch den Abfall Israels hin zu anderen Gottheiten, zu den Fremdgöttern der Völker (Kanaaniter, Babylonier ...). Der Kampf um Jahwe oder die anderen Götter entwickelt sich in Israel immer wieder neu zum Kampf um Leben und Tod. In vielen Erzählkreisen um Helden (Richter) geschieht dieser Kampf in ähnlicher Struktur: Israel fällt trotz der Wohltaten Jahwes vom rechten Glauben ab, wird Jahwe durch die Verehrung anderer Götter (Baal, Astarte und andere Fruchtbarkeitsgötter) untreu. Darauf reagiert Jahwe, der in seinem Zorn Verfolgung und Krieg entstehen lässt, sodass das Volk in einen ungewissen Kampf um seine Existenz gerät. Das Volk kehrt in seiner Not um, tut Buße und schreit nach einem Retter, der wie Mose oder Josua Befreiung von Unterdrückung bringt. Daraufhin erbarmt sich Gott erneut des Volkes und beruft einen Mann (wie Gideon) oder eine Frau (wie Debora) als Richter und Richterin über Israel und zugleich als kraftvollen Befreier aus der Not.

Heldenlegenden in allen Kulturen leben von der Überspitzung, ja, Übertreibung. So ist auch die blutige Spur der Richter in Kanaan nicht einfach historisch zu werten, sondern als Glaubensaussage, dass Jahwe seinem Volk gegen alle Feinde beisteht und ihm sicheres Leben im Land verschafft.

Das Buch Richter: Der Name dieses Buches kommt von den »Richtern«, charismatischen Führungspersönlichkeiten, die im Israel der ersten Zeit Leitungsaufgaben übernahmen, vor allem aber das Volk gegen die Feinde (d. h. die ursprünglich ansässige Bevölkerung) schützten. Zu solchen Leitungsaufgaben konnte auch die Rechtsprechung gehören (deshalb der Name Richter). An Textsorten finden wir in dieser Schrift neben geschichtlichen Erzählungen und lyrischen Texten (etwa das Debora-Lied, Richter 5) vor allem Heldenlegenden. Einzelne Helden des Anfangs werden besonders herausgestellt, Simson etwa und Gideon. Bei den vielen Erzählungen über die Kämpfe, die Israel zur Eroberung des Landes und zum Sieg über die Feinde (die ansässige Bevölkerung) führte, wird deutlich, dass sich auch hierin der Wille Gottes zeigt: Die Richtergeschichten sind aus dieser Sicht Heilsgeschichte für Israel – Gott greift immer wieder zugunsten seines Volkes ein. Allerdings behält er sich deshalb auch vor, das Volk mit aller Härte zu strafen, wenn es vom Glauben an Jahwe abfällt und anderen Göttern (denen der einheimischen Bevölkerung) nachläuft. Somit ergibt sich eine ständige Abfolge von Abfall Israels, Strafe durch Gott (vollzogen durch die »Feinde«), Umkehr und Hilferuf Israels, Berufung eines Retters und Sieg des Helden über die Feinde mit einer beginnenden Zeit des Friedens.

Gideon – Richter 6–8

Gideon, Scheibe aus dem »Jüngeren Bibelfenster«
Chor des Kölner Doms, 1891–1892

Das Volk **Midian** wird in der Bibel an mehreren Stellen erwähnt. Es soll nach Genesis 25,2 auf einen der Söhne Abrahams mit seiner Nebenfrau Ketura zurückgehen. In der Exodustradition flüchtet Mose nach Midian und heiratet die Tochter eines midianitischen Priesters. Das Reich Midian muss südöstlich von Kanaan, vielleicht aber auch auf der Sinaihalbinsel lokalisiert werden. Die halbnomadischen Stämme Midians unternahmen immer wieder Raubzüge in das reichere Kulturland Kanaan mit seinen fruchtbaren Ebenen – dies kann der historische Hintergrund der Heldengeschichte um Gideon sein.

Gideon (hebräisch = »Holzfäller, Zerstörer, Haudegen«) wird in dieser Zeit der Bedrohung durch Midian von Gott durch ein wunderbares Zeichen berufen: Wie bei Abel verzehrt ein Feuer vom Himmel (Engel) die von Gideon angebotene Opfergabe (Ri 6,21). Jahwe bezieht sich bei der Berufung Gideons ausdrücklich auf die Befreiung aus Ägypten (Ri 6,8–9) – wie er damals sein Volk aus der Unterdrückung befreit hat, so wird er dies wiederum tun und die Unterdrückung durch Midian beenden.

Zuvor aber wird in einem Einschub (Ri 6,25–32) das Grundthema Jahwe und die anderen Götter aufgegriffen. Gideon zerstört in seiner Heimatstadt einen Altar des Baal und einen Kultpfahl daneben (Phallussymbol der Fruchtbarkeit). So erweist sich Gideon als Kämpfer für den richtigen Gott Israels – diese »Reinigung« des Glaubens Israels ist die Voraussetzung für seinen Kampf gegen die Midianiter, den er darauf mit einer bewusst kleinen Zahl von Kämpfern (Heldenerzählung) gewinnt (Ri 7).

Den Abschluss der Gideonerzählung bildet eine eigenartige Episode: Das Volk will Gideon, den Kämpfer für Israels Freiheit und für die Verehrung Jahwes, zum Herrscher machen (Ri 8,22). Doch dies verweigert Gideon und erbittet stattdessen Gold aus der Kriegsbeute für sich. Daraus fertigt er ein »Efod«. Dies ist im Buch Exodus (etwa Ex 28,6) ein Priestergewand, das die kultische Stellung des Priesters betont. Hier im Buch Richter aber ist es ein goldenes Kultbild, das zur Götzenverehrung gebraucht wurde. Gideon, der Kämpfer für Jahwe, fällt also am Ende seines Lebens wieder vom Jahweglauben ab und das Volk mit ihm. Eine neue Runde von Abfall, Notlage, Umkehr des Volkes und Rettung durch einen Richter beginnt.

Gustave Doré (1832-1883),
Deboras Lied, ca. 1866

Debora: für Jahwe – Richter 4–5

Überraschend ist die Nennung einer Frau als Richterin über Israel: **Debora**. Doch fällt auf, dass das Buch Richter auch an anderen Stellen wichtige Frauengestalten benennt: die Kontrastgestalt Delila etwa, die den Richter Simson durch eine List besiegt, sich damit aber – anders als Debora – gegen Jahwe stellt; oder die tragische Gestalt der Tochter des Richters Jiftach (Ri 11), die – unbegreiflich – auf Treue gegenüber Jahwe beharrt, auch wenn ihr dies das Leben kostet.

Debora wird als Richterin und Prophetin bezeichnet, die unter der Debora-Palme (heiliger Baum = Kultstätte) zwischen den Orten Rama und Bet-El Recht spricht. In dieser Funktion ist sie gleichsam Herrscherin über Israel und eine der großen Frauengestalten der Bibel. Trotz ihres (jahwegemäßen) Wirkens kommen wieder Not und Kriegsgefahr über Israel, diesmal durch den König Jabin von Hazor (nördlich des Sees Gennesaret) und seines Heerführers Sisera. Debora befiehlt Barak, einem Heerführer Israels, mit einem großen Heer gegen Sisera und seine eisernen Kampfwagen zu ziehen. Barak führt Israel zum Sieg über das feindliche Heer (Ri 4,6–16); die Gefahr ist gebannt. Doch Sisera kann fliehen und gelangt zum Zelt einer kenitischen Frau, Jaël. Diese erschlägt den schlafenden Feldherrn mit einem Zeltpflock, ein Motiv, das in der Kunst oft dargestellt wurde. Nun ist endgültig Israel von jeder Gefahr befreit – durch eine fremde Frau aus dem feindlichen Stamm der Keniter (Nomaden in der Wüste Negeb, die angeblich auf Kain zurückgehen).

Diese im üblichen Rahmen erzählte Heldengeschichte (allerdings mit einer Frau als Heldin) beschließt ein poetischer Text: das Debora-Lied (Ri 5). Auffallend in diesem Lied, das Debora und Barak gemeinsam singen, ist die Bezeichnung von Debora als **»Mutter in Israel«** (Ri 5,7). Hier wird explizit an die Vätertraditionen des Anfangs angeschlossen – eine heilsgeschichtliche Linie wird deutlich, in der Gott nicht nur mit Männern, sondern auch mit Frauen handelt: Grund für Debora, »die rettenden Taten des Herrn« zu besingen, seine »hilfreiche Tat an den Bauern in Israel« (Ri 5,11).

Delila: gegen Jahwe – Richter 13–16

Artus Quellinus der Ältere (1609–1668), Samson und Delila, 1640

Eine Kontrastgestalt zu Debora ist **Delila**, die für das Ende des Richters **Simson** sorgt (hebräisch »Schimschon«, manchmal falsch »Samson« vokalisiert). Simson ist der letzte der Richter Israels, er geht gegen die Philister vor. Doch tut er dies nicht als Anführer eines Heeres, sondern durch einzelgängerische Auseinandersetzungen mit dem Feind, der dadurch nicht vertrieben, sondern eher lächerlich gemacht wird: Die Kraft Gottes in Simson bewirkt die Ohnmacht der Feinde Israels.

Simson ist ein Nasiräer, ein für Gott Ausgesonderter, ein Gott Geweihter. Dies wird bereits in seiner Geburtsgeschichte deutlich, in der das aus der Vätertradition bekannte Motiv der Unfruchtbarkeit einer (hier noch nicht einmal mit Namen bezeichneten) Frau aufgegriffen wird, die durch Gottes Verheißung einen Sohn zur Welt bringt. Dieses Kind ist ein besonderes Kind, als Gottgeweihter ein Retter für Israel. Dies wird nur durch Nebenbemerkungen deutlich (etwa: »es war vom Herrn so geplant«, Ri 14,4), aber einen direkten Auftrag von Gott erhält Simson nicht.

Er lebt gleichsam an der Grenze zwischen Israel und den Philistern, heiratet auch eine Frau aus einem Haus der Philister. Die Hochzeit umrahmen erste »Heldentaten« des kräftigen Mannes: Er zerreißt einen Löwen, erschlägt und beraubt 30 Mann in Aschkalon, um den Preis für eine verlorene Wette bezahlen zu können. Schließlich wird er um seine Frau betrogen und rächt sich dadurch, dass er 300 Füchse paarweise zusammenbindet und mit brennenden Schwänzen in die Felder der Philister jagt – ihre Ernte wird vernichtet. Die Spirale der Gewalt dreht sich weiter, die Philister töten Simsons Frau, er erschlägt »tausend« Mann mit einem Eselskinnbacken. Doch seine neue Frau Delila, ebenfalls eine Philisterin, entlockt ihm das Geheimnis seiner Stärke und kann ihn gebunden und nach dem Schnitt seiner Haare schwach an die Philister ausliefern. Geblendet wird Samson einige Zeit später in den Dagon-Tempel der Philister geführt. Mit inzwischen wieder gewachsenen Haaren und dadurch neuer Kraft reißt er den Tempel ein; 3000 Philister und er selber sterben.

Extra: Gewalt in der Bibel

Anthonis van Dyck (1599-1641), Simson und Delila (Ausschnitt)

»Die Religionen gehören abgeschafft, weil sie nur Unheil bringen«, fordert der Musiker Elton John und klagt über religiös begründete Gewalt. Schon die schwedische Dichterin Selma Lagerlöf hat nach ihrem Besuch in Jerusalem festgestellt: »Jeder hasst hier die Menschen zum Ruhme seines Gottes!« Viele fragen heute nach dem Gewaltpotential in den Religionen und nach den Gründen dafür. Der Ägyptologe Jan Assmann sieht einen wesentlichen Grund für Gewalt im Monotheismus, dem Eingottglauben, der zur Unterscheidung von Wahrheit und Unwahrheit führt, damit aber auch zur Verfolgung und Ausgrenzung Andersdenkender. Wo Menschen allein die Wahrheit ihres Gottes für richtig halten, wollen sie alle Abweichungen ausmerzen. Dieses Denken findet Assmann besonders in den drei vorderorientalischen Schwesterreligionen Judentum, Christentum und Islam und so sieht er eine Linie von Mose, dem gewalttätigen Propheten am Beginn der Volkswerdung Israels, bis zu Mohammed, dem gewalttätigen Propheten am Beginn des Islam. Und die Christen stehen mittendrin.

Es ist in keiner Weise zu bestreiten, dass die drei genannten Religionen neben ihren großen religiösen und humanen Werten auch eine Gewaltgeschichte, eine Kriminalgeschichte von Mord und Krieg, von Ausgrenzung und Verfolgung haben. Juden, Christen und Muslime sind den moralischen Anforderungen ihrer Religionen nach Frieden und Gerechtigkeit von ihren Anfängen bis heute nicht gerecht geworden – dies aber auf je unterschiedliche Weise.

An dieser Stelle soll im Blick auf die Hebräische Bibel, das Alte, Erste Testament der Christen, vor allem von der in der Heiligen Schrift der Juden aufgeführten Gewalt die Rede sein (Vergleichbares muss natürlich auch auf die Geschichte der Christen und Muslime bedacht werden, kann hier aber Thema sein.) Dabei erscheint das jüdische Volk vorrangig und fast immer in der Rolle der ausgeplünderten, gewaltsam unterdrückten und verfolgten Opfer. Beginnend mit der Unterdrückung in Ägypten, die sich in ähnlicher Form im Exil in Babylon wiederholt, über die Unterdrückung durch die Seleukiden und die Römer bis zu den von Christen durchgeführten Pogromen im Mittelalter und schließlich zur Schoah in der Neuzeit (Holocaust = großes Opfer). Ist jüdische Religion von da aus das Gegenbeispiel zur Gewalt der Christen und Muslime, ein Beispiel, wie Gewalt zu durchleiden ist, und nicht, wie Gewalt ausgeübt wird? Also die Juden als die »leidenden Gerechten« der Gottesknechtlieder des Jesaja oder als der leidende Ijob?

Das alles hat seine Berechtigung, aber es gibt auch genügend andere Beispiele – und gerade die Bücher Josua und Richter sind voll davon: Hier finden wir übermäßige Gewalt wie bei Lamech, wenn Simson 1000 Männer erschlägt. Hier finden wir Geschichten von Rache, die über das Rache mäßigende Gebot »Auge um Auge« (Ex 21,24) hinausgehen. Und wer die Mose- oder Davidgeschichte liest, ist erschüttert über das Ausmaß an Gewalt, das dort beschrieben ist: Da werden 3000 Mann in der Wüste wegen ihrer Götzenverehrung gemordet (Ex 32,28), da mordet David den Hethiter Urija, um dessen Frau besitzen zu können (2 Sam 11). Selbst der große Prophet Elija lässt 450 Baalspropheten töten (1 Kön 18,40). Gewalt und Mord zum Ruhme seines Gottes – hatte Lagerlöf auch im Blick auf die Juden recht?

Dies steigert sich im Buch der Psalmen, wenn es dort in Psalm 137,8–9 heißt: »Tochter Babel, du Zerstörerin! Wohl dem, der dir heimzahlt, was du uns getan hast! Wohl dem, der deine Kinder packt und sie am Felsen zerschmettert!« Hier wird die Kette der Gewalt mit dem Gottesbild verbunden und so zeigt sich auch Jahwe, der Gott Israels, als gewalttätig: Er fordert von Mose die Tötung der Abtrünnigen. Er fordert von Josua die Bannung, d. h. Vernichtung der nicht zu Israel gehörenden Stämme Kanaans. Er greift selber zur Gewalt, wenn er über Ägypten die zehn Plagen kommen lässt, die in der Erschlagung der Erstgeborenen gipfelt. Den Ijob, einen Gerechten, schlägt er aufgrund einer obskuren Wette mit dem Teufel. Und in der mythischen Erzählung von Genesis 6–9 vernichtet er fast die ganze Menschheit in der Urflut. Ist dieser Gott des Alten Testaments also, wie der Zoologe Richard Dawkins schreibt, ein »frauenfeindlicher, homophober, rassistischer, völkermordender, sodomasochistischer, unberechenbarer, bösartiger Tyrann«?

Es ist nicht zu bestreiten: Jahwe, der Gott Israels, damit aber auch Jesu und der Gott der Christen, zeigt ein doppeltes Gesicht. Er ist der Gott der Befreiung, der das Schreien der Armen hört, ein barmherziger, dem Menschen zugewandter Gott. Er ist aber auch der »schlagende Großkönig« über Israel und den Völkern, Herr über Leben und Tod, der so rätselhaft bleibt wie die geheimnisvolle Wolke, die Israel auf seinem Weg durch die Wüste voranzieht. Ein Gott des Lebens *und* des Todes, des Friedens *und* des Krieges, der Liebe *und* der Gewalt. Der Prophet Jesaja lässt Jahwe sagen: »Ich bewirke das Heil und erschaffe das Unheil« (Jes 45,7).

Wie also können wir mit Gewalt nicht nur der biblischen Gestalten, sondern auch Jahwes selbst umgehen? Verschiedene Überlegungen können in einer letztlich nicht lösbaren und unbegreiflichen Frage zumindest ein wenig Orientierung geben:

- **Textsorte:** Nur wenige Texte der Hebräischen Bibel sind historische Texte, meist werden andere Textsorten (Sprachgattungen) benutzt. Sie wollen keine historischen Ereignisse referieren, sondern grundlegende Aussagen über den Menschen und sein Verhältnis zu Gott machen. Nicht real ausgeübte Gewalt ist z. B. in der Kainerzählung zu bemerken, sondern die Anlage von Aggression und Gewalt im Menschen. Diese Anlage allerdings ist realistisch zu sehen.
- **Rachefantasien unterdrückter Menschen:** Manches an Gewalttexten entsteht aus der Ohnmacht der Marginalisierten, die sich mit solchen Texten zumindest verbal gegen die erdrückende Macht anderer wehren. Psalm 137 gegen den Unterdrücker Babel kann hier eingeordnet werden. Von da aus werden Forderungen nach einem gerechten, das heißt alle Seiten zu»frieden«stellenden, Frieden wichtiger denn je.
- **Gewalt als Verteidigung:** Oft, ja meist war das kleine Israel in der Rolle des Schwachen und glaubte, nur mit Gewalt den Bestand des Volkes und seine religiösen und kulturellen Traditionen wahren zu können. Aus dieser Sicht wird der Kampf gegen andere Völker und Religonen verständlich, aber nicht gerechtfertigt.
- **Das Gottesbild:** Das Gottesbild der Hebräischen Bibel besteht aus vielen Facetten, es ist ein Gottesmosaik aus unterschiedlichen Erfahrungen. Dabei erscheint Gott den Menschen oft als nah und hilfreich, aber ebenso als fern und unfassbar. Dies scheint sogar der wesentliche Zug Gottes zu sein, dass er der Undurchdringliche, der Gewaltige, der Hocherhabene ist und immer größer bleibt als jede menschliche Vorstellung von ihm. Mose begegnet Gott im Feuer des brennenden Dornbuschs, ein Symbol für diese Unnahbarkeit und Unverfügbarkeit Gottes. Er erfährt wenig später das Wort Gottes an ihn: »Du kannst mein Angesicht nicht sehen ... du wirst nur meinen Rücken sehen« (Ex 33,23). Es bleibt angesichts dieses vielgestaltigen Gottes zu fragen, was die Kernaussage der gesamten Bibel über ihn ist und was weniger bedeutende Nebenaspekte, vielleicht auch Projektionen, Sehnsüchte, Übertragungen von Menschen. Dieser Kern erscheint eindeutig: Er ist ein Freund des Lebens (Weish 11,26), nicht des Todes, ein Gott, der in seiner Weisung (Tora) ein friedliches und gerechtes Zusammenleben der Menschen fordert. Im Letzten kann sich die in der Bibel geschilderte Gewalt nicht auf Gott berufen.

Rut – eine Familiensaga

Das kleine, packend erzählte Buch **Rut** ist (wie so viele Texte der Bibel) kein historischer Text über die Vorfahren des Königs David, sondern eine aus später Königszeit oder aus nachexilischer Zeit stammende Novelle, die ausdrückt, wie Gottes Wirken auch aus dem »Heidentum« der Israel umgebenden Völker stammende Menschen einschließt (Moab wird sonst als Feind gesehen). Es ist eine paradigmatische, vorbildhafte Glaubenserzählung, denn Rut übernimmt den jüdischen Glauben ihrer Schwiegermutter (Rut 1,16: »Dein Volk ist mein Volk und dein Gott ist mein Gott«). Zugleich macht das Buch darauf aufmerksam, dass nicht nur Männer (Väter), sondern auch Frauen (Mütter) eine Rolle in der Heilsgeschichte Gottes mit seinem Volk spielen. Ruts Sohn **Obed** ist der Großvater Davids. In der genealogischen Liste des Matthäusevangeliums (Mt 1) finden sich neben der Folge der Männer und ihrer Söhne vier Frauen, darunter Rut. Auch Jesus wird also in der Sicht des Matthäus mit Rut verbunden.

Das Buch Rut gehört in der Hebräischen Bibel zu den »sonstigen Schriften«. Es hat dadurch seine besondere Bedeutung, dass es zu den fünf Festrollen gehört (vgl. Seite 109), die bei den Hauptfesten im Synagogengottesdienst verlesen werden – Rut gehört hier passend zu Schawuot, dem Erntedankfest für die Weizenernte (Pfingsten).

Die Namen der Protagonisten im Buch Rut machen schon viel von der Handlung deutlich: **Rut** bedeutet »Freundin, Gefährtin«; **Elimelech** »Mein Gott ist König; **Noomi** »Die Liebliche«; **Machlon** »Krankheit«; **Kiljon** »Schwindsucht«; **Orpa** »Die den Rücken wendet«, **Obed** »Knecht«. Schon diese Namenswahl verweist auf den gleichnishaften Charakter der Erzählung.

Das wird auch durch ein anderes Motiv deutlich, das häufig in den Texten der Hebräischen Bibel auftaucht: das der Nachkommenschaft, die für die Akteure (hier Rut und Noomi) Segen bedeutet. Dieses Motiv passt gut zum Motiv der Ernte: Diejenige, die zuerst als Witwe ohne Nachkommenschaft »leere Hände« hat, »erntet« die Frucht ihres Glaubens dadurch, dass sie am Ende wieder von einem Mann beschützt wird, ja, Segen durch ihr Kind Obed hat.

Ausgangs- und Endpunkt der Erzählung ist der kleine Ort Betlehem im Gebiet des Stammes Juda nicht weit von Jerusalem entfernt. Dies wird in der Nachkommenschaft von Boas und Rut dann auch die Stadt ihres Urenkels David und – später aus christlicher Sicht – die Stadt Jesu. In David (jüdische Sicht) und Jesus (christliche Sicht) kommen die Verheißungen künftigen Segens an ihr Ziel.

Doch zuerst müssen die handelnden Personen – wie so häufig in biblischen Erzählungen – durch eine Zeit der Prüfung und der Not hindurch. Noomi, Rut und Orpa werden zu Witwen und verlieren damit die Versorgung durch ihre Männer. Entsprechend dem damaligen Brauch will Noomi in ihre Ursprungsfamilie zurückkehren und rät auch ihren Schwiegertöchtern dazu. Orpa folgt diesem Rat, aber Rut wendet ihrer Heimat den Rücken und geht als »Freundin und Gefährtin« mit Noomi in deren Heimat Betlehem. Der Weg in ein unbekanntes Land, das schon bei Abraham ein Erzählmotiv war, aber auch einer der Hintergründe der Exodustradition ist, wiederholt sich hier – diesmal aber im Blick auf eine mutige Frau, eine »starke Frau«, wie es in Sprichwörter 31,10 gesagt wird.

In Betlehem wendet sich die Not der Frauen. Rut, die fremde Ausländerin, sammelt entsprechend der Anweisung in Levitikus 19,9–10 eine Nachlese von zu Boden gefallenen Ähren – ein Recht der Armen in Israel. Dabei kommt es zur Begegnung mit dem Eigentümer des Feldes Boas, der zudem noch ein entfernter Verwandter von Noomi und damit auch von Rut ist.

Die Erzählung greift nun den alten Brauch der Leviratsehe (Schwagerehe) auf, nach dem ein Mann für die Frau seines Bruders verantwortlich ist, wenn sein Bruder stirbt. Er ist dann »Löser«, Beschützer dieser Frau. Dies zeigt sich darin, dass er seine Schwägerin heiratet und ihr Kinder verschafft, die die Frau im Alter versorgen können (vgl. auch Genesis 38,1–11: die Söhne Judas). Nachdem ein anderer, noch näherer Verwandter am Tor (dem Ort der Rechtsprechung) auf die Leviratsehe mit Rut verzichtet hat, kommt Boas zum Zuge und die Erzählung wird an ihr glückliches Ende geführt, mündet im Nachkommen Obed.

Hier zeigt sich wiederum die Größe Ruts: Sie »teilt« ihr Kind mit ihrer Schwiegermutter und nimmt sie damit in den Schutz und Segen durch Boas und in die künftige Versorgung durch Obed auf. Der Segensspruch des Boas ist in Erfüllung gegangen: »Möge der Gott Israels dich reich belohnen« (Rut 2,12).

Szenen aus dem Buch Rut, Pariser Arsenalbibel, Akkon, um 1250
Die Arsenalbibel ist wahrscheinlich von König Ludwig IX. von Frankreich in Akkon im lateinischen Kreuzfahrer-Königreich in Auftrag gegeben worden, als er dort von 1250 bis 1254 regierte. Abgebildet ist das Frontispiz, die Titelseite der Handschrift zum Buch Rut. Hier wird in sechs Szenen ein inhaltlicher Überblick über diese biblische Erzählung gegeben:

1. Elimelech, sein Frau Noomi und die Söhne Machlon und Kiljon brechen in Betlehem auf, um in die Fremde zu ziehen.
2. Machlon und Kiljon heiraten die moabitischen Frauen Orpa und Rut. Das Bild zeigt die Brautpaare und Noomi bereits ohne Elimelech.
3. Auch Machlon und Kiljon sind tot, Noomi will in ihre Heimat zurück. Orpa bleibt in ihrer Heimat (im Haus), Rut aber geht mit Noomi.
4. In Betlehem ernten zwei Schnitter das Korn, ihr Herr Boas auf dem Pferd nimmt Kontakt mit der Ähren lesenden Rut auf.
5. Boas und Rut auf der Tenne (unter einem Gewand).
6. Boas nimmt Rut zur Frau, ein Ältester daneben.

Königsgeschichten

Die Bücher 1 und 2 Samuel und 1 und 2 Könige bilden eine Einheit mit einer fortlaufenden Erzählung, ein Gesamtwerk zur israelitisch-jüdischen Königszeit von Samuel, dem Propheten, und Saul, dem ersten König (um 1000 v. Chr.), bis zum Untergang Jerusalems und dem beginnenden Exil in Babylon (586 v. Chr.). Diese vier Bücher (ursprünglich vielleicht nur ein Buch) haben eine lange Redaktionsgeschichte, die vom Ende der Königszeit über die Neubesinnung im Exil hinweg bis zur nachexilischen Zeit des Esra und Nehemia reicht. Verfasser dürften Hofbeamte der letzten Könige und Priester des Jerusalemer Tempels gewesen sein. Leitender Gedanke der Endfassung ist: Das von Gott geschenkte Königtum musste deshalb sowohl im Nordreich Israel wie im Südreich zugrunde gehen, weil die Könige (und mit ihnen die von ihnen repräsentierten Völker Israel und Juda) von Jahwe abfielen. Weil die Gebote Gottes missachtet wurden, trifft sie die Strafe Gottes. Zusammen mit der Tora und den Büchern Josua und Richter ergibt sich eine fortlaufende Erzählung – doch der Schein trügt: Nicht um Geschichtsschreibung geht es hier, sondern um eine weitgefasste theologische Aussage.

Die Samuelbücher (1 Sam, 2 Sam) sind nach Samuel benannt, Richter in Israel und zugleich einer der großen Propheten, der den Übergang von der Zeit der Richter zur Zeit der Könige markiert. Das **erste Samuelbuch** beginnt mit der Erzählung von der Geburt **Samuels**, dem Danklied der Hanna, der Berufung Samuels und seiner »Beglaubigung als Prophet«. Samuel wird als gerechter Richter geschildert, der sein Volk aus der Not befreit (Niederlage gegen die Philister und Verlust der Bundeslade). Der Forderung des Volkes nach einem König für Israel, um künftigen Bedrohungen besser standhalten zu können, gibt Samuel nur widerwillig nach und salbt **Saul** zum König. Schon bald wird deutlich, dass Saul seiner Aufgabe als König nicht gewachsen ist. Samuel salbt deshalb den jungen **David** zum König, ohne dass dieser inthronisiert werden kann. In vielen Erzählungen wird nun vom Heranwachsen Davids berichtet, von seinem siegreichen Kampf gegen Goliat, von seiner Freundschaft mit Sauls Sohn Jonatan, von den wachsenden Konflikten zwischen Saul und David, die dazu führten, dass David fliehen musste. Am Ende dieses Buches steht die Erzählung vom Tod Sauls.

Das **zweite Samuelbuch** beginnt mit der Inthronisation Davids zum König von zuerst Juda, dann ganz Israel und umfasst die gesamte Regierungszeit Davids. Er erobert **Jerusalem** und macht diese Stadt zur Hauptstadt seines wachsenden Reiches. Auch religiös wird Jerusalem durch die Überführung der Bundeslade zum Mittelpunkt Israels. Jerusalem ist somit die Stadt Davids. Das zweite Samuelbuch schildert David als großen König, erzählt aber genauso freimütig auch von seiner Schuld: dem Ehebruch mit Batseba und dem anschließenden Mord an deren Mann Urija. Der Prophet Natan weist David zurecht, und David tut Buße. Der weitere Verlauf des Buches schildert Auseinandersetzungen Davids mit Abschalom; einige Nachträge des Buches führen bis zum Tod Davids.

Die beiden Samuelbücher berichten von einer entscheidenden Wende in der Geschichte Israels. Der Beginn der Königszeit bleibt prägend für die Hoffnungen der

Walter Habdank, König David, 1994

Juden, das Reich Davids werde in seiner alten Größe wiedererstehen. Aus christlicher Sicht klingt in der Davidsgeschichte eine Beziehung zu Jesus an: David ist als König und Hirt Israels, als Prophet und Priester ein wichtiges Deutungsmodell Jesu.

Die Bücher der Könige (1 Kön, 2 Kön): Auch die Königsbücher sind theologische Deutungen von Geschichte, bei der es vor allem um die Frage geht, ob die Könige des Nordreiches Israel und des Südreiches Juda den Glauben an Jahwe als einzigen Gott des Volkes bewahrt haben. Das Thema Bund mit seiner Abfolge Bundesschluss, Untreue des Königs (des Volkes), Strafe, Umkehr und neue Bestätigung des Bundes wiederholt sich. Die beiden Bücher umfassen dabei die Zeit von Davids Tod und Salomos Thronbesteigung bis hin zum Untergang Jerusalems.

Das **erste Buch der Könige** beginnt mit dem Tod Davids und dem Beginn der Herrschaft seines Sohnes **Salomo**. Dabei steht neben der Deutung Salomos als weiser, reicher und mächtiger König vor allem der Tempelbau in Jerusalem im Vordergrund. Nicht nur politisch, sondern auch religiös bildet Jerusalem nun die Mitte des Reiches. Doch die Reichseinheit zerbricht nach seinem Tod. Während Rehabeam Nachfolger Salomos und damit König über Juda wird, fallen die zehn Nordstämme ab und errichten unter Jerobeam ein eigenes Reich, das Reich Israel. Wechselnd wird nun von beiden Königreichen erzählt. Das Thema Abfall von Jahwe und Umkehr zu ihm ist dabei vorherrschend. Unterbrochen wird diese Geschichte der Königshäuser durch einen Einschub über den Propheten **Elija** (1 Kön 17–19). Elija wird als Prophet dargestellt, der mit machtvollen Taten für den Glauben an Jahwe eintritt.

Mit Erzählungen über Elija und seinen Prophetenschüler **Elischa** beginnt das **zweite Buch der Könige**. Danach folgen Berichte über die Könige Israels und Judas. Im Jahr 722 geht das nördliche Reich Israel unter dem Ansturm eines assyrischen Heeres zugrunde – Konsequenz aus seinem Unglauben. Umgekehrt gilt, dass der Glaube Bedrohung abwendet: Als Assur Jerusalem angreift, wird dem gerechten König Hiskija vom Propheten Jesaja Rettung verheißen. Doch dies ist nur ein Aufschub, denn 587 wird die Stadt durch den babylonischen König Nebukadnezar zerstört, die Oberschicht des Volkes ins Exil geführt. Das davidische Reich ist endgültig untergegangen.

Samuel, der Prophet – Saul, der König

Das erste Buch Samuel beginnt mit Erzählungen über den Propheten **Samuel** und führt dann weiter zu **Saul**, dem ersten König Israels, seinem Aufstieg und Fall. Damit steht dieses Buch am Beginn einer neuen, mehr als 400-jährigen Epoche der Geschichte Israels: der **Königszeit**. Aus den Wirren und der Unordnung der Richterzeit mit ihren ständigen Kämpfen zwischen den Stämmen Israels und den anderen, in Kanaan ansässigen Völkern entsteht nun durch Saul, danach vor allem durch **David** ein einheitliches Königreich.

Dies ist nicht allein eine politische Veränderung von hoher Bedeutung, sondern hat auch Auswirkungen auf den Glauben Israels: Nicht mehr Jahwe allein ist nun König, sondern ein Mensch, der nun über dem Volk steht (vgl. Seite 204–205). Zwar ist der König für sein Amt gesalbt und versteht sich als von Gott beauftragt, doch handeln die Könige Israels und Judas mehr und mehr aus eigener Machtbesessenheit, Unterdrückungsmechanismen entstehen, die soziale Spaltung des Volkes wächst und führt zu Ungerechtigkeit und erneuter Unruhe. Die Ausbeutung der Armen ergibt sich aus der aufwändigen Hofhaltung, die sich den Israel umgebenden Reichen anpasst. Bestes Beispiel dafür ist Salomo, dessen Reichtum gepriesen wird (1 Kön 10,14–29). Gerade er aber erweckt durch seine ausländischen Frauen den Zorn Jahwes (1 Kön 11,1–13).

Samuel (hebräisch = »sein [Gottes] Name ist El«) ist der letzte der Richter und zugleich einer der großen Propheten Israels. Das deuterokanonische Buch Jesus Sirach preist Samuel: »Geschätzt von seinem Volk, geliebt von seinem Schöpfer, mit Sehnsucht erwartet von Geburt an, dem Herrn geweiht im Prophetenamt: Samuel, der Richter und Priester« (Sir 46,13). Wie bei anderen großen Gestalten (etwa Mose) gibt es eine Kindheitslegende über die unerwartete Geburt der schon alten, tief gläubigen Frau Hanna (1 Sam 1). Hanna weiht ihr Kind dem Herrn und singt danach voll Freude ein Danklied (1 Sam 2,1–11), das zum Vorbild für das Magnificat Mariens

Saul schlägt Nahash und die Ammoniter;
Samuel salbt Saul;
Samuel opfert dem Herrn,
Szenen aus der Maciejowski-Bibel (Morgan-Bibel), Frankeich, 1245

wird (Lk 1,46–55). Der junge Samuel tut unter dem Priester Eli Dienst am Jahwe-Tempel in Schilo und erfährt dort seine besondere Berufung durch Gott (1 Sam 3). Schon bald wird er in Israel als Nachfolger des Eli und als Prophet und Richter anerkannt. Er reist zu den heiligen Orten Bet-El, Gilgal und Mizpa und spricht dort Recht. Er ermuntert das Volk zum Kampf gegen die Philister, weiß aber, dass dieser Kampf nur dann erfolgreich ist, wenn sich das Volk allein an Jahwe hält.

Obwohl er persönlich keinen König will, ja, sogar eindringlich vor einem König über Israel warnt, salbt er schließlich auf Gottes Auftrag hin (1 Sam 8,22) Saul, einen Mann aus dem Stamm Benjamin, zum König über Israel (1 Sam 10,1). Danach ruft er das Volk in Mizpa zu einer Versammlung zusammen, Saul wird hier auch durch Loswurf des Volkes zum König bestimmt. Eine neue Zeit beginnt für Israel.

Saul (hebräisch = »von Gott Erbetener«) kommt aus dem kleinen Stamm Benjamin. Als König übernimmt er das Amt der Richter: Er spricht nach innen hin Recht und schützt das Volk nach außen hin vor seinen Feinden durch mutigen Kampf. Sein Sohn Jonatan (später Freund Davids) erschlägt wohl in seinem Auftrag den Vogt (Anführer) der Philister. Dadurch kommt es zu einem gewaltigen Kampf, den Saul zuerst zu verlieren scheint (1 Sam 13), weil er nicht auf das Wort Jahwes hört. Vor allem durch den Einsatz Jonatans wendet sich das Blatt, die Philister werden in diesem Kampf besiegt (1 Sam 14).

Doch auf Sauls Königtum fallen bald neue Schatten. Wieder kämpft er – siegreich – gegen Feinde, diesmal gegen die Amalekiter im Süden zwischen Kanaan und Ägypten. Doch obwohl Jahwe ihm vorab befohlen hatte, das ganze Volk und all seinen Besitz dem Untergang zu weihen, lässt Saul den amalekitischen König Agag am Leben und nimmt ebenso die reichen Herden der Amalekiter in seinen Besitz. So wird aus einem Überlebenskampf des Volkes, das sich unter den Schutz seines Gottes Jahwe stellt, ein Feldzug zur persönlichen Bereicherung des Königs. Der Prophet Samuel brandmarkt dieses Verhalten, vor dem er ja bereits vor der Königssalbung gewarnt hatte, und tötet Agag mit eigener Hand. Für Samuel ist Saul gegenüber Jahwe ungehorsam geworden und hat deshalb sein Königtum verspielt: »Weil du das Wort des Herrn verworfen hast, verwirft er dich als König« (1 Sam 15,23). Und »Samuel trauerte um Saul, weil es den Herrn reute, dass er Saul zum König über Israel gemacht hat« (1 Sam 15,35).

Die Erzählungen über Saul werden unterbrochen durch den Bericht über die Salbung Davids zum neuen König (1 Sam 16,1–12); dann aber werden die Erzählstränge zu Saul und David dadurch verknüpft, dass David als Zitherspieler in den Dienst Sauls tritt. Durch seine Musik kann er die Depressionen Sauls (»ein böser Geist, der Saul quälte«) zurückdrängen. Doch Saul erkennt in David den neuen, jungen »Helden«, der bereit wird, ihn als König abzulösen. Es beginnt eine Geschichte der Feindschaft zwischen den beiden, zwischen dem immer erfolgloseren alten König und dem aufstrebenden neuen Helden. Nach zwei durch Saul verübten Mordanschlägen (1 Sam 18,11; 1 Sam 19,9) muss David vom Königshof fliehen, allein sein Freund, der Königssohn Jonatan, hält zu ihm, obwohl dieser in ihm eigentlich einen Konkurrenten in der Nachfolge Sauls sehen müsste. David zieht mit einer kleinen Truppe durch das Land, kämpft gegen die Philister, heiratet Abigajil, eine Frau aus dem Stamm der Kalebiter, und kämpft sogar im Dienst der Philister. Saul und seine Söhne, auch Jonatan, sterben im Kampf gegen die Philister – der erste König Israels findet ein blutiges Ende.

Grundthema der Bibel – Gott, der König über Israel und die Völker

Der Herr ist König
Die Erde frohlocke. Freuen sollen sich die vielen Inseln.
Rings um ihn her sind Wolken und Dunkel,
Gerechtigkeit und Recht sind die Stützen seines Throns.
Verzehrendes Feuer läuft vor ihm her
und frisst seine Gegner ringsum.
Seine Blitze erhellen den Erdkreis; die Erde sieht es und bebt.
Berge schmelzen wie Wachs vor dem Herrn,
vor dem Antlitz des Herrschers aller Welt.
Seine Gerechtigkeit verkünden die Himmel,
seine Herrlichkeit schauen alle Völker.
Alle, die Bildern dienen, werden zuschanden,
alle, die sich der Götzen rühmen.
Vor ihm werfen sich alle Götter nieder.
Zion hört es und freut sich,
Judas Töchter jubeln, Herr, über deine Gerichte.
Denn du, Herr, bist der Höchste über der ganzen Erde,
hoch erhaben über die Götter.
Psalm 97

Im ersten Buch Samuel (4,1–7,1) gibt es eine eigenartige Erzählung: Die Israeliten kämpfen – wieder einmal – gegen die feindlichen Philister. Die erweisen sich als stärker, so dass die Israeliten in ihrer Not Boten zum Heiligtum Schilo schicken. Die beiden Söhne des Priesters Eli, Hofni und Pinhas, bringen daraufhin die Bundeslade aus Schilo auf das Schlachtfeld, damit die Israeliten durch die Unterstützung ihres Gottes den Sieg davontragen. Dies ist ein magisches Verständnis des religiösen Symbols der Bundeslade und damit nicht Glaube, sondern Unglaube. Der Kampf geht verloren, Hofni und Pinhas werden getötet, die Bundeslade fällt in die Hand der Philister. Doch nun beginnt ein Vorgang, der an die Plagen erinnert, mit denen Gott die Ägypter straft (Ex 7–11): Gleich in welcher Stadt der Philister die Bundeslade steht, sie bringt ihnen Unheil. Mehr noch: Jahwe erweist sich als Herr über die fremden Götter: Die Götterstatue des Dagon im Tempel von Aschdod fällt vor der Bundeslade zu Boden. Jahwe erweist sich als den anderen Göttern als überlegen (vgl. Ps 97) – er allein ist **der König der Welt**.

Dies ist ein Grundbekenntnis Israels durch alle Zeiten hinweg: »Der König Israels, der Herr, ist in deiner Mitte« (Zef 3,15). Israel bekennt Jahwe als seinen König, als den, der wie ein guter Hirt (vgl. Ps 23) treu und achtsam für sein Volk sorgt. Über lange Zeit hinweg wird ausschließlich Jahwe als König angesehen, menschliches Königtum wird als Konkurrenz zu Jahwe betrachtet und ist deshalb ein Zeichen für Unglauben. Diese Vorstellung Israels beruht auf zwei Erfahrungen: Die nomadischen Clans, die nach Kanaan einsickerten und das Bergland zwischen den Städten bewohnten (vgl. Seite 186–187), kannten keine Könige. Sie setzten sich damit auch vom Pharao-König Ägyptens ab, den sie als Unterdrücker kennengelernt hatten: Allein Gott selber sollte über sie herrschen, nicht ein Mensch und König, nicht Adel und Fürsten (die es in Israel selbst in der Königszeit nicht gegeben hat). Diese Stämme lernten dann in Kanaan selbst Völker kennen, die von Königen beherrscht waren, und mussten sich mit ihnen auseinandersetzen – Könige sind hier die Feinde, die man besiegen muss.

So zeigt sich Israel als grundsätzlich königskritisch. Der Prophet Samuel warnte noch eindringlich vor einer Königsherrschaft in Israel, die das Volk ausbeutet (1 Sam 8,10–18). Auch die Propheten der späten Königszeit bleiben in einer kritischen Distanz, rufen immer wieder zur Umkehr auf, ja, sie beschwören geradezu das Ende des Königtums, weil der König sich an die Spitze des Unglaubens in Israel stellt: »Der Herr sagt zu Hosea: ›Denn es dauert nicht mehr lange ... dann werde ich dem Königtum in Israel ein Ende bereiten‹« (Hos 1,4).

Gezwungen durch die äußeren Verhältnisse einer ständigen Bedrohung wächst dennoch in Israel das Bewusstsein für die Notwendigkeit einer besseren, vor allem strafferen Organisation der nur lsoe verbundenen Stämme. Sie fordern von Samuel, dem Propheten: »Setze jetzt einen König bei uns ein, der uns regieren soll, wie es bei allen Völkern der Fall ist« (1 Sam 8,3). Dies ist eine Anpassung an andere, nicht jahwegläubige Völker, die von den Propheten gebrandmarkt wird (vgl. etwa Elija, Seite 220–221), es erweist sich aus der rückblickenden Sicht der Verfasser der Samuel- und Königsbücher als der Beginn des Untergangs des Volkes.

Doch vorab wird im Blick auf David eine Königstheologie entwickelt – der König wird nun als Gesalbter und »Sohn Gottes« (Ps 2,2.7) verstanden, der gestärkt wird durch die Hilfe Gottes (Ps 21). Doch bleiben auch die Psalmen kritisch: Allein Gott wird als König der Völker bezeichnet (Ps 47), Jerusalem und der Zionsberg sind der Wohnort dieses großen Königs, des Gottes für immer (Ps 48). Auch findet sich in Israel – anders als in umliegenden Kulturen (etwa in Ägypten mit dem Pharaokult) keine Vergöttlichung des Königs. Der König bleibt als Mensch zwar **Repräsentant Gottes** gegenüber seinem Volk, doch lebt er ausschließlich aus Gottes Gnade: Durch Salbung wird er »in einen anderen Menschen verwandelt« (1 Sam 10,6); aber seine Autorität erhält er allein von Gott. Die königliche Macht leitet sich von der Macht Jahwes ab. Das bedeutet auch: Wenn ein König sich von Jahwe und seinen Geboten abwendet, dann verliert er diese übertragene Macht und geht unter. Vielfach wird diese Folge von Beauftragung eines Königs durch Gott, Verfehlung und Unglauben des Königs und Niedergang in den Königsbüchern aufgezeigt.

Bei aller Kritik am Königtum bleibt in Juda dennoch die Hoffnung auf einen neuen, gerechten König des Friedens wach, einen von Gott gesandten **Messiaskönig**, der ein Reich der Gerechtigkeit neu begründen wird, ein zweiter David (vgl. Jes 32,1–2). Ein solcher König ist wirklich »Kind Gottes« und sorgt wie ein Hirt für sein Volk. Letztlich aber spiegelt auch er nur das Königtum Gottes wider. »Allein der Herr ist König, er wird uns retten« (Jes 33,22).

Haggada aus Moravia (Mähren), um 1740, König David, Harfe spielend

David – König über Israel

Nach Abraham und Mose ist David die wichtigste Gestalt im Erzählablauf der Hebräischen Bibel; ja, für Israel ist dieser große König am Beginn der Königszeit (nach Saul) die prägende Gestalt, die Auswirkungen bis auf die Juden unserer Zeit hat. Wie sonst bei keiner anderen Gestalt ist hier die Einheit von »ein Gott, ein Land, ein Volk« in der Gestalt des Königs konzentriert. Er repräsentiert Israel in seiner ambivalenten Beziehung zu Gott mit Größe und Erfolg, aber auch mit Schuld und Versagen.

David (hebräisch = »Vielgeliebter«), der Sohn Isais, ist in der Bibel die meist genannte Person noch vor Jesus und Mose; 1150 Mal wird sein Name im Alten und Neuen Testament erwähnt. Schon dieser statistische Befund gibt einen Hinweis auf die herausragende Bedeutung Davids für die jüdisch-christliche Tradition. Diese Bedeutung gründet auf verschiedenen Aspekten des Lebens Davids:

- David ist in einer entscheidenden Zeit der Konsolidierung Israels über eine ungewöhnlich lange Zeit von 40 Jahren hinweg König und hat in dieser Zeit nicht allein durch seine militärischen Erfolge (Zurückdrängen feindlicher Völker, besonders der Philister) und Eroberungen (etwa Jerusalem als Mittelpunkt des davidischen Reiches), sondern auch durch eine kluge und beständige Politik dem Volk eine zentrale Mitte gegeben. Jerusalem als der neu gewonnene Mittelpunkt des Reiches wird so zur Stadt Davids und behält diesen Namen für alle Zeiten.
- David ist weiterhin ein Mensch tiefen Glaubens, so sehr, dass er die Bundeslade nach Jerusalem bringt und dass ihm auch die bedeutendsten religiösen Lieder Israels

Synagoge von Dura Europos, 3. Jh. n. Chr., Samuel salbt David

(die Psalmen) zugeschrieben werden. David ist ein Mensch mit bewegtem Leben, voller Erfolge, in denen Gott am Werk gesehen wird, aber auch voll persönlichen Versagens und Schuld, doch gerade darin bereit zur Einsicht und Umkehr (Urija-Batseba-Natan-Geschichte).

- David ist der Gründer der davidischen Dynastie, die theologisch aufgearbeitet und überhöht zur messianischen Erwartung führt, zur Erwartung des Sohnes Davids, eines politischen Messiaskönigs über Israel. Christen bringen diese messianische Erwartung in Verbindung zu Jesus, dem »Sohne Davids«, dem Messias, dem Christus Gottes, der Erfüllung der Verheißung. So wird in der Gestalt Davids eine Brücke geschlagen von den Texten der Hebräischen Bibel zur Botschaft des Neuen Testaments.

Bereits in der Hebräischen Bibel wird mit David eine Typologie verbunden, die über seine historische Bedeutung weit hinausgeht:

- Er ist der Typ des idealen, des gerechten und treuen **Königs**, an dem alle anderen Könige gemessen werden. Er bringt das aus den Stämmen und Clans zusammengewachsene Reich des ersten Königs Saul zu einer inneren Stabilität und verschafft ihm in Jerusalem ein politisches, wirtschaftliches und vor allem durch die Verlagerung der Bundeslade dorthin ein religiöses Zentrum – auch wenn ihm der Bau des Tempels noch nicht gestattet wird (dies wird erst seinem Sohn Salomo möglich sein).
- Er ist der Typ des **Hirten für Israel**, der treu für sein Volk sorgt und es als Volk Gottes durch alle Gefahren führt. Er war in seiner Jugend Hirte wie so viele in der halbnomadischen Kultur der Stämme. Die Verantwortung, die ein Hirt für seine Herde in dem schwierigen Gebiet des Berglandes von Juda (rund um Betlehem) zu tragen hat, überträgt er als König in der Sorge für sein Volk. Damit repräsentiert er in dieser Sorge Gott selbst, den Hirten für sein Volk Israel (vgl. Psalm 23).
- Er ist der typische **Mann Gottes**, der »nach dem Herzen Gottes« lebt, Auserwählter Gottes ist und durch die Salbung Gott geweiht wurde. Er ist der Prophet Gottes, der vor Gottes Bundeslade tanzt und damit Dank für seine Erwählung und die Erwählung Israels ausdrückt.
- Er ist aber auch der Typ des **Kleinen aus dem Volk**, des Jüngsten, der am Anfang von seinen Brüdern nicht ernst genommen wird, der aber dann im Vertrauen auf Gott selbst den größten Feind (den »Riesen« Goliat) besiegen kann. Er, der unscheinbare Hirtenjunge, wird zum Anführer des Volkes, vor dem die Feinde außerhalb Israels, aber auch innerhalb des Volkes Angst haben.
- Er wird so auch zum Typ des **Machtmenschen**, der vor Gewalt nicht zurückschreckt, ja, in seiner Vorkönigszeit zum »Terroristen«, der die Fronten zwischen Israel und den Philistern wechselt, wie es gerade für ihn von Vorteil ist.
- Er ist der Typ des **Sünders**, der keine Rücksicht auf bestehende Gesetze (etwa das Zehnwort vom Sinai: Mord, Ehebruch, Diebstahl) nimmt. Doch er kehrt um und erfährt so nach seiner großen Schuld das Erbarmen Gottes neu.
- Er ist der Typ des **spirituellen Menschen**, der seine Erfahrungen in tief empfundene Lieder und Gebete umsetzt. Er wird deshalb zu Recht als der Ursprung des Buches der Psalmen angesehen. Welche der 150 Psalmen man ihm nun wirklich zusprechen muss, sein Geist und seine Inspiration finden sich in diesen Lied-Gebeten wieder.

David ist aus all diesen Gründen eine kraftvolle Gestalt, die nicht nur Israel und seinen Glauben, sondern auch den Glauben der Christen wesentlich geprägt hat.

David – Held

Die Trennung der beiden inhaltlich ja zusammenhängenden **Bücher Samuel** folgt der Trennung des Lebens Davids in zwei große Bereiche: sein vorkönigliches Leben als Held und Richter, als Höfling Sauls und als Flüchtender vor Saul (= 1 Samuel) und sein Leben als König mit Erfolg, vielen Kämpfen, der Eroberung Jerusalems und erheblichen Schwierigkeiten in der Nachfolge (= 2 Samuel).

Die Davidserzählungen beginnen mit einer »Berufungserzählung«, die mit seiner Salbung durch den Propheten Samuel ausgedrückt wird: Ausgerechnet der jüngste Sohn des Isai ist von Gott erwählt und wird mit Gottes Geist erfüllt (1 Sam 16,1–12). David tritt dann schon bald in den Dienst des Königs Saul, dem er durch seine Musik (Zitherspiel) die Depressionen vertreibt (1 Sam 16,14–23). Danach folgt die große »Heldengeschichte« von **David und Goliat** (1 Sam 17), die wohl ursprünglich selbstständig vom Erzählzusammenhang tradiert wurde (hier kennt Saul David nicht, obwohl bereits vorher von seinem Dienst am Hof erzählt wird). Die Heldenlegende thematisiert die Hilfe Gottes: Wer auf Gott vertraut wie David, der überwindet auch die stärksten Feinde, selbst den Riesen Goliat, der für alle Israel feindlichen Mächte steht. David erweist sich hier nicht allein als Retter Israels, sondern vor allem als junger Held Gottes, der durch sein mutiges Handeln Zeugnis für Jahwe, den Gott Israels, ablegt.

Andrea del Castagno, David und Goliat, um 1450

Die folgenden Kapitel des Buches 1 Samuel erzählen vom schwierigen Verhältnis Davids zum König Saul, umgekehrt von seiner Freundschaft zu Sauls Sohn Jonatan (1 Sam 18,1–5; 20): Saul und Jonatan veranschaulichen den Kontrast, wie andere auf den jungen Helden David reagieren. Auch vielerlei Kämpfe Davids gegen die Völker Kanaans werden berichtet. Das Buch schließt mit dem Tod Sauls.

David – Versager

Nach Sauls Tod wird David erwartungsgemäß König von Israel (2 Sam 2). Doch er muss seine Herrschaft nach innen gegen Ansprüche von einem Sohn Sauls, Ischbaal, und dessen Heerführer Abner absichern. Bürgerkrieg bricht in Israel aus (2 Sam 2–4), dem Kriege mit äußeren Feinden Israels, etwa den Philistern (2 Sam 5,17–25), folgen. Nun erst kann David von allen Stämmen Israels in Hebron als König anerkannt werden – er wird der **»Hirte Israels«** (2 Sam 5,2). Gegen die Jebusiter erobert David die Stadt Jerusalem, die Burg Zion und lässt sich dort einen Palast bauen – die Davidsstadt. Er bringt die Bundeslade in einem Festzug nach Jerusalem, ja, tanzt als König sogar vor der Bundeslade, was seine Frau Michal erbost (2 Sam 6).

Francesco Salviati, David tanzt vor der heiligen Arche (Bundeslade), Fresko im Palazzo Sacchetti, Rom, 1552–1554

David als mächtiger und erfolgreicher Herrscher, das ist die eine Seite, die in den biblischen Texten erzählt wird. Doch die Bibel verhehlt seine dunklen Seiten nicht – beispielhaft ist die Geschichte mit Batseba, der Frau des Hethiters Urija (2 Sam 11–12). David bricht die Ehe dieser Frau und lässt ihren Mann töten, um sie ganz zu besitzen. Ihr gemeinsamer Sohn, der mögliche Thronnachfolger, stirbt. Der Prophet Natan, der das Leben Davids auch an anderer Stelle kritisch begleitet hat (2 Sam 7: Verbot, einen Tempel zu bauen, und gleichzeitig Verheißung eines »Hauses David«, einer Königsdynastie), mahnt David in einem schön erzählten Gleichnis vom Lamm des Armen zur Umkehr. David bereut und bekennt seine Schuld – nach einer Zeit der Buße wird ihm dann **Salomo** (hebräisch = der Friedfertige«) geboren, der sein Nachfolger wird. Der bereits von Salomo bei der Salbung zugesagte Schutz Gottes für David wird ihm auch in seiner Schuld nicht entzogen – David bleibt Gottes Held, die »Leuchte Israels« (2 Sam 21,17). Sein **»Haus David«**, die Kette seiner Nachfolger bis hin zum erwarteten Messias, führt sein Werk fort.

Extra:
Die Psalmen – Das Liederbuch Israels

Das **Buch der Psalmen** (Psalter) gehört zu den wichtigsten Büchern der Bibel. Es war und ist nicht allein das »Gebet- und Liederbuch« Israels und der Juden bis heute, sondern auch der christlichen Kirchen. Das christliche, über den Tag verteilte Stundengebet nutzt innerhalb einer Woche den gesamten Psalter als Gebetsvorlage. Auch sind viele christliche Lieder auf der textlichen Grundlage von Psalmen abgefasst (etwa Lieder aus dem Ulenberg-Psalter von 1582 wie »Mein Hirt ist Gott, der Herr« auf katholischer Seite oder auf evangelischer Seite Martin Luthers Liedtext zu Psalm 67 »Es wolle Gott uns gnädig sein«).

Nahezu alle Grundthemen der Bibel (und damit alle Themen menschlichen Lebens) finden sich in den Psalmen. Die Psalmen erzählen dabei nicht einfach die Geschichte Gottes mit seinem Volk, geben auch nicht das durch den Mund der Propheten gefasste Wort Gottes an die Menschen wieder, sondern stellen umgekehrt die Antwort des Menschen auf Gottes Wort dar, auf Gotteserfahrungen in unterschiedlichen Lebenssituationen. Hier finden wir ein Wechselspiel von Gottes Wort an die Menschen, das im Leben des Einzelnen wie im Volk Israel erfahren werden kann, und der Antwort des Menschen – christlich-jüdischer Glaube hat eine dialogische Struktur: Der Mensch steht vor Gott. Er erfährt Gott in der Geschichte der Menschen (vgl. den Psalm 78 zur Geschichte Israels), aber ebenso in der Schöpfung (vgl. die Schöpfungspsalmen 8 und 104). Er erfährt Gott als Wegbegleiter (Psalm 77) und als guten Hirten (Psalm 23). Auf all diese hilfreichen und auch die problematischen Erfahrungen antwortet der Mensch durch sein Gebet – allein oder im Gottesdienst der (Synagogen-/Kirchen-)Gemeinde.

Die Psalmen werden so zum Modell des Gebets und der Ausrichtung des Menschen auf Gott überhaupt. Dabei gibt es Lob und Preis ebenso wie Dank. Aber auch Suchen und Fragen, Klage und Anklage spielen als Themen eine Rolle. Selbst Rachefantasien unterdrückter Menschen finden in den Psalmen ihren Platz (vgl. Psalm 137 und Seite 196–197). Menschen in unterschiedlichen Lebens- und Glaubenssituationen können deshalb die Psalmen als Modelle ihres Betens wählen. Dies gilt über die Zeiten und Kulturen hinweg. Die Psalmen sind ein zeitloses Geschenk Israels an die Menschheit.

André Beauneveu, Psalter des Herzogs Jean de Berry, König David, vor 1402

Das Buch der Psalmen enthält **150 Psalmen** in unterschiedlicher Länge. Das Buch ist – entsprechend den fünf Büchern Mose und der Struktur des Synagogengottesdienstes – ebenfalls in fünf Bücher eingeteilt. Die einzelnen Psalmen besitzen jeweils eine Überschrift, die aber nicht ursprünglich ist. Viele Psalmen (73) werden David zugeschrieben. Auch wenn dies nicht im Einzelnen bestätigt werden kann, so ist anzunehmen, dass einige Psalmen auf die frühe Königszeit zurückgehen – ein unmittelbarer Bezug zu David bleibt möglich. Viele Psalmen sind zudem innerhalb der Geschichte Israels immer wieder aufgrund neuer Situationen verändert worden. Die Endfassung der Psalmen dürfte in die Zeit des Esra, also der Neugestaltung des Tempelkults, anzusetzen sein.

Psalm 1 beginnt mit der Mahnung, über die Weisung Jahwes nachzudenken – das Psalmgebet bindet sich hier gleichsam im Überschriftspsalm an die Tora: Auf die Weisung Gottes in der Tora antwortet Israel (die Glaubenden in Judentum und Christentum) mit dem Beten der Psalmen.

Psalm 150 beschließt das Buch der Psalmen mit einem großartigen Loblied: »Alles, was atmet, lobe den Herrn! Halleluja (= »Lobt Gott«)! In diesen Lobpreis soll alles Beten von Menschen münden, auch wenn vorher Klage und Bitte, Bedrängnis in Not und Sorgen das Thema waren.

Die Psalmen wurden von Israel gesungen, begleitet von einem Saiteninstrument (griechisch »psalmos«, hebräisch »mizmor« = von einem Saiteninstrument begleitetes Lied). Auch der jüdische Name für das Buch der Psalmen »tehillim« (= »Loblied«) weist auf den Liedcharakter dieser Gebete hin.

Neben Hymnen auf die Größe Gottes und Loblieder für sein erbarmendes Eingreifen in das Leben der Menschen finden sich weitere Textgattungen: Volksklagelieder und individuelle Klagelieder bitten um Befreiung aus Not; Danklieder blicken auf die Überwindung von Leid zurück. Königspsalmen preisen Jahwe als König über Israel (vgl. Psalm 93–99); Bußpsalmen mahnen zur Umkehr (vgl. Psalm 51, der in der [späteren] Überschrift einen unmittelbaren Bezug zu David und Batseba herstellt); Zionspsalmen preisen den Zionsberg und Jerusalem als Ort des Heils (vgl. Psalm 87) ...

Die Psalmen sind ein unvergleichbares »Gebetbuch«, das in der Geschichte der Religionen keine Parallele hat.

Unter dem Schutz des Höchsten

Wer im Schutz des Höchsten wohnt
und ruht im Schatten des Allmächtigen,
der sagt zum Herrn:
»Du bist für mich Zuflucht und Burg,
mein Gott, dem ich vertraue.«
Er rettet dich aus der Schlinge des Jägers
und aus allem Verderben.
Er beschirmt dich mit seinen Flügeln,
unter seinen Schwingen findest du Zuflucht,
Schild und Schutz ist dir seine Treue.
Du brauchst dich vor dem Schrecken der Nacht
nicht zu fürchten,
noch vor dem Pfeil, der am Tag dahinfliegt,
nicht vor der Pest, die im Finstern schleicht,
vor der Seuche, die wütet am Mittag.
Fallen auch tausend zu deiner Seite,
dir zur Rechten zehnmal tausend,
so wird es doch dich nicht treffen.
Ja, du wirst es sehen mit eigenen Augen,
wirst zuschauen, wie den Frevlern vergolten wird.
Denn der Herr ist deine Zuflucht,
du hast dir den Höchsten als Schutz erwählt.
Dir begegnet kein Unheil,
kein Unglück naht deinem Zelt.
Denn er befiehlt seinen Engeln,
dich zu behüten auf all deinen Wegen.
Sie tragen dich auf ihren Händen,
damit dein Fuß nicht an einen Stein stößt;
du schreitest über Löwen und Nattern,
trittst auf Löwen und Drachen.
»Weil er an mir hängt, will ich ihn retten;
ich will ihn schützen,
denn er kennt meinen Namen.
Wenn er mich anruft, dann will ich ihn erhören.
Ich bin bei ihm in der Not,
befreie ihn und bringe ihn zu Ehren.
Ich sättige ihn mit langem Leben
und lasse ihn schauen mein Heil.«
Psalm 91

Salomo – reich und weise

Salomo (hebräisch »Schelomoh« = »Der Friedfertige«) gilt nach David als der bedeutendste König Israels. Ihm gelingt es noch, das große Reich Davids zusammenzuhalten und zu festigen. Doch anders als David verwirklichte er dies nur in geringem Maß durch Kriege und militärische Gewalt (obwohl sie auch vorkommen; er muss sich am Anfang mit Gewalt gegen einen anderen Davidssohn Adonija durchsetzen, der nach der Erbfolge eigentlich Vorrang hatte vor dem später geborenen Salomo). Salomo setzt auf Handel und auf gute Beziehungen zu den Nachbarvölkern durch eine Heiratspolitik, die im Umfeld Israels Verbündete gewann. So verschwägerte er sich mit dem Pharao von Ägypten: Er nahm eine Tochter des Pharao zur Frau (1 Kön 3,1) – eine erstaunliche Wendung, wenn man bedenkt, dass die Ursprungserzählung Israels ja gerade vom Auszug aus Ägypten und aus der Unterdrückung des Pharao handelt. Dennoch gelingt es Salomo (Regierungszeit ca. 961–931), für Israel eine Zeit des Friedens zu schaffen: »Juda und Israel lebten in Sicherheit von Dan bis Beerscheba; ein jeder saß unter seinem Weinstock und seinem Feigenbaum, solange Salomo lebte« (1 Kön 5,5).

Salomo wird vor allem wegen seines Reichtums und seiner Weisheit gepriesen. Sein Reichtum war sagenhaft, in 1 Könige 10,14–29 wird von Unmengen Gold erzählt, das seinen Palast und seinen Thron schmückte. Und dieser Reichtum wird durch Geschenke und Tributgaben vieler Könige weiter vermehrt: »So übertraf König Salomo alle Könige der Erde an Reichtum ... Alle brachten ihm Jahr für Jahr ihre Gaben: silberne und goldene Gefäße, Gewänder, Waffen, Balsam, Pferde und Maultiere« (1 Kön 10,23.25). Mit seinem Reichtum kann Salomo eine Armee von Streitwagen ausstatten und so die Sicherheit Israels besser garantieren als mit Fußsoldaten allein. Er wird zum **Typus des mächtigen und reichen Herrschers** – dem steht die Lage seiner Untertanen gegenüber, die für Hof und Militär zu sorgen hatten und die auch das ungeheure Bauprogramm von Tempel und Palast in Jerusalem und von Burgen und Festungen, über das Land verstreut, zu finanzieren hatten. Hier beginnt bereits eine Entwicklung, die zum Auseinanderbrechen des Reiches führte.

Noch berühmter als durch seinen Reichtum aber war Salomo durch seine Weisheit. Er wird zum **Typus des weisen und gerechten Herrschers**, der Recht spricht und Gerechtigkeit schafft. Auch wegen seiner Weisheit kommen die Könige in seinen Palast: »Alle Welt begehrte ihn zu sehen und die Weisheit zu hören, die Gott in sein Herz gelegt hatte« (1 Kön 10,24). Bekanntester Besucher und in der Kunst immer wieder dargestellt ist die **Königin von Saba** (im NT die »Königin des Südens«, vgl. Mt 12,42). Sie erscheint außer in der Bibel (1 Kön 10,1–13) auch im Koran (Sure 27,22ff) und in der Gründungslegende Äthiopiens. Denkbar ist, dass mit Saba das Königreich der Sabäer im Süden der Arabischen Halbinsel (heute Jemen) gemeint ist, das von 1000 v. Chr. bis 400 n. Chr. Bestand hatte. Die Äthiopier beziehen die Königin von Saba auf ihre nördliche Hauptstadt Aksum und glauben, dass ihr erster König Menelik ein Sohn Salomos und der Königin von Saba war und auch die Bundeslade nach Aksum gebracht habe (die Bundeslade im Jerusalemer Tempel sei eine Kopie gewesen). Die Königin von Saba befragt Salomo und er kann ihr auf jede Frage eine Antwort geben. So preist sie seine Weisheit und auch Jahwe, seinen Gott, der ihm diese Weisheit verliehen hat.

Die Weisheit Salomos wird auch in anderen Erzählungen deutlich, in seinem Gebet um Weisheit etwa anlässlich eines Opfers auf der Kulthöhe in Gibeon nördlich von Jerusalem: »Verleih deinem Knecht ein hörendes Herz, damit er dein Volk zu regieren und das Gute vom Bösen zu unterscheiden versteht« (1 Kön 3,9). Unmittelbar danach zeigt sich in der Erzählung von den zwei Frauen, dass sich die von Gott geschenkte Weisheit auch in der praktischen Rechtsprechung bewährt: Das **salomonische Urteil** gibt der rechtmäißen Mutter ihr Kind zurück (1 Kön 3,16–28): »Ganz Israel schaute mit Ehrfurcht zu ihm auf; denn sie erkannten, dass die Weisheit Gottes in ihm war, wenn er Recht sprach« (1 Kön 3,28).

Das herausragendste Ereignis Salomos war der Bau des ersten Tempels auf dem Tempelberg in Jerusalem (vgl. Seite 214–215), in den dann auch die Bundeslade überführt wird (1 Kön 6; 7,13–51; 8). Doch der Frondienst, den die Stämme für die Baumaßnahmen Salomos zu leisten hatten (1 Kön 5,27), schafft Unruhe, auch die Götterbilder der ausländischen Frauen verstoßen gegen den reinen Jahweglauben. So prophezeit der Prophet Ahija einem von Salomos Beamten, Jerobeam, dass dieser nach Salomos Tod über zehn der zwölf Stämme Israels herrschen wird (1 Köln 11,31). Das Reich Davids zerbricht nach Salomo.

König Salomo beim Lesen der Tora,
Miniatur aus Frankreich, 1287

Salomos Segen

Der Herr, unser Gott, sei mit uns, wie er mit unseren Vätern war.
Er verlasse uns nicht und verstoße uns nicht.
Er lenke unsere Herzen zu sich hin,
damit wir auf seinen Wegen gehen
und die Gebote, Befehle und Anordnungen befolgen,
die er unseren Vätern gegeben hat …
Möge er seinem Volk Israel Recht verschaffen,
wie es jeder Tag verlangt,
damit alle Völker der Erde erkennen,
dass niemand Gott ist als der Herr allein.
Euer Herz aber bleibe ungeteilt beim Herrn, unserem Gott.
1 Könige 8,57–61

Extra:

Der Tempel in Jerusalem

Zentraler Ort in Jerusalem für das nationale wie religiöse Verständnis der Juden ist der **Tempelberg**. Dies ist der Ort, wo sich heute der muslimische Felsendom und die Al-Aksa-Moschee befinden – zentraler Ort des Streits zwischen Juden und Muslimen. Der erste jüdische Tempel wurde von König Salomo etwa 980 v. Chr. errichtet. Dieser (im Vergleich zum heutigen Gelände wahrscheinlich erheblich kleinere) Tempel wurde 587 durch Babylon zerstört. Nach dem Babylonischen Exil wurde der Tempel Salomos in einfacher Form wieder aufgebaut (»Zweiter Tempel«, etwa 520 v. Chr.). Auf den Trümmern des mehrfach zerstörten Tempels ließ König Herodes der Große etwa 20–10 v. Chr. einen neuen und prächtigen Tempel bauen, der im jüdisch-römischen Krieg 70 n. Chr. sein Ende fand.

Der Tempel war der Ort, wo bis zum Exil die **Bundeslade** aufbewahrt wurde, und galt deshalb als Ort der unmittelbaren Gegenwart Gottes. Der Tempel war somit, wenn auch nicht der geografische, der religiöse und nationale Mittelpunkt nicht nur der Stadt Jerusalem, sondern des ganzen Landes. Mehr noch: Juden hielten den Tempelberg für den Mittelpunkt der Welt, den Berg, auf dem sich Himmel und Erde berühren (vgl. in den asiatischen Religionen die Symbolik des Berges Meru, im Christentum Golgota). Dass dieser heilige Ort in Israel liegt, ist für den gläubigen Juden noch heute ein Hinweis auf die Erwählung des Volkes durch Gott. Der Tempel wurde im Laufe seiner Geschichte zum zentralen Ort des Opfers, nur hier gab es die Priesterschaft, die zahlreiche, genau festgelegte Riten vollzog.

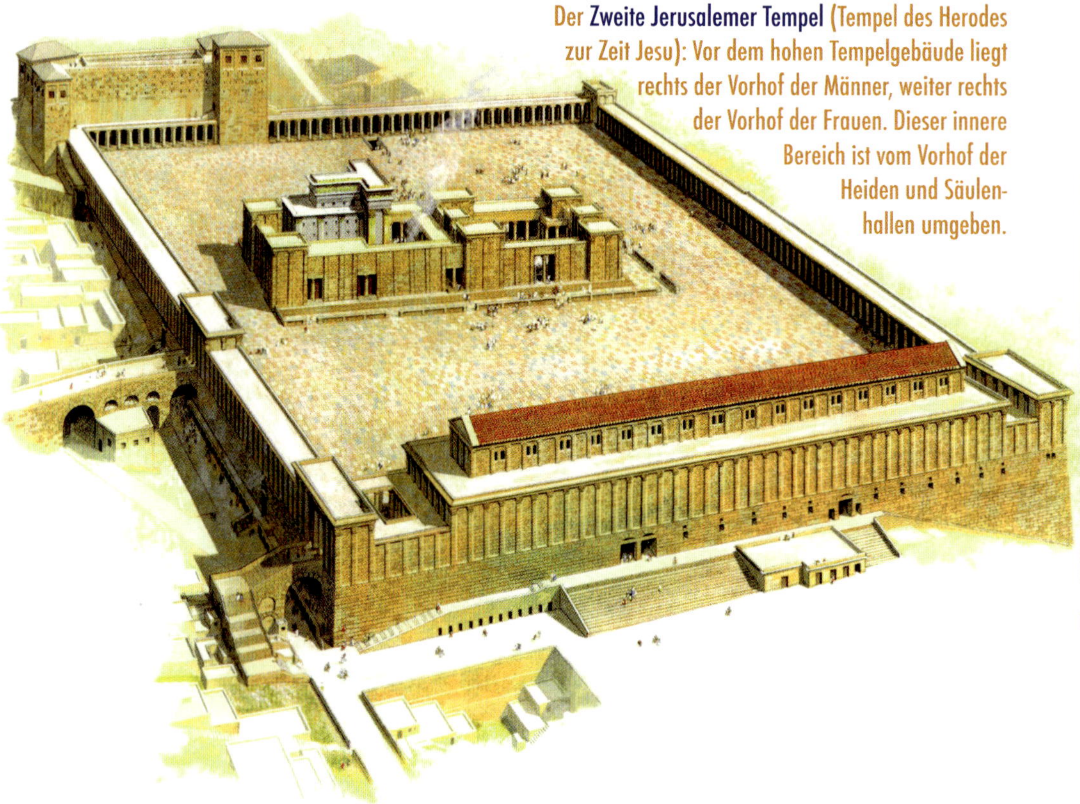

Der Zweite Jerusalemer Tempel (Tempel des Herodes zur Zeit Jesu): Vor dem hohen Tempelgebäude liegt rechts der Vorhof der Männer, weiter rechts der Vorhof der Frauen. Dieser innere Bereich ist vom Vorhof der Heiden und Säulenhallen umgeben.

Das Tempelgelände zur Zeit Jesu lässt sich nur bedingt rekonstruieren. Herodes der Große hatte, aufbauend auf Resten des Zweiten Tempels einen etwa 500 × 400 m umfassenden Tempelbezirk geschaffen, der zwischen zwei Tälern (Kidron vor dem Ölberg und Tyropoeon) lag. Ein Teil der Westmauer zum Tyropoeontal hin ist erhalten und ist heute die viel besuchte **Klagemauer**. Von gewaltigen Mauern eingefasst, war das riesige Tempelgebiet von Säulenhallen umgeben, in denen die Schriftgelehrten ihre Schüler unterrichteten (vgl. der zwölfjährige Jesus im Tempel, vgl. Lk 2,41–52). Der Tempelbezirk war in den Vorhof der Heiden, den der Frauen und den der Männer gegliedert. Es wurde strikt darauf geachtet, dass der innere Bereich nur von Juden betreten wurde; Heiden war der Zugang bei Todesstrafe verboten.

Salomo baut den Tempel, Petrus Comestor, Historia Scholastica, 1450

Zum Heiligtum gehörten Rauchopfertisch, Schaubrottisch und siebenarmiger Leuchter. Im Innern des Heiligtums trennte ein Vorhang das **Allerheiligste** ab (vgl. Mt 27,51: »Da riss der Vorhang im Tempel entzwei«). Das Heiligtum durfte nur von Priestern bei ihrem wöchentlich wechselnden Dienst betreten werden, das Allerheiligste nur von ausgewählten Priestern (Hohepriester) zu bestimmten Gelegenheiten (vgl. Zacharias, Lk 1). Das Tempelgebäude war durch Vergoldung hervorgehoben; die Bezeichnung des Tempels als prachtvolles Gebäude, das sich über Zion, die Stadt Gottes, erhob, war berechtigt.

Das ganze Tempelgelände muss man sich als äußerst belebt vorstellen. In den Hallen waren die Verkäufer, die Opfertiere anboten. Zugleich gab es dort Wechselstuben und wohl auch Verkaufsstände, die den Pilgern alles Notwendige anboten – ein Vergleich mit dem Betrieb vor großen Wallfahrtskirchen ist angebracht. Auch im Inneren des eigentlichen Tempels herrschte durch die vielen Tieropfer, durch die Opfernden (nur jüdische Männer) und Priester ein reges Leben.

Der Tempel war zentraler Ort in Jerusalem. Das Leben in der Stadt war wesentlich auf den Tempel ausgerichtet: Dies war das zentrale Heiligtum Israels. Es ist verständlich, dass mit der Zerstörung des Tempels im Jahr 70 eine Epoche jüdischen Glaubens zu Ende ging: Nicht mehr um Tempel, Priesterkaste und Opferkult ging es in der Folge, sondern um das Wort Gottes und seine Auslegung in den Synagogengottesdiensten: Das Wort ersetzte das Opfer.

Bereits vor der Zerstörung gab es – in alter prophetischer Tradition – auch **Kritik am Tempel- und Opferkult**. Auch Jesus reiht sich in eine solche prophetische Kritik ein; für ihn ist die Verbindung von Gottes- und Nächstenliebe entscheidender als die Opfer. Damit folgt er dem Spruch des Propheten Amos: »Wenn ihr mir Brandopfer darbringt, habe ich kein Gefallen an euren Gaben ... sondern das Recht ströme wie Wasser ...« (Am 5,22.24).

In der herodianischen und römischen Zeit beherrschte die nördlich gelegene **Burg Antonia** (im Bild oben links) den Tempel durch ihre hohe Bauweise. Diese Burg war Sitz des Königs Herodes, bis er später einen neuen Palast im Westen errichten ließ. Mit dem Namen »Antonia« ehrte er den römischen Feldherrn Marcus Antonius, dem er seine Königswürde über Israel verdankte. Zur Zeit Jesu war die Burg mit römischen Soldaten besetzt, weil man von hier aus bei Unruhen im Tempelbezirk schnell eingreifen konnte.

Der Tempel war für Juden das **»Haus des Herrn«**, zu dem man an den drei Wallfahrtsfesten Pessah, Schawuot und Sukkot voll Freude pilgerte: »Das Herz geht mir über, wenn ich daran denke: Wie ich zum Haus Gottes zog in festlicher Schar, mit Jubel und Dank in feiernder Menge« (Psalm 42,5).

Nordreich Israel und Südreich Juda

Aus der Sicht der biblischen Bücher 2 Samuel und 1 Könige war die **David- und Salomozeit** das Goldene Zeitalter Israels. Nun hatten sich endgültig die Verheißungen erfüllt, deretwegen sich die Stämme Israels in Ägypten auf den Weg gemacht hatten. Nun war endgültig ein *Volk* in einem großen *Land* voll »Milch und Honig«, das von einem *König* weise und gerecht regiert wurde. Nun wurde endgültig der eine und einzige *Gott* Jahwe in seinem prachtvollen Tempel in Jerusalem verehrt – seine Weisung vom Sinai wurde vom Volk des Bundes eingehalten.

So die idealisierte Sicht. Die archäologischen Forschungen zeigen ein anderes Bild: Ein Großreich Davids und Salomos bis nach Damaskus und Aram im Norden und nach Edom im Süden (vgl. die Karte auf Seite 38) gab es nicht – dies ist vielmehr die Vorstellungswelt einer späteren Zeit: die des deuteronomistischen Geschichtswerks, das mit den Reformen und auch mit der Theologie des Königs **Joschija** (641–609 v. Chr.) zu verknüpfen ist (vgl. Seite 222–223). Joschija wollte nach dem Untergang des Nordreiches Israel 722 v. Chr. das Südreich Juda zu neuer Blüte und auch neuer Größe führen. Da war die Berufung auf ein gewaltiges Reich Davids von höchster Bedeutung – leider hat dies auch Auswirkungen bis zur Politik Israels in unseren Tagen.

In der Epoche der beiden Reiche war die Bedeutung eher umgekehrt: Das Nordreich Israel war wegen seiner besseren geografischen und deshalb wirtschaftlichen Bedingungen (fruchtbare Ebenen) wohlhabender und deshalb auch zu größeren militärischen Anstrengungen in der Lage als das karge Bergland von Juda, in dem nur die Hauptstadt Jerusalem von Bedeutung war – allerdings aus heutiger Sicht auch eine Kleinstadt, nicht zu vergleichen mit Städten wie Damaskus, Tyros oder Sidon. So ist auch zu verstehen, dass in der Zeit der beiden Reiche ein israelitisches Heer (unter Pekach) bis vor Jerusalem dringen kann und nicht umgekehrt Juda das »götzendienerische« Israel erobert.

Auch der **einheitliche Glaube an Jahwe** ist bereits unter Salomo mit seinen vielen ausländischen Frauen eine Fiktion. Diese brachten ihre eigenen Gottheiten aus Ägypten und den nördlich Israels gelegenen Ländern mit. Doch wichtiger als diese ständigen Fremdeinflüsse ist der Bestand der ursprünglich kanaanäischen Gottheiten. Die Königsgeschichte sowohl Israels als auch Judas ist – wie aus dem gerafften Überblick der folgenden beiden Seiten hervorgeht – als eine durchlaufende Geschichte des Kampfes Jahwes gegen die anderen Götter zu lesen. Immer wieder wird von den Kulthöhen gesprochen, von den kultischen Pfählen, mit denen Baal, Aschera (vgl. Seite 41) und andere Fruchtbarkeits- und Wettergötter (»Götzen«) verehrt werden. Immer wieder wird berichtet, dass dieser und jener König etwas tat, das dem Herrn missfiel. Dies wird beständig auf »die Sünde« zurückgeführt, »mit der Jerobeam Israel verführt hatte«. Hier wird eine Linie des Abfalls von Jahwe mit dem ersten König des Nordreiches, **Jerobeam**, verbunden. Doch dieser Abfall von Jahwe setzt sich bei den Königen und bei den beiden nun getrennten Völkern Israel und Juda bis zum Untergang fort: das Nordreich im Jahr 722 (Eroberung durch Assur), das Südreich im Jahr 586 (Exil).

Politische, wirtschaftliche und religiöse Differenz prägt also das Verhältnis vom Nordreich Israel zum Südreich Juda. Man ist sich durchaus vieler Gemeinsamkeiten aufgrund einer gemeinsamen Geschichte bewusst, man beruft sich auf den gemeinsamen König David. Doch kommen in den stärkeren Differenzen wohl jene unterschiedlichen Stammestraditionen in neuem Zusammenhang zum Tragen, die Israel bereits bei der Landnahme geprägt haben: Nicht ein einheitlich aus Ägypten ausgewandertes Volk besetzt ein ihm verheißenes Land und schafft darin einen einheitlichen Staat. Vielmehr gibt es unterschiedliche halbnomadische Stämme, die (aus Ägypten, aus dem Süden, aus dem Osten über den Jordan) nach Kanaan eindringen und sich dort miteinander verbünden.

Die Bücher der Chronik (1 Chr, 2 Chr): Die beiden Bücher der Chronik, etwa 400-300 v. Chr. und wohl in Jerusalem entstanden, stellen neben den Samuel- und Königsbüchern eine weitere Art theologischer Geschichtsschreibung dar. Es geht den Autoren vor allem um eine Verherrlichung des davidischen Königreiches und des Jerusalemer Tempels – hier liegt der inhaltliche Schwerpunkt. Man vermutet die Verfasser deshalb auch unter den Tempelbediensteten des zweiten Tempels, der nach dem Exil errichtet wurde. Mit ihrer »Geschichts«schreibung wollten sie die Bedeutung des Tempels für Juda und damit ihre eigene Existenz reflektieren. Das erste Buch der Chronik beginnt bei Adam und bringt dann vielfältige Listen ein, die schnell zu David führen. Das erste Buch der Chronik endet mit der Davidzeit, das zweite beginnt mit Salomo und führt dann bis zur Zerstörung Jerusalems und des Tempels und bis zum Exil. Nach der Davidzeit werden vor allem die jüdischen Könige vorgestellt; nur dem Südreich gilt das Interesse der Erzähler – das Nordreich hatte sich ja nicht nur vom Jerusalemer König, sondern auch vom Tempel gelöst und wird deshalb zu Recht bestraft. Ein kurzer Ausblick allerdings zitiert einen Befehl des Königs Kyros von Persien: In Jerusalem soll ein Haus für Gott, ein Tempel, errichtet werden (vgl. zu Esra, Seite 256).

Aus diesem Stammesverband hat zuerst Saul, dann aber vor allem David mit seiner charismatischen Persönlichkeit, aber auch mit militärischer Gewalt einen staatlichen Verbund geschaffen mit Jerusalem als Hauptstadt, das zudem erst noch erobert werden musste (also außerhalb der bisherigen Stammestraditionen stand). Salomo führte das Erbe Davids fort, doch schon während seiner Zeit gibt es politische und soziale Unruhen: Seine Fronarbeit steht gegen die Clan-Traditionen der Stämme, die sich niemandem unterordnen wollen. Seine Besteuerung verschärft soziale Gegensätze. So wundert es nicht, dass einer seiner Beamten, Jerobeam (1 Kön 11,26) den Aufstand gegen Salomo wagt. Er scheitert zu Lebzeiten des Salomo, doch nach dessen Tod kann er gegen dessen Sohn Rehabeam den Abfall der zehn nördlichen Stämme bewirken. Die letztlich schwache Einheit des Davidreiches zerbricht wieder.

Die Königszeit der Könige von Israel und Juda ist auch die Zeit der großen **Propheten**, die wechselnd im Norden und im Süden auftreten: Amos und Hosea, Jesaja und Micha, schließlich Jeremia, Nahum, Habakuk und Zefanja.

Jean Honoré Fragonard (1732–1806), Jerobeam opfert dem Goldenen Kalb, 1752

Die Könige des Nordreiches Israel

Saul (1020-1000)	erster König Israels (Gesamtreich Süden und Norden)
	Dynastie David
David (1000-961)	regierte zuerst von Hebron aus, machte Jerusalem zur Hauptstadt
Salomo (961-931)	letzter König des Gesamtreiches, berühmt für Reichtum und Weisheit
	Dynastie Jerobeam
Jerobeam I. (931-910)	trennte das Nordreich (zehn Stämme) von Juda ab, ließ auch Kulthöhen (etwa in Bet-El) errichten, wo Stiergottheiten (Kälber) verehrt wurden: politischer und religiöser Abfall von Jerusalem (2 Kön 12-14)
Nadab (909)	Sohn Jerobeams, wird von Bascha ermordet (2 Kön 15,25-32)
	Dynastie Bascha
Bascha (909-886)	ermordet Jerobeams Familie, hält am Götterkult fest (2 Kön 15,33-16,7)
Ela (885)	Sohn Baschas, wird von General Simri ermordet (2 Kön 16,8-14)
	Simri
Simri (885)	nur sieben Tage Herrschaft über Israel, dann Selbstmord (2 Kön 16,15-20)
	Dynastie Omri
Omri (885-874)	zuerst Bürgerkrieg mit Tibnis, dann setzt er sich durch, kauft den Berg Samaria und baut dort eine neue Hauptstadt (2 Kön 16,21-28)
Ahab (873-853)	heiratet Isebel, eine phönizische Prinzessin, und errichtet in Samaria einen Baalstempel, wird zum Gegenspieler Elijas (2 Kön 16,29-22,40)
Ahasja von Israel (853-852)	ebenfalls Verehrer Baals (1 Kön 22,52 - 2 Kön 1,17)
Joram von Israel (852-841)	entfernt das Steinmal des Baal, kämpft gegen Moab (2 Kön 3)
	Dynastie Jehu
Jehu (841-813)	wird von einem Schüler Elischas zum König gesalbt, ermordet Isebel, die Söhne Ahabs und die Baalspriester, fällt von Jahwe ab (2 Kön 9-10)
Joahas (813-797)	Israel wird vom Reich Aram bedrängt (2 Kön 13,1-9)
Joasch von Israel (797-782)	Tod Elischas, Bedrohung durch den aramäischen Hasaël wird abgewendet, besiegt König Amazja von Juda (2 Kön 12-13)
Jerobeam II. (782-747)	festigt in seiner langen Herrschaft das Reich Israel (2 Kön 14,23-29)
Secharja (747)	nur sechs Monate, bevor er von Schallum ermordet wird (2 Kön 15,8-12)
	Schallum, Menahem, Pekachja, Pekach, Hoschea
Schallum (747)	wird von Menahem ermordet (2 Kön 15,13-16)
Menahem (747-742)	wird Assur tributpflichtig (2 Kön 15,17-22)
Pekachja (742-740)	Sohn Menahems, wird von Pekach erschlagen (2 Kön 15,23-26)
Pekach (740-731)	Assur erobert Galiläa und weite Gebiete (2 Kön 15,27-31)
Hoschea (731-722)	letzter König Israels und Untergang des Reiches durch Assur (2 Kön 17)

Die Bücher Könige und Chronik führen die Könige der getrennten Reiche Israel (Norden) und Juda (Süden) auf. Die Regierungszeiten sind allerdings vor allem in den Anfängen nur schwer einzuordnen. Die hier aufgeführte Datierung verwendet die Angaben der Einheitsübersetzung. Andere Forscher in Israel kommen zu geringfügigen Differenzen. Alle Jahreszahlen sind deshalb nur als ungefähre Werte zu nehmen.

Die Könige des Südreiches Juda

Saul (1020-1000)	erster König Israels (Gesamtreich Süden und Norden)
	Dynastie David
David (1000-961)	regierte zuerst von Hebron aus, machte Jerusalem zur Hauptstadt
Salomo (961-931)	letzter König des Gesamtreiches, berühmt für Reichtum und Weisheit
	Dynastie Jerobeam
Rehabeam I. (931-914)	In seine Zeit fällt die Plünderung Jerusalems und des Tempels durch den ägyptischen König Schischak – dies wird als Strafe Jahwes für den Götzendienst Judas angesehen (1 Kön 14,21-31).
Abija (914-912)	nach wie vor Vielgottglaube in Israel (1 Kön 15,9-24)
Asa (911-871)	beseitigt Götterbilder, schmückt den Tempel neu aus, Krieg mit Bascha, dem König von Israel (1 Kön 15,9-24)
Joschafat (871-848)	wird wie sein Vater Asa als jahwegläubig bezeichnet (1 Kön 22,41-51)
Joram von Juda (848-841)	heiratet eine Tochter des israelitischen Königs Ahab, Edom fällt von Juda ab (2 Kön 8,16-24)
Ahasja von Juda (841)	wird nach einem erfolglosen Feldzug gegen Aram zusammen mit König Joram von Israel vom Usurpator Jehu getötet (2 Kön 8,25-29)
Atalja (841-835)	Die Mutter Ahasjas ergreift die Macht, wird aber auf Befehl des Priesters Jojada hingerichtet, Jojada erneuert den Bund mit Jahwe (2 Kön 11).
Joasch von Juda (835-796)	auch er sorgt für den Kult am Jerusalemer Tempel (2 Kön 12)
Amazja (796-767)	besiegt die Edomiter, verliert gegen Israels König Joasch (2 Kön 14,13-29)
Asarja ([Usija] 767-739)	Die Auseinandersetzungen zwischen Jahwekult und Götterkult auf den Kulthöhen gehen weiter (2 Kön 15,1-7).
Jotam (739-734)	Sohn des Asarja, Wohlstand, aber auch soziale Spannungen nehmen in Juda zu, Protest des Propheten Micha (2 Kön 15,32-38).
Ahas (734-728)	Anders als Aram (Damaskus) und das Nordreich Israel kämpft Ahas von Juda nicht gegen die weiter vorrückenden Assyrer, sondern leistet ihnen Tribut. Deshalb wird er auch von den Assyrer gerettet, als Pekach von Israel Jerusalem bedroht (2 Kön 16).
Hiskija (728-699)	Nach der Eroberung des Nordreiches Israel durch Assur bleibt nur Juda vom Großreich Davids übrig. Hiskija begehrt mehrfach gegen die assyrische Vorherrschaft auf, Jerusalem wird belagert, doch er kauft sich durch Tribut frei, Juda schrumpft auf das Bergland um Jerusalem (2 Kön 18-20).
Manasse (699-643)	fällt vom Jahweglauben ab und fördert Götterkulte (2 Kön 21,1-18)
Amon (642-641)	dient wie sein Vater Manasse den Götzen (2 Kön 21,19-26)
Joschija (641-609)	Sohn Amons, Reformkönig, vgl. Seite 222-223 (2 Kön 22,1-23,30)
Joahas (609)	wird vom Pharao Necho II. verschleppt (2 Kön 23,31-35)
Jojakim (609-598)	ursprünglich: Eljakim, von Necho eingesetzt, 605: Assyrer und Ägypter vom babylonischen König Nebukadnezar II. geschlagen (2 Kön 23,36-24,7)
Jojachin (597)	Kapitulation vor den Babyloniern (2 Kön 24,8-17)
Zidkija (597-586)	letzter König Judas, versucht Aufstand gegen Babylon, wird mit der Oberschicht Judas nach Babylon verschleppt (2 Kön 24,18-25,7)

Elija, der Prophet – Kampf für Jahwe

Den während der Königszeit beständigen Kampf der Anhänger eines reinen Jahweglaubens gegen die Anhänger verschiedener Gottheiten – sei es autochthon mit Kanaan verknüpft oder von Fremdvölkern außerhalb Kanaans übernommen – lässt sich beispielhaft an zwei sehr unterschiedlichen Gestalten festmachen: an **Elija, dem Propheten** (vgl. auch Seite 228–229), und an **Joschija, dem königlichen Reformer** (vgl. Seite 222–223). Beide versuchen, ihr Volk (Elija im Norden, Joschija im Süden) auf den reinen Jahweglauben festzulegen und alle andere Götterverehrung abzubrechen. Beide gehen diese gleiche Aufgabe allerdings mit sehr unterschiedlichen Mitteln an.

Elija (hebräisch = »mein Gott [El] ist Jahwe) ist bereits von seinem Namen her programmatisch auf den Kampf um die Anerkennung Jahwes als einzigem Gott Israels ausgerichtet. Er ist einer der bedeutendsten Propheten der Hebräischen Bibel, des Alten Testaments, auch wenn es von ihm kein eigenes prophetisches Buch mit seiner Botschaft gibt (seine Geschichte wird in 1 Könige 17 – 2 Kön 2 erzählt). Elijas Prophetentum ist weniger auf das Wort als auf zeichenhafte Handlungen ausgerichtet, die er dann allerdings durch erklärende Worte deutet. Er ist ein **»Prophet der Tat«**.

Für die Verfasser der Königsbücher ist Elija aus drei Gründen wichtig:

- Er erweist sich als unerbittlicher Kämpfer für den Jahweglauben.
- Er begegnet Gott in einer geheimnisvollen Weise (vgl. Seite 226–227).
- Er vermittelt in seinen Wundern die Lebenskraft Gottes (vgl. Seite 228–229).

Elija wirkte im Nordreich Israels vor allem zur Zeit der Könige Ahab (873–853) und dessen Sohn Ahasja (853–852). In der Auseinandersetzung um den rechten Gottesglauben wird vor allem Ahab sein Gegenspieler, der wiederum von seiner Frau Isebel getrieben wurde, einer phönizischen Prinzessin aus Sidon. Isebel förderte als Gegenspielerin des Jahwe-Propheten Elija den Baalskult, der in ihrer Heimat vorherrschend war. Was sich als Machtkampf zwischen Herrscher(in) und Prophet zeigt, hat damit gleichsam die »himmlische« Dimension eines Kampfes zwischen den Göttern Jahwe und Baal. Aus dieser Sicht wird auch das beständige Eingreifen Gottes (sendet Trockenheit [1 Köln 17,1], lässt Feuer auf das Opfer des Elija herabkommen [1 Kön 18,38] ...) verständlich: Hier geht es um Jahwe selbst – er zeigt seine Macht und seine Überlegenheit über alle Götter.

Die Auseinandersetzung zwischen Elija und Ahab/Isebel und damit zwischen Jahwe und Baal zeigt sich am deutlichsten im sogenannten »Gottesurteil« auf dem Karmel (1 Kön 18). Das etwa 20 km lange Karmelgebirge erstreckt sich entlang der Mittelmeerküste im Norden Israels bis auf eine Höhe von 552 m. Der Karmel (hebräisch = »Obstgarten, Weingarten«) ist äußerst fruchtbares Land und war in der Königszeit zum Teil bewaldet. Wegen seiner Fruchtbarkeit stand der Karmel bei Phöniziern und Kanaanäern, aber wohl auch bei Teilen Israels in einer unmittelbaren Beziehung zu den beiden Fruchtbarkeitsgöttern Baal und Aschera (vgl. Seite 41). Deshalb wird der Karmel zu Recht zum Ort der entscheidenden Auseinandersetzung zwischen dem Jahwe-Propheten Elija und den Baals- und Aschera-Propheten. Jahwe zeigt sich als überlegen, die Baalspropheten werden der Lächerlichkeit preisgegeben und schließlich ermordet (zu Gewalt vgl. Seite 196–197). Jahwe ist Sieger und König.

Der Prophet Elija hat in den drei vorderorientalischen Religionen eine bedeutende Rezeptionsgeschichte: **Juden** glauben, dass Elija vor der Ankunft des Messias erscheinen wird (Mal 3,23), denn er ist nicht gestorben, sondern wurde von einem feurigen Wagen lebend in den Himmel aufgenommen (2 Kön 2,11). In der Pessah-Haggada wird deshalb ein Becher für Elija bereitgestellt; es wird die Wohnungstür geöffnet, damit er hereinkommen kann. **Christen** erinnern in ihrer Deutung Jesu an Elija, die Wunder Jesu (Speisung, Totenerweckung) werden als Überbietung der Wunder des Elija gedeutet (Jesus = zweiter Elija). Jesus selbst stellt Elija in eine Beziehung zu Johannes dem Täufer (Mt 11,14). **Muslime** verstehen Elija (Koran: »Ilyas«) als Rechtschaffenen und Gottesfürchtigen (Sure 6,85; 37,123–132). Die **Mormonen** glauben an eine Wiederkunft des Elija, der ihrem Stifter Joseph Smith eine Offenbarung gebracht hat. Die **Bahai** sehen in ihrem Stifter Baha'u'llah den wiedergekommenen Elija.

José (Jusepe) de Ribera (1591–1652), Elias, 1638

Elischa (hebräisch = »Gott hat geholfen«) ist Schüler und Nachfolger des Elija. Elischa beginnt sein prophetisches Handeln nach der Entrückung Elijas auf dem Feuerwagen in den Himmel, bei dem er dessen Mantel als Zeichen seiner prophetischen Macht erhält (2 Kön 2,1–18). Die Elischa-Überlieferungen erzählen vor allem Wundertaten: die Spaltung des Jordan (2 Kön 2,14 – vgl. Mose am Schilfmeer), die Heilung einer Quelle (2 Kön 2,19–22 – vgl. Mose: Wasser aus dem Felsen), die Rettung einer Witwe (2 Kön 4,1–7), die Totenerweckung (2 Kön 4,8–37), die Brotvermehrung (2 Kön 4,42–44), die Heilung eines Aussätzigen (2 Kön 5) – immer wirkt Jahwe durch Elischa Heil für die Menschen.

Elijas Himmelfahrt, Miniatur aus Speculum Humanae Salvationis, 14. Jahrhundert

Joschija, der König – Glaube an Jahwe

Nach den großen Königen David und Solomo, die über das Gesamtreich Israel (Nord- und Südreich) herrschten, ist König Joschija (Regierungszeit 641–609 v. Chr.) der bedeutendste Herrscher – allerdings nur über das Südreich Juda mit Jerusalem als Hauptstadt und dem Jerusalemer Tempel als geistig-religiösem Zentrum. Er ist der Sohn und Enkel der von Jahwe abgefallenen Könige Amon und Manasse, doch bringt er ein Ende der Fremdgottverehrung in Juda und reformiert den Tempelkult in Jerusalem.

Sein Wirken beginnt mit dem Bemühen, Schäden am Tempel zu beseitigen, um die Pracht des salomonischen Tempels wiederherzustellen. Bei den Arbeiten findet man ein Gesetzbuch mit Anweisungen zu einem Leben entsprechend dem Bund Jahwes mit seinem Volk (Sinaibund). Dieses Buch wird über den Hohepriester Hilkija an den Staatsschreiber Schafan übergeben, der dem König daraus vorliest. Es wird angenommen, dass diese Schriftrolle die **deuteronomische Gesetzessammlung** enthält (vgl. Dtn 12–26; 28).

Diese Sammlung beginnt mit dem Thema, das für Joschijas Handeln prägend wird: die Vernichtung aller fremden Kultstätten und die Verehrung Gottes an einer einzigen Kultstätte: »Ihr sollt alle Kultstätten zerstören, an denen die Völker, deren Besitz ihr übernehmt, ihren Göttern gedient haben ... Ihr sollt ihre Altäre niederreißen und ihre Steinmale zerschlagen. Ihre Kultpfähle sollt ihr im Feuer verbrennen und die Bilder ihrer Götter umhauen« (Dtn 12,2–3). Stattdessen soll Israel zu der Kultstätte ziehen, die Jahwe selbst bestimmt und in der er seine Wohnung nimmt – gemeint ist hier Jerusalem mit seinem Tempel, dem Ort der Bundeslade und damit der unmittelbaren Gegenwart Jahwes unter seinem Volk (Dtn 12,4–7). Beides, die Verehrung Gottes im Jerusalemer Tempel und die Zerstörung der anderen Kultstätten wird zum Regierungsprogramm des Joschija.

Dabei kommt Joschija entgegen, dass zu seiner Regierungszeit die beiden Großmächte des Vorderen Orients schwächeln. Er weitet deshalb den Einfluss Judas nach Norden hin auf Samaria und auf Teile Galiläas aus. Damit aber kommt ein Gebiet unter seine Herrschaft, das unter den Königen des Nordreiches (vgl. Seite 218) weithin dem Kult fremder Götter gehuldigt hat. Die Frage des Bundes mit Jahwe angesichts eines solchen Abfalls wird durch die Gebietserweiterung aktuell. Joschija beschließt, entsprechend der deuteronomischen Gesetzessammlung zu handeln.

Er beseitigt den Altar am Höhenheiligtum in Bet-El, den der vom Nachfolger Salomos Rehabeam abgefallene neue Herrscher des Nordens, Jerobeam, dort angelegt hatte. Durch Feuer vernichtet Joschija diese Kultstätte und macht den Boden dadurch nach damaligem Verständnis wieder rein. Weitere Kultstätten in Samaria werden ebenfalls vernichtet, wohl Höhentempel für Baal und Aschera, aber auch für lokale Gottheiten. Die Zerstörung bezieht sich nach 2 Kön 23,20 nicht nur auf die Kultstätten selbst, sondern auch auf die Priester an diesen Stätten: Sie werden getötet und verbrannt – das Land Jahwes soll rein von jedem Götzendienst und jedem Götzendiener sein.

Die wichtigste Aufgabe einer Reinigung von Fremdkulten allerdings betrifft den Jerusalemer Tempel. Hier waren durch Joschijas Vorgänger Manasse und Amon Kultbilder für Baal, Aschera und andere Gottheiten aufgestellt worden, die jetzt von Joschija wieder entfernt und vernichtet werden.

Am Abschluss seiner Reinigung steht ein Bundesfest, das Jahwe wieder neu mit seinem Volk verbinden soll. Es ist ein erneuertes Pessahfest, das bewusst an die Exodustradition Israels anknüpft und damit die aus der Geschichte Israels sich ergebende Bindung des Volkes an seinen Gott Jahwe herausstellt. Wieder ergibt sich der Gedanke: ein Volk – ein König (als Repräsentant) – ein Land – ein Gott – ein Tempel.

Die Prophetin Hulda (2 Kön 22,14–20): Das Prophetenamt in Israel und Juda wurde zwar – entsprechend einer patriarchalischen Gesellschaft – meist von Männern ausgeübt, doch es gab Ausnahmen, wo Frauen hohe Wertschätzung erfahren (vgl. S. 173: Mirjam). In der Erzählung von 2 Könige über Joschija erscheint die Prophetin Hulda an entscheidender Stelle: Der König und sein Priester Hilkija wollen Gott befragen, um dem Gesetz wieder neue Geltung zu verschaffen. Deshalb gehen sie zu Hulda. Diese verschweigt ihnen das Unheil nicht, das dem Volk einige Jahre später droht: Juda wird zerrieben zwischen dem König von Babylon und dem König von Ägypten. Allerdings hat Hulda für den König selbst eine Trostbotschaft: Er selbst wird dieses Unheil nicht mehr erleben, sondern in Frieden sterben. Die Unheilsbotschaft der Hulda wird Joschija zur eindringlichen Mahnung, den Bund mit Jahwe zu erneuern und den Kult in Israel von allen Fremdeinflüssen zu reinigen. Damit ist Hulda wie andere (etwa der mit ihr vielleicht verwandte Jeremia) Prophet des Bundes Gottes mit seinem Volk. Hulda wurde in späterer Zeit sehr verehrt. Es gibt an der Westmauer des Herodianischen Tempels (Klagemauer) ein Doppeltor, das ihren Namen trägt: »Tor der Hulda«.

Synagoge von Dura Europos, 3. Jh. n. Chr., siebenarmiger Leuchter, Tempel in Jerusalem, Die Opferung Isaaks

Prophetengeschichten

Das Alte Testament der christlichen Bibel schließt mit den Schriften der Propheten, beginnend bei Jesaja und endend mit dem Zwölfprophetenbuch. Der Begriff **»prophètes«** meint im Altgriechischen »Fürsprecher, Bote, der, von Gott gesendet, Worte spricht«. Entscheidend ist dabei der Auftrag einer Gottheit, die der Prophet innerlich, durch Vision oder Audition wahrnimmt und der er sich gegen alle persönlichen Widerstände (»Ich bin zu jung« [Jeremia], »Ich kann nicht reden« [Mose] ...) nicht entziehen kann. Das Wort Prophet meint demnach den von einer numinosen Macht Ergriffenen, der gleichsam außer sich gestellt mit Visionen, Auditionen und oft in Ekstase etwas außerhalb des normal Erfahrbaren aussagt. Bei der griechischen Übersetzung der Hebräischen Bibel wurde dieses Wort für das hebräische **»nabi«** gewählt, obwohl die Bedeutung des hebräischen Begriffs eher in eine andere Richtung geht. Beim biblischen Propheten geht es um einen von Gott Gerufenen und Berufenen, der selber zum Rufenden für Gott werden soll; es geht um die Begegnung mit Gott und das Einstimmen auf seinen Willen und um die Verkündigung des göttlichen Willen an die Machthaber (Könige Israels und Judas) oder an das Volk.

Das Prophetentum ist eine religiöse Erscheinung, die den Glauben Israels von der frühen Zeit bis nach dem Exil über viele Jahrhunderte hinweg wesentlich bestimmt hat, etwa im Zeitraum von 1000 bis 200 vor Christus. Bei Propheten geht es – anders als in der landläufigen Meinung – *nicht* um eine Vorhersage der Zukunft (»Ich prophezeie dir dies oder jenes ...«), sondern um eine kritisch-produktive Deutung des Willens Gottes für die Gegenwart aus der Erfahrung der Vergangenheit heraus. Eine solche Deutung wird dann allerdings in die Zukunft hinein verlängert, so dass sich Konsequenzen aus diesem oder jenem Handeln ergeben können. Die prophetische Aufgabe ist – biblisch verstanden – also nicht, die Zukunft vorauszusagen (dies tun Wahrsager, Orakel und anderes mehr), sondern die Wahrheit über Gott und den Menschen in Wort und Zeichenhandlung auszudrücken.

Die Aufteilung der biblischen Bücher unterscheidet sich bei Juden und Christen (vgl. Seite 109). Im Judentum werden als »Propheten« (Nebiim) nicht nur die Schriften mit den Aussprüchen einzelner Propheten (in der christlichen Bibel von Jesaja bis Maleachi) als prophetisch verstanden, sondern auch die christlich als »Geschichtliche Bücher« verstandenen Schriften von Josua bis zu den Büchern der Könige. Darin tauchen zwei Arten von Propheten auf: die Hof- oder Kultpropheten, die am Königshof oder Tempel als Berufspropheten wirkten und in der Regel nur Heilsbotschaften verkündeten. Hinzu kommen jedoch große Einzelgestalten wie etwa Samuel, Natan, Gad, Elija, Elischa ... die keine Anstellung am Hof oder Tempel haben und ihre Botschaft allein durch ihre Autorität untermauern, zudem nicht nur Heil, sondern je nach Situation auch Unheil ankündigen. Sie werden als die wahren Propheten verstanden, die von Gott beauftragt und in ihren Dienst berufen sind. Die anderen »Heilspropheten« dagegen sind die falschen Propheten, die König und Volk ins Unheil führen.

Viele große Gestalten der Bibel werden Propheten genannt: Gott selber benennt bereits Abraham gegenüber Abimelech, dem König von Gerar, als Propheten (Gen

20,7). Auch der »Gesetzgeber« Mose wird als Prophet bezeichnet: »Nie wieder ist in Israel ein Prophet wie Mose aufgetreten« (Dtn 34,10). Neben Mose wird auch sein Bruder Aaron (Ex 7,1) als Prophet verstanden, weil er gleichsam das Sprachrohr des Mose vor dem Pharao ist. Auch Moses Schwester Mirjam wird in einen prophetischen Zusammenhang gestellt (Ex 15,20, vgl. Seite 173). Doch die Zeit der großen Einzelpropheten beginnt erst am Ende der Richterzeit, als ihre kritische Funktion gegenüber den Königen benötigt wird: Samuel etwa (1 Sam 3,20), Gad (1 Sam 22,5), Natan (2 Sam 12,25) und vor allem Elija ...

Walter Habdank, Der Prophet, 1980

Von diesen Männern (und Frauen, vgl. Debora [Ri 4,4]) sind keine Schriften hinterlassen. Das beginnt erst in der späteren Königszeit (750–700 v. Chr.) mit Amos und Hosea im Nordreich Israel und mit Micha und (dem ersten) Jesaja im Südreich Juda. Sie sind keine »Berufspropheten«, die an den Tempelkult angebunden waren, sondern »Berufungspropheten«, die unabhängig von einer Beauftragung durch König oder Priester ihre Berufung unmittelbar von Gott erfuhren und dann – auch gegen den Widerstand offizieller Kreise – ihre prophetische Botschaft verkündeten. Das Prophetentum steht somit in Israel in einer Spannung zwischen traditionellen Strukturen und einer Neubesinnung auf den eigentlichen Willen Gottes. Dies führte immer wieder zu Konsequenzen für den Lebensweg einzelner Propheten: Propheten werden verfolgt und mit dem Tod bedroht – Jeremia ist das beste Beispiel dafür.

Entscheidend für die Propheten ist ihre Berufung durch Gott, die plötzlich und unvorhersehbar in das Leben dieser Menschen eingreift. Sie werden mit dem Geist Gottes erfüllt, von Gottes Hand ergriffen (Elija, vgl. 1 Kön 18,46), geraten in Verzückung, werden auch als Seher, Ekstatiker und Gottesmänner bezeichnet. Von einigen Propheten gibt es eigene Berufungsgeschichten, die ihr inneres Ringen um ihre Aufgabe widerspiegeln: Jesaja (Jes 6,1–13), Jeremia (Jer 1,4–10), Ezechiel (Ez 1,1–3,27).

Die prophetischen Bücher der christlichen Bibel werden in die »Großen Propheten« (von Jesaja bis Daniel) und in die »Kleinen Propheten« (von Hosea bis Maleachi, zusammen das Zwölfprophetenbuch) unterschieden. Diese Aufteilung liegt nicht an der Bedeutung der Bücher, sondern allein an der Länge des Textes.

Prophetentum im Neuen Testament

Bei mehreren Versuchen, das Wirken Jesu einzuordnen und zu deuten, wird ihm von außen der Titel Prophet zugesprochen: »Herr, ich sehe, dass du ein Prophet bist« (Joh 4,19, vgl. auch Joh 6,14; Lk 24,19). Die Petruspredigt am ersten Pfingstfest weist darauf hin, dass in der nun begonnenen Heilszeit »eure Söhne und Töchter weissagen ...« (Apg 2,17, vgl. Joël 3,1-5). In den ersten Gemeinden werden Propheten als Dienste innerhalb der Gemeinde aufgeführt (Apg 13,1; 15,32; 21,10 und 1 Kor 12,10; Röm 12,6). Frauen können Propheten sein, etwa Hanna im Jerusalemer Tempel (Lk 2,36). Auch Paulus spricht von Frauen, die prophetisch reden (1 Kor 11,5).

Grundthema der Bibel – Gott, verborgen und zugleich nah

Gott begegnet

Der Herr sagte zu Elija: »Komm heraus, und stell dich auf den Berg vor den Herrn!« Da zog der Herr vorüber: Ein starker, heftiger Sturm, der die Berge zerriss und die Felsen zerbrach, ging dem Herrn voraus. Doch der Herr war nicht im Sturm. Nach dem Sturm kam ein Erdbeben. Doch der Herr war nicht im Erdbeben. Nach dem Beben kam ein Feuer. Doch der Herr war nicht im Feuer. Nach dem Feuer kam ein sanftes, leises Säuseln. Als Elija es hörte, hüllte er sein Gesicht in den Mantel, trat hinaus und stellte sich an den Eingang der Höhle. 1 Könige 19,11-13

Ein wichtiges Grundthema der Bibel wird am Beispiel des Propheten **Elija** und seiner Erfahrungen am Gottesberg Horeb deutlich. Diese Erzählung im 1. Buch der Könige (Kapitel 19) gehört zu den wichtigsten Stücken der biblischen Botschaft. Dabei ist wie häufig in der Bibel eine Wegerfahrung der Ausgangspunkt: Elija gerät wegen seiner prophetischen Botschaft in Bedrängnis und muss fliehen. Sein Weg führt in die Wüste, in eine lebensfeindliche Landschaft. Dort erreicht er den Tiefpunkt seines Lebens – so wie Jona im Bauch des Fisches und Ijob nach dem Verlust von allem in seiner Krankheit.

Doch die Wüste wird zum Wendepunkt. An der tiefsten Stelle greift Gott ein, bildhaft dargestellt durch einen Engel. Gott stärkt Elija für das nächste Wegstück. So geht Elija weiter, es ist nun ein heiliger Weg zum Gottesberg Horeb. Dort begegnet Gott Elija. Die Wüste wird zum Ort der Gottesbegegnung; in der Stille und Abgeschiedenheit kann der Mensch zu sich selbst kommen, kann er Gott und sich selbst erkennen. Durch alle Zeiten hindurch haben Menschen solche existenziellen Wüstenerfahrungen gemacht.

Sturm, Erdbeben und Feuer, die drei großen Naturereignisse, die den Menschen in Angst und Schrecken versetzen, künden ein besonderes Geschehen an, aber sie machen Gott nicht sichtbar. Ein unscheinbarer Hauch, ein sanftes Säuseln dagegen lässt in Elija die Erfahrung Gottes aufbrechen. Gott zeigt sich dem Menschen in unscheinbarer, verborgener Weise. Wo man ihn nicht vermutet, da begleitet er den Menschen, da ist er ihm nahe.

Diese Gotteserfahrung des Elija kann ein wichtiger Wegweiser für die Gottsucher aller Zeiten sein: Nicht in gewaltigem Geschehen, nicht in machtvollen Ereignissen lässt sich Gott finden, vielmehr im Verborgenen, im Unscheinbaren, in der Stille ...

Das Gottesbild des Alten Testaments (der ganzen Bibel) ist geprägt von der doppelten Ausrichtung auf Nähe und Ferne Gottes: Gott ist den Menschen nahe, er begleitet ihn, er führt und segnet ihn. Gott ist zugleich der dem Menschen Verborgene, der Ferne und Unbegreifliche, den der Mensch nicht fassen und erst recht nicht zu etwas zwingen kann. Der Mensch steht vor dem unfassbaren Gott und muss sich ein Leben lang auf die Suche nach ihm machen – ein mühsamer Weg, wie es Elija erfahren musste. Gott zu begegnen war für ihn nicht einfach, er musste einen weiten Weg durch die Wüste zum Berg Horeb beschreiten, und dort erfuhr er Gott ganz anders, als er gedacht hatte.

Die Erfahrung des Elija steht in den Schriften des Alten, Ersten Testament nicht isoliert da. Wegerfahrungen mit dem fernen und zugleich nahen, mit dem unbegreiflichen und zugleich treu sorgenden, mit dem unfassbaren und zugleich mitgehenden Gott finden sich bei allen großen Gestalten der Bibel. Zu erinnern ist an die Geschichte **Abrahams**, der zum einen in erstaunlicher Nähe zu Gott und in tiefem Vertrauen zu ihm seinen Weg ging, aber auf der anderen Seite der unglaubliche Forderung Gottes entsprechen soll, seinen Sohn (und damit die Zukunft seines Geschlechtes) zu opfern. Wir finden Nähe und Ferne Gottes ebenso bei der zweiten großen Gestalt der Tora, bei **Mose**, der einerseits Gott auf dem heiligen Berg begegnet, mit ihm spricht, von ihm das Gesetz erhält, der aber zum andern von Gott selbst gesagt bekommt: »Du kannst mein Angesicht nicht sehen; denn kein Mensch kann mich sehen und am Leben bleiben ... aber du wirst meinen Rücken sehen.«

Das ist die Erfahrung glaubender Menschen in der Bibel: Vom unbegreiflichen Gott können wir nur »den Rücken sehen«, nicht sein »Angesicht« im unmittelbaren Gegenüber – eine Erfahrung des Numinosen, des Göttlichen, das den Menschen übersteigt und zugleich ergreift. Das bedeutet aber nicht, dass Gott, der Ferne und Unfassbare, nicht zugleich als der Nahe, der Sorgende, als der treue Vater und die liebende Mutter erfahren wird – die Doppelgesichtigkeit Gottes prägt die Texte der Bibel. In den **Psalmen** wird solche doppelgesichtige Erfahrung immer wieder in betende und zugleich fragende Worte gefasst. Der Beter der Psalmen kann klagen: »Herr, warum bleibst du so fern, verbirgst dich in Zeiten der Not? (Ps 10,1). In höchster Not ruft er: »Mein Gott, mein Gott, warum hast du mich verlassen, bist fern meinem Schreien ... ich rufe bei Tag, doch du gibst keine Antwort ...« (Ps 22,2–3).

Solchen Erfahrungen steht die Erfahrung von Erhörung und Rettung gegenüber. So betet Psalm 91,1–2: »Wer im Schutz des Höchsten wohnt und ruht im Schatten des Allmächtigen, der sagt zum Herrn: Du bist für mich Zuflucht und Burg, mein Gott, dem ich vertraue.« Und an anderer Stelle heißt es: »Du umschließt mich von allen Seiten und legst deine Hand auf mich« (Ps 139,5). Gott als der Nahe und Ferne, als der Unfassbare und zugleich als der Halt des Lebens – das ist die biblische Botschaft.

Richard Baus, Ins Licht gestellt

Elija – Gott schenkt Leben

Der Prophet **Elija** (früher auch Elias, Elia benannt, von hebräisch »elijahu« = »Mein Gott ist Jahwe«) zeigte sich als unerbitterlicher Kämpfer für den reinen Jahweglauben und als heftiger Gegner aller anderen Kulte in Israel, besonders des Baalskultes (vgl. Seite 220–221). Elija, der Kämpfer, ist aber zugleich ein sensibler Mensch, der angesichts der ständigen Verfolgung und Bedrohung in eine tiefe Depression verfällt und in der Wüste sterben will. Doch durch seine Offenheit für Gottes Nähe, seinen sich daraus ergebenden Weg zum Gottesberg Horeb und durch die dort erfolgende Erfahrung Gottes im »leisen Hauch« (vgl. Seite 226–227) zeigt er sich ebenso als spiritueller Mensch, der sein Handeln, seine aktive Seite mit dem Hören auf Gott, mit seiner inneren, passiven Seite zu verbinden weiß. Die Erfahrung vieler spiritueller Meister, christlicher Mystiker wie auch großer Gestalten anderer Religionen, scheint in dieser Verbindung von »Bete und Arbeite!« (Ordensgründer Benedikt) bei Elija vorgezeichnet. Elija wird damit – trotz seiner uns heute unbegreiflichen Gewalt gegen Andersdenkende – zu einem Vorbild des Glaubens.

Elija als glaubender und Gott vertrauender Mensch, das wird auch in den Erzählungen über seine »Wunder und Zeichen« deutlich: Elija verkündet eine Trockenheit in Israel wegen des Glaubensabfalls des Königs Ahab und des von Ahab gebauten neuen Baalstempel in Samaria (1 Kön 16,29–17,1). Elija vermehrt Brot und Öl im Haus der armen Witwe von Sarepta und verschafft ihr so in ihrer Not Rettung und Heil (1 Kön 17,8–16). Elija erweckt den toten Knaben der Witwe von Sarepta zum Leben (1 Kön 17,17–24). Elija verkündet Ahab neuen Regen nach der Trockenheit und damit eine Wende der Hungersnot (1 Kön 18,41–46). All diese Wundertaten ebenso wie das Feuerwunder auf dem Karmel gegen die Baalspriester (1 Kön 18) zeigen keinen Zauberer und Wundermann, sondern einen Propheten, der von seinem Gott so gepackt, »besessen« ist, dass er Zeichen der Gottesherrschaft zu setzen weiß. Elija ist von der »Hand des Herrn« ergriffen (1 Kön 18,46). Er ist Bote, von Gott gesandt, um Menschen (das Volk, selbst den ungläubigen König Ahab) zur Umkehr zu bewegen und ihnen das Heil Gottes zuzusprechen. Neutestamentlich würde man von einem Boten des »Reiches Gottes« sprechen und so ist es nicht verwunderlich, dass die Wunder des Elija (Brotvermehrung und Totenerweckung) als Modell für die neutestamentlichen Wundererzählungen über Jesus dienen (vgl. Mk 8,1–10 – dort speist Jesus, den Elija überbietend, nicht nur eine Witwe und ihren Sohn, sondern viertausend Menschen; vgl. auch Lk 8,40–42.49–56 – die Erweckung der Jaïrus-Tochter). In solchen Wundern des Elija (oder ihn

Daniele da Volterra,
Der Prophet Elias (1 Sam), um 1550

überbietend Jesu) zeigt sich das Heil, das Gott den Menschen schenkt, entsteht das Reich Gottes mitten unter den Menschen. Nicht um wunderbares Geschehen oder gar das Wie eines Wunders geht es hier und in allen biblischen Wunderberichten, sondern um den dahinterstehenden Glauben: das Vertrauen auf einen Gott, der Leben schafft und erhält.

Die feurige Himmelfahrt des Propheten Elia, russische Ikone, Pskow, 16. Jahrhundert

Das stimmt mit der Gotteserfahrung des Elija am Horeb überein. Nicht ein mächtiger und mit der Gewalt von Feuer, Sturm und Erdbeben einherkommender Wettergott ist Jahwe (obwohl die Ursprünge des Jahweglaubens durchaus eine Beziehung zu einem Wettergott des Sinai haben), sondern ein den Menschen zugleich verborgener und naher Gott, der nicht den Tod (des Propheten, des Sohnes der Witwe von Sarepta) will, sondern umfassendes Leben, Heil für sein Volk, Schalom als umfassenden Frieden für alle.

Das Bekenntnis des Elija zum Gott des Lebens stellt auch den Hintergrund der eigenartigen Erzählung von der Himmelfahrt des Propheten dar. Nach 2 Könige 2,1–18 wird Elija lebend zum Himmel emporgehoben: »Es erschien ein feuriger Wagen mit feurigen Pferden und trennte Elija von (seinem Schüler) Elischa. Elija fuhr im Wirbelsturm zum Himmel empor« (2 Kön 2,11). Feuer wird hier – anders als in der Gottesbegegnung am Horeb – als Symbol für göttliches Handeln, für das Eingreifen Gottes in die Geschichte der Menschen verstanden (vgl. die Feuersäule, in der Gott dem Volk Israel beim Auszug aus Ägypten voranzieht [Ex 13,21] oder die Feuerzungen am ersten Pfingstfest in Jerusalem [Apg 2,3]). Wiederum aber geht es um Tod gegen Leben – und am zu Gott (= Himmel) emporgehobenen Elija wird deutlich, dass hier der Tod keine Rolle spielt. Aus dieser Erzählung ist der spätjüdische Glaube entstanden, dass Elija – der wichtigste Prophet nach Mose – am Ende der Zeiten unmittelbar vor der Ankunft des Messias wieder auf Erden erscheinen wird und sein Kommen die Endzeit als Heilszeit für die Menschen ankündigt (keine Not – Brotvermehrung; kein Tod – Totenerweckung). Im Neuen Testament kann deshalb sowohl Jesus als der wiederkehrende Messias verstanden werden (Messiasbekenntnis von Cäsarea Philippi, Mk 8,28) als auch Johannes der Täufer (in der Aussage Jesu, Mt 11,14).

Hosea – wie eine Mutter ihr Kind liebt

Der Prophet **Hosea** (hebräisch auch Hoschea) wirkte zwischen 750 und 735 im Nordreich, also kurz vor dessen Untergang durch Assur (722 v. Chr.). Er richtet sein prophetisches Wort gegen den Verfall der Bundesbindung Israels an Jahwe: Das Volk wendet sich den Baalen zu, sein Kult ist oberflächlich, soziale Gerechtigkeit ist nicht zu finden. So kündigt Hosea die Strafe Gottes an. Doch tut er dies vor dem Hintergrund eines unbedingten Bekenntnisses zur Liebe Gottes: Wie Eltern ihren Säugling lieben, so liebt Gott sein Volk (Hosea 11,4). Die angekündigte Strafe dient für Hosea deshalb dazu, dass Israel zum Liebesbund mit Gott zurückkehrt.

Das Buch Hosea steht in den Bibelausgaben am Anfang des Zwölfprophetenbuches mit den Texten der sogenannten »kleinen« Propheten (klein wegen des Textumfangs im Vergleich zu Jesaja, Jeremia, Ezechiel, nicht wegen der Bedeutung und der theologischen Aussage). Es stellt damit – obwohl die Bücher natürlich unabhängig sind – im Gesamtbild der Bibel eine Art Überschrift oder inhaltliche Zusammenfassung der prophetischen Schriften dar. Seine Kernaussage einer unbedingten Liebe Gottes zu seinem Volk (und zu den Menschen überhaupt), die auch durch den Treuebruch Israels nicht beendet wird, korrespondiert mit der bereits zu vielen anderen Stellen angesprochenen Aussage, dass der Gott Israels und Judas ein Gott für die Menschen ist, der auf dem Weg begegnet (vgl. Seite 140–141), der aus der Not befreit (vgl. Seite 164–165), der in ein gutes Land führt (vgl. Seite 188–189), der verborgen und zugleich nah (vgl. Seite 226–227) als König über Israel und alle Völker erscheint (vgl. Seite 204–205). Der Liebe Gottes zu seinem Volk muss aus der Sicht des Hosea die Liebe des Menschen zu Gott und den Mitmenschen folgen: »Liebe will ich, nicht Schlachtopfer, Gotteserkenntnis, nicht Brandopfer« (Hos 6,6).

Mit dieser Einsicht und mit der Forderung an das Nordreich Israel, der Liebe Gottes nunmehr auch zu entsprechen und den Bund mit dem liebenden Gott treu zu befolgen, gerät Hosea – wie auch die anderen Propheten – in Widerspruch zu den herrschenden Kreisen und den Mächtigen, doch ist aus seiner Schrift nichts Biografisches bekannt, was auf eine Verfolgung des unbequemen Mahners hinweist (Ausnahme: 9,7b: »Der Prophet ist ein Narr, der Gottesmann ist verrückt«).

Allerdings beginnt das Buch mit einem überraschenden Hinweis auf den Lebensweg des Hosea. Er muss im Auftrag Gottes eine prophetische Zeichenhandlung vollziehen, die in ihrer Derbheit kaum zu überbieten ist: Weil Israel – bildlich gesprochen – seinem Herrn (und Gemahl) Jahwe untreu geworden ist und sich wie eine Dirne den falschen Göttern (vor allem den Fruchtbarkeitskulten des Baal und der Astarte) hingegeben hat, soll er eine Tempeldirne heiraten, Gomer, die wohl an Sexualkulten des Baal beteiligt gewesen war. Es erscheint fraglich, ob diese die üblichen Heiratsbräuche übersteigende Handlung im Volk schon verstanden werden konnte.

Wohl aber ist die Benennung der drei Prophetenkinder eindeutig: Seinen ersten Sohn muss Hosea **Jesreel** nennen. Jesreel ist eine kleine Stadt mit einem Palast der Nordreichkönige. In diesem Palast suchten die (rechtmäßigen) Könige Joram von Israel und Ahasja von Juda im Jahr 841 v. Chr. Zuflucht. Beide waren gegen den Baalskult vorgegangen und hatten gemeinsam gegen die Bedrohung durch Aram im Norden gekämpft. In Jesreel nun werden beide durch den Usurpator Jehu ermordet. Dieser fällt wieder von Jahwe ab und steht somit für Unglauben und Bundesbruch – der Sohn Hoseas erinnert an diesen Vorgang. – Das zweite Kind des Hosea, eine Tochter, wird **Lo-Ruhama** genannt – »kein Erbarmen«. Denn Jahwe entzieht dem Nordreich sein Erbarmen und wendet sich dem Südreich Juda zu, wo die Könige Ahasja und Atalja den Bund mit Jahwe und den Tempelkult in Jerusalem erneuern (vgl. die Königslisten auf Seite 218–219). – Sein drittes Kind mit Gomer muss Hosea **Lo-Ammi** nennen, »nicht mein Volk«. Die Begründung ist an Dramatik nicht zu überbieten: »Denn ihr seid nicht mein Volk, und ich bin nicht der ›Ich-bin-da‹ (= Jahwe) für euch.« Die Zuwendung Gottes beim Auszug Israels aus Ägypten (Gottesoffenbarung am Sinai, vgl. Seite 166–168), ist aufgekündigt, damit Israel aber dem Untergang geweiht.

Paula Modersohn-Becker, Sitzende Mutter mit Kind, 1906

Das Buch Hosea wechselt nach diesem dramatischen Einstieg zwischen Unheilsprophetie und Heilsverkündigung. Israel wird dem Gericht unterworfen, Kult und Königtum werden untergehen, »der Herr selbst zerschlägt ihre Altäre« (Hos 10,2b), die fremden Göttern geweiht sind, und »zerstört ihre Steinmale« des Baal. Die Führer des Volkes, die Priester und die herrschende Schicht mit dem König werden ebenso vernichtet wie das Volk, das dem Abfall von Jahwe nichts entgegengesetzt hat.

Diese Unheilsverkündigung wird im Buch Hosea allerdings vielfach überboten durch Perspektiven neuen Heils. Dies geschieht wiederum durch eine Zeichenhandlung. Die Kinder des Hosea und der Gomer sollen ihre Mutter verklagen; Hosea verstößt sie, weil sie Ehebruch treibt (Hos 2,4ff). Doch im Auftrag Gottes soll Hosea sie wieder zu sich nehmen und sie erneut lieben (Hos 3,1) – ein Neuanfang ist in der Ehe des Hosea möglich und dies steht als Zeichen für einen Neubeginn auch für Israel:

Wenn Israel umkehrt und Buße tut (»Kehr um, Israel, zum Herrn«, Hos 14,2), dann darf es auf einen neuen Bund mit Jahwe hoffen (»Ich schließe für Israel an jedem Tag einen Bund«, Hos 2,20), erneut stehen Gerechtigkeit und Recht, Liebe und Erbarmen Gottes im Vordergrund (Hos 2,21b) – dies ist »so sicher wie das Morgenrot« (Hos 6,3). In einem großartigen Rückblick auf die Geschichte Israels wird an diese Liebe Gottes erinnert (Hos 11): Israel ist der Sohn Gottes, der aus Ägypten herausgerufen wurde, der auf den Armen Gottes getragen wurde mit Ketten der Liebe. »Ich war da (vgl. den Gottesnamen Jahwe) für sie wie die Eltern (die Mutter), die den Säugling an ihre Wangen heben« (Hos 11,4). Das Mitleid Gottes mit seinem Volk ist stärker als sein Zorn über den Abfall Israels zu anderen Göttern – die Liebe trägt den Sieg davon.

Amos – Gerechtigkeit statt Opfer

Der Prophet **Amos** (vom hebräischen Namen »Amasja« = »Jahwe trägt dich«), nach eigenen Angaben (Am 1,1) ein Viehzüchter und Maulbeerfeigenpflanzer aus dem kleinen Ort Tekoa in der Gegend von Betlehem, richtet seine Botschaft nicht an die Bevölkerung und die Mächtigen seines Landes Juda, sondern an die Menschen im Nordreich Israel zur Zeit der Könige Jerobeam II. von Israel (782–747) und Usija (= Asarja von Juda, 767–739). Die Problematik war jedoch in beiden Reichen die Gleiche (vgl. auch Seite 234–235 zum etwas später wirkenden Micha): Damals, in einer politisch ruhigen Zeit, war der Wohlstand des Volkes gestiegen, zugleich aber auch die sozialen Spannungen zwischen Arm und Reich. Das Recht – und damit der Bund mit Jahwe – wird von der Oberschicht in Israel verletzt; damit aber bereitet sich Israel letztlich seinen eigenen Untergang. Amos versteht die Gottesverehrung und den Jahwebund nicht als exakte Ausübung eines Kultes im Tempel oder an einem Heiligtum, sondern als den Einsatz für Recht und Gerechtigkeit, als ein Engagement für die Menschen, weil auch Jahwe ein Gott für die Menschen und ein Freund des Lebens ist.

Amos wirkte um 760 als Prophet am Nationalheiligtum Bet-El im Nordreich. Dazu war er von Gott selbst berufen worden: »Der Herr hat mich von meiner Herde weggeholt und zu mir gesagt: Geh und rede als Prophet zu meinem Volk Israel« (Am 7,15). In prägnanten und beeindruckenden Sprüchen richtet Amos seine Botschaft von Umkehr und Gerechtigkeit an das Volk. Doch man hört nicht auf ihn, sondern weist ihn, den Judäer, aus Israel aus (Am 7,10–17). Er muss in seine Heimat zurückkehren. Im Norden war ihm kein Erfolg beschieden.

Das Buch Amos kennt wie auch die anderen prophetischen Bücher eine länger dauernde Entstehungsgeschichte, beginnend im 8. Jahrhundert mit der Sammlung einiger Prophetensprüche, fortgeführt durch eine spätere Redaktion und schließlich wohl in nachexilischer Zeit mit einem Schluss versehen, der sich als Heilsbotschaft von der Gerichtsrede des ursprünglichen Amos deutlich absetzt und aus der neuen Situation nach der Rückkehr des Volkes aus dem Exil in Babylon zu verstehen ist.

Das Buch Amos in seiner Endfassung beginnt mit dem einleitenden Überschriftsspruch, in dem Amos sich und seine Aufgabe vorstellt: Er ist in eine ganz bestimmte geschichtliche Situation hinein gesandt worden. Danach folgen die Gerichtsreden an verschiedene Adressaten in konzentrischen Kreisen: Zuerst werden Aussagen über die Nachbarvölker Israels und Judas gemacht: Damaskus, Aram, Gaza, die Philister, Tyrus, Edom, Ammon und Moab – sie alle werden von Gott bestraft (Am 1,2–2,3), weil sie Kriege führen und Gewalt anwenden. Sie alle sind dem Untergang geweiht, denn »der Herr brüllt vom Zion her, aus Jerusalem lässt er seine Stimme erschallen« (Am 1,2).

Es folgt in 2,4–16 eine doppelte Drohbotschaft gegen die beiden Nachfolgereiche Davids, eine kurze Drohung gegen das Südreich Juda, das vom Herrn deshalb bestraft wird, weil es die Weisungen Gottes nicht beachtete und so den Bund mit Gott brach. Dies bleibt aber sehr allgemein gehalten, die eigentliche Zielsetzung des Amos richtet sich gegen das Nordreich: Obwohl Jahwe für das Volk sorgte, es aus Ägypten heraufgeführt hat (Vers 16) und vor seinen Feinden, den Amoritern, beschützt hatte, lebt es

Jörg Syrlin d. J., Prophet Amos, Chorgestühl in der Klosterkirche Blaubeuren, 1493

nicht nach der Rechtsordnung der Tora, des Bundesschlusses vom Sinai. Es gibt entgegen Gottes Gebot soziale Ungerechtigkeit im Volk: Die Unschuldigen, Armen, Kleinen und Schwachen im Volk werden von der reichen Oberschicht ausgebeutet. Dieses Verhalten bewirkt den Untergang – »nackt muss man fliehen« (Am 2,16).

Hier hat Amos sein Thema gefunden, das er in den folgenden Kapiteln 3–6 weiter ausführt. Er muss seine Anklagen vortragen, obwohl er sich selber damit in Gefahr begibt und später ja auch auf die Weisung des Priesters Amazja aus Bet-El fliehen muss. Doch »Der Löwe brüllt – wer fürchtet sich nicht? Gott, der Herr, spricht – wer wird da nicht zum Propheten?« (Am 3,8) Amos erinnert Israel daran, dass es von Gott aus Ägypten heraus erwählt wurde – ein solcher Bund aber verpflichtet beide Seiten. Israel jedoch hat durch sein Verhalten den Bund gebrochen und muss nun die Konsequenzen tragen. Weil die Reichen in Israel die Rechtschaffenheit nicht kennen und in ihren Palästen Schätze mit Gewalt und Unterdrückung sammeln, deshalb »ist es mit vielen Häusern zu Ende« (Am 3,15).

So kann Amos die Totenklage über Israel anstimmen, zugleich aber zur Umkehr aufrufen (Am 4,4–5,9). Umkehr als »wahrer Gottesdienst« bedeutet die Ausübung von Recht und Gerechtigkeit – das allein gefällt Jahwe. Es folgen in Kapitel 7–9 fünf Visionen, die im Stil des späteren Ezechiel bildhaft die gleiche Drohbotschaft des Untergangs ausdrücken. Das Buch wird durch eine kurze Heilsperspektive abgerundet.

Dass Gottesverehrung und soziale Gerechtigkeit aneinander gebunden sind, gehört seit Amos wesentlich zu jüdischem und christlichem Glauben. Jesus greift, wenn auch nicht wörtlich, so doch inhaltlich auf die Intentionen des Amos zurück.

Micha – Gericht und Heil

Der Prophet **Micha** (hebräisch »mikah«, Kurzform von »michaja« = »Wer ist wie Jahwe?«, vgl. auch Michael = »Wer ist wie Gott [El]«) zählt mit (dem ersten) Jesaja im Südreich und mit Amos und Hosea im Nordreich zu den ersten Schriftpropheten. Anders als bei Mose oder Elija finden sich in den Büchern der Schriftpropheten nur in Ausnahmefällen (etwa Berufungsgeschichten) biografische Anhaltspunkte für den Lebensweg dieser Propheten. Nur durch wenige Angaben lassen sich deshalb diese bedeutenden Gestalten jüdischen Glaubens in der Vorexil- und Exilszeit in Raum und Zeit einordnen. Bei Micha wie bei Jesaja ist dies das Südreich Juda und das ausgehende 8. Jahrhundert v. Chr., als der Vordere Orient durch den assyrischen König Sanherib ein neues Gesicht gewann (Ende des Nordreiches Israel 722). Micha verkündete seine Botschaft wahrscheinlich unter dem König Hiskija (728–699). Hiskija begehrte nach der Eroberung des Nordreiches durch Assur mehrfach gegen die assyrische Vorherrschaft auf. Jerusalem wird belagert, doch Hiskija kann sich durch Tribut freikaufen und wird zum kleinen Vasallenstaat Assurs, der nur noch das Bergland um Jerusalem umfasst (vgl. 2 Kön 18–20). In dieser Zeit jedoch muss in Israel (wie später ähnlich im Exil in Babylon) die Frage aufkommen, warum solch ein Unheil Israel und Juda trifft. Hat Jahwe keine Macht über die Fremdvölker, die Israel und Juda unterdrücken? Oder straft er sein Volk wegen Glaubensabfall und sozialer Spaltung? Solche Themen bilden den Hintergrund des Buches Micha.

Micha selbst stammt aus dem Dorf Mereschet südwestlich von Jerusalem und damit aus einem Gebiet, aus dem auch der etwas früher wirkende Prophet Amos stammt (Tekoa bei Betlehem), der seine Botschaft an das untergehende Nordreich Israel richtet. Micha wendet sich dagegen vor allem an die reiche Oberschicht in Jerusalem, die die Not der Bauern im kargen Bergland von Judäa nicht wahrnimmt und deren Leben von Gier und Habsucht bestimmt ist. Durch die Verstöße der Reichen gegen die in der Tora festgelegten Rechtsgrundsätze für Israel, durch Rechtlosigkeit, Bestechung und offenen Rechtsbruch bewirkt die Oberschicht den Untergang des Reiches. Die ersten drei Kapitel des Buches Micha sind deshalb eine Drohrede gegen verschiedene Volksgruppen, die durch ihr Verhalten den Jahwebund nicht einhalten. Micha zeigt sich hier (wie Amos im Nordreich) als sozialer Prophet, für den der Bund Gottes mit seinem Volk nicht ohne ein entsprechendes Verhalten der Menschen untereinander (der Bundesgenossen) denkbar ist. Der Bund mit Gott, so Micha, besteht darin, »Recht zu tun, Güte und Treue zu lieben, in Ehrfurcht den Weg zu gehen mit deinem Gott« (Micha 6,8).

Seine Drohreden beginnen mit einem Blick auf Samaria (und das Nordreich): Sein Untergang durch den Ansturm der Assyrer ist selbstverschuldet: Denn es ist dem Jahwebund untreu geworden, es hat das erste und bedeutendste Gebot gebrochen und andere Götter angebetet. Doch erweist sich Jahwe gerade durch den Ansturm der fremden Macht als den anderen Göttern überlegen – ihre geschnitzten Bilder und Götzenstatuen (Mi 1,7) werden zerschlagen und zerstört. Das Schicksal des Nordreiches kann für das Südreich Juda eine Warnung sein, der Untergang seiner Hauptstadt Samaria dient als Drohung für Jerusalem.

Hubert van Eyck, Genter Altar, Außenflügel: Der Prophet Micha, vor 1426.
Der lateinische Spruch zitiert Micha 5,1b: »Aus dir wird einer hervorgehen, der über Israel herrschen soll.«

Doch das Volk lernt nicht aus der Katastrophe des Nordens: »Unheilbar ist die Wunde meines Volkes« (Mi 1,9). Im Gegenteil: In Jerusalem (Zion) wird die Gottlosigkeit des Nordreiches Israel erst recht sichtbar (Mi 1,13b). Die Konsequenz ist für Micha klar: Eroberer werden über Jerusalem ebenso herfallen wie über Samaria.

Die allgemeine Aussage am Anfang des Buches wird durch konkrete Drohungen gegen die Reichen (Mi 2,1–11), gegen die Rechtsbrecher (Mi 3,1–4), gegen habgierige (Berufs-)Propheten wohl am Tempel in Jerusalem (Mi 3,5–8) und gegen die bestechlichen Führer Israels (Mi 3,9–12) konkretisiert. Diese allgemeine Abwendung von Recht und Gerechtigkeit und damit vom Jahwebund gipfelt in der klagenden Aussage Gottes: »Gestern noch war es mein Volk, jetzt steht es da als mein Feind« (Mi 2,8).

Micha bleibt nicht bei Drohreden gegen die Verantwortlichen in Jerusalem. Anders als bei Amos, wo nur am Ende ein Hoffnungsschimmer anklingt (Am 9,11–15), und anders auch als die Umkehrbotschaft des Hosea beschreiben die beiden Schlusskapitel Verheißungen an Zion und Juda in einer bildhaften Sprache, die an die Verheißungen Jesajas erinnert. Nach aller Not werden Recht und Gerechtigkeit und die Verehrung des einen Gottes Jahwe wieder einkehren. Zion (= Jerusalem und damit Juda) wird zwar in der Gegenwart bedroht (durch Assur), erhält aber künftig seine alte Macht und Herrlichkeit zurück. Dies wird sichtbar an der Völkerwallfahrt zum Zion, dem Gottesberg und an einem umfassenden Frieden zwischen den Nationen: »Dann schmieden sie Pflugscharen aus ihren Schwertern und Winzermessern aus ihren Lanzen« (Mi 4,3). Umfassender Schalom für alle Völker und Gerechtigkeit im Zusammenleben der Menschen sind Michas Perspektive. Diese Prophezeiung wird in Micha 5 mit der Verheißung eines kommenden neuen Herrschers verknüpft, der der Hirte des Gottesvolkes sein wird – der Messias aus der Davidsstadt Betlehem.

Das Buch Micha ist in einem längeren redaktionellen Prozess entstanden, allein seine Grundlinien dürften vom »historischen« Micha stammen, während Ergänzungen und die konkrete Textgestalt das Ergebnis einer Endredaktion späterer Zeit sind.

Extra:

Das Zwölfprophetenbuch

Die Hebräische Bibel teilt die Schriften der Propheten in die sogenannten »Vorderen Propheten« (Jos, Ri, 1,2 Sam, 1,2 Kön), die im christlichen Alten Testament zu den »Geschichtlichen Büchern« gerechnet werden, und die »Hinteren Propheten«, Schriftpropheten von Jesaja bis Maleachi, ein. Bei diesen unterscheiden die Juden wie auch die Christen die »großen« und die »kleinen« Propheten (wegen der Textlänge). Die zwölf kleinen Propheten sind im **Zwölfprophetenbuch** gesammelt und werden im Judentum seit dem 2. Jahrhundert v. Chr. als eine Schrift verstanden und auf eine Schriftrolle geschrieben. Dies sind: **Hosea, Joël, Amos, Obadja, Jona, Micha, Nahum, Habakuk, Zefanja, Haggai, Sacharja, Maleachi**.

Man ordnete die Bücher in der Reihenfolge an, wie man damals ihre historische Entstehung annahm. Dies ist für die frühen Schriften Hosea, Amos und Micha richtig, andere wie Joël und Obadja sind nach heutiger Erkenntnis später anzusetzen. Zudem berücksichtigt man heute mehr, dass alle prophetischen Bücher das Ergebnis eines längeren redaktionellen Prozesses sind, bei dem die Endredaktion zum Teil mehr als 200 Jahre nach der Entstehung der ersten Verse anzusetzen ist. Die ursprünglich geglaubte historische Reihenfolge der Bücher ist also nicht zu halten. Dies spielt aber für die Inhalte keine besondere Rolle.

Alle zwölf Bücher haben als Hauptthema die Gegenüberstellung von **Heil und Unheil**, die das Volk (sowohl im Nordreich Israel wie im Südreich Juda) je nach seinem Verhalten treffen kann: Hält es den am Sinai geschlossenen Bund mit Jahwe ein, verweigert sich dem Kult fremder Götter (besonders Baal) und lebt ein Leben in Rechtschaffenheit und Gerechtigkeit, dann steht Gott in Liebe und Erbarmen (Hosea) zu ihm und schützt es weiterhin. Fällt es dagegen vom Glauben an Jahwe ab und verehrt andere Götter, dann wird es von Unheil, Krieg und Untergang getroffen.

Hosea (Hos) – vgl. Seite 230–231.

Joël (Joël): Das Buch wird in die nachexilische Zeit eingeordnet, sein Verfasser stand wohl in einer engen Beziehung zum Tempelkult. Er sieht das Heil allein für Israel, nicht für die anderen Völker. Sie unterliegen dem göttlichen Gericht, Jerusalem aber wird von Gott gesegnet. Die ersten beiden Kapitel des Buches schildern einen Bußgottesdienst des Volkes anlässlich einer Heuschreckenplage (»zerreißt eure Herzen, nicht eure Kleider«). Darauf folgt neben der abschließenden Vision des Gerichtes Gottes über die Völker (Kapitel 4) eine Vision des kommenden Heils: Gottes Geist wird sich über das ganze Volk ergießen. Diese Prophezeiung in Kapitel 3 greift Petrus in seiner Pfingstpredigt auf (Apg 2,17–21).

Amos (Am) – vgl. Seite 232–233.

Obadja (Obd): Das kürzeste Buch des Alten Testaments (21 Verse) ist in der nachexilischen Zeit anzusetzen. Es stellt eine Gerichtsdrohung gegen Edom, ein Nachbarvolk südöstlich von Juda, neben eine Verheißung der Rettung Israels und ist in diesen Aussagen dem Buch Joël vergleichbar. Edom steht dabei als ein feindliches Volk stellvertretend für alle Feinde Israels, die dem Untergang geweiht sind. Über Juda und Jerusalem aber wird der Herr herrschen als König.

Jona (Jona) – vgl. Seite 272–273.

Micha (Mi) – vgl. Seite 234–235.

Nahum (Nah): Der Prophet wirkte in der Mitte des 8. Jahrhunderts in der Zeit, bevor das Nordreich zerstört wurde. Er kündigt den Untergang der feindlichen Macht Assur an. Für Nahum ist Jahwe nämlich der Beschützer seines Volkes und zugleich der Feind von dessen Feinden. Deshalb kann Nahum getrost über Ninive spotten.

Ikone der Propheten Hosea, Amos und Zefanja, Kyrillos-Kloster, Russland

Habakuk (Hab): Das kleine Buch muss in der Zeit kurz vor dem ersten Ansturm des babylonischen Reiches (hier Chaldäer genannt) etwa um das Jahr 598 entstanden sein. Auf zwei Klagen des Propheten hin antwortet Gott zweifach und deutet den Ansturm der Feinde als Strafe für die Vergehen Judas. Habakuk schließt deshalb Wehrufe an, die den Habgierigen, Gewalttätigen, Ausbeutern und Götzendienern gelten, denen also, die nach seiner Meinung das Unheil verschuldet haben. Eine abschließende Vision zeigt das Eingreifen Gottes. Das Buch ist geprägt vom Vertrauen auf den rettenden Gott: »Der Gerechte aber bleibt wegen seiner Treue am Leben« (Hab 2,4, vgl. Röm 1,17).

Zefanja (Zef): Zefanjas Wirken ist im Südreich Juda auf die Zeit des Königs Joschija (641–609) anzusetzen, eine Phase der Reformen und der Neubesinnung auf den Gottesbund. Dies unterstützt Zefanja dadurch, dass er zum einen vor dem Gericht warnt, das auch Jerusalem treffen kann, zugleich aber am Ende des kleinen Buches vom erbarmenden Eingreifen Jahwes spricht: Gott wird den Rest von Israel retten und ihm Ruhm und Ansehen bei allen Völkern verschaffen.

Haggai (Hag): Haggai setzt sich unmittelbar nach der Rückkehr des Volkes aus dem Exil (um das Jahr 520) mit Kraft für den Neubau des Tempels in Jerusalem ein. Die Rückkehrer sollen sich nicht allein um ihre eigenen Häuser mühen, sondern vor allem um das Haus Jahwes, das als wirkmächtiges Symbol des Bundes mit Gott verstanden wird: Wenn der Tempel wiedererrichtet wird, erfährt Juda auch neues Heil in seiner Mitte; wenn nicht, sind Dürre und Hungersnot die Folgen.

Sacharja (Sach): Ebenso wie Haggai plädiert Sacharja in der Zeit nach dem Exil für eine Neuordnung des Volkes, in dessen Mitte der Tempel und der priesterliche Dienst am Tempelkult stehen soll. Der Prophet macht dem Volk Mut, den Wiederaufbau Jerusalems zu beginnen, denn Gott wird in ihrer Mitte wohnen. Diese Botschaft formt er in acht Visionen (Nachtgesichte), die den ersten Teil des heutigen Sacharjabuches (Kapitel 1–8) bilden. Im zweiten Teil (Kapitel 9–14) sind zu späterer Zeit eschatologische Verheißungs- und Gerichtsworte gesammelt und durch ihre Einordnung in das Buch an die Autorität des Propheten angebunden worden.

Maleachi (Mal): Der Name Maleachi bedeutet »mein Bote« und kann deshalb als fiktiv angesehen werden; das Buch geht auf einen anonymen Propheten des 5. Jahrhunderts zurück. Maleachi kämpft in seiner Botschaft für den rechten Kult am Tempel, der für ihn die Voraussetzung für Recht und Gerechtigkeit ist. So droht er den Priestern, die vom Bund abgewichen sind. Doch der Tag der göttlichen Gerechtigkeit wird kommen, Gott wird zum Gericht erscheinen. Bevor dies geschieht, wird, so die Ankündigung Maleachis, der Prophet Elija erneut erscheinen. Das Matthäusevangelium (Mt 11,10) bezieht dies auf Johannes den Täufer.

Jesaja – Heil statt Unheil

Der Prophet **Jesaja** (hebräisch »Jeschajahu« = »Gott ist Heil«, früher auch Isaias geschrieben) ist eine der markantesten Persönlichkeiten der Bibel, dessen Texte nicht nur einen bedeutenden Propheten des 8. Jahrhunderts v. Chr. zeigen, sondern auch große Auswirkungen auf die Jesusdeutung des Neuen Testaments hatten. Sein Buch steht deshalb zu Recht im christlichen Alten Testament an erster Stelle der Prophetenbücher. Jesaja, Sohn (ben) des Amoz, wirkte von ca. 740 bis 701 im Südreich Juda in der Zeit des Untergangs des Nordreiches Israel und der Bedrohung auch Jerusalems durch Assur, als Usija (Asarja), Jotam, Ahas und Hiskija Könige von Juda waren (Jes 1,1, vgl. die Königsliste auf Seite 219). Die Textgestalt des ganzen Buches Jesaja zeigt sich allerdings komplizierter, als es den Anschein hat; das Buch besteht aus drei Teilen, die von drei verschiedenen Propheten zu unterschiedlichen Zeiten und in unterschiedlichen Situationen geschrieben wurden:

- **Der erste Jesaja (Protojesaja) – Kapitel 1–39**: Damit ist der erwähnte Jesaja des 8. Jahrhunderts im Südreich Juda gemeint. Seine Botschaft ist vorrangig eine Gerichtsbotschaft, doch finden sich darin auch großartige Perspektiven des Heils und der Hoffnung.
- **Der zweite Jesaja (Deuterojesaja) – Kapitel 40–55**: Hier schreibt ein Prophet im Exil in Babylon (Mitte oder Ende des 6. Jahrhunderts v. Chr.), der an die Botschaft des ersten Jesaja anknüpft, aber vor allem dem Volk im Exil Mut und Hoffnung zusprechen will.
- **Der dritte Jesaja (Tritojesaja) – Kapitel 56–66**: Der letzte Teil des Gesamtwerks stammt von einem nachexilischen Propheten, der eine weite, nicht auf Israel eingeschränkte Sicht hat: Gottes Heil gilt allen.

Der Prophet Jesaja,
Abteikirche von Souillac, 12. Jh.

Der erste Jesaja (Protojesaja) – Kapitel 1–39

Der erste Jesaja besteht aus fünf großen Teilen, die alle das Thema Unheil und Heil umschreiben – »Heil von Gott auch in der Situation des Unheils« ist der Schwerpunkt aller drei Jesaja-Bücher:

- *Kapitel 1–12: Worte über Juda und Jerusalem.* Nach der kurzen Vorstellung des Propheten in 1,1 beginnt seine Vision mit einem Blick auf die Schuld des Volkes, das seinem Gott untreu geworden ist. Wenn es nicht umkehrt und Recht und Gerechtigkeit übt, wird es dem Gericht Gottes verfallen (Kapitel 1). Doch dieser Unheilsvision steht im folgenden Kapitel (2,1–5) eine großartige Vision gegenüber: Die Völker der Welt ziehen zum Gottesberg Zion (Jerusalem als Ort der Gottbegegnung) und von Gott her gibt es Frieden und Gerechtigkeit: »Dann schmieden sie Pflugscharen aus ihren Schwertern und Winzermesser aus ihren Lanzen« (Jes 2,4 = Mi 4,3). Danach folgen Wehrufe, Gerichtsworte und Heilsverheißungen. Das *Weinberglied* (Jes 5,1–7) im Stil eines Liebesliedes endet mit einem scharfen Gerichtswort über Israel und Juda. Von Bedeutung ist auch die Berufungs- und Sendungsvision des Jesaja in Kapitel 6, die mit einer Vision Gottes auf einem Thron im Tempel beginnt. Der folgende Text der Serafine wurde in der christlichen Eucharistie zum Gebet des Sanctus (Heilig) im Hochgebet. In den Kapiteln 7, 9 und 11 folgen großartige Hoffnungsbilder, die die dazwischen liegenden Warnungen und Gerichtsworte überdecken: Es ist die Prophezeiung eines Immanuel (= Gott mit uns, Jes 7,14); es ist die beeindruckende Gegenüberstellung von Dunkelheit und Licht (Jes 9,1) und des rettenden Gotteskindes (Jes 9,5); es ist die Ankündigung eines messianischen Reiches, wo sich der Geist Gottes auf einer messianischen Rettergestalt niederlässt. All dies wird später von den Verfassern der neutestamentlichen Schriften auf Jesus bezogen (vgl. Immanuel = Mt 1,23; Licht/Dunkel = Lk 2,32 und Joh 1,1–9; Geist Gottes in Jesus = Lk 4,18, vgl. auch Jes 61,1).
- *Kapitel 13–23: Worte über Fremdvölker.* Jesaja versteht Gott nicht allein als Herrn Israels und Judas; er ist Herr über alle Völker. So spricht Gott in den Visionen des Jesaja auch Gericht über Babel, Assur, die Philister, Moab, Damaskus, Kusch, Ägypten, Tyrus und Sidon – alle Juda umgebenden Völker. Eingeschoben ist ein Gerichtswort über das (untergehende) Nordreich Israel (Jes 17,3) und eine längere Gerichtsrede über Jerusalem, mit dem Jesaja auch in die aktuelle Politik eingreift (Jes 22).
- *Kapitel 24–27: Jesaja-Apokalypse.* Von Gerichtsreden gegen einzelne Völker ausgehend ergibt sich eine Ausweitung des Gerichts auf die ganze Erde, ein Weltgericht, das alle Menschen umfasst, durch Gott, den König über allen Königen (Jes 24,21). Doch bleibt Jesaja nie bei einer Unheilsbotschaft: Es folgt die Vision eines Festmahls auf dem Gottesberg Zion, zu dem alle Völker geladen sind und bei dem alles Unheil, selbst der Tod, ihr Ende finden (Jes 25,6–8). Denn Gott ist der Gerechte und er schafft sich einen neuen Weinberg (Jes 27,2–6) und sammelt die verstreuten Israeliten darin.
- *Kapitel 28–35: Späte Weissagungen über Israel und Juda.* In diesem Abschnitt sind verschiedene Wehrufe und Unheilssprüche gesammelt. Herausragend ist allein das Abschlusskapitel 35 mit der Verheißung des messianischen Heils: »Die Wüste soll sich freuen, die Augen der Blinden werden geöffnet – denn hier ist euer Gott.«
- *Kapitel 36–39: Geschichtlicher Anhang.* Einige Erzählungen aus 2 Könige 18–20 über die Regierungszeit des Königs Hiskija und das Wirken des Propheten Jesaja sind hier in fast identischer Form aufgenommen.

Jesaja – die messianische Heilszeit

Der zweite Jesaja (Deuterojesaja) – Kapitel 40–55

Der zweite Jesaja ist ein anonymer Prophet der Exilszeit in Babylon, der dem in die Fremde verschleppten Volk (eigentlich nur der verschleppten Oberschicht Jerusalems) eine Botschaft der Hoffnung und Zuversicht kündet. Wegen vielfältiger inhaltlicher Bezüge zum ersten Jesaja konnten diese Hoffnungstexte dann mit dem Buch Jesaja verknüpft werden – Ähnliches geschah mit dem dritten Jesaja.

- *Kapitel 40: Die Heimkehr aus dem Exil.* In Erinnerung an die Exodustradition wird dem Volk im Exil in Babylon eine Verheißung zugesprochen: Wie damals in der Geschichte Israels wird es einen Weg durch die Wüste geben, eine Prozessionsstraße, auf der Gott sein Volk zu neuem Heil führt: »Bahnt für den Herrn einen Weg durch die Wüste«. So »tröstet Gott sein Volk« (Jes 40,1.3). Ein Preislied auf den großen Gott in der Höhe schließt sich an (Jes 40,12–31, wahrscheinlich ein späterer Einschub).
- *Kapitel 41: Gericht über Babel und Auszug Israels.* Von Osten (= Persien: König Kyros) wird die Unterdrückermacht Babel vernichtet werden – damit aber kann Israel erneut aus der Knechtschaft ausziehen in das Land der Verheißung (2. Exodus).
- *Kapitel 42–44,23: Verheißungen für Israel.* Nach dem ersten Gottesknechtlied (vgl. Seite 241) folgen verschiedene Texte des Trostes und der Hoffnung: Weil Israel von Gott beim Namen gerufen wurde und sein Eigentum ist (Jes 43,1), wird Gott seinem Volk einen Weg durch die Wüste bahnen (Jes 43,14–21): Etwas Neues beginnt. Gottes Geist ergießt sich über die Nachkommen des Patriarchen Jakob (Jes 44,3) – er ist der Herr aller Mächte, die fremden Götter sind Nichtse; Israel wird erlöst.
- *Kapitel 44,24–48: Kyros als Werkzeug Gottes.* Der (heidnische) Perserkönig wird von Gott als Werkzeug benutzt, um das gottwidrige Babel zu vernichten und Israel in die Freiheit zu entlassen. Gott zeigt sich hierdurch wiederum als Herr aller Mächte.
- *Kapitel 49–55: Verheißung des neuen Zion (Jerusalems).* Unterbrochen von den Gottesknechtliedern haben die Schlusskapitel des Deuterojesaja den Gottesberg Zion (Jerusalem) als Thema, der stellvertretend für den neu bestätigten Bund Gottes mit seinem aus dem Exil heimkehrenden Volk steht, aber zugleich Heil für alle Völker bedeutet, denn der »Heilige Israels ist Gott der ganzen Erde« (Jes 54,5b).

Der dritte Jesaja (Tritojesaja) – Kapitel 56–66

Der dritte Jesaja ist ein ebenfalls anonymer Prophet im Israel der Nachexilszeit. Nach der Rückkehr in das verheißene Land und nach dem Wiederaufbau des Tempels geht es darum, dass sich das Volk nicht wieder in sündhaftem Verhalten ergeht und der nunmehr neu bestätigte Bund Gottes mit seinem Volk erneut in Gefahr gerät. Bei den Verheißungen dieses dritten Jesajabuches geht es vor allem um die Rolle Jerusalems: hier, auf dem Zion, dem Gottesberg, kommt das heilige Volk zusammen. Doch das Heil ist nicht exklusiv Israel vorbehalten, denn auch die Völker der Erde pilgern zu diesem Gottesberg, der damit zum Symbol der Hoffnung für alle Menschen wird (Jes 60): Das endzeitliche Heil beginnt im neuen Jerusalem: Gott, der Vater seines Volkes (Jes 63,16) und der Schöpfer allen Lebens (wie ein Töpfer, Jes 64,7) erschafft einen neuen Himmel und eine neue Erde (Jes 65,17). Israel darf jubeln und sich freuen, denn »wie ein Strom wird der Friede Gottes zu Zion geleitet« (Jes 66,12).

Die Gottesknechtlieder im Buch Jesaja

Im zweiten Teil des Buches Jesaja gibt es eine eigenartige Textsorte: die vier Gottesknechtlieder in 42,1–9; 49,1–9; 50,4–9; 52,13–53,12. Die vier poetischen Texte (evtl. Kulttexte?) handeln von der Gestalt eines »ebed Jahwe«, eines Knechtes Gottes, der verhüllt und rätselhaft bleibt: Ist es eine konkrete Gestalt in der Zeit des Deuterojesaja (eine Führungsgestalt im Exil), ist etwa der Prophet selbst damit gemeint, der seinem Volk den Weg aus der Not weist? Oder ist es – wie häufig im Hebräischen – ein Kollektivbegriff, der das ganze Volk Israel oder eine bestimmte Gruppe darin meint?

- Das erste Gottesknechtlied handelt von der Berufung dieser Gestalt durch Gott und seinen Geist. Er soll den Menschen Recht bringen und allen, die in Dunkelheit leben, ein Licht sein (häufiges Symbol auch bei Protojesaja). Mit seinem Auftrag realisiert der Gottesknecht den Bund Gottes mit den Menschen neu: »Ich habe dich bestimmt, der Bund für mein Volk und das Licht für die Völker zu sein.«
- Das zweite Gottesknechtlied, ein prophetischer Selbstbericht, verbindet wieder die Lichtsymbolik mit dem Heilsgedanken: Der Gottesknecht wird allen Völkern der Erde das Heil Gottes vermitteln. Der Gottesknecht hat die Menschen neu in den Bund mit dem Herrn zu rufen – so lautet sein Ruf. »Kommt ans Licht!«
- Das dritte Gottesknechtlied zeigt die andere Seite des Auftrags an eine prophetische Gestalt durch Gott: Der Gottesknecht wird wegen seiner Botschaft verfolgt – von wem, wird nicht gesagt. Er wird zur Leidensgestalt.
- Das vierte Gottesknechtlied, das längste der vier Texte, führt das Leiden des Propheten konkreter aus. Er wird verfolgt, ermordet, begraben, doch Gott rettet und erhöht ihn.

Vor allem im letzten Lied sehen die neutestamentlichen Schriftsteller und in der Folge die Christen eine Parallele zwischen diesem Gottesknecht des Jesaja und Jesus, dem Propheten, der getötet, begraben und dann von Gott erhöht wurde.

Marc Chagall, Der Prophet Jesaja, 1968

Jeremia – ein politischer Prophet

Der Prophet **Jeremia** (hebräisch »Jirmeja« = »Jahwe erhebt) gehört neben Jesaja und Ezechiel zu den drei Propheten, von denen längere Texte überliefert sind. Er stammt aus einer priesterlichen Familie des Stammes Benjamin aus dem kleinen Ort Anatot in der Nähe Jerusalems. Jeremia wirkte im Südreich Juda in der Zeit der großen Katastrophe, als das Königreich unterging und von Babylon erobert wurde (587). Er ist damit »Katastrophenprophet«, dessen Anliegen es ist, die schlimmsten Auswirkungen der Krise durch eine Neuorientierung am Willen Gottes zu verhindern – doch damit scheitert er aufgrund der politischen Verhältnisse im zerfallenden Reich Juda. Er beginnt sein Wirken im Jahr 627 unter dem Reformkönig Joschija, erlebt den Sieg der Babylonier über Assyrer und Ägypter, die Kapitulation Jojachins (597) und den Untergang Jerusalems mit der Verschleppung der jüdischen Oberschicht nach Babylon (587–586). In diesen Wirren wird er nach Ägypten verschleppt und dort verliert sich seine Spur.

Über den Lebensweg des Jeremia sind wir durch seine im Buch enthaltenen Bekenntnisse besser unterrichtet als über den der anderen Propheten. Er mischt sich ständig in die politischen Entscheidungen ein und wird deshalb immer wieder verfolgt und misshandelt – das Prophetenamt wird ihm zur kaum erträglichen Last. Doch bleibt er konsequent bei seiner Botschaft: Eine Rückkehr zum ursprünglichen Jahweglauben ist die einzige Rettung für das bedrohte jüdische Volk. Nur das Vertrauen zu seinem Gott kann das Volk noch retten. Wie Hosea (vgl. Seite 230–231) ist Jeremia von einem Gottesbild geprägt, das von unbedingter Liebe Gottes zu seinem Volk bestimmt ist. Nicht Gericht, das angesichts des Fehlverhaltens Judas nur gerecht wäre, sondern Gnade, nicht Zerstörung, sondern Liebe will Gott seinem Volk zukommen lassen. Der neue Bund Gottes mit den Menschen ist für Jeremia ein Bund unbedingter Liebe auf beiden Seiten – der Mensch soll in einer persönlichen Beziehung zu Gott dessen Liebe erwidern.

Die schriftliche Fassung des Jeremiabuches wird traditionell seinem Gefährten und Schreiber **Baruch** zugeschrieben, doch scheinen auch in diesem Gesamtwerk verschiedene Quellen und auch spätere (nachexilische) Einfügungen vorzuliegen. Dennoch vermittelt das Jeremia-Buch eine große Geschlossenheit und zeigt den Propheten als beeindruckende Gestalt, der trotz aller Widerstände und Verfolgungen sein ganzes Leben seiner Berufung durch Gott und seiner prophetischen Aufgabe unterwirft. Damit stellt sich Jeremia gegen die »falschen« Propheten am Hof und am Tempel, die der Oberschicht nach dem Mund reden – Jeremia aber verkündet das Wort Gottes.

Das Prophetenbuch beginnt programmtisch mit einer Berufungsgeschichte und zwei ersten Visionen Jeremias. Er ist »zum Propheten für die Völker bestimmt« (Jer 1,5). Gegen seinen Einwand, er sei noch zu jung für eine solche Aufgabe, stellt Gott die Zusage seiner Nähe – so gestärkt kann Jeremia mit seiner Aufgabe beginnen. Die zweite Vision (Jer 1,13–19) zeigt die Gefahr auf, die für Juda mit den Heeren Babylons aus dem Norden kommt und vor der Jeremia warnen soll.

Der Prophet soll zum »Prüfer seines Volkes« werden (Jer 7,27), er soll dessen Verhalten angesichts der sich verschärfenden politischen und militärischen Lage kritisch beobachten und mit Kraft eine Botschaft des Gerichts und der Umkehr verkünden

(Kapitel 2–6). Es gibt keine Sicherheit mehr für das Volk außer Gott allein. Weder das davidische Königshaus noch der Tempel bringen Hilfe in der Not. Gegen ein solches falsches Vertrauen redet Jeremia am Tempeltor an; wenn es kein Recht und keine Gerechtigkeit im Volk gibt, dann ist der Tempelkult ein Götzendienst – der Bundesbruch mit Jahwe ist wie ein Ehebruch (Jer 31–13).

Rembrandt Harmenszoon van Rijn,
Jeremia klagt über die Zerstörung Jerusalems, 1630

In den Kapiteln 8–25,14 folgen Klagelieder des Propheten über den gebrochenen Bund, die Stadt Jerusalem und das Land Juda. Auch gegenüber Gott klagt Jeremia, weil seine Aufgabe ihn überfordert (Jer 12,1–6); seine Einsamkeit wird zum Zeichen gegen Israel (Jer 16). Im Töpfergleichnis (Jer 18,1–11) wird ein Bildwort für den Schöpfergott aufgegriffen, das sich auch bei Tritojesaja findet, dort allerdings positiv gedeutet (Jes 64,9). Gott, der »Töpfer der Völker« kann seinem Volk seine Gnade wieder entziehen. Am Ende des ersten Teils des Jeremiabuches findet sich eine Vision des verwüsteten Landes Juda und des siebzigjährigen Exils in Babylon – all das ist Werk des Herrn.

Der zweite Teil des Buches (Jer 25,15–29) besteht aus Gerichtsworten über die Israel umgebenden Völker und über Israel und Juda. Dann aber wendet sich das Bild: Es folgt eine Trostschrift (Jer 30–31), in der die Heimkehr des Volkes und seine Wiederherstellung verkündet wird. Gott schließt einen neuen Bund mit Israel und Juda; die Tora wird nun in das Herz der Menschen geschrieben, sie sind neu von Gott angenommen (Jer 31,31–34).

Die weiteren Kapitel (Jer 32–45) behandeln Trostworte über Juda, das Schicksal des Propheten, der von seinen Gegnern in eine Zisterne geworfen wird, und die Eroberung Jerusalems. Jeremia warnt den nach der Verschleppung der Oberschicht den im Land verbliebenen Rest des Volkes, nach Ägypten auszuwandern – Ägypten ist das Land der Unterdrückung. Doch seine Warnung wird nicht gehört.

Die Kapitel 46–51 enthalten Drohreden gegen die Völker in der Nachbarschaft Israels: gegen Ägypten, die Philister, Moab, Ammon, Edom, Damaskus, die Araber, Elam und Babylon: Gottes Gericht über sie bedeutet zugleich die Befreiung Israels. Das Schlusskapitel 52 stimmt fast wörtlich mit 2 Könige 24,18–25,21 überein (spätere Ergänzung).

Exil und Neubeginn

In vergleichbarer Weise wie die Unterdrückung Israels in Ägypten und die Befreiung aus der Knechtschaft durch das Eingreifen Gottes (Exodustradition, vgl. S. 162ff) ist der Untergang Jerusalems, das Exil in Babel und der Weg zurück nach Israel ein konstituierendes Element der Geschichte und des Glaubens der Juden. Beide Phasen der Unterdrückung und der Herausführung ergeben ein Modell, das die Juden in ihrer wechselvollen und leidvollen Geschichte auch auf andere Situationen ihres Weges anwenden konnten (vgl. Seite 246–247): Dem durch eigene Schuld erlittenen Untergang, der Unterdrückung, der Hoffnungslosigkeit folgt ein durch Gott gewirkter Neubeginn, eine neue Lebenschance, Befreiung und die Verheißung eines Gelobten Landes (vgl. Seite 248–249). Der Prophet, der im 6. Jahrhundert v. Chr. vor dem Untergang warnt und zur Umkehr aufruft, doch mit seiner Botschaft scheitert, ist **Jeremia** (vgl. Seite 242–243). Der Prophet, der das Exil begleitet und aus dem Untergang einen Neubeginn deutlich werden lässt, ist **Ezechiel** (vgl. Seite 250–251).

Das Exil in Babylon war vor allem eine Neubesinnung auf die tragenden Grundlagen des jüdischen Volkes und jüdischen Glaubens. In einer Relecture (einem von neuen Situationen bestimmten Neulesen) der alten Glaubensquellen (Teile der Tora in den Quellen J und E, vgl. Seite 117: Die Quellen des Pentateuch) wurde der Glaube Israels, der Juden, neu formuliert und in der Quelle P (Priesterschrift) niedergelegt – die Endredaktion der wichtigsten Schriften der Hebräischen Bibel erfolgte nun. So gesehen ist das Exil in Babel von unermesslicher Bedeutung nicht allein für den Glauben der Juden, sondern auch der Christen, die auf jüdischem Glauben aufbauen. Was in der Zeit zwischen 598 und 586 mit der Zerstörung des Tempels und Jerusalems eine Katastrophe war, was auf dem Weg in die Gefangenschaft nach Babel hoffnungslos erschien, wurde rückblickend zu einem entscheidenden Neubeginn, zu einem den jüdischen (und christlichen) Glauben konstituierenden Prozess.

Dass jüdischer Glaube als »*Glaube der Hoffnung*« bezeichnet werden kann, als ein gegen alle äußere Bedrohung und Unterdrückung stehendes Vertrauen auf Gott und sein Handeln in der Geschichte seines Volkes und aller Völker, liegt in den beiden Exoduserfahrungen Israels/der Juden begründet: Jahwe ist ein barmherziger und befreiender Gott, der sein Volk nicht im Elend lässt, sondern ihm auch im Versagen entgegenkommt und ihm auf dem Weg in neues Heil (»Weg durch die Wüste nach Zion/Jerusalem«) vorangeht – ein Gott der Hoffnung und der Zukunft.

Auf dem Weg in die Gefangenschaft, Detail einer Reliefplatte vom Palast Assurpanibals in Ninive

Doch vor all dem steht die Katastrophe des Untergangs Jerusalems und der Herausführung der jüdischen Oberschicht in das Exil in Babel. Der jüdische König **Jojakim** war einer der Könige, die »das taten, was dem Herrn missfiel« (2 Kön 23,37). So wird der Einfall des Königs Nebukadnezar II. des neubabylonischen Reiches und die nachfolgende Plünderung Judas durch die umliegenden Völker der Aramäer, Moabiter und Ammoniter (der alten Feinde Israels und Judas) als Strafe für die Schuld Jojakims und Judas verstanden: »Nur weil der Herr zürnte, kam dieses Unglück über Juda, sodass er es von seinem Angesicht verstieß« (2 Kön 24,3). Jojakim starb 598, sein Sohn **Jojachin** regierte nur drei Monate in Jerusalem, bevor Nebukadnezar, erzürnt über die Schaukelpolitik Judas zwischen Babylon und Ägypten, zurückkehrte, Jerusalem belagern ließ und bald eroberte. Jojachin und die Oberschicht in Jerusalem (nach Jeremia etwa 3000 Personen) wurden nach Babylon ins Exil geführt.

Nebukadnezar setzte **Zidkija** zum Vasallenkönig in Jerusalem ein – er wurde der letzte König Judas. Denn als er sich gegen Babel »empörte«, rückte der babylonische Großherrscher wieder an: Zidkija wurde geblendet, seine Nachkommen getötet, er selbst nach Babel verschleppt (2 Kön 25,7). Jerusalem wurde in Brand gesetzt, der Tempel mit seinen Kultschätzen geplündert (wie es im Jahr 70 n. Chr. auch die Römer taten), Tempel, königlicher Palast und alle weiteren bedeutenden Gebäude zerstört. Das Ende der Staatlichkeit Israels/Judas war endgültig gekommen, vor allem aber war die innere, die religiöse Mitte des Volkes, Jerusalem, vernichtet.

Das Buch Klagelieder (Klgl)

Dieses kleine Buch ist eine Sammlung von fünf Klageliedern, die in der jüdischen wie auch in der christlichen Tradition Jeremia zugeschrieben werden. Wahrscheinlich aber stammen sie von verschiedenen Verfassern aus der Zeit unmittelbar nach dem Untergang Jerusalems 587. Die Klagelieder entsprechen der Textsorte der Totenklagelieder oder Leichenlieder, die in den Stunden zwischen dem Tod eines Menschen und seinem Begräbnis gesungen wurden. Der Inhalt des Buches Klagelieder ist das Wehklagen über die Zerstörung Jerusalems und über die Schuld des Volkes, die zu dieser Katastrophe führte. Das letzte Lied ist eine allgemein gehaltene Klage, die zu unterschiedlichen Notsituationen passt. Die Lieder stellen Trauerarbeit dar, rufen aber ebenso zu Buße und Umkehr auf und lassen somit im Vertrauen auf Gott einen Ausweg aus dem Leid offen: »Prüfen wir unsere Wege, erforschen wir sie, und kehren wir um zum Herrn« (Klgl 3,40). Im Judentum zählt dieses Buch zu den fünf Festrollen und wird an einem Fasttag gelesen, an dem man der Zerstörung des Tempels sowohl im Jahr 587 v. Chr. durch die Babylonier als auch im Jahr 70 n. Chr. durch die Römer gedenkt. Bei den Christen werden diese Lieder in der Karwoche gelesen.

Das Buch Baruch (Bar)

Das deuterokanonische (apokryphe, vgl. Seite 109) Buch wird mit Baruch, dem Schreiber und Sekretär Jeremias, verbunden, ist aber eine Spätschrift aus dem 2. Jahrhundert. Durch die Anbindung des Buches an Baruch wird auf die Autorität des Propheten Jeremia zurückgegriffen, der in der nachexilischen Gemeinde bis hin zu den jüdischen Diasporagemeinden der Spätzeit hohes Ansehen genoss. Nach einer Einleitung, die die (fiktive) Entstehungssituation des Buches in Babylon aufzeigt, folgt ein langes Schuldbekenntnis und Bußgebet, das dem Volk im Exil in den Mund gelegt wird. Trost- und Klagelieder schließen sich an, Klage und Hoffnung wechseln sich ab. Das sechste und letzte Kapitel ist eine eigene Schrift (»Brief des Jeremia«) gegen die Götzenanbetung und die Verehrung der Götzenbilder. Hintergrund dieser Schrift ist wohl der Einbruch der hellenistischen Welt mit ihren Götterkulten in das Gebiet des Vorderen Orients und damit auch in Israel. Gegen die Götzen steht die bildlose Verehrung Jahwes, des einzigen und alleinigen Gottes.

Unterdrückung in der Fremde – ein Trauma

Nicht das ganze Volk Juda wurde von den Babyloniern ins Exil verschleppt, sondern nur eine überschaubare Gruppe; Jeremia (Jer 52,28) spricht von 3023 Personen im Jahr 598 v. Chr. und einigen hundert in späterer Zeit (586). Es waren vor allem Mitglieder der Jerusalemer Oberschicht, des Königshofes, der Leibwache des Königs, des Tempels und seiner Priesterschaft. Das übrige Volk, vor allem die Bauern in den Dörfern, blieben im Land.

Doch die exilierte Oberschicht in Babel prägte durch ihre Neubesinnung dort (vgl. Seite 252–255) sowohl die heiligen Schriften der Juden, die Endfassung vieler biblischer Bücher, vor allem der Tora, als auch das Bewusstsein der Juden späterer Zeit. Das Denken dieser Oberschicht »in der Fremde« war überschattet von Verlusterfahrungen – die bisher tragenden Konstanten ihres Denkens und ihrer Religion waren – für sie – zerstört: das Königtum untergegangen, der Tempel geplündert und zerstört, Jerusalem, die heilige Stadt, niedergemacht. Solche Verlusterfahrungen äußerten sich in Klageliedern (vgl. das Buch Klagelieder, aber auch Psalm 137), die wie Totenlieder die tote Stadt Jerusalem (Zion) beweinten.

Doch blieb diese gebildete Oberschicht nicht bei der Klage, sondern forschte nach dem Grund für die Katastrophe. Man sah alles Leid begründet in eigener Schuld: »Schwer gesündigt hatte Jerusalem, deshalb ist sie zum Abscheu geworden« (Klgl 1,8). Auch mischte sich die Wut des Ohnmächtigen in solches Klagen –

Psalm 137

**An den Strömen von Babel, da saßen wir und weinten,
wenn wir an Zion dachten.
Wir hängten unsere Harfen an die Weiden in jenem Land.
Dort verlangten von uns die Zwingherren Lieder,
unsere Peiniger forderten Jubel:
»Singt uns Lieder vom Zion!«
Wie könnten wir singen die Lieder des Herrn,
fern, auf fremder Erde?
Wenn ich dich je vergesse, Jerusalem,
dann soll mir die rechte Hand verdorren.
Die Zunge soll mir am Gaumen kleben,
wenn ich an dich nicht mehr denke,
wenn ich Jerusalem nicht zu meiner höchsten Freude erhebe.
Tochter Babel, du Zerstörerin!
Wohl dem, der dir heimzahlt, was du uns getan hast!
Wohl dem, der deine Kinder packt und sie am Felsen zerschmettert.**

Gefangene werden gezwungen, Lyra zu spielen,
Wandbild aus einem assyrischen Palast, Ninive

Maksim Kantor (geb. 1957), Die Kolonne, 1987

die gewalttätige Fantasie des Psalms 137 zeugt davon (zur Gewalt in der Bibel vgl. Seite 196–197). Im Denken dieser Menschen wurde das gelobte, von Milch und Honig fließende Land ihrem jetzigen Schicksal in einer »gottlosen« oder von fremden, babylonischen Göttern beherrschten Umwelt gegenübergestellt: Diese Götter hatten sich als mächtiger erwiesen denn Jahwe, der Gott Israels und Judas. So wurde das Exil auch zu einer eminent theologischen Frage nach Gott, den Göttern, nach Macht und Ohnmacht.

Die Verunsicherung durch solche Fragen führte jedoch nicht zur Resignation, sondern zu einer neuen Vergewisserung des eigenen Glaubens – das Exil in Babel ist gleichsam die Geburtsstunde des unbedingten Bekenntnisses zu Jahwe als dem Herrn nicht allein über Israel, sondern über alle Völker. Es ist die Geburtsstunde jüdischen Glaubens und damit auch die Grundlage des Christentums.

Das Exil war wohl kaum so »schlimm«, wie es die Texte glauben machen. Nicht um Sklaverei ging es in Babel wie in der Knechtschaft Ägyptens. Die verschleppte Oberschicht Judas konnte relativ frei ihr Leben gestalten, manche rückten auch in maßgebende Stellen der babylonischen Gesellschaft auf. Gerade das aber förderte bei einigen die Assimilation nicht nur an die fremde Gesellschaft, sondern auch an deren Religion – dagegen mussten vor allem die Priester im Exil in aller Deutlichkeit angehen.

Das Exil kennt aber einen weiteren Aspekt: Es gründet ein **jüdisches Trauma** der Unterdrückung in der Fremde und der Bedrohung der eigenen Identität, der eigenen religiösen Vorstellungen. Es steht dabei in einer langen Linie, die bei der Unterdrückung in Ägypten beginnt, sich in den Kämpfen der Richter gegen die Völker Kanaans fortsetzt, im babylonischen Exil ihren Höhepunkt findet, dann aber in der Zerstörung Jerusalems durch die Römer (70 und 135 n. Chr.) fortgeführt wird, die mit einer neuen Vertreibung der Juden aus Jerusalem in die »Diaspora« (Zerstreuung) verbunden war. Und die traumatische Erfahrung führt durch die gesamte mittelalterliche und neuzeitliche Geschichte der Juden mit Pogromen, Ausplünderungen und Vertreibungen bis hin zur absoluten Katastrophe des Holocaust durch den Nationalsozialismus. Dieses Trauma einer Bedrohung der Identität und Existenz prägt bis heute den Staat Israel.

Grundthema der Bibel – Gott schenkt einen Neubeginn

Ein Neubeginn
So spricht der Herr, euer Erlöser, der Heilige Israels:
Um euretwillen schicke ich Boten nach Babel und reiße alle Riegel heraus, die Chaldäer aber werden mit Ketten gefesselt.
Ich bin der Herr, euer Heiliger, euer König, Israels Schöpfer.
So spricht der Herr, der einen Weg durch das Meer bahnt,
einen Pfad durch das gewaltige Wasser,
der Wagen und Rosse ausziehen lässt,
zusammen mit einem mächtigen Heer;
doch sie liegen am Boden und stehen nicht mehr auf,
sie sind erloschen und verglüht wie ein Docht.
Denkt nicht mehr an das, was früher war;
auf das, was vergangen ist, sollt ihr nicht achten.
Seht her, nun mache ich etwas Neues.
Schon kommt es zum Vorschein, merkt ihr es nicht?
Ja, ich lege einen Weg an durch die Steppe
und Straßen durch die Wüste.
Die wilden Tiere werden mich preisen, die Schakale und Strauße,
denn ich lasse in der Steppe Wasser fließen und Ströme in der Wüste,
um mein Volk, mein erwähltes, zu tränken.
Das Volk, das ich mir erschaffen habe, wird meinen Ruhm verkünden.
Jesaja 43,14–21

Die Religionen der Welt haben einen bewahrenden, konservierenden Aspekt: Die alten Botschaften und Verheißungen werden weitergetragen, oft ist eine Priesterklasse für die Bewahrung der Lehre und deren Weitergabe verantwortlich. Doch kennen die Religionen ebenso ein korrigierendes Element, das kritisch-produktiv die überlieferte Botschaft in neue Situationen hineinspiegelt und so zu Neuaufbruch und Neubeginn ermuntert.

Neubeginn und Neuanfang ist in besonderer Weise für den jüdisch-christlichen Glauben prägend, weil dies eine durchgehende Linie, ein Grundthema der Heiligen Schrift von Juden und Christen ist. Dabei wird diese Linie an Gott selber festgemacht, der nicht nur als Gott der Vergangenheit (Schöpfer und Retter) angesehen wird, auch nicht nur als Wegbegleiter in der Gegenwart, sondern als ein Gott der Zukunft, als einer, der vorausgeht, der sein Volk in ein gutes Land führt und ihm immer wieder – besonders in Zeiten der Not und der Bedrängnis – eine neue Perspektive aufzeigt. Der Gott Israels und der Christen ist ein **Gott des neuen Lebens**.

Das zeigt sich darin, wie Israel seine Geschichte deutet: Die wesentlichen, den jüdischen Glauben konstituierenden Elemente sind Erinnerungen an ein befreiendes Handeln Gottes, das aus Unterdrückung herausführt und einen neuen Weg weist. Dieser Weg führt zwar durch die »Wüste«, kennt aber ein erhofftes Ziel in der Zukunft: das gelobte und verheißene Land. So ist die Geschichte Israels immer wieder von Aufbrüchen und neuen Wegen gekennzeichnet. Das beginnt mit dem Exodus aus Ägypten und der Wanderung durch die Wüste hin zum verheißenen Land des Schalom, bei der Gott immer vorangeht (symbolisch in Feuersäule und Wolke als trotz seiner Nähe unverfügbar und den Menschen übersteigend dargestellt). Jahwe zeigt sich in vergleichbarer Weise als ein Gott, der auf dem Weg vorangeht, als das Volk (die Oberschicht des Volkes) aus dem Exil in Babel aufbrechen und in seine Heimat zurückkehren darf.

Auch hier ist Jahwe ein Gott der guten Zukunft, dem man vertrauen kann, an den man sich binden kann.

Diese Anbindung an Gott erfolgt für Israel im Bundesschluss an Sinai und im später immer wieder erneuerten Bund: Schon der Reformkönig Joschija ruft dazu auf (2 Kön 23,1–3; ähnlich 2 Chr 34,25–33). Die Propheten sprechen vom neuen Bund, der nicht äußerlich, sondern von innen heraus die Menschen prägt: »Seht, es werden Tage kommen – Spruch des Herrn – in denen ich mit dem Haus Israel und dem Haus Juda einen neuen Bund schließen werde ... Ich lege mein Gesetz in sie hinein und schreibe es auf ihr Herz. Ich werde ihr Gott sein, und sie werden mein Volk sein« (Jer 31,31.33; ähnlich Hos 2,18–25). Dieser Bund bewirkt einen neuen Geist (Ps 51,12) oder bei Ezechiel: »Ich schenke euch ein neues Herz und lege einen neuen Geist in euch. Ich nehme das Herz von Stein aus eurer Brust und gebe euch ein Herz von Fleisch« (Ez 36,26).

Die Perspektive, dass Jerusalem nach dem Exil neu aufgebaut wird (Jes 54,11–17), wird nach dem Exil in ein endzeitliches Heil nicht allein für Israel und das irdische Jerusalem, sondern für alle Völker ausgeweitet, für Himmel und Erde, das meint den ganzen Kosmos: »Denn schon erschaffe ich einen neuen Himmel und eine neue Erde. Man wird nicht mehr an das Frühere denken, es kommt niemand mehr in den Sinn« (Jes 65,17). Von hier aus lässt sich eine Linie ziehen zum letzten Buch des Neuen Testaments, wo in den Abschlusskapiteln 21–22 die Vision eines neuen Jerusalems als Verheißung von Heil für alle Menschen anklingt und die Bundesformel wiederholt wird: »Er wird in ihrer Mitte wohnen und sie werden sein Volk sein« (Offb 21,3).

Wenn Gott so Neues schafft und eine Hoffnungsperspektive schenkt, dann darf der Mensch neue Kraft schöpfen (Jes 40,31 und Sir 43,30); dann darf er seinem Gott »ein neues Lied singen« (Ps 96,1 und andere Psalmen, auch Jdt 16,12). Ja mehr noch, er darf die Hoffnung auf neues Leben, auf Neuschöpfung, Auferweckung haben, wie es in der Spätschrift des Alten Testaments anklingt (2 Makk 7,9), dann aber im Neuen Testament von Jesus her explizit ausgesagt wird. Der Gott der Juden und Christen ist ein Gott des neuen Lebens, der Zukunft, der Hoffnung für alle.

Richard Baus,
Eine Tür tut sich auf, 1999

Ezechiel – Israel wird auferweckt

Ezechiel (hebräisch »Gott möge stark machen«; Lutherbibel »Hesekiel«) ist Zeitgenosse des Jeremia – aber mit einer ganz anderen Lebensgeschichte. Zeitlicher Rahmen beider Propheten ist der Untergang des Südreiches Juda mit der ersten Eroberung Jerusalems durch Nebukadnezar II. im Jahr 597 v. Chr., dem folgenden Jahrzehnt bis zum endgültigen Untergang Judas und Jerusalems 586 und die erste Zeit des Exils. Während Jeremia in Jerusalem bleibt und sich seine Spur dann zusammen mit einer Gruppe Flüchtender in Ägypten verliert, gehört Ezechiel zur überschaubaren Gruppe der zuerst nach Babel Verschleppten. Der Sohn einer Jerusalemer Priesterfamilie wurde dort im Jahr 593 zum Propheten berufen. Er lebte dort wohl in der kleinen Kolonie der Juden am Fluss Kebar, einem Euphratarm bei Babylon. Unter den Exilsjuden war er eine einflussreiche Persönlichkeit – wohl aufgrund seiner Herkunft aus der zadokidischen Priesterfamilie (Zadok war Hohepriester unter König Salomo, 2 Kön 2,35).

Ezechiel war mit der Botschaft der alten Propheten (Hosea, Amos, der erste Jesaja ...) vertraut wie auch mit den Aussagen seines Zeitgenossen Jeremia. In seiner priesterlichen Tradition verstand er sich vor allem als Wahrer des Bundes Gottes mit den Menschen und als Deuter des göttlichen Willens, wie er in der Tora niedergelegt ist. Priesterlicher Dienst ist für ihn weniger Dienst am Kult (des Tempels) – dies entwickelte sich erst in der nachexilischen Kultreform –, sondern Dienst an der Tora und am Bundesschluss. Nicht von ungefähr findet sich bei ihm in den Kapiteln 40–48 im Bild der heiligen Stadt die Vision des Neuen und nun endgültigen Bundes Jahwes mit Israel.

Das Buch Ezechiel ist einheitlich als Ich-Erzählung gestaltet. Der Prophet versteht sich als »Menschensohn«, der von Gott angesprochen wird. Bildreden und Visionen wechseln mit eigenartigen prophetischen Zeichenhandlungen – Wort und Handlung des Propheten stimmen überein.

Das Buch ist deutlich in folgende Hauptteile gegliedert:

- *Kapitel 1–24:* Drohreden und symbolische Handlungen gegen Juda/Israel – Gottes Gericht bricht über Juda/Israel herein.

Meister der Predigten des Heiligen Gregor von Nazianz, Vision des Ezechiel (Ez 1), Byzanz, um 880

- *Kapitel 25–32:* Androhung des Gerichts über die Fremdvölker – Jahwe als Gott aller Mächte.
- *Kapitel 33–48:* Heilsbotschaft für Israel – Gott schenkt einen Neubeginn.

Die Vision von der Auferweckung Israels

Die Hand des Herrn legte sich auf mich, und der Herr brachte mich im Geist hinaus und versetze mich mitten in die Ebene. Sie war voll von Gebeinen. Er fragte mich: »Menschensohn, können diese Gebeine wieder lebendig werden?«
Da sagte er zu mir: »Sprich als Prophet über diese Gebeine: ›Ihr ausgetrockneten Gebeine, hört das Wort des Herrn! Ich selber bringe Geist in euch, dann werdet ihr lebendig Daran werdet ihr erkennen, dass ich der Herr bin.‹«
Noch während ich redete, hörte ich ein Geräusch: Die Gebeine rückten zusammen, Fleisch umgab sie und Haut überzog sie Und es kam Geist in sie. Sie wurden lebendig und standen auf – ein großes, gewaltiges Heer.
Er sagte zu mir: »Menschensohn, diese Gebeine sind das ganze Haus Israel. Sag zu ihnen: ›So spricht Gott, der Herr: Ich öffne eure Gräber und hole euch, mein Volk, aus euren Gräbern herauf. Ich bringe euch zurück in das Land Israel. Ich hauche euch meinen Geist ein, dann werdet ihr lebendig. Dann werdet ihr erkennen, dass ich der Herr bin.‹«

aus Ezechiel 37,1–14

Das Buch beginnt mit einer grandiosen Vision der Erscheinung Gottes auf einem Thronwagen – seine Herrlichkeit erscheint über allen Völkern (Ez 1,4–28). Es folgt eine Berufungserzählung mit einer Zeichenhandlung, dem Essen einer Buchrolle: Ezechiel soll seine Sendung verinnerlichen (Ez 2–3,15) und als Wächter Israels wirken. Doch seine Botschaft findet in Israel kein Gehör: Ezechiel verstummte angesichts der Verstocktheit (Ez 3,22–27). Es folgen Drohsprüche gegen Israel, Gerichtsankündigungen, Zeichenhandlungen und Visionen, in denen es um den Untergang Jerusalems und der nach der ersten Deportation dort verbliebenen Menschen geht (Ez 4–24). In unterschiedlichen Textsorten (prophetische Rede, Totenlied, Deutung von Zeichenhandlungen ...) umkreist Ezechiel das Thema Untergang.

Doch dann erreicht ihn die Nachricht von der zweiten Eroberung Jerusalems und der Zerstörung der Stadt. Das von ihm verkündete Gericht ist nun eingetroffen – nun aber wendet sich seine Botschaft zu einer Heilsbotschaft, in der er dem am Boden liegenden Israel einen neuen Bund mit Gott und dadurch einen Neubeginn ankündigt. Zuvor aber werden in einem Einschub (Ez 25–32) Drohreden gegen die Israel umgebenden Nachbarn (wie üblich Ägypten, Tyrus, Edom ...) gehalten.

Die Heilsbotschaft der Kapitel 33–39 drohen nicht, sondern machen Mut. Nicht mehr Unheil, sondern Heil, nicht mehr Verbannung, sondern Heimkehr kündet Ezechiel an und begründet dies mit der Erwählung des Volkes durch Jahwe. Gott wird einen neuen Friedensbund mit seinem Volk schließen (Ez 37,26). Er wird die im Exil hoffnungslos Lebenden (Ez 37,11) zu neuem Leben erwecken (vgl. oben Ez 37) und für immer in seiner Mitte wohnen. Weil Jahwe zugleich der Herr aller Völker ist und damit der Herr der Geschichte, kann das Volk auf diese Zusage vertrauen: Er hat wie bereits so häufig in der Geschichte Israels Erbarmen mit seinem Volk (Ez 39,25).

Die Schlusskapitel (Ez 40–48) schildern die Vision eines neuen Tempels inmitten einer Stadt auf einem Berge – das neue Jerusalem mitten in einem Land, das von Recht und Gerechtigkeit geprägt ist (Ez 45,9). Das prophetische Buch schließt mit der Verheißung der Anwesenheit Gottes in dieser Stadt, diesem Land: »Und der Name der Stadt soll von heute an sein: Hier ist der Herr« (Ez 48,35).

Neubesinnung – Gottes Weisung über allem

Große gesellschaftliche Veränderungen, Umstürze, Katastrophen – all das wirft bei aufmerksamen Menschen Fragen auf, lässt innehalten und erfordert ein Umdenken, eine neue Gedankenstruktur, in der das unvermutet hereingebrochene Unheil gedanklich bewältigt und in der gesamten Vorstellungswelt integriert wird. Für die nach Babel verschleppte Oberschicht Judas (Angehörige des Königshauses, Beamte und hohes Militär, vor allem aber die Tempelpriester) war der Untergang Jerusalems und die Deportation ein traumatisches Ereignis, das ihren bisherigen Glauben (ein Gott – ein Land – ein Volk – und dies konzentriert im Symbol des Zionsberges/Jerusalems) in Frage stellte und neue Antworten erforderte:

- Warum konnte Juda (und das Nordreich Israel schon 130 Jahre früher) untergehen, obwohl doch Jahwe, der Herr der Heere, sein Gott war und mit ihm einen Bund geschlossen hatte?
- Warum waren die anderen Mächte (die Assyrer, die Babylonier) stärker, sodass das frühere »Großreich« Davids unter ihrem Ansturm zerbrach?
- Waren etwa die Götter der Babylonier stärker als der Gott der Väter, der Gott Abrahams, Isaaks und Jakobs und damit der Gott Israels und Judas?
- Warum konnte der Tempel in Jerusalem zerstört werden, obgleich er doch als Wohnstatt Jahwes galt?
- Wie konnte man in einer heidnischen, von fremder Götterverehrung bestimmten Umwelt in Babel den Glauben an den einen und einzigen Gott bewahren?
- Wie konnte man in der Fremde die Nähe und Treue Jahwes erfahren? Hatte sein Bund mit Israel keinen Bestand mehr?
- Gab es nicht doch eine Perspektive der Hoffnung, einen Ausweg aus der Gefangenschaft, eine Befreiung aus der Macht der Unterdrücker, so wie Gott dies bereits in Ägypten getan hatte?

Solche und ähnliche Fragen bewegten die Gelehrten Judas – das Buch Ezechiel, aber auch der zweite Teil des Buches Jesaja lassen dies immer wieder durchscheinen. Auf all diese neuen Herausforderungen antworteten die Verantwortlichen mit einer Neubesinnung und einer Relecture (einer neuen, unter veränderten Umständen auch veränderten Sicht) der alten Glaubenstexte. All das, was man in der Katastrophe an religiösen Traditionen hatte retten können (gleich ob schriftlich oder als mündliche Weitergabe) wurde nun überprüft und in eine neue Ordnung gebracht. In der Auseinandersetzung mit den Fremdgöttern Babels wurden die theologischen und kultischen Traditionen Israels neu begründet.

Dies geschah zum einen in einer neuen Gesamtschau der Tora, der grundlegenden fünf heiligen Bücher Israels. Erzählten bisher – so die heutige Forschungslage – verschiedene alte Quellen (vgl. Seite 117: Die Quellen des Pentateuch), etwa die Quelle J, E und D von der Geschichte der Väter und des Auszugs aus Ägypten mit dem Bundesschluss am Sinai, waren dem auch einzelne mythische Erzählungen vorgeschaltet (Urgeschichte), so wollte man nun über diese Texte hinaus zu einer neuen Sicht kommen. Die **Priesterschrift** entstand – ein Neuansatz des theolgischen Denkens Israels und zugleich ein Fundament jüdischen Glaubens über die Jahrtausende hinweg.

Denn die im Exil entstandene Priesterschrift formt das Gottesbild neu: Aus dem anthropomorphen (menschenähnlichen, von Emotionen stark bewegten) Gott Jahwe der Quelle J wird nun ein transzendenter, über dem ganzen Kosmos stehender, nicht nur für Israel, sondern für alle Völker maßgebender Gott, der allein durch sein Wort schafft (vgl. Seite 126–127 zu Gen 1,1–2,4: die erste Schöpfungserzählung). Dieser den Menschen absolut übersteigende und nicht begreifbare Gott schenkt seinem Bundesvolk am Sinai eine Lebensordnung, eine Weisung zum Leben, die nicht nur für das Leben im verheißenen Land mit Jerusalem als Zentrum gilt, sondern für jüdisches Leben in allen Ländern, wohin es Juden verschlägt.

So beschreibt auch die Priesterschrift zwar den jüdischen Kult am Jerusalemer Tempel und weist ihm einen hohen Rang zu. Zugleich aber nennt sie Institutionen jüdisch-religiösen Lebens, die über den Tempel hinausweisen und in der Tat auch das Judentum lebendig hielten – nach der ersten Tempelzerstörung 586 v. Chr. und nach der zweiten 70 n. Chr. durch die Römer. Eine solche und für das Judentum unabdingbare Institution ist der **Sabbat** (vgl. Seite 86–87). Die Priesterschrift formt ihr Schöpfungslied (Gen 1) durch ein Schema einer Sieben-Tage-Woche um, das auf die Feier des Ruhetages, des Sabbats hinausläuft. Die Einhaltung des Sabbats als Gott geweihter Tag ist unabhängig vom Tempel in allen Ländern möglich, auch im Exil in Babel. Im Sabbat konzentriert sich jüdischer Glaube. Da die Feier des Sabbats zudem in das Leben der Familien eingebettet ist, kann er auch Zeiten der Verfolgung überstehen.

Eine andere, im Exil deutlich in den Vordergrund getretene Institution des Judentums ist die **Tora** (vgl. Seite 106–107), die Weisung Gottes. Nach Gottes Weisung kann man überall leben, in Israel ebenso wie im Exil. Die Priesterschrift betont deshalb besonders den vielfachen Bund Gottes mit den Menschen: den Noachbund (vgl. Seite 132–133), den Abrahambund (vgl. Seite 146), den Sinaibund (vgl. Seite 176–177). Israel, die Juden stimmen sich neu auf diesen Bund ein und lassen so die alte Schuld hinter sich, durch die die Katastrophe eintrat. Das Exil wird durch diese Betonung und Neuformulierung der Tora zur Geburtsstunde der Hebräischen Bibel – ein Grundstein, auf dem die Juden in den folgenden Jahrhunderten aufbauen konnten.

Jude mit Tora

Neubesinnung – der Weg nach Zion

Alle Religionen der Welt nutzen das Symbol des Weges, um menschliches Leben zu deuten: Der Mensch ist ein Pilger, ständig unterwegs auf der Suche nach Sinn, Heil und erfülltem Leben. Die Religionen der Welt verstehen den Menschen auch als Pilger hin zu einem letzten Ziel, das mit Befreiung vom Leid, umfassendem Schalom, Heil und Erlösung nur bildhaft in Worte gefasst werden kann: Der Mensch ist auf dem Weg über das »Jetzt« hinaus zu einem Ziel, das diese Welt übersteigt und vielfach als Gemeinschaft mit Gott ausgedrückt wird.

Was bereits allgemein für Religionen gilt, gilt für den jüdischen Glauben in besonderer Weise: Er ist gerade an den Schlüsselstellen seiner Tradition vom Wegmotiv geprägt. Das beginnt beim Urvater Abraham, der sich – von Gott beauftragt – auf einen Weg ins Ungewisse macht, dies aber trotz aller Gefährdung aufgrund seines unbedingten Vertrauens durchhalten kann. Das wird weiter deutlich am Weg, den das Volk Israel – von Gott gerufen und geführt – aus Ägypten heraus in die Freiheit wagt. Dieses Wegmotiv des Exodus (Auszug und Weg als Befreiung) führt weiter zum Bundesschluss, wo sich Gott als ein den Weg des Menschen begleitender Gott zeigt, der ihm gute Wege weist (Zehnwort vom Sinai als Wegweisung zu erfülltem und gelingendem Leben für den Einzelnen und die Gemeinschaft, vgl. Seite 176–177).

Die Bundeslade als Symbol der Gegenwart Gottes in seinem Volk geht dann in der Zeit der Richter viele Wege, geht verloren und wird wiedergefunden, bevor sie durch David auf einem letzten Weg nach Jerusalem und schließlich dort in den von Salomo gebauten Tempel gebracht wird: Gott geht mit seinem Volk, er ist in seiner Mitte.

Die Deportation der jüdischen Oberschicht nach Babel war ein aufgezwungener Weg, der sich aus dem – so der deutende Rückblick der Priester – Versagen des Volkes und seiner Untreue gegenüber Gottes Bund ergab. Diesem Weg ins Unheil aber stellt die biblische Tradition nun den neuen Weg in das Heil gegenüber.

Die äußeren, historisch fassbaren Bedingungen sind bekannt: Der persische Kö-

Marc Chagall,
Auf dem Weg, 1924

nig Kyros II. der Große (590–530 v. Chr.) weitete sein Reich erheblich aus, eroberte das babylonische Reich bis an die Grenze Ägyptens und Kleinasiens. Er erlaubte ab 539 nach Babel verschleppten Personengruppen die Heimkehr in ihre Heimatländer. Wahrscheinlich wollte er so eine ihm gewogene Führungsschicht in den einzelnen Provinzen seines Reiches an die Macht bringen. Im Zuge dieser Politik kann auch die jüdische Gruppe von Babel aus nach Jerusalem zurückkehren.

Die jüdische Tradition sieht in diesem Geschehen das Eingreifen Jahwes zugunsten seines Volkes. Kyros wird als Werkzeug Gottes angesehen (»Der Herr erweckte den Geist des Königs Kyros von Persien«, Esra 1,1b). Dies wird auch mit einem – wohl eher fiktiven – Befehl des Kyros verknüpft, dass in Jerusalem der Tempel als Haus des Herrn wiederaufgebaut wird. So macht sich die Exilsgruppe auf den Weg in ihre Heimat – allerdings nur ein Teil der in Babel ansässigen Juden war dazu bereit. Erst später folgt eine weitere Gruppe aufgrund eines Befehls des persischen Königs Artaxerxes I. (Regierungszeit 465–424 v. Chr.). Dennoch bleibt auch dann ein bedeutender Teil der jüdischen Exilsgemeinde in Babel zurück und bildet in der Diaspora ein bedeutendes religiöses Zentrum (Entstehung des jüdischen Talmud im 6. Jahrhundert n. Chr.). Ähnliches gilt für andere Städte des persischen Reiches, etwa in Hamadan, wo noch heute in einer Synagoge das Grab Esters und ihres Onkels Mordechai (vgl. Seite 280–281) verehrt wird.

Heimkehr – ein Weg durch die Wüste

Tröstet, tröstet mein Volk, spricht euer Gott.
Redet Jerusalem zu Herzen und verkündet der Stadt,
dass ihr Frondienst zu Ende geht, dass ihre Schuld beglichen ist;
denn sie hat die volle Strafe erlitten
von der Hand des Herrn für all ihre Sünden.
Eine Stimme ruft:
Bahnt für den Herrn einen Weg durch die Wüste!
Baut in der Steppe eine ebene Straße für unseren Gott!
Jedes Tal soll sich heben, jeder Berg und Hügel sich senken.
Was krumm ist, soll gerade werden,
und was hügelig ist, werde eben.
Dann offenbart sich die Herrlichkeit des Herrn,
alle Sterblichen werden sie sehen.
Ja, der Mund des Herrn hat gesprochen.
Jesaja 40, 1–5

Der Weg des Volkes (der einzelnen Gruppen der Exilierten) wird im Buch Esra nüchtern und mit allerlei Namen und Gegenständen beschrieben (Esra 1). Der zweite Jesaja aber beschreibt diesen Weg als Prozessionsstraße, auf dem Gott seinem Volk vorausgeht – so wie er beim Auszug aus Ägypten dem Volk vorangegangen ist. Es ist ein Weg durch die Wüste. Die Wüste ist der menschenfeindliche Ort, zugleich aber der Ort der Begegnung mit Gott (Mose am brennenden Dornbusch, vgl. Seite 166–167; Israel am Berg Sinai in der Wüste, vgl. Seite 176–177). So wird auch dem nach Jerusalem heimziehenden Volk in der Wüste neu die Erfahrung des ihnen treuen und zugewandten Gottes zuteil, eines Gottes, der in ein gutes Land führt (vgl. Seite 188–189). Die Wüste ist Ort der Gottesoffenbarung: »Gott, als du deinem Volk voranzogst, als du die Wüste durchschrittest, da bebte die Erde, da ergossen sich die Himmel vor Gott, vor Gott, dem Herrn vom Sinai, vor Israels Gott« (Ps 68,8). Durch die Führung Gottes von Babel, dem Symbol des Widergöttlichen, hin zu Jerusalem, der heiligen Stadt, geschieht für Israel ein neuer Anfang, es ist ein Weg in eine gute Zukunft.

Esra und Nehemia – ein schwieriger Neubeginn

In den beiden Büchern Esra und Nehemia (Neh), die etwa zur gleichen Zeit wie die Bücher der Chronik (möglicherweise auch von der gleichen Verfassergruppe) geschrieben wurden, werden die beiden Bücher der Chronik (vgl. Seite 217) fortgeschrieben. Man bezeichnet alle vier Bücher deshalb auch als chronistisches Geschichtswerk. Es soll gezeigt werden, dass Gott seine Verheißung erfüllt: Er führt das verbannte Volk aus dem Exil zurück und stellt die jüdische Gemeinde mit dem religiösen Zentrum Jerusalem wieder her. Die Geschichte des Unheils wendet sich zu einer neuen Geschichte des Heils. Die beiden Bücher greifen in ihrer Schilderung dabei auf vielerlei Quellen zurück. Listen und erzählende Texte wechseln sich ab.

Die beiden Bücher erwecken mit ihren langen Namenlisten der Heimkehrer (Esra 2,1–35 und 8) und der Priester und Leviten (Esra 2,36–63 und Neh 7,39–65) oder der Laienbevölkerung (Neh 7,4–38) und den Listen zur Ausrüstung des Tempels den Eindruck offizieller Dokumente. Zugleich wird durch das Verbot von Mischehen zwischen den heimkehrenden Judäern und der Landbevölkerung Kanaans bzw. der umliegenden (heidnischen) Völker (Esra 10 und Neh 13,23–31) ein Ideal kultischer Reinheit aufgerichtet: Der Neubeginn führt zu einem »reinen« Tempel und einer »reinen« Bevölkerung mitten in einer andersgläubigen Umwelt – das neue Israel ist nun wieder ganz Jahwes Volk. Denn es ist umgekehrt (vgl. den Bußgottesdienst und das Bußgebet in Neh 9), hat sich im Gesetz (das heißt in der Tora) unterweisen lassen (Neh 8), vorschriftsmäßig den neu errichteten Tempel eingeweiht (Esra 6,13–22) und mit dem Kult für Jahwe in diesem Tempel begonnen.

Der »offizielle« Charakter der beiden Schriften ist die Erklärung dafür, dass einige Teile (Esra 4,8–6,18 und 7,12–26) in Aramäisch, der Amtssprache des Perserreiches, geschrieben wurden. Es werden »offizielle« Briefe des Großkönigs »zitiert« und dadurch dem Unterfangen einer Neuerrichtung des Tempels (wohl in relativ kleinem Ausmaß) und der Stadtmauer um Jerusalem herum eine Legitimierung durch den Herrscher des Reiches gegeben.

Das Buch **Esra** beginnt mit dem Befehl des Königs Kyros II. von Persien, der als Werkzeug Gottes verstanden wird und deshalb den Befehl zur Heimkehr der nach Babel exilierten Juden gibt. Dies war allerdings die Politik der Perser nicht nur gegenüber Juda, sondern gegenüber allen von den Babyloniern verschleppten Völkern oder Volksteilen. Doch die Geschichtsdeutung des Buches Esra sieht in dieser Siedlungspolitik der Perser ein unmittelbares Eingreifen Gottes zugunsten seines Volkes. Dies wird noch dadurch gesteigert, dass der König selbst den Befehl zum Wiederaufbau des Jerusalemer Tempels gibt – eine historisch mehr als unwahrscheinliche Handlung.

Um die Wiedererrichtung des Tempels und die Schwierigkeiten dabei geht es nun in den folgenden Kapiteln. Der neue Tempel wird zum Heilszeichen der erneuten Zuwendung Gottes zu seinem Volk, gleichsam zum Symbol des neuen Bundes, den Jeremia (Jer 31,31) angekündigt hatte. Dort allerdings ist der neue Bund in das Herz der Menschen eingeschrieben und braucht kein äußerliches Symbol wie einen Tempel aus

Stein. Auch dem Schriftgelehrten Esra geht es in der Nachfolge der älteren Propheten Israels und Judas um die innere Neuausrichtung des Volkes, um eine Erneuerung des Bundesschlusses. Dies geschieht durch Buße und Umkehr und eine neue Betonung des mosaischen Gesetzes. Esra, der Schriftgelehrte, wird dadurch zum Lehrer des Volkes in der Tora: »Esra war von ganzem Herzen darauf aus, das Gesetz des Herrn zu erforschen und danach zu handeln und es als Satzung und Recht in Israel zu lehren« (Esra 7,10).

Meister des Codex Amiatinus,
Esra arbeitet an der Erneuerung der Bibel,
vorkarolingische Malerei, Anfang 8. Jh., England

Das Buch **Nehemia** führt diese Linie der inneren Reform Judas weiter, berichtet aber zugleich auch von der äußeren Konsolidierung, die sich im Bau der Jerusalemer Stadtmauer zeigt. Nehemia ist ein jüdischer Laie am persischen Hof (Mundschenk des Königs). Er erfährt von dem desolaten Zustand der Stadt Jerusalem und besonders der Stadtmauer und bittet den persischen König, ihn nach Jerusalem zu senden (gleichsam als eine offizielle Delegation). Der König stimmt zu und Nehemia kehrt nach Jerusalem zurück und wird dort Statthalter. Er organisiert die Stadt neu und versucht, soziale Gerechtigkeit durchzusetzen.

Vor allem aber schärft er dem Volk die religiösen und kultischen Gebote neu ein und ordnet die Feier des Sabbats neu. Das ganze Volk wird in einer groß angelegten Feier auf das religiöse Gesetz verpflichtet. Dabei liest der Schriftgelehrte Esra dem Volk das ganze Gesetz (die Tora) in einer mehrstündigen Zeremonie vor: »Esra öffnete das Buch vor aller Augen; denn er stand höher als das versammelte Volk. Als er das Buch aufschlug, erhoben sich alle. Dann pries Esra den Herrn, den großen Gott, darauf antworteten alle mit erhobenen Händen: Amen, amen! ... Man las aus dem Buch, dem Gesetz Gottes, in Abschnitten vor und gab dazu Erklärungen, so dass die Leute das Vorgelesene verstehen konnten« (Neh 8,5–6.8). Das Ganze schließt mit einem Festmahl. Hier finden wir jüdischen (und später christlichen) Wortgottesdienst vorgezeichnet, auch die Weiterführung in einem Dankesmahl (Eucharistie).

Daniel – ein visionärer Blick auf die Endzeit

Das Buch **Daniel** (hebräisch »Gott ist Richter«, persisch/arabisch »Daniyal«) fällt unter den prophetischen Schriften aus dem Rahmen (im Kanon der Hebräischen Bibel wird es deshalb auch unter die »Schriften«, nicht unter die Propheten eingeordnet, vgl. Seite 109). Seine Thematik ist nicht das prophetische Wort in einer bestimmten Situation der Geschichte Israels oder Judas, sondern ein visionärer Blick auf die Endzeit, auf die Vollendung der Menschheitsgeschichte im Königreich Gottes. Daniel muss deshalb als apokalyptische (= enthüllende) Schrift eingeordnet werden.

Das Buch kennt eine komplizierte Entstehungsgeschichte, wie schon aus der Verwendung unterschiedlicher Sprachen hervorgeht: Kapitel 1,1–2,4a ist hebräisch, 2,4b–3,25 und 3,91–7,28 aramäisch, 3,26–90 und die Kapitel 13 und 14 griechisch. Die griechisch verfassten Teile des Buches Daniel sind späteren Ursprungs und gelten als apokryph (in evangelischer Sicht) bzw. deuterokanonisch (in katholischer Sicht): Kapitel 3 – Gesang der drei Männer im Feuerofen; Kapitel 13 – Susanna; Kapitel 14 – Bel und der Drache. Diese Teile waren ursprünglich selbstständig und wurden erst spät in der Makkabäerzeit (2. Jahrhundert v. Chr.) dem Buch Daniel zugeordnet. Die erzählenden Stücke der Kapitel 2–6 dürften in ersten Fassungen bereits im 5. oder 4. Jahrhundert entstanden sein, wurden später aber überarbeitet. Die Visionen der Kapitel 8–12 haben eine innere Beziehung zur späteren Makkabäerzeit (vgl. Seite 260) und wurden, der größeren Autorität wegen, rückwirkend dem bereits legendären Daniel in den Mund gelegt.

Das Buch (ohne die Zusätze) gliedert sich in einen erzählenden Teil (Kapitel 1–6) und einen visionären (Kapitel 7–12), der in Ichform geschrieben ist. Es geht in der fiktiven Erzählung um einen jungen Juden namens Daniel, der zusammen mit Hananja, Mischaël und Asarja beim ersten Eroberungszug des babylonischen Königs Nebukadnezar nach Babel verschleppt wird. Dort werden die jungen Männer am Königshof in Babel erzogen. Daniel wird als Mann geschildert, der treu zu seinem jüdischen Glauben steht. So hält er sich – auch in der Fremde – an die jüdischen Speiseregeln (Dan 1,8–16). Zugleich ist er mit außerordentlicher Weisheit begabt: »Gott verlieh diesen jungen Leuten Wissen und Verständnis in jeder Art Schrifttum und Weisheit; Daniel verstand sich auch auf Visionen und Träume aller Art« (Dan 1,17).

Lobgesang der drei Männer im Feuerofen

Gepriesen bist du, Herr, du Gott unserer Väter,
gelobt und gerühmt in Ewigkeit.
Gepriesen ist dein heiliger, herrlicher Name,
hoch gelobt und verherrlicht in Ewigkeit.
Gepriesen bist du im Tempel deiner heiligen Herrlichkeit,
hoch gerühmt und verherrlicht in Ewigkeit.
Preist den Herrn, all ihr Werke des Herrn;
lobt und rühmt ihn in Ewigkeit!
Preist den Herrn, ihr Menschen;
lobt und rühmt ihn in Ewigkeit!
Preist den Herrn, Hananja, Asarja und Mischaël;
lobt und rühmt ihn in Ewigkeit!
Denn er hat uns aus der Unterwelt entrissen
und aus der Gewalt des Todes errettet.

aus Daniel 3,51-90

Damit sind die Weichen für das weitere Buch Daniel gestellt. Daniel kann – wie der alttestamentliche Josef – Träume deuten; beide wirkten in der Fremde an einem Königshof. Drei Erzählungen (Kapitel 2–4) zeigen Daniel in der Regierungszeit des Königs Nebukadnezar: Der König träumt von einem Standbild, dessen Kopf aus Gold, Brust und Arme aus Silber, Rumpf aus Bronze, Beine aus Eisen und Füße aus Ton waren. Ein Stein zerschlug die Gestalt. Nebukadnezar fordert die Traumdeuter an seinem Hof auf, diesen Traum zu deuten, ohne dass er ihnen die Einzelheiten erzählt. Allein Daniel kann dies, weil es ihm von Gott selbst in einer nächtlichen Vision offenbart wurde – und Nebukadnezar verehrt den Gott der Juden (Dan 2). Auch die zweite Erzählung berichtet von Gefahr und Rettung: Die gläubigen Juden Schadrach, Meschach und Abed-Nego (entspricht den Namen Hananja, Mischaël und Asarja, vgl. Dan 1,7) werden aufgrund von Intrigen zum Tod verurteilt und in den Feuerofen geworfen, doch nach ihrem vertrauensvollen Gebet von einem Engel Gottes vor den Flammen bewahrt. In diese Erzählung (Dan 3) wurde später der Lobgesang der drei Männer im Feuerofen eingeschoben (Dan 3,51–90). Die dritte Traumdeutung ist eine eigenartige Geschichte über Nebukadnezar, den König über die Völker, und dessen Aufstieg und Fall im Bild eines Baumes (Dan 4): Doch auch hier zeigt sich der Gott der Juden, der durch Belschazzar (= Daniel) spricht, als Herr über die ganze Welt.

Rembrandt Harmenszoon van Rijn,
Belsazar erblickt die Schrift an der Wand, ca. 1636–38

Die vierte Erzählung (Dan 5–6,1) erzählt von Belschazzar (auch Belsazar, babylonischer Kronprinz, regierte von 552 bis 543 v. Chr.) und seinem Gastmahl mit der geheimnisvollen Schrift an der Wand, die durch Daniel gedeutet den Untergang des babylonischen Reiches durch Meder und Perser verkündet. Die abschließende Erzählung wechselt bereits in die Perserzeit des Königs Darius I. (549–486) und schildert die Rettung des erneut verfolgten Daniel aus der Löwengrube (Dan 6,2–29).

Die Visionen des zweiten Teils beschreiben die Endzeit, in der vier große Reiche sich ablösen, bevor es zur großen Katastrophe kommt (Dan 7). Diese Bedrängnis aber führt durch das Erscheinen eines rätselhaften »Menschensohnes« (Dan 7,13) hin zum endzeitlichen Gottesreich. Nicht länger geht es in der Geschichte der Völker um Krieg und die Verschleppung von Völkern, nicht länger um Wirren und Not, sondern um »ewige Gerechtigkeit« (Dan 9,24c), die von Gott zu den Menschen kommt.

Die Schlusskapitel aus späterer Zeit erzählen von der Rettung der gottesfürchtigen Susanna durch David (Dan 13), von Davids Kampf gegen die Priester des Bel (Baal) und einen Drachen und erneut von der Rettung Davids aus der Löwengrube (Dan 14).

Extra:
Die Spätschriften des Alten Testaments

Einige Bücher des christlichen Alten Testaments finden sich nicht in der Hebräischen Bibel. Dies sind die in später Zeit und in griechischer Sprache entstandenen Schriften:

- **Tobit** (vgl. Seite 276–277)
- **Judit** (vgl. Seite 278–279)
- **Ester** (vgl. Seite 280–281)
- **Makkabäer 1**
- **Makkabäer 2**
- die griechischen Teile des Buches **Daniel** (vgl. Seite 258–259)
- **Baruch** (vgl. Seite 245)
- **Weisheit**
- **Jesus Sirach**

Diese Bücher werden evangelisch als »apokryph«, katholisch als »deuterokanonisch« bezeichnet (vgl. Seite 109).

Die Bücher der Makkabäer (1,2 Makk)

Die beiden deuterokanonischen Schriften schildern den Widerstand der Juden gegen die Fremdherrschaft der hellenistischen Seleukiden, die nach Alexanders Eroberung des Vorderen Orients (332) begonnen hatte, sich aber im 2. Jahrhundert zuspitzte (167: Schändung des Tempels und Verbot der jüdischen Religion durch Antiochus IV.). Es geht in beiden Büchern um ein »altes« Thema jüdischer Geschichte und jüdischen Glaubens: um die Bedrohung durch fremde Kulte und Mächte und das treue Festhalten am Glauben an den einen und einzigen Gott Jahwe. Diesmal sind es nicht die Fruchtbarkeitskulte der umliegenden Völker (Baals-, Astartekult), sondern die Vorstellungen der hellenistischen Umwelt, der sich auch Israel nicht entziehen kann.

Benannt sind die beiden Bücher nach einem Ehrennamen, der dem Widerstandskämpfer Judas und seinen Brüdern Jonatan und Simon gegeben wurde: »Makkabäus« = »der Hammer«. Der Vater dieser drei, Mattatias, begann mit dem »Heiligen Krieg«, seine Söhne führten ihn mit Erfolg fort. Die Familie der Makkabäer wird nach ihrem Ahnherrn »Hasmon« auch *»Hasmonäer«* genannt (etwa vom jüdischen Historiker Flavius Josephus).

Der zeitgeschichtliche Hintergrund wird im Einleitungskapitel dargestellt (1 Makk 1). Der seleukidische Herrscher Antiochus IV. Epiphanes (= »wie ein Gott erschienen«) beginnt mit Unterdrückung und Plünderung Jerusalems. Die Schilderung der Verwüstung der Stadt Jerusalem (1 Makk 1,29–40) erinnert an die Zerstörung Jerusalems im Jahr 586: Wieder sind jüdisches Volk und jüdischer Glaube in ihrer Existenz bedroht – das zeigt sich an der Situation der heiligen Stadt Jerusalem. Als es dann ausgerechnet an einem Sabbat noch ein Massaker an Juden gibt, ruft der einflussreiche Jude Mattatias zum »Heiligen Krieg« auf; seine Söhne setzen nach dessen Tod diesen Aufstand gegen die seleukidische Macht fort. Der Kampf verschärft sich, doch Judas und seine Brüder haben Erfolg und können Jerusalem befreien und den verunreinigten Tempel neu weihen (1 Makk 4,36–61). Nach Judas wird sein Bruder Jonatan zum Anführer (1 Makk 9,31). Es geht bei all den Kämpfen nicht allein um den Widerstand gegen einen äußeren Feind, sondern auch um innerjüdischen Streit verschiedener Gruppen.

Das zweite Buch der Makkabäer ist keine Fortsetzung dieser historisch-theologischen Erzählung, sondern eine anders gestaltete Parallele. Hier wird in Kapitel 3 besonders der im Jahr 165 v. Chr. neu geweihte Jerusalemer Tempel und die heilige Stadt Jerusalem beschrieben. Doch wiederum gibt es Unruhen und Verfolgung, die in der legendenhaften Erzählung vom Martyrium der Mutter und ihrer sieben Söhne gipfelt.

Für die Aufnahme der Bücher in den Kanon der katholischen Kirche war besonders die Aussage zur Auferstehung der Toten wichtig (vgl. etwa 2 Makk 7). Mit den beiden Makkabäerbüchern enden die »geschichtlichen« Bücher des christlichen Kanons.

Das Buch der Weisheit (Weish)

Das deuterokanonische (apokryphe) Buch (auch »*Weisheit Salomos*« genannt) stammt von einem hellenistisch gebildeten Juden, der wahrscheinlich in der jüdischen Diaspora in Alexandrien lebte. Es gehört zu den Spätschriften des Alten Testaments, findet sich also nicht in der Hebräischen Bibel. Wahrscheinlich ist das Buch in der Mitte des ersten vorchristlichen Jahrhunderts entstanden und wäre damit die letzte Schrift, die in den Kanon der alttestamentlichen Schriften (nicht der Hebräischen Bibel) aufgenommen wurde. Der Verfasser will die Überlegenheit der jüdischen Weisheitstradition (deshalb der Bezug zu Salomo, dem Typos des Weisen) über die hellenistische Bildung und Kultur darstellen.

Das Buch besteht aus drei Teilen. Der erste Teil (Kapitel 1–6) stellt eine Mahnung dar, die Weisheit zu suchen. Wie in Psalm 1 werden zwei Wege gegenübergestellt: der Weg der Gottlosen und der Weg der Weisen, der Gerechten, derjenigen, die sich an Gottes Gebot halten.

Der zweite Teil (Kapitel 7–9) beschreibt die Weisheit in leuchtenden Farben und als Lehrerin der Tugend: »Sie lehrt Maß und Klugheit, Gerechtigkeit und Tapferkeit, die Tugenden, die im Leben der Menschen nützlicher sind als alles andere« (Weish 8,7). Die Weisheit soll zur Lebensgefährtin werden. Der dritte Teil (Kapitel 10–19) ist ein großes Gebet Salomos, in dem er Gott um Weisheit bittet und in sieben Beispielen (Adam, Abraham, Lot, Jakob, Josef, das Volk Israel in Rettung und im Zug durch die Wüste) auf das Wirken Gottes in der Geschichte verweist. Gott wird als »Freund des Lebens« (Weish 11,26) bezeichnet.

Das Buch Jesus Sirach (Sir)

Das deuterokanonische Buch (auch »*Ecclesiasticus*« genannt) ist ein hebräisch abgefasstes und um 180 v. Chr. entstandenes Lehrbuch mit Lebens- und Verhaltensregeln, die auf dem Glauben an Gott beruhen. Die Weisheit, die das Leben bestehen lässt, ist eine von Gott geschenkte Gabe, ja, sie ist eine Eigenschaft Gottes selber. Stärker als im Buch der Sprichwörter (vgl. Seite 263) ist die Weisheit bei Jesus Sirach religiös angebunden. Sie fordert vom glaubenden Menschen Hilfsbereitschaft und Wohltätigkeit, Zucht und Mäßigung, Gebet und Opfer. Der Verfasser versucht in seinem Werk, jüdische Glaubenstraditionen mit hellenistischer Bildung und Weisheit zu verbinden. Dies tut er in einer lockeren Sammlung von Regeln für das menschliche Leben. Dabei wird alle Weisheit auf Gott zurückgeführt, wie es am Beginn heißt: »Alle Weisheit stammt vom Herrn, und ewig ist sie bei ihm ... Wurzel der Weisheit ist die Gottesfurcht, ihre Zweige sind ewiges Leben« (Sir 1,1.20). Das Buch schließt mit einem Lob auf die Weisheit, die »aus dem Mund des Höchsten hervorgeht« (Sir 24,3), und einigen Anhängen mit Sprüchen von Weisheitslehrern.

= Jesus Sirach 25,17,
aus: Biblische Kern-Sprüche, Kopenhagen, 1751

Die Weisheit Israels

Die Bücher der Bibel umfassen sehr unterschiedliche Textsorten (vgl. Seite 20) und lassen sich trotz ihrer oft komplizierten Entstehungsgeschichte und ihrer inneren thematischen und stilistischen Vielfalt in große Buchgruppen einteilen. Die sind zum einen – aus christlicher Sicht – die sogenannten **geschichtlichen Bücher** von Genesis bis 2 Makkabäer, die die wirkliche oder auch fiktive Geschichte Israels von den Anfängen der nomadischen Stammväter (ab Gen 12) bis zur Makkabäer-/Hasmonäerzeit wenige Jahrzehnte vor der Zeitenwende erzählen. Solche Texte enthalten zwar durchaus historisch fassbare Gegebenheiten (etwa Exil in Babel), sind aber zuerst einmal theologische Deutungen von Welt und Geschichte aus der Sicht glaubender Menschen.

Zum andern gibt es mit der Gattung der **prophetischen Bücher** Texte, die durchaus Bezug nehmen auf konkrete politische (etwa Jeremia) oder gesellschaftlich-wirtschaftliche (etwa Amos) Ereignisse. Sie stellen aber in höherem Maß als die »geschichtlichen Bücher« eine theologische Schau dar, die Menschen aus der rückblickenden Sicht auf die Vergangenheit und einem visionären Ausblick auf die Zukunft zu einem Gott gemäßen Handeln in der Gegenwart ermuntern und ermahnen wollen.

Eine dritte Kategorie biblischer Texte steht außerhalb dieser beiden Gruppen. Sie beruht – wie es ähnlich in den Israel umgebenden Kulturen Mesopotamiens und Ägyptens geschieht – auf Weisheitslehren, es sind **Bücher der Weisheit**. Diese sind in Israel immer religiös fundiert (und insofern passen diese Texte auch in den Kanon der Bibel), ermuntern zu einem klugen und Gott gegenüber verantworteten Handeln: Es sind Schriften zum rechten Leben vor Gott und mit den Menschen.

Pedro Berruguete, Salomo, um 1500, dazu Sprüche aus Spr 8,11–12.14

Sprichwörter Israels – gelingendes Leben

Das Buch **Sprichwörter** (Spr – von Luther »Die Sprüche Salomos« genannt und so mit König Salomo, dem Inbegriff biblischer Weisheit, verknüpft) gehört mit Kohelet, dem Hohelied und den deuterokanonischen Büchern Weisheit und Jesus Sirach (vgl. Seite 261) zur Gruppe der biblischen Weisheitsbücher. In unserer Kommentierung ordnen wir hier auch die drei novellenartigen Erzählungen über Tobit und seinen Sohn Tobias, über Judith und über Ester ein, die in der christlichen Bibel unter den geschichtlichen Büchern eingeordnet sind, aber jede auf ihre Weise biblische Weisheit verkündet (vgl. Seite 274–279). Zudem sind sie etwa der gleichen Entstehungszeit zuzuordnen.

Die Tradition sieht König Salomo als Verfasser der Sammlung von Weisheitssprüchen im Buch Sprichwörter. Ihm wird zugeschrieben, dass Gott ihm ein »weises und verständiges Herz« gegeben hat (vgl. 1 Kön 3,12) und er gilt als Verfasser von Liedern und Weisheitssprüchen (vgl. auch 1 Chr 1,1–13). Doch selbst wenn nicht nur einzelne Sprüche, sondern auch Teile der Sammlung ein hohes Alter haben, so wurden die Sammlungen doch immer wieder erweitert – die Endfassung des Buches lag nicht vor 400 v. Chr. vor. Darin sind nach der Einleitung (Spr 1,1–7) sieben Hauptteile zu erkennen, von denen zwei explizit Salomo zugeschrieben werden:

- *Eine Sammlung von Weisheitslehren (Spr 1,8–9,18):* Immer geht es in diesen prägnanten Sätzen um den Weg der Torheit, des Bösen (Spr 2,12) und den Weg der Weisheit (Spr 4,11), der allein Leben bringt und eine gute Gabe Gottes ist.
- *Die erste salomonische Spruchsammlung (Spr 10,1–22,16):* Zu vielfältigen Fragen des alltäglichen Lebens gibt es hier Ratschläge und konkrete Weisungen. Immer aber gilt: »Wer auf das Wort des Herrn achtet, findet Glück« (Spr 16,20).
- *Worte von Weisen (Spr 22,17–24,33):* Fortsetzung des ersten Hauptteils.
- *Die zweite salomonische Spruchsammlung (Spr 25,1–29,27):* Eine (fiktive) Motivation Salomos zur Veröffentlichung von Spruchweisheiten wird zu Beginn genannt: »Gottes Ehre ist es, eine Sache zu verhüllen, des Königs Ehre ist es, eine Sache zu erforschen« (Spr 25,2). Es folgen wiederum praktische Ratschläge zu allerlei Themen.
- *Die Worte Agurs (Spr 30,1–14):* ein kurzer Anhang eines unbekannten Verfassers.
- *Die Zahlensprüche (Spr 30,15–33):* Eine im Orient verbreitete Sprachform sind Zahlensprüche, deren regelmäßiger Aufbau dem leichteren Auswendiglernen dient.
- *Die Worte an Lemuël (Spr 31,1–9):* Auffallend ist hier die Nennung einer Frau, der Mutter Lemuëls, die Worte an ihren Sohn, den König des arabischen Massa, richtet. Dies ist einer der seltenen Texte, in denen ein Abschnitt der Bibel unmittelbar einer Frau zugeschrieben wird (vgl. das Loblied der Miriam, Ex 15,21; das Danklied der Hanna, 1 Sam 2,1–11; das Magnificat Mariens, Lk 1,46–55).

Im Buch Sprichwörter wurde nicht allein die Volksweisheit Israels gesammelt, sondern auch Weisheit aus anderen orientalischen Ländern (etwa Ägypten, vgl. Kapitel 22-24) integriert. Die Weisheit wird in diesem Buch personifiziert und steht gegen die Torheit, mehr noch, sie ist göttliche Weisheit, die von Anbeginn, von der Schöpfung der Welt an, bei Gottes Heilshandeln mitwirkte. Dieser Gedankengang macht das Buch zu einem religiösen Werk, das über die Beschreibung allgemein menschlicher Weisheit hinausgeht.

Kohelet – alles ist Windhauch

Das Buch **Kohelet** (auch »Prediger Salomo« [Luther] oder »Ecclesiastes«, hebräisch »Prediger einer Versammlung« – darin steckt der hebräische Begriff für »Volk [Gottes]«) gehört zu den fünf Festrollen, die an den Festen des jüdischen Kalenders gelesen werden, und ist dort dem Laubhüttenfest (Sukkot, vgl. Seite 90) zugeordnet.

Auch wenn der Einleitungsvers des Buches Salomo als Verfasser suggeriert (»Worte Kohelets, des Davidssohns, der König in Jerusalem war«), so ist doch sicher, dass dieses Buch in den Anfang der hellenistischen Zeit in Palästina, also ins 3. Jahrhundert v. Chr., gehört. Eine Anbindung weisheitlicher Bücher und Sprüche an Salomo, dem Inbegriff der Weisheit, findet sich auch an anderen Stellen der Bibel, vgl. etwa Sprichwörter, Hohelied oder als Parallele die Anbindung vieler Psalmen an König David. So schreibt der biblische Autor mit der »geborgten« Autorität einer bedeutenden Gestalt der jüdischen Geschichte.

Der Aufbau des Buches: Nach der »Nennung des Autors« (Kohelet, Prediger ist kein Name) in 1,1 folgt ein Vorspruch (Koh 1,2–3), dem am Ende des Buches ein Nachsatz entspricht (Koh 12,8): »Alles ist Windhauch!« Diese Sicht der Welt – in einem Rahmen von Überschrift und Nachsatz zusammengefasst – bestimmt das ganze Buch Kohelet: Alles ist vergänglich und hinfällig, es gibt nichts Beständiges, auf das sich der Mensch verlassen kann. Zwei Nachworte beschließen das Buch (Koh 12,9–14).

Die sieben Spruchreihen des Buches sind ebenso geprägt von dieser pessimistischen Lebenseinstellung: Alles ist eitel und vergänglich, Hoffnung über den Tod hinaus gibt es nicht. So muss sich der Mensch so gut wie möglich in seiner Welt einrichten und das Leben nach Möglichkeit genießen. Da der Mensch doch nichts am Lauf der Welt ändern kann, weil Gott alles bereits festgelegt hat, bleibt nur, das an Gutem und Schlechtem ohne Murren anzunehmen, was das Leben bietet. Trotz dieser Sicht bleibt Kohelet ein Buch jüdischen Glaubens; alles, was geschieht, führt der Verfasser auf das Wirken Gottes zurück.

Alles hat seine Stunde.
Für jedes Geschehen unter dem Himmel
gibt es eine bestimmte Zeit:
eine Zeit zum Gebären und eine Zeit zum Sterben,
eine Zeit zum Pflanzen und eine Zeit zum Abernten der Pflanzen,
eine Zeit zum Töten und eine Zeit zum Heilen,
eine Zeit zum Niederreißen und eine Zeit zum Bauen,
eine Zeit zum Weinen und eine Zeit zum Lachen,
eine Zeit für die Klage und eine Zeit für den Tanz
eine Zeit zum Steinewerfen und eine Zeit zum Steinesammeln,
eine Zeit zum Umarmen und eine Zeit, die Umarmung zu lösen,
eine Zeit zum Suchen und eine Zeit zum Verlieren,
eine Zeit zum Behalten und eine Zeit zum Wegwerfen,
eine Zeit zum Zerreißen und eine Zeit zum Zusammennähen,
eine Zeit zum Schweigen und eine Zeit zum Reden,
eine Zeit zum Lieben und eine Zeit zum Hassen,
eine Zeit für den Krieg und eine Zeit für den Frieden.
Kohelet 3,1–8

Die Spruchreihen im Einzelnen:

- *Alles verändert sich* (Koh 1,4–11) und dennoch »gibt es nichts Neues unter der Sonne« (Koh 1,9), das Wechselspiel des Lebens mit seinem Auf und Ab bleibt sich immer gleich.
- *Alles ist Windhauch* (Koh 1,12–3,15): Der Verfasser schil-

dert in seiner fiktiven Rolle als König Salomo, wie er verschiedene Wege versucht, um zu einem gelingenden Leben zu gelangen. Der Weg der Weisheit aber ist für ihn ein Luftgespinst, der Weg der Freude ist Verblendung. Selbst sein großer Reichtum und seine Macht als König vergeht, ist deshalb nur Windhauch. Alles ist letztlich Geschick, von Gott verfügt. Dessen Handeln aber bleibt undurchschaubar. Alles, was geschieht,»hat seine Zeit« (vgl. Koh 3,1–8); dem Menschen aber bleibt nur, dass er sich darein fügt und das Glück, das ihm gewährt wird, genießt.

- *Die Übel der Welt* (Koh 3,16–4,16): Immer wieder trifft den Menschen, auch den gerechten, Böses in dieser Welt: Unrecht vor Gericht, Ausbeutung und Gewalt, Konkurrenzkampf mit anderen Menschen, Einsamkeit, unsichere Anerkennung beim Volk sind dafür Beispiele.
- *Ratschläge für das Verhalten im Gottesdienst und bei Gelübden* (Koh 4,17–56).
- *Über Armut und Reichtum* (Koh 5,7–6,10): Gleich ob arm oder reich, das Leben eines jeden Menschen ist Windhauch, vergänglich sind Besitz und Ansehen.
- *Kritik an Spruchweisheiten* (Koh 6,11–9,6): Die im Volk verbreitete Weisheit in Form von Sprichwörtern und knapp formulierten Ratschlägen wird von Kohelet grundsätzlich in Frage gestellt. Zu allen guten Sprüchen gibt es nämlich immer auch Gegenbeispiele; jeder gute Rat kann in sein Gegenteil verkehrt werden. Für Kohelet bleibt nur eins: Die Geschicke des Lebens ohne Murren und Klagen annehmen und: »Wer Gott fürchtet, wird sich in jedem Fall richtig verhalten« (Koh 7,18). Aber selbst den, der nach Gottes Willen handelt (»ihn fürchtet«), kann Unheil treffen – das Schicksal des Gerechten, der Leid erfahren muss, ist hier angedeutet und wird im Buch Ijob bis an die Grenze ausgelotet (vgl. Seite 266ff). Weil dies alles so ist, soll der Mensch jeden Tag mit seinen kleinen oder großen Freuden genießen, den »Gott ihm unter der Sonne geschenkt hat« (Koh 8,15).
- *Ratschläge Kohelets zu wechselnden Themen* (Koh 9,7–12,8): An vielen Stellen klingt das Buch Kohelet pessimistisch und fatalistisch: Alles ist Windhauch und man kann nichts daran ändern. Trotzdem bewahrt sich der Autor eine Lebensfreude im unbedingten Vertrauen auf Gott: »Iss freudig dein Brot und trink vergnügt deinen Wein, denn das, was du tust, hat Gott längst so festgelegt, wie es ihm gefiel ... Mit einer Frau, die du liebst, genieß das Leben alle Tage deines Lebens voll Windhauch, die er dir unter der Sonne geschenkt hat« (Koh 9,7–9).

Biblische Kern-Sprüche. 223
Pred. Sal. 10, v. 8.
Wer eine
machet, wird selbst darein fallen; und wer den
zerreisset, den wird eine
stecken.
Wer den Zaun zerreißt und bricht,
Den leicht eine Schlange sticht.
Ich

= Kohelet 10,8,
aus: Biblische Kern-Sprüche, Kopenhagen, 1751

Ijob – die Frage nach dem Leid

Das Buch **Ijob** (auch Hiob oder Job, hebräisch »Der sich gegen Gott wendet«) wurde in seiner Endfassung etwa im 4. Jahrhundert v. Chr. geschrieben. Doch finden sich in diesem Buch zwei Textsorten mit unterschiedlicher Entstehungszeit und verschiedenem Stil. Zum einen gibt es eine ältere Rahmenerzählung (Kapitel 1,1–2,10 und 42,7–17), die leicht zu lesen ist und das Schicksal des Ijob mit seinem Niedergang und erneutem Aufstieg anschaulich schildert. Dieser Text geht auf ältere, wahrscheinlich auch mündlich tradierte Erzählungen zurück, die bis in die Frühzeit Israels zurückreichen könnten, aber erst nachexilisch in Schriftform gebracht wurden.

Nach dem Exil wurde diese alte Erzählung dazu genutzt, neue Antworten auf die Frage nach Gott und dem Leiden zu suchen. So entstand eine umfangreiche und anspruchsvolle Dichtung, die in die alte Rahmenerzählung eingefügt wurde. Sie besteht aus langen Reden und in Versen gefassten Dialogen, die sich wie folgt gliedern lassen:

- *die Reden Ijobs und seiner drei Freunde Elifas, Bildad und Zofar (Ijob 2,11–31,40);*
- *die vier Reden Elihus gegen Ijob (Ijob 32–37);*
- *die beiden Reden Gottes und Ijobs Antworten (Ijob 38–42,6).*

Das zur Weisheitsliteratur der Bibel gehörende Buch Ijob ist eines der bedeutendsten Werke der Weltliteratur; dies nicht allein als sprachliches Kunstwerk und hochstehende Dichtung, sondern vor allem von der Tiefe seines Inhalts her: vom geradezu gigantischen Ringen des leidenden Menschen um einen letzten Halt in seiner Not. Ijob ist weder in der novellenartigen Rahmenerzählung noch in seinen großen Reden eine historische Gestalt, vielmehr eine literarische Figur, in der aber die Fragen der Menschheit in allgemeiner Weise aufscheinen.

Diese grundlegende Fragestellung ist dabei weniger die Frage nach menschlicher Schuld und wie der Mensch davon durch Gottes erbarmendes Eingreifen erlöst wird (also die Frage, die besonders im Christentum und teilweise im Islam vorherrschend ist – die Frage nach Schuld und Erlösung): Ijob wird als Gerechter ohne Tadel und Schuld geschildert. Vielmehr geht es hier um das Leid ganz allgemein und die Befreiung vom Leid (dies ist in herausragender Weise die Fragestellung des Buddhismus mit seinem Weg aus der leidvollen Welt hinaus zu einem nicht mehr leidbehafteten Nirvana). Wir finden im Buch Ijob also eine der Grundfragen der Menschen: Wie kommt das Leid in die Welt? Wie ist es mit dem Gottesbild eines Schöpfers vereinbar, der die Welt gut schafft und das Leben in der Welt freundlich und barmherzig begleitet (»Gott als Freund des Lebens«, vgl. Weish 11,26)?

Damit ist das Problem der **Theodizee** angesprochen, der »Gerechtigkeit« oder »Rechtfertigung« Gottes angesichts des Leids (griechisch »theos« = »Gott«, »dike« = »Gerechtigkeit«). In allen Kulturen und zu allen Zeiten findet sich diese Fragestellung nach der Vereinbarkeit von Gott und Leid: »Entweder will Gott das Leid beseitigen, kann es aber nicht – dann ist er nicht allmächtig. Oder er ist allmächtig, beseitigt das Leid aber trotzdem nicht – dann ist er nicht barmherzig.« Diesen Widerspruch im Gottesbild haben bereits die antiken griechischen und lateinischen Schriftsteller aufgegriffen; oft wird dies mit dem Philosophen *Epikur* (341–270 v. Chr, also etwa die Zeit der Entstehung der Endfassung des Buches Ijob) verbunden. Am Beginn der europäischen Moderne hat Gottfried Wilhelm Leibniz (1646–1716) diese Problematik aufgegriffen und dadurch zu lösen versucht, dass »wir nur in der besten aller möglichen Welten leben« und das Böse deshalb der notwendige und unabdingbare Gegenpart des Guten ist. Wegen der Endlichkeit der Welt bleibt sie notgedrungen unvollendet und deshalb mit Leid behaftet. Viele andere Denker – auch in anderen Kulturen – haben vergleichbare Antworten versucht.

Doch es wird sich am Redeteil des Buches Ijob (vgl. Seite 268–269) zeigen, dass alle diese philosophischen und theologischen Deutungsversuche letztlich das Problem der Theodizee nicht lösen können: Die Frage nach dem Leid bleibt letztlich »unlösbar«. Leid ist deshalb nicht zu erklären, sondern allein solidarisch miteinander zu tragen. Dies wird neutestamentlich – ausgehend vom leidenden Gottesknecht Christus – der christliche Weg werden, mit dem Leid in der Welt umzugehen.

Albrecht Dürer,
Hiob wird von seiner Frau verhöhnt,
Jabach-Altar, linker Flügel, um 1500–1503

Die Rahmenerzählung, eine kleine, packende Novelle, schildert das beklagenswerte Schicksal eines Mannes in der Stadt Ur (hebräisch = »Licht«), der Heimatstadt des Abraham, die aber hier eher als fiktiver Ort und damit als gültig für alle Menschen geschildert wird. Denn dieser Mann Ijob ist ein Gerechter vor Gott und den Menschen: Nicht nur sein Reichtum, sondern sein Ansehen »übertrifft alle Bewohner des Ostens« (Ijob 1,3). Von ihm heißt es in der Erzählung: »Er fürchtete Gott (er hielt sich an Gottes Willen) und er mied das Böse« (Ijob 1,1b). Gerade ihn aber trifft nun Böses und Leid in unermesslichem Ausmaß.

Das wird an einem eigenartigen Erzählungsteil festgemacht: an einer Wette zwischen dem Satan und Jahwe, ob Ijob seinem Glauben an Gott auch im Leid treu bleibt. Diese Wette ist eingebettet in ein mythologisches Sprechen von einem himmlischen Hofstaat, wo der Satan nicht als reale Gestalt geschildert wird, sondern als oppositionelle literarische Figur, um das Geschehen in Gang zu setzen. Der Satan erhält Gottes Zustimmung und nun folgt eine Katastrophennachricht der anderen: Die Rinder- und Eselsherden des Ijob werden geraubt, seine Knechte erschlagen; Feuer vernichtet seine Schafherden; Feinde rauben seine Kamele – sein ganzer Besitz ist untergegangen. Mehr aber noch trifft Ijob die Nachricht vom Tod seiner sieben Söhne und drei Töchter. Schließlich wird er von Geschwüren gepeinigt und von seiner Frau verachtet: **Ijob im Elend**.

Ijob – kann man Gott anklagen?

Der Redeteil des Buches Ijob beginnt mit den Streitreden seiner drei Freunde Elifas, Bildad und Zofar (Ijob 2,11–31,40) und den jeweiligen Antworten des Ijob darauf. Die drei Freunde kommen aus der Ferne, weil sie von all dem Bösen hörten, das Ijob traf. Sie üben die im Orient verbreiteten Trauerrituale (Gewänder zerreißen und Asche aufs Haupt streuen) – Ijob gilt ihnen als tot, der Welt gestorben in seinem Elend. Sie halten eine Woche Schweigen – eine Art begleitende Solidarität durch Präsenz. Dann aber beginnt Ijob mit einem erschütternden Klagelied (Ijob 3) in drei Strophen: Er verflucht den Tag seiner Geburt (Ijob 3,3–10), er fragt nach dem Sinn seiner Existenz in all dem Leid (Ijob 3,11–19), er wendet sich anfanghaft an Gott (Ijob 3,20–26).

Danach versuchen seine drei Freunde Elifas, Bildad und Zofar (später auch Elihu als vierter) nacheinander eine Deutung des Leids, das Ijob getroffen hat:

- *Elifas* versucht in drei Redeteilen (Ijob 4–5; 15; 22) eine erste Deutung: Leid ist selbstverschuldet durch irgendeine bekannte oder unbekannte Schuld, denn Gott ist gerecht und straft nur den Schuldigen. Ijob soll dies anerkennen, umkehren und Buße tun – dann »wirst du am Allmächtigen dich erfreuen und zu Gott dein Angesicht erheben« (Ijob 22,26). Alles Leid also lässt sich durch Schuld erklären; spätere Zeiten verbinden diese Schuld nicht nur mit dem Leben des Leidenden, sondern auch mit dem seiner Vorfahren (vgl. Joh 9,2–3 die Heilung des Blinden durch Jesus: »Weder er noch seine Eltern haben gesündigt«).
- *Bildad* verweist in seinen drei Reden (Ijob 8; 18; 25) ebenfalls auf die Gerechtigkeit Gottes. Nur der Frevler hat ihn zu fürchten, wie es alle Traditionen Israels zeigen. Allerdings ist kein Mensch vor Gott gerecht (Ijob 25,4) und deshalb sind alle dem Leid ausgesetzt: Leid gehört zur Natur des Menschen.
- *Zofar* spricht in seinen zwei Reden (Ijob 11; 20) von der Größe und Unbegreiflichkeit Gottes, der sich der Mensch nur in Demut unterordnen kann. Wer dies nicht tut, ist ein Frevler, der mit all seinen Nachkommen dem Untergang preisgegeben ist.

Leidenschaftlich – weil existenziell betroffen – setzt sich Ijob mit den Deutungen und damit auch den Gottesvorstellungen seiner Freunde auseinander. Er beteuert seine Unschuld und kann deshalb der Argumentation seiner Freunde nicht Recht geben (Ijob 27,1–6). Mehr noch: Er protestiert gegen ihre Gottesbilder und lehnt es ab, Gott als den zu verstehen, der den Menschen durch Leid straft. Ebenso wenig ist das Leid für Ijob eine Erziehungsmaßnahme Gottes, durch die ein Mensch zur Reifung geführt werden soll. Die Frage nach dem Leid bleibt also offen: Gott erscheint als Widerspruch, als unfassbares Rätsel.

Ijobs Klage und sein Absetzen von der Argumentation der drei Freunde schlägt nun um in eine Anklage gegen Gott. Er fordert von Gott Rechenschaft und Gerechtigkeit. Er beteuert vor Gott seine Unschuld und verweist auf sein gottgefälliges Leben. Er fühlt sich von Gott verlassen (»Ich schreie zu dir und du erwiderst mir nicht«, Ijob 30,20, vgl. auch ähnlich Klagepsalmen, etwa Ps 13,2: »Wie lange noch, Herr, vergisst du mich ganz?«). Weil seine Freunde ihm nicht weitergeholfen haben, erwartet er jetzt von Gott eine Antwort. Im Bewusstsein seiner Unschuld strebt er eine Begegnung mit Gott an, durch die die Wahrheit ans Licht kommen soll: seine Unschuld.

Es folgt ein späterer Einschub mit vier Reden eines unvermutet auftretenden Elihu (Ijob 32–37), die inhaltlich nichts Neues bringen.

Doch dann antwortet Gott dem Ijob mit einer Erscheinung im »Wettersturm« und zwei Reden. Er erweist sich größer als menschliche Vorstellungskraft. Er zeigt sich unnahbar und weit über den Menschen. Er verweist auf die Schöpfung (»Wo warst du, als ich die Erde gegründet?«, Ijob 38,4) und darauf, dass der Mensch nie die Weite des Kosmos erfassen kann. Deshalb darf er mit Gott nicht rechten (Ijob 40,2).

Ijob erhält keine Antwort auf seine Frage, keine Erklärung des Leids. Wohl aber erfährt er die Nähe Gottes, und das bringt ihn zu neuem Vertrauen. Die Begegnung mit Gott schenkt ihm eine neue Sicht: Es geht nun nicht länger um eine (verstandesmäßige) Erklärung des Leidens, sondern um das Durchstehen des Leidens aus der Erfahrung der Nähe Gottes. Damit wird Ijob zum Glaubensmodell für Menschen aller Zeiten.

An den Redeteil schließt sich in aller Kürze die Rahmenerzählung an: Gott wendet sich gegen die drei Freunde, weil sie Ijob ungerechtfertigt beschuldigt haben. Zugleich aber segnet er den Ijob durch sieben weitere Söhne und drei Töchter; auch der Besitz des Ijob wird wiederhergestellt: Am Ende ist **Ijob im Glück**.

Nathan Rapoport, Ijob –
Statue in Yad Vashem, Jerusalem

Grundthema der Bibel – Gott schenkt Leben

Das Lob des Schöpfers
Herr, unser Herrscher,
wie gewaltig ist dein Name auf der ganzen Erde;
über den Himmel breitest du deine Hoheit aus.
Aus dem Mund der Kinder und Säuglinge schaffst du dir Lob.
Seh ich den Himmel, das Werk deiner Hände,
Mond und Sterne, die du befestigt:
Was ist der Mensch, dass du an ihn denkst,
des Menschen Kind, dass du dich seiner annimmst?
Du hast ihn als Herrscher eingesetzt über das Werk deiner Hände,
hast ihm alles zu Füßen gelegt.
aus Psalm 8

Die Gotteserfahrungen der Bibel zeigen Gott als den, der rettend eingreift und den Menschen auf seinem Lebensweg begleitet. Eine weitere durchgehende Linie schließt daran an, öffnet diese Erfahrungen aber grundsätzlicher auf die Welt, den gesamten Kosmos hin: Gott schenkt immer wieder Segen und Schutz, er fördert das Leben in umfassender Weise. »Gott ist ein Freund des Lebens« (Weish 11,26).

Solches Handeln Gottes unterscheidet sich von seinem rettenden Eingreifen. Während Taten der Rettung immer ein Geschehen zu ganz bestimmter Zeit mit ganz bestimmten Menschen darstellen, etwa mit Mose und Israel beim Auszug aus Ägypten, bedeutet Gottes Segnen ein eher stilles, unmerkliches Handeln, ein Handeln auch, das längere Zeiträume durchzieht: Gott bleibt sich in seiner Sorge für die Menschen treu. Segnen ist ein Prozess, der das ganze Leben, ja die ganze Geschichte der Menschen durchzieht.

Was bedeutet das Wort »Segen« in der Bibel? Die Bibel, und darin besonders das Alte Testament, trennt den Menschen nicht in eine auf das Jenseits ausgerichtete Seele und einen der Erde verhafteten Körper. Ihr geht es immer um den ganzen Menschen, um ganzheitliches Heil, um Harmonie und Glück in jeder Hinsicht.

Der biblische Begriff »Schalom« meint einen solch umfassenden Frieden, durch den der Mensch eingebettet ist in gelingende zwischenmenschliche Beziehungen und in eine Bindung an Gott, durch den er zugleich eine Fülle materieller und immaterieller Gaben empfängt. Segen, das bedeutet, ausreichend Nahrung und Kleidung zu haben, in einer Heimat sicher leben zu können, eingebunden zu sein in ein Umfeld, das das Leben lebenswert macht, zugleich fruchtbar zu sein, das Leben weiterzugeben an die nächste Generation (»gesegnet sein in seinen Kindern«). Ein solcher Segen umfasst den ganzen Lebensweg des Menschen von der Geburt bis zum Tod.

Das Alte Testament verweist beständig auf den segnenden Gott. Dies wird besonders deutlich in den Schöpfungserzählungen der Bibel (Gen 1–2, vgl. Seite 118–119 und 126–127). Diese Erzählungen stellen nichts anderes als den segnenden und Leben spendenden Gott vor Augen. Solche Texte sind keine historische oder gar naturwissenschaftliche Beschreibung des Anfangs, sondern sie machen grundsätzliche Aussagen über das Verhältnis von Gott und Mensch: Gott schafft die Welt und darin den Menschen, der eingebettet sein soll in einen prachtvollen Garten (Paradies). Gott ist derjenige, der dem Menschen die Lebensgrundlage schenkt. Er ist der Freund des Lebens, deshalb ruft er Leben hervor und lässt es sich weiterentwickeln, deshalb schützt und segnet er das bunte und reiche Leben auf der Erde.

Richard Baus, Feuerwand, 2000

Die Schöpfungserzählungen haben für Israel nie den Stellenwert gehabt, wie ihn vergleichbare Schöpfungsmythen in umliegenden Kulturen hatten. Das Bekenntnis zum befreienden und begleitenden Gott war für Israel wichtiger als das Bekenntnis zum Schöpfergott des Anfangs. Dennoch klingt mit dem Stichwort Schöpfung ein Grundthema an, das die Schriften der Bibel durchlaufend verfolgen.

Die Geschichten über die Stammväter, über Abraham, Isaak und Jakob (Gen 12-36), etwa zeigen auf, dass Gott nicht nur an bestimmten Stellen in ihr Leben eingreift, sondern beständig und treu, wenn auch oft unscheinbar und verborgen, ihr Leben erhält. Weil Abraham den Segen Gottes in seinem Leben spürt, kann er seinen Weg voll Zuversicht gehen. Weil Josef den Segen Gottes in seinem Leben spürt, weil sich durch den Segen Gottes seine Not in Glück, das Böse, das ihn trifft, in Gutes verwandelt, deshalb kann er auch in der Bedrängnis voll Hoffnung und Vertrauen leben. Weil Israel auf seinem Weg durch die Wüste Gott nicht nur als rettenden, sondern auch segnenden Gott erfährt, kann es gestärkt seinen Weg weitergehen. So ist das Manna, das Brot vom Himmel, auch keine einmalige Sache, sondern begleitet das Volk auf dem Weg und ist Zeichen des Segens Gottes ebenso wie das Wasser in der Wüste.

Solche Beispiele des segnenden Gottes lassen sich aus allen biblischen Büchern aufzählen: Die Könige Israels etwa, aber ebenso die Propheten, werden von Gott gesegnet. Der einzelne Beter (etwa der Psalmen) und die versammelte Gottesdienstgemeinde loben Gott für empfangenen Segen. Er ist der Segensmittler, durch ihn tritt ein neuer Zustand des Friedens, der Gerechtigkeit und des Heils ein. Die weisheitlichen Bücher buchstabieren diesen Aspekt der Leben spendenden Nähe Gottes immer wieder neu.

Dieses Grundthema der Bibel verweist auf den segnenden, den Leben schenkenden und Leben erhaltenden Gott. Diese Erfahrung kann in alle Zeiten und Kulturen hinein sprechen: Menschen können dem nachspüren, dass Gott ein Freund des Lebens ist. Dies führt zu einer doppelten Antwort: zum einen zu einer Antwort des Glaubens, die sich in Dank und Lob äußert, im Preis des Gottes, der gelingendes Leben für den Menschen und für alle Geschöpfe will, zum andern in der eigenen Verantwortung für das Leben: Wie Gott ein Freund des Lebens ist, so soll der Mensch ebenfalls Freund des Lebens sein.

Extra:
Jona und der Walfisch

Das kleine Buch **Jona** stellt keine prophetische Schrift dar, sondern ist eine sprachlich schöne Lehrerzählung über einen Propheten Jona (früher auch »Jonas« genannt). Deshalb wird es hier auch nicht im Rahmen des Zwölfprophetenbuches eingeordnet (vgl. Seite 236–237), sondern im großen Rahmen der alttestamentlichen Weisheit. Der Verfasser des kleinen, nur vier Kapitel umfassenden Buches ist unbekannt, man kann ihn mit der weisheitlichen Strömung in Israel des 4. oder 3. Jahrhunderts v. Chr. verbinden. Da hier nicht die Wortverkündigung eines Propheten im Mittelpunkt steht, sondern das Handeln des Propheten, gerät die Gestalt des Jona in eine Parallele zu den früheren Propheten Elija und Elischa und ihrem Einsatz für Jahwe. Das Buch wird im jüdischen Synagogengottesdienst anlässlich des Versöhnungsfestes Jom Kippur gelesen – es geht im Buch ja um die Barmherzigkeit Gottes und die Umkehr des Menschen (hier der Menschen in Ninive und ihres Königs).

Einen Propheten namens Jona gab es im 8. Jahrhundert im Nordreich (vgl. 2 Kön 14,25, wo ein Prophet Jona dem König Jerobeam II. von Israel prophezeit). Was von dem zweifelhaften Helden des Buches Jona berichtet wird, ist allerdings eine literarische Fiktion, eine Lehrerzählung, die mit dem historischen Jona nichts zu tun hat.

Die vier Kapitel des Jona-Buches erzählen wie folgt:

- *Der Auftrag an Jona – die Flucht – der Sturm (Jona 1):* Das Buch beginnt in den ersten beiden Versen mit einer kurz gefassten Berufungsgeschichte: Jona soll nach Ninive gehen und der Stadt das Strafgericht Gottes ankündigen. Ninive war ab 705 v. Chr. Residenzstadt des assyrischen Königs, sie wurde 612 v. Chr. zerstört. Die Zeit der Könige von Ninive passt also nicht in die Regierungszeit Jerobeams II. von Israel (782–747) – ein Hinweis, dass es sich bei dieser Schrift nicht um historische Fakten handelt, sondern um eine Lehrerzählung über eine fiktive Gestalt.

Ninive ist – wie Babel – in der Bibel das Symbol des Bösen, des Gottfernen und damit des Untergangs. Dieser Stadt soll Jona Umkehr und Buße predigen. Doch er verweigert sich dem Auftrag Jahwes, geht nicht nach Osten (von Israel nach Ninive), sondern flieht nach Westen: von der Hafenstadt Jafo (Jaffa) aufs Meer nach Tarschisch (wahrscheinlich die spanische Stadt Tartessus).

Das Schiff gerät in einen schweren, von Jahwe geschickten Sturm. Jona erkennt, dass dieses Unheil durch seinen Widerstand gegen Gott verursacht wird. Er fordert die Seeleute auf, ihn ins Meer zu werfen – alttestamentlich ist dies die dämonische Gegenmacht Gottes, das Chaoswasser. Dies geschieht und sofort legt sich der Sturm.

- *Der Walfisch – das Gebet um Hilfe – die Rettung (Jona 2):* Im Wasser wird Jona von einem großen Fisch verschluckt. Im Bauch des Fisches betet er ein Gebet, das an Psalm 130 (»Aus der Tiefe rufe ich, Herr, zu dir: Herr, höre meine Stimme«) und an Klagelieder 3,55 (»Ich rief deinen Namen, Herr, tief unten aus der Grube«) erinnert –

Joseph Asarfati, Jona und der Wal, hebräische Bibel, 1299

Jona wird ins Meer geworfen –
Jona wird vom Monster ausgespuckt –
Jona predigt in Ninive –
Jona und Gott,
Pariser Psalter, byzantinische Handschrift, 10. Jh.

es ist ein Schrei um Hilfe in tiefster Not. Gott erhört Jona und nach drei Tagen wird der Prophet vom Fisch an einem Ufer wieder an Land ausgespuckt.

Der Aufenthalt Jonas im Bauch des Fisches hat in der Auslegungsgeschichte und in vielerlei Legenden eine erhebliche Rolle gespielt, bei der zahlreiche Thesen entwickelt wurden, wie ein solches Wunder möglich sei. Allerdings wurde hier die Textsorte einer Lehrerzählung mit einem Bericht historischer und naturwissenschaftlicher Fakten verwechselt: Es geht bei Jona nicht um ein reales Geschehen, sondern um seine innere Beziehung zu Gott: Je weiter er sich auf seiner Flucht von Gott zu entfernen versucht, desto tiefer gerät er in Not und wird vom Untergang bedroht. Als er sich im Gebet wieder Gott zuwendet, geschieht Rettung. Dieser erste Teil der Lehrerzählung ermuntert also den Leser zu vertrauensvoller Hinwendung zu Gott auch in Zeiten größter Not. Alle Spekulationen über den Fisch sind sinnlos.

- *Jona in Ninive – die Stadt tut Buße (Jona 3):* Erneut wird Jona von Gott beauftragt und nun zieht er nach Ninive und predigt dort Umkehr. Das Wunder geschieht – die Stadt kehrt um und tut Buße, allen voran ihr König. Gott führt aufgrund der Buße Ninives seine Drohung, die Stadt zu zerstören, nicht aus: Er zeigt sich als erbarmender Gott, nicht nur für Jona und für Israel, sondern für alle Völker der Erde.
- *Jonas Zorn – die Rizinusstaude – Gottes Mitleid (Jona 4):* Diese Barmherzigkeit Gottes mit einer heidnischen, also ungläubigen Stadt aber passt Jona nicht. Er fühlt sich blamiert, weil seine Gerichtsdrohung nicht eintrifft und Gott der Stadt vergibt, und will nicht als falscher Prophet dastehen. Vielleicht ist er aber auch grundsätzlich nicht damit einverstanden, dass Gott sich anderen Völkern als Israel zuwendet. Oder er versteht sich – wie Elija – als Eiferer für Jahwe, der deshalb auch den Tod von Menschen in Kauf nimmt (vgl. Elija und die Baalspriester, Seite 220-221).

Jahwe aber belehrt ihn, dass Gottes Erbarmen allen Menschen gilt, nicht Israel allein. Das Buch ist somit ein Zeugnis für den universalen Heilswillen Gottes, es steht gegen die Einengung des Heils auf Israel. Er ist der Schöpfer der ganzen Welt und hat deshalb auch Mitleid mit all seinen Geschöpfen. Seine Gerechtigkeit korrespondiert mit seiner Barmherzigkeit – immer aber geht es ihm um die Bewahrung von Leben. Gott zeigt sich sowohl in der Rettung Jonas aus dem Bauch des Fisches als auch bei der Verschonung Ninives als »Freund des Lebens« (Weish 11,26, vgl. Seite 270–271).

Das Buch Jona hat nicht allein in vielen Legenden eine bedeutende Wirkungsgeschichte gefunden. Neutestamentlich wird der dreitägige Aufenthalt Jonas im Bauch des Fisches und seine Rettung als Modell für Tod und Auferweckung Jesu verstanden: »Denn wie Jona drei Tage und drei Nächte im Bauch des Fisches war, so wird auch der Menschensohn drei Tage und drei Nächte im Innern der Erde sein« (Mt 12,40). Im Islam wird Jona (»Yunus«, »Yunis«) als einer der Propheten vor Mohammed verehrt. Jona, Jonas, Yunus sind gebräuchliche Vornamen.

Sieger Köder, Unter dem Apfelbaum habe ich dich geweckt

Das Hohelied – Liebeslieder in der Bibel

Das **Hohelied (Hld)** (auch »Hohelied Salomos« oder nach dem hebräischen Namen »Schir-ha-Schirim« auch »Lied der Lieder« genannt) steht im Kanon der biblischen Bücher einzigartig da. Hier finden sich Liebeslieder und Erotik innerhalb des biblischen Kanons, die mit konkreten Aussagen die Körperlichkeit von Mann und Frau und ihre nicht nur »platonische«, sondern sexuelle Liebe preisen. Das Buch lässt jeden Bezug auf Gott und Religion vermissen, ist profan der Welt und dem Glück menschlicher Liebe zugewandt. Hier geht es um ein Liebespaar, das wechselnd die Vorzüge des anderen und die Schönheit von Frau *und* Mann in poetischer Liedform preist. Es erinnert an Hochzeitslieder, die während der tagelangen Feier einer orientalischen Hochzeit gesungen wurden. So kann der ursprüngliche »Sitz im Leben« dieser Lieder eine Hochzeitsfeier gewesen sein, bei der die Schönheit von Braut und Bräutigam gepriesen wurde.

In der jüdischen Liturgie wird das Buch dennoch als eine der fünf Festrollen verlesen – und zwar an Pessah (Pascha). Damit wird eine Deutung dieser Texte auch in einem religiösen Rahmen ermöglicht: Die Liebe Gottes zu Israel, die sich am Beginn in der Befreiung aus Ägypten zeigt (Pessah als Mahl der Befreiung), klingt in den Liedern des Hohelieds an. Diese allegorische Deutung findet sich bereits früh in der jüdischen Tradition und wird von der christlichen Kirche übernommen. Man versteht die erotischen Texte demnach als mehrdimensional und bezieht sie nicht allein auf das Verhältnis von Mann und Frau, sondern ebenso auf die Zuwendung Gottes zu den Menschen und damit in einem religiösen Kontext, der die ganze Hebräische Bibel durchzieht (vgl. Hosea 11,1.4: »Als Israel jung war, gewann ich ihn lieb ... Mit menschlichen Fesseln zog ich sie an mich, mit den Ketten der Liebe«). Im Christentum wur-

Das ist mein Geliebter

Was hat dein Geliebter den andern voraus,
du schönste der Frauen?
Mein Geliebter ist weiß und rot,
ist ausgezeichnet vor Tausenden.
Sein Haupt ist reines Gold.
Seine Locken sind Rispen, rabenschwarz.
Seine Augen sind wie Tauben an Wasserbächen;
die Zähne, in Milch gebadet, sitzen fest.
Seine Wangen sind wie Balsambeete,
darin Gewürzkräuter sprießen,
seine Lippen wie Lilien;
sie tropfen von flüssiger Myrrhe.
Seine Finger sind wie Stäbe aus Gold,
mit Steinen aus Tarschisch besetzt.
Sein Leib ist wie eine Platte aus Elfenbein,
mit Saphiren bedeckt.
Seine Schenkel sind Marmorsäulen,
auf Sockeln von Feingold.
Seine Gestalt ist wie der Libanon, erlesen wie Zedern.
Sein Mund ist voll Süße; alles ist Wonne an ihm.
Das ist mein Geliebter, ja, das ist mein Freund,
ihr Töchter Jerusalems.
aus Hohelied 5

Stark wie der Tod ist die Liebe,
die Leidenschaft ist hart wie die Unterwelt.
Ihre Gluten sind Feuergluten, gewaltige Flammen.
Auch mächtige Wasser können die Liebe nicht löschen.
Hohelied 8,6

Schön bist du, meine Freundin

Schön bist du, meine Freundin, ja, du bist schön.
Hinter dem Schleier deine Augen wie Tauben.
Dein Haar gleicht einer Herde von Ziegen,
die herabzieht von den Bergen.
Deine Zähne sind wie eine
Herde frisch geschorener Schafe,
die aus der Schwemme steigen.
Rote Bänder sind deine Lippen;
lieblich ist dein Mund.
Wie der Turm Davids ist dein Hals.
Deine Brüste sind wie zwei Kitzlein,
wie die Zwillinge einer Gazelle, die in den Lilien weiden.
Alles an dir ist schön, meine Freundin;
kein Makel haftet dir an.
Komm doch mit mir, meine Braut.
Verzaubert hast du mich,
ja, verzaubert mit einem Blick deiner Augen.
Wie schön ist deine Liebe, meine Schwester Braut;
wie viel süßer ist deine Liebe als Wein,
der Duft deiner Salben
köstlicher als alle Balsamdüfte.
Von deinen Lippen, Braut, tropft Honig;
Milch und Honig ist unter deiner Zunge.
Der Duft deiner Kleider ist wie des Libanon Duft.
Ein verschlossener Garten ist meine Schwester Braut,
ein versiegelter Quell.
Mein Geliebter komme in seinen Garten
und esse von den köstlichen Früchten.
aus Hohelied 4

de diese allegorische Auslegung der erotischen Lieder auf Gottes Liebe zu Israel hin später auch auf die Liebe Christi zur Kirche ausgeweitet. Deshalb war die Aufnahme dieses kleinen Buches in den biblischen Kanon nie umstritten.

Auch das Hohelied wird in der Tradition auf Salomo zurückgeführt, doch muss zumindest die Endfassung des Buches in der hellenistischen Zeit (also nach 300 v. Chr.) angesetzt werden; einige Liedstücke können allerdings viel älteren Ursprungs sein. Als »Sänger« der Lieder treten ein Mann, eine Frau und ein Chor wechselnd auf. Es ist denkbar, dass in die Liedtexte Vorbilder der altägyptischen Liebeslyrik eingeflossen sind. Auf der anderen Seite gibt es aber auch in manchen Formulierungen Hinweise auf persischen Einfluss (etwa im Lehnwort »pardes« = »Park, Lustgarten« in Hld 4,13, vgl. auch das aus dem Persischen stammende Wort »Paradies« [vgl. Seite 126–127]). Ein Liebespaar im Lustgarten – das ist das Paradies, das umfassende Glück von Menschen, die Geborgenheit in alles umgreifendem Schalom: Die Liedtexte des Hoheliedes zeigen dies ebenso wie das Bild von Marc Chagall.

Tobit und Tobias – Gott hilft

Das Buch **Tobit (Tob)** erzählt die wundersame Geschichte eines Mannes namens Tobit und seines Sohnes Tobias. Beide Namen gehen auf das hebräische »Tobijah« zurück (»Gott ist gut«, »Jahwe ist Hilfe«, »Der Herr ist mein Gut«) und stellen gleichsam ein Programm dieses kleinen biblischen Buches dar: Es wird die Geschichte eines (wie Ijob) gerechten Mannes erzählt, der ohne eigene Schuld in der Verbannung in Medien erblindet und dadurch in Not gerät. Ihm wird Rettung durch Gott zuteil, der durch seinen Engel Rafael (hebräisch = »Gott hat geheilt«) und über Tobits Sohn Tobias Heilung herbeiführt. Das alles wird in orientalischer Weise breit ausgeschmückt und sprachlich schön erzählt.

Das Buch gehört zu den apokryphen (evangelisch) bzw. deuterokanonischen (katholisch) Schriften, die nicht Bestandteil der Hebräischen (jüdischen) Bibel sind. Es wurde in griechischer Sprache wahrscheinlich in Palästina verfasst und ist zeitlich ins 2. Jahrhundert v. Chr. einzuordnen. Es ist eine kunstvolle Novelle, die lebendig und spannend geschrieben ist und der Belehrung und der Glaubensstärkung dienen sollte. Deshalb haben wir es hier nicht unter die »geschichtlichen« Bücher der christlichen Bibel eingeordnet, sondern unter die weisheitlichen Schriften: Es geht um den rechten Lebensweg, der allein mit Gottes Hilfe (Tobias) gelingen kann, oder um Rettung aus Not, die allein durch Gott (Tobit) erfolgt. Tobit und Tobias sind also keine historischen Gestalten, sondern Modelle menschlichen Glaubens und Lebens, die als Vorbild für andere Menschen dienen können. Das Buch ist eine Lehrschrift in Form einer »geschichtlichen« Erzählung, bei der es nicht um die Schilderung wirklicher Ereignisse geht, sondern um das Bekenntnis zu Gott als Retter und Helfer in der Not: Jeder, der sich im Glauben an Gott bindet, darf auch auf dessen Treue und Zuwendung vertrauen. Das Buch Tobit ist erzählende Theologie.

Der Vater **Tobit**, verheiratet mit einer Hanna, wird bereits im Einleitungskapitel als Gerechter dargestellt, der das Gebot Gottes genau einhält. Doch er gerät ebenso wie andere in die Verbannung nach Ninive, hält aber auch dort das Gesetz Gottes genau ein und tut dies im Sinne des Propheten Jesaja: »Ich gab den Hungernden mein Brot und den Nackten meine Kleider« (vgl. Jes 58,10: »Wenn du dem Hungrigen dein Brot reichst ... dann geht im Dunkel dein Licht auf«). Zu den Werken der Nächstenliebe zählt für Tobit auch, Tote zu begraben, selbst wenn es sich um Hingerichtete handelt. Damit aber übertritt er ein Gebot des Königs Sanherib von Ninive und wird denunziert, seine Habe beschlagnahmt. Als er wieder einen solchen Toten begraben hat und erschöpft an einer Mauer einschläft, verliert er durch ätzenden Vogelkot sein Augenlicht – die Parallele zum gerechten Ijob wird erneut deutlich. Auch seine Frau verhöhnt ihn – wie es Ijobs Frau ebenso tut.

Das Kapitel 3 enthält zwei Gebete, die den Hilferufen von Menschen in Not in den Psalmen ähneln: Zum einen betet der erblindete Tobit, zum andern betet **Sara**, eine Frau im medischen Ekbatana (heute die iranische Stadt Hamadan, vgl. zum Buch Ester, Seite 280–281). Sara war – wieder ein wundersamer Zug der Erzählung – mit sieben Männern verheiratet gewesen, die aber alle in der Brautnacht starben. Sie gilt deshalb in ihrer Familie als von einem Dämon besessen. Sara ist verwandt mit Tobit.

»Meister des Verlorenen Sohnes«, Geschichte des Tobias, zwischen 1530 und 1560, Antwerpen

Tobit erinnert sich nun, dass er früher in Medien Geld verliehen hat, und beauftragt seinen Sohn, dieses Geld zurückzuholen. **Tobias** sucht sich für diese schwierige Reise einen Begleiter und findet (den von Gott gesandten Engel) **Rafael**. Auf dem Weg kommen die beiden an den Fluss Tigris, wo Tobias auf Rafaels Rat einen Fisch fängt und dessen Herz, Leber und Galle herausnimmt. Diese drei Innereien – so der Engel – können als Heilmittel bei Besessenheit und bei Erblindung dienen.

Im medischen Ekbatana angekommen, übernachten Tobias und Rafael bei Saras Vater Raguël und seiner Tochter. Tobias hat Angst wegen der Besessenheit dieser Frau, die – wie er weiß – schon zum Tod von sieben Männern geführt hat. Doch Rafael beruhigt ihn und verweist auf Herz und Leber des Fisches, die den Dämon vertreiben werden. So geschieht es dann auch: Der Dämon flieht und Sara wird Tobias' Frau.

Die Erzählung kommt schnell zu ihrem Ende: Während Tobias bei seiner Frau in Ekbatana zurückbleibt, holt Rafael das geschuldete Geld, dann machen sich beide auf den Rückweg, Sara geht mit. Tobit und Hanna haben sich inzwischen Sorgen gemacht, weil die Reise ihres Sohnes länger dauert als erwartet. Doch dann kommen Tobias und Rafael in Ninive an, Sara bleibt zurerst noch vor der Stadt zurück. Tobias kann mit der Galle des Fisches seinen Vater heilen, so dass es ein »Happy end« gibt: Tobias ist mit seiner Frau und seinen Eltern wohlbehalten vereint. Erst jetzt gibt sich Rafael als Bote Gottes und »einer von den sieben heiligen Engeln Gottes« zu erkennen. Ein Loblied Tobits und spätere Ermahnungen im Stil der Weisheit beenden das Buch. »Alles aber soll in einem Buch aufgeschrieben werden« (Tob 12,20b).

Judit – eine mutige Frau

Das Buch **Judit (Jdt)** (hebräisch »Jehudit« = »Judäerin«) ist ebenso wie das Buch Tobit eine Lehrschrift in Form einer Geschichtserzählung. Es geht wiederum nicht um ein historisches Geschehen, sondern um eine theologische Aussage. Dies lässt sich bereits dadurch begründen, dass Nebukadnezar als König der Assyrer in Ninive tituliert wird, tatsächlich aber war Nebudkadnezar II. (Nabu-kudurri II., 640–562 v. Chr.) neubabylonischer König in der Stadt Babel von 605 bis 562 v. Chr. (vgl. zum Babylonischen Exil der Juden Seite 244ff). Doch das breit erzählte Buch Judit ist ein apokryphes/deuterokanonischen Buch, das etwa um 100 v. Chr. in griechischer Sprache in Palästina geschrieben wurde und deshalb nicht in der Hebräischen Bibel enthalten ist.

Zu diesem Zeitpunkt blickte man in Israel auf eine jahrhundertelange Unterordnung unter fremde Mächte (Babel, Perser, Griechen, Seleukiden) zurück und konnte sich erst seit der Zeit der Makkabäer/Hasmonäer (vgl. Seite 260) einer relativen Unabhängigkeit von anderen Mächten erfreuen (endgültiger Friedensschluss mit dem Seleukidenkönig Antiochus VII. im Jahr 134 v. Chr.). Diese Zeit der Unabhängigkeit dauerte bis 64/63 v. Chr., als der römische Feldherr Pompeius Juda und Jerusalem eroberte und in das Römische Reich eingliederte. In dieser trotz der gewonnenen Unabhängigkeit unsicheren Zeit blickte man zurück auf die frühere Geschichte Israels und deutete sie als immer wieder neue Geschichte der Rettung vor den von außen eindringenden Feinden durch das Eingreifen Gottes. In vielen der inzwischen bereits als fester Kanon zusammengefügten hebräischen Büchern der Bibel (Tora, Propheten und andere Schriften) ließen sich solche rettenden Taten Gottes in der Geschichte Israels festmachen – beginnend beim Exodus, dann über die Richter- und Königszeit hinweg bis hin zum Exil in Babel und der Rückführung aus der Gefangenschaft und dem Neubeginn in Jerusalem. Auch der Aufstand der von ihrem jüdischen Glauben geprägten Makkabäer passte in diese Linie. Erzählerisch wurde dieses befreiende Handeln dann auch in dem (fiktiven) Bericht des Buches Judit gefasst.

Auch hier geht es letztlich nicht um die beiderseitige Gewalt von Nebukadnezar/Holofernes auf der einen und Judit auf der anderen Seite. Vielmehr wird hier in den Protagonisten der alte, die Geschichte Israels breit durchziehende Kontrast zwischen den Heidenvölkern und ihrem Götzendienst und Israel mit seinem Glauben an Jahwe noch einmal breit in eine erzählerische Form gebracht. Es ist also hier eine typologische Darstellung zu finden, die von der Bedrängnis des Volkes und von seiner Rettung durch eine sich dem Willen Jahwes unterwerfende Frau berichtet. Dass hier zudem ein Kontrast zwischen einem Mann, gewaltig und stark, und einer Frau, zudem einer Witwe, also ohnmächtig und schwach, erzählt wird, steigert die Dramatik: Gott erwählt das Schwache und Kleine (vgl. David als jüngster Sohn Isais oder Paulus: »Das Schwache hat Gott erwählt, um das Starke zuschanden zu machen« [1 Kor 1,27]). Er lässt es über das Starke triumphieren (vgl. das Gebet der Hanna ≈ Magnificat: »Die Schwachen hebt er empor« [1 Sam 2,8 ≈ Lk 1,52]). Gerade so aber wird deutlich, dass es nicht auf das Handeln des schwachen Menschen ankommt, sondern auf das Eingreifen Gottes, der ein Gott der Armen und Geringen ist. (Zum Thema »Gewalt in der Bibel« vgl. Seite 196–197).

Camaieu-Malerei aus der Dorfkirche St. Gallen, Kappel bei Ravensburg, Ester mit dem Kopf des Holofernes

Bevor die Witwe Judit ins Spiel kommt, gibt es eine sieben Kapitel lange Vorgeschichte, in der die auf Israel zukommende Bedrängnis als existenzbedrohend dargelegt wird. Ein mächtiger assyrischer König, typologisch Nebukadnezar genannt, bedroht und zerstört alle westlich seines Reiches gelegenen Länder. Sein Feldherr Holofernes rückt mit seinem gewaltigen Heer auch gegen Juda vor und belagert die Stadt Betulia (ebenfalls keine historische Stadt, sondern ein typologischer Name, der an den Ort »Bet-El« = »Haus Gottes« erinnert). Breit wird die Belagerung von Betulia geschildert, der Wassermangel in der Stadt und die Angst der Israeliten in der Stadt: »Sie schrien zum Herrn, ihrem Gott. Sie hatten allen Mut verloren« (Jdt 7,19). Die Alternative ist Kapitulation oder Tod. Im Rat der Stadt wird diese Alternative zur Glaubensfrage: Kann es sein, dass Gott und sein Erbarmen entzieht?

Nun endlich tritt Judit auf (Jdt 8,1), die Retterin: Sie ist schon seit Jahren eine Witwe, trotzdem aber wird sie als attraktive Frau bezeichnet. Vor allem aber ist sie sehr gottesfürchtig (Jdt 8,8). Judit ermutert in einer Rede die Verantwortlichen in Betulia zu unbedingtem Gottvertrauen – das ist das innere Thema des Buches, das nach außen hin von Gewalt und Tod handelt. Sie selber betet inbrünstig zu Gott, den sie als »Gott der Schwachen, Helfer der Geringen, Beistand der Armen und Retter der Hoffnungslosen bezeichnet« (Jdt 9,11). Dann macht sie sich auf den Weg in das feindliche Heerlager. Durch eine List schleicht sie sich bei Holofernes ein, kann ihn töten, ihm den Kopf abschneiden und damit nach Betulia fliehen. Das assyrische Heer gerät nach dem Tod seines Anführers in Verwirrung und flieht. Judit hat Betulia und mit ihm Juda und Jerusalem gerettet. Das Buch endet mit einem Lobgesang der Judit und einem Siegesfest in Jerusalem: Jahwe hat sein Volk erneut befreit.

Ester – eine Frau spielt um ihr Leben

Das dritte der in später Zeit geschriebenen Bücher, die im christlichen Alten Testament unter die geschichtlichen Bücher aufgenommen wurden, die wir hier aber wegen ihres lehrenden Charakters unter die Weisheit Israels einordnen, ist das schön erzählte Buch **Ester (Est)** (akkadisch »Ischtar« [der Name der assyrisch-babylonischen Fruchtbarkeitsgöttin, vgl. in Kanaan »Astarte«], persisch »Stern«). Auch dieses etwa um 300 v. Chr. in hebräischer Sprache geschriebene Buch ist eine novellenartige Lehrerzählung, die vom treuen Beistand Gottes zu seinem Volk berichtet (ohne dass Gott selbst im Buch vorkommt) – er ist der Retter seines Volkes aus jeder Bedrohung und Gefahr, dargestellt an einer drohenden Judenverfolgung im persischen Reich.

Im jüdischen Synagogengottesdienst ist Ester eine der fünf Festrollen und dabei dem Fest **Purim** zugeordnet (vgl. Seite 91). Das Buch Ester stellt gleichsam die Gründungslegende dieses Festes dar und wird deshalb im Gottesdienst verlesen. Purim ist ein ausgelassenes und fröhliches Fest, an dem man sich gegenseitig beschenkt und es sich gut gehen lässt: Man feiert die Befreiung aus jeder Not. Der Name kommt vom hebräischen Wort »pur« (akkadisch »puru«, jiddisch »purim«), das »Los« bedeutet. Der Name erinnert an das Los, mit dem in der Erzählung des Buches Ester der Tag ermittelt werden sollte, an dem das jüdische Volk vernichtet werden sollte – der aber zum Tag der Befreiung wurde. Die Herrschaftsverhältnisse sind durch Gottes Eingreifen umgekehrt worden. Dies führt zu einem karnevalähnlichen Fest, denn was einmal (wenn auch wiederum fiktiv) geschah, das darf der Gläubige immer wieder erhoffen und auf alle Verfolgungssituationen hin anwenden.

Wieder ist es eine gläubige Frau, die wie im Buch Judit durch ihr mutiges Handeln die Rettung für ihr Volk erreichen kann. Aber letztlich ist es Gott selber, der durch diese Frau handelt und zum Retter wird. Nicht nur Männer also wählt Gott sich als Werkzeug seines Handelns aus (etwa David oder Joschija), sondern ebenso Frauen, nicht nur Mose, sondern auch Mirjam, nicht nur Simson, sondern auch Debora, nicht nur die Propheten, sondern auch Judit und Ester.

Zur Handlung des Buches: Das Geschehen spielt am Hof des persischen Königs **Artaxerxes** (Regierungszeit 465–424); doch ist diese Angabe ähnlich fiktiv wie im Buch Judit. Allerdings ist eine lokale Judenverfolgung immer wieder denkbar, auch in der relativ toleranten persischen Zeit. In dieser Zeit befindet sich ein Jude mit Namen **Mordechai** am Königshof im persischen Susa; er gehört zu denen, die durch Nebukadnezar nach Babel verschleppt worden waren. Dass dies rein zeitlich gar nicht möglich ist, verweist auf den fiktiven, aber gerade dadurch typologischen Charakter der Erzählung: Es geht wiederum nicht um ein historisch fassbares Geschehen, obwohl Gestalten der Historie wie Artaxerxes genannt werden, sondern um eine theologische Lehrerzählung der Rettung der Bedrängten.

In einem Vorspann zum eigentlichen Buch wird erzählt, dass Mordechai dem König bei einer Verschwörung von Hofbeamten einmal das Leben gerettet hatte – dies wird in den Annalen des Hofes verzeichnet.

Bei einem mehrtägigen Festessen will König Artarxerxes dem Volk seine Gemahlin Waschti in ihrer ganzen Schönheit präsentieren; Waschti verweigert sich diesem

Fenster in Saint-Germain-l'Auxerrois, Paris, Ester

Ansinnen und wird deshalb vom König verstoßen, »damit alle Männer Herr in ihrem Haus bleiben« (Est 1,22).

Der König lässt nach der Verstoßung seiner Gattin schöne Mädchen suchen und an seinen Hof bringen. So kommt auch **Ester**, die Nichte des Morchechai, an den Hof. Der König findet Gefallen an ihr und macht sie zu seiner Frau.

Nun betritt ein weiterer Akteur das Feld: Haman, ein bedeutender Fürst am Hof, wird vom König ausgezeichnet und alle müssen vor ihm niederknien. Mordechai jedoch verweigert dies als gläubiger Jude. Dies nimmt Haman zum Anlass, die Ausrottung aller Juden zu beschließen, weil diese sich seiner Meinung nach nicht in die Herrschaftsideologie des Reiches (Verehrung allein des Königs) integrieren und nur ihren Gott Jahwe verehren. Durch eine List erlangt er einen königlichen Erlass, der den Tod der Juden an einem festgesetzten Tag bedeutet hätte.

Ester erfährt von Mordechai von diesen Plänen und erkennt ihre Aufgabe: Sie will sich für ihr Volk einsetzen und zum König gehen. Damit aber setzt sie mit der Bitte um eine Audienz beim König ihr Leben ein, denn keiner kommt zum König, wenn er nicht gerufen wird. Ester wagt diesen Schritt und sie findet beim König Gehör. Der König will auf ihre Einladung hin zu einem Festmahl in ihr Haus kommen.

Haman aber lässt inzwischen einen Galgen für Mordechai errichten – die Sache spitzt sich zu. Doch beim Gastmahl der Ester klärt sich alles: Mordechai wird wegen seiner Verdienste befördert, Haman am für Mordechai bestimmten Galgen hingerichtet. Der König erlässt ein Dekret zum Schutz der Juden, das genau an dem Tag beginnt, der für die Vernichtung der Juden bestimmt war. Das »Los« (Pur) für diesen Tag ist geworfen: Es ist nun der Tag der Rettung, nicht der Vernichtung.

Hoffnungsgeschichten

Die Hebräische Bibel, das christliche Alte, Erste Testament, ist ein vielschichtiges Buch mit einer Fülle unterschiedlicher Textsorten, mit einer oft komplizierten Entstehungsgeschichte der einzelnen Bücher, mit einem Entstehungszeitraum von fast 1000 Jahren und einer Textmenge, die der Leser kaum überblicken und noch weniger in allen Einzelheiten verstehen kann. Dennoch ist die Bibel wie eine *Schatzkiste*, der man immer wieder Perlen entnehmen kann, die auch heutiges Leben bereichern. Das betrifft einzelne Verse, die Menschen anrühren können (etwa Jos 1,5–6: »Ich verlasse dich nicht. Sei mutig und stark!« oder Jes 43,1: »Fürchte dich nicht, denn ich habe dich erlöst, ich habe dich beim Namen gerufen, du gehörst mir«). Das betrifft aber auch die großen Grundlinien, die die vielgestaltigen Schriften durchziehen – auch sie sind ein **Schatz fürs Leben**.

Diese Grundlinien finden sich in diesem Buch auf den grün hinterlegten Seiten. Zusammen stellen sie eine kleine Theologie des Alten Testaments dar:

- *Gott und die Menschen (Seite 112–115):* Die Bibel trägt vielfältige Erfahrungen zusammen, die Menschen mit Gott gemacht haben. Sie denkt über das Wirken Gottes mit den Menschen nach und über die Reaktionen der Menschen darauf.
- *Gott, der auf dem Weg begegnet (Seite 140–141):* Die Beziehung zwischen Gott und Menschen zeigt sich immer wieder darin, dass Gott den Weg der Menschen mitgeht, ihnen voranschreitet (Exodus, Rückkehr aus Babel) und ihnen einen guten Weg weist.
- *Gott, der aus der Not befreit (Seite 164–165):* Der Gott der Bibel ist ein Gott der Armen und Unterdrückten: Er hört ihr Rufen und zeigt sich als Gott der Befreiung, der die Herrschaftsverhältnisse umkehrt und die Not der Kleinen im Volk lindert.
- *Gott, der in ein gutes Land führt (Seite 188–189):* Der Gott der Bibel zeigt sich nicht nur in seinem Eingreifen in der Vergangenheit und als begleitender Gott in der Gegenwart. Er ist auch der Gott der Zukunft, der Hoffnung, der Perspektive eines gelingenden Lebens.
- *Gott, der König über Israel und die Völker (Seite 204–205):* Wenn auch die meisten Schriften der Bibel von Gottes erwähltem Volk Israel künden, so gibt es eine Perspektive über Israel hinaus: Der Gott der Bibel will Heil für alle Völker, für alle Menschen.
- *Gott, verborgen und zugleich nah (Seite 226–227):* Menschen erfahren Gott auf unterschiedliche Weise – als treuen Wegbegleiter, aber auch als fern und unnahbar, als Redenden und als Schweigenden. So ergibt sich in der Bibel ein »Gottesmosaik« aus vielfältigen, nicht zu harmonisierenden Erfahrungen: Gott ist mehr als unsere Worte.
- *Gott schenkt einen Neubeginn (Seite 248–249):* Der Gott der Zukunft ermuntert dazu, nicht in der Gegenwart stehen zu bleiben, sondern mutige Schritte in die Zukunft zu tun. Diesen Weg unterstützt Gott, indem er einen neuen Anfang schenkt.
- *Gott schenkt Leben (Seite 268–269):* Alles in allem zeigt sich Gott den biblischen Schriftstellern als ein »Freund des Lebens«, der nicht den Tod will, sondern gelingendes, erfülltes Leben in umfassendem Schalom. Ihm darf man vertrauen.

Auf den folgenden Seiten sprechen einige biblische Texte diese vielgestaltigen Gotteserfahrungen aus: Vertrauen und Hoffnung, Ermunterung und Trost.

Ernst Wilhelm Nay, Lichtes Lied, 1960

Vertrauen – denn der Herr ist Licht

Der Herr ist mein Licht und mein Heil: Vor wem sollte ich mich fürchten?
Der Herr ist die Kraft meines Lebens: Vor wem sollte mir bangen?
Dringen Frevler auf mich ein, um mich zu verschlingen,
meine Bedränger und Feinde, sie müssen straucheln und fallen.
Mag ein Heer mich belagern: Mein Herz wird nicht verzagen.
Mag Krieg gegen mich toben: Ich bleibe dennoch voll Zuversicht.
Nur eines erbitte ich vom Herrn, danach verlangt mich:
Im Haus des Herrn zu wohnen alle Tage meines Lebens,
die Freundlichkeit des Herrn zu schauen und nachzusinnen in seinem Tempel.
Denn er birgt mich in seinem Haus am Tag des Unheils;
er beschirmt mich im Schutz seines Zeltes, er hebt mich auf einen Felsen empor.
Vernimm, o Herr, mein lautes Rufen; sei mir gnädig und erhöre mich!
Mein Herz denkt an dein Wort: »Sucht mein Angesicht!«
Dein Angesicht, Herr, will ich suchen.
Verbirg nicht dein Gesicht vor mir; weise deinen Knecht im Zorn nicht ab!
Du wurdest meine Hilfe. Verstoß mich nicht,
verlass mich nicht, du Gott meines Heiles!
Wenn mich auch Vater und Mutter verlassen, der Herr nimmt mich auf.
Ich aber bin gewiss, zu schauen die Güte des Herrn im Land der Lebenden.
Hoffe auf den Herrn und sei stark! Hab festen Mut und hoffe auf den Herrn!
aus Psalm 27

Geborgenheit – denn Gott ist nah

[Ein Psalm Davids.]
Herr, du hast mich erforscht
und du kennst mich.
Ob ich sitze oder stehe,
du weißt von mir.
Von fern erkennst du
meine Gedanken.
Ob ich gehe oder ruhe,
es ist dir bekannt;
du bist vertraut
mit all meinen Wegen.
Noch liegt mir das Wort
nicht auf der Zunge –
du, Herr, kennst es bereits.
Du umschließt mich
von allen Seiten
und legst deine Hand auf mich.

Wohin könnte ich fliehen vor dir,
wohin mich vor dir flüchten?
Steige ich hinauf in den Himmel,
so bist du dort;
bette ich mich in der Unterwelt,
bist du zugegen.
Nehme ich die Flügel des Morgenrots
und lasse mich nieder
am äußersten Meer,
auch dort wird deine Hand mich ergreifen.
Würde ich sagen:
»Finsternis soll mich bedecken,
statt Licht soll Nacht mich umgeben«,
auch die Finsternis
wäre für dich nicht finster,
die Nacht würde leuchten
wie der Tag, die Finsternis wäre wie Licht.

Denn du hast mich geschaffen,
mich gewoben im Schoß meiner Mutter.
Ich danke dir, dass du mich so wunderbar gestaltet hast.
Ich weiß: Staunenswert sind deine Werke.
aus Psalm 139

Der Schatz der Bibel
Biblische Texte erzählen zwar von vergangenem Geschehen, aber sie sind Gegenwartstexte, die Menschen aller Zeiten und Kulturen dazu ermuntern, im Vertrauen auf Gott Wege in die Zukunft zu gehen. Mit ihrer Botschaft, dass Gott eine gute Zukunft für alle Menschen schafft, ist die Bibel ein Schatz der Menschheit.

Heil – das Geschenk Gottes

Ja, vergessen sind die früheren Nöte,
sie sind meinen Augen entschwunden.
Denn schon erschaffe ich einen neuen Himmel und eine neue Erde.
Man wird nicht mehr an das Frühere denken.
Nein, ihr sollt euch ohne Ende freuen und jubeln über das, was ich erschaffe.
Wolf und Lamm weiden zusammen, der Löwe frisst Stroh wie das Rind.
Man tut nichts Böses mehr
und begeht kein Verbrechen auf meinem ganzen heiligen Berg, spricht der Herr.
Jesaja 65,16–18.25

Walter Habdank, In terra pax (Auf der Erde Frieden), 1983

Hoffnung – denn der Retter kommt

Das Volk, das im Dunkel lebt, sieht ein helles Licht;
über denen, die im Land der Finsternis wohnen, strahlt ein Licht auf.
Du erregst lauten Jubel und schenkst große Freude.
Man freut sich in deiner Nähe, wie man sich freut bei der Ernte,
wie man jubelt, wenn Beute verteilt wird.
Du zerbrichst das drückende Joch,
das Tragholz auf unserer Schulter und den Stock des Treibers.
Jeder Stiefel, der dröhnend daherstampft,
jeder Mantel, der mit Blut befleckt ist,
wird verbrannt, wird ein Fraß des Feuers.
Denn uns ist ein Kind geboren, ein Sohn ist uns geschenkt.
Die Herrschaft liegt auf seiner Schulter;
man nennt ihn: Wunderbarer Ratgeber, Starker Gott,
Vater in Ewigkeit, Fürst des Friedens.
Seine Herrschaft ist groß und der Friede hat kein Ende.
Auf dem Thron Davids herrscht er über sein Reich;
er festigt und stützt es durch Recht und Gerechtigkeit,
jetzt und für alle Zeiten.
Jesaja 9,1–6

Schalom – der Friede Gottes

Man übt nicht mehr für den Krieg
Am Ende der Tage wird es geschehen:
Der Berg mit dem Haus des Herrn steht fest gegründet
als höchster der Berge; er überragt alle Hügel.
Zu ihm strömen alle Völker.
Viele Nationen machen sich auf den Weg.
Sie sagen: Kommt, wir ziehen hinauf zum Berg des Herrn
und zum Haus des Gottes Jakobs.
Er zeige uns seine Wege, auf seinen Pfaden wollen wir gehen.
Denn von Zion kommt die Weisung des Herrn,
aus Jerusalem sein Wort.
Er spricht Recht im Streit der Völker,
er weist viele Nationen zurecht.
Dann schmieden sie Pflugscharen aus ihren Schwertern
und Winzermesser aus ihren Lanzen.
Man zieht nicht mehr das Schwert, Volk gegen Volk,
und übt nicht mehr für den Krieg.
Jeder sitzt unter seinem Weinstock
und unter seinem Feigenbaum
und niemand schreckt ihn auf.
Ja, der Mund des Herrn der Heere hat gesprochen.
Denn alle Völker gehen ihren Weg,
jedes ruft den Namen seines Gottes an;
wir aber gehen unseren Weg
im Namen Jahwes, unseres Gottes,
für immer und ewig.
Micha 2,1–5

Dann wohnt der Wolf beim Lamm,
der Panther liegt beim Böcklein.
Kalb und Löwe weiden zusammen,
ein kleiner Knabe kann sie hüten.
Kuh und Bärin freunden sich an,
ihre Jungen liegen beieinander.
Der Löwe frisst Stroh wie das Rind.
Der Säugling spielt vor dem Schlupfloch der Natter,
das Kind streckt seine Hand in die Höhle der Schlange.
Man tut nichts Böses mehr und begeht kein Verbrechen
auf meinem ganzen heiligen Berg;
denn das Land ist erfüllt von der Erkenntnis des Herrn,
so wie das Meer mit Wasser gefüllt ist.
Jesaja 11,6–9

Freude – das Fest Gottes mit den Menschen

Der Herr der Heere wird auf diesem Berg für alle Völker ein Festmahl geben
mit den feinsten Speisen, ein Gelage mit erlesenen Weinen.
Er zerreißt auf diesem Berg die Hülle, die alle Nationen verhüllt,
und die Decke, die alle Völker bedeckt.
Er beseitigt den Tod für immer.
Gott, der Herr, wischt die Tränen ab von jedem Gesicht.
Auf der ganzen Erde nimmt er von seinem Volk die Schande hinweg.
Jesaja 25,6–8

Wassily Kandinsky, Berg, 1908

Das Neue Testament

Die Bibel der Christen

Die **Hebräische Bibel**, ungefähr das christliche Alte, Erste Testament, ist eine Sammlung vielfältiger Bücher, die über einen sehr langen Zeitraum (ca. 900 Jahre) und zudem manchmal in einem komplizierten Entstehungsprozess entstanden sind. Der Kanon (Umfang) des Tanach, der Hebräischen Bibel (vgl. Seite 109), wird etwa um das Jahr 100 v. Chr. endgültig festgelegt; die christliche Bibel fügt diesen hebräischen Texten noch einige griechische Spätschriften hinzu (vgl. Seite 26–27).

Die Entstehung der 27 Schriften des Neuen Testaments kennt in den Evangelien durchaus auch vielfach geschichtete redaktionelle Prozesse bis hin zum Endtext (vgl. jeweils bei den vier Evangelien), ist aber – auch aufgrund der besseren Textsituation der alten Handschriften – erheblich leichter zu ermitteln als die Entstehung des Alten Testaments. Dies liegt auch daran, dass der Entstehungszeitraum der neutestamentlichen Schriften erheblich kompakter ist als der der alttestamentlichen: nur etwa 70 Jahre vom 1. Thessalonicherbrief des Paulus im Jahr 51 bis zur Offenbarung des Johannes etwa im Jahr 120. Auch finden sich im Neuen Testament nicht so viele unterschiedliche Textsorten wie im ersten Teil der Bibel, sodass das Erscheinungsbild einheitlicher ist. Vor allem aber gibt es eine gegenüber den vielschichtigen Aussagen des Alten Testaments leichter zu erfassende innere Mitte des Neuen Testaments – es ist die Gestalt Jesu, des Christus Gottes, auf den alle Aussagen der neutestamentlichen Schriften hinauslaufen (vgl. Seite 294–295 »Jesus Christus in der Mitte«).

Gegenüber der bunten Fülle der alttestamentlichen Schriften mit ihrer sich über Jahrhunderte erstreckenden Entstehungszeit und einem breiten Fächer von Inhalten und unterschiedlichen Textsorten ist das Neue Testament thematisch und formal konzentrierter. Doch gibt es auch hier sehr unterschiedliche Sichtweisen – dies zeigt sich schon daran, dass es nicht einen Evangelientext gibt, sondern verschiedene Texte von vier Verfassern mit je unterschiedlicher Aussageabsicht, vier Texte, die man nicht harmonisieren darf, sondern in ihrer Eigenständigkeit stehen lassen muss. Es ist also hier – wie auch bei den alttestamentlichen Büchern – immer zu fragen: Wer schreibt was für wen mit welcher Aussageabsicht und in welcher Textform?

Grundsätzlich lassen sich zwei Gruppen neutestamentlicher Schriften unterscheiden: die *Autorenschriften*, die von *einem* Autor aus einem bestimmten Anlass zu einem Zeitpunkt verfast wurden (etwa der Römerbrief des Paulus etwa im Jahr 56–57) und die *redaktionellen Schriften*, für deren Endfassung ein »Redakteur« verantwortlich ist, die aber im Vorfeld eine längere Entstehungsgeschichte mit unterschiedlichen Quellen kennen (etwa das Markusevangelium mit der Leidensgeschichte, der Spruchquelle Q ... und der Endredaktion durch Markus). Diese unterschiedlichen Entstehungsprozesse werden von der Bibelwissenschaft erforscht. Dabei kommt man in vielen Fällen zu eindeutigen und sicheren Aussagen, anderes lässt sich rückblickend nicht mehr in allen Einzelheiten eruieren, sodass auch die verschiedenen Quellen, die den Evangelien zugrunde liegen, weithin hypothetisch bleiben.

Anders als die nebenstehende Illustration zeigt, haben nicht Engel die neutestamentlichen Texte zu den Menschen gebracht, sondern Juden wie Christen bekennen, dass die Texte der Bibel »Gotteswort« in »Menschenwort« sind (vgl. Seite 9). Darin unterscheidet sich das Christentum auch vom Islam, wo nach Auffassung der Muslime der Engel Gabriel den Text des bei Gott selbst befindlichen Urkoran dem Propheten Mohammed ins Ohr geflüstert hat. Für Muslime ist der Koran deshalb unmittelbares Gotteswort, das nicht verändert, gedeutet, ja nach Meinung vieler noch nicht einmal erforscht werden darf. Das sehen Christen anders: Die Schriften der Bibel müssen erforscht werden: ihre Textgestalt, ihre Überlieferungsgeschichte, ihr zeitgeschichtlicher, wirtschaftlicher, kultureller, religiöser Hintergrund, ihre Zielgruppe und damit ihre konkrete Aussageabsicht, aber auch ihre Zeitgebundenheit – all das sind Forschungsaufgaben für jede der neutestamentlichen Schriften.

Engel bringt das Evangelium,
Fuldaer Evangeliar, um 980 (Ausschnitt)

Die Entstehung der Evangelien greift – anders als bei den Autorenschriften der Apostelbriefe – dabei auf mündliche Traditionen zurück, die sich seit den ersten Anfängen der jungen Kirche entwickelten: Die Erfahrung des Gekreuzigten als des Lebenden führte Menschen zur christlichen Gemeinde zusammen und machte diesen Frauen und Männern Mut, Jesus als den Christus Gottes und damit als Gottes Heil für alle Menschen zu bekennen (vgl. Seite 294–295). Allmählich entwickelten sich kleine Bekenntnissätze, Kurzformeln des Glaubens, die etwa bei der Taufspendung gesprochen wurden. Solche Kurztexte wurden schon bald erzählerisch ausgestaltet. Erinnerungen an Jesu Lehre und an sein Handeln wuchsen zu kleinen Sammlungen von Worten und Taten (etwa Wundern) zusammen; vor allem wurde die Geschichte seines Leidens und Sterbens ausführlich erzählt. So entstanden erste Texteinheiten, auf die die Evangelisten, allen voran Markus) später zurückgreifen konnten. Auf diesem breiten Strom mündlich wie schriftlich erzählter Tradition baute dann auch die frühe Briefliteratur (echte Paulusbriefe) auf, die zeitlich vor den Evangelien liegt. Auch das Neue Testament kennt somit einen längeren Entstehungsprozess.

Extra:
Die Schriften des Neuen Testaments

Evangelien und Apostelgeschichte

Mt	Matthäus
Mk	Markus
Lk	Lukas
Joh	Johannes
Apg	Apostelgeschichte

Die Briefe

Röm	Der Brief an die Römer
1 Kor	Der erste Brief an die Korinther
2 Kor	Der zweite Brief an die Korinther
Gal	Der Brief an die Galater
Eph	Der Brief an die Epheser
Phil	Der Brief an die Philipper
Kol	Der Brief an die Kolosser
1 Thess	Der erste Brief an die Thessalonicher
2 Thess	Der zweite Brief an die Thessalonicher
1 Tim	Der erste Brief an Timotheus
2 Tim	Der zweite Brief an Timotheus
Tit	Der Brief an Titus
Phlm	Der Brief an Philemon
Hebr	Der Brief an die Hebräer
Jak	Der Brief des Jakobus
1 Petr	Der erste Brief des Petrus
2 Petr	Der zweite Brief des Petrus
1 Joh	Der erste Brief des Johannes
2 Joh	Der zweite Brief des Johannes
3 Joh	Der dritte Brief des Johannes
Jud	Der Brief des Judas

Die Offenbarung

Offb	Offenbarung

Die 27 Schriften des Neuen Testaments lassen sich von den Textsorten her unterscheiden:

- Markus prägt mit seiner Schrift eine neue Textsorte, das *»Evangelium«* (griechisch = »Frohe Botschaft, Gute Nachricht« [von Jesus Christus]). Dies ist keine Biografie, kein historisches Buch (obwohl darin durchaus historische Fakten enthalten sind), auch keine Heldenlegende, wie sie im Alten Orient und in den Kulturen des Mittelmeerraumes (Griechenland, Rom) verbreitet war. Ein Evangelium ist ein Glaubenszeugnis, das die Gestalt des Mannes aus Nazaret als Christus, Messias, Gesalbter und Gesandter Gottes bekennt – somit ein poetisches und literarisches Glaubensbekenntnis. Dies ist eine völlig neue Textsorte, die aber für die Verkündigung der christlichen Gemeinden in hervorragender Weise geeignet ist. Matthäus und Lukas schreiben diese neue Textsorte »Evangelium« auf der Grundlage des Markusevangeliums fort; Johannes setzt später für mit der gleichen Textsorte neue Akzente.
- Lukas führt sein Evangelium mit der *»Apostelgeschichte«* fort. Auch dieses Buch ist – trotz vielfältiger historischer Bezüge – kein historisches Buch, sondern eine Verankerung des christlichen Glaubensbekenntnisses vom Anfang in den Wachstumsprozess der jungen Kirche: Von Jerusalem, der Hauptstadt des Alten Bundes, erreicht die Botschaft von Jesus, dem Christus Gottes, schließlich Rom, die Hauptstadt des Römischen (Welt-)Reiches und damit alle Völker.
- Die erhaltene *Briefliteratur* des Neuen Testaments, allen voran die zeitlich frühen Briefe des Paulus (echte Paulusbriefe von 51 bis ca. 60, also mindestens zehn Jahre vor dem Markusevangelium), stellt wahrscheinlich nur einen Teil der vielfältigen Briefe dar, die von den Verkündern christlichen Glaubens im ersten Jahrhundert nach der Zeitenwende an christliche Gemeinden und auch an Einzelpersonen geschrieben wurden. Sie eint das gemeinsame Bekenntnis zu Jesus als dem in

der Mitte der Gemeinden Lebenden, in dem Gottes Heil zu den Menschen kommt. Die Briefe behandeln in der Regel vielerlei praktische Fragen der jungen Gemeinden, versuchen Antworten auf aufkommende Glaubensfragen (etwa die nach der Auferweckung der Toten), geben Regeln für das Gemeindeleben und den Gottesdienst vor, versuchen, Streit zu schlichten und vor allem Trost und Hilfe für Christen zu sein, die bereits unter Druck und Verfolgung zu leiden hatten. Die Briefe sind demnach Orientierungschriften für den christlichen Glauben und für das Leben. Der ausführliche Römerbrief ist dabei eine gewisse Ausnahme, als Paulus hier eine grundlegende Darstellung seiner Theologie versucht, um sich damit bei der ihm noch unbekannten Gemeinde in Rom vorzustellen.

- Die *»Offenbarung des Johannes«* stellt im Neuen Testament eigenständige Textsorte dar. Sie gehört zur Textsorte der im Spätjudentum, aber auch in anderen vorderorientalischen Kulturen verbreiteten apokalyptischen Schriften, die auf ein (nahes) Weltende schauen und in mythischen Bildern die Ereignisse des Endes beschreiben, die Ängste der Menschen thematisieren und ihre Hoffnungen auf endgültiges Heil darlegen. Somit gibt das letzte Buch nicht nur des Neuen Testaments, sondern der ganzen Bibel einen – wenn auch wegen seiner rätselhaften und bildreichen Sprache schwer veständlichen – Ausblick auf das Ende der Zeiten und auf die Hoffnung der jungen Christengemeinden: Gott selbst ist das Ziel ihrer Hoffnung, ihm begegnen sie in der himmlischen Gottesstadt der Zukunft (vgl. Offb 21).

Alle Schriften des Neuen Testaments sind nur auf dem Hintergrund der Hebräischen Bibel zu lesen und zu verstehen – diese bildet das Fundament, auf dem die neutestamentlichen Schriftsteller ihre Verkündigung aufgebaut haben. Diese Anbindung der neutestamentlichen Schriften an die des Ersten, Alten Testaments ergibt sich aus mehreren Gründen:

- Jesus war Jude, er lebte im Kontext seines jüdischen Volkes und des jüdischen Glaubens. Seine Bibel war die Hebräische Bibel der Juden, aus ihr liest er in der Synagoge vor und legt danach die vorgetragene alttestamentliche Stelle im Lehrgespräch aus (beispielhaft in Lk 4,16–20). Seine Gebete entstammen jüdischer Gebetstradition, besonders den Psalmen (vgl. Psalm 22 am Kreuz, Mk 15,34). Er verweist auf biblische Gestalten, besonders auf die Propheten Mose und Elija, nennt aber auch andere historische (David) oder fiktive (Jona) Gestalten der Hebräischen Bibel.
- Die Evangelisten, besonders Matthäus, stellen Jesus in die Linie der Hebräischen Bibel. So heißt es immer wieder: »Was der Herr durch den Propheten gesagt hat« (Mt 1,22) oder »Es heißt in der Schrift« (Mt 4,6). Jesus, der Messias, Christus Gottes, steht aus der Sicht der Evangelisten in der unmittelbaren Linie der alttestamentlichen Verheißungen. Er ist die Erfüllung der Hoffnungen Israel, in ihm bindet sich Gott neu an sein Volk und öffnet es zugleich auf alle Völker hin.
- Auch Paulus war Jude und lebte und schrieb aus seiner jüdischen Tradition heraus. Auf ihn bauen dann spätere Briefschreiber (Paulusschüler) auf, auch wenn sie vielleicht schon keine Judenchristen mehr waren, sondern aus dem Heidenchristentum stammten. Somit durchzieht der Geist des Ersten, Alten Testaments auch das Zweite, Neue.

Eingangsillustration zum Petrusbrief (P-etrus), Illuminierte Handschrift, 1407, Malmesbury Abbey, Wiltshire, England

El Greco (1541–1614),
Heilige Veronika und das Schweißtuch Christi
Wie die Legende das Bildnis Jesu auf einem Tuch »projiziert«, so wird die Gestalt Jesu, des Christus Gottes, in den Schriften des Neuen Testamentes projiziert für Menschen aller Zeiten und Kulturen.

Jesus Christus in der Mitte

Das Neue Testament enthält sehr unterschiedliche Schriften mit verschiedenen Textsorten, verschiedener Zielgruppe und verschiedener Aussageabsicht. Dennoch gib es in diesen 27 Büchern eine innere Mitte, ein Zentrum, um das all die unterschiedlichen Texte kreisen. Dieser zentrale Punkt ist nicht irgendeine Idee, sondern eine konkrete und historisch belegbare menschliche Gestalt: Jesus, der Mann aus Nazaret, dessen kurzes Leben am Kreuz in Jerusalem endete, den seine Jüngerinnen und Jünger aber unmittelbar nach seiner Hinrichtung als Lebenden erfuhren. Dieser Jesus ist die innere Mitte der nun entstehenden Kirche mit der Urgemeinde in Jerusalem und anderen Gemeinden im Mittelmeerraum und darüber hinaus. Von ihm leitet sich die christliche Kirche ab, sie versteht sich als sein »Leib in dieser Welt« und als »Volk Gottes auf den Weg«.

Dieser Jesus ist dann auch die innere Mitte der nun innerhalb der christlichen Gemeinden entstehenden neutestamentlichen Schriften. Er ist der Dreh- und Angelpunkt, um den es den verschiedenen Autoren geht, er ist die Mitte der christlichen Verkündigung in Predigt und Schrift. Diese zentrale Bedeutung des Gekreuzigten und von Gott Auferweckten versuchten die ersten christlichen Gemeinschaften mit unterschiedlichen »Ehrentiteln« wiederzugeben. Solche Titel als Deutung Jesu konnten nur aus ihrer religiösen und kulturellen Umwelt erwachsen, also aus den Traditionen des jüdischen Volkes und seiner heiligen Schrift, der Hebräischen Bibel.

Aus dieser vielgestaltigen Schrift, die in den christlichen Gottesdiensten des Anfangs ebenso verlesen wurde wie in jüdischen Synagogen, entnehmen die ersten Christen den Ehrentiel des *»Messias«*, eines »Gesalbten und Gesandten» Gottes, griechisch *»Christus«*. »Er wird auftreten und der Hirt Israels sein in der Kraft des Herrn, im hohen Namen Jahwes, seines Gottes« (Mi 5.3). Vom Geist Gottes erfüllt wird dieser Messias zum Licht aller Völker (Jes 42,6). Er ist der Knecht Gottes, durch den sich Gott verherrlicht (Jes 49,3), der »Freudenbote, der eine frohe Botschaft bringt und Rettung verheißt« (Jes 52,7). Er ist somit das gute Wort Gottes an die Menschen, die Offenbarung, das Sichbarwerden Gottes auf die Menschen hin, »das wahre Licht, das jeden Menschen erleuchtet« (Joh 1,9) und von Gott her in die Welt gekommen ist. Dieser alttestamentliche Messiastitel, erwachsen aus der Praxis einer Salbung von Königen, Propheten und Priestern für ihre besondere Aufgabe, wird zur vorrangigen Deutung der Gestalt Jesu – so sehr, dass das griechische Wort »Christus« gleichsam zu einem theologischen Eigennamen Jesu wurde. Dabei hatte Jesus selbst den Gebrauch des Messiastitels für sich abgelehnt (Mk 8,30), weil dieser Titel in der zeitgeschichtlichen Situation Israels unter römischer Herrschaft leicht nationalistisch-politisch missverstanden werden konnte (neues »Reich David«). Erst die christlichen Gemeinden hatten mit diesem Begriff keine Schwierigkeiten mehr: Ein Gekreuzigter konnte nicht länger als politischer Messias gedeutet werden.

Nachösterlich also, in den ersten christlichen Gemeinden wird der Messiastitel nicht zum einzigen, aber zum wichtigsten Deutungsschema Jesu. Der Messiasbegriff bedeutet letztlich nichts anderes, als dass Gott in und durch einen konkret fassbaren Menschen zum Heil der Menschen handelt: Jesus ist Gottes Heil für alle Menschen.

Andere Ehrentitel, durch die die ersten christlichen Gemeinden die Person und die Bedeutung Jesu zu veranschaulichen suchten, entstammten ebenfalls alttestamentlichen Traditionen:

- Jesus als *Prophet* wie die großen Propheten Israels, vor allem dann aber als eschatologischer, endzeitlicher Prophet, der das Anbrechen des Reiches Gottes verkündete. Er ist der zweite Mose, der neue Gesetzgeber (vgl. Bergpredigt), der den Auszug glaubender Menschen ins Reich Gottes anführt (Exodustradition: erster Auszug aus der Knechtschaft Ägyptens, zweiter Auszug aus dem Exil in Babylon und nun ein neuer Weg in das Gelobte Land der Herrschaft Gottes).
- Jesus als *»Immanuel«* (»Gott-mit-uns«, vgl. Mt 1,23), der den fernen, unnahbaren, ja für Juden nicht zu benennenden Gott für Menschen erfahrbar, berührbar macht, der ein Spiegelbild der Liebe Gottes zu den Menschen ist.
- Jesus als *»Sohn Gottes«* und zugleich als *»Menschensohn«*. Dabei ist mit Sohn Gottes im alttestamentlichen Sinn keine biologische Abhängigkeit gemeint, sondern eine besondere Beziehung, die in der Hebräischen Bibel zuerst für die Könige, dann (nach der Königszeit) für das ganze Volk bzw. für jeden Gerechten ausgesagt wird. Jesus zeigt die Macht und Herrlichkeit Gottes, er ist Bild des liebenden und treu sorgenden Vaters. Zugleich ist er Mensch und kann entsprechend der spätjüdischen Menschensohnvorstellung als der verstanden werden, der die Wende der Zeiten bringt, der die Herrschaft Gottes neu verwirklicht.

Solche Deutungen, die die ersten christlichen Gemeinden mit Jesus verbanden und sich in den biblischen Schriften widerspiegeln, waren keine theologische Spekulation. Vielmehr ging es darum, auf die existenzielle Bedeutung Jesu hinzuweisen: Er ist die innere Mitte christlichen Glaubens und damit das Zentrum der neutestamentlichen Botschaft – Jesus ist Heil von Gott.

Die Bibel
Die Bibel ist wie ein Strom, der so flach ist, dass ein Lamm daraus trinken, und so tief, dass ein Elefant darin baden kann.
Papst Gregor der Große (540–604)

Evangelist Markus,
Ada-Evangeliar,
Hofschule Karls des Großen, um 800

Ab dem 4. Jahrhundert wird dem Evangelisten Markus als Symboltier der Löwe zugeordnet – allgemein menschlich als Symbol für Kraft und Stärke verstanden. Die vier Evangelistensymbole (Markus: Löwe; Matthäus: Mensch; Lukas: Stier; Johannes: Adler) haben ihren Ursprung wahrscheinlich in der babylonischen Mythologie und kennzeichnen dort verschiedene Götter. Im alttestamentlichen Buch Ezechiel (Ez 4,10) werden vier Gestalten mit den Gesichtern von Mensch, Löwe, Stier und Adler aufgeführt. Ähnlich führt die Offenbarung (Offb 4,7) diese Lebewesen auf. Dort werden die Lebewesen auch als geflügelte Gestalten beschrieben – ein Hinweis auf ihre Mittlerrolle zwischen Himmel und Erde, zwischen Gott und den Menschen.

Das Markusevangelium

Es gibt das *eine* Evangelium von Jesus Christus, seine Frohbotschaft von dem in ihm nahegekommenen Reich Gottes. Es gibt aber in der christlichen Tradition auch die *vier* Evangelien, die diese Frohbotschaft auf unterschiedliche Weise für Hörer (im Gottesdienst) und Leser vermitteln. Dabei hat der Verfasser des Markusevangeliums, des ersten dieser vier Evangelienbücher, eine unersetzliche Bedeutung, weil er eine neue Textsorte prägte, auf die später andere aufgebaut haben: die Verfasser der drei anderen kanonischen Evangelien, aber auch die Verfasser der nicht im kirchlichen Kanon enthaltenen Evangelienbücher (vgl. Seite 24–25). Als erster hat der Verfasser des Markusevangeliums ihm vorliegende Überlieferungen zu Jesus gesammelt, verarbeitet und unter theologischen Leitlinien zu einem neuen Werk zusammengestellt. Dabei setzte er sich nicht das Ziel, eine Lebensbeschreibung Jesu in zeitlicher Abfolge zu schreiben, eine Biografie mit historisch nachprüfbaren Fakten. Vielmehr ging es ihm um Verkündigung und um das Bekenntnis zu Jesus, dem Christus Gottes.

Wer war dieser **Verfasser** des ersten Evangeliums? Im Buch selber finden wir weder seinen Namen, noch Angaben über die Verfasserpersönlichkeit oder die Entstehungszeit. All dies kann nur hypothetisch erschlossen werden.

Als **Abfassungszeit** wird heute übereinstimmend die Zeit unmittelbar nach dem Jahr 70, dem Jahr der Zerstörung Jerusalems durch die Römer, angenommen. Es war eine Zeit des Umbruchs, als die alten Sicherheiten zerbrachen und man sich deshalb um die Kontinuität der Glaubenstraditionen bemühen musste. Es geht im Markusevangelium (und dann in vergleichbarer Weise auch in den anderen Evangelien) darum, die in den ersten Jahrzehnten gewachsene Glaubensverkündigung und das Bekenntnis zu Jesus, dem Christus, kontinuierlich zu sichern und deshalb zu verschriftlichen.

Als **Abfassungsort** wird der östliche Mittelmeerraum angenommen, wo sich in den ersten Jahrzehnten der jungen Kirche christliche Gemeinden konzentrierten. Das Buch richtet sich an »Heidenchristen«, also an Menschen, die ohne Umweg über das Judentum zum christlichen Glauben gefunden haben.

Das Evangelium und die Evangelien

Markus führt mit seinem Buch eine neue Textsorte in die Schriften der Bibel ein. Zwar wurde das griechische Wort »euangelion« (»Frohe Botschaft, Gute Nachricht«) hin und wieder auch im weltlichen Bereich gebraucht (etwa in der Inschrift von Priene [9 v. Chr.]), wo der Geburtstag des Kaisers Augustus als »Evangelium« bezeichnet wird). Zudem gibt es auch einzelne Beispiele für den Gebrauch eines entsprechenden Wortes in der Hebräischen Bibel. Jesaja (40,9) bezeichnet Jerusalem als Freudenbotin, weil die Stadt die Ankunft Gottes mitten unter den Menschen verkündet. Doch mit Markus wird dieser Begriff in doppelter Weise weitergeführt: Zum einen meint Markus damit die mit Jesus gekommene Heilsbotschaft: »Die Zeit ist erfüllt, das Reich Gottes ist nahe. Kehrt um, und glaubt an das Evangelium« (Mk 1,15). Zum anderen wird nun das Buch, in dem diese Frohbotschaft enthalten ist, selber als Evangelium bezeichnet. Darin geht es nicht mehr allein um die von Jesus verkündete Botschaft vom nahen Reich Gottes, sondern auch um ihn selbst, der als die Mitte der Frohen Botschaft verstanden und bekannt wird. Wenn von ihm, dem Christus Gottes, erzählt wird, dann ist dies eine Gute Nachricht, eine Frohe Botschaft, eine Hoffnungsbotschaft für alle Menschen. Erst in einem letzten Schritt können die vier Bücher des Neuen Testaments, die von Jesus erzählen, als Evangelien bezeichnet werden, in denen auf je unterschiedliche Weise die eine Botschaft von Jesus enthalten ist.

Die **kirchliche Tradition** nennt als Verfasser des ersten Evangeliums (Johannes) Markus, der sowohl im ersten Petrusbrief (5,13) als auch in der Apostelgeschichte (Apg 13.5.13; 15,37) als Begleiter sowohl des Petrus wie des Paulus genannt wird. Auch Paulus selbst nennt einen Markus im Philemonbrief (24). Für Eusebius (260–339), den Verfasser der ersten »Kirchengeschichte«, war Markus in der Stadt Rom ein »Interpret des Petrus«, der die Erinnerungen des Petrus an Jesus sorgfältig aufschrieb. Die meisten Forscher heute gehen dagegen davon aus, dass die Zuordnung zu diesem neutestamentlichen Markus nicht haltbar ist und wir es mit einer anonymen Schrift zu tun haben, die aus Gründen größerer Autorität einem Petrusschüler zugeschrieben wurde – ein im Altertum üblicher Vorgang.

Um den Petrusschüler Markus ranken sich in der kirchlichen Tradition vielerlei **Legenden**: Petrus selbst soll ihn von Rom aus als Bischof nach Alexandria in Ägypten geschickt haben. Dort habe er den Märtyrertod erleiden müssen. Die Legende erzählt auch, dass im Jahr 467 Kaufleute aus Venedig die Reliquien des Markus von Alexandria nach Venedig gebracht hätten, wo sie heute im Markusdom aufbewahrt werden und wo der Markuslöwe zum Sinnbild der Lagunenstadt wurde. Doch spielen solche Legenden für eine Deutung des Evangeliums keine Rolle.

Die Botschaft des Markusevangeliums

Das Markusevangelium ist keine Biografie Jesu, kein chronologischer Ablauf seines Lebens; von Kindheit und der ersten Lebenszeit erfahren wir nichts. Auch die Erzählungen über die kurze Zeit seines öffentlichen Wirkens erweisen sich nicht als historische Beschreibung, sondern als theologisches Bekenntnis: Dieser Jesus, der Mann aus Nazaret, ist der Christus Gottes. Alles ist dieser glaubenden Deutung Jesu untergeordnet; es geht immer um Verkündigung der Botschaft Jesu und um Verkündigung Jesu als den Messias. Dennoch gibt es drei Linien, die das ganze Evangelium durchziehen:

- **Das Messiasgeheimnis:** Am Anfang des Evangeliums deutet bei der Taufe die Stimme aus dem Himmel Jesus als »den geliebten Sohn« (1,11). Doch diese Deutung der Gestalt Jesu bleibt während des Wirkens Jesu den Jüngern und dem Volk unverständlich, obwohl sie bei der Verklärung Jesu wiederholt wird (9,7). Immer wieder verbietet Jesus auch seinen Jüngern (9,10) oder Dämonen (1,34), das »Geheimnis seiner Person« weiterzuerzählen. Erst bei der Kreuzigung kann der römische Hauptmann (ein Heide) bekennen: »Dieser Mensch war Gottes Sohn« (14,39).
- **Das Unverständnis der Jünger:** Das Messiasgeheimnis steht in Beziehung zum Unverständnis der Jünger. Sie müssen in einem langen Prozess lernen, was mit diesem Jesus ist. Sie erhalten besondere Belehrungen (etwa zu den Gleichnissen, 4,34), aber dennoch verstehen sie ihn und seine Botschaft nicht (u.a. 8,21). Sie sind fasziniert von der Gestalt Jesu, von seinem Lehren und Wirken, aber sie können seinen Weg zur Entscheidung in Jerusalem und zum Leiden nicht nachvollziehen. Dies gilt selbst für den Ostermorgen, wo ihnen der Engel im Grab eine Perspektive über Jesu Tod hinaus weist – auch hier reagieren sie mit Schrecken und Entsetzen.
- **Die Botschaft vom Reich Gottes:** Kern der Botschaft Jesu etwa in seinen Gleichnissen (Kapitel 4) ist das Kommen des Reiches Gottes – das ist die Gute Nachricht, das Evangelium für alle Menschen. Der einleitende Ruf Jesu (1,15) ist wie der Ruf eines Herolds, der das Kommen des Herrschers ankündigt; die Gleichnisse und Lehrreden Jesu verdeutlichen diesen programmatischen Satz. Aber auch die Wundererzählungen sind nichts anderes als Zeichen der anbrechenden Gottesherrschaft, die alle Not überwindet und Freude und unermessliches Glück schenkt.

Der Verfasser des Markusevangeliums schreibt seinen Text in einem Abstand von mindestens vierzig Jahren zu den Ereignissen um Jesus in Israel. Sein Text ist ein Glaubensbekenntnis, das sich an Gemeinden von Heidenchristen richtete – der »Sitz im Leben« des Evangeliums ist wahrscheinlich von Anfang an der Gottesdienst der jungen Gemeinden, in denen nun keine Augenzeugen des Lebens Jesu mehr lehren konnten. So war man auf eine schriftliche Ausdeutung Jesu angewiesen, um seine Botschaft vom Reich Gottes im Gottesdienst zu feiern und weiter zu verkünden.

Der Verfasser des ersten Evangelium hat seinen Text aller Wahrscheinlichkeit nach nicht vollständig neu geformt, sondern konnte auf mündliche, wohl auch auf schriftliche Quellen zurückgreifen. Dabei steht neben Sammlungen von Gleichnissen oder Wundern besonders die wahrscheinlich schon früh schriftlich niedergelegte Leidensgeschichte im Vordergrund, auf die hin Markus sein Evangelium konzipiert hat: Der Gekeuzigte ist der Lebende – Gottes Heil in Jesus.

Der Aufbau des Markusevangeliums

1,1-13	Einleitung: Johannes der Täufer – Taufe Jesu – Versuchung Jesu	
1,14-8,21	**Wirken Jesu in Galiläa: Verkündigung des Reiches Gottes**	
	1,14-15	Programmatische Einleitung: Das Reich Gottes ist nahe
	1,16-34	Ein Tag in Kafarnaum: Exemplarisch – Jesus als Lehrer und Heiler
	1,35-3,35	Reaktionen auf das Wirken Jesu: Jüngerschaft und Unverständnis
	4,1-34	Gleichnisse vom Reich Gottes: Jesus und seine Botschaft
	4,35-8,21	Die Taten Jesu und das Unverständnis der Menschen
	8,22-26	Erste Blindenheilung: Langsam sehen lernen
	8,27-30	Sehen lernen: Du bist der Messias
8,31-10,45	**Der Weg nach Jerusalem: Die Entscheidung**	
	8,31-9,13	Der geliebte Sohn und das Kreuz: Verklärung und Leidensvorhersage
	9,14-30	Aufbruch in Galiläa: Belehrung der Jünger
	10,1-45	In Judäa: Auf dem Weg zum Leiden
	10,46-52	Zweite Blindenheilung: Der Glaube an den Sohn Davids
	11,1-11	Einzug in Jerusalem – neu sehen lernen: Er kommt im Namen des Herrn
11,12-15,47	**Zuspitzung in Jerusalem: Die Leidensgeschichte**	
	11,12-12,44	Der Konflikt in Jerusalem und das wichtigste Gebot
	13,1-37	Endzeitrede als Abschiedsrede
	14,1-14,47	Leiden, Sterben und Begräbnis Jesu
16,1-8	Perspektive: Der Gekreuzigte ist der Lebende (+ späterer Schluss 16,9-20)	

Sieger Köder, Ich werde von meinem Geist ausgießen (Ausschnitt)

Extra:
Wer war Johannes der Täufer?

Johannes der Täufer,
Skulptur in der Brotgasse, Trier

Johannes der Täufer wird in allen vier Evangelien erwähnt, über ihn erzählt aber auch der jüdische Historiker Flavius Josephus (37–100) in seinen »Jüdischen Altertümern«. Der hebräische Name des Johannes war »Jochanan ben Sacharaja« (»Gott hat Gnade erwiesen«). Die vier Evangelien des Neuen Testaments stellen Johannes als Vorläufer Jesu dar, bei Josephus wird er als Kritiker des Fürsten Herodes Antipas gezeichnet.

Biblisch ist Johannes der Bußprediger, der in der Wüste und am Jordan zur Umkehr aufruft und als Zeichen dieser Umkehr die Taufe im fließenden Wasser des Jordan wählt. Er wird von Gott beauftragt (»das Wort Gottes erging in der Wüste an Johannes«, Lk 3,2) und verkündet Umkehr und neue Hinwendung zu Gott und seinem Willen. Johannes wird als asketischer Mensch beschrieben: »Er trug ein Gewand aus Kamelhaaren und einen ledernen Gürtel um seine Hüften; Heuschrecken und wilder Honig waren seine Nahrung« (Mt 3,4). Er versteht sich in der Linie der alttestamentlichen Propheten, auch Jesus versteht ihn so (Mt 11,13).

Die Botschaft des Johannes findet ein großes Echo: Viele Menschen kommen und lassen sich von ihm als Zeichen ihrer Umkehr taufen, seine Anhängerschaft ist zahlreich. Auch Jesus kommt zu ihm und lässt sich nach dem Zeugnis der ersten drei Evangelien von ihm taufen. Allein das Johannesevangelium mit seiner tiefen Theologie sieht den Täufer nur als Vorläufer Jesu, verweigert auch die Benennung als Prophet und zeichnet Jesus als den, der Johannes überbietet: Während Johannes nur mit Wasser tauft, tauft Jesus mit Heiligem Geist – steht also in einer tieferen Beziehung zu Gott selbst (Joh 1,33). So kann Johannes im Blick auf Jesus bekennen: »Ich bezeuge: Er ist der Sohn Gottes« (Joh 1,34). Johannes ist in dieser Sicht weniger Wegbereiter für Jesus wie bei Markus (»eine Stimme in der Wüste: Bereitet dem Herrn den Weg«, Mk 1,3), sondern Zeuge des Messias und damit Modell für das Zeugnis der Christen in den ersten Gemeinden, die diesen Jesus von Nazaret in vergleichbarer Weise als ihren Christus (= Messias) und als Sohn Gottes bekennen sollen.

Das Lukasevangelium (Lk 3,10–14) führt die Botschaft des Täufers durch den dreifachen Wechsel von Frage der Menschen (Leute, Zöllner, Soldaten) und Antwort des Johannes näher aus. In diesen Antworten mit ihren sozialen Postulaten wird seine Beziehung zu den alttestamentlichen Propheten (etwa Jesaja, Amos, Micha) und ihrer Botschaft von einem befreienden Gott und von den Konsequenzen für ein befreiendes Handeln der Menschen deutlich. Es geht – vergleichbar dem Doppelgebot Jesu (Mk 12,29–31) – immer um die Verbindung des Glaubens an einen menschenfreundlichen Gott mit einem der Weisung Gottes entsprechenden Verhalten der Menschen untereinander.

Als Taufort des Johannes werden heute zwei Orte benannt: auf der Westseite des Jordans (Israel/Palästina) und auf der jordanischen Ostseite. Wegen der Beziehung des Johannes zum Fürsten Herodes Antipas, der die Landschaft Peräa östlich des Jordan regierte, ist der jordanische Taufort wahrscheinlicher, auch wenn die älteste Karte von Palästina (das Mosaik von Madaba, 6. Jahrhundert) die westliche Tradition bestätigt.

Mit seiner Kindheitsgeschichte (vgl. Seite 318ff) führt Lukas eine legendenartige Erzählung nicht allein über Jesus, sondern auch über Johannes ein. Eine solche Legende ist kein historischer Bericht, doch können die Angaben über die Herkunft des Johannes aus der niederen Priesterklasse Abija und über die Namen seiner Eltern (Zacharias und Elisabet) durchaus zutreffend sein, denn zur Zeit des Lukas gab es nach wie vor einen Jüngerkreis von Johannesjüngern, die solche Informationen tradiert haben können. Dennoch legt Lukas mit seinen Kindheitslegenden (Lk 1–2) Wert darauf, dass das Jesuskind in jeder Weise das Johanneskind überbietet. Dies gelingt ihm durch eine Verschränkung der beiden Geburtslegenden, bei denen jeweils die Jesuslegende einen höheren Stellenrang einnimmt – verständlich bei einem christlichen Evangelium.

Zum Tod des Johannes gibt es zwei unterschiedliche Versionen, die allein darin übereinstimmen, dass er aufgrund einer Anweisung des Herodes Antipas (20 v. Chr. – 39 n. Chr., ein Sohn Herodes des Großen und Tetrach von Galiläa und Peräa) enthauptet wurde. In den Evangelien wird diese Hinrichtung mit der Kritik an der Heiratspolitik des Herodes begründet, der durch seine Heirat mit der Frau seines Halbbruders das jüdische Eherecht verletzte. Josephus führt dagegen an, dass die prophetische Kritik des Johannes den Herodes in seiner Auseinandersetzung mit dem Nabatäerkönig Aretas gestört habe, sodass er diesen Kritiker vor dem Krieg mit den Nabatäern habe hinrichten lassen. Dann wäre auch der Tod des Johannes – der Angabe des Josephus zufolge – erst um 35 n. Chr. und damit nach dem Tod Jesu erfolgt.

Johannes der Täufer wird von allen *christlichen Kirchen* als Heiligen verehrt und am Johannistag (24. Juni) mit vielerlei Brauchtum erinnert. Viele Kirchen sind nach ihm benannt, Skulpturen zeigen ihn mit Kreuzstab und Lamm (= Hinweis auf Jesus, das »Lamm Gottes«, vgl. Joh 1,29). Der *Koran* kennt Johannes als Propheten, der an der Schrift festhält. Die *Freimaurer* kennen Johannislogen. Zudem besteht im Irak die kleine, etwa 100 000 Personen umfassende Glaubensgemeinschaft der *Mandäer*, die sich als Johannesjünger verstehen.

Grabmonument Johannes' des Täufers in der Omayadenmoschee, Damaskus, Syrien

Grundthema der Bibel – Gottes Reich für die Menschen

Anders als Johannes, der das Gericht Gottes als unmittelbar bevorstehend verkündet und zu sofortiger Umkehr aufruft, steht bei Jesus das kommende, doch in ihm bereits begonnene **Reich Gottes** in der Mitte seiner Botschaft. Es ist die Verkündigung von Heil, das Gott allen schenken will, auch denen, die nach Auffassung der meisten in Israel nicht dazugehören können: Heil also von Gott in Jesus für alle, auch für die Fremden, die Sünder, die Kranken und Behinderten (die Unreinen), für alle, die keine Hoffnung mehr haben konnten. Anders als Johannes und anders als Essener und Pharisäer (auf je unterschiedliche Weise) setzt Jesus nicht auf einen heiligen Rest, einen kleinen Teil des Volkes, der sich durch Gottes Hilfe gegen die Überzahl der Feinde (außerhalb, aber auch innerhalb Israels) durchsetzen wird. Seine Botschaft ist vielmehr eine Einladung an *alle*, »am Tisch Gottes Platz zu nehmen«. Jesu Botschaft ist eine frohe Botschaft (»Evangelium«), keine drohende Gerichtsbotschaft. Gewiss gibt es auch bei Jesus Hinweise auf ein bevorstehendes Gericht; dies aber steht bei ihm nicht im Vordergrund und ist bei ihm als Mahnung zu verstehen, den Ernst der Lage nicht zu verkennen und sich für das Kommen des Reiches Gottes zu öffnen.

Das Heil, das Jesus verkündet, gilt grundsätzlich allen Menschen. Wohl hat er sich in seiner Predigt und in seinem Handeln weithin auf Israel beschränkt, er fühlte seine Sendung auf die Erneuerung Israels bezogen. Von Israel aus sollte dann die Sammlung des »neuen Israels« über die Volksgrenzen hinausgehen. Nicht mehr die Abrahamskindschaft (die Zugehörigkeit zum jüdischen Volk) ist für das kommende Heil entscheidend, sondern die Bereitschaft jedes Einzelnen, sich Gott und seinem Reich zu öffnen – wie ein Kind, das vertrauensvoll ein Geschenk entgegennimmt.

Das Kommen des Reiches Gottes, so wie Jesus es verkündet, bedeutet deshalb keinen Sieg Israels über äußere Feinde, keine politische gesellschaftliche Befreiung (etwa von der Fremdherrschaft der Römer oder von der auch in Israel eindringenden Geisteswelt des Hellenismus), keine soziale Revolution mit einer Umverteilung von den Reichen zu den Armen, kein Aussondern eines »reinen«, d. h. alle Gesetze haltenden Restes aus der Volksgemeinschaft. Vielmehr gilt das Heil Gottes allen Menschen, Gruppen und Völkern. Weil Gottes Barmherzigkeit grenzenlos ist, wird auch das Reich Gottes alle Grenzen sprengen. Nicht Deklassierung, sondern Integration aller, nicht Ablehnung, sondern unbedingte Annahme, nicht Abwendung einer kleinen Gruppe ins Ghetto, sondern Zuwendung zu den Menschen, besonders den Armen und sozial an den Rand Gedrängten ist das Programm von Wort und Tat Jesu. Menschen, die krank oder behindert waren, die von Dämonen besessen und damit gesellschaftlich unrein waren, holte er ebenso zu sich wie die Sünder, etwa die Zöllner, die mit den römischen Fremdherrschern zusammenarbeiteten. Das Heil, das Jesus verkündet und das in ihm bereits beginnt, gilt allen ohne Grenze.

Die Botschaft Jesu von der unbedingten Zuwendung Gottes zu den Menschen ist im Judentum keineswegs etwas völlig Neues. Vielmehr werden hier Glaubenserfahrungen aufgegriffen, die bereits an vielen Stellen der Hebräischen Bibel zusammengetra-

Anfang des Markusevangeliums,
Minuskel (Handschrift mit Kleinbuchstaben) 669, 11. Jahrhundert

gen sind: Der Gott, zu dem sich die Juden (und damit Jesus und über ihn die Christen bis heute) bekennen, ist ein Gott, der aus der Not befreit (grundlegend erfahren etwa beim Exodus aus Ägypten und bei der Rückführung aus dem Exil), ein Gott, der die Menschen auf dem Weg begleitet (grundlegend erfahren etwa bei Abraham oder dem alttestamentlichen Josef), ein Gott, der Leben schafft und erhält (grundlegend erfahrbar in der Schöpfung und in der Vielfalt des Lebens – Gott als Freund des Lebens), ein Gott, der in ein gutes Land führt (grundlegend erfahren in der Landnahme und erhofft im erneuten Eingreifen Gottes). Jesus also greift die wesentlichen Linien des alttestamentlichen Gottesbildes auf, doch betont er einige Linien besonders.

- **Gott als Vater:** Unter den vielen Gottesnamen, die das Alte Testament aus den Erfahrungen glaubender Menschen gesammelt hat, findet sich das Bildwort von Gott als Vater (etwa Jesaja 64,9). Doch prägen auch andere Gottesbilder die Schriften der Hebräischen Bibel (Gott als Hirte, als König, als Licht ...). Jesus aber spricht von Gott vor allem als Vater. Darin klingt einerseits seine persönliche Gottesbeziehung an (»mein Vater«), aber auch ein Hinweis auf die Gotteserfahrung glaubender Menschen (etwa der Jünger), die sich im Begriff des Vaters ausdrücken kann (»euer Vater«). Wie ein Kind sich unbefangen an seinen Vater wenden kann, so können sich Menschen voll Vertrauen an Gott wenden. Der Gott Jesu ist der nahe Gott, der den Menschen auf seinem Weg begleitet.
- **Gott der Armen und Geringen:** Die alttestamentliche Erfahrung, dass Gott aus der Not befreit, führt Jesus dadurch weiter, dass er in seinen Predigten und in seinem eigenen Handeln Gott als den zeigt, dessen Liebe in besonderer Weise den Armen und Geringen gilt. Gott setzt eine Option für die Armen. Besonders Lukas zeigt in seinem Evangelium diesen Aspekt als eine Art programmatische Leitlinie, wie Jesus Gott als den Gott verkündet, der den Armen zugewandt ist. Diesem Gott darf deshalb jeder vertrauen. Zugleich ist der Zuspruch der Liebe Gottes an alle aber auch ein Anspruch an diejenigen, die Jesus nachfolgen, ebenfalls eine Option für die Armen zu treffen.
- **Gottes Heil für alle:** Obwohl Jesus sein Wirken auf sein Volk Israel konzentrierte, versteht er das von Gott kommende Heil keineswegs auf Israel beschränkt. Was im Al-

Christus spricht zu den Jüngern,
Meister der Reichenauer Schule, um 1010

ten Testament (etwa in der Vision der Völkerwallfahrt, Jesaja 60) anfanghaft anklingt, weitet sich bei Jesus: Ihm geht es um das neue Israel, eine neue Gemeinschaft der Menschen mit Gott. Doch ist die Zugehörigkeit zu diesem neuen Volk Gottes nicht auf das jüdische Volk (die »Abrahamskinder«) beschränkt. Vielmehr ist allein der Glaube und das unbedingte Vertrauen von Menschen dafür entscheidend, ob sie das Heil von Gott in Jesus erfahren können. Gottes Heil gilt allen Völkern. Nur weil dies in der Botschaft Jesu bereits angelegt ist, konnte die christliche Verkündigung schon bald nach Tod und Auferweckung Jesu über die Grenzen Israels hinaus zu heidnischen Völkern gelangen. Jesu Zusage des Heils für alle machte Weltkirche möglich. Diese Weite des Heils, die Jesus zuspricht, ist allerdings dann auch ein Anspruch an die, die ihm folgen: Weil Gott Gemeinschaft mit allen will, sind alle Menschen Kinder des einen Vaters und untereinander Geschwister.

- **Gottes Reich für die Menschen:** Für die Hebräische Bibel (und für Juden bis heute) spielt das verheißene Land eine zentrale Rolle. Das »Gelobte Land« mit Zion (Jerusalem) als geografischer, vor allem religiöser Mitte ist ein Schlüsselbegriff für das erwartete Heil. Darüber führt Jesus mit seiner Botschaft des Reiches Gottes hinaus: Für ihn ist das Reich Gottes kein politischer Begriff, sondern die Königsherrschaft Gottes übertrifft jede menschliche Herrschaft. Es geht um das Heil jedes Einzelnen in einer alle akzeptierenden Gemeinschaft. Dieses umfassende Heil kann mit »Schalom« wiedergegeben werden: mehr als nur äußerer Frieden, sondern politische, soziale und religiöse Harmonie der Menschen miteinander und mit Gott.

Wenn Jesus das Reich Gottes verkündet, dann steht seine Botschaft unter einer gewissen Spannung. Denn zum einen verkündet er dieses Reich als bereits gekommen, als bereits anfanghaft erfahrbar, zum anderen verkündet er es als noch ausstehende, aber bald bevorstehende Größe. Das Reich Gottes steht in der Botschaft Jesu in der Spannung zwischen Gegenwart und Zukunft. Wie verhält es sich damit?

Zum einen ist für Jesus das Reich Gottes bereits da: Am Beginn des Markusevangeliums (Mk 1,15) steht der programmatische Satz: »Das Reich Gottes ist nahe« (Einheitsübersetzung). In der Lutherübersetzung heißt es deutlicher: »Das Reich Gottes ist herbeigekommen.« Im Lukasevangelium (Lk 17,21) findet sich der Vers: »Das Reich Gottes ist schon mitten unter euch (in eurer Mitte)«. Jesus greift auf eine jüdische Tradition zurück, dass Gott bereits jetzt die Welt regiert, auch wenn sich seine Herrschaft durch die Schuld der Menschen noch nicht vollständig hat durchsetzen können. Die Herrschaft Gottes ist bereits gegenwärtig, wenn auch noch nicht für alle sichtbar.

Zum anderen ist für Jesus das Reich Gottes erst in der Zukunft zu erwarten. Die Gleichnisse und Bildworte etwa, die von der Wachsamkeit sprechen, sind Mahnungen, sich auf dieses Kommen des Reiches Gottes einzustellen und entsprechend zu leben. Auch die Vaterunserbitte »Dein Reich komme« (Mt 6,10 und Lk 11,2) ist klar auf Zukunft ausgerichtet. Jesus war auch das eschatologische und apokalyptische Denken seiner Zeit nicht fremd, das Gottes Eingreifen für die bald bevorstehende Zukunft ausdrückte, bei dem es um einen Kampf zwischen Gut und Böse, um eine letzte Entscheidung und um Gottes Eingreifen in die Geschichte der Menschen geht.

Wie lässt sich diese Spannung zwischen dem Reich Gottes als Gegenwart und als Zukunft lösen? Vielleicht dadurch, dass man das Reich Gottes als dynamisches Geschehen, als Prozess des Heils versteht, den Menschen zeitlich versetzt erfahren können. In Jesus hat das Reich Gottes bereits begonnen, in seinem Lehren und Handeln ist es zeichenhaft erkennbar. Doch zugleich bedarf das Reich Gottes der Aneignung durch den Glauben der Menschen. Noch ist es klein wie der Same des Senfs. Doch es wächst und aus dem Senfkorn wird schon bald ein großer »Baum«. Jesus vertraut darauf, dass Gott mit ihm einen Prozess beginnt, der das Heil allen zuteil werden lässt.

Man kann fragen, ob sich Jesus nicht geirrt hat, wenn er das Heil als unmittelbar bevorstehend versteht. Ist seine Naherwartung nicht ebenso falsch gewesen wie die Naherwartung der ersten Christen (auch des Paulus), dass die Wiederkunft des Auferstandenen unmittelbar bevorsteht? Wenn man jedoch das Reich Gottes als ein dynamisches Geschehen versteht, das in Jesus begonnen hat, sich aber weiter entwickelt, dann wird die endgültige Verwirklichung dieses alle umfassenden Reiches zu einer Perspektive, die alle Menschen haben können, zu einem Horizont, in dem die Hoffnungen aller Menschen je neu eingebettet sind, zu einer mitwandernden Zukunft, die für alle Menschen gleich zu welcher Zeit und in welcher Kultur eine Ausrichtung ihres Lebens bewirken kann. Es geht nicht um eine zeitliche Fixierung der Naherwartung (gegen solche Spekulationen hat sich Jesus bereits gewandt), sondern um die existenzielle Bekehrung und Ausrichtung jedes Einzelnen auf das Reich Gottes.

Zusammenfassend kann man sagen, dass Jesu Lehre aus jüdischen Traditionen erwachsen ist, die er in seinem Volk und in den Schriften der Hebräischen Bibel vorfand. Jesus setzt dabei jedoch besondere Akzente. Er verstärkt Aussagen, stellt andere zurück und schafft so etwas Neues, ihm ganz Eigenes. Kern seiner Botschaft ist das Reich Gottes, verstanden als unbedingtes Heil für alle, auch und besonders für die Deklassierten und Armen und (als Perspektive) über Israel hinaus für die Menschen aller Völker. Jesus versteht das Reich Gottes als umfassende Gemeinschaft Gottes mit den Menschen, die in seiner Person bereits zeichenhaft angebrochen ist. Es handelt sich um eine Gemeinschaft, die mit dem Bild der Tischgemeinschaft treffend wiedergegeben werden kann (vgl. Seite 312–313). Dies macht Jesus durch Gleichnisse (vgl. Seite 306–307), aber auch durch sein Handeln in Wundern (vgl. Seite 308–309) deutlich.

Die Gleichnisse – Bildersprache Jesu

Das Lehren Jesu kennt viele Sprachformen. Es gibt Lehrgespräche, auch Streitgespräche, so wie sie in der rabbinischen Tradition als Gespräche zwischen Lehrer und Schülern, aber auch zwischen verschiedenen rabbinischen Schulen Brauch waren. Vor allem aber zeichnet sich das Reden Jesu durch Sprachformen aus, die bildhaft, metaphorisch, zeichenhaft auf das verweisen, was den Kern seiner Botschaft ausmacht: das Reich Gottes. Die Lehre Jesu ist voller Bildworte und Gleichnisse – ein charakteristischer Zug des Sprechens Jesu. Seine Lehre ist durch die Gleichnisse völlig anders als die Lehrreden anderer »Rabbis«. Durch sein bildhaftes Sprechen erreicht er auch einfache Menschen und macht sie durch die oft überraschenden Wendungen seiner Gleichnisse nachdenklich und offen für seine Botschaft.

Die Gleichnisse bilden den wesentlichen und größten Teil des Lehrens Jesu (bis etwa auf die durch die Redaktion der Evangelisten komponierten Reden Jesu, wie die Bergpredigt, vgl. Seite 338–339) und dies aus gutem Grund: Die Gleichnisse sind das »Geschichtenbuch«, das in bildhafter Sprache den sonst nicht beschreibbaren, menschliches Verständnis immer übersteigenden Gott ins Spiel bringt und mit alltäglichen Lebenssituationen von Menschen verknüpft. Gleichnisse und Bildworte sind die Form, wie man über Gott in einer metaphorischen Weise sprechen kann und wie man alltägliche Erfahrungen mit dem Glauben an Gott in eine Korrelation, in eine Wechselbeziehung, bringen kann.

In seinen Gleichnissen geht Jesus vom alltäglichen Leben der Menschen aus, vom Ackerbau und vom Haushalt einer Familie, von Festen und Gastmählern und vom Verhältnis der Menschen (Herren–Knechte) untereinander. Doch dieser Blick auf Alltägliches erhält bei Jesus eine andere Perspektive, seine Gleichnisse eröffnen neue Möglichkeiten, die Welt zu sehen und darin zu leben. Die Gleichnisse Jesu regen zum Nachdenken an, vor allem aber zu einer Überprüfung des eigenen Handelns – sie gehören in den Gesamtzusammenhang von Bekehrung und Umkehr.

Zentrales Thema der Gleichnisse aber ist das Reich Gottes, zugleich die Mitte der jesuanischen Botschaft. Das Königreich Gottes steht dem Menschen unverfügbar gegenüber, es kann ihm nur geschenkt werden. Deshalb kann er es auch sprachlich nur durch Formen bildhafter Rede erreichen. Angemessen kann man von Gott und vom Reich Gottes nur in metaphorischer Sprache reden. Bildworte und Gleichnisse sind deshalb unverzichtbar. (Es überrascht deshalb nicht, dass auch andere Religionsstifter, etwa Buddha, die Gleichnisrede gepflegt haben.)

Gleichnisse sind »Anstoßtexte«, die nicht eine Sache beschreiben, sondern beim Hörer etwas bewirken wollen. Man kann deshalb manches aus der Vorstellungswelt der Gleichnisse sachlich erklären (etwa die uns heute oft fremde Lebensweise), es geht aber letztlich darum, die Bilderwelt der Gleichnisse auf das eigene Leben wirken, sich durch die Gleichnisse in Frage stellen und verändern zu lassen. Gleichnisse haben eine kritisch-produktive Wirkung: Aus dem Vertrauen auf Gottes Barmherzigkeit können Menschen zu einer anderen Lebensweise kommen.

Im Einzelnen lässt sich das bildhafte Reden Jesu in verschiedene Textsorten aufteilen. Es gibt *Bildworte* als Einzelsätze (etwa Mt 12,33: »An den Früchten erkennt man den Baum« oder Mt 5,13 »Ihr seid das Salz der Erde«). Dies sind abgekürzte Vergleiche (etwa: »Mit den Menschen ist es wie mit Bäumen ... Sie können gute und schlechte Frucht bringen ...«). Es gibt die eigentlichen *Gleichnisse*, die an Alltägliches, Selbstverständliches und Immer-Wiederkehrendes anknüpfen, aber durch oft überraschende Wendungen zum Nachdenken anregen und neue Perspektiven aufzeigen. Wenn eine bildhafte Erzählung von oft unwahrscheinlichen Einzelfällen ausgeht, dann handelt es sich um eine *Parabel*, die zu einer Stellungnahme herausfordert (etwa die Erzählung vom reichen Bauern, Lk 12,16–21). Eine *Beispielerzählung* wie die des barmherzigen Samariters (Lk 10,30–35) führt einen konkreten Sachverhalt auf, der unmitelbar ins eigene Leben übertragen werden kann.

Wenn Jesus Gleichnisse erzählt, wird durch sein bildhaftes Reden weit mehr deutlich, als sich aus seinen Worten ergibt. Er selber nämlich ist auch ein Gleichnis, das lebendige Gleichnis Gottes: In ihm wird Gottes Handeln an den Menschen sichtbar, in ihm wird Gott erfahrbar. Wer also mehr über Gott wissen will, kann und soll auf Jesus schauen, auf seine Art, mit Menschen, besonders den Armen, umzugehen, auf sein Bemühen, zeichenhaft in seinen Heilungen das Reich Gottes als Heil für die Menschen sichtbar werden zu lassen, auf sein vertrauensvolles Sprechen über Gott, auf seine Aufforderung, sich diesem barmherzigen Gott ohne Vorbehalt zu übergeben. *Jesus ist das Gleichnis des guten Gottes* – damit ist ein Ansatzpunkt gegeben, der in späteren christlichen Gemeinden zu einer Reflexion über Wesen und Bedeutung dieses Jesus führte und der zu einer Deutung Jesu als des Sohnes Gottes, des Christus und des Herrn, einen entscheidenden Anstoß gab. Wiederum zeigt sich: Christen übernehmen die Lehre Jesu – sie erzählen u. a. auch seine Gleichnisse weiter. Zugleich aber verkündigen sich nicht allein seine Lehre, sondern auch den Lehrenden. Sie bekennen sich zu Jesus als dem Gleichnis Gottes in unserer Welt.

Vincent van Gogh, Der Sämann, 1888

Jesus – Erzähler, Prophet, Lehrer, Heiler

Die Evangelien zeichnen Jesus in vielfacher Weise: Er ist für sie Prophet in der Linie der alttestamentlichen Propheten, aber auch der endzeitliche Prophet, in dem Gott selbst erscheint und in dem die Herrschaft Gottes beginnt. Er ist der Erzähler, dessen Gleichnisse unmittelbar faszinieren und auch in andere Zeiten und Kulturen übertragen werden können. Er ist der Lehrer, der den Willen Gottes neu und vor allem vertieft auslegt. Er ist der Heiler, der Gottes Heil beispielhaft zu den Menschen bringt.

Die Wunder – Zeichen des Reiches Gottes

Die Wunder und Zeichen Jesu sagen nichts anderes aus, als dass Jesus Bild und Gleichnis Gottes nicht allein in seinem Lehren, sondern auch in seinem Handeln ist: In ihm hat die umfassende Herrschaft Gottes bereits begonnen. Seine Wunder sind Ausdruck der Barmherzigkeit und rettenden Macht Gottes, die zeichenhaft in einzelnen Handlungen Jesu sichtbar wird. Damit ist ein Schlüssel erreicht, der eine auch in heutiger Zeit verantwortete Stellung zu den Wundern Jesu ermöglicht. Es geht bei Jesus nicht um einen Wundermann, der überirdische Kräfte besitzt. Es geht auch nicht um ein Durchbrechen der Naturgesetze oder darum, ob Wunder historisch glaubhaft sind. Es geht vielmehr grundsätzlich um die Person Jesu: In ihm wird Gottes heilschaffendes Handeln mit Menschen sichtbar – die Wunder drücken dies zeichenhaft aus.

Unterschiedliche Arten von Wundern: Bei den Wundern Jesu fallen uns Heilungen von Lahmen und Blinden, die Stillung des Seesturms, die Auferweckung von Toten (Lazarus, Jaïrustochter, Jüngling von Naïn), Brotvermehrung, Dämonenaustreibungen (vgl. das Bild), Heilung von Aussätzigen, die Wandlung von Wasser in Wein, der Wandel auf dem See und anderes ein. Dies ergibt auf den ersten Blick ein Jesusbild, das alle naturwissenschaftlichen Regeln mit Leichtigkeit durchbricht: Dieser Jesus scheint ein Wundermann zu sein, für den die normalen Gesetze unserer Welt nicht gelten.

Doch muss man bei der Betrachtung der Wunder Jesu differenzieren. Zuerst stehen die verschiedenen ***Heilungen*** Jesu, die er an Blinden, Lahmen, einer blutflüssigen Frau, an Aussätzigen vorgenommen hat. Diese Heilungen sind machmal mit ***Exorzismen*** verbunden, mit dem Austreiben von Dämonen aus »besessenen« Menschen. Bei beidem geschieht ein Kampf gegen das Böse und das Leid; die »Macht Gottes«, in deren Namen Jesus auftritt, besiegt und überwindet die »Macht des Bösen«.

Die Quellenlage für solche Heilungen von Körper und Seele ist in den neutestamentlichen Schriften gut. Auch war in der Antike allgemein akzeptiert, dass Menschen solche Heilungen bewirken konnten. Die Heilungen selbst erstaunen deshalb die Menschen im Umfeld Jesu nicht. Vielmehr wundern sie sich darüber, dass ausgerechnet Jesus, ein Mann aus dem unbedeutenden Nazaret, solche Taten vollbringen kann. Dies führt zur Anfrage, aus

Jesus heilt einen von Dämonen Bessenen, Armenische Miniatur, 14. Jh., Künstler: Tzerun, Codex 8772

welcher Vollmacht heraus er dies alles tun kann. Dass heilende und befreiende Vorgänge geschehen sind, ist sowohl für die Menschen im Umfeld Jesu wie auch für die neutestamentlichen Schriftsteller unbestritten. In den Worten Jesu bei solchen Heilungswundern klingt an, dass es hier um eine Veränderung im Menschen geht: »Dein Glaube hat dir geholfen!« – das bedeutet: Angestoßen durch Jesus, ist aus dem Inneren der kranken Person heraus eine Wende erfolgt. Die Bindung an Jesus, den Propheten des Reiches Gottes, setzt Kräfte frei, die heilend, befreiend und wohltuend sind. In Jesus handelt Gott selbst »mit seinem Finger«, beginnt das Reich Gottes; das »Reich des Bösen« ist anfanghaft überwunden.

Von anderer Gestalt als *Heilungswunder* und *Exorzismen* zeigen sich *Geschenkwunder, Rettungswunder und Epiphanien* (Erscheinungen eines Gottes, der göttlichen Macht). Diese Wunder sind – vor dem Hintergrund von Modellen des Alten Testaments – aus einem nachösterlichen Blick gestaltet. Sie erinnern weniger an Historisches aus dem Leben Jesu, als dass sie Deutungen des Auferstandenen durch nachösterliche Gemeinden sind. Es geht bei diesen Texten also nicht um Biografisches aus dem Leben Jesu, sondern um Theologisches zur Deutung dieses Jesus, des Christus.

Die ***Geschenkwunder*** etwa (Wandlung von Wasser zu Wein bei der Hochzeit von Kana, der reiche Fischfang, vor allem aber die unterschiedlichen Berichte über die große Speisung [»Brotvermehrung«]) zeigen auf, dass in diesem Jesus Überfluss für alle da ist. Mit diesem Jesus beginnt die Zeit der Fülle, die Menschen im Königreich Gottes erfahren können. Solche nachösterlichen, bekennenden Erzählungen sind sicher auf dem historischen Hintergrund der Tischgemeinschaft Jesu mit Menschen aller Gruppen, auch der Armen und der Sünder, geschaffen worden (vgl. Seite 312–313).

In ähnlicher Weise lassen sich auch die beiden ***Rettungswunder*** einordnen (Stillung des Sturms und Seewandel mit der Rettung des Petrus). Hier geht es um das Eingreifen einer göttlichen Macht in das bedrohte Leben von Menschen. Erst nach Ostern konnten die Jünger und die ersten christlichen Gemeinden dazu kommen, dem Auferstandenen göttliche Macht zuzusprechen. Auf dem See erscheint Jesus also als Sohn Gottes, mit göttlicher Kraft versehen und zur Rettung der Menschen bereit. Auch hier geht es nicht um historisches Erzählen von Fakten aus dem Leben Jesu, sondern um eine spätere Deutung der Gestalt Jesu aus nachösterlicher Sicht.

Auch die ***Epiphanien*** sind österliche Geschichten. Meist geht es in ihnen um Erscheinungen des Auferstandenen, die in narrativer Form das Bekenntnis zum von Gott nicht im Tod Gelassenen ausdrücken. Eine Epiphanieerzählung ist allerdings in das Leben Jesu zurückverlegt worden: die Erzählung von der Verklärung Jesu auf dem Berg Tabor (Mk 9,2–8). Sie zeigt Jesus in einem himmlischen Lichterglanz als bereits Auferweckten und zu Gott Erhöhten.

Zusammenfassend kann man sagen: Es darf als historisch erwiesen gelten, dass Jesus Heilungswunder und Exorzismen gewirkt hat. Diese Wunder sind ein Protest gegen das Leid von Menschen und zugleich Zeichen, dass das Reich Gottes eine Wende im Leben von Menschen bringt und bereits mit Jesus beginnt. Andere Wundererzählungen wie die Geschenk-, Rettungs- und Epiphaniewunder sind dagegen glaubende und deutende Dichtung der ersten christlichen Gemeinden, die ihre Erfahrungen mit Jesus als dem Lebenden in narrativer Form verkünden wollten und deshalb Jesus bereits in seinem irdischen Leben als den göttlich Erhöhten darstellten.

Nachfolge und Verfolgung – Reaktionen auf Jesus

Sowohl Johannes der Täufer (vgl. Seite 300–301) wie auch Jesus haben einen Kreis von Jüngern um sich geschart, von Frauen und Männern, die mit ihnen zogen und das Leben mit ihnen teilten. Dies ist nicht zu vergleichen mit dem rabbinischen Lehrer-Schüler-Verhältnis, bei dem nur Männer an einem festen Ort (einem Lehrhaus) in eine Beziehung zu einem Lehrmeister (Rabbi) traten. Auch suchte sich der Rabbi seine Schüler genau aus, er konnte den Zutritt zu seinem Lehrhaus denen verweigern, die er nicht für geeignet hielt.

Die Beziehung der Jüngerinnen und Jünger zu Jesus ähnelt dagegen eher den Propheten und ihren Schülern: Diese ziehen mit dem Propheten durch das Land, gewinnen durch ihre Beziehung zum Meister selber charismatische Kraft und haben Anteil an seiner Sendung und seiner Botschaft. Ebenso werden die Jüngerinnen und Jünger mit Jesus »heimatlos«, sie lassen alles zurück und haben so eine Außenseiterrolle in der damaligen Gesellschaft. Von Jesus werden sie beauftragt, an der Verkündigung seiner Botschaft, ja auch an seinen Taten (Heilungen, Austreiben von Dämonen) teilzunehmen. Diese Jüngergemeinschaft wird verstanden als neue Familie Jesu (vgl. Mk 3,31–35: »Wer den Willen Gottes tut, der ist für mich Bruder und Schwester und Mutter« [nicht Vater, denn das ist nur einer, Gott selbst]). Die neue Familie Jesu ist offen für alle, also im Gegensatz zum rabbinischen Lehrhaus auch Frauen, dazu Menschen, die wie Zöllner (Matthäus) als Sünder bekannt sind. In dieser neuen Familie Jesu klingt in einer Gemeinschaft der Kern der Botschaft Jesu an: Gottes Heil für alle Menschen.

Die Jüngergemeinschaft wird damit bei Jesus zu einem Symbol: Er will Israel in seiner Gemeinschaft mit Gott und untereinander wiederherstellen. Die Jünger, besonders die von Jeus auserwählten Zwölf, stehen dabei für die zwölf Stämme Israels. Die Zwölf sind also bereits als Gruppe ein Zeichen des mit Jesus anbrechenden Heils: In ihm wirkt Gott, lässt Gott sein Volk Israel neu erstehen – und dies offen für alle Völker und zu ihrem Heil.

Neben den Jüngerinnen und Jüngern, die mit Jesus zogen, hatte er auch eine Anzahl von Anhängerinnen und Anhängern, die in ihren Wohnorten blieben und die durchreisenden Propheten-Prediger materiell unterstützten (Unterkunft, Nahrung ...). In solchen Menschen und kleinen Gruppen von Unterstützern zeichnet sich bereits das ab, was später zur Sammlung von christlichen Gemeinden geführt hat: Menschen bekennen sich zu Jesus, und sie tun dies in einer Gemeinschaft Gleichgesinnter.

Auffallend ist sowohl bei den engsten Jüngern wie auch bei dem weiteren Anhängerkreis Jesu, dass dazu anders als bei jüdischen Rabbis auch Frauen gehörten. Unbefangen wendet sich Jesus an Männer und Frauen, macht auch und gerade die gesellschaftlich unbedeutenden Frauen zu Empfängern seiner Botschaft, wendet sich ihnen lehrend und heilend zu. Gegen eine männerzentrierte und patriarchalische Gesellschaft setzt er auch hier als neuen Akzent, dass Gottes Barmherzigkeit sich allen ohne Unterschied zuwendet. Wenn trotzdem nur Männer zum Kreis der Zwölf gehör-

Jesus lehrt auf dem See (Jesus wandelt auf dem See), Armenische Miniatur, 14. Jh., Künstler: Tzerun, Codex 8772

ten, dann liegt das an der Art des Sinnbildes: Die zwölf Söhne Jakobs als Stammväter Israels konnten allein durch Männer repräsentiert werden, wenn dieses Bild der anbrechenden Endzeit in Israel damals verstanden werden sollte. Sonst aber spielten Frauen auf dem Lebensweg Jesu eine herausragende Rolle. Jede Frauen zurücksetzende oder gar diskriminierende Gestalt kirchlichen Lebens kann sich nicht nur nicht auf Jesus berufen, sondern widerspricht seinem wesentlichen Anliegen von der Barmherzigkeit Gottes, die im anbrechenden Reich allen gilt, auch und gerade den Frauen. Frauen waren auch die ersten Zeugen des Auferweckten, damit die ersten Verkünder christlichen Glaubens. Paulus setzt diese Linie Jesu einer Integration von Frauen auch in kirchliche Dienstämter später fort – doch die kirchliche Tradition wurde schon bald wieder (bereits in der Zeit der späten neutestamentlichen Schriften) auf ein männerzentriertes Amt verengt.

Die Gegner Jesu: (vgl. Seite 50) Wer sich mit einer besonderen Botschaft und Lebensweise, mit beeindruckenden Taten und Lehren im Volk exponiert, gewinnt Anhänger, aber auch Gegner. Dies lässt sich bei Jesus von Anfang an erkennen. Dabei zeichnen die Evangelien unterschiedliche Gruppen von Gegnern, bringen aber in diese Zeichnungen teilweise auch Probleme ein, die die urchristlichen Gemeinden erst in einer Phase der Ablösung von der jüdischen Religion hatten (etwa im Bezug auf die Pharisäer, die nach der Zerstörung des Tempels im Jahr 70 zur einflussreichsten jüdischen Gruppe wurden und deshalb auch in den Evangelien vorrangig genannt werden).

Unter den im Neuen Testament genannten Gegnern Jesu stehen die **Pharisäer** inhaltlich am nächsten zur Botschaft Jesu. Sie üben Kritik am Verhalten Jesu (etwa Sabbatgebot), aber eine tödliche Feindschaft erwuchs daraus nicht. Die **Sadduzäer** dagegen, die religiöse und gesellschaftliche Oberschicht Israels in Jerusalem, sind die eigentlichen Gegner Jesu, weil sie sich vom Wirken und Lehren Jesu unmittelbar bedroht fühlten. Sie werden die Todfeinde Jesu, die ihn den Römern ausliefern.

Abendmahl – ein Mahl und viele Mähler

Das Lehren Jesu, besonders in den Gleichnissen, und sein Handeln in Zeichen und Wundern stimmen darin überein, dass es bei beidem um den Beginn der Herrschaft Gottes, um den Anfang des Reiches Gottes mitten in unserer Welt geht. Das ist die gute Nachricht, das Evangelium, das Jesus in Wort und Tat verkündet: Mit ihm beginnt eine neue Zeit, eine Zeit, in der Gott sein Heil den Menschen ohne Unterschied schenkt, in der Leid und Böses grundsätzlich überwunden sind, in der eine neue Gemeinschaft zwischen Gott und den Menschen möglich wird.

Diese Botschaft verwirklichte Jesus noch in einem wichtigen anderen Aspekt seines Lebens: in seiner **Tischgemeinschaft** mit Menschen aller Gruppen und Schichten, in seiner Einladung an alle, auch an die Sünder und moralisch und sozial Deklassierten, zur Gemeinschaft mit ihm zu kommen: »Kommt alle zu mir, die ihr euch plagt und schwere Lasten zu tragen habt« (Mt 11,28). Die Gemeinschaft mit Jesus ist Heilsgemeinschaft. In der Tischgemeinschaft mit Jesus erfahren die Jünger, aber auch andere Menschen, bereits anfanghaft die endzeitliche Zuwendung und Gemeinschaft Gottes: In Jesus Heil von Gott.

Im Markusevangelium findet sich das Thema Mahlgemeinschaft vor allem an vier Stellen: Es beginnt schon sehr früh mit der Berufungsgeschichte des Zöllners Levi und dem Mahl in seinem Haus, das in ein Streitgespräch mit den Schriftgelehrten und Pharisäern mündet und bei dem sich Jesus mit einem Arzt vergleicht, der zu den Kranken, nicht den Gesunden gerufen wird (Mk 2,13–17, ähnlich in Mt 9,9–13: die Berufung des Zöllners Matthäus und in Lk 5,27–32: dort wieder Levi; bzw. auch in Lk 19,1–10: Mahl beim Zöllner Zachäus). Jesus pflegt Mahlgemeinschaft ohne Vorbedingung, er ist offen für alle. Die beiden Erzählungen über eine große Speisung (»Brotvermehrung«) in Mk 6,30–44 (Speisung der 5000) und Mk 8,1–10 (Speisung der 4000) sind eine Dublette, die inhaltlich auf den gleichen Gedanken hinausläuft: eine Erinnerung und eine Überbietung der Mannaspeisung in der Wüste beim Auszug Israels aus Ägypten (vgl. Ex 16). Jesus ist hier der zweite Mose, aber größer als der erste Prophet Israels, weil er nicht wie dieser nur eine Speisung vom Himmel verkündet, sondern diese Speisung selbst vornimmt. Die Erzählungen von Mahlgemeinschaften im Markusevangelium münden dann in den Bericht vom Abendmahl (Mk 14,17–25). Dieser Text steht in Beziehung zur Pessaherzählung der Exodustradition (vgl. Seite 170–171). Wie damals das Volk, gestärkt durch ein Mahl, aufbrach aus Not und Unterdrückung, so bricht das neue Volk Gottes, die Jüngergemeinschaft, gestärkt durch ein Mahl, auf und gelangt durch Tod hindurch zur Auferweckung und zur Herrlichkeit bei Gott.

Die verschiedenen Überlieferungen von **Gastmählern Jesu mit Sündern und Zöllnern** verweisen auf ein wesentliches Element des Handelns Jesu, das historisch verbürgt ist. Sein Essen mit denen, die aus physischen, moralischen oder sozialen Gründen unrein waren und normalerweise nicht dazu gehörten, erregte erhebliches Aufsehen. Jesus aber macht mit dieser Tischgemeinschaft in der Weise einer prophetischen Zeichenhandlung auf einen Aspekt aufmerksam, der das Reich Gottes wesentlich bestimmt: Gottes Erbarmen wendet sich allen zu, niemand ist davon ausgeschlossen. Noch nicht einmal eine Bekehrung und Lebenswende ist vorab nötig, die

Tischgemeinschaft, also das Handeln Jesu und Gottes, stehen voraussetzungslos am Beginn. Daraus kann dann eine Veränderung des Lebens erwachsen (wie etwa bei Zachäus), doch ist die Bekehrung hier keine Voraussetzung für das Heil. Unverdiente Gnade – das ist das Geschenk Gottes an den Menschen.

Die Erinnerung an Jesu Tischgemeinschaft brachte in der nachösterlichen Gemeinde die **Erzählung von der großen Speisung** (»Brotvermehrung«) hervor. Jesus ist hier der Gastgeber, der die Menschen als Prophet Gottes zusammenführt und zeichenhaft bereits die Tischgemeinschaft Gottes mit den Menschen Wirklichkeit werden lässt. Hier ist das neue Israel, das neue Volk Gottes, bereits sichtbar, hier ist die Endzeit bereits angebrochen: Heil von Gott in Jesus.

Auch das **Abendmahl**, das Abschiedsmahl Jesu mit seinen Jüngern am Abend vor seinem Tod, ist neben anderen Gedanken (Deutung seines Todes ... vgl. Seite 314–315) ein Hinweis auf die eschatologische Tischgemeinschaft Gottes mit den Menschen, ist Vorwegnahme »künftiger Herrlichkeit«. Dies klingt erst recht in der Tischgemeinschaft des Auferstandenen mit seinen Jüngern an, etwa in der Emmauserzählung (Lk 24,30) oder im Mahl mit den Jüngern in Galiläa (Joh 21,13). Die irdische Tischgemeinschaft wird vom Auferstandenen fortgesetzt und so gleichsam zu einem Kennzeichen seines Wirkens gemacht. Die Einladung Gottes an die Menschen bleibt bestehen, ja gelangt durch den Gekreuzigten und Auferstandenen erst recht zu ihrer heilbringenden Gestalt. Die Lebenspraxis Jesu in seinem irdischen Leben ist nichts anderes als die Praxis des Reiches Gottes, schafft unbedingte Gemeinschaft mit Gott und auch untereinander.

Dass das christliche Abendmahl, die Feier der Eucharistie, die innere Mitte der christlichen Gemeinden geworden ist, kann sich somit auf die vor- und die nachösterliche Praxis Jesu berufen: Im gemeinsamen Mahl begegnet Gottes Barmherzigkeit, wird Jesus als der Lebende erfahrbar, entsteht eine neue Gemeinschaft von Menschen, die den Herrn als den Auferstandenen und Maßgebenden ihres Lebens bekennen: »Gott aber hat Jesus von Nazaret am dritten Tag auferweckt und hat ihn erscheinen lassen ... uns, die wir mit ihm nach seiner Auferstehung von den Toten *gegessen und getrunken* haben« (Apg 10,40–41). Im Mahl ist Heil durch Jesus.

Abendmahl,
Armenische Miniatur, 1234,
Künstler: Grigor, Codex 2743

Kreuzigung, Armenische Miniatur, 14. Jh.,
Künstler: Toros Taronatsi, Codex 6289

Das Kreuz – brutale Hinrichtung

Jesu Leiden, Sterben und Auferweckung sind nicht allein das Zentrum christlicher Verkündigung, sondern bilden die zentralen Stücke der Evangelien. Man hat deshalb das Markusevangelium als »Leidensgeschichte mit vorgeschaltetem Blick auf das Leben Jesu« bezeichnet. Doch was ist bei der Kreuzigung Jesu wirklich geschehen?

Ein erster Blick lässt ein Zusammenwirken verschiedener Personen bei der Hinrichtung Jesu erkennen: das Synhedrium, der Hohe Rat der Juden, die römische Besatzungsmacht und das Volk. Nach den Evangelien scheint die Römer die geringste Schuld am Tod Jesu zu treffen, nur widerwillig lässt sich Pilatus auf eine Verurteilung Jesu ein. Bei Markus (15,39) gelangt der römische Hauptmann durch den Tod Jesu sogar zum Glauben an Jesus als den Sohn Gottes. Nach Meinung der Evangelisten tragen die Führer der Juden ebenso wie das jüdische Volk die Hauptschuld, die Römer werden nur als unbedeutende ausführende Organe dargestellt.

Diese Deutung der Evangelien ist zu einer Zeit entstanden, als sich christliche Missionare im Römischen Reich den Heiden zuwandten. Die christlichen Gemeinden hatten sich zunehmend von den Juden abgesetzt, nach der Zerstörung des Jerusalemer Tempels im Jahr 70 gab es zudem eine wachsende Auseinandersetzung mit pharisäischen Rabbis – Juden und Christen gingen nicht nur auseinander, sondern verstanden sich zunehmend als Gegensätze. Deshalb gibt es eine Tendenz in den neutestamentlichen Schriften, die Römer zu entlasten und die Juden und ihre Führer zu belasten: Sie tragen die hauptsächliche, wenn nicht sogar alleinige Schuld am Tod Jesu. Diese Tendenz hat in der Geschichte von Juden und Christen verheerende Auswirkungen gehabt. Doch bei genauerer Betrachtung ergibt sich ein anderes Bild:

Die **Römer** behielten sich in den von ihnen besetzten Gebieten das »jus gladii«, das Recht auf Todesurteil und seine Vollstreckung vor. Auch die Hinrichtung am Kreuz verweist wesentlich auf die Römer; die Kreuzigung war in dieser Zeit *die* römische Strafe für Sklaven und Aufrührer. Ebenso lässt das Verfahren vor Pilatus mit Richterstuhl, formellem Urteil und der am Kreuz angebrachten Begründung des Urteils (»König der Juden«) auf die Rechtspraxis der Römer schließen.

Die Römer gingen gegen Jesus vor, weil sie aus dem, was ihnen von den jüdischen Führern über Jesus berichtet wurde, schließen mussten, dass es sich bei diesem Mann aus Galiläa um einen Aufrührer handelte, der sich mit einem wie auch immer zu verstehenden Königstitel gegen den römischen Kaiser stellte. Dass manche im Volk in Jesus den neuen König Israels sahen (vgl. den Einzug in Jerusalem, Mk 11), hat zu diesem Urteil beigetragen. Jesus dagegen wollte kein politisches Reich aufbauen, sondern die Königsherrschaft Gottes verkünden und beginnen lassen. Die in religiösen Fragen eher unbedarften Römer konnten dies nicht verstehen.

Zudem war Pilatus, der römische Statthalter, allen Berichten nach ein äußerst brutaler Mensch, der die Juden verachtete und dem Leben eines jüdischen Mannes aus der Provinz wohl kaum irgendeine Bedeutung zugemessen hat. Er wird sich nicht lange mit den Vorwürfen abgegeben haben, die die Spitzen der Jerusalemer Tempelaristokratie gegen Jesus vorbrachten. Durch eine Hinrichtung konnte man schnell wieder Ruhe schaffen. Die Hauptschuld an der Hinrichtung Jesu trägt demnach eindeutig die römische Besatzungsmacht unter der Leitung des Pontius Pilatus.

Dennoch ist die Rolle der jüdischen Führung nicht unbedeutend. Sie nämlich liefert Jesus an die Römer aus und setzt damit bewusst einen Prozess in Gang, der zum Tod Jesu führte. Dies ist verbunden mit einem Verfahren vor dem **Hohen Rat**, dem Synhedrium, das vor der Verurteilung durch Pilatus gleichsam eine erste Instanz gewesen ist. Das Synhedrium ist verantwortlich für die Festnahme Jesu, für ein Verhör (oder mehrere), für die Überstellung des Gefangenen an die Römer und die Anklage als Unruhestifter mit dem Antrag auf Hinrichtung.

Was war das Anliegen der Mitglieder des Hohen Rates, womit begründeten sie ihr Vorgehen gegen Jesus? Die Evangelien berichten darüber nicht einheitlich: Eine Rolle spielt dabei sicher seine Tempelkritik in Wort (Prophezeiungen gegen den Tempel) und Tat (Tempelreinigung). Damit konnte sich die Jerusalemer Oberschicht direkt angegriffen fühlen, denn vom Tempel lebten sie nicht nur in wirtschaftlicher Hinsicht, sondern der Tempel war auch die innere, spirituelle Mitte ihrer Auffassung von jüdischer Religion. Auch klingt der Vorwuf der falschen Prophetie und der Verführung des Volkes durch Jesus an. Zudem antwortet Jesus nicht auf die Fragen des Hohenpriesters – er fühlt sich nur Gott gegenüber verantwortlich, nicht den Verantwortlichen des Jerusalemer Tempels. Hier liegt ein möglicher Grund auch für ein Todesurteil – zumindest aus jüdisch-tempelaristokratischer Sicht (vgl. Dtn 17,12).

Ein Messiasanspruch Jesu muss dagegen nicht unbedingt zu einer Verurteilung führen – zumindest nicht aus jüdischer Sicht. Dies kann höchstens der Fall sein, wenn sich jemand mit einem solchen Anspruch göttliche Macht zuspricht und damit aus orthodoxer jüdischer Sicht gegen Gott stellt. Wieweit Jesus ein solches Denken durch seinen Umgang mit den Menschen (Stichwort Sündenvergebung) provoziert hat, kann nicht sicher gesagt werden.

Ausblick – eine Perspektive der Hoffnung

Das Markusevangelium schließt in Kapitel 16 mit zwei Erzählungen, die nach dem zuvor berichteten Begräbnis Jesu in einer Grabkammer (Mk 15,42–47) eine Perspektive der Hoffnung aufzeigen. Dabei ist sich die Bibelwissenschaft sicher, dass nur die erste Erzählung ursprünglich zum Markusevangelium gehört hat. Die zweite Erzählung ist wohl deshalb hinzugefügt worden, um dem abrupten Schluss in Mk 16,9 (»und sie sagten niemand etwas davon, denn sie fürchteten sich sehr«) eine Wende zu geben. Vielleicht steht der hinzugefügte Text in Beziehung zur Entstehung der Evangelien nach Matthäus und Lukas, die verschiedene Erscheinungserzählungen des Auferweckten aufgenommen haben.

- *Die Erzählung vom leeren Grab (Mk 16,1–8):* Auffallend ist, dass hier nicht Jesus selbst, der Gekreuzigte und Lebende erscheint, sondern ein Engel, ein Bote von Gott. Er verkündet den Frauen (den Erstzeugen!), dass Jesus nicht im Tod geblieben ist. Die Jünger sollen ihn in Galiläa suchen. »Galiläa« kann hier eine Chiffre sein für den Kern der Verkündigung Jesu vom Reich Gottes: In Galiläa hat alles begonnen, in Galiläa wird es auch weitergehen. Allerdings müssen sich die Jüngerinnen (und Jünger) vorab auf den Weg machen und radikal wandeln, damit sie zum Glauben finden, dass der Gekreuzigte in ihrer Mitte als Lebender gegenwärtig ist.
- *Die Erzählung von den Erscheinungen des Auferweckten (Mk 16,9–20)* beginnt mit Anspielungen auf eine Erscheinung Jesu vor Maria von Magdala (vgl. Mt 28,1ff) und vor zwei Jüngern (die Emmausjünger?, vgl. Lk 24,13–35). Darauf folgt der entscheidende Text: Die Erscheinung Jesu vor den Elfen und ihre Beauftragung, das Evangelium »aller Welt zu verkünden«. Eine Vision des zu Gott in den Himmel auffahrenden Jesus beschließt die Erzählung und das Markusevangelium in der heutigen Fassung.

Mit der Aufforderung »das Evangelium aller Welt zu verkünden«, schließt das erste Evangelium. Damit ist ein Bogen geschlagen zur programmatischen Linie in Mk 1,15: »Glaubt an das Evangelium.« Für die Jüngerinnen und Jünger konzentriert sich dieser Glaube an die Frohbotschaft, die Jesus gebracht hat, nun nachösterlich in den ersten Gemeinden im Glauben an Jesus selbst, den Gekreuzigten und Lebenden. Dieser Glaube führt in zwei Richtungen:

- **Deutungen des Todes Jesu:** Nach dem Tod Jesu musste die enttäuschte, verängstigte und zweifelnde Jüngergemeinschaft zu einem neuen Stand in ihrem Glauben an Jesus und seine Botschaft kommen. Dazu mussten sie die Katastrophe seines Todes am Kreuz einordnen und deuten. Sie tun dies ausgehend von Texten der Hebräischen Bibel und bezogen sich besonders auf Propheten (Jesaja) und auf Psalmen (Ps 22):

– *Der verfolgte Prophet:* Jesus wurde als Prophet in der Linie alttestamentlicher Propheten verstanden, die wie er abgelehnt, verfolgt oder gar getötet wurden: »(Gott sagt:) Ich werde Propheten zu ihnen senden, und sie werden einige von ihnen töten und andere verfolgen« (Lk 11,49). Mehr noch, Jesus ist nicht irgendein, sondern der letzte, entscheidende, endzeitliche Prophet, der zu einer unbedingten Entscheidung aufruft, deshalb aber auch besonderen Widerstand provoziert. Mit seiner Ermordung »erledigt« man auch seine unbequeme Botschaft.

– *Der leidende Gerechte:* Jesus wird als leidender Gottesknecht verstanden. Unschuldig ist er Leid und Tod ausgeliefert. Doch er wird von Gott nicht verlassen, sondern durch Gottes unmittelbares Eingreifen erhöht: »Er erniedrigte sich und war gehorsam bis zum Tod am Kreuz. Darum hat Gott ihn über alle erhöht ...« (Phil 2,8–9). Diese Vorstellung greift vor allem auf die Gottesknechtlieder des zweiten Jesaja zurück: »Der Herr fand Gefallen an seinem zerschlagenen Knecht, er rettete ihn« (Jes 53,10.12). Jesus als leidender Gerechter gibt nicht nur in seinem Leben, sondern erst recht in seinem Leiden und Sterben Zeugnis für Gottes barmherziges Eingreifen.

Mit beiden Lösungsansätzen, Jesu Sterben einzuordnen, hatten die ersten christlichen Gemeinden Wege gefunden, mit der Katastrophe des Scheiterns Jesu am Kreuz fertig zu werden. Jesus musste den Tod auf sich nehmen, weil er seiner prophetischen Sendung treu blieb. Gerade deshalb aber ist er nicht gescheitert, sondern wird von Gott anerkannt und bestätigt.

- **Deutungen Jesu als des Lebenden:** Für die ersten Gemeinden war der Blick auf Jesu Leiden und Sterben entscheidend. Doch damit sie die Botschaft von ihm weitertrugen, war mehr notwendig: Es bedurfte der Erfahrung Jesu als des Lebenden, als die innere Mitte ihrer Gemeinschaft. Genau dies klingt im letzten Kapitel des Markusevangeliums bereits an, wird dann in den anderen Evangelien weiter gedacht und gedeutet: Jesus, der Gerechte Gottes, sein Christus, wird in seiner Botschaft und in seiner Person von Gott dadurch bestätigt, dass Gott ihn nicht im Tod lässt, sondern ihn auferweckt zu neuem Leben: Der Gekreuzigte ist der Lebende.

Dieser Glaube wuchs unter den ersten Christen in einem langsamen und wohl auch mühevollen Prozess. Zuerst nur stammelnd konnte man in Sprache bringen, was dann fünfzig Jahre später bei Lukas (24,34) als kleines Glaubensbekenntnis lautet: »Der Herr ist wirklich auferstanden!« Im Schlusskapitel des Markus wird nun *erzählerisch* der Glaube an den Auferweckten dargelegt. Paulus dagegen hat in seinen Briefen bereits früher (ab dem Jahr 51) diesen Glauben in *Bekenntnisformeln* gebracht: »Jesus ist der Herr! – Gott hat ihn von den Toten auferweckt!« (Röm 10,9).

Marc Chagall,
Pieta (Piedad Roja), 1956

Kindheitsgeschichten

Die vier Evangelien nach Markus, Matthäus, Lukas und Johannes berichten aus unterschiedlichen theologischen Blickrichtungen heraus das eine Evangelium von Jesus, dem Christus Gottes. Sie schufen als inneren Kern ihrer Textsammlungen die Leidensgeschichte Jesu, die in die österliche Perspektive der Auferweckung Jesu durch Gott mündet – ein Glaubensbekenntnis, das erzählerisch in sehr unterschiedliche Formen gebracht wurde. Sie erzählen auch breit vom öffentlichen Wirken Jesu, von seinen Lehrreden und Predigten, von seinen zeichenhaften Handlungen und Taten, von seinem Umgang mit den Menschen, besonders mit denen am Rande der Gesellschaft.

Doch dieser Erzählzusammenhang der Evangelien umfasst nur die letzte Zeit des Lebens Jesu (je nach Evangelist ein bis drei Jahre). Von den knapp dreißig Jahren, die davor liegen, von Kindheit und Jugend Jesu, von seinem Leben als erwachsenen Mann, der als Sohn eines Zimmermanns und Bauhandwerkers wohl das Handwerk seines Vaters ausübte, bis er aus seinem Haus, seiner Familie, seinem Umfeld aufbrach und in die »Hauslosigkeit« eines Wanderpredigers zog (ähnlich der Buddha: vom Haus in die Hauslosigkeit) – von all dem erzählen die Evangelien nichts. Es ist für ihre Glaubensverkündigung der Botschaft Jesu vom Reich Gottes und für ihre Verkündigung von Jesus, dem Messias, Christus, Heiland, ohne Bedeutung.

Allein Matthäus und Lukas schalten ihren Evangelien eine **Kindheitsgeschichte** (Kindheitslegende, Mt 1–2; Lk 1–2) vor; Johannes tut dies auf andere Weise mit seinem **Prolog** (Joh 1,1–18). Hier erkennen wir im zeitlichen Ablauf der Evangelien (vgl. Seite 335 zu den synoptischen Evangelien) eine Ausweitung des Bekenntnisses über Jesus: Während bei Markus der früheste Bericht über Jesus, bildlich gesprochen »seine Geburt in die Welt«, die Taufe Jesu im Jordan aufführt, geben sich Matthäus und Lukas damit nicht zufrieden: Auch sie berichten von der Taufe Jesu, aber entsprechend dem antiken Grundsatz, dass »im Anfang bereits der Schluss verborgen ist«, waren sie davon überzeugt, dass bereits am Anfang des Lebens Jesu, also bei seiner Geburt oder vielleicht schon bei seiner Zeugung, etwas von dem aufzuspüren sein muss, was erst am Ende, in Kreuz und Auferweckung ganz erfahrbar wird: Dieser Jesus ist Mensch wie wir, aber zugleich die Brücke zu Gott, Gottes Sohn, sein Messias/Christus auf Erden. Um dies erzählerisch darzustellen, greifen diese beiden Evangelisten auf die in der Antike verbreitete Textsorte »*Geburtslegenden*« zurück. Sie stellen somit keinen historischen Bericht zusammen, sondern schreiben deutende Vorankündigungen dessen, was weiterhin geschehen wird.

Johannes geht dann noch einen Schritt weiter: Nicht mehr ist das öffentliche Leben Jesu die »Vorgeschichte der Passion«, auch nicht die Geburtsankündigungen und die Geburt, sondern der Anfang liegt weit vor allem anderen in dieser Welt: »Im Anfang war das Wort und das Wort war bei Gott ... und das Wort ist Fleisch geworden« (Joh 1,1.14).

Für ihre Geburtslegenden konnten Matthäus und Lukas auf zwei Vorbilder zurückgreifen: auf die Traditionen der Hebräischen Bibel und auf im Alten Orient verbreitete Geburtslegenden bedeutender Menschen:

• Die *Geburtslegenden der Antike* sind keine historischen Berichte, sondern deutende Erzählungen, die im Rückblick die Wichtigkeit dieser Menschen erfassen wollen. Dies geschieht nicht durch biografische Details und historisch nachprüfbare Fakten, sondern durch bildhaftes Sprechen, durch erzählerisch breit ausgeführte »Lebensbeschreibungen«, die das wunderbare Sein solcher Menschen zeigen. Solche *Aretalogien* (griechisch »arete« = »Tugend«, Verherrlichung eines Menschen) gibt es von Herrschern (etwa vom akkadischen König Sargon [2300 v. Chr.] oder vom römischen Kaiser Augustus) ebenso wie von Weisen (etwa Pythagoras, 570–510 v. Chr.) oder Wundertätern (etwa Apollonius von Tyana, 40–120 n. Chr.). Ebenso werden über den Buddha (Siddharta Gautama) Kindheitslegenden erzählt: von einer jungfräulichen Geburt bis zu wunderbaren Taten des jungen Siddharta.

Die Geburt Jesu,
Deckengemälde, St. Martinskirche, Zillis, Schweiz, um 1100

• Auch in den *Schriften der Hebräischen Bibel* finden sich zu bedeutenden Menschen Geburts- oder Kindheitslegenden. Dies beginnt bereits bei Isaak und der Erzählung von seiner Opferung durch seinen Vater Abraham (Gen 22). Die Geburtslegende des Mose (Aussetzen des Kindes in einem Körbchen auf dem Nil, Ex 2,1–10) macht ein Schema deutlich: Dem König (Pharao) wird ein Rivale geboren, deshalb wird dieses Kind verfolgt (Mord an den Kindern der Israeliten in Paralle zum Kindermord in Betlehem durch Herodes). Gott aber rettet das Kind durch wunderbares Eingreifen.

Eine deutliche Vorgabe für Matthäus war im Alten Testament die Kindheitslegende des Simson (Ri 13). Hier taucht das Motiv von der Unfruchtbarkeit und dem Alter einer Frau auf (vgl. Abrahams Frau Sara [Gen 18,12] oder Hanna, die Frau des Elkana [1 Sam 1]), das Lukas für Elisabeth, die Mutter von Johannes dem Täufer, aufgreift. An solchen Frauen zeigen die biblischen Schriftsteller das wunderbare Eingreifen Gottes: Das Vertrauen auf einen Gott, der den Armen (den unfruchtbaren Frauen) beisteht, prägt diese Texte.

Die Geburtslegende des Propheten Samuel (1 Sam 1–2) bringt eine doppelte Parallele zu den neutestamentlichen Geburtslegenden um Jesus: Zum einen wird hier durch das Eingreifen Gottes ein Kind geboren, das von Gott her einen besonderen Auftrag hat: Prophet Israels zu sein. Zum anderen lassen sich die Danklieder der beiden Mütter unmittelbar vergleichen: das Danklied der Hanna (1 Sam 2,1–10) und das Danklied der Maria (Magnificat, Lk 1,46–55): Der Herr ist groß, weil er den Kleinen hilft.

Extra:
Stern von Betlehem – die Sprache der Bibel

Menschen heute sind gewohnt, präzise nach Fakten zu fragen, nach dem historisch fassbaren »Was ist damals geschehen?«, nach dem naturwissenschaftlich beschreibbaren »Wie ist etwas geschehen?« Ein sachlich-beschreibendes, begrifflich-exaktes, in Kategorien präzise fassbares Sprechen ist eine der Grundvoraussetzungen von Naturwissenschaft und Technik.

Für viele Bereiche menschlichen Lebens, in besonderer Weise auch für das religiöse Sprechen, reicht diese Sprache allerdings nicht aus. Hier geht es darum, Deutungsweisen unserer Welt auszudrücken, Erfahrungen wiederzugeben, bildhafte Assoziationen anzuregen, Fantasie in Gang zu setzen, Mehrdimensionalität zu ermöglichen und zu vermitteln. Sprache und besonders religiöse Sprache kommen deshalb nicht ohne Bildhaftigkeit, ohne metaphorisches und symbolisches Reden aus, ja ist wesentlich auf sie angewiesen.

Eine **Metapher** ist eine Übertragung (griechisch »meta« = hinüber, »phérein« = tragen) eines Wortes oder Sinnzusammenhangs aus einem Bereich in einen anderen, aus einem eigentlichen Bereich in einen uneigentlichen: Der »eigentliche« Bereich von Licht etwa ist der von Beleuchtung, Helligkeit, Kerze, Lampe ..., der »uneigentliche«, wenn das Wort Licht auf jemanden bezogen wird, der nur im übertragenen Sinn leuchten kann. Der Satz »Andreas ist ein heller Kopf« stellt eine solche Übertragung dar, auf die schon das Verb aufmerksam macht (»ist«, nicht »hat«).

Metaphern sind grundsätzlich mehrdeutige Sprachformen, offen für Weiterentwicklungen und neue Verständnisweisen, sind grundsätzlich unabgeschlossen. Sie tragen einen Bedeutungsüberschuss in sich, der nie voll auszuschöpfen ist. Damit sind sie in besonderer Weise geeignet, religiöse Inhalte zu transportieren. Eine Metapher zeigt auf etwas, das tiefer liegt, das zur innersten Dimension der Wirklichkeit gehört. Sie bricht die Oberflächlichkeit von Denken und Reden auf. Metaphern gehören deshalb zu jedem dichterischen Reden und zur Sprache von Religion und christlichem Glauben.

Ein Sprechen über Gott kann nicht von exakten Definitionen ausgehen. Vielmehr wird man die vielfältigen Erfahrungen, die Menschen mit Gott gemacht haben und weiterhin machen, nur in bildhaften, metaphorischen Aussagen (und dazu in Symbolen) wiedergeben können.

Dies alles gilt auch für die Bibel mit ihren vielfältigen Textsorten und mehr noch für die Textsorte der Kindheitslegenden, wie wir sie im Alten Testament und bei Matthäus und Lukas finden. Hier geht es nicht um ein Rekapitulieren historischer Fakten am Anfang des Lebensweges Jesu, sondern um deutende Aussagen, dass dieser Mann aus Nazaret von herausragender Wichtigkeit ist. So sind die Erzählungen der Kindheitsgeschichten als legendarische, bildhafte, metaphorische Texte einzuordnen und zu verstehen. Nicht »Was ist da geschehen?« darf die Frage sein, sondern »Was bedeutet dieses auf die Menschen (etwa Hirten, Weise, Jünger) hereinbrechende Ereignis für uns?«. Durch eine solche Fragestellung gelangt man zu einer tieferen Ebene.

Was aber ist dann ein **Symbol**? Das Wort geht auf das griechische „symballein“ = „zusammenwerfen, -fügen“ zurück. Dies geht auf den alten Brauch zurück, bei der Trennung von zwei Freunden oder Geschäftspartnern ein Tontäfelchen oder einen Ring zu zerbrechen. Wenn man später seine Hälfte mit einem Boten an den Partner sandte, war dies das Zeichen dafür, das der Bote legitimiert war. So wurden zwei getrennte Dinge wieder zusammengefügt. Das Tontäfelchen, an sich ja ohne Bedeutung, verwies auf die Freundschaft oder Geschäftsbeziehung. Allerdings war dies nur dem Eingeweihten verständlich.

Um ein solches Zusammenfügen unterschiedlicher Bereiche geht es beim Sym-

»Stern von Betlehem«, Geburtskirche, Betlehem

bol. Etwas, das mit den Sinnen erfahrbar ist (Licht, Wasser, Berg ...) verweist auf eine andere Wirklichkeit. Symbole weisen über sich selbst hinaus auf eine Wirklichkeit, die nicht mit den Sinnen erfasst werden kann, die die rationale Erkenntnis übersteigt. Symbole haben dabei aus sich heraus Verweischarakter und sind von da aus allgemein menschlich erfahrbar.

Die Sprache der Symbole ist die „einzig universale Sprache“ (Erich Fromm), die sich jedem Menschen erschließt, die alle Grenzen von Kultur, Bildung, Gesellschaft übersteigt und so ein Band zwischen unterschiedlichsten Menschen sein kann. Darin unterscheiden sie sich von Zeichen, die künstlich geschaffen und zwischen Menschen vereinbart werden (Verkehrzeichen, Piktogramme ...), die ohne Weiteres auch anders denkbar sind. Das Verkehrszeichen Vorfahrt ist jederzeit anders gestaltbar, der Verweis des Symbols Wasser auf Leben dagegen nicht.

Symbole tragen eine geistige Wirklichkeit in sich, die im Menschen wirken kann. Deshalb sprechen Symbole auch nicht allein die rationale Ebene des Menschen an, sie wirken ganzheitlich, richten sich an seine Gefühle ebenso wie an sein Denken, prägen unbewusst (vgl. C. G. Jung: das kollektive Unbewusste und die Symbolsprache), machen auch eine Kommunikation zwischen Menschen möglich. Symbole sind unersetzbare Bestandteile jeder Sprache, die über die sichtbare Wirklichkeit hinausweist.

Deshalb gilt auch: Die Sprache der Religion ist wesentlich die Sprache der Symbole. Symbole erreichen aus sich selbst heraus die Mehrdimensionalität des Lebens, auf die sich die Religionen beziehen. Symbole sind Zugangswege zu einer tieferen Wirklichkeit, zur Mitte des Menschen und der Welt. Symbole bauen Brücken zum tiefsten Geheimnis, das hinter allen Dingen liegt. Symbole verbinden Vordergrund und Hintergrund. Symbole sind Wege zu Vertrauen und Glauben. Zudem schaffen sie auch Gemeinschaft zwischen Menschen, die sich ihrer Aussagekraft und ihrem Weg in eine tiefere Wirklichkeit öffnen; keine religiöse Gemeinschaft kommt ohne Gegenstandssymbole (z.B. Berg) und Handlungssymbole (z.B. Ring anstecken) aus.

Matthäus: Kind Gottes und der Menschen

Die »Kindheitsgeschichte« Jesu (Mt 1–2) ist eine Art theologischer Ouvertüre zum ganzen Evangelium. Dabei wird die Geburt Jesu nur nebenbei erwähnt, in Nebensätzen: »... bis sie ihren Sohn gebar ... als Jesus zur Zeit des Königs Herodes in Betlehem in Judäa geboren worden war ...« (Matthäus 1,25; 2,1). Andere Erzählmotive haben bei Matthäus mehr Gewicht. Die Kindheitsgeschichte ist wie folgt gegliedert:

1,1–17	»Stammbaum« Jesu
1,18–25	Die Geburt Jesu
2,1–12	Die Huldigung der Sterndeuter
2,13–23	Ägypten (13–15 Flucht; 16–18 Kindermord; 19–23 Rückkehr)

- **Der Stammbaum Jesu** (Mt 1,1–17): Es ist eine eigenartige Liste, die Matthäus an den Anfang seines Evangeliums stellt, eine Liste zudem, die den heutigen Leser erheblich überfordert, weil der alttestamentliche Hintergrund dieser Namensliste kaum noch bekannt ist und weil ihre Textsorte falsch eingeordnet wird.

Die Liste ist in drei Teile aufgeteilt: von Abraham bis David, von David bis zur Babylonischen Gefangenschaft, von der Babylonischen Gefangenschaft bis Jesus. Während sich zu den Namen des dritten Teils keine Angaben in der Hebräischen Bibel finden, ergeben sich bei den ersten beiden Listen Probleme: Matthäus gibt keineswegs eine »historisch richtige« Liste wieder, sondern er schreibt eine theologische Deutung.

Dies beginnt bei der Zahl der Namen: Es sind dreimal 14 Namen. Im Hebräischen kannte man keine eigenen Zeichen für Zahlen, man nutzte Buchstaben. »D« etwa war nicht nur Buchstabe, sondern auch die Zahl »4«, der Buchstabe »w« (»v«) die Zahl »6«. Somit ergibt sich aus dieser Zahlensymbolik mit 14 der Name David (4 – 6 – 4). König David aber spielte in der Messiaserwartung des jüdischen Volkes eine herausragende Rolle: Der Messias wird der »Zweite David« sein. Matthäus möchte mit seiner Liste versteckt, aber jüdischen Lesern verständlich, aufzeigen, dass Jesus der verheißene Messias ist. Gott greift ein und setzt mit der Geburt Jesu einen Neubeginn.

- **Die Geburt Jesu** (Mt 1,18–25): Eigentlich ist dieser Text keine Geburtsgeschichte, denn es werden weder Ort noch Zeitpunkt der Geburt Jesu genannt. Es geht auch weniger um Jesus, als um Josef und dessen Reaktionen auf ein unbegreifliches Geschehen: Gott greift ein und wendet sich in diesem Kind den Menschen zu.

Rein äußerlich betrachtet scheint die Sache klar. Josef ist mit Maria verlobt (dies geschah in Israel meist mit 12–13 Jahren); Maria aber wohnte dem Brauch entsprechend bis zur Hochzeit noch bei ihren Eltern. Dann zeigte sich, dass sie ein Kind erwartete – und zwar nicht von ihrem Verlobten. Nach jüdischem Recht durfte der Mann einen Scheidebrief schreiben. Doch Josef will sich lieber in Stille von Maria trennen. All das war damals nicht von besonderer Auffälligkeit.

Um die Bedeutung Jesu näher zu bestimmen, führt Matthäus nun Motive ein, die eine tiefere, spirituelle Sicht der Dinge ermöglichen. Im Traum rückt manches in ein neues Licht. Ein Engel ist ein Bote Gottes, der den Willen Gottes aufscheinen lässt. Und so zeigt sich in dieser tieferen Sicht, dass dieses Kind Mariens geistgewirkt ist. Gott hat –

wie auch immer – eingegriffen und neues Leben geschaffen. Dies deshalb, weil dieses Kind eine ganz bestimmte Aufgabe übernehmen soll, was sich bereits im festgelegten Namen zeigt: **Jesus** (Josua, aramäisch Jeschua, Verkürzung von Jehoschua = »Jahwe ist Rettung«) ist der Retter, der sein Volk erlöst, der zweite David, der König und Herr.

Matthäus und Lukas erzählen, wenn auch in verschlüsselter Weise, von der *Jungfrauengeburt*, die beiden anderen Evangelisten tun dies nicht. Auch sprechen viele neutestamentliche Texte unbefangen von Jesus als dem Sohn Josef, des Zimmermanns. Sicher ist, dass es den beiden Evangelisten kaum um biologische Fakten ging, sondern – wie im Gesamten ihrer Evangelientexte – um theologische Deutungen eines Geschehens, das Gott mit Menschen wirkt. Es ist anzunehmen, dass Matthäus und Lukas aus anderen orientalischen Erzähltraditionen das Motiv der Jungfrauengeburt kannten, des Eingreifens eines Gottes in die Geschichte der Menschen auf wunderbare Weise. Das Reden des Matthäus und des Lukas von Maria, der Jungfrau, ist ein Versuch, etwas Unbegreifliches in Sprache zu bringen. Das Geheimnis der Herkunft Jesu kann man in verschieden Worten ausdrücken – es geht dabei weniger um die Textform als um die Kernaussage: In diesem Jesus erscheint Gott in unserer Welt.

- **Die Huldigung der Sterndeuter** (Mt 2,1–12): Nach der »Vorstellung Jesu« im ersten Kapitel folgen eigenartige Geschichten von den Magiern, den Sterndeutern aus dem Osten, von der Flucht nach und der Rückkehr aus Ägypten und dem Kindermord in Betlehem. Wiederum geht es nicht um Historisches, sondern um unterschiedliche Erzählmotive und um Rückgriffe auf Traditionen der Hebräischen Bibel, um dadurch den Glauben an Jesus als das rettende »Gotteskind« zu stärken (vgl. Seite 327).
- **Ägypten** (Mt 2,13–23): Der Kindermord in Betlehem wird gerahmt von den Berichten über die Flucht nach Ägypten und über die Rückkehr. Dass das neugeborene, »göttliche« Kind in Gefahr ist, ist ein Motiv vieler antiker Kindheitsgeschichten. Gerade in der Gefährdung aber zeigt sich die Rettung und damit die Bedeutung des Kindes. Matthäus hat Mose als Vorbild vor Augen gehabt: Was Mose damals geschah, geschieht dem Jesuskind jetzt: Verfolgt von einem brutalen Machthaber (der Pharao/Herodes) wird es durch das Eingreifen Gottes gerettet: Der Retter muss zuerst einmal selber gerettet werden.

Geburt,
Armenische Miniatur, 1234,
Künstler: Grigor, Codex 2743

Lukas: Gott wendet sich den Menschen zu

Die Geburtsgeschichte des Lukasevangeliums ist der klassische Weihnachtstext, der an Heiligabend in Kirchen und Familien vorgetragen wird. Doch Lukas setzt Schwerpunkte, will Christusverkündigung, nicht historischen Bericht leisten. Deshalb findet sich in den Texten eine genaue Struktur, die seine Aussageabsicht deutlich macht:

I. Verheißung

Geburtsankündigung Johannes des Täufers 1,5–25	Zeugnis Elisabet und Johannes 1,39–45 **Loblied des Magnificat 1,46–55**	Geburtsankündigung Jesu von Nazaret 1,26–38

II. Erfüllung

Geburt Johannes des Täufers 1,57–80 **Lobgesang des Zacharias 1,68–79**	Zeugnis Simeon Hanna 2,21–40 **Lobgesang des Simeon 2,29–32**	Geburt Jesu von Nazaret 2,1–20 **Lobgesang der Engel 2,14**

III. Fortführung

Jesus zwischen Tempel und Eltern 2,41–52
Gefallen bei Gott und den Menschen 2,52

Die Aussageabsicht des Lukas kann aus diesem Schema erschlossen werden: Zweimal wird eine Geburt angekündigt, zweimal wird von einer Geburt erzählt, dazu gibt es Zeugnisse, die diese Geburten deuten. Vor allem aber tauchen immer wieder Lieder auf, Hymnen, in denen Gott für sein Wirken gepriesen wird – meist in der Sprache der Hebräischen Bibel und mit vielen inhaltlichen Bezügen zu den Erzählungen des Alten Testaments. Aus der Tradition Israels heraus also ergibt sich ein Geschehen, das alles Bisherige übersteigt. Dabei übertrifft die Geburt des zweiten Kindes die des ersten noch bei weitem. Johannes ist aus der Sicht des Lukas und seiner Gemeinde der Vorläufer, der auf den Eigentlichen, auf Jesus, hinwies. Was in allen vier Evangelien anlässlich der Taufe (bzw. bei Johannes der Begegnung von Johannes und Jesus) erzählt wird, dass Johannes auf Jesus hinweist (»Es kommt einer, der stärker ist als ich ...«, Lukas 3,16), nimmt Lukas bereits in seine Kindheitsgeschichte hinein. So kann er bereits im Kind Jesus dessen Bedeutung herausstellen: »Im Anfang ist der Schluss verborgen.«

- **Geburtsankündigung Johannes des Täufers** (Lk 1,5–25): Der umfangreiche Text der Geburtsankündigung des Johannes ist keine Familiengeschichte, sondern bereits nach dem alttestamentlich-theologischen Schema von Verheißung und Erfüllung gestaltet. Lukas greift auf Motive des Alten Testaments zurück (etwa: noch im hohen Alter einen Sohn bekommen, vgl. Abraham), vor allem auf prophetische Aussagen. Von ihnen aus gestaltet er seine Verkündigung, die auf Jesus hinweist.

- **Geburtsankündigung Jesu von Nazaret** (Lk 1,26–38): Die Erzählung ist entsprechend der Geburtsankündigung des Johannes gestaltet. Doch wird das Überbietende deutlich: Der angekündigte Jesus wird Johannes bei weitem übertreffen. Bereits im Namen der beiden Kinder klingt das an. Bedeutet Johannes »Gott hat Gnade erwiesen«, so bedeutet Jesus »Gott rettet, Gott hilft«. Mit diesem Jesus ist die Zeitenwende erreicht, von der die Propheten gesprochen haben.
- **Loblied der Maria** (Magnificat, Lk 1,39–56): Das Magnificat ist einer der schönsten und poetischsten Texte des Neuen Testaments. Der Text ist bei Lukas eingebettet in eine Begegnung der beiden Mütter Elisabet und Maria. In der Tradition gilt das nahe bei Jerusalem gelegene Ain Karim als Geburtsort des Täufers. Das aber erwähnen Lukas und auch die anderen neutestamentlichen Schriften nicht. Das Loblied Mariens gleicht bis in einzelne Formulierungen dem Loblied der Hanna (1 Sam 2,1–10), die ebenfalls durch das Wirken Gottes einen Sohn geboren hat.
- **Geburt Johannes des Täufers** (Lk 1,57–79): Die Geburt des Johannes wird nur knapp erwähnt. Wichtiger ist Lukas das göttliche Zeichen, dass Zacharias seine Sprache wiedergewinnt: Hier handelt Gott. So schließt sich auch der »Lobgesang des Zacharias« an. Wie das Magnificat blickt auch das Benedictus auf die Heilsgeschichte Gottes mit Israel zurück und gewinnt daraus das Vertrauen auf die Nähe. Johannes hat dabei einen besonderen Auftrag: Er wird Prophet, Vorläufer, Hinweiszeichen des Höchsten sein.
- **Geburt Jesu von Nazaret** (Lk 2,1–20): Der Text ist dreiteilig: die Geburt (2,1–7), die Verkündigung der Geburt (2,8–14), die Bestätigung der Verkündigung durch die Hirten (2,15–20). Die Verkündigung durch den Engel steht dabei in der Mitte: Für Lukas ist im Blick auf seine Hörer nicht die Schilderung der Geburt das Wichtigste, sondern die Deutung des neugeborenen Kindes: »Es ist der Retter, der Messias (der Christus), der Herr!«

Geburt Jesu,
Deutsches Gebetbuch
von Stephan Lochner, um 1432

Die Hirten (Lk 2)

Durch den einleitenden Satz seiner Geburtslegende (Lk 2,1) verbindet Lukas die Geburt Jesu mit der Weltgeschichte. Doch er stellt dem Kaiser Augustus den wahren Herrn der Welt gegenüber, dem Mächtigen das kleine, ohnmächtige Kind, das seine Macht allein von Gott selbst gewinnt. Doch auch Augustus steht unter Gott und ist nicht selbst Gott; ja seine Anordnung einer Steuereintragung führt letztlich dazu, dass der Wille Gottes erfüllt wird. Es scheint heute sicher, dass es zur Geburt Jesu keine das Römische Reich umfassende Steuereintragung gegeben hat. Wohl aber sind aus späterer Zeit solche Eintragungen in Steuerlisten bekannt. Dies greift Lukas auf und zeigt so, dass Gott auf geheimnisvolle Weise zu seinem Ziel kommt.

Maria legte ihren Erstgeborenen in eine Krippe. Wahrscheinlich geschah dies in einer in den Fels geschlagenen Höhle, die zum Wohnen genutzt wurde, wie es sie in Betlehem viele gab. Bei einfachen Leuten gab es in der Regel nur einen einzigen großen Raum im Haus. Dort lebte man, dort stellte man auch die wenigen Haustiere unter. Eine Krippe im »Wohnzimmer« war also nichts Ungewöhnliches. Das Wenige, das Lukas von der Geburt Jesu schildert, fällt in der damaligen Zeit durchaus nicht aus dem Rahmen des Lebens einfacher Leute. Wohl aber das, was jetzt folgt.

Nicht um irgendein Kind nämlich geht es, sondern um das Kind, in dem die Herrlichkeit Gottes erscheint, in dem die Zeitenwende anbricht. Damit dies deutlich wird, erscheint der Verkündigungsengel, umgeben von einem Engelchor, macht also Gott selber etwas von seiner Herrlichkeit sichtbar auf dieser Erde.

Diese Zuwendung Gottes richtet sich zuerst an die Hirten. Das waren in Israel meist arme Leute, denen man mit Misstrauen begegnete. Sie konnten aufgrund ihres Berufes nicht die jüdischen Reinheitsvorschriften einhalten. Arme Leute also am Rand der Gesellschaft erfahren zuerst von Jesus. Anders als die Schriftgelehrten, die sich nicht auf den Weg nach Betlehem machten (Mt 2), gehen die Hirten los und werden so für Lukas zu einem Modell glaubender Menschen; sie wenden sich dem Kind und damit Gott zu: »Die Hirten ... rühmten Gott« (Lk 2,20). Der himmlische Engelchor findet in den Hirten sein Gegenstück auf der Erde.

Der Hirte,
Deckengemälde, St. Martinskirche, Zillis, Schweiz, um 1100

Die Sterndeuter (Mt 2)

Nach der »Vorstellung Jesu« im seinem ersten Kapitel beginnt Matthäus nun neu – eigenartige Geschichten von Sterndeutern aus dem Osten, von der Flucht nach und der Rückkehr aus Ägypten und dem Kindermord in Betlehem setzen neue Impulse einer Deutung Jesu. Wiederum geht es nicht um Historisches, sondern um unterschiedliche Erzählmotive und um Rückgriffe auf Traditionen der Hebräischen Bibel, um dadurch den Glauben an Jesus als dem rettenden »Gotteskind« zu stärken.

– **Der Stern**: Astronomen haben untersucht, ob es zur Zeit der Geburt Jesu eine besondere Sternkonstellation gegeben hat (etwa den Halleyschen Kometen oder eine Konjunktion von Jupiter und Saturn). Aber solche Berechnungen gehen am Evangelientext vorbei. »Wir haben seinen Stern aufgehen sehen« (Matthäus 2,2) meint etwas anderes. In der Antike wurde häufiger anlässlich der Geburt eines bedeutenden Menschen (etwa eines Kaisers) vom Aufgehen eines besonderen Sterns berichtet. Dies hieß nichts anderes: Ein solcher Mensch erhebt sich über die anderen wie das Licht eines Sterns die Dunkelheit der Nacht überstrahlt. Es geht bei dem Stern von Betlehem nicht um einen wirklichen Stern, sondern darum, dass Jesus wie ein Licht, wie ein Stern in unserer Welt erschienen ist: »Ein Stern geht in Jakob auf, ein Zepter erhebt sich in Israel« (Num 24,17). Der Stern ist also ein »theologischer Stern«.

– **Die Sterndeuter (Magier):** Von Heiligen Drei Königen Caspar, Melchior und Balthasar ist im Text nicht die Rede, sondern von einer unbestimmten Zahl von Sterndeutern aus dem Osten. Erst später hat man diese Sterndeuter als Vorbild gläubiger Menschen verstanden. Von *drei* Magiern wird gesprochen, weil es ja drei Geschenke gab, Gold, Weihrauch und Myrrhe. Und weil diese Gaben sehr wertvoll waren, konnten die Sterndeuter keine einfachen Leute gewesen sein, sondern nur Könige. Doch von all dem weiß Matthäus nichts: Für ihn sind die Sterndeuter heidnische Gelehrte, die Jesus als das wahre Licht ihres Lebens finden.

– **Herodes und die Schriftgelehrten:** Als Kontrast zu den Sterndeutern, den Weisen, werden die Schriftgelehrten und Herodes gezeichnet. Sie müssten eigentlich aus ihrer Kenntnis der Schrift von Jesus wissen, verschließen sich aber und verfehlen so den Herrn.

Die Könige,
Deckengemälde, St. Martinskirche, Zillis, Schweiz, um 1100

Grundthema der Bibel – Gott wird Mensch

Die Schriften der Hebräischen Bibel, des Ersten, Alten Testaments schildern immer wieder in unterschiedlicher Weise Erfahrungen von Menschen, die Gott als einen ihrem Leben nahen Gott gespürt haben. Er ist ein Gott, der auf dem Weg begegnet (Abraham und die Mütter/Väter), der aus der Not befreit (Mose und das Volk Israel beim Exodus aus Ägypten), der in ein gutes Land führt (Josua, die Richter bis hin zu den ersten Königen Israels Saul, David, Salomo). Er ist, so sprechen es sowohl die Bücher der Weisheit wie auch die der Propheten aus, ein Gott, der den Menschen zugleich verborgen, unnahbar ist und dennoch sie begleitet, sie mit seiner Nähe umgibt.

Solche Erfahrungen von Nähe und dennoch Unbegreiflichkeit Gottes führen in die Mitte auch der neutestamentlichen Botschaft: Jesus zeichnet Gott als den liebenden Vater, der den Menschen treu zur Seite steht, an den sie sich voll Vertrauen wenden und zu dem sie »Abba« – »Väterchen« sagen können. Zugleich aber spricht er in bildhafter, symbolischer, gleichnishafter Weise vom Reich Gottes, das bereits unscheinbar mitten unter den Menschen ist, aber dennoch rätselhaft verborgen (vgl. Seite 302–305). Die Kindheitslegenden des Matthäus und Lukas nun verweisen in ihren Erzählungen auf einen weiteren Aspekt der in der Botschaft Jesu betonten Nähe Gottes: Gott macht sich auf den Weg zu den Menschen, ja mehr noch, er wird selber Mensch.

Doch was heißt: »Gott wird Mensch«? Wir haben in der deutschen Sprache eine Redewendung, die Distanzierung und Abwendung ausdrückt: »In deiner Haut möchte ich nicht stecken.« Menschwerdung Gottes, meint nun das Gegenteil. Gott spricht zum Menschen: »Mensch, in deiner Haut möchte ich stecken; ich will dir nahe sein – hautnah.« Menschwerdung heißt: Gott bewegt sich auf uns zu, mehr noch, er bewegt sich in uns hinein, steckt seitdem in der Haut eines Menschen, in unserer Haut. Er bindet sich durch seine Menschwerdung in Jesus genauso an menschliche Freude und menschliches Leid, wie wir Menschen in beides eingebunden sind. Er geht einen menschlichen Lebensweg mit Höhen und Tiefen, wird verletzlich, ohnmächtig. Der Weg Jesu zum Kreuz und sein Tod am Kreuz zeigt in letzter Konsequenz auf, worin die Menschwerdung Gottes bestehen kann: Er geht den Weg der Menschen voll und ganz, ohne Grenze, bis zum Tod.

Diese unbedingte Zuwendung und Liebe Gottes, die Christen in der Menschwerdung bekennen, ist das wesentliche Element eines christlichen Gottesbildes. Gewiss, auch der christliche Glaube kennt vielseitige Gotteserfahrungen, lässt auch die dunklen Seiten Gottes ahnen, muss vor dem unbegreiflichen Rätsel Gottes schweigen. Aber dennoch: In der Menschwerdung wird das Geheimnis Gottes aufgebrochen und zwar von Gott selbst, der sagt: »Seht, in diesem Kind könnt ihr mich erkennen, mir begegnen, zu mir finden. Seht, in diesem Menschen Jesus mache ich mich greifbar, auch angreifbar. Seht, in diesem Jesus bin ich voll und ganz mit euch.«

Dies klingt in einem Ehrentitel an, den Christen, auf jüdischer Tradition fußend, Jesus in späteren Zeiten gegeben haben: Jesus ist der **Immanuel** – der **»Gott-mit-uns«**. Er vermittelt die Liebe und Zuwendung Gottes, er führt die Menschen hin zu Gott, ist nicht nur Wegweiser in seinem Lehren und Predigen, er ist das gute Wort Gottes an die Menschen.

Gott steckt in Jesus in der Haut eines Menschen, und er macht diesen Menschen Jesus dadurch zu etwas Herausragendem, zu einem, der alles übersteigt, der, wie es der Philipperbrief mit den Worten eines alten Liedes ausdrückt, über alle erhöht wird: »Darum hat Gott ihm den Namen verliehen, der größer ist als alle Namen, damit alle im Himmel, auf der Erde und unter der Erde ihre Knie beugen vor dem Namen Jesu und jeder Mund bekennt: Jesus Christus ist der Herr!« (Phil 2,9–11)

Gebrüder Limburg, Geburt,
Stundenbuch des Herzogs von Berry, Frankreich, 1410–1416

Wenn an sich fragt, wo Gott heute in einer Welt voll Hunger und Krieg und Gewalt steckt, dann versuchen Christen, darauf eine Antwort zu geben: Gott, der Unnahbare und Unbegreifliche ist Mensch geworden, ist in unsere Konflikt- und Leidenswelt hinabgestiegen. Wir brauchen ihn nicht länger »oben« zu suchen, im schönen Jenseits, in den paradiesischen Himmeln, sondern hier, im Glanz und Elend unserer Welt. Dort, wo es so unmenschlich, so ungerecht, so unversöhnlich zugeht, da können wir ihn suchen – da ist er zu finden.

Der Mensch ist das Einfallstor Gottes in unsere Welt. Er ist, so sagen es die Kindheitsgeschichten, nicht ein Gott »droben überm Sternenzelt«, sondern unten, inmitten von uns Menschen. Dies birgt die Gefahr in sich, dass er verkannt wird – und die Geschichte Jesu, sein Kreuz, hat diese Gefahr nur zu sehr deutlich werden lassen. Und er wird weiterhin verkannt, weil er im Menschen verborgen ist – das Kreuz ist uns geblieben.

Die Kindheitserzählungen der beiden Evangelisten sind keine historischen Berichte, keine Biografien zum Lebensbeginn Jesu. Wohl aber sind sie eine eminent theologische Aussage, die in die Mitte der biblischen Botschaft und damit des Glaubens der Christen führt: **Gott wird Mensch in Jesus, dem Immanuel.**

Flucht und Kindermord (Mt 2,13–23)

Die Erzählung des Matthäus über den Kindermord in Betlehem (Mt 2,16–18) wird eingerahmt von den Berichten über die Flucht nach Ägypten (Mt 2,13–15) und über die Rückkehr von dort (Mt 2,19–23). Matthäus greift für diese Erzählstücke nicht allein auf das Motiv vieler antiker Kindheitsgeschichten zurück, dass ein »göttliches« Kind in Gefahr gerät und auf wunderbare Weise gerettet wird. Er nimmt auch das Wegmotiv auf, das in den beiden ersten Büchern der Bibel mit dem Land Ägypten verknüpft wird: Wie der alttestamentliche Josef nach Ägypten verschleppt wird, dort aber Gottes Hilfe erfährt, so muss der neutestamentliche Josef mit Frau und Kind nach Ägypten fliehen, um die Zeit der Verfolgung in Israel zu überbrücken. Wie Mose mit dem Volk Israel aus Ägypten herausgeführt wird, so wird auch Josef mit Frau und Kind durch Gott wieder aus Ägypten herausgeführt.

Flucht nach Ägypten,
Deckengemälde, St. Martinskirche, Zillis, Schweiz, um 1100

Jesus als zweiter Mose, als der, der nicht nur den König David übertrifft (mit ihm verknüpft im »theologischen«, nicht historischen Geburtsort Betlehem), sondern auch die andere große Gründungsgestalt Israels, Mose – das ist eine theologische Aussage, ein Bekenntnis. Darauf kommt es Matthäus an, nicht auf historische Details (den Kindermord in Betlehem etwa hat es in dieser Form wohl nie gegeben, denn es gibt keine Spuren davon in Texten jener Zeit). Doch auch der Kindermord erinnert an Mose und Ägypten: Auch damals wurden die Kinder der Hebräer getötet, auch damals entgeht ein Kind, der künftige Retter, dem Massaker.

Wiederum wird deutlich, dass Matthäus mit seiner Kindheitsgeschichte nicht historisch greifbare Fakten erzählt, sondern eine theologische Deutung Jesu gibt, des »geretteten Retters«. Die Kindheitslegenden sind insgesamt Christusverkündigung. Der »gerettete Retter« wird dann am Ende des Evangeliums in ganz anderer Weise in Erscheinung treten: Gott lässt seinen Christus nicht im Tod. Das Motiv jedenfalls klingt hier am Anfang bereits an und schafft so einen Rahmen über das ganze Evangelium hinweg: »Im Anfang liegt das Ende verborgen.«

Jesus in der Pubertät – was wir nicht wissen

Matthäus schließt seine Kindheitserzählungen mit der Rückkehr aus Ägypten und führt dann in Kapitel 3 die Jesusgeschichte mit Johannes dem Täufer und der Taufe Jesu fort. Auch Lukas erzählt von Kindheit und Jugend nichts. Er schreibt ja auch keine Biografie, sondern gibt in seinen Erzählungen punktuell eine theologische Deutung zu Jesus, ein Bekenntnis, das seine Hörer ebenso zu einem Bekenntnis führen soll: Dieser Jesus ist der Messias, der Christus. (Nur einige apokryphe, kirchlich nicht anerkannte Evangelienschriften, etwa das Kindheitsevangelium des Thomas, erzählen fantasievolle Geschichten aus der Kindheit Jesu.)

Simone Martini (1284–1344),
Der zwölfjährige Jesus im Tempel, um 1330

Das Lukasevangelium macht nur eine Ausnahme, es berichtet vom zwölfjährigen Jesus im Tempel (Lk 2,41–2) – auch dies ist aber eine theologische, keine biografische Erzählung.

Jesus ist nicht allein eingebunden in seine Familie, sondern auch in sein Volk, in dessen Bräuche und religiösen Vorschriften. Jesus ist Jude und so zieht er, jüdischem Brauch gemäß, zum Pessahfest mit seinen Eltern nach Jerusalem. Hier nun geschieht Eigenartiges: Jesus bleibt in Jerusalem im Tempel, wo die Schriftgelehrten über Fragen des Glaubens diskutieren. Als seine Eltern ihn auf dem Rückweg vermissen, suchen sie ihn mit Sorge und finden ihn im Tempel. Sie machen ihm Vorhaltungen, doch er weist sie in schroffer Form ab: »Wusstet ihr nicht, dass ich in dem sein muss, was meinem Vater gehört?«

Am Ende seiner »Kindheitsgeschichte« macht Lukas mit diesem Satz noch einmal deutlich, worum es bei Jesus geht: nicht um irgendeinen Menschen, nicht um irgendein Kind, sondern um den Sohn Gottes, denjenigen, der Gott und Mensch verbindet, in dem sich Himmel und Erde umarmen.

Extra:
Maria und Josef – Bibel und Legende

Maria: Die wichtige Rolle, die Maria in der Geschichte christlichen Glaubens gewonnen hat, zeichnet sich im Neuen Testament zunehmend ab. Während der älteste Evangelist Markus Maria nur kurz erwähnt, nimmt Matthäus bereits eine Kindheitsgeschichte in sein Evangelium auf, ordnet sie aber vom Stammbaum der davidischen Abstammung, also von Josef her. Lukas erst lässt Maria vollends in den Vordergrund treten, es geht ihm in der Kindheitsgeschichte um eine (übersteigende) Parallele zur Geburt Johannes des Täufers und damit um den theologischen Aufweis der unüberbietbaren Bedeutung Jesu. Johannes schließlich setzt mit der Erzählung der Hochzeit zu Kana und mit dem Bericht von Maria unter dem Kreuz einen besonderen Akzent: Maria ist am Anfang und am Ende des öffentlichen Wirkens Jesu dabei.

Von dieser biblischen Botschaft her sind drei Kerngedanken entscheidend für eine biblische Deutung Mariens:

- An Maria wird in beispielhafter Weise deutlich, wie Gott an Menschen handelt, wie er die Niedrigen erhöht, wie er auf die Kleinen schaut und Großes mit ihnen tut (vgl. Magnificat, Lk 1,46–55). Gott erwählt Menschen, von denen man es nicht erwarten würde, keiner ist für Gott zu gering.
- Maria ist der neutestamentliche Typus des glaubenden Menschen und so eine wichtige biblische Leitfigur über alle spätere theologische Zeichnung und liturgische Verehrung hinaus. Maria öffnet sich vorbehaltlos dem Wirken Gottes und sagt ihr Ja zu seinem Plan, auch wenn sie ihn nicht verstehen kann. Maria sieht sich als glaubende Dienerin des Herrn. Sie geht mit Jesus, auch wenn sie seinem Handeln und seinem Lebensweg mit Unverständnis gegenübersteht.
- Maria ist eingegliedert in die Gemeinschaft der Kirche, in die Gemeinschaft derer, die sich im Glauben zum Herrn bekennen. Die Darstellung der Apostelgeschichte (Apg 1,14), dass Maria in den Kreis der Urgemeinde eingegliedert ist, zeigt: Maria steht nicht über der Kirche, sondern ist mitten in der Gemeinschaft der Christen.

Diese drei Punkte sind auch Leitlinien für eine in heutiger Zeit verantwortete Marienfrömmigkeit. Maria darf nicht isoliert von ihrer Glaubensgeschichte, von ihrem Weg mit Jesus gesehen werden. Vielmehr ist sie Mutter und Schwester im Glauben und stellt eine Ermutigung auf dem Glaubensweg dar.

Maria wird vom Konzil von Ephesus (431) als »theotokos« – »Gottesgebärerin« bezeichnet. Durch diesen Titel wollte man allerdings damals weniger eine mariologische als eine christologische Aussage machen: Jesus von Nazaret, der Sohn Marias, ist der Christus, der Sohn Gottes. Dennoch wurde die Formulierung des Konzils in der Dogmengeschichte in vielfältiger Weise entfaltet, alle weiteren dogmatischen Aussagen über Jesus entspringen diesem Kern. Über Maria reden heißt deshalb immer und vorrangig über Jesus als Menschen aus Nazaret und gleichzeitig als Sohn Gottes zu reden.

Maria ist in der Zeichnung des Neuen Testaments eine Frau, die in einen mühsamen Wachtumsprozess des Glaubens eingebunden ist, aber dennoch trotz aller Schwierigkeiten treu ihr Ja zu Gott sagt – sie wird damit zum Modell und Vorbild eines beständigen Glaubens und zur Schwester glaubender Menschen.

Zusätzlich zu den neutestamentlichen Texten über Maria entstand eine Fülle von außerbiblischen Legenden zum Leben der Maria, die in »Marienleben«, Bilderfolgen zum Lebensweg der Maria, auch künstlerisch umgesetzt wurden. Aus solchen legendären Erzählungen stammen die Namen der Eltern Mariens; Joachim und Anna, aber auch Erzählungen über ihre Geburt, über ihren Tempelgang (besonders in der orthodoxen Kirche: Darbringung Marias im Tempel als »Tempeljungfrau«) und von ihrem Tod, bei der der Apostel Johannes die Sterbekerze überreicht und die anderen Apostel im Kreis um das Sterbebett versammelt sind. In der katholischen und orthodoxen Kirche wird zudem »Mariä Aufnahme in den Himmel« bekannt. Die Verehrung Marias hat sowohl in der orthodoxen wie in der katholischen Kirche einen hohen Stellenrang.

Auch der Islam verehrt Maria als Mutter des Propheten Isa (Jesus). Die Sure 19 des Koran ist mit Maria überschrieben. Maria ist zudem die einzige Frau, die im Koran namentlich genannt wird.

Die heilige Familie,
Deckengemälde, St. Martinskirche, Zillis, Schweiz, um 1100

Josef: Während Lukas in seiner Kindheitsgeschichte besonders die Mutter Jesu in den Vordergrund rückt, erzählt Matthäus im Blick auf Josef. An ihn richten sich die Träume mit der göttlichen Botschaft (Lk 1,20–23; 2,13.20), er ist auch der Handelnde, der für seine Familie sorgt. Er wird als Bauhandwerker (Zimmermann) aus Nazaret bezeichnet. Das Johannesevangelium spricht von ihm ganz unbefangen als vom »Vater Jesu« (Joh 1,45). Als Handelnder wird Jesus nur in den beiden Kindheitsgeschichten von Matthäus und Lukas erwähnt. Deshalb hat die kirchliche Tradition später angenommen, dass er zur Zeit des öffentlichen Wirkens Jesu bereits verstorben war. In geringerem Maß wie Maria wird auch Josef in orthodoxer und katholischer Kirche verehrt.

Die Familie Jesu: In den Evangelien wird ebenso unbefangen auch von der Familie Jesu gesprochen, von seinen Brüdern und Schwestern. Nach Markus 6,3 lauten die Namen seiner Brüder Jakobus, Joses, Judas und Simon, seine Schwestern werden erwähnt, aber nicht namentlich genannt (entsprechend der Stellung der Frau in der Antike). Auch andere Stellen (etwa Mk 3,31–35; Mt 12,46–50; Lk 8,19–21; Joh 2,12; 7,3–10; Apg 1,14) sprechen von den Brüdern Jesu. In der kirchlichen Tradition werden die Geschwister oft als Vettern und Kusinen bezeichnet, was sprachlich mit dem griechischen Wort »adelphoi« nicht auszuschließen, aber dennoch unwahrscheinlich ist. Manchmal werden sie auch als Halbgeschwister (aus einer früheren Ehe des ja schon alten Josef) angesehen. Doch bei solchen Deutungen geht es nicht um das neutestamentliche Zeugnis, sondern um die Bewahrung des später entstandenen Dogmas der Jungfräulichkeit Marias, die nicht als theologische Aussage, sondern als biologischer Fakt verstanden wird. An der Textsorte der Evangelien mit ihrem Glaubensbekenntnis zu Jesus, dem Mensch gewordenen Gottessohn, gehen solche Deutungsversuche vorbei.

Maria, Josef und seine Geschwister stellen bei aller späteren Verehrung in der Kirche nicht den Kern der neutestamentlichen Botschaft dar. Wohl aber machen sie auf ganz andere Art die Kernbotschaft der Kindheitsgeschichten nach Matthäus und Lukas deutlich: Dieser Jesus von Nazaret, der – theologisch gesehen – im kleinen Dorf Betlehem, der »Davidsstadt« zur Welt kam, ist eingebettet in eine ganz normale Familie und Familiengeschichte ebenso, wie er eingebettet ist in die Geschichte und in den Glauben seines jüdischen Volkes: Gott wird »ganz und gar« Mensch.

Evangelist Matthäus,
Ada-Evangeliar,
Hofschule Karls des Großen, um 800

Ab dem 4. Jahrhundert wird dem Evangelisten Matthäus der Mensch als Symbol zugeordnet (manchmal auch als geflügelter Mensch wie ein Engel). Diese Zuordnung erfolgt in der kirchlichen Tradition deshalb, weil Matthäus sein Evangelium mit dem »Stammbaum« Jesu beginnt, ihn also einordnet in die Menschheitsgeschichte.
Zum Ursprung der vier Evangelistensymbole (Markus: Löwe; Matthäus: Mensch; Lukas: Stier; Johannes Adler) vgl. Seite 296.

Das Matthäusevangelium

Der Evangelist *Markus* – gleich welcher Verfasser sich hinter diesem Namen verbirgt – hat eine neue Textgattung geschaffen: das Evangelium als Glaubensdokument und Glaubensbekenntnis der christlichen Gemeinden. Es ging ihm nicht um eine Biografie, denn vom größten Teil des Lebens Jesu erzählt er nicht, nur von der letzten Phase seines öffentlichen Wirkens. Nicht historische Fakten sind der entscheidende Inhalt seines Evangeliums, sondern das Bekenntnis zu Jesus, dem Christus Gottes, und zu seiner Botschaft vom bereits anbrechenden Reich Gottes.

Es kann heute nicht mehr erforscht werden, welche Wege dieser erste Evangelientext genommen hat. Sicher ist nur, dass sowohl Matthäus wie auch Lukas dieses Evangelium gekannt haben (vgl. Kasten auf Seite 335) und es – neben anderen Quellen – als Grundlage ihres neuen Evangeliums benutzt haben. Matthäus und Lukas können also auf die Arbeit des Markus aufbauen. Sie richten dessen Botschaft neu auf ihre eigenen Gemeinden aus und versehen sie mit neuen Akzentuierungen. So entfaltet sich das **eine** Evangelium von Jesus Christus in **drei**, später zusammen mit Johannes **vier** Evangelienschriften (vgl. dazu auch den Kasten auf Seite 297).

Der **Verfasser** des Matthäusevangeliums ist namentlich unbekannt. Die alte kirchliche Tradition bringt ihn mit dem Zollpächter Matthäus in Verbindung (Mt 9,9 und die gegenüber Markus geänderte Apostelliste in Mt 10,3). Dies wird allerdings heute kaum noch behauptet. Zudem ist es unsicher, ob der Verfasser wirklich eine Einzelperson war oder ein Autorenkollektiv (z.B. die führenden Köpfe einer christlichen Gemeinde). Die Autorenfrage muss ungewiss bleiben. Der Autor (die Autoren) stammen aus einem griechisch sprechenden Umfeld und sind zudem eng mit jüdischen Traditionen vertraut, so dass von einer judenchristlichen Gemeinde auszugehen ist.

Die **Abfassungszeit** lässt sich durch die Abhängigkeit vom zuvor entstandenen Markusevangelium (ca. 70 n. Chr.) eher bestimmen: Es kann die Zeit von 80 – 85 n. Chr. angenommen werden.

Als **Abfassungsort** gilt heute wegen des judenchristlichen Umfeldes des Markusevangeliums Palästina oder Syrien, wo sowohl jüdische als auch griechisch-hellenistische Einflüsse das Leben der frühen christlichen Gemeinden prägten.

Die drei synoptischen Evangelien
(griechisch »synopsis« = »zusammen sehen, Zusammenschau«)
Die drei Evangelien Markus, Matthäus und Lukas ähneln sich sehr, sie haben im Wesentlichen den gleichen Aufbau, stimmen an vielen Stellen wörtlich überein. Doch gibt es auch bedeutende Unterschiede: Einige Erzählungen finden sich nur in einem der drei Evangelien, auch setzen die Evangelisten unterschiedliche theologische Akzente. Weil man diese drei Texte gut nebeneinander lesen kann, werden Markus, Matthäus und Lukas als die synoptischen Evangelien bezeichnet. – Zur Entstehung ergibt sich nach heutigem Forschungsstand folgendes (hypothetisches) Bild:

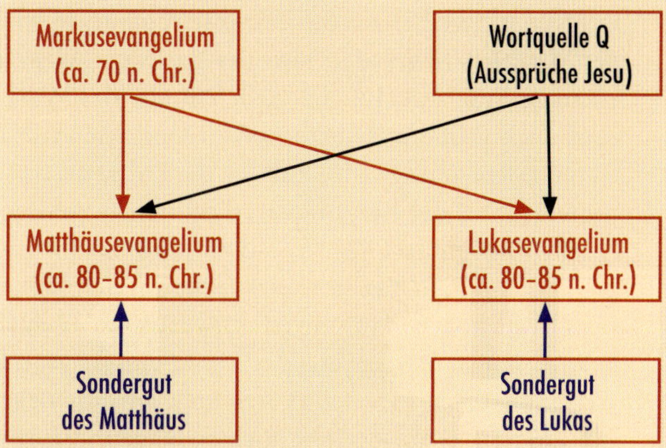

Matthäus und Lukas haben als gemeinsame Quelle und Grundlage das Markusevangelium; nach Markus richtet sich auch der Aufbau dieser beiden Evangelien. Beide greifen mit hoher Wahrscheinlichkeit auf eine weitere gemeinsame Quelle zurück, die man »Q« – »Wortquelle« nennt, weil sie wohl aus Aussprüchen und Worten Jesu besteht. Zusätzlich nimmt aber jeder der beiden noch »Sondergut« in sein Evangelium auf (etwa Matthäus die Lehrrede und das Zeichen zur Tempelsteuer [Mt 17,24–27] oder Lukas das Gleichnis vom barmherzigen Vater [Lk 15,11–32]). Ob es noch andere Quellen gegeben hat, die zeitlich vor der Endfassung der Evangelien lagen (etwa eine bereits schriftlich gefasste Leidensgeschichte oder eine Sammlung von Gleichnissen oder eine Zusammenstellung der Wunder Jesu) lässt sich heute nicht mehr beantworten.

Um den Apostel und »Evangelienautor« Matthäus ranken sich wie bei Markus, Lukas und Johannes allerlei **Legenden**. Als die Apostel aus Jerusalem abreisten, wurde jedem ein Missionsgebiet zugeteilt. Matthäus ging nach Schwarzafrika, sein besonderes Ziel war Äthiopien, wo er am Königshof der Königin Kandake sein Evangelium verkündete. Aufgrund des Widerstands der äthiopischen Zauberer sei er aber mit dem Schwert hingerichtet worden. Einer Tradition aus dem 10. Jahrhundert zufolge werden seine Reliquien in der italienischen Stadt Salerno aufbewahrt.

Die Botschaft des Matthäusevangeliums

Das Matthäusevangelium ist wie auch die anderen Evangelien keine Lebensbeschreibung eines bedeutenden Menschen in chronologischem Ablauf, sondern **»erzählte Theologie«**, Glaubensverkündigung, Glaubensbekenntnis, Stärkung für bereits Glaubende und Missionspredigt für noch nicht Getaufte. Dementsprechend lassen sich neben der äußeren Gliederung dieses Textes (vgl. Seite 337) auch grundlegende Gedanken aufzeigen, die die Theologie und die Botschaft des Matthäus bestimmen. Sie werden hier im Überblick aufgeführt und auf den folgenden Doppelseiten dann näher bestimmt:

- **Jesus ist der Lehrer des Himmelreiches:** In weitaus größerem Ausmaß als Markus hat Matthäus Lehrreden Jesu in sein Evangelium aufgenommen. Dies betrifft sowohl einzelne Erzählstücke, die vielleicht aus der Wortquelle Q (vgl. Seite 335) stammen, aber auch größere Redekompositionen wie etwa die Bergpredigt (Mt 5–7) oder die Gemeindeordnung (Mt 18) oder die Endzeitrede (Mt 23). Bei diesen Kompositionen, besonders bei der Bergpredigt, darf man annehmen, dass Matthäus aus verschiedenen Quellen Reden und Worte Jesu zusammengetragen und zu einer größeren Rede redigiert hat. So macht er in weiter Sicht das deutlich, was aus der Botschaft Jesu für seine Gemeinde von Bedeutung ist: Das Himmelreich (Markus: Reich Gottes) ist angebrochen – nun steht jeder vor der Entscheidung zum Glauben an Jesus.
- **Jesus ist der Messias (Christus):** In den Lehrreden klingt bereits nicht nur die Botschaft Jesu an, sondern auch seine grundsätzliche Bedeutung für den christlichen Glauben. In den Zeichen und Wundern Jesu wird dies auf vielfältige Weise bestätigt: Dieser Jesus hat Vollmacht von Gott selbst (Mt 28,18) und ist deshalb mehr als die alten Propheten Israels, er ist Gottes Sohn (Mt 3,17; 16,16; 17,5; 27,54), der Messias (Mt 16,16), der Immanuel (»Gott-mit-uns«, Mt 1,23). In ihm bricht bereits das Himmelreich, die Herrschaft Gottes an. Wer sich für ihn entscheidet und ihm nachfolgt, erhält Zugang zum himmlischen Festmahl (Mt 22,1–14: Gleichnis vom Hochzeitsmahl).
- **Jesus ist die Mitte der Gemeinde:** Mehr als die anderen Evangelisten ist Matthäus mit seinem Text in seiner Gemeinde verwurzelt. Er sieht aus der Mitte der Gemeinde heraus zurück auf Leben, Botschaft, Tod und Auferweckung Jesu. Sein Evangelium ist Verkündigung für die christliche Gemeinde. Damit aber wird auch die innere Ordnung der Gemeinde bedeutsam: Wie sie ihr Leben gestaltet, kann nicht unabhängig von der Botschaft Jesu und von seiner Person erfolgen. Es geht um unbedingte Nachfolge in der Gemeinschaft der Glaubenden (vgl. Mt 18: Gemeindeordnung).
- **Jesus ist der Menschensohn:** Matthäus greift eschatologische Vorstellungen seiner Zeit (sowohl aus dem Judentum wie auch aus der hellenistischen Umwelt) von Gericht und Weltende auf und verbindet sie mit der Gestalt Jesu: Dieser ist der Menschensohn, der am Ende der Zeit kommt und Gericht hält über die Menschen. Solche eschatologische Gedankenwelt verweist auf die unbedingte und nicht aufzuschiebende Entscheidung für Jesus, die von der Gemeinde (den neuen Jüngern) getroffen werden soll.

Matthäus greift auf Markus zurück, aber er geht in seinen theologischen Aussagen weit über ihn hinaus und schafft so ein selbstständiges Werk, dessen Kernaussage lautet: Gott errichtet in Jesus mitten unter uns sein Reich des Himmels.

Der Aufbau des Matthäusevangeliums

1-2	Kindheitsgeschichten (vgl. Seite 322-323)	
3-4,11	**Johannes der Täufer und Anfang des Wirkens Jesu**	
	3,1-12	Johannes der Täufer
	3,13-4,11	Taufe und Versuchung Jesu
4,12-18,35	**Das Wirken Jesu in Galiläa**	
	4,12-25	erstes Auftreten, erste Jünger
	5-7	Bergpredigt
	8-9,34	verschiedene Zeichen Jesu
	9,35-11,1	Aussendungsrede
	11,2-12	Entscheidung für oder gegen Jesus
	13,1-3	Gleichnisse über das Himmelreich
	13,54-17	Zeichen und Lehrreden Jesu
	18	Gemeindeordnung
19,-25,46	**Das Wirken Jesu in Judäa und Jerusalem**	
	19-20,34	Der Weg nach Jerusalem
	21-23	Auseinandersetzungen in Jerusalem
	24-25	Endzeitrede und Endzeitgleichnisse
26-28,20	**Leiden, Sterben und Auferstehen Jesu**	
	26-27	Leiden, Sterben und Grablegung
	28	Erscheinungen des Auferweckten Missionsauftrag

Egmond-Codex, Evangelistensymbol Matthäus und Evangelist Matthäus, Niederlande, 10. Jahrhundert

Alphonso Doss, Predigender Christus, Indien 1998

Jesus, der Lehrer – Bergpredigt

Unter den Lehrreden und Redekompositionen aller Evangelien ragt die »Bergpredigt« des Matthäus (Mt 5–7) heraus. Lukas hat eine ähnliche, aber nicht so umfangreiche »Feldrede (Lk 6,20–49) gestaltet, die wie die Bergpredigt des Matthäus von den einleitenden Seligpreisungen und dem abschließenden Gleichnis vom Hausbau gerahmt wird. Doch fügt Matthäus in diesen Rahmen erheblich mehr Redestücke Jesu ein, die er wahrscheinlich aus unterschiedlichen Quellen zusammengetragen hat.

In der Bergpredigt wird Jesus von Matthäus als der große **Lehrer** gezeichnet, der das Volk zu einer hörenden Gemeinschaft zusammenführt und die neue Lebensordnung des Volkes Gottes verkündet. Die Bergpredigt hat eine ethische und zugleich mahnende Ausrichtung: Es geht um ein richtiges Verhalten der Jüngerinnen und Jünger Jesu und um die richtige Entscheidung in jedem Augenblick. In dieser langen Komposition sind sehr unterschiedliche Textsorten aufgenommen worden: Seligpreisungen (Mt 5,3–12), Sprüche, Thesen/Antithesen, ein Gebet (Vaterunser, Mt 6,5–15), Mahnungen (»Sorgt euch nicht«, Mt 6,19–34) und Warnungen (vor falschen Propheten, Mt 7,15–23), zudem die sogenannte »Goldene Regel« (»Was ihr von anderen erwartet, das tut auch ihnen«, Mt 7,12).

Das Gebet des **Vaterunser** steht in der Mitte der Lehrrede und ist mit der Haltung des Vertrauens auf den gütigen Vater zugleich die Mitte der Botschaft Jesu wie auch der innere Kern des Glaubens der Jesusjünger und der ersten Gemeinden. Um diesen Gebetstext rankt sich in unterschiedlicher Form der Anspruch einer größeren Gerechtigkeit, die die Jesusjünger pflegen sollen. Die Seligpreisungen am Anfang und das Gleichnis vom Hausbau (Vertrauen in guten Grund) umgeben diesen Anspruch Jesu mit dem Zuspruch, dass das Vertrauen auf Gott und ein entsprechendes Leben als Konsequenz trägt und dem Glaubenden Hoffnung und Zuversicht gibt.

Die **Seligpreisungen** sind die Eröffnung dieser Lehrrede Jesu. Sie sind Botschaft von der Ankunft des Reiches Gottes, Anspruch an den Menschen, sich auf diese Botschaft einzulassen, und zugleich Verheißung, dass das in Jesus bereits begonnene Reich Gottes durch Gott zur Vollendung geführt wird. Matthäus hat seine Version der Seligpreisungen gegenüber der auch von Lukas genutzten Quelle »spiritualisiert«, er stellt nicht die konkret Armen, Trauenden, Weinenden vor Augen. Für Matthäus ist die innere Haltung von Menschen wichtiger (Armut, vgl. Demut im Alten Testament, Gerechtigkeit, Barmherzigkeit ...). Wer so zu leben versucht, der ist Gottes Kind, der wird bei Gott Vollendung finden.

Wenn man das Leben, Lehren und Wirken Jesu in der Bergpredigt, aber auch in anderen Lehrreden, in einer kurzen Formel zusammenfassen will, so kann man sagen: »Jesus bringt den Menschen den Schalom Gottes.« Das hebräische Wort »Schalom« meint dabei mehr als das deutsche Wort »Frieden«. Schalom ist das Heilsein und Ganzsein des Einzelnen und der Gemeinschaft. Schalom meint eine vollkommene Harmonie in sozialen, wirtschaftlichen und auch religiösen Verhältnissen, meint die innere und äußere Übereinstimmung des Menschen mit sich selbst, mit seiner Umwelt und mit Gott. Deshalb geht es in der Bergprdigt auch nicht allein um das Verhältnis des Glaubenden zu Gott, sondern ebenso um ein rechtes Verhalten den Mitmenschen gegenüber. Dabei kann ein solcher Schalom vom Menschen nie vollständig aus eigener Kraft erlangt werden, sondern er bleibt immer Geschenk, »Gnade Gottes«. Die innere Mitte der Bergpredigt, das Vaterunser, zeigt, wie der Glaubende dieses Geschenk Gottes wie ein Kind annimmt und aus dem Vertrauen auf Gott heraus lebt: Er gibt das Lebensnotwendige (»das tägliche Brot«), sein Reich beginnt mitten unter uns.

Jesus nun ist der Künder, ja mehr noch der Übermittler eines solch umfasssenden Schalom. Er tut dies exemplarisch an bestimmten Stellen: dort, wo Menschen in Bedrängnis sind durch das Verhalten anderer: beim Ausschluss von Menschen aus der Gemeinschaft (Mt 9,9–13: Jesus und die Zöllner), bei Krankheit und Behinderung (Mt 8,1–4: Heilung eines Aussätzigen), überall dort, wo Menschen ihre ursprüngliche Würde bestritten wird, wo sie arm, gering, ohne Hoffnung sind.

Dieses Wirken Jesu kann mit dem Oberbegriff des »Reiches Gottes« bezeichnet werden: Jesus ist der Künder des Reiches Gottes, ja der, in dessen Lehren und Handeln sich das Reich Gottes bereits anfanghaft mitten unter uns ereignet und verwirklicht (vgl. Lk 17,20–21). (Matthäus mit seinem jüdischen Hintergrund spricht statt des Begriffes »Reich Gottes« [Markus und Lukas] aus Ehrfurcht vor dem Namen Gottes vom »Himmelreich«.) Jesus ist der **Lehrer des Reiches Gottes**.

Gerahmt sind die Reden Jesu in der Bergpredigt durch eine Einleitung (Mt 5,1–2), die die Situation der Lehrrede beschreibt, und durch einen Schlusssspruch (Mt 7,28–29). Beides ist redaktionelle Arbeit des Matthäus. Im Berg, auf den Jesus steigt, klingt der Moseberg Sinai an, der Berg des Gesetzes, der guten Wegweisung Gottes (vgl. Seite 176–177 Bundesschluss am Sinai). Dort, auf den heiligen Berg des Neuen Bundes, setzt sich Jesus als Lehrer, umgeben vom Kreis seiner Jüngerinnen und Jünger, doch lehrend zum ganzen Volk. Die Bergpredigt ist im Anspruch des Matthäus also keine Wegweisung für eine fromme Elite, sondern betrifft alle Menschen guten Willens. Der Schlusssatz lässt bereits einen weiteren Gedanken anklingen: Jesus lehrt mit göttlicher Vollmacht: Er ist Gesetzgeber wie Gott damals auf dem Sinai – er ist der **Messias**.

Hatigammana Uttarananda, Jesus, Sri Lanka

Jesus, der Messias – Zeichen und Wunder

Alle Evangelien sind Christuszeugnis, Christusbekenntnis, Verkündigung des Mannes aus Nazaret als Messias, Christus, Heiland für alle Menschen. Dabei setzt Matthäus gegenüber seiner Vorlage, dem Markusevangelium, weiterführende Akzente. Matthäus reflektiert die Gestalt Jesu stärker als Matthäus und bringt sie durch zahlreiche Schriftverweise in eine innere Beziehung zu den Schriften der Hebräischen Bibel. So greift er auch auf Ehrentitel zurück, die sich aus dem Alten Testament bzw. der jüdischen Tradition ergeben. Für ihn ist Jesus Prophet (Mt 21,11), Sohn Gottes, Immanuel (»Gott-mit-uns«), vor allem aber der erwartete **Messias** (hebräisch »maschiach«, griechisch: **Christus**, »Gesalbter [Gottes]«).

Mit dem Ehrentitel Christus setzt Matthäus eine Linie fort, die seit den Anfängen der christlichen Gemeinden existiert und bereits in den etwa dreißig Jahre vor dem Matthäusevangelium verfassten echten Paulusbriefen zum zentralen Namen für Jesus geworden ist. Kein anderer Titel hat als Deutung Jesu, des Gekreuzigten und Lebenden, solche Bedeutung gewonnen wie Messias/Christus (vgl. Seite 294–295). Bereits vorösterlich haben sich Menschen, die Jesus begegneten, gefragt, ob der traditionelle Messiastitel auf Jesus passt. Nachösterlich wird dieser Titel zur wichtigsten Interpretationsmöglichkeit, in der sowohl Jesu Stellung zu Gott wie auch sein Sterben und Auferstehen gedeutet werden konnte.

Der Messiastitel wird dabei bei Matthäus mit David verbunden: So ist der »theologische« Geburtsort Jesu am Anfang des Evangeliums Betlehem, die Stadt Davids, »aus der ein Fürst hervorgehen wird« (Mt 2,6 nach Mi 5,3). Aber auch am Ende des Evangeliums findet sich ein Verweis auf Jesus als »König von Israel« (Mt 27,42) – er stirbt in der Davidsstadt Jerusalem. Jesus ist der zweite David, der größere David, der kein politisches Reich aufrichten wird, sondern mit dem das Reich Gottes (»Himmelreich«) anbricht. Seine Jüngergemeinschaft steht somit stellvertretend für das neue Israel, die Wiedererrichtung der zwölf Stämme Israels (die »Zwölf«, Mt 10,1–4).

Der Messiastitel ist dabei verknüpft mit vielfältigen Zeichen und Wundern. Bei den Wundern (vgl. Seite 308–309) geht es nicht um ein Durchbrechen naturwissenschaftlicher Gesetze, auch nicht um die Darstellung Jesu als Wundermann. Vielmehr ist die Zielrichtung der Wunder das Bekenntnis, dass in diesem Jesus, dem Gesalbten und Gesandten Gottes (Messias/Christus), das Reich Gottes bereits begonnen hat. Die Wunder und Zeichenhandlungen Jesu nehmen vorweg, was für die Zukunft des Reiches Gottes ausgesagt wird: Sie sind Verheißung von Vollendung, Überwindung jeglicher Not, Heil- und Ganzsein des Menschen, neue Einbindung in Gemeinschaft, Leben in Fülle. Die Wunder sind Hoffnungszeichen, die dem Glaubenden eine Perspektive aufzeigen: Gott will Heil für alle in Jesus.

Diesen Grundsatz zeigt Matthäus in vielen Erzählstücken, die von einem wunderbaren Handeln Jesu berichten. Dabei sind diese Erzählungen – unabhängig von der Frage, was da wirklich geschehen ist – ein Glaubensbekenntnis zu Jesus als dem Messias. So steht am Ende solcher Erzählungen oft die Frage nach der Vollmacht Jesu und damit nach der Person Jesu selbst: »Was ist das für ein Mensch, das ihm sogar die Winde und der See gehorchen?« (Mt 8,27: Stillung des Seesturms) – »Die Leute erschraken und priesen Gott, der den Menschen solche Vollmacht gegeben hat« (Mt 9,8: Heilung eines Gelähmten).

Mehr noch als die Predigten und Lehrreden Jesu führen die Wunder die Menschen zur Entscheidung für oder gegen ihn. Nach der Heilung des Mannes mit der verdorrten Hand am Sabbat (Mt 12,9–14) fassen die Pharisäer den Beschluss, Jesus zu töten. Umgekehrt steht die kanaanäische Frau, eine Heidin, für den Glauben an Jesus – ihre Tochter wird wegen ihres Glaubens geheilt (Mt 15,21–28). Dass es bei den Heilungen letztlich um eine Frage des unbedingten Glaubens geht, müssen die Jünger erst lernen (Mt 17,14–21: Heilung des mondsüchtigen Jungen und Lehrgesprach danach). Der Glaube an Jesus und seine ihm von Gott verliehene Vollmacht führt schließlich zur Bindung an ihn, zu Jüngerschaft und Nachfolge. Dies wird beispielhaft in der Erzählung von der Heilung der beiden Blinden dargestellt (Mt 20,29–34): Als sie »sehen« können, erkennen sie Jesus und folgen ihm. Die Blinden sind die im Glauben an den »Sohn Davids« wirklich Sehenden, die sehenden Pharisäer dagegen sind die für Jesus und seine Botschaft Blinden.

Mit dem Messiastitel verwandt ist der Titel »**kyrios**« – »**Herr**«. Dies ist nicht einfach eine Anrede wie in unserem Sprachgebrauch, sondern hatte im Judentum (aus dem Matthäus und seine Gemeinde hervorkamen) eine besondere Bedeutung. Aus Ehrfurcht vor dem Gottesnamen Jahwe (JHWH) verwandte man in Gebeten meist Umschreibungen des Gottesnamens, vor allem hebräisch »adonaj« = »(mein) Herr«. In den Gleichnisreden des Matthäusevangeliums findet sich vielfach diese Gleichsetzung Gottes mit »Herr«, überall dort, wo ein Gleichnis auf das Verhalten Gottes den Menschen gegenüber abhebt. Wenn nun diese Benennung »Herr« von den zwei Blinden auf Jesus angewandt wird (Mt 20,31), dann wird bereits durch dieses Wort angedeutet, dass Jesus von Gott beauftragt und bevollmächtigt ist: Wie Gott selbst ist er der *Herr*; Jesus hat göttliche Autorität, in seinem Reden und Handeln scheint Gott selbst durch. In den frühchristlichen Gemeinden wird der Titel »Herr« vor allem mit der Auferweckung Jesu verbunden: Der Gekreuzigte und Lebende ist der Herr seiner Gemeinde: »Jesus ist der Herr – Gott hat ihn von den Toten auferweckt« (Röm 10,9).

Hanna Cheriyan Varghese, Schweig, sei still!, Malaysia 2001

Jesus, der Meister – Gemeindeordnung

Als einziger der vier Evangelisten spricht Matthäus ausdrücklich über die Kirche – er wird deshalb als der kirchliche Evangelist bezeichnet. Dazu wird vor allem das Wort an Petrus nach dessen Messiasbekenntnis (Mt 16,13–20) und die sogenannte Gemeindeordnung (Mt 18) aufgeführt. Aus diesen und anderen Stellen ergeben sich für das Kirchenbild des Matthäus fünf Gedanken, mit denen er sich auch von den anderen Evangelisten absetzt:

- **Kirche ist eine geschwisterliche Gemeinschaft**: Dreimal (Mt 18,15a.b.35) taucht in der Gemeindeordnung das Wort Bruder auf, das im Griechischen sowohl den leiblichen Bruder wie auch den Bruder in einer Gemeinschaft meint (dann richtiger: Schwester und Bruder). Damit ist ein Stichwort zum Verständnis des Matthäus von Kirche gegeben: Kirche ist eine geschwisterliche Gemeinschaft, in der man zusammen lebt und sich füreinander verantwortlich weiß. Solche Verantwortung zeigt sich besonders dann, wenn ein »Bruder« (eine »Schwester«) einen Irrweg geht und Hilfe und Unterstützung braucht (Mt 18,15–20). Aber ebenso lassen sich auch die Grundsätze der Bergpredigt (Mt 5–7) in diesen Zusammenhang einordnen.
- **Kirche ist eine dienende Gemeinschaft**: Sowohl am Anfang der Gemeindeordnung (Mt 18,1–5) wie auch später (Mt 20,20–28) wird ein Rangstreit der Jünger aufgeführt. Dagegen verweist Jesus auf den Dienst der geschwisterlichen Gemeinschaft: »Wer bei euch groß sein will, der soll euer Diener sein« (Mt 20,26). Es darf in der Kirche nach Matthäus keine Rangordnung geben, kein Herrschenwollen, keine Unterdrückung. Vielmehr muss alle Glieder der Kirche die Bereitschaft zum gegenseitigen Dienst prägen.
- **Kirche ist eine glaubende Gemeinschaft**: Das Wort Jesu an Petrus nach dessen Messiasbekenntnis (Mt 16,13–20) von der Schlüsselübergabe und vom Binden und Lösen wird bei der Bescheibung des Matthäus als des kirchlichen Evangelisten besonders herausgestellt. Dabei ist zu differenzieren: Das Wort vom Binden und Lösen findet sich auf Petrus hin gesprochen (Mt 16,19) und auf die Gemeinde (Mt 18,18).

Gemeint ist wohl eine Vollmacht zur Aufnahme (Binden) von neuen Mitgliedern der Gemeinde in die Gemeinschaft, bzw. die Abgrenzung von Gemeindemitgliedern, die dem Anspruch des Evangeliums nicht gerecht werden (vgl. auch Mt 18,15–17). Die Bibelwissenschaft nimmt heute weithin an, dass das Petruswort ursprünglicher ist und diese dem Petrus übergebene Vollmacht der Leitung später (als er nicht mehr in der Gemeinde im syrischen Antiochia oder gestorben war?) an die Gesamtgemeinde übergegangen ist: Die Gemeinde führt also den Auftrag des Petrus weiter.

Das Wort Jesu »Du bist Petrus (Kephas, Fels, Stein), und auf diesen Felsen werde ich meine Kirche bauen« begründet einen Primat des Petrus. Er ist der Erstberufene (Mt 4,18) und deshalb der erste Repräsentant des Glaubens in der Gemeinde. (Das Johannesevangelium macht ihn später auch zum Erstzeugen des Auferweckten – das Zeugnis der Frauen, der Erstzeuginnen, wird dabei zurückgestellt, vgl. Joh 20,1–10 und Mt 28,1–8). Petrus war ebenso in der Urgemeinde in einer herausragenden Stellung, wenn auch nicht er, sondern Jakobus diese Gemeinde geleitet hat. Auf den Glauben des Petrus also, so Matthäus, kann die geschwisterliche Gemeinde bauen. Er ist der vorbildlich Glaubende (Messiasbekenntnis in Mt 16,16) und deshalb der Eckstein und Grundstein der glaubenden Gemeinschaft.

Es gibt eine weitere Deutung des Jesuswortes über Petrus (= Fels, Stein): Im mythologischen Weltbild hatte die Unterwelt der Toten einen Ausgang in unsere Menschenwelt hinein, durch den die Macht des Todes die Lebenden erreicht. Der beispielhafte Glaube des Petrus ist damit als Grundstein der Kirche wie ein Stein, der diesen Ausgang des Todes verschließt. Nicht mythologisch gesprochen: Wer glaubt und bekennt wie Petrus, dessen Glaube überwindet den Tod und gewinnt das Leben. Nicht um Petrus also geht es, sondern um seinen vorbildlichen Glauben und seine Hoffnung.

- **Kirche ist eine Gemeinschaft von Gleichen**: Matthäus nimmt unmittelbar vor seiner Endzeitrede (Mt 24) eine Redekomposition auf, in der sich Jesus vehement gegen die äußerliche Frömmigkeit der Pharisäer wendet: Diese Zeichnung ist sicher auf die meisten Pharisäer zur Zeit Jesu hin ungerecht, wahrscheinlich spiegelt sich darin eher die zur Zeit des Matthäus existierende Auseinandersetzung der christlichen Gemeinden mit den jüdischen Synagogen wider (Trennung von Kirche und jüdischer Synagoge). In diese Wehrede stellt Matthäus aber einen Grundsatz, der für sein Verständnis von Kirche prägend ist (Mt 23,8–12): Die Geschwister in der christlichen Gemeinde sollen sich nicht Rabbi, Vater oder Lehrer nennen, denn Christus allein ist Meister und Lehrer und Gott selbst ist allein Vater. In der christlichen Gemeinde also soll es kein Oben und Unten geben, keine hierarchische Ordnung, keine heiligen Väter, sondern eine geschwisterliche Gemeinschaft des Dienstes.
- **Kirche ist eine Gemeinschaft der Versöhnung**: Bereits die Binde-und Löseformel macht das Bemühen der Gemeinde um Versöhnung auch mit schuldig Gewordenen deutlich. Dieser Gedanke klingt auch an anderen Stellen an: etwa in der Bergpredigt mit der Forderung, nicht zu richten (Mt 7,1–5) und nicht zu vergelten (Mt 5,38–42) oder in der Vaterunserbitte (Mt 6,12) oder in den Gleichnissen vom verlorenen Schaf (Mt 18,12–14) und vom unbarmherzigen Gläubiger (Mt 18,[21–]23–35). Kirche ist also eine versöhnte Gemeinschaft von Verschiedenen.

Das Kirchenbild des Matthäus zeigt demnach eine geschwisterliche, dienende, glaubende und versöhnte Gemeinschaft von Gleichen (Schwestern und Brüdern).

Francis Mampuya-Kitah, La Suprematie (Überordnung), Demokratische Republik Kongo

Jesus, der Menschensohn – Gericht und Endzeit

In der Zeit des sogenannten *Spätjudentums* (ab 200 v. Chr.) entsteht in Israel eine Protestbewegung gegen die durch die syrischen Herrscher (etwa Antiochus IV. [215–164 v. Chr.]) betriebene Hellenisierung von Kultur und auch Religion in Israel (vgl. Seite 46–47). Dabei entstehen Vorstellungen, dass die Endzeit der Welt unmittelbar bevorsteht. Diese Vorstellungen werden in apokalyptischen Schriften gesammelt (von griechisch »apokalyptein« = »offenbaren«); Schriften, die vorgeben, ein geoffenbartes Wissen über die Ereignisse der Endzeit zu haben. Meist geht es dabei um Spekulationen über das Unheil, das die Menschen beim Weltende trifft, aber auch um ein Endgericht, bei dem jeder nach seinen Taten beurteilt wird.

Solch endzeitliche Gedankenwelt hat auch in die Schriften der Bibel Einzug gehalten. Die Visionen im zweiten Teil des Buches **Daniel** etwa (vgl. Seite 258–259) erzählen in einer fantastischen Bilderwelt (vier Tiere aus dem Meer, Dan 7,1–8) von der Katastrophe der Endzeit. Dann aber verweist diese Vision auf einen aus dem Himmel kommenden Menschensohn, der von einem Hochbetagten auf einem Thron Herrschaft und Königtum erhält (Dan 7,13–14) und dessen Herrschaft danach nie mehr enden wird: »Sein Reich geht niemals unter.«

Die drei synoptischen Evangelien greifen die apokalyptischen Gedanken ihrer Zeit und ihres Umfelds (Judentum) auf und verbinden sie mit der Gestalt Jesu. So findet sich in Markus 13 eine Endzeitrede (ähnlich in Lukas 21,5–36 und in Matthäus 24), die zuerst von höchster Not spricht, dann aber vom Kommen eines Menschensohns, der »mit großer Macht und Herrlichkeit aus den Wolken kommt« (Mk 13,26). Diese Vision wird durch den Aufruf zur Wachsamkeit ergänzt (Mk 13,33–37).

Matthäus und Lukas erweitern diesen Gedankengang durch das Gleichnis vom anvertrauten Geld (Mt 25,14–30 und Lk 19,11–27): Jeder wird entsprechend seiner Taten beurteilt werden. Matthäus setzt zusätzlich das Gleichnis von den zehn Jungfrauen (den fünf wachsamen und den fünf törichten) hinzu (Mt 25,1–13), das bei Lukas nur durch einen Spruch zusammengerafft ist (Lk 12,35). Außerdem schließt Matthäus seine Rede über die Endzeit mit der großen Rede vom Weltgericht (Mt 25,31–46) ab, die matthäisches Sondergut ist und das Sprechen über die Endzeit in einen größeren Rahmen stellt als die beiden anderen synoptischen Evangelisten. Deshalb sollen die Gedanken des Matthäus näher aufgeschlüsselt werden.

Der Name »**Menschensohn**« wird in den Evangelien in dreifacher Weise verwandt:

- Der **irdische** Menschensohn als Synonym für Mensch, Ich: Jesus bezeichnet sich in in einer distanzierten Sprechweise als Menschensohn: »Der Menschensohn hat keinen Ort, wo er sein Haupt hinlegen kann« (Mt 8,20).
- Der **leidende** Menschensohn ist die Konsequenz aus dem Lebensweg des irdischen Menschensohns. Wegen seiner Botschaft und seiner Taten wird der Menschensohn verfolgt: »Ihr wisst, dass in zwei Tagen das Paschafest beginnt; da wird der Menschensohn ausgeliefert und gekreuzigt werden« (Mt 26,2).
- Der **endzeitliche** Menschensohn kommt aus der Herrlichkeit Gottes und bringt die Barmherzigkeit Gottes: »Der Menschensohn wird mit seinen Engeln in der Hoheit seines Vaters kommen und jedem Menschen vergeben, wie es seine Taten verdienen« (Mt 16,27).

Diese letzte Vorstellung ist die Grundlage der Rede vom Weltgericht. Wie das Gleichnis von den Jungfrauen ist diese Rede ein Aufruf zur Wachsamkeit: »Bedenkt das Ende!« Wie das Gleichnis vom anvertrauten Geld mahnt sie zu einem Leben des Dienstes am Nächsten: »Bedenkt eure Taten!« Zugleich zeichnet Matthäus den kommenden Richter und Herrscher mit drei aus der Hebräischen Bibel stammenden Titeln: Er ist der endzeitliche *Menschensohn*, der über ein Reich herrschen wird, das ihm von Gott selbst gegeben wird (vgl. Dan 7,13). Er ist zugleich der gerechte und treue *König* über alle Völker, Nationen und Sprachen (vgl. Dan 7,14) – eine universale Perspektive, die jede Enge und Beschränkung (auf das jüdische Volk oder auf die Kirche) überwindet. Er ist zudem der fürsorglich sorgende *Hirt* (vgl. Ps 23), der sein Leben für die Seinen einsetzt.

Wie in der Bergpredigt (Mt 5–7) geht es um das richtige Verhalten angesichts des bereits angebrochenen Reiches Gottes. In Wachsamkeit und Aufmerksamkeit gilt es, die Not des Nächsten wahrzunehmen und zu lindern. Nicht mehr die Zugehörigkeit zu einer religiösen Gemeinschaft (etwa dem jüdischen Volk – »Abrahamskindschaft«) ist für die Rettung und das Heil ausschlaggebend, sondern allein das eigene verantwortliche Handeln: der Dienst am Mitmenschen. Es geht Jesus um das neue Volk Gottes, seine neue Familie, in der Geschwisterlichkeit und gegenseitiger Dienst bestimmend sind.

Diese apokalyptische Vorstellung vom kommenden Menschensohn wird in der Leidensgeschichte in einer dramatischen Szene des Verhörs vor dem Hohen Rat aufgegriffen, wo Jesus sagt: »Ihr werdet den Menschensohn zur Rechten der Macht sitzen und auf den Wolken des Himmels kommen sehen« (Mt 26,64, vgl. Mk 15,62). Lukas präzisiert diese Aussage: »Von nun an wird der Menschensohn zur Rechten des allmächtigen Gottes sitzen« (Lk 22,69). Im Weg zum Kreuz zeigt sich der dienende und leidende Menschensohn als der himmlische Herrscher, der die Wende der Zeit bringt und das neue Reich Gottes, das neue Israel, das neue Volk Gottes schafft. Wer glaubt und diesen Glauben durch seine Werke lebt, der wird gerettet und findet zum Heil.

Grundthema der Bibel – Gott, der Heil für alle will

Die Hebräische Bibel, das Alte Testament, bekennt Gott als denjenigen, der Leben schafft und erhält, als einen Freund des Lebens und nicht des Todes. Dennoch ist das Leben auf der Erde und besonders menschliches Leben immer eingeengtes Leben, bedrängt von Not und Gefahr, von Krankheit und Behinderung, von Schuld und schließlich vom Tod. Das Leben auf dieser Erde bleibt unvollendet, aber Menschen sehnen sich nach Vollendung und endgültigem und umfassendem Heil.

Bereits die Verheißungen der alttestamentlichen Propheten lassen anklingen, dass eine solche Vollendung des Lebens von Gott zugesagt ist. Gott erweist sich als der, der endgültiges Heil schaffen will: »Dann schmieden sie Pflugscharen aus ihren Schwertern und Winzermesser aus ihren Lanzen. Man zieht nicht mehr das Schwert, Volk gegen Volk, und übt nicht mehr für den Krieg. Jeder sitzt unter seinem Weinstock und unter seinem Feigenbaum ...« (Mi 4,3–4). Dieses Bildwort spricht vom umfassenden Schalom Gottes für alle Völker – unabhängig vom besonderen Bund Gottes mit Israel, seinem Volk.

Solches Heil, solch alle umgreifender Schalom, gilt in den alttestamentlichen Schriften in der Regel zwar dem Volk Israel. Nur an wenigen Stellen – vor allem beim dritten Jesaja (Völkerwallfahrt, vgl. Jes 60) und in den späten Schriften des Alten Testaments – gibt es eine Ausweitung dieses versprochenen Heils auf andere Völker. Der Blick der alttestamentlichen Schriftsteller bleibt – wie auch in der Regel sonst in antiken Texten – auf das eigene, das Volk Israel beschränkt. Man sah keinen Grund, über die eigene Gemeinschaft hinauszublicken.

Aus dieser Sicht lebte weithin auch Jesus. Er lebte und wirkte in Israel, überschritt seine Grenzen nur manchmal in Randgebieten zu umliegenden Völkern. Sein Wirken und seine prophetische Botschaft richten sich an Israel. Nur sehr bedingt ergibt sich aus seinem Handeln, etwa durch einzelne Heilungen wie die des Dieners (Sohnes) eines römischen Hauptmanns in Kafarnaum (vgl. Mt 7,1–10 und Joh 4,46–54), ein Übersteigen dieser völkischen Enge.

Dennoch weitet sich durch Jesus der Begriff des endgültigen Heils. Jesus geht es um das neue Israel, die neue Gemeinschaft von Menschen mit Gott. Die Zugehörigkeit zu diesem neuen Volk liegt nicht darin, dass jemand »Kind Abrahams« ist, also zum jüdischen Volk gehört (vgl. Joh 8,30–47). Die Zugehörigkeit zum neuen Volk Gottes liegt allein am Glauben und am unbedingten Vertrauen (vgl. Gal 3,6–18). Dies ist der grundlegende Ansatz, die Botschaft Jesu nicht allein auf Israel, nicht nur auf ein Volk oder eine Volksgruppe, sondern umfassend auf alle Menschen zu beziehen.

An Jesus wird deutlich, dass Gottes Heil allen Menschen gilt. Damit sind zum einen die Armen und Geringen, die Krüppel, Blinden und Lahmen gemeint, die also, die nichts haben und nichts darstellen. Zum andern aber gilt das von Jesus verheißene Reich Gottes allen, die sich um den Glauben und die Nachfolge bemühen, allen, die sich wie Kinder vertrauensvoll an Gott, den Vater wenden. Damit ist das Heil grundsätzlich für alle Völker da.

Jesus befindet sich mit seinem Leben, Glauben und mit seiner Botschaft auf dem Boden des Ersten, Alten Testaments. Dennoch öffnet er seine Vorstellung von Gott über Israel und die Glaubensgeschichte Israels hinaus: Der Gott Israels, der den Menschen in vielfältiger Weise nahe ist, ist der Gott der ganzen Welt und aller Völker. Er ist allen nahe, gleich wo und wie sie leben, die sich ihm glaubend, hoffend und vertrauend zuwenden. Von nun an gilt nicht länger nur: »Höre, *Israel!* Jahwe, unser Gott, Jahwe ist einzig!«, sondern: »Hört, *ihr Völker der Erde!* Jahwe, der Ich-bin-da-für-euch, unser Gott, ist einzig. Darum sollst du den Herrn, deinen Gott, lieben mit ganzem Herzen, mit ganzer Seele und mit ganzer Kraft« (vgl. Dtn 6,4). So entsteht die neue Familie Jesu: »Wer den Willen meines himmlischen Vaters erfüllt, der ist für mich Bruder und Schwester und Mutter« (Mt 12,50).

»Wer das Reich Gottes nicht so annimmt wie ein Kind, der wird nicht hineinkommen.« (Mk 10,15)
Deckengemälde, St. Martinskirche, Zillis, Schweiz, um 1100

Später hat Paulus diesen Aspekt, bedingt durch seine Lebensgeschichte und seine Missionsarbeit bei den »Heiden« im Mittelmeerraum, in besonderer Weise in seinen Briefen herausgestellt: Durch Jesus fallen die Schranken zwischen den Menschen, gleich ob sie auf wirtschaftlichen oder rassischen Unterschieden beruhen oder ob sie geschlechtsbedingt sind: Alle sind von Gott berufen, das Heil zu erlangen, und alle sind von da aus Adressaten der Frohen Botschaft Jesu, alle können zum einen Volk Gottes unter den Völkern gehören. Gott erweist sich als ein Gott, der Heil für alle will.

Im Zeitalter der Globalisierung hat eine solche Botschaft nicht die Sprengkraft, die sie damals und auch zu vielen Zeiten der Kirchengeschichte sicher hatte. Lange Zeit war es keineswegs selbstverständlich, dass alle Menschen, auch etwa die in den überseeischen Kolonien, von Gott zum Heil berufen sind. Christen haben sich, meist aus politischen und wirtschaftlichen Gründen, oft genug gegen die gleiche Würde aller Menschen schuldig gemacht und so die Botschaft des Evangeliums verdunkelt. Dem gegenüber gilt es heute neu zu betonen, dass sich die Botschaft des Evangeliums an alle richtet. Wer Menschen aus rassischen, sozialen oder anderen Gründen ausschließt, benachteiligt oder gar verfolgt, kann sich nicht auf Jesus und den christlichen Glauben berufen. Der Gott Jesu Christi und damit der Gott der Christen ist ein Gott, der Heil für alle Menschen will. Vor Gott gibt es nicht die vielen Völker, sondern nur ein einziges Volk, das glaubend und vertrauend vor ihm steht.

Evangelist Lukas,
Ada-Evangeliar,
Hofschule Karls des Großen, um 800

Ab dem 4. Jahrhundert wird dem Evangelisten Lukas der Stier als Symbol zugeordnet. Diese Zuordnung erfolgt in der kirchlichen Tradition deshalb, weil Lukas am Anfang seines Evangeliums in der Kindheitsgeschichte vom Opfer Zacharias im Jerusalemer Tempel erzählt und der Stier das wertvollste Opfertier war. Der Stier ist in vielen Kulturen und auch Religionen zugleich das Symbol von Kraft, Fruchtbarkeit und Wildheit – er steht oft für neues Leben von Gott her.
Zum Ursprung der vier Evangelistensymbole (Markus: Löwe; Matthäus: Mensch; Lukas: Stier; Johannes Adler) vgl. Seite 296.

Das Lukasevangelium

Neben Matthäus hat auch Lukas das Markusevangelium als Grundlage. Beide greifen zudem auf eine weitere gemeinsame Quelle (Q = Wortquelle mit Aussprüchen Jesu) zurück, haben aber auch eigenes Sondergut (vgl. Seite 335: die drei synoptischen Evangelien). Johannes dagegen verfolgt eine eigene Linie des Jesusbekenntnisses in seinem Evangelientext.

Allen Evangelien sind gegen Ausgang des zweiten Jahrhunderts Überschriften mit fiktiven Namen gegeben worden (zuerst in der Papyrushandschrift p^{75} etwa um 200), ursprünglich sind es – wie in der Antike oft üblich – anonyme Schriften. Durch die spätere Namensgebung sollte die Autorität der Texte dadurch gestärkt werden, dass die Verfasser in einen engen Bezug zur apostolischen Zeit bzw. bei Markus zu einem Apostel (Petrus) gestellt werden. Bei Johannes (vgl. Seite 360) wird in der alten kirchlichen Tradition sogar davon ausgegangen, dass der Evangelist mit dem Apostel gleichzusetzen ist. Die Autorenangabe also geschieht nicht in historischer Überlieferung, sondern aus Gründen der Autoritätsverstärkung der jeweiligen Evangelientexte (Gleiches gilt auch für die apokryphen Evangelien, vgl. Seite 25).

Als **Verfasser** sowohl des Evangeliums wie auch der Apostelgeschichte wird in der altkirchlichen Tradition seit Irenäus von Lyon (135–202) der im paulinischen Philemonbrief und in den nachpaulinischen Briefen erwähnte Arzt Lukas (vgl. Phlm 24; Kol 4,14; 2 Tim 4,11) vermutet. Hier ist Lukas ein Paulusmitarbeiter, was den genauen Bericht über die Missionsreisen des Paulus in der Apostelgeschichte erklären soll. Dennoch bleibt die Verfasserschaft im Ungewissen. Wir können nur davon ausgehen, dass der Verfasser ein gebildeter Heidenchrist ist, der hervorragend erzählt (vgl. die Emmauserzählung in Lk 24,13–35) und auch historisches Interesse zeigt. So nennt er präzise Orts- und Zeitangaben; »Lukas, der Historiker«, schreibt eine heilige Geschichte.

Sein Bezug zu Paulus bleibt vor allem deshalb unklar, weil er in der Apostelgeschichte in keiner Weise auf die Briefe des Paulus eingeht. Es ist deshalb und aus theologischen Gründen (andere Bewertung des jüdischen Gesetzes) eher zu vermuten, dass es sich um einen Verfasser nach der Zeit des Paulus handelt, der rückblickend auf Jesus (Evangelium) und das Wirken der Apostel (besonders Petrus und Paulus, Apostelgeschichte) zurückschaut. Dennoch kann man sagen, dass das Lukasevangelium in eine »paulinische Atmosphäre« einzuordnen ist und paulinische Gedanken aufgreift (so vermutet bereits der Kirchenvater Tertullian, 150–220).

Als **Abfassungszeit** kann man wie bei Matthäus wegen der Abhängigkeit vom Markusevangelium die Zeit von ca. 80–85 n. Chr. bestimmen. Als **Abfassungsort** ist Griechenland oder Kleinasien anzunehmen.

Der Evangelist Lukas soll der **Legende** nach ein gebürtiger Grieche aus der syrischen Hafenstadt Antiochia gewesen sein. Dort sei er auch in Rhetorik und Medizin ausgebildet worden. Er soll nach der Begegnung mit Paulus als Missionar in Griechenland gewirkt haben. Lukas, der Arzt, gilt als Patron der Ärzte und der Heilberufe. Auch erzählt die Legende, dass er Maler gewesen sei und als Erster ein Bild von Maria mit dem Kind gemalt habe (oft in der ostkirchlichen Tradition abgebildet).

Ein Evangelium in vier Evangelien

Das gesamte Neue Testament verkündet in seinen unterschiedlichen Schriften die eine Botschaft von Jesus Christus, der Heil von Gott zu den Menschen bringt. Er ist der Bote und die Offenbarung des barmherzigen und den Menschen zugewandten Gottes; wer an ihn glaubt, gewinnt das Leben. Das erzählende Bekenntnis zu ihm macht den Kern aller neutestamentlichen Schriften aus, gleich ob es die ältesten Paulusbriefe, die vier Evangelientexte oder die anderen Briefe und die Offenbarung sind. Zusammen ist das Neue Testament die eine Frohe Botschaft.

Für Leben, Wirken, Leiden und Sterben Jesu sind uns die vier Evangelien wichtiger als die anderen neutestamentlichen Schriften. Hier wird nicht als Biografie, wohl aber als Glaubensbekenntnis auf dem Hintergrund biografischer Fakten von Jesus, dem Mann aus Nazaret und Christus Gottes, berichtet. Das eine Bekenntnis zu Jesus findet sich also in vier Stimmen wieder, die unterschiedliche Akzente setzen, aber in ihrer Grundbotschaft vereint sind: Das Reich Gottes beginnt mit Jesus – er ist der Weg zum Heil und Schalom Gottes. Diese vier unterschiedlichen Stimmen sind insofern von Bedeutung, weil man durch sie auf verschiedene Aspekte des Lehrens und Wirkens Jesu aufmerksam gemacht wird (vgl. jeweils die Doppelseiten »Die Botschaft des (Markus-, Matthäus-, Lukas-, Johannes)evangeliums«). Von vier Seiten wird Jesus gesehen und so ergibt sich ein Mosaik verschiedener Sichten, die aber im Grundbekenntnis übereinstimmen. Man darf diese Verschiedenheit der Stimmen deshalb auch nicht einebnen, harmonisieren und zu einem fortlaufenden Text zusammenfügen – jeder Evangelist ist ein eigenständiger Bote mit einer eigenständigen Botschaft von Jesus und dem mit ihm beginnenden Reich Gottes.

Die Botschaft des Lukasevangeliums

Das Lukasevangelium ist wie die anderen Evangelien keine Biografie, sondern Glaubensverkündigung und Bekenntnis zu Jesus als dem Christus Gottes. Sein Vorbild und seine Grundlage Markus übertrifft Lukas aber ebenso wie das zur gleichen Zeit entstandene Matthäusevangelium dadurch, dass er in meisterlicher Art von Jesus erzählt. Die durch Markus entstandene neue Textsorte »Evangelium« (vgl. Seite 297) wird duch Lukas zur hochwertigen Literatur. Lukas betreibt eine narrative (erzählende) Theologie, die gleichwohl auf einem genau konzipierten Zeit- und Handlungsstrang beruht, aber dennoch erzählende Verkündigung ist. Zudem setzt Lukas auch in seiner Theologie neue und eigene Akzente:

- **Der Gott der Armen und Geringen**: In Kontinuität zu den Schriften der Hebräischen Bibel, besonders zur Exodustradition, versteht Lukas Gott als den, der das Schreien der Armen hört und ihnen Rettung verschafft. Der Gott der Armen rettet aus Unterdrückung und Not, er verschafft neue Lebensmöglichkeiten, er verheißt Heil, umfassenden Schalom als Perspektive für das Leben jedes Menschen. Diese Wende jeglicher Not wird im Lehren Jesu (etwa »Gleichnis« [besser Beispielhandlung] vom barmherzigen Samariter, Lk 10,25–37) ebenso deutlich wie in seinen Handlungen. Bei seinen Taten und Zeichen geht es zum einen um Heilungen (etwa Heilung eines Besesenen in Gerasa, Lk 8,26–39), ja sogar um Totenerweckungen (Jüngling von Naïn, Lk 7,11–17). Aber es geht auch um einen anderen Umgang mit den Menschen: Sie werden nicht ausgegrenzt, sondern integriert – dies geschieht besonders in der Mahlgemeinschaft (vgl. Seite 312–313). In der Tischgemeinschaft mit allen (etwa beim Zöllner Zachäus, Lk 19,1–10) wird deutlich, dass Jesus Heil von Gott für alle ohne Unterschied bringt.
- **Der barmherzige Gott**: Lukas zeichnet Jesus als Beter, der aus dem Vertrauen zu Gott, seinem Vater lebt (vgl. das Vaterunser, Lk 11,1–4, aber auch das Gleichnis vom guten Vater, Lk 15,11–32). Allein das Vertrauen zu Gott rettet – darin ist sich Lukas mit Paulus einig. Dennoch bleibt die Verantwor-

Eingangsseite des Lukasevangeliums, Armenische Handschrift, 1232, Künstler: Grigor, Manuskript 2743

Der Aufbau des Lukasevangeliums

1,1-4	Vorwort des Verfassers an Theophilus	
1-2	Kindheitsgeschichten (vgl. Seite 324-325)	
3-4,13	**Johannes der Täufer und Anfang des Wirkens Jesu**	
	3,1-20	Johannes der Täufer
	3,21-4,13	Taufe und Versuchung Jesu
4,14-9,50	**Das Wirken Jesu in Galiläa**	
	4,14-6,19	erstes Auftreten, erste Heilungen, Jüngerberufung, Wahl der Zwölf
	6,20-49	Feldrede (vgl. Bergpredigt in Mt 5-7)
	7-9,50	verschiedene Zeichen und Lehren Jesu
9,51-19,27	**Von Galiläa nach Jerusalem**	
	9,51-10	Nachfolge, Samaritergleichnis
	11,1-13	Gebet - Vaterunser
	11,14-11,54	Verteidigung Jesu und Wehrede gegen die Pharisäer
	12-13,21	Von der wahren Jüngerschaft
	13,22-19,27	Lehrreden und Gleichnisse vom Reich Gottes
19,28-21,38	**Auseinandersetzungen in Jerusalem**	
	19,28-21,4	Einzug und Frage nach der Vollmacht und dem Messias
	21,5-36	Endzeitrede
22-23	**Leidensgeschichte**	
24	**Erfahrungen mit dem Auferweckten**	
	24,1-49	Begegnung mit dem Auferweckten am Grab, in Emmaus, in Jerusalem
	24,50-53	Himmelfahrt Jesu

tung jedes Menschen für sein Handeln, es geht um Umkehr zu neuem, dem Willen Gottes, des Vaters, gemäßen Leben (vgl. ebenfalls das Gleichnis vom guten Vater und vom »verlorenen Sohn«, der umkehrend zur Barmherzigkeit des Vaters zurückfindet).

- **Jesus ist der Heiland**: Lukas zeichnet Jesus als Helfer der Menschen, als barmherzig, wie Gott selber barmherzig ist. Somit wird er zum Vorbild für die, die ihm nachfolgen: »Seid barmherzig, wie es auch euer Vater ist« (Lk 6,36). Jesus ist der Heiland (Messias), so verkündet ihn bereits der Engel des Herrn in der Kindheitsgeschichte. Während seines ganzen öffentlichen Wirkens zeigt sich Jesus als Helfer in leiblicher und seelischer Not.
- **Jesus ist der Lebende**: Die Emmausgeschichte (Lk 24,13–35) ist nicht nur lukanisches Sondergut, sondern sie zeigt auch deutlich, worauf die Theologie des Lukas hinausläuft: Er hat die Gemeinde im Blick, die aus der Erfahrung der Gegenwart Jesu im Wort und im Brot leben kann. Der Gekreuzigte ist der Lebende und schenkt als solcher Kraft zum Bekenntnis des Glaubens und zu einem Leben aus dem Glauben.
- **Jesus ist der Erhöhte**: Als einziger der Evangelisten berichtet Lukas von einer Himmelfahrt Jesu (Lk 24,50–53 und Apg 1,9–11). Somit ist Christus nicht nur als Lebender mitten in seiner Gemeinde, sondern zugleich ist er der Erhöhte, der Menschensohn spendet Segen von oben, er verbindet die Menschen mit Gott, dem Vater.

Grundthema der Bibel – der Gott der Armen und Geringen

Das Gottesbild Jesu im Lukasevangelium lässt sich in erster Linie am Begriff »Vater« festmachen (vgl. Seite 356–357). Dennoch gibt es eine Reihe anderer Grundgedanken, die dieses Bild erweitern und ergänzen. Auch sie muss man nennen, um zu einem umfassenden Bild zu kommen. Dabei zeigt sich, dass die Grundlinien des Lukas mit den Leitlinien der Hebräischen Bibel übereinstimmen, obwohl Lukas selbst wohl eher dem Heidenchristentum zuzuordnen ist und nicht in der jüdischen Tradition aufgewachsen ist.

In den Schriften des Alten Testaments ist Gott derjenige, der aus der Not befreit, der das Klagen seines Volkes hört und rettend und befreiend eingreift. Dies zeigt sich nicht allein in der Exodustradition (Auszug aus Ägypten) und in der Befreiung Israels aus dem Exil in Babylon, sondern auch in vielen Einzelgestalten, die immer wieder die Rettung durch Gott erfahren haben (etwa Rut in der gleichnamigen kleinen Novelle, vgl. Seite 198–199). Diese Grundaussage über Gott wird auch im Leben und Handeln Jesu immer wieder deutlich. Jesus zeigt in seinem Predigen, vor allem aber in seinem Umgang mit den Menschen, dass Gottes Liebe in besonderer Weise den Armen und Geringen gilt (vgl. Seite 354–355). Die Option Gottes für die Armen scheint konsequent im Wirken Jesu durch. So kann man am Verhalten Jesu ablesen, wie Gott ist. Er macht Gottes Liebe zu den Menschen sichtbar.

Das wird bereits an einem Text deutlich, der am Anfang des Lukasevangeliums steht. Das Maria in den Mund gelegte Gebet des »Magnificat« setzt sich weithin aus alttestamentlichen Zitaten zusammen (vgl. 1 Sam 2,1–11 – das Loblied von Hanna, der Mutter des Propheten Samuels), greift also zurück auf die Erfahrungen, die Menschen in alttestamentlicher Zeit mit Gott gemacht haben. Gott erwählt mit Maria eine Frau aus dem Volk, eine der Geringen und Armen, eine ohne Macht und Ansehen und erweist an ihr sein Erbarmen und seine Zuwendung in gleicher Weise, wie er es in der Geschichte des Volkes Israel immer wieder getan hat. So werden »die Niedrigen erhöht«. Diese Botschaft von Gott, der ein Gott der Armen und Geringen ist, wurde von Lukas sehr bewusst an den Anfang seines Evangeliums gestellt und gibt gleichsam eine Art programmatischer Leitlinie vor, wie er Gott in seinem Evangelium versteht.

Lukas nämlich, und das ist seine Besonderheit gegenüber den anderen Evangelisten, legt Wert auf die Verkündigung der Frohen Botschaft an die Armen. Für ihn ist Gott ein Gott der Armen und Entrechteten, der durch Jesus eine Wende ihrer Situation herbeiführen will. Lukas zeigt Jesus als menschenfreundlichen Heiland, der sich besonders den Verlorenen (vgl. die Gleichnisse vom verlorenen Schaf, von der verlorenen Münze, vom verlorenen Sohn in Lk 15) zuwendet. So spiegeln sich in Jesus das Erbarmen und die Menschenfreundlichkeit Gottes: Jesus ist das gute Wort Gottes an uns. Dies bedeutet einen helfenden Zuspruch an die Gemeinde der Glaubenden und zugleich einen Anspruch auf Nachfolge: Gottes- und Nächstenliebe, die beide bereits im Alten Testament gefordert wurden, sind nach dem Willen Jesu unlösbar miteinander verknüpft: »Du sollst den Herrn, deinen Gott lieben ... du sollst deinen Nächsten lieben wie dich selbst« (vgl. die Einleitung zum Gleichnis vom barmherzigen Samariter, Lk 10,25–37).

Der reiche Mann und der arme Lazarus (Lk 16,19–31), Miniatur aus dem Evangeliar von Echternach, um 1035

Was Lukas hier in konzentrierter Weise aussagt und vor allem in den Gleichnissen, aber auch in Heilungserzählungen darstellt, findet sich auch an vielen anderen Stellen des Neuen Testaments in ähnlicher Weise: Jesus beruft Jünger, aber es sind einfache Menschen aus dem Volk ohne besonderen Werdegang und spezielle Ausbildung. Jesus wendet sich den Kindern zu, die stellvertretend stehen für Menschen ohne Recht und Ansehen – die Kleinen. Jesus erweckt den Jüngling von Naïn und gibt so der verwitweten (und damit recht- und besitzlosen) Mutter den Sohn zurück, der nun für ihren Unterhalt sorgen kann. Jesus heilt viele Kranke, er führt besonders die Aussätzigen in die Gemeinschaft zurück, aus der sie ausgestoßen wurden. Jesus lädt Menschen unterschiedlicher Herkunft in seine Mahlgemeinschaften ein – er ist Heiland für alle, besonders für die am Rande der Gesellschaft, die Ausgeschlossenen, Armen, Geringen im Volk.

Die konkrete Sorge für die Armen klingt auch in der lukanischen Fasung der Seligpreisungen an (Feldrede Lk 6,20–21 im Vergleich zu Bergpredigt Mt 5,3–9): Bei Lukas werden die Armen, Hungernden, Weinenden gepriesen, bei Matthäus die, die »arm sind vor Gott, die hungern nach Gerechtigkeit«.

Solche und viele andere vergleichbare Aussagen machen nicht allein etwas über Jesus deutlich. Sie künden nach dem Evangelisten Lukas auch davon, wie Gott ist. Er ist ein Gott, dem man vertrauen darf, auf den man sein Leben bauen kann – damals wie heute. Es gibt keine Not in der Welt, die im Letzten nicht von Gott umfangen ist. Es gibt keinen Menschen in noch so schwieriger Situation, der nicht im Letzten von Gottes guten Händen gehalten wird. Allerdings bedeutet diese Botschaft vom Gott der Armen und Geringen auch, dass Menschen Ausschau halten müssen, wo solche Armen und Geringen sind, denen Gottes besondere Liebe gilt. Und in der Nachfolge Jesu bedeutet dies, dass solchen Menschen auch die besondere Liebe derer gelten soll, die Jesus als Jüngerinnen und Jünger nachfolgen.

Die Heilung der zehn Aussätzigen und der dankbare Samariter (Lk 17,11–19), Miniatur aus dem Evangeliar von Echternach, um 1035

Der Wohltäter – das Jesusbild des Lukas

Um die Besonderheit des Lukasevangeliums gegenüber der Vorlage nach Markus zu erkennen und um seine theologischen Gedanken auch von denen des Matthäusevangeliums zu unterscheiden, ist es gut, auf das lukanische Sondergut zu sehen, auf die Texte also, die Lukas zusätzlich zu seinen beiden Quellen Markus und Wortquelle in sein Evangelium einbringt (vgl. Seite 335). Auch ist bei Erzählungen, die von allen drei synoptischen Evangelien berichtet werden, auf die besondere »Färbung« durch Lukas zu achten.

Der dritte Evangelist hat als lukanisches Sondergut die besonders schön erzählten Gleichnisse von der verlorenen Drachme und dem verlorenen Sohn (vom guten Vater, Lk 15) oder die Erzählung von den Emmausjüngern (Lk 24,13–35). Ebenso aber gibt es auch kleinere Erzählungen, die die Besondersheit des Lukasevangeliums aufzeigen wie die Erzählung von den **zehn Aussätzigen**, die geheilt werden und von denen nur einer, ein »fremder« Samariter, zurückkommt, um Jesus zu danken (Lk 17,11–19, vgl. das Bild aus dem Evangeliar von Echternach).

Auf den ersten Blick scheint diese Erzählung eine Heilungsgeschichte wie viele andere zu sein, von denen die Evangelien erzählen. Aber es ist auffallend, dass von der eigentlichen Heilung überhaupt nicht berichtet wird, sie wird nur in einem kleinen Satz erwähnt. Es geht Lukas um andere Gedanken:

- **Jesus als Heiland**: Menschen in Not kommen auf Jesus zu und bitten um sein Erbarmen. Sie gleichen Schafen, die keinen Hirten haben. Sie nennen ihn »Meister« (in der Einheitsübersetzung für »Rabbi« – »mein Herr«). Bereits mit dieser Anrede stellen sie sich in ein Lehrer-Schüler-Verhältnis zu Jesus, wie es zwischen einem Rabbi, einem religiösen Gelehrten, und den von ihm angenommenen Schülern entsprach. In der

Tat geht es beim folgenden Geschehen um einen Lernprozess, den allerdings nur einer von zehn »erfolgreich« durchstehen kann. Es geht darum, im Wirken Jesu das Wirken Gottes zu erkennen, nicht allein durch die körperliche Heilung – sie ist nur Anlass zu einem inneren Geschehen. Für den einen unter zehn, der zurückkommt, ist Jesus damit mehr als ein Rabbi, mehr auch als einer der in der Antike häufig auftretenden Heiler, sondern in ihm erscheint die Barmherzigkeit und Güte Gottes. Jesus ist damit der Heiland, der Christus, der Messias.

- **Dankbarkeit**: Lukas will in der Kontrastierung zwischen dem einen dankbaren Geheilten und den neun undankbaren eine beispielhafte Haltung aufzeigen. Noch bevor der eine zu den Tempelpriestern geht, um sich ihr Zeugnis »rein« zu holen (die Tempelpriester waren damals so etwas wie eine Gesundheitspolizei), kehrt er zu Jesus um. Er wendet sein Leben und preist Gott, weil er im Wirken Jesu Gott selber zu erkennen vermag. Er versteht sich als von Jesus und damit von Gott Beschenkter – und das richtet sein Leben neu aus. Er wird bei Lukas zum Modell des dankbaren Menschen und damit zum Vorbild für die Jünger und für die christliche Gemeinde.
- **Glauben**: Doch geht es Lukas in einem dritten Schritt um noch Tieferes, um ein Vorbild im vertrauensvollen Glauben. Samariter waren in Israel wenig geachtet, weil es in alter Zeit (ab 1000 v. Chr.?) im Nordreich einen samaritanischen Tempel auf dem heiligen Berg Garizim als Gegenpol zum Jerusalemer Tempel gab. Dieser »Götzentempel« (aus jüdischer Sicht) wurde 128 v. Chr. vom jüdischen Fürsten Johannes Hyrkanos zerstört (zum Nordreich vgl. Seite 40 und 216–217). Das Mann aus Samarien nun bekennt Jesus nicht nur als Heiland, in dem das Wirken Gottes durchscheint, sondern kehrt auch in seine Gemeinschaft zurück: Er wird zum Modell des Glaubenden, der sich vertrauensvoll an Jesus bindet. Für ihn ist das eigentliche Wunder nicht die Heilung, sondern dass ihm Jesus begegnet ist und dass er zum Glauben an den Heiland gefunden hat.

Was hier in einer geradezu modellhaften Erzählung von Lukas ausgedrückt wird, findet sich in seinem Evangelium immer wieder: Gerade die Menschen am Rande der Gesellschaft finden ihr Heil in Jesus, er ist der Heiland, der Armen, der Geringen, der Sünder und Ausgegrenzten. Dies kann an einer anderen Erzählung verdeutlicht werden: Sowohl bei Markus (14,3–9) wie bei Matthäus (26,6–13) wird am Beginn der Leidensgeschichte von einer Frau berichtet, die Jesus in Betanien gesalbt hat – eine Vorwegnahme der Totensalbung, so ist es wohl gedacht. Bei Lukas nun wird diese Erzählung nicht nur weit in das öffentliche Wirken Jesu vorgezogen, sondern auch weit ausgestaltet. Nun geht es nicht mehr um irgendeine Frau, sondern um eine »Sünderin«, um einen Menschen also in der bei Lukas nicht genannten Stadt, der am Rande der Gesellschaft und ausgegrenzt leben muss. Diese »Sünderin« zeigt Jesus ihre Liebe im Übermaß und erfährt so Rettung und Hilfe. Auch bei ihr findet sich der gleiche Schlussvers wie beim dankbaren Samariter: »Dein Glaube hat dir geholfen.« Der Glaube an Jesus als Heiland, als von Gott selbst gesandten Messias rettet.

Man hat Lukas oft als sozial engagierten Evangelisten bezeichnet und in der Tat findet sich die soziale Frage eines Ausgleiches zwischen Arm und Reich bei ihm an vielen Stellen, in Gleichnissen (Gleichnis vom Festmahl: Lk 14,15–24) oder Lehrreden (Lk 18,18–30), aber auch im Wirken Jesu, in seinen Heilungen und im Mahl mit den Sündern (Lk 5,27–32). Doch über die soziale Frage hinaus geht es Lukas vorrangig um das Bekenntnis zu Jesus als dem Christus, der Gottes Heil für alle bringt.

Gleichnis vom guten Vater (Lk 15,11–32): Gelage und Schweinehüten,
Skulptur am Patrizierhaus neben dem Hildesheimer Rathaus

Der gute Vater – das Gottesbild des Lukas

Jesus verkündet die Botschaft von einem Gott, der den Menschen sein Erbarmen zeigt – das ist eine Leitlinie des Lukasevangeliums. Dies wird vor allem in seinem Lehren, in seinen Gleichnissen sichtbar. Gottes Liebe ist immer größer, als sich der Mensch es vorstellen kann. Sie ist auch größer, als es der Mensch verdient, der in Schuld und Versagen eingebunden ist und gegenüber der Liebe Gottes immer zurückbleibt.

Das **Gleichnis vom guten Vater** (vom verlorenen Sohn, vgl. Lk 15,11–32) ist ein markantes Beispiel dieser Botschaft Jesu. Dieses Gleichnis ist zusammen mit dem von der verlorenen Drachme (Lk 15,8–10) lukanisches Sondergut. Lukas hat hier das durch die Wortquelle Q auch bei Matthäus bekannte Gleichnis vom verlorenen Schaf (Mt 18,12–14) durch ein weiteres Gleichnis ergänzt, bei dem nicht ein Mann, der Hirte, im Vordergrund steht, sondern eine Frau und ihre Freundinnen. Hinzu kommt dann bei ihm das Gleichnis vom Vater und den beiden Brüdern.

Bei diesem Text kommt es wesentlich auf das versöhnende und barmherzige Verhalten des Vaters an. Der Sohn hätte nach damaligem Verständnis auf dem Hof bleiben sollen, um so seine alt werdenden Eltern zu versorgen (das ist der Sinn des vierten Gebotes im Zehnwort vom Sinai, vgl. Seite 178–179). Durch den Weggang und die Verschleuderung des (zur Alterssicherung notwendigen) Vermögens wird er gegenüber dem Vater schuldig. Der weist seinen Sohn, als er zurückkommt, allerdings nicht ab, sondern nimmt ihn sofort und ohne Benachteiligung wieder an. Zwischen Vater und Sohn kommt es zur Versöhnung, weil der Vater ohne Vorbedingung wieder auf den Sohn zugeht. Es ist nur folgerichtig, dass ein solches Erbarmen mit einem großen Fest besiegelt werden muss.

Gleichnis vom guten Vater (Lk 15,11–32): Empfang durch den Vater, Skulptur am Patrizierhaus neben dem Hildesheimer Rathaus

In diesem Gleichnis lässt Jesus aufleuchten, wie Gott sich dem Menschen gegenüber verhält. Seine Liebe umgreift den Menschen ganz, auch in Situationen der Schuld und des Versagens. Seine Vergebungsbereitschaft ist größer als jede menschliche Schuld. Umgekehrt bedeutet das, dass sich der Mensch in jeder Situation an Gott wenden und auf seine Liebe vertrauen kann. Das Wagnis des Glaubens gründet in der Erfahrung der Liebe Gottes.

Angenommen werden, und dies in unbedingter Weise, gleich was geschehen ist, ist für jeden Menschen lebenswichtig. Von da aus ist die Botschaft des Lukas von einem Gott, der den Menschen unbedingt annimmt, eine wirklich gute Nachricht, ein Evangelium: Der Gott der Bibel ist ein Gott, der sein Erbarmen zeigt. Wer Jesus nachfolgt und diesem Gott vertraut – so Lukas –, darf mit seinem unbedingten Erbarmen rechnen. Er darf mit Psalm 91,2 sprechen: »Du bist für mich Zuflucht und Burg, mein Gott, dem ich vertraue«. Das ist der Kern des Evangeliums, der Frohen Botschaft.

Um diesen Kern auszudrücken und das Wirken Gottes zu beschreiben, greift Lukas vorrangig zum Bildwort des »Vaters«. Der Vater sorgt für jeden Menschen, er »gibt ihm täglich das Brot, das er zum Leben braucht« (vgl. die Vaterunserbitte in Lk 11,3). Er ist für die Vögel des Himmels und die Lilien des Feldes da, aber umso mehr für den Menschen (Lk 12,24.30). Der transzendente und jenseitige Gott, der Herr des Kosmos und der Geschichte der Welt ist zugleich der Vater aller Menschen (vgl. wiederum das Gebet des Vaterunsers, Lk 11,2). Er ist der Jenseitige und zugleich der mitten in der Welt und unter den Menschen Erfahrbare. Er ist der gute Hirte der Seinen, der auch dem Verlorenen nachgeht (vgl. Lk 15,4–7). Er führt Menschen zu einer neuen Gemeinschaft zusammen, gliedert sie in sein Reich des umfassenden Schalom ein: »Fürchte dich nicht, du kleine Herde! Denn euer Vater hat beschlossen, euch das Reich zu geben« (Lk 12,32).

Der Lebende – das Bekenntnis des Lukas

Die unbegreifliche Begegnung mit dem Auferweckten, die zunächst unsagbare Erfahrung, dass der Gekreuzigte der Lebende und die Mitte der Gemeinde ist, hat in den ersten Gemeinden zu kleinen Glaubensbekenntnissen geführt, einzelnen Sätzen, in denen die innere Mitte dieser Gemeinschaften ausgedrückt wurde. Bestes Beispiel ist dafür Paulus im Römerbrief (10,9): »Wenn du mit deinem Mund bekennst: ›Jesus ist der Herr‹ und in deinem Herzen glaubst: ›Gott hat ihn von den Toten auferweckt‹, so wirst du gerettet werden. Solche Bekenntnisformeln für Taufe und Gottesdienst wurden in der Zeit der Evangelisten (also 20–30 Jahre nach dem etwa um das Jahr 55 entstandenen Römerbrief) in die verschiedenen Auferweckungserzählungen ausgestaltet, die wir in den Schlusskapiteln der Evangelien finden. Dabei geht es zum einen um Erzählungen vom leeren Grab und dessen Deutung, zum anderen um Erscheinungserzählungen (oder besser Begegnungserzählungen: Der Auferweckte begegnet zuerst den Frauen – sie sind die Erstzeugen der Auferweckung! –, dann einzelnen Jüngern, dann vielen Jüngern. Unter diesen Geschichten ist das lukanische Sondergut der **Emmausjünger** der am besten erzählte und zugleich für das Leben der jungen Gemeinde wegen seines Bezugs zur Eucharistie wichtigste Text (Lk 24,13–35).

Ausgangspunkt ist die Gemeindesituation des Lukas (um 80 n. Chr.). Es gab wohl kaum noch Augenzeugen, die Jesus persönlich begegnet sind – die Zeit der Apostel ist vorbei. Umso mehr entsteht die Frage: Wie können wir heute dem Auferweckten begegnen? Dieser Frage begegnet Lukas mit der Erinnerung an den Lernprozess im Glauben, den zwei Jünger unmittelbar nach der Kreuzigung Jesu durchgemacht haben. Die Jüngergemeinschaft, die neue Familie Jesu, zerfiel nach seinem Tod: Man geht resigniert und traurig von Jerusalem weg zurück in die Heimat – alles schien umsonst gewesen zu sein. Doch unterwegs begegnet den beiden ein Fremder, der auf beeindruckende, gleichsam wunderbare Weise die Schrift (Hebräische Bibel) auszulegen weiß und durch sie das Schicksal des Gekreuzigten deutet. Ihr Herz beginnt zu brennen, sie hören »Worte des Lebens«, doch das allein reicht noch nicht aus. Sie wollen Tieferes erfahren und so laden sie den Fremden zu sich als Gast ein. Anknüpfend an die vielen Mahlgemeinschaften Jesu (vom Mahl mit den Sündern, Lk 5,27–32, bis zum Abendmahl, Lk 22,14–23) wird dieses Mahl in Emmaus zum Wendepunkt: Sie erkennen den Fremden als den Herrn, den Gekreuzigten als den nun auf unfassbare Weise unter ihnen Lebenden. Im Wort der Schrift also und im Teilen des Brotes ist für Lukas eine Begegnung mit Jesus nach Ostern möglich. Dabei entzieht sich der Herr auch wieder, er ist für die Jünger nicht beliebig verfügbar. Doch sie erhalten durch diese Begegnung Mut zur Umkehr ins feindliche Jerusalem und Mut zum Bekenntnis des Auferweckten, zur Verkündigung, dass der Gekreuzigte der Lebende ist. Es entsteht eine neue Gemeinschaft der Jünger und Jüngerinnen Jesu.

In diesem Text (und im folgenden Lk 24,36–49) geht es Lukas in hohem Maß um die Identifizierung des irdischen mit dem auferweckten Jesus. Deshalb wird die Berührbarkeit des Auferstandenen (Lk 24,39: »Fasst mich doch an«) und auch sein Essen (Lk 24,43: »er aß es vor ihren Augen«) betont. So kann sich die Angst und die Verzweiflung der Jünger in Freude und in Gotteslob verwandeln (Lk 24,52–53).

Als Kerngedanken lässt sich bei Lukas somit das ausmachen, was er bereits am Anfang seines Evangeliums als eine Art Überschrift niedergelegt hat: Jesus ist »Israels Herrlichkeit und das Licht der Heiden, das Heil, das Gott allen Völkern bereitet hat« (Lk 2,31–32). In Jesus ist das Heil Gottes zu den Menschen gekommen. Dabei werden der irdische Jesus und der erhöhte, himmlische Gottessohn in eins gesehen, in Jesus sind Himmel und Erde, Gott und die Menschen verbunden.

Von diesem Gedanken lässt sich das ganze Lukasevangelium lesen, angefangen von den Kindheitsgeschichten bis zu der Erzählung von der Himmelfahrt Jesu, die auch nichts anderes als eine Erscheinungsgeschichte ist, bei der aber weniger die Auferweckung Jesu als seine Erhöhung zu Gott im Vordergrund steht: Jesus ist der Heiland der Menschen, er ist der von Gott gesandte Christus, er ist der Messias, der Rettung bringt. Damit aber ist er für Lukas zugleich die innere Mitte einer christlichen Gemeinde – er selbst verkündet weiterhin das Wort und teilt das Brot aus. Im Wort der Schrift und im Brot der Eucharistie begegnet er Menschen zu allen Zeiten und ist somit Licht für alle Völker. Dieser Jesus »wird groß sein und Sohn des Höchsten genannt werden ... und seine Herrschaft wird kein Ende haben« (Lk 1,32–33).

Himmelfahrt

Von einer Himmelfahrt wird in der Bibel und in verwandten Traditionen mehrfach gesprochen. Dabei geht es trotz der »realistischen« Beschreibung einer Ortsveränderung (Lk 24,51: »zum Himmel emporgehoben«) beim Himmel nicht um einen von der Erde unterschiedenen Ort, sondern um eine »Erhöhung« eines Menschen zu Gott. Solche Vorstellungen gründen bereits in den »Himmelsreisen« der Schamanen, die eine Brücke zwischen den Menschen und der Geisterwelt darstellen. In der Hebräischen Bibel findet sich ein kurzer Hinweis auf Henoch, der von Gott aufgenommen wird (Gen 5,24) und eine längere Erzählung von der Entrückung (Himmelfahrt) des Propheten Elija (2 Kön 2,11). Außerbiblisch gibt es in der jüdischen Tradition eine Schrift mit der Erzählung von der Himmelfahrt des Mose und eine jüdische Legende von der Himmelfahrt des Jesaja. Neutestamentlich führt allein Lukas einen Bericht von der Himmelfahrt Jesu auf (Lk 24,50–53 und Apg 1,9–11). Außerbiblisch gibt es im Christentum den Glauben an die leibliche Aufnahme Mariens in den Himmel. Im Islam wird ebenfalls eine Erhebung Mariens genannt (Koran, Sure 4,157). Zudem wird die Himmelfahrt des Mohammed von Jerusalem aus erzählt (Andeutungen in Sure 53,1–18; 81,19–25).

Himmelfahrt (Lk 24,50-53, vgl. das Bild zu Pfingsten, Seite 382), Rabbula-Evangeliar, syrische Handschrift, 6. Jahrhundert

Evangelist Johannes,
Ada-Evangeliar,
Hofschule Karls des Großen, um 800

Ab dem 4. Jahrhundert wird dem Evangelisten Johannes der Adler als Symbol zugeordnet. Diese Zuordnung erfolgt in der kirchlichen Tradition deshalb, weil Johannes als derjenige unter den Evangelisten angesehen wird, der gleichsam einen geistig-spirituellen »Höhenflug« mit seiner Erzählung von Jesus vornimmt: Mehr als die anderen sind die Texte des Johannes theologisch und spirituell durchdacht. Als Symbol verweist der Adler, der zum Himmel hochsteigt, zudem auf die Verbindung von Erde und Himmel, von Menschen und Gott – er ist der König der Vögel. Zum Ursprung der vier Evangelistensymbole (Markus: Löwe; Matthäus: Mensch; Lukas: Stier; Johannes Adler) vgl. Seite 296.

Das Johannesevangelium

Das Johannesevangelium ist als letztes der vier Evangelien geschrieben worden. Allerdings nimmt es viele ältere Quellen auf, so dass es trotz seiner späten Entstehung durchaus wichtige Informationen über Jesus geben kann. Doch ist auch dieses Evangelium keine Biografie, sondern theologisches Bekenntnis – und dies in einem höheren und reflektierteren Maß als die drei synoptischen Evangelien Markus, Matthäus und Lukas. Nicht umsonst ist der Adler das Symbol für das Johannesevangelium: Seine Darstellungsweise Jesu ist trotz handfester biografischer Details dennoch eine vergeistigte Sicht des Glaubens, die bereits auf eine längere Geschichte der Glaubensweitergabe und -reflexion zurückblicken kann.

Die kirchliche Tradition hat früher den Apostel Johannes sowohl als **Verfasser** des vierten Evangeliums wie der drei Johannesbriefe und der Offenbarung des Johannes angesehen. Heute ist man davon überzeugt, dass diese fünf Schriften nicht von einem Autor stammen und dass keine den Apostel Johannes (Bruder des Jakobus, beide Söhne des Zebedäus, vgl. Mk 1,19) als Verfasser haben kann. Zudem sind im Johannesevangelium auch Anzeichen zu erkennen, dass der Text eine längere Entstehungsgeschichte hatte und ergänzt und weiter bearbeitet wurde.

Der Verfasser des Evangeliums bleibt anonym, muss aber ein gebildeter Theologe gewesen sein. Wahrscheinlich gab es eine Gruppe von Theologen oder eine Schule, in der eine Theologie entwickelt wurde, die sich sowohl im vierten Evangelium wie in den Johannesbriefen widerspiegelt. Die Offenbarung des Johannes fällt allerdings aus dem Rahmen dieser Schule. Es ist nicht auszuschließen, dass sich diese »johanneische Schule« auf den Apostel Johannes oder zumindest seine Autorität berufen hat.

Im Johannesevangelium hat auch ein »Jünger, den Jesus liebte«, eine hohe Bedeutung (Joh 13,23; 21,7.20). Auch dieser Jünger, dessen Name nicht genannt wird (deshalb wohl keiner der Zwölf) kann hinter den johanneischen Texten stehen und eine »Schule« von christlichen Rabbis begründet haben, die die mündliche Jesusüberlieferung zunehmend verschriftlichte und damit verfestigte.

Das Johannesevangelium und die Synoptiker

Das Johannesevangelium unterscheidet sich grundlegend von den drei synoptischen Evangelien. Dennoch verkündet es wie sie die eine Botschaft, das eine Evangelium von Jesus, dem Sohn Gottes und Christus. Doch gibt es wesentliche Unterschiede:

- **Die Zeit des öffentlichen Wirkens Jesu wird anders bestimmt: Die Synoptiker nehmen nur etwa ein Jahr an mit einem Weg nach Jerusalem zum Pessahfest; Johannes dagegen erzählt von mehreren Jerusalemreisen und drei Pessahfesten in Jerusalem, so dass sich ein öffentliches Wirken von mindestens drei Jahren ergibt.**
- **Johannes kennt Wundererzählungen, die bei den Synoptikern nicht berichtet werden, etwa die Hochzeit zu Kana (Joh 2,1-12) oder die Auferweckung des Lazarus (Joh 11,17-44). Doch solche und andere Zeichenhandlungen werden im Johannesevangelium immer mit Lehrreden Jesu verbunden, die meist (wie in Joh 11) den größten Teil der Erzählung einnehmen.**
- **Der Stil des Johannes unterscheidet sich grundlegend. Es geht vorrangig um die Offenbarung Jesu in seinem Wort – durch seine Zeichen wird sein Wort nur unterstützt und bestätigt. Jesus ist im Johannesevangelium das gute Wort Gottes an die Menschen – so wie es im Vorwort bereits anklingt (vgl. Seite 364–365).**
- **Insgesamt gibt es in diesem Evangelientext weniger erzählende Elemente, weniger Handlungen Jesu, wohl aber ein meditatives Bedenken des Mannes aus Nazaret, der sich als Sohn Gottes und als Messias offenbart. Man hat deshalb Johannes zu Recht als das vergeistigte Evangelium bezeichnet.**
- **Johannes nutzt vielfältige Symbole, um die Bedeutung Jesu für den Glaubenden aufzuzeigen: Wasser, Brot, Tür, Hirt ... Immer geht es ihm dabei um eine Verbindung Jesu mit Gott, denn diese Symbole wurden alttestamentlich auf Gott bezogen: Wer also Jesus begegnet, der begegnet nach Johannes Gott selber.**

Als **Abfassungsort** muss der kleinasiatische oder syrische Raum angenommen werden. Dabei zielt dieses Evangelium in geringerem Maß als die Synoptiker auf Missionierung nach außen als auf Glaubensfestigung und Jesusmeditation im Inneren der Gemeinde: Der Glaube der Gemeinde und des Einzelnen soll gestärkt werden.

Die **Abfassungszeit** ist Ende des ersten oder am Beginn des zweiten Jahrhunderts anzusetzen. Dies ist eine Zeit, als die christlichen Gemeinden durch die domitianische Verfolgung (bis 96 n. Chr.) bedroht wurden und deshalb auf eine innere Festigung und Vertiefung ihres Glaubens angewiesen waren.

In der alten kirchlichen Tradition wird der Verfasser des Johannesevangeliums mit dem Apostel Johannes gleichgesetzt. Er soll erst in hohem Alter als Bischof in Kleinasien (Ephesus) gestorben und dort auch begraben sein (Johanniskirche).

Die Botschaft des Johannesevangeliums

Bereits der Überblick über den Aufbau des Johannesevangeliums (gegenüberliegende Seite) zeigt die Besonderheit des Johannes gegenüber den synoptischen Evangelien. Der Anteil der großen Lehrreden überwiegt Erzählungen über Zeichen und Handlungen Jesu. Während Jesus bei den Synoptikern einzelne Lehrsätze und vor allem Gleichnisse ausspricht, um seine Reich-Gottes-Botschaft zu verkünden, geht es bei Johannes weniger um die Botschaft Jesu als vielmehr um die Gestalt Jesu selber. Immer wieder wird mit vielerlei Symbolen und Bildworten (vgl. Seite 366–367: Die sieben »Ich-Bin-Worte«) versucht, der Frage nach Jesus nachzugehen und ihn als Offenbarung Gottes und Gottes Sohn zu deuten. Die Zeichen, die Jesus vollbringt, stehen nicht in der Tradition des Heilers wie bei den Synoptikern, sondern deuten die Selbstoffenbarungen Jesu bzw. geben Anlass zu einer größeren Offenbarungsrede (etwa der Brotrede in Kapitel 6 oder der Lebensrede in Kapitel 11).

Diese Offenbarungsreden haben das Ziel, dem Ringen einzelner Personen (etwa Nikodemus, die samaritische Frau, die Jünger, der »ungläubige Thomas«, Maria und Marta ...) um den wahren Glauben eine tragfähige Antwort zu geben. Es geht Johannes dabei nicht um eine Missionierung nach außen, sondern um die Stärkung der Mitglieder seiner Gemeinde: Sie sollen einen Glaubensweg wie die Jünger gehen und durch die Selbstoffenbarungen Jesu erkennen, welche Bedeutung diesem zukommt, der zugleich wirklicher Mensch ist, aber ebenso Sohn Gottes. Wer an ihn glaubt, wird gerettet und gewinnt das wahre Leben: »Denn Gott hat die Welt so sehr geliebt, dass er seinen einzigen Sohn hingab, damit jeder, der an ihn glaubt, nicht zugrunde geht, sondern das ewige Leben hat« (Joh 3,16).

Johannes setzt inhaltliche Schwerpunkte wie folgt:

- Jesus ist nicht nur die Erfüllung der Heilserwartungen des Alten Bundes, d. h. Israels, sondern er ist die Erfüllung menschlicher Sehnsucht überhaupt: Er ist Brot des Lebens, Wasser des Lebens, Licht der Welt, Weg, Wahrheit und Leben ... Wer sich an ihn bindet, wer durch sein Brot gestärkt wird, wer mit ihm auf dem Weg ist, der gewinnt eine neue Perspektive: **Leben auf ewig**.

Eingangsseite des Johannesevangeliums, Armenische Handschrift, 1232, Künstler: Grigor, Manuskript 2743

Der Aufbau des Johannesevangeliums

1,1-18	Prolog – hymnisches Überschriftslied	
1,19-12	**Das öffentliche Wirken Jesu**	
	1,19-51	Johannes der Täufer und die ersten Jünger Jesu
	2	Hochzeit in Kana und »Tempelreinigung« als erste Zeichen Jesu
	3-4	Gespräch mit Nikodemus und der samaritischen Frau – erste Selbstoffenbarung Jesu
	5-6	Gelähmtenheilung und wunderbare Speisung – Selbstoffenbarung Jesu in Zeichen und Worten
	7-10,39	Zeichen und Offenbarungsreden in Jerusalem
	10,40-11	Auferweckung des Lazarus und Offenbarung Jesu als Leben der Welt
	12	Salbung in Betanien und Einzug in Jerusalem
13-17	**Fußwaschung und Offenbarungsreden vor den Jüngern (Abschiedrede)**	
	13	Abschiedsmahl: der Dienst der Fußwaschung
	14-16	Abschiedsreden zu seinen Jüngern
	17	»Abschiedsgebet« – Meditation über die Jüngergemeinschaft
18-20	**Die Verherrlichung Jesu im Leiden und in seiner Auferstehung**	
	18-19	Leiden und Sterben Jesu – Offenbarung der Herrlichkeit Jesu
	20	Erzählungen vom leeren Grab und von den Erscheinungen des Auferweckten
(21,1-25	späterer Nachtrag: Erscheinung des Auferstandenen am See)	

• Anders als bei Markus (Messiasgeheimnis, vgl. Seite 298) zeigt sich Jesus während seines ganzen Wirkens bereits als hoheitlicher Herr, als der Messias, der von Gott zu den Menschen gesandt wird. Diese Hoheit wird selbst in der Leidensgeschichte sichtbar: Bewusst und souverän geht Jesus in den Tod. Er ist der »König der Welt«, aber anders als politische Könige (vgl. das Verhör durch Pilatus, Joh 18,36–38). Das ganze Evangelium, stärker noch als die Synoptiker, ist von der Auferstehung her konzipiert und damit ein zutiefst österlicher Text. Es geht um die **Verkündigung des Auferweckten**, der seine Herrlichkeit sichtbar werden lässt mitten in unserer Welt. Und: »Selig sind, die dies glauben« (Joh 20,29).

• Das Evangelium stellt einen unbedingten **Anruf zum Glauben** an den Sohn Gottes, der von Anbeginn der Welt Wort, Licht und Leben (Prolog) ist. Diese Antwort des Menschen geschieht im Geist und bewirkt Einheit des Glaubenden mit Christus und durch ihn mit Gott und mit allen anderen Glaubenden (vgl. die Bildrede vom Weinstock und den Reben, Joh 15,1–17). Wer sich solchem Glauben allerdings verweigert, geht verloren. An Jesus entscheidet sich das Schicksal jedes Menschen: Glaube oder Unglaube – Leben oder Tod.

• Die Jüngergemeinschaft ist nach Ostern dafür verantwortlich, dass die Offenbarung Jesu als Sohn Gottes verkündet wird und der Glaube an ihn lebendig bleibt. Für diese Aufgabe werden die Jünger durch den **Geist Gottes** gestärkt, der Beistand und Lehrer der Glaubenden ist (Joh 16,4b–15). Sein Beistand führt auch zur Einheit aller Jünger, die die Einheit des Sohnes mit dem Vater widerspiegelt (Joh 17,20–26).

Extra: Ein Überschriftslied

Der Evangelist Johannes,
byzantinische Handschrift, Konstantinopel, 11. Jh.
Der Goldgrund des Bildes macht deutlich, dass es hier um ein heiliges, himmlisches Geschehen geht: Johannes empfängt die Offenbarung Jesu als Wort Gottes unmittelbar von Gott selbst (Hand links oben, vgl. das Bild Abraham auf Seite 142).

Im Anfang war das Wort,
und das Wort war bei Gott,
und das Wort war Gott.
Im Anfang war es bei Gott.
Alles ist durch das Wort geworden,
und ohne das Wort wurde nichts,
was geworden ist ...
Das wahre Licht,
das jeden Menschen erleuchtet,
kam in die Welt ...
Und das Wort ist Fleisch geworden
und hat unter uns gewohnt ...
Aus seiner Fülle haben wir alle empfangen,
Gnade über Gnade.

aus Johannes 1,1-18 (Prolog)

Johannes setzt an den Anfang seines Evangeliums keine Kindheitsgeschichte wie Matthäus und Lukas, sondern er beginnt mit einem Prolog (griechisch = »Vorrede«), einem Überschriftslied, das einen gewaltigen Bogen spannt über die Offenbarung Jesu als Wort Gottes. Dieser Bogen wird danach in den Berichten über das Wirken Jesu und sein Leiden, Sterben und Auferstehen inhaltlich gefüllt. Doch geben die Gedanken des Prologs bereits die inhaltlichen Linien des gesamten Evangeliums wieder. Hier finden sich die Schlüsselbegriffe »Wort«, »Leben«, »Licht«, hier wird der Weg Jesu von Gott zu den Menschen und wieder hin zu Gott in meditativer Weise deutlich gemacht. Wenn es vom Johannesevangelium nur diese ersten achtzehn Verse gäbe, könnte man daraus bereits die theologischen Leitlinien des Johannes erschließen. Der Prolog ist in seiner hymnischen und meditierenden Gestalt unter den Evangelientexten einzigartig, er ist ein besonderes Stück biblischer Literatur.

- **Das Wort**: Die erste Bezeichnung, die Johannes Jesus zufügt, ist noch vor der Nennung des Namens Jesu (erst in 1,29) der Begriff »Wort« (griechisch »logos«). Dies korrespondiert mit der Besonderheit des Johannesevangeliums, lange Offenbarungsreden Jesu wiederzugeben, deutendes Wort Jesu selber in der nachösterlichen Reflexion der Jünger und der Gemeinden bereits späterer Zeit. Solche Reflexionen über die Bedeutung Jesu, die wahrscheinlich im Glaubensaustausch der Gemeinde des Verfassers des Johannesevangeliums entstanden und die er dann in großen Reden literarisch gestaltet, werden zurückprojiziert in den Mund Jesu selbst. In diesen Reden spiegeln sich bereits die Erfahrungen, die mehrere Generationen von Jüngerinnen und Jüngern mit dem Glauben an den Auferweckten, den Lebenden in ihrer Mitte gemacht haben. Er ist für sie das lebendige Wort Gottes, ein Wort, das Heil und Leben bringt für alle, die glauben.

Dieses Wort Gottes als Schlüsselbezeichnung für Jesus besitzt weitere und tiefere Dimensionen: Es ist nicht einfach mit menschlicher Rede gleichzusetzen, sondern ist in seiner Macht als Person zu betrachten. Denn dieses Wort ist

– *ein schöpferisches Wort*, durch welches alles, was ist, entstanden ist (Joh 1,3),

– *ein Leben spendendes Wort*, das den Tod überwindet (Joh 1,4),

– *ein Licht spendes Wort*, durch das alle Finsternis erhellt wird (Joh 1,9),

– *ein Wort, das die Herrlichkeit des Vaters zeigt*: Jesus als Bild und Offenbarung Gottes mitten unter uns Menschen (Joh 1,14).

Gott steckt also in Jesus, seinem Christus, er drückt sich als gutes Wort in ihm aus, er spricht ein verbindliches Wort zu den Menschen (= Erneuerung des Bundes, vgl. Seite 176–177 und 191).

Gottes Wort ist Fleisch (= Mensch) geworden (Joh 1,14). Was Matthäus und Lukas in ihren Kindheitsgeschichten über die Inkarnation (= Fleischwerdung, Menschwerdung) Jesu benennen und dort narrativ, erzählerisch gestalten, das wird bei Johannes in einer Meditation über den Begriff »Wort« entfaltet.

- **Das Leben**: Ebenso wie das Wort ist der Begriff »Leben« ein Schlüsselwort des Johannesevangeliums und erscheint deshalb folgerichtig bereits im Vorwort, im Prolog. Jesus ist der, der den Menschen neue Lebensmöglichkeiten verschafft (etwa der Ehebrecherin, Joh 8,1–11, oder dem Blinden, Joh 9,1–12), der zeichenhaft ein Ende der Not bringt und Fülle im Überfluss schafft (etwa die wunderbare Speisung, Joh 6,1–15). Ja, er ist der, der selbst den Tod überwindet, die letzte Grenze menschlichen Lebens (Auferweckung des Lazarus, Joh 11,17–44). Damit ist ein Bogen geschlagen zum schöpferischen Wort Gottes am Anfang, das alles ins Leben ruft: Wer einmal geschaffen hat, kann dies immer wieder tun, er ist Herr über Leben und Tod. Das Handeln Jesu in solchen Zeichen spiegelt also das Handeln Gottes (wie es etwa parallele alttestamentliche Stellen zeigen: Brotvermehrung und Totenerweckung in der Elijatradition, vgl. Seite 228–229). In Jesus zeigt sich Gott als lebenschaffender Gott.

- **Das Licht**: Mit dem dritten Schlüsselbegriff des Prologs wird das Grundsymbol des Johannesevangeliums zum ersten Mal in den Text eingebracht, das im weiteren Verlauf eine große Rolle spielt. Der symbolische Kontrast zwischen Licht und Dunkelheit spielt in allen Religionen eine Rolle. In der Bergpredigt des Matthäus wird darauf Bezug genommen und als Anspruch an die Jünger formuliert: »Ihr seid das Licht der Welt ... So soll euer Licht vor den Menschen leuchten, damit sie eure guten Werke sehen und euren Vater im Himmel preisen« (Mt 5,14–16). Bei Johannes dagegen bezieht Jesus das Symbol Licht auf sich selber, um damit seinen Auftrag in der Welt zu verdeutlichen: »Ich bin das Licht der Welt. Wer mir nachfolgt, wird nicht in der Finsternis umhergehen, sondern wird das Licht des Lebens haben« (Joh 8,12, vgl. auch Seite 366–367). Wie Jesus das Licht der Welt sein kann, wird in der Heilung des Blindgeborenen deutlich (vgl: Seite 370–371) – hier wiederholt Jesus seine Aussage: »Solange ich in der Welt bin, bin ich das Licht der Welt« (Joh 9,5). Danach deutet Jesus Sehenkönnen und Blindheit auf Glauben bzw. Nichtglauben hin (Joh 9,35–41). Um das richtige Sehen im Glauben soll es also dem Jünger gehen, dann kann er Jesus als das Licht der Welt erkennen.

Dieser Gedankengang wird im Prolog bereits vorbereitet: Mit dem Kommen Jesu in die Welt kommt das wahre Licht zu den Menschen, das ihre Augen öffnet für die Herrlichkeit Gottes, seinen Lichtglanz (hebräisch »kabot«, das sich in der Hebräischen Bibel im Zusammenhang mit Erscheinungen Gottes findet, etwa Ex 16,7: »Morgen werdet ihr die Herrlichkeit Gottes schauen«). In Jesus also, dem Wort Gottes an die Menschen, scheint Gottes Herrlichkeit selbst auf und erfüllt die Menschen mit Leben, das den Tod überwindet. So steht Jesus in Verbindung mit dem schöpferischen Wirken Gottes am Anfang (Joh 1,3) und mit der Perspektive der Neuschöpfung, des »Lebens in Fülle« (Joh 1,16).

Der Prolog, das Überschriftslied zum Johannesevangelium ist sprachlich wie theologisch eine Meisterleistung – es ist ein meditativer Hymnus, der die ganze Gestalt Jesu und sein Wirken zum Heil der Menschen umgreift: In Jesus Gottes Heil für alle.

Ich-bin-Worte – wer ist Jesus?

Bei den drei Synoptikern verkündet Jesus in Gleichnissen und Lehrreden das Reich Gottes und bestätigt es durch seine Zeichen und Wunder. Nur indirekt kann aus seinen Reden die Bedeutung seiner Person erschlossen werden. Bei Markus wird sogar erst unter dem Kreuz und dazu noch von einem heidnischen Hauptmann das Messiasgeheimnis gelüftet: »Wahrlich, dieser Mensch war Gottes Sohn!« (Mk 15,39, vgl. Seite 298). Bei Johannes liegt die Sache anders. Bei ihm gibt es die großen Offenbarungsreden, in denen Jesus in eher meditativ-spiritueller Weise Selbstaussagen, Selbstoffenbarungen verkündet und so in vielfacher Weise zu einem Verständnis seiner Person führen will: Er ist Wort Gottes, Licht und Leben für die Welt (vgl. Seite 364–365). Diese Selbstoffenbarungen Jesu sind die redaktionelle Arbeit des Verfassers des vierten Evangeliums, der rückblickend und vielleicht von einzelnen Jesusworten ausgehend (etwa »Ich bin das Licht«, »Ich bin der Hirt«) zu einer umfassenden Deutung der Person Jesu und ihres Auftrages von Gott gelangt.

Die Selbstaussagen Jesu gipfeln in den sogenannten sieben »Ich-bin-Worten« Jesu, in denen in symbolischer, bildhafter Weise seine Bedeutung erschlossen wird. Diese Worte können deshalb in konzentrierter Form zusammen mit dem Prolog das Jesusbild des Johannesevangeliums erschließen. Sie bilden in den sieben Bildern und Symbolen das Zentralthema des letzten Evangeliums ab:

- **Ich bin das Brot des Lebens** (Joh 6,35): Brot ist in vielen Ländern das elementare Nahrungsmittel, deshalb spricht man vom täglichen Brot und meint damit das Lebensnotwendige (vgl. die Vaterunserbitte), ja, das Leben und die von Gott geschenkte Lebenskraft selbst. Bereits in vielen Erzählungen der Hebräischen Bibel wird deutlich, wie Brot und ein Mahl eine Verbindung zwischen Gott und den Menschen schafft: Am Anfang des Weges aus der Unterdrückung in Ägypten in die Freiheit des Gelobten Landes steht für Israel ein Mahl, das Pessah (vgl. Seite 88–89). Auf dem Weg wird Israel durch Brot vom Himmel, Manna, gespeist. Der Prophet Elija schenkt aus der Kraft Gottes heraus der notleidenden Witwe Brot zum Leben. Gott begegnet im Mahl (die drei Engel bei Abraham Gen 18,1–15), ja er selbst deckt den Menschen den Tisch (Ps 23,5). An all das kann Jesus mit seiner Selbstoffenbarung anknüpfen (und ebenso mit seinen Mahlgemeinschaften, vgl. Seite 312–313). Er kommt als Brot Gottes zu den Menschen und schenkt ihnen damit Leben ohne jede Grenze, ja, er ist Brot, das selbst den Tod überwindet.
- **Ich bin das Licht der Welt** (Joh 8,12): Stärker noch als Brot ist das Licht ein Ursymbol der Menschen. Auch dieses Symbol bezieht die Hebräische Bibel auf Gott selbst: »Der Herr ist mein Licht« (Ps 27,1). Er schafft das Licht und ordnet damit die gute Schöpfung. Wenn Jesus diese Symbolik in seinem »Ich-bin-Wort« übernimmt, dann setzt er sich damit in eine direkte Beziehung zu Gott selbst: In ihm scheint Gottes Licht auf und erhellt die Dunkelheit der Welt (vgl. Joh 1,4) – das aber bedeutet wiederum Leben für die Menschen. Das Johannesevangelium umspielt immer wieder die Lichtsymbolik (22 Nennungen des Wortes »Licht«) und verdeutlicht damit, was Inkarnation, Menschwerdung bedeutet: Das Leben der Menschen wird durch Jesus hell, er bringt Heil und Rettung von Gott.

- **Ich bin die Tür; wer durch mich hineingeht, wird gerettet** (Joh 10,9): Eine Tür markiert den Durchgang von außen nach innen, vermittelt den Eintritt in einen neuen Bereich. In diesem Symbol zeigt sich Jesus in seiner Vermittlerrolle, er ist die Tür zu den vielen Wohnungen im Haus des Vaters (Joh 14,2), er ist der Durchgang zum Heil.
- **Ich bin der gute Hirt** (Joh 10,11): Auch das Bildwort vom Hirten greift auf alttestamentliche Vorgaben zurück, wo Gott als der gute Hirte bezeichnet wird (etwa Ps 23). Wenn Jesus sich in dieser Tadition so bezeichnet, dann erscheint in ihm wieder das fürsorgliche Handeln Gottes, dann offenbart sich Gott im Lehren und Handeln Jesu. Und das bedeutet für die ihm Anvertrauten Leben in Fülle, wenn sie ihm vertrauen und ihm folgen.

Yu Jiade, Die Frau aus Samaria (zu Joh 4), China 2001

- **Ich bin die Auferstehung und das Leben** (Joh 11,25): Dieses Wort ist kein Symbol oder eine Bildrede, sondern greift einen der drei grundsätzlichen Begriffe (Wort, Licht Leben) des Johannesevangeliums auf (vgl. Seite 365). Es geht Jesus um eine größere Perspektive als das irdische Leben – es geht ihm um ein Leben in der Vollendung mit Gott. Leben und Auferweckung (durch Gottes, nicht der Menschen Handeln) meint damit diesen Überstieg in die andere Welt der Vollendung und des endgültigen Heils.
- **Ich bin der Weg und die Wahrheit und das Leben** (Joh 14,6): Wie die Tür steht der Weg nicht für sich selber, sondern führt irgendwo hin, hat Vermittlerrolle. So kennzeichnet Jesus sich selber als Vermittler zwischen Gott und den Menschen: »Niemand kommt zum Vater außer durch mich« (Joh 14,6). Er ist der Weg ins ewige Leben. Hinzu kommt, das bereits die Hebräische Bibel dem Wegmotiv einen besonderen Stellenwert einräumt: Das Volk Israel ist als Volk Gottes ebenso »unterwegs« wie jeder einzelne Glaubende. Doch darf sich jeder Einzelne und die Gemeinschaft darauf verlassen, dass Gott sie auf dem Weg begleitet, Gott ist Weggefährte (vgl. Seite 140–141).
- **Ich bin der Weinstock, ihr seid die Reben** (Joh 15,5): Die Selbstoffenbarungen Jesu zielen nicht allein auf eine Deutung seiner Person und seines Wirkens, sondern auf eine Jüngergemeinschaft, die wie er Bild des barmherzigen Gottes in dieser Welt sind und auf die jenseitige, vollendete Welt verweisen. Dabei gibt es eine unlösbare Bindung dieser Jüngergemeinschaft an Jesus, die mit dem Bildwort vom Weinstock und den Reben ausgesagt wird. Wer sich im Glauben an Jesus bindet, der wird durch seine Taten »gute Frucht« bringen. Worte und Taten stimmen überein (vgl. Seite 368–369).

Zeichen – Jesus offenbart seine Herrlichkeit

Während die drei Synoptiker eine Fülle von Heilungen und anderen Wundern Jesu erzählen und dadurch anklingen lassen, wie es in der Vollendung des Reiches Gottes sein wird (vgl. Seite 308–309), beschränkt sich das Johannesevangelium auf einige wenige, aber herausragende Zeichen. Es sind – wie die sieben »Ich-bin-Worte« Jesu – sieben Zeichen (sieben = heilige Zahl der Vollkommenheit). Diese Zeichen werden meist von längeren Offenbarungsreden oder auch (fiktiven) Streitgesprächen mit den Juden (Modell für Unglauben) verknüpft, so dass das eigentlich wunderbare Geschehen nur Auslöser und Anlass für weiterführende und deutende Reden ist. Dennoch ist es lohnend, auf die sieben Zeichen Jesu zu schauen. (In den Rahmen der sieben Zeichen lassen sich auch vier andere Vorgänge einordnen: Joh 2,13–22: Vertreibung der Händler aus dem Tempel; Joh 8,1–11: Ehebrecherin; Joh 12,1–11: Salbung in Betanien; Joh 12,12–19: Einzug in Jerusalem – alle vier zeigen die Vollmacht Jesu, die ihm von Gott her zukommt.)

Dabei fällt auf, dass diese sieben wunderbaren Zeichen vom »Einfachen« zum »Schwierigen« fortschreiten, von einer Wandlung von materiellen Dingen über Heilungen bis zur Überwindung des Todes durch die Auferweckung des Lazarus. Die wunderbare Speisung als Festmahl der neuen Gemeinschaft mit Jesus in der Mitte steht dabei im Zentrum dieser sieben Zeichen – ein Hinweis sicher auf die Bedeutung, die die Feier der Eucharistie in der Gemeinde des Johannes hatte: Im Festmahl mit Gott und miteinander geschieht die Vollendung, verwirklicht sich das von Gott in Jesus zu den Menschen kommende Leben und Heil.

- **Hochzeit in Kana** (Joh 2,1–12): Die Wandlung von Wasser in Wein bei der Hochzeit in dem kleinen Ort Kana (vgl. Seite 61) wird in Vers 11 ausdrücklich als das erste der Zeichen Jesu benannt. Zudem wird das Ziel aller Zeichen benannt, das in diesem ersten bereits deutlich anklingt: die Offenbarung der Herrlichkeit (= des wie Gott Seins) Jesu und damit der Verkündigungsauftrag an die christliche Gemeinde, Jesus als den Christus und Sohn Gottes zu bekennen. Es geht also in diesem ersten »Wunder« nicht um die Erfahrung Jesu als Wundertäter, sondern um das Glaubensbekenntnis der christlichen Gemeinde: »Seine Jünger glaubten an ihn.« Sie erkennen in ihm den Herrn, mit dem die Zeit der Wende angebrochen ist (»Jesus an Natanaël: Du wirst noch Größeres sehen«, Joh 1,50).

Dies ist eine Zeit der Freude, des Festes, des Überflusses, in dem alle mehr als reichlich haben. Das Hochzeitsmahl ist auch bei den Synoptikern ein Bild für die Vollendung im Reich Gottes und für eschatologisches Heil (vgl. das Gleichnis vom Hochzeitsmahl, Mt 22,1–14). Der Kontrast zwischen dem fehlenden Wein und dem »guten« Wein ist für den Verfasser des Evangeliums der Kontrast zwischen der Beschränkung und der Einengung des Lebens in dieser Welt und der Vollendung des Lebens in der kommenden, für die Jesus nicht nur Hinweiszeichen, sondern der Weg ist. So gibt es ein Fest, nicht Mühe und Arbeit, es gibt Lachen statt Weinen und Wehklagen, es gibt eine Gemeinschaft statt Isolation und Ausgrenzung einzelner Menschen.

- **Heilung des Sohns eines königlichen Beamten** (Joh 4,46–54): Dieses Heilungwunder ähnelt der Heilung des Dieners des Hauptmanns von Kafarnaum (Mt 8,5–13;

Lk 7,1–10) und stammt vielleicht aus einer gemeinsamen Quelle. Dies würde auch erklären, warum es im Johannesevangelium an dieser Stelle keine Offenbarungsrede Jesu gibt, die dieses Zeichen ausdeutet. Doch auch dieses Zeichen läuft auf den Zielsatz hinaus: »Und er wurde gläubig mit seinem ganzen Haus« (Joh 4,53).

Weinwunder auf der Hochzeit zu Kana (zu Joh 2,1-12, Codex Egberti, Reichenau, 980-993

- **Heilung des Gelähmten** (Joh 5,1–18): Das dritte Zeichen, die Heilung eines Gelähmten (vgl. ähnlich, aber nicht in Jerusalem, der Stadt des Heils, sondern in Kafarnaum angesiedelt, Mk 2,1–12), führt zu einer großen Rede Jesu über seine Vollmacht. Wieder ist das Zeichen nur Auslöser einer tieferen Meditation über die Person Jesu. Darin stellt sich Jesus in eine unmittelbare Verbindung mit dem Vater und bezeichnet sich selbst in der Tradition der Hebräischen Bibel als »Sohn Gottes«. Der Sohn handelt – von Gott beauftragt und gestärkt – und bringt den Menschen Leben und Heil (Joh 5,26). Der Sohn offenbart aber auch den unsichtbaren Vater, ist sein Bild in dieser Welt (Joh 5,43). Dies stellt diejenigen, die ihm begegnen vor eine unausweichliche Entscheidung: zum Glauben oder Unglauben, zum Heil oder Unheil, zur Rettung (Auferstehung) oder zum Gericht (Joh 5,29). Allein in Jesus ist Heil zu finden, er ist Tür und Weg, er ist der Mittler zwischen Gott und den Menschen.
- **Wunderbare Speisung (Brotvermehrung)** (Joh 6,1–15): Die große Speisung wird auch bei den Synoptikern erzählt (vgl. Mk 6,31–44; 8,1–10; Mt 14,13–21; 15,32–39; Lk 9,10–17). Doch Johannes führt dieses Zeichen nach einem Intermezzo (Gang auf dem Wasser, s.u.) wieder in einer großen Rede weiter, in der auch das »Ich-bin-Wort« Jesu vom Brot enthalten ist. Wieder geht es in dieser Rede um zwei Welten: In dieser Welt kann Brot nicht dauerhaft sättigen; in der jenseitigen, vollendeten Welt bei Gott dagegen gibt es das »wahre Brot« (Joh 6,52), das Gott selber schenkt. Wer von diesem Brot isst, wird nie mehr hungern – er hat das Lebensbrot in sich, dass zur Vollendung führt und alle Not überwindet. Alle Speisungen (Pessah, Manna, aber auch die großen Speisungen Jesu und seine Mahlgemeinschaften bis zum Abendmahl) bleiben somit immer nur Hinweiszeichen auf künftige Vollendung, Vorwegnahme künftigen Heils.
- **Jesu Gang auf dem Wasser** (Joh 6,16–21): (Gottes-)Furcht ist die Haltung des Menschen, der Gott gegenübertritt. In diesem Zeichen macht Jesus deutlich, dass sich der, der sich als Jünger an ihn bindet, nicht länger fürchten muss: In Jesus ist Heil zu finden.
- **Heilung des Blindgeborenen** (Joh 9,1–12, vgl. auch Seite 370–371).
- **Auferweckung des Lazarus** (Joh 11,17–44, vgl. auch Seite 372–373).

Jesus – Licht der Welt

Das sechste und das siebte Zeichen Jesu (Joh 9: Blindenheilung und Joh 11: Totenerweckung) sind von so hoher Bedeutung, dass sie besonders erschlossen werden sollen. Die eigentliche Heilung des Blindgeborenen, das wunderbare Zeichen wird nur kurz erwähnt (Joh 9,6–7). Dann aber ergibt sich aus der Heilung ein Streitgespräch des Geheilten mit den Pharisäern (Joh 9,13–34), bei denen beide Seiten als Kontrast zwischen Glauben und Unglauben gegeneinandergestellt werden. Die ganze Erzähleinheit der Blindenheilung aber gipfelt wiederum in einer Selbstoffenbarung Jesu, dieses Mal nicht in einer langen Offenbarungsrede (wie bei Nikodemus [Joh 3], der Samaritanerin [Joh 4], der Brotrede [Joh 6] und auch in den diversen Redeinheiten anlässlich der Auferweckung des Lazarus [Joh 11]). Vielmehr kommt hier wie auch an einigen anderen Stellen im Johannesevangelium die Selbstbezeichnung Jesu als »Menschensohn« zum Tragen, die auch von den Synoptikern her bekannt ist (vgl. Seite 336).

- **Die Heilung des Blindgeborenen** (Joh 9,1–12): Die Blindenheilung bei Johannes unterscheidet sich im Ablauf von den synoptischen Wundererzählungen. Selbst im eigentlichen Wunderbericht sind die Redestücke weiter ausgearbeitet als in den ersten drei Evangelien. Die Eingangsfrage der Jünger nach der Schuld für das Leid des Blindgeborenen gibt Jesus die Möglichkeit, erneut von seiner Bedeutung Zeugnis abzulegen – wie in Joh 8,12 tut er dies mit dem Bildwort Licht: »Solange ich in der Welt bin, bin ich das Licht der Welt« (Joh 9,5). Die Heilung des Blindgeborenen ist Anlass, das Wirken des barmherzigen Gottes in dieser Welt aufzuzeigen – hierin liegt das eigentliche Ziel der ganzen Erzählung.

Der behinderte Mann wird als Blindgeborener bezeichnet. Das ist gegenüber den synotischen Wunderberichten einer Blindenheilung (Mk 8,22–26; 10,46–52 [Bartimäus]; Mt 20,29–34 [zwei Blinde]; Lk 18,35–43) eine Verschärfung: Hier ist nun wirklich nichts zu machen – zumindest aus der beschränkten menschlichen Sicht. Umso deutlicher wird: Wer selbst den heilen kann, der bereits seit seiner Geburt blind ist, muss dies aus der Vollmacht Gottes heraus tun.

Die realistische Vorgehensweise der Heilung (Bestreichung der Augen mit Speichel) ist für Johannes ungewöhnlich, kann aber in einer Vorlage begründet liegen (etwa in der vergleichbaren Darstellung in Mk 8,23). Doch die eigentliche Heilung geschieht erst durch die Waschung im Teich Schiloach. Diese Waschung kann man symbolisch auf die Taufe beziehen, wie sie in der Gemeinde des Johannes praktiziert wurde: Durch die Taufe wird ein Mensch rein und erfährt Rettung durch den Herrn – neues Leben und neues Licht. In diesem Zusammenhang kann man auch in Kapitel 4 des Johannesevangelium das Gespräch Jesu mit der samaritischen Frau lesen: »Jesus gibt lebendiges Wasser ... es ist eine sprudelnde Quelle, deren Wasser ewiges Leben schenkt« (Joh 4,10.14).

Das Heilungsgeschehen, die Tat Jesu, stellt ein äußeres Offenbarungsgeschehen dar, das allein durch die deutenden Worte Jesu und seine Selbstoffenbarung Klarheit gewinnt und die Hörer (die Gemeinde des Johannes und danach Christen, die diesen Text lesen) vor die Entscheidung zwischen Glauben und Unglauben stellt. Darum geht es im nächsten Absatz.

• **Das Streitgespräch mit den Pharisäern** (Joh 9,13–34): Noch einmal wird die Situation dadurch verschärft, dass darauf hingewiesen wird, dass die Heilung am Sabbat stattfand und damit die Kritik und den Protest der Pharisäer (der »Reinen«) hervorrief, die die Einhaltung der mosaischen Gesetze (Ruhegebot am Sabbat) durch das Wirken Jesu in Gefahr sahen. Die Auseinandersetzung mit den Pharisäern wird an dieser Stelle vom Geheilten selbst bestritten: Er ist der Modellfall des Glaubenden, der sich an Jesus bindet und der deshalb auch Jesus in der Öffentlichkeit vertreten muss. Die Gemeindesituation der johanneischen Gemeinde in Auseinandersetzung mit jüdischen Synagogengemeinden klingt hier an. So werden die Pharisäer auch als »die Juden« bezeichnet, was in dieser Verallgemeinerung nicht stimmt. Sie sind für Johannes der Modellfall des Unglaubens: Sie verschließen die Augen vor dem Gottessohn und seinem heilenden Wirken und sind deshalb die eigentlich Blinden. Sie ziehen sich zurück auf ihre traditionellen Vorschriften, doch fehlt es ihnen am Glauben, dass Gott in Jesus Neues schaffen kann – eine neue Perspektive des Heils für den, der sich im Glauben dem Sohn Gottes öffnet.

Yoko Makoshi, Dunkelheit und Weisheit, Japan 1999

• **Die Selbstoffenbarung Jesu** (Joh 9,35–41): Diesen Kontrast zwischen den Sehenden, die eigentlich die Blinden sind, und dem Blinden, der sehend (= glaubend) geworden ist, greift Jesus im letzten Teil der Erzählung auf. Dabei bleibt das Sprechen Jesu wie so oft im Johannesevangelium verbergend, rätselhaft, mehr andeutend als klar definierend: Er bezeichnet sich selbst mit dem eigentümlichen Begriff »Menschensohn« und greift damit auf Vorstellungen der spätjüdischen Zeit zurück, die auch bei den Pharisäern verbreitet waren. Der Menschensohn aber hat Vollmacht »zu richten«. Das meint hier: Er hat von Gott die Vollmacht, Menschen zum Glauben zu führen und so zu »Sehenden im Glauben« zu machen.

Genau dies sieht der Evangelist auch als seine Aufgabe an: Er schreibt für seine Gemeinde, für Menschen, die sich auf einen Weg des Glaubens gemacht haben und bereits getauft sind, deren Grundentscheidung für eine Bindung an Jesus bereits gefallen ist. Doch brauchen sie eine Stärkung ihres Glaubens, sie brauchen eine bessere Sicht, sie brauchen Hilfen auf ihrem Glaubensweg. Das Evangelium des Johannes (in vergleichbarer Weise für andere Gemeindesituationen auch die drei synoptischen Evangelien) setzen sich die Aufgabe, solche Hilfen zu geben: »Dieser Jünger ist es, der all das bezeugt und der es aufgeschrieben hat ... und sein Zeugnis ist wahr« (Joh 21,24).

Jesus – Leben für die Welt

Die Reihe der sieben Zeichen im Johannesevangelium, die mit dem »einfachen« Zeichen der Verwandlung von Wasser in Wein begonnen hat, gipfelt in der Erzählung von der Auferweckung des Lazarus, die dramatisch geschildert, aber, wie bei Johannes üblich, mit deutenden Redestücken versetzt ist. Mit dem Bericht über das größte Zeichen Jesu ist im Ablauf des Johannesevangeliums »alles« über Jesus gesagt, die Selbstoffenbarungen finden ebenso ihren Abschluss wie die diese Aussagen bestätigenden Zeichen. Unmittelbar nach diesem Bericht beginnt in Kapitel 12 der letzte Weg Jesu nach Jerusalem, es beginnt die Leidensgeschichte.

Somit hat die Erzählung des letzten Zeichens ebenso eine Schlüsselfunktion wie die des ersten über die Hochzeit in Kana. Dort wurde bereits angegeben, dass Jesus in aller Öffentlichkeit seine Herrlichkeit offenbart. Dieses Stichwort »**Herrlichkeit**« rahmt auch die Auferweckung des Lazarus. Bereits in Vers 4 wird dem Hörer/Leser eine Hilfe zum Verständnis gegeben: Dieses letzte Zeichen Jesu dient der Verherrlichung Gottes dadurch, dass »sein Sohn verherrlicht wird«. Denn dieser handelt wie Gott selbst, er hat Macht über Leben und Tod, er kann das Leben neu schenken, kann Neues schaffen. Am Ende der Erzählung wird diese Vorhersage einer Verherrlichung Gottes bestätigt (Vers 40) – nicht um ein wunderbares Geschehen geht es also in diesem Text, sondern um den Lobpreis des Gottes, der Leben schenkt und erhält (vgl. Seite 268–269), der immer wieder einen Neubeginn schenkt (vgl. Seite 248–249), der sich als lebendiger Gott in Jesus, seinem Christus, zeigt. In dieser kompakten Aussage haben wir gleichsam einen Gipfel aller biblischen Aussagen erreicht: Der Gott des Lebens lässt seine Geschöpfe nicht im Tod, seinen Christus nicht und auch diejenigen nicht, die sich glaubend an diesen Christus binden und ihm nachfolgen.

Jesus – das Leben

Jesus sagte zu Marta: »Dein Bruder wird auferstehen.«
Marta sagte zu ihm: »Ich weiß, dass er auferstehen wird bei der Auferstehung am Letzten Tag.«
Jesus erwiderte ihr: »Ich bin die Auferstehung und das Leben.
Wer an mich glaubt, wird leben, auch wenn er stirbt,
und jeder, der lebt und an mich glaubt, wird auf ewig nicht sterben.
Glaubst du das?«
Marta antwortete ihm: »Ja, Herr, ich glaube, dass du der Messias bist, der Sohn Gottes, der in die Welt kommen soll.«

Johannes 11,23-27

Die Erzählung von der Auferweckung des Lazarus unmittelbar vor der Leidensgeschichte ist somit bereits eine Weichenstellung, wie auch die Erzählung über das Leiden und Sterben Jesu bei Johannes zu verstehen ist: Dieser Bericht, der von außen gesehen als ein Bericht vom Scheitern eines Menschen erscheinen muss, verweist im Inneren für den Glaubenden bereits auf den Leben schaffenden Gott. So kann Jesus – anders als bei den Synoptikern – bei Johannes auch in seiner Leidensgeschichte als der hoheitsvolle Herr gezeichnet werden. Er weiß sich auch im Leiden in Gott geborgen: Johannes erzählt kein angstvolles Gebet Jesu im Garten Getsemani (wie in Mk 14,32–42; Mt 26,36–46; Lk 22,39–46), sondern lässt Jesus so kraftvoll und hoheitsvoll den Soldaten und Häschern gegenübertreten (Joh 18,5–6 mit dem Offenbarungswort »Ich bin es!«, vgl. Seite 386–387), dass diese zu Boden stürzen. Auch dem mächtigen Römer Pilatus, der in Israel Macht über Leben und Tod hatte, tritt Jesus mit dem Anspruch gegenüber: »Ich bin ein König« (Joh 18,37). Gegenüber Juden (Hohepriester) und Heiden (Pilatus) bekennt Jesus seine göttliche Würde und Herrlichkeit. Von da aus gewinnt das Schild am Kreuz »Jesus von Nazaret, König der Juden« bei Johannes eine andere Bedeutung als bei den Synoptikern: War es dort Teil der Verspottung des leidenden Propheten, so ist es hier das »offizielle« Hinweiszeichen auf die königliche Würde Jesu.

Sebastiana Dung Dung und Cecilia Billung, Der Lebensbaum, Indien 1998

Die Auferweckung des Lazarus gibt zeichenhaft bereits die Auferweckung Jesu vor: Wo Jesus aus der Kraft Gottes heraus den toten Freund Lazarus nicht im Grab lässt, sondern ihm neues Leben schenkt, da kann der Glaubende bereits im Text dieses letzten Zeichens zur berechtigten Annahme kommen, dass Gott seinen Christus ebenso wenig im Tod lässt (vgl. Seite 376–377).

Johannes 11 gliedert sich in einen vorbereitenden Text mit der Nachricht vom Tod des Lazarus und der Deutung dieser Nachricht (Joh 11,1–5). Es folgt eine der Dramatik dienenden Verzögerung: Jesus wartet zwei Tage – doch das macht seine Macht besonders deutlich. Wer einen Toten, der bereits drei Tage im Grab lag, auferwecken kann, hat wirklich göttliche Macht. Die folgenden Verse (Joh 11,7–16) zeigen Jesus mit seinen Jüngern auf dem Weg. Jesus deutet das Geschehen um Lazarus dahingehend, dass es seiner Verherrlichung dient und die Jünger zu tieferem Glauben an ihn führen soll. Auch in der eigentlichen Auferweckungserzählung gibt es immer wieder retardierende Elemente, etwa dass Jesus am Rand des Dorfes Betanien stehenbleibt. Auch der Grabstein, der erst weggerollt werden muss, ist ein solch verzögerndes Detail. Der Grabstein verweist aber zudem, und das ist wichtig, auf das Grab Jesu, bei dem am Ostermorgen ebenfalls der Grabstein weggenommen ist (Joh 20,1). Das Grab als Zeichen des Todes bleibt nach dem Herauskommen des Lazarus ebenso leer zurück wie das Jesusgrab am Ostermorgen: Der Tod hat keine Macht mehr, sondern das von Gott geschenkte neue Leben. Die Lazaruserzählung ist somit eine österliche Erzählung.

Fußwaschung – Dienst, nicht Herrschaft

Wo die Synoptiker ausführlich vom Abendmahl Jesu erzählen (Mk 14,12–25; Mt 26,17–29; Lk 22,7–23), erwähnt Johannes das Mahl nur in einem kurzen Satz: »Es fand ein Mahl statt« (Joh 13,2). Für ihn steht eine andere Zeichenhandlung im Vordergrund: nicht das Brechen und Teilen des Brotes, sondern die Fußwaschung als grundlegende Deutung des Lebensweges Jesu, der aus johanneischer Sicht am Kreuz seinen Höhepunkt und seine Erfüllung findet, und zugleich als Modell für das Handeln der Christen, als Beispiel, das Schule machen soll.

Hinter der Zeichenhandlung des Abendmahls bei den Synoptikern (vgl. Seite 312–313) stand die Lebenshingabe Jesu als grundlegende Deutung der Sendung Jesu: Jesus ist wie Brot für die Menschen, gibt sich voll und ganz hin, schenkt sich mit Brot und Wein. Auf dem Hintergrund der alttestamentlichen Mahltraditionen, besonders des Pessahmahles beim Auszug aus Ägypten, wird hier das Mahl zum Zeichen des Neuen Bundes, den Gott in Jesus mit den Menschen schließt – nicht mehr nur mit seinem auserwählten Volk Israel, sondern nun mit allen Menschen, die von ihrem Glauben her Abrahams »Kinder« sind.

Die Fußwaschung ist ebenso wie das Abendmahl eine Zeichenhandlung, die die Lebenshingabe Jesu in einem konzentrierten Tun und mit einem begleitenden Wort deutet. Abendmahl und Fußwaschung stellen also eine Art Zentrum der Jesusbotschaft dar. Die Fußwaschung darf somit im Johannesevangelium als das letzte Zeichen angesehen werden, das die sieben wunderbaren Zeichen (vgl. Seite 368–369) überbietet.

Die Hingabe und der Dienst eines Menschen kann durch bestimmte Zeichen ausgedrückt werden. Es ist ein Zeichen der Liebe und der Freundschaft, wenn etwa ein Blumenstrauß geschenkt wird, wenn Kinder ein schönes Bild malen und verschenken, wenn das Foto eines geliebten Menschen einen besonderen Platz findet, wenn man ein Licht auf einem Grab anzündet ... Eheleute tragen Ringe als Zeichen ihrer Liebe und Treue. Das Zeichen Jesu, das er mit der Fußwaschung setzte und das mancherorts auch heute noch in die Liturgie des Gründonnerstages übernommen wird, ist hier einzuordnen und in diesem Rahmen zu verstehen: Jesus macht sich durch die Übernahme des Sklavendienstes zum Diener aller und deutet damit seine Lebenshingabe, die im Tod am Kreuz gipfelt.

Der kulturelle Hintergrund der Fußwaschung ist: Wenn Menschen zur Zeit Jesu zu einem Festmahl eingeladen wurden, reinigten sie sich natürlich vorher. Da man aber auf den staubigen Wegen barfuß oder nur mit offenen Sandalen ging, ließ es sich nicht verhindern, dass man das Haus des Gastgebers mit schmutzigen Füßen erreichte; beim Brauch des zu Tische Liegens war das unangenehm. So war es Aufgabe des Gastgebers, dafür Sorge zu tragen, dass einer seiner Diener den Gästen am Eingang die Füße wusch – der geringste aller Dienste bei einem Festmahl. Jesus übernimmt hier selbst die Aufgabe des geringsten Dieners und gibt so ein Modell für seine Jünger: für ihr Handeln in seiner Nachfolge. Damit unterscheidet er sich in seiner Beziehung zu seinen Jüngern von einem jüdischen Rabbi und dessen Jünger: Diese mussten ihrem Meister wie Sklaven dienen. Der Rabbi konnte von seinen Jüngern jeden Dienst erwarten – allerdings ausgenommen die Fußwaschung.

Jüngerschaft wird damit als Dienst aneinander und für andere verstanden. Damit ist ein Grundzug der Lebensgestaltung der Jüngergemeinschaft und damit zugleich kirchlicher und gemeindlicher Strukturen gegeben: Kirche kann nach dem Willen und Beispiel Jesu nur Kirche Jesu sein, wenn sie zum Dienst am Menschen bereit ist. Und das muss sich bis in die Strukturen auswirken. Es ist auffallend, dass im ganzen Neuen Testament nie von »hierarchia« die Rede ist (griechisch »hieros« = »heilig« und »arche« = »Anfang, Führung, Herrschaft«), sondern immer nur von »diakonia« (griechisch = »Dienst«). Dienst, nicht Herrschaft soll die Jüngergemeinde Jesu (und damit auch die spätere Kirche in all ihren Strukturen und Dienstämtern) prägen.

Dies geschieht nach dem ausdrücklichen Beispiel Jesu, wie er es im deutenden Wort der Fußwaschung ausdrückt: »Ich habe euch ein Beispiel gegeben, damit auch ihr so handelt, wie ich an euch gehandelt habe« (Joh 13,15). Das Vorbild des Dienstes, wie es Johannes seiner Gemeinde mit der Erzählung von der Fußwaschung vor Augen stellt, stimmt auch mit den Synoptikern überein: »Wer der Erste sein will, soll der Letzte von allen und der Diener aller sein« (Mk 9,35). Auch die Kritik Jesu an den Mächtigen (etwa anlässlich des Jüngerstreits, Mk 10,35–45) passt hierzu. Wir haben also sowohl bei Johannes wie bei den Synoptikern eine eindeutige und nicht bestreitbare Aussage, wie Jesus Jüngerschaft verstanden, vorgelebt und von dem ihm Nachfolgenden gefordert hat: Jede Autorität im neuen Volk Gottes soll einzig aus dem Dienen erwachsen, nicht aus einem bestimmten Amt, aus Ehre und Titel, aus Macht und Herrschaft. Damit hat Jesus ein Beispiel gegeben für das, was immer und jederzeit Kirche bestimmen soll.

Anonym, Fußwaschung, koptische Malerei aus Äthiopien

Auferweckung – es ist der Herr

Alle vier Evangelien schließen mit Erzählungen über die Erfahrung von Jüngerinnen und Jüngern mit dem Auferweckten. Allerdings geschieht dies in sehr unterschiedlicher Weise: Markus berichtet von den Frauen am leeren Grab und von der Erscheinung eines jungen Mannes, der verkündet, dass Jesus auferweckt worden ist (Mk 16,1–8; der spätere Nachtrag Mk 16,9-20 ist hier nicht berücksichtigt). Matthäus und Lukas erweitern ihre Markusvorlage durch weitere Erzählungen: Matthäus erzählt ebenso von den Frauen am leeren Grab, fügt dann aber Erscheinungen Jesu vor den Frauen und später vor den Jüngern in Galiläa an (Mt 28,1–10.16–20). Lukas fügt nach der Erzählung von den Frauen am Grab die Emmausgeschichte ein und schließt mit weiteren Erscheinungen vor den Jüngern in Jerusalem. Die Synoptiker setzen dabei unterschiedliche theologische Akzente:

- **Markus** geht in seinem Evangelium von einem Geheimnis Jesu aus, das sich den Jüngern während der Zeit des irdischen Jesu noch nicht erschließt. Erst der römische (heidnische) Hauptmann kommt unter dem Kreuz zur Erkenntnis, dass Jesus der Sohn Gottes ist. Die Engelbotschaft im leeren Grab klärt somit für die Jünger die Gestalt Jesu: »Der Gekreuzigte ist der Lebende, der ihnen vorausgeht« (Mk 16,7). Gott selbst also bestätigt seinen Christus.
- **Matthäus** betont in seinem Evangelium die Gemeinschaft der Glaubenden. Dies wird auch in seinen Auferstehungserzählungen sichtbar: Der Auftrag zur Verkündigung wird zuerst den Frauen gesagt. Anders als bei Markus erfüllen die Frauen diesen Auftrag. Sie sind nicht allein von Furcht (Mk 16,8: Schrecken und Entsetzen) erfüllt, sondern auch von großer Freude (Mt 28,8: »voll Furcht und großer Freude«). Sie eilen zu den Jüngern, um ihnen die Botschaft zu verkünden. Die Verkündigung des Evangeliums von Jesus, dem Gekreuzigten und Lebenden, nimmt hier ihren Lauf. Diese Verkündigung wird in den letzten Versen des Evangeliums auf den ganzen Erdkreis ausgeweitet.
- **Lukas** verbindet in der Emmausgeschichte, der wohl schönsten der Erscheinungsgeschichten, das Motiv der Eucharistie mit dem Auferweckten. Es geht ihm um die Identifizierung des irdischen mit dem auferweckten und in der Gemeinde erfahrbaren Jesus: Dieser Jesus ist »Israels Herrlichkeit und das Licht der Heiden, das Gott allen Völkern bereitet hat« (Lk 2,31f). In Jesus ist das Heil Gottes zu den Menschen gekommen. Von diesem Gedanken her lässt sich das ganze Lukasevangelium lesen, angefangen mit den Kindheitslegenden bis zur Erzählung von der Himmelfahrt Jesu, die nichts anderes als eine Erscheinungsgeschichte ist mit dem Akzent, die Erhöhung Jesu zu Gott auszudrücken.
- **Johannes** fügt in die Erzählung einer Erscheinung Jesu vor Maria von Magdala eine andere, die Magdalenenerzählung unterbrechende Tradition ein: die Geschichte vom Wettlauf der Jünger – das Verhältnis von Petrus und dem anderen »Jünger, den Jesus liebte« spielt bei Johannes eine besondere Rolle. Der andere Jünger ist der Erste, der zum Glauben findet (»er sah und glaubte«), während Petrus das leere Grab augenscheinlich nicht einordnen kann und somit noch keinen wirklichen Glauben hat. Durch diesen anderen Jünger fügt Johannes ein Motiv hinzu, das aus den gegenüber

der Apostelzeit späteren Generationen stammt und wahrscheinlich in seiner eigenen Gemeinde wichtig war: Wie können wir glauben, ohne zu sehen?

Auch bei Johannes geht es im Folgenden um Beauftragung und Sendung der Jünger, die sie nun, gestärkt durch den Geist Gottes (Joh 20,22) beginnen können. Für Johannes ist das, was Lukas mit Auferstehung, Himmelfahrt und Pfingsten (Lk 24; Apg 1–2) getrennt beschreibt und was in der Liturgie der Kirche auch zu unterschiedlichen Festtagen geführt hat, eine innere Einheit: Auferweckung, Erhöhung zu Gott und Geistsendung zur Stärkung und Beauftragung der Jünger sind unterschiedliche Weisen, wie der Lebende erfahren werden kann, gehören aber unlösbar zusammen.

Die Auferweckungserzählungen der vier Evangelien stimmen in einigen wesentlichen Linien überein: Die *Begegnung mit dem Auferweckten* führt die Jüngerinnen (diese zuerst!) und Jünger in unterschiedlicher Weise zum Glauben. Sie machen Erfahrungen, die ihr Leben grundsätzlich verändern, die sie aber sprachlich in keiner Weise angemessen mitteilen können. Eingebettet in diese Erzählungen ist auch das *Motiv des leeren Grabes*. Dies aber bewirkt noch keinen Glauben – er wächst erst in der Begegnung mit dem Lebenden selbst. Die Jüngerinnen und Jünger werden durch die Begegnung mit dem Auferweckten zu *Zeuginnen und Zeugen* nicht allein der Botschaft Jesu vom Reich Gottes (wie zur Zeit seines irdischen Wirkens), sondern nunmehr auch der Person Jesu, des gekreuzigten und auferweckten Herrn, den sie als den Messias, den Christus Gottes, den Sohn Gottes, den Herrn und Retter verkünden. Die Erzählungen geben dabei nicht historisches Geschehen wieder, sondern sind – wie die Evangelien überhaupt – Glaubenserfahrungen und Glaubensbekenntnisse.

André Kamba Luësa, Auferstehung, Zaire/DR Kongo, 1992

Grundthema der Bibel – Gott, der Vater Jesu Christi

Während der Messias/Christus-Titel gleichsam zu einem Eigennamen des erhöhten Jesus wurde, hat der Titel »Sohn Gottes« auf das Bekenntnis der Christen noch tiefergehende Wirkung. Aus ersten, aber im Neuen Testament bereits fassbaren Anfängen, den Begriff »Sohn Gottes« über die bisherige jüdische Tradition hinaus zu verstehen, ergab sich ein Prozess, der bis hin zu den späteren dogmatischen Aussagen der großen Konzilien des 4. und 5. Jahrhunderts führt. Das Bekenntnis zu Jesus als Sohn Gottes und als zweite Person des einen Gottes ist seitdem das, was das Christentum von anderen monotheistischen Religionen (vor allem vom Judentum, aber auch vom Islam) trennt. An diesem Bekenntnis zu Jesus unterscheiden sich die Geister.

Wie kam man zu der Bezeichnung Jesu als Sohn Gottes? Das Alte Testament geht recht unbefangen mit der Bezeichnung Sohn Gottes in einer dreifachen Weise um: Zum einen kann das Volk Israel gemeint sein (etwa Hos 11,1: »Als Israel jung war, gewann ich ihn lieb, ich rief meinen Sohn aus Ägypten«), zum anderen der König, der das Volk repräsentiert (etwa 2 Sam 7,14: »Ich will für ihn Vater sein, und er wird für mich Sohn sein«). Daraus erwächst in späterer Zeit, als es keinen König mehr gab, der Gebrauch des Wortes für jeden Israeliten, der den Bund mit Gott einhält (etwa Sir 4,10: wenn du das und das tust, »dann wird Gott dich seinen Sohn nennen«). An diese jüdischen Traditionen konnte das Neue Testament anknüpfen.

In Jesu Sprachgebrauch taucht der Begriff »Sohn Gottes« nicht auf, wohl aber in Bekenntnissen, die von außen an ihn herangetragen werden, sei es durch Jünger (Petrusbekenntnis, Mt 16,16), durch Dämonen, die aus Kranken ausfahren (Lk 4,41), durch den römischen Hauptmann unter dem Kreuz (Mk 15,39) oder gar durch Gott selbst anlässlich der Taufe und der Verklärung Jesu. Der Titel Sohn Gottes ist ein Deutungsversuch, der auf das irdische Leben Jesu zurückgreift, aber erst nachösterlich zugeordnet wird. Erst nach Ostern wird unmissverständlich deutlich, dass die Vollmacht Jesu von Gott kommt – weil Gott seinen Christus, sein Leben und sein Handeln, bestätigt. Die Bezeichnung Jesu als Sohn Gottes versteht das Wirken Jesu als »göttliches Handeln«: In Jesus ist Gott in unübertrefflicher Weise wirksam.

Dabei tastet sich das Neue Testament Schritt für Schritt vor: Der Römerbrief spricht noch davon, dass Jesus erst in seiner Auferstehung zum Sohn Gottes wird (Röm 1,3–4: »das Evangelium von seinem Sohn, der dem Fleisch nach geboren ist als Nachkomme Davids, der dem Geist der Heiligkeit nach eingesetzt ist als Sohn Gottes in Macht *seit* der Auferstehung von den Toten«). Die synoptischen Evangelien verlegen die Sohnschaft Jesu bereits an den Beginn des öffentlichen Lebens Jesu: Markus und Matthäus tun dies im Blick auf die Taufe Jesu (Mk 1,11: »Du bist mein geliebter Sohn«); für Lukas ist dies sogar bereits seit der Geburt Jesu erkennbar (Lk 1,35: »Deshalb wird auch das Kind ... Sohn Gottes genannt werden«).

An solchen Stellen geht es immer noch um eine Zuordnung dieses Titels zum Wirken Jesu. Der Sohn erscheint als Bild und Offenbarung des Vaters und zeigt die Herrlichkeit Gottes. Es geht um die göttliche »Funktion« Jesu, die in seinem Leben auf-

Dreifaltigkeit – Dreigesicht Gottes, Belgrad, Serbien, 1704

scheint. Doch wächst daraus die Überlegung, dass Jesus nicht allein als Sohn Gottes in die Welt gesandt wurde, um Heil zu bringen, sondern dass Sohn Gottes eine Wesensbeschreibung für Jesus ist. Hier geht das Johannesevangelium entscheidende Schritte weiter (Joh 20,28: Thomas bekennt sich zum Auferstandenen: »Mein Herr und mein Gott!«). An vielen Stellen reflektiert das Johannesevangelium nicht nur die Funktion Jesu als Sohn Gottes, sondern die Wesenseinheit zwischen Jesus, dem Sohn, und seinem Vater. Hier allerdings ist Jesus immer noch dem Vater untergeordnet, es liegt eine hierarchische Ordnung zwischen Vater und Sohn vor (Joh 14,28: »Der Vater ist größer als ich«).

Weitere neutestamentliche Schriften bringen diesen Prozess einer Reflexion weiter voran. Der von Paulusschülern geschriebene Kolosserbrief sagt: »In Christus wohnt wirklich die ganze Fülle Gottes« (Kolosser 2,9). Und im 1. Johannesbrief heißt es: »Der Sohn Gottes ist gekommen ... Er ist der wahre Gott« (1 Joh 5,20).

Diese Reflexion über das Verhältnis Jesu zum Vater, das mit dem Begriffspaar Vater – Sohn ausgedrückt wurde, hatte eine weitere Folge. Während man bisher Jesus in einer Bewegung der Erhöhung sah, ein Aufsteigen des Menschen Jesus durch die Auferweckung zum erhöhten Herrn bekannte, konnte man nun auch den umgekehrten Weg gehen: Gott selber steigt in Jesus zum Menschen hinab, bewegt sich auf den Menschen zu – der Sohn Gottes wird Mensch. Von hier aus war es nur ein kleiner Schritt, Jesus als Sohn Gottes bereits vor seiner Geburt zu verstehen: Jesus ist der präexistente (d.h. bereits vor seiner Geburt bei Gott und als Gott existierende) Sohn. Im Prolog (im Anfangs-, Überschriftsteil) des Johannesevangeliums spielt dies eine wichtige Rolle.

Doch taucht diese Vorstellung auch in sehr frühen Texten auf, etwa in einem Hymnus, den bereits Paulus gekannt und in den Philipperbrief aufgenommen hat: »(Christus) war Gott gleich, hielt aber nicht daran fest, wie Gott zu sein, sondern er entäußerte sich ... Darum hat Gott ihn über alle erhöht« (aus Phil 2,6–11). Diese Vorstellung von Jesus als dem präexistenten, irdisch erfahrbaren und zugleich als erhöhten Sohn prägt die weitere Theologie, Jesus zu verstehen und einzuordnen.

Die Apostelgeschichte

Die Apostelgeschichte ist die »Fortsetzung« des **lukanischen »Geschichtswerkes«**. Sie zeigt – zusammenfassend ausgedrückt – den Weg, den das Evangelium von Jesus Christus von Jerusalem (Pfingsten – Geistsendung) ausgehend bis nach Rom, dem Zentrum der damaligen Welt, zurücklegte. Somit bewahrheitet sich die Verheißung Jesu (»man wird allen Völkern verkünden«, vgl. Lk 24,47). Im Mittelpunkt der Darstellung steht dabei das Wirken der Apostel Petrus und Johannes und des Missionars Paulus. Durch diese und andere (Philippus, Barnabas, Jakobus ...) greift das Evangelium von Jesus über Israel hinaus, werden Gemeinden vor allem im östlichen Teil des Mittelmeerraumes, schließlich auch in Rom aufgebaut, beginnt die junge christliche Gemeinschaft, ihr Leben aus dem Geist heraus zu gestalten. Die Apostelgeschichte zeigt dabei in idealisierter Form (vgl. etwa die Berichte über die Urgemeinde), wie eine christliche Gemeinschaft aussieht, die sich in der Nachfolge Jesu weiß.

Ziel des Lukas ist allerdings nicht, eine »Geschichte der Kirche« im Sinne heutiger Geschichtsschreibung darzustellen (ebenso wenig gilt dies in seinem Evangelium für die »Geschichte« Jesu). Vielmehr sind auch die Berichte der Apostelgeschichte Glaubenstexte: Erzählungen, die vom Glauben der ersten Christen künden, dadurch aber Christen späterer Gemeinden (zur Zeit des Lukas und danach) und auch andere suchende Menschen ermuntern wollen, sich entschieden dem Glauben an Jesus anzuschließen. Beide Bücher des Lukas machen Mut zum Glauben.

Die Apostelgeschichte dürfte gegen Ende des ersten Jahrhunderts (und nach dem Lukasevangelium) geschrieben worden sein. Lukas kann deshalb nur indirekten Kontakt zu Paulus gehabt haben. Vielleicht konnte er sich beim zweiten Teil seines Werkes auf eine Art »Reisetagebuch« eines Paulusschülers als Quelle stützen.

Die Schrift lässt sich wie folgt einteilen: Den Beginn bildet die Grundlegung von Kirche überhaupt: die Erfahrung des Auferstandenen (die Jünger sind bei der Himmelfahrt Jesu anwesend) und des von Gott gesandten Geistes (Jünger an Pfingsten). An diese ersten beiden Kapitel schließen sich Erzählungen und Predigten aus der ersten Zeit der Apostel in Jerusalem und Umgebung an (Kapitel 3-15). Das Apostelkonzil (Kapitel 15) öffnet dann den Weg des jungen Christentums über das Judentum, über Jerusalem und Israel hinaus. Hier werden Paulus und seine Gefährten zu Hauptakteuren, Petrus, der »Held« des ersten Teils, tritt zurück.

Die Apostelgeschichte schildert nach der Jesuszeit, über die im Evangelium berichtet wird, die Zeit der Kirche – diese aber ist vom Geist geführt. So wird Geschichte als durch Gottes Geist geleitete Geschichte verstanden: Jesus lässt den Jüngerkreis nicht allein, sondern stärkt ihn und treibt ihn an durch seinen Geist. Bei diesem Weg der Kirche haben die Apostel eine herausragende Stellung – den kirchlichen Autoritäten zur Zeit des Lukas sollte durch ihre Anbindung an die Apostel eine höhere Bedeutung zugesprochen werden. Doch haben die Apostel als unmittelbare Zeugen Jesu eine andere Stellung als die späteren Leiter der Gemeinden. Das apostolische Zeugnis ist einmalig und unwiederholbar. Paulus dient als Brücke zwischen der Zeit der Apostel und den späteren Gemeinden; durch ihn wird das Heil Jesu zu allen Völkern gebracht.

Die »Stadt« in der Bibel

Mit Jerusalem als Ausgangspunkt und Rom als Endpunkt seiner Apostelgeschichte nennt Lukas zwei Städte, die von hoher Bedeutung für die Botschaft der Bibel sind. Die Bibel nennt immer wieder Städte als Symbole für menschliches Verhalten und für die Gemeinschaft der Menschen benennt. Auffallend ist dies, weil ja zumindest die älteren Teile der Hebräischen Bibel (etwa die Vätererzählungen in Gen 12–50) eher von halbnomadischen und bäuerlichen Strukturen bestimmt sind. Dennoch wird bereits in der biblischen Urgeschichte Babel (Babylon) als Sinnbild für die Gottferne und für die Zerstreung der Menschen gewählt (Gen 11, vgl. Seite 136–137). Hier, an diesem Ort der Überheblichkeit der Menschen, versteht der eine den anderen nicht mehr – die Sprachverwirrung führt zur Trennung und Zerstreuung der Menschheit, so der alte Mythos. Babel gegenüber steht dann Jerusalem, das als Stadt Gottes angesehen wird. Hierhin pilgern nicht nur die Glaubenden in Israel, sondern auch die Völker der Erde (Jes 60,1–22 und 25,6–8), weil Gott selber in dieser Stadt in seinem strahlenden Licht in Erscheinung tritt und »ein Festmahl bereitet allen Völkern«. Deshalb wundert es nicht, dass das Pfingstereignis (Apg 2) in Jerusalem stattfindet: Hier geschieht die Begegnung mit Gott in seinem Geist, die Menschen aus allen Völkern wieder zusammenführt und die Sprachenvielfalt überwindet. Im Neuen Testament wird der Kontrapunkt dieser heiligen Stadt Jerusalem auf Rom übertragen, das nun das Gegenbild einer heiligen Stadt und der Ort der gottfeindlichen Mächte ist und sogar Babylon genannt wird (vgl. 1 Petr 5,13; Offb 14,8). Die Stadt als Versammlungsort des Volkes Gottes bezieht sich im Neuen Testament nicht allein auf Jerusalem. Vielmehr findet die erste Mission nicht in ländlichen Gebieten statt, sondern in den Städten des östichen Mittelmeerraumes, von Antiochia über Ephesus bis Korinth. Die christlichen Gemeinden in diesen Städten aber verweisen im Letzten auf die Stadt am Ende der Zeiten: das heilige Jerusalem, das von Gott her zu den Menschen kommt und in dem Gott selbst mit den Menschen wohnt (vgl. Seite 423ff).

Paul Klee, Ansicht von Kairuan, 1914

Extra:

Himmelfahrt und Pfingsten

Nach einem kurzen Vorwort (Apg 1,1–3), in dem Lukas sein zweites Buch, die Apostelgeschichte, mit dem Evangelium verknüpft, folgt eine theologische, nicht historische Deutung des Lebens der ersten Gemeinde in Jerusalem. Wieder geht es nicht um Geschichtsschreibung im heutigen Sinne, sondern um eine bereits durch Lukas gedeutete Darlegung der Ereignisse am Anfang der nachösterlichen Jüngergemeinschaft, die durch das Wirken des Geistes zur Keimzelle der christlichen Kirche wird. Lukas schreibt diesen deutenden Rückblick in idealisierter Form, denn er will den Gemeinden seiner Zeit (ca. 90–95 n. Chr.) einen Ansporn geben, ihr Leben aus dem gleichen Geist wie die ersten Christen zu gestalten.

In diesem einleitenden Abschnitt haben die beiden ersten Kapitel einen besonderen Stellenrang. Sie legen als Fundament des christlichen Glaubens fest: Der Gekreuzigte ist der mitten in seiner Jüngergemeinschaft Lebende, der durch seinen Geist die Gemeinschaft der Kirche formt. Die beiden Kapitel gliedern sich wie folgt:

- Himmelfahrt Jesu (Apg 1,4–11),
- Wahl des Apostels Matthias (Apg 1,12–26),
- Pfingstgeschehen (Apg 2,1–13),
- Pfingstpredigt des Petrus (Apg 2,14–36),
- Leben der ersten Gemeinde (Apg 2,37–47).

Die **Himmelfahrt Jesu**, also seine Erhöhung und Verbindung zu Gott, ist dabei für Lukas das Bindeglied zwischen seinen beiden Büchern und wird deshalb auch sowohl in seinem Evangelium (vgl. Seite 359) als auch in der Apostelgeschichte erzählt.

Der Himmel als religiöser (nicht naturwissenschaftlicher) Begriff meint dabei keinen geografisch fassbaren Ort, keinen Raum (etwa das Weltall oder etwas dahinter), es geht nicht um ein »Droben« über den Wolken, obwohl dies in der christlichen Kunst meist so ausgedrückt wurde und wohl auch dem damaligen Weltbild des Lukas entsprach. Himmel bezeichnet vielmehr einen Zustand, eine Seinsweise: die endgültige Gemeinschaft des Menschen mit Gott. Der Mensch tritt im Himmel in das Leben Gottes ein, das in sich räumlich und zeitlich unendlich ist, demnach mit den Kategorien Raum und Zeit nicht erfasst werden kann. Solche Geborgenheit in Gott bedeutet Vollendung des Lebens und damit ein Ende von Leid und Tod. Aufgenommen in Gott ist der Mensch erfüllt von Gottes Liebe und kann deshalb – bei aller Gebrochenheit und Schuld seines irdischen Lebens – auch den anderen in Liebe begegnen, die wie er in Gott geborgen sind. Wie der Himmel »aussieht«, lässt sich

Pfingsten (vgl. das Bild zu Himmelfahrt, Seite 359),
Rabbula-Evangeliar,
syrische Handschrift, 6. Jahrhundert

nicht sagen, Alle Bilder und Bildworte dazu sind nur Versuche, etwas letztlich Unsagbares auszudrücken – sie können auch Spiegelbilder menschlicher Sehnsüchte und Träume sein. Doch ist allen Bildern gemeinsam: Es geht um die Neuschöpfung des Menschen und des ganzen Kosmos durch den barmherzigen Gott, es geht um Vollendung in Fülle.

Eine Verbindung zwischen der irdischen Welt mit Freude und Leid, Hoffnung und Enttäuschung, Leben und Tod ist dabei für Lukas die Gestalt Jesu, der wie eine Brücke Gott und Menschen verbindet, der die »Herrlichkeit Gottes« (Lk 2,14) in dieser Welt sichtbar werden lässt, aber zugleich in seiner Auferweckung durch Gott die Erhöhung zeigt, die nicht nur für ihn gilt, sondern für jeden, der glaubt und sich an ihn bindet.

Die Himmelfahrtserzählungen sind – unabhängig von allen mythologischen Ausdrucksweisen und dem dahinterstehenden antiken Weltbild – Hoffnungsgeschichten, die den Glauben der jungen Gemeinden aus richten: Dieser Jesus ist mit seiner Erhöhung zu Gott die Perspektive für jeden Glaubenden – in ihm dürfen wir Hoffnung haben.

So kann sich – gestärkt durch diese Glaubensgewissheit – die junge Gemeinde nach dem Tod des Judas neu strukturieren und in einem Losverfahren Matthias zum **Apostel wählen**. Der Kreis der Zwölf als Repräsentanten des neuen Volkes Israel ist nun wieder vollständig; das neue Gottesvolk macht sich auf den Weg. Für diesen Weg aber braucht es Kraft und Stärkung, eine Hilfe, die der Auferweckte selbst verheißen hat: Der Auferweckte wird »die Kraft aus der Höhe« zu den Zwölf und den Jüngern senden (Lk 24,49).

Davon berichtet die **Pfingsterzählung**. Das alte jüdische Fest Schawuot (vgl. Seite 90), ein Erntedankfest für die Weizenernte, aber zusätzlich eine Erinnerung an den Bundesschluss Gottes am Sinai, erhält für die christliche Gemeinde eine neue Sinnspitze: Wieder geht es um einen Bund Gottes mit den Menschen – dieses Mal nicht mit Israel, also einem Volk, sondern mit allen Völkern, die damals im östlichen Mittelmeerraum bekannt waren (Apg 2,8–11) und die stellvertretend für die ganze Menschheit stehen. Es ist ein Bund, der die Trennung der Menschen (vgl. Turmbau zu Babel, Seite 136–137) überwindet – Gott sendet seinen Geist unter die Menschen und vermittelt Frieden, schafft Gemeinschaft.

Die Pfingsterzählung lebt von einer bildhaften Sprache: Zungen wie von Feuer, Brausen wie ein heftiger Sturm, Reden in fremden Sprachen.

– *Feuer und Sturm* gehören alttestamentlich zur Epiphanie, zum Offenbarwerden Gottes (vgl. brennender Dornbusch, Ex 3,2; Feuersäule, Ex 13,21 ...). Die Benennung von Feuer und Sturm in der Pfingsterzählung macht deutlich, dass hier etwas geschieht, das mit dem Erscheinen Gottes zu tun hat: Gott wird den Jüngern durch seinen Geist erfahrbar.

– Das *Sprachenwunder* ist als direkter Kontrast zur Erzählung vom Turmbau zu Babel zu verstehen (Gen 11,1–11). Wenn Menschen versuchen, sich einen Namen wie Gott zu machen, einen Turm bis an den Himmel zu bauen, zu sein wie Gott, dann ist die Folge, dass sie zerstreut werden, dass Menschen einander nicht mehr verstehen können, dass eine Geschichte der Schuld und des Unheils beginnt. Wo sich dagegen Menschen für den Geist Gottes öffnen, wo sie sich somit auf Gott hin orientieren, da verlieren Grenzen zwischen Menschen ihre Bedeutung, da kommt es zu einem neuen Verstehen, sie werden »ein Herz und eine Seele«.

Die **Predigt des Petrus** greift auf ein Zitat des Propheten Joël (3,1–2) zurück. Wird im Alten Testament vor allem von der Gabe des Geistes für bestimmte, besonders von Gott beauftragte Menschen (Könige, Propheten ...) gesprochen, so gilt die Gabe des Geistes im Neuen Bund allen. Inhaltlicher Kern der Petruspredigt ist das Bekenntnis zu Tod und Auferstehung Jesu. Hier geschieht die entscheidende Wende in der Beziehung von Gott und Mensch. Von Jesus her kommt auch die Gabe des Geistes.

Die **Reaktion der Hörer** (Vers 43–47) ist gewiß in der Schilderung des Lukas sehr ideal gesehen. Lukas macht seinen Lesern deutlich, wie sich aus dem Geist Gottes heraus menschliches Leben verändern kann. Zum anderen wird mit diesem Text deutlich, dass Christsein nur in Gemeinschaft geht: Pfingsten ist der Geburtstag der Kirche.

Wie lebten die ersten Christen?

Lukas blickt von seiner eigenen Gemeinde (nach 90 n. Chr.) zurück auf das Leben der ersten Gemeinde, der **Urgemeinde** in Jerusalem. Dies geschieht in einer den Anfang idealisierenden Weise, denn Lukas will den Christen seiner Zeit ein Modell und einen Maßstab für das eigene Gemeindeleben vor Augen stellen. Entsprechend seines Leitthemas im Evangelium (»Gott der Armen und Geringen«, vgl. Seite 352–353) geht es ihm dabei nicht allein um das Bekenntnis der Gemeinde zu Christus, dem »Wohltäter der Armen« (vgl. Seite 354–355), und um Gottesdienst und Gebet der Urgemeinde, sondern ebenso um ihr soziales Gefüge und ihre Sorge für die Armen in der Nachfolge Jesu (vgl. dazu auch gegenüberliegend zu Stephanus, dem »Armenpfleger« der Urgemeinde und zugleich Verkünder des Auferweckten).

Von da aus müssen zwei summarische Zusammenfassungen zum Leben der ersten Gemeinde am Anfang der Apostelgeschichte gemeinsam betrachtet werden: Apg 2,43–47; 4,32–35. Sie schildern rückblickend die »ideale» Urgemeinde, meinen aber ein Ziel für jede christliche Gemeinde, gleich zu welcher Zeit und in welchem kulturellen Kontext. Bestimmend für eine christliche Gemeinde ist für Lukas dabei:

- **Zeugnis ablegen für Christus**: Das Bekenntnis zum Gekreuzigten und Auferweckten ist die innere Mitte jeder christlichen Gemeinde: »Mit großer Kraft (d.h. aus dem Geist Gottes heraus) legten die Apostel Zeugnis ab von der Auferstehung Jesu.« Die durch die Apostel verbürgte Tradition ist das Fundament, auf dem Gemeinde gebaut werden kann. Dabei steht das Zeugnis des Petrus, des Erstberufenen und des Erstpredigers, im Vordergrund. Doch unabhängig von einzelnen Personen ist für jede Gemeinde eine Bindung an das Christusbekenntnis der Apostel (vgl. dazu auch Mt 16,18) unerlässlich.
- **Einmütig im Gebet**: »Sie verharrten dort einmütig im Gebet« (Apg 1,14); »sie lobten Gott« (Apg 2,47). Es zeigt sich bereits am Anfang, dass diese aus dem Judentum herauswachsende christliche Gemeinde nicht nur das Gebet im Tempel (Apg 2,46) und im jüdischen Synagogengottesdienstes pflegte, sondern auch zu eigenen Gebeten – nunmehr aus christlichen Geist – zusammenkam (etwa zu Gebeten in Art des Magnificat, vgl. Lk 1,46–53). Das gemeinsame Gebet ist die spirituelle Mitte der Gemeinde – hinzu kam sicher auch das Gebet im privaten Raum.
- **Brechen des Brotes**: In den Hausgemeinschaften (»Hausgemeinden«) wird nun entsprechend der Anordnung Jesu (»Tut dies zu meinem Gedächtnis«, Lk 22,19) das Erinnerungsmahl (Abendmahl) gehalten und das Brot gebrochen und miteinander geteilt. So führt die erste christliche Gemeinde (das Modell für alle Gemeinden) die Mahlgemeinschaften fort, die Jesus für alle, auch für »Sünder«, gehalten hat. Die Eucharistie, das gemeinsame Herrenmahl, schafft die Gemeinschaft der Jünger, der christlichen Gemeinde (Apg 2,46). Alle sind »ein Herz und eine Seele« (Apg 4,32).
- **Eine Gemeinschaft**: Eine Gemeinschaft, die sich so durch Christus zusammengeführt weiß und ihm im gemeinsamen Mahl gedenkt, ist sich auch ihrer Verantwortung für alle Glieder der Gemeinde bewusst. Als Konsequenz der Mahlgemeinschaft ergibt sich die Verantwortung der Gemeinde für die Armen und damit – in der idealisierten Darstellungsweise des Lukas – auch eine Gütergemeinschaft (Apg 2,45; 4,32–35).

Stephanus – der erste Märtyrer

Für Lukas steht das Bekenntnis zum auferweckten Jesus, dem Christus Gottes in der Mitte seiner beiden biblischen Bücher. Das Bekenntnis des Glaubens an Christus aber hängt von den Zeugen ab, die über ihren Glauben Rechenschaft ablegen. Somit ist das **öffentliche Zeugnis** für Christus *das* wesentliche Thema der Apostelgeschichte. Dies beginnt am Pfingsttag bereits mit dem Zeugnis und der Missionspredigt des Petrus (Apg 2,14–36) und wird durch weitere Predigten des Petrus fortgeführt (Apg 3,11–26; 4,8–12; 5,29–32). Später sind es dann Philippus (Apg 8,35) und vor allem Paulus (vgl. Seite 394–395), die die Botschaft von Jesus weitertragen und verkünden. Zwischen die beiden großen Abschnitte der Apostelgeschichte, die vom Zeugnis des Petrus und vom Zeugnis des Paulus handeln, ist die Erzählung über das Zeugnis des Stephanus eingeschoben (Apg 6: Wahl der sieben und Verhaftung des Stephanus; Apg 7: Verteidigung [Verkündigungspredigt] und Martyrium des Stephanus).

Mit dieser Erzählung ist der Wendepunkt der Apostelgeschichte erreicht: Ging es bisher »nur« um das Zeugnis der Urgemeinde in Jerusalem und um Menschen, die aus dem Judentum zum Christentum konvertierten, so weitet sich nach dem Tod des Stephanus der Blick auf die Missionierung über Jerusalem hinaus, denn »alle wurden in die Gegenden von Judäa und Samarien zerstreut« (Apg 8,1b). Unmittelbar danach folgt die Erzählung von der Taufe des heidnischen Äthiopiers (Apg 8) und dann von der Wende des Saulus/Paulus vor Damaskus, die das Tor zur Heidenmission endgültig öffnete.

Stephanus war einer der sieben Männer, die in der Urgemeinde mit besonderen Aufgaben (»Dienst an den Tischen« – Armenspeisung) beauftragt wurden (Apg 6,1–7). Er wird als Mann »erfüllt vom Glauben und Heiligen Geist« geschildert. Unter dem Vorwurf der Gotteslästerung wurde er vom Hohen Rat verhört und danach in Lynchjustiz vor der Stadt gesteingt (Apg 7,58). Eingeschoben in das Verhör ist die Verteidigungsrede des Stephanus, die aber in der rückblickenden Deutung des Lukas eigentlich eine Missionspredigt im Stil der Petrusreden ist.

Steinigung des Stephanus, Glasfenster im Kölner Dom, 1848

Petrus, Glasfenster im Kölner Dom, 1848

Was glaubten die ersten Christen?

Aus der ersten Zeit der Christen gibt es kein fest formuliertes Glaubensbekenntnis, wie es etwa die Texte des Apostolischen Glaubensbekenntnisses (Zusammenstellung ca. Ende des 2. Jahrhunderts) oder das Glaubensbekenntnis von Nizäa-Konstantinopel (325 und 381 n. Chr.) darstellen. Auch sind erste kleine Bekenntnis- und Taufformeln zwar vorpaulinisch (also vor dem frühesten Paulusbrief [1 Thess] um das Jahr 50/51), mussten sich aber in den ersten Gemeinden (wohl kaum schon in der Urgemeinde) im Zusammenhang mit der Taufe von Heiden erst entwickeln. Die ersten christlichen Gemeinden mussten am Anfang eine Sprache finden, in der sie die unbegreiflichen Erfahrungen mit dem Auferweckten mitteilen konnten.

Dieser Prozess einer Sprachfindung, um das Bekenntnis zu Christus, dem Gekreuzigten und Auferweckten, überhaupt verkünden zu können, wird von Lukas in seiner rückblickenden Deutung in die Person des Petrus und in die von Lukas redaktionell konzipierten Petruspredigten zurückverlegt. Wir blicken also in der Apostelgeschichte zuerst einmal auf die Verkündigungsform und die Glaubensthemen, die zur Zeit des Lukas relevant war. Doch lassen sich natürlich daraus durchaus Schlüsse für den Glauben der ersten Christen ziehen. Dies soll hier im Blick auf die verschiedenen **Petruspredigten** am Anfang der Apostelgeschichte geschehen:

- **Glauben auf jüdischer Grundlage**: Jesus war Jude und glaubte im Kontext der jüdischen Tradition. Die Apostel und die ersten Mitglieder der Urgemeinde waren Juden und standen ebenso wie Jesus in ihrer jüdischen Glaubenstradition, waren vertraut mit den jüdischen Gottesdienst- und Gebetsformen und dem jüdischen Brauchtum. Die Bibel Jesu wie auch der Apostel war die Hebräische Bibel der Juden. Es verwundert daher nicht, dass Petrus in seinen (fiktiven) Predigten immer wieder auf Texte und auf die Gedankenwelt der Hebräischen Bibel zurückgreift. Er zitiert aus der Tora (etwa in Apg 3,22–23 aus Dtn 18,15–19), aus den Psalmen (etwa in Apg 4,11 aus Ps 118,22) oder aus den Propheten (etwa Apg 2,17–20 aus Joël 3,1–5). Petrus, der einfache Fischer vom See Gennesaret zeigt sich in der Darstellung des Lukas als Schriftgelehrter, der die jüdische Schrifttradition mit der Gestalt Jesu verbindet und diesen aus dem Glauben der Hebräischen Bibel als den erwarteten Messias (Christus) bekennen kann. Das Zeugnis der ersten Christen ist verknüpft mit dem Glauben der Juden.

- **Christus, der Gekreuzigte und Auferweckte**: Auf der Grundlage des jüdischen Glaubens ordnet Petrus (die ersten Christen in lukanischer Deutung) Jesus ein. Er ist der, der »durch die Hand von Gesetzlosen (= ohne Tora = Römer) ans Kreuz geschlagen und umgebracht wurde« (Apg 2,23). Doch diesen Gekreuzigten hat »Gott von den Wehen des Todes befreit und auferweckt« (Apg 2,24). Damit hat »Gott, der Vater, seinen Knecht Jesus verherrlicht« (Apg 3,13): Der Verworfene ist der Gerettete, der von den Menschen Getötete hat Gottes neues Leben empfangen. So kann Jesus auch als »Stein, der von den Bauleuten verworfen wurde« zum »Eckstein« werden, in dem allein »das Heil zu finden ist« (Apg 4,11–12 nach Ps 118,22, vgl. Lk 20,17). Es gibt keinen anderen Namen, durch den Rettung erfahren wird als den Namen Jesus Christi.
- **Christus, der Urheber des Lebens**: Wer deshalb sich zu diesem Jesus bekennt und seinen Namen anruft, erfährt die Rettung. Die Erzählung von der Heilung des Gelähmten im Tempel macht dies deutlich (Apg 3,1–10). Hier ist es nicht der Behinderte selbst, der auf Jesus vertraut, sondern stellvertretend für ihn (den Armen und Geringen im lukanischen Sinn) Petrus, der das Modell für die christliche Gemeinde und ihren Glauben abgibt. Petrus spricht dem Gelähmten im »Namen Jesu Christi« Heilung zu und das ist bereits ausreichend: Der Kranke kann gehen – und lobt Gott (nicht Petrus!). In der anschließenden deutenden Predigt des Petrus wird dieses wunderbare Geschehen auf Jesus hin gedeutet: Er ist der »Urheber des Lebens« und kann es deshalb sein, weil Gott ihn ja selbst aus den Fesseln des Todes befreit hat (Apg 3,15). Der Glaube an Christus also führt zum Heil der Menschen – er ist wirklich »ein Licht, das die Heiden erleuchtet und Herrlichkeit für das Volk Israel« (Lk 2,32 nach Jes 49,6).
- **Zeugen für Christus sein**: Aus diesem Bekenntnis zum Heiland (= Christus, Messias) Jesus leitet Petrus den Auftrag ab, zu Zeugen des Auferweckten zu werden. Das Thema Zeugnis klingt bereits im Jesuswort vor der Himmelfahrt an: »Ihr werdet meine Zeugen sein in Jerusalem und in ganz Judäa und Samarien und bis an die Grenzen der Erde« (Apg 1,8). Auch der neu zu Wählende im Zwölferkreis muss »Zeuge der Auferstehung« sein (Apg 1,23). So legen die Apostel »mit großer Kraft Zeugnis ab von der Auferstehung Jesu, des Herrn« (Apg 4,33). Solches Zeugnis geschieht in der Kraft des Heiligen Geistes (Apg 5,32). Auch der Weg der ersten Christen über Jerusalem hinaus geschieht im Bewusstsein, in Samarien (Apg 8,14–25), in Lydda und Joppe (Apg 9,32–43), in Cäsarea (Apg 10: Taufe des heidnischen Hauptmanns Kornelius) und in Antiochia (Apg 11,19–26) Zeugnis für Christus abzulegen. Paulus setzt dieses Zeugnis dann auf seinen Missionsreisen fort: Die ersten christlichen Gemeinden werden zur Kirche unter den Völkern.

Für Petrus in der Zeichnung des Lukas und damit für die ersten Christen ist das Geschehen der Auferweckung Jesu und das Bekenntnis des Auferweckten der neue Bund, der den Bund Gottes mit den Vätern (Apg 3,25) auf die Völker hin erweitert. Die ersten Gemeinden verstehen sich als Menschen des »neuen Weges« (Apg 22,4) und in ihrer Bindung an Christus als »Christen« (erste Nennung in Antiochia, Apg 11,26).

Rembrandt Harmenszoon van Rijn, Apostel Paulus, 1633

Saulus/Paulus – Völkerapostel

Die zweite Hälfte der Apostelgeschichte (Apg 9 und 13–28) stellt den Apostel Paulus in den Vordergrund. Nur in Kapitel 15 führt die Erzählung über das Apostelkonzil zu einem Zusammentreffen der beiden, doch wird Petrus hier nicht mehr namentlich genannt, sondern in die Gruppe der Apostel eingeordnet (vgl. Seite 392–393). Paulus ist die wohl wichtigste Gestalt der jungen Kirche. Er hat die entscheidende Weichen dafür gestellt, dass aus einer kleinen jüdischen Gruppe eine Weltkirche wurde. Paulus führt die kleine eher judenchristliche geprägte Kirche in die Weite der »Ökumene«, der weltumspannenden Kirche mitten unter allen Völkern (vgl. Apg 1,8 und Lk 24,46). Paulus löste das Christentum aus jüdischer Gesetzesfrömmigkeit; aus der jüdischen Sekte wird eine neue Weltreligion. Der jüdische Schriftsteller Schalom Ben Chorin (1913–1999) sagt pointiert: »Das Geschehen um Jesus in Jerusalem wäre Episode geblieben, wenn Paulus nicht die Erscheinung des Auferstandenen vor Damaskus zuteil geworden wäre. Somit ereignete sich die Auferstehung Jesu nicht in Jerusalem, sondern vor Damaskus.«

Von Paulus wissen wir zum einen – authentisch – durch die echten Paulusbriefe und zudem durch die Briefe seiner Schüler, zum anderen durch die rückblickende theologische Deutung des Lukas. Beide Sichtweisen unterscheiden sich in Details, lassen aber zusammen den Charakter des Mannes erkennen, der wie kein anderer der urchristlichen Missionare die Öffnung der Kirche hin zu den Heiden betrieben hat und so als »Gründer der Weltkirche« angesehen werden darf. Paulus zeigt sich in den neutestamentlichen Zeugnissen als spiritueller und zugleich aktiver Mensch. Aus dem fanatischen Vertreter der pharisäischen Gesetzesfrömmigkeit wird der enthusiastische Verkünder der Botschaft von Christi Tod und Auferweckung.

Diese **Lebenswende** ist in der Apostelgeschichte mit der Erzählung von der Bekehrung des Saulus (Apg 9,1–22) wiedergegeben. Paulus selbst drückt dies in seinen Briefen anders aus, vom Vorgang vor Damaskus spricht er nicht direkt. Wohl aber erwähnt er, dass »Gott in unseren Herzen aufgeleuchtet ist, damit wir erleuchtet werden zur Erkenntnis ... Christi« (2 Kor 4,6). An anderer Stelle heißt es: »Gott hat mir seinen Sohn

Der Lebensweg des Saulus/Paulus

um 1	Geburt in Tarsus (Kilikien, Kleinasien [heutige Türkei])
	religiöses Studium in Jerusalem bei Rabbi Gamaliel (pharisäische Schule, Apg 22,3)
um 30	nach der Kreuzigung Jesu begegnet Saulus/Paulus Christen in Syrien (»der neue Weg«) und verfolgt in pharisäischem Eifer die neue Glaubensrichtung (Apg 22,4)
um 31-32	Berufung des Paulus vor Damaskus, Rückzug in die arabische Wüste (Syrien?, Gal 1,17)
um 34	Besuch in Jerusalem (Apg 9,26) und Freundschaft mit Barnabas
um 44	Hinrichtung des Leiters der Jerusalemer Urgemeinde, Jakobus, durch Herodes Agrippa I. (Apg 12,1)
46-47	erste Missionsreise (nach Zypern und Kleinasien, vgl. Apg 13-14 und Seite 394-395)
um 47	Apostel»konzil« in Jerusalem (Apg 15,1-35)
49-52	zweite Missionsreise (Syrien, Kleinasien, Griechenland, Ephesus, vgl. Apg 15,36-16,22)
	dabei Gründung erster Gemeinden auf europäischem Festland (Apg 16,6-40)
	Aufenthalt in Korinth etwa eineinhalb Jahre (Apg 18,1-18)
	Erster Brief an die Thessalonicher - früheste Schrift des Neuen Testaments
52-56	dritte Missionsreise (Kleinasien, Griechenland, Kleinasien, Syrien, Jerusalem, vgl. Apg 18,23-21,17)
	Briefe an Korinther, Römer, Galater, Philipper und an Philemon
56-58	Gefangennahme in Jerusalem und Gefangenschaft in Cäsarea, Verhör durch Statthalter Felix und König Herodes Agrippa II. (Apg 21,27-26,32)
58-59	Schiffsreise nach Rom, Überwinterung in Malta (Apg 27-28,15)
59-?	zweijährige Gefangenschaft in Rom (Apg 28,30)
	sein weiteres Schicksal berichtet das Neue Testament nicht

geoffenbart, damit ich ihn unter den Heiden verkündige« (Gal 1,16). Es geht hier um eine innere Blindheit und um ein neues Sehen aus christlichem Geist.

Die Apostelgeschichte dagegen führt mit dem Damaskuserlebnis einen äußeren Vorgang auf und nennt ihn gleich dreimal (Apg 9,1–20; 22,4–16; 26,9–20). Diese Berichte unterscheiden sich – in Kapitel 9 etwa sehen die Begleiter des Paulus das Licht, hören aber nichts, in Kapitel 22 hören sie die Stimme, sehen aber nichts. Doch meint die dreifache Erzählung – unabhängig von Einzelzügen – einen »Geburtsvorgang«: Durch die Selbstoffenbarung Jesu wird Paulus zu einem neuen Menschen, ein Thema, das Paulus immer wieder beschäftigt (vom alten zum neuen Menschen, vgl. etwa Röm 5,12–21). Der neue Mensch Paulus ist »Werkzeug des lebendigen Gottes und soll Gottes Namen vor die Völker tragen« (Apg 9,15). Vor Damaskus geschieht somit keine Bekehrung – denn Paulus hatte als pharisäischer Jude bereits einen festen Glauben –, es erfolgt eine **Berufung zum Völkerapostel** durch die – wie auch immer geschehene – Begegnung mit Christus.

Es gibt dabei auch keinen Namenswechsel: Saulus/Paulus hatte von Geburt an zwei Namen: Saul (hebräisch »Sha'ul« = »der Erbetene«) erinnert an den ersten König Israels – wie dieser gehörte Paulus dem Stamm Benjamin an (Röm 11,1). Ebenso trug er aber den lateinischen Namen im Blick auf die griechisch-römische Kultur des Mittelmeerraumes. Wo er in der Apostelgeschichte im jüdischen Kontext auftritt (etwa Apg 9) wird folgerichtig Saulus genannt, wo er aber in Städten mit hellenistisch geprägter Bevölkerung predigt, hat er den Namen Paulus (lateinisch = »klein, gering«).

Petrus und Paulus – das Apostelkonzil

Das sogenannte »Apostelkonzil«, das um das Jahr 47 n. Chr. (in jedem Fall in der Zeitspanne von 44–49 n. Chr.) stattfand, ist das Vorbild und Modell für alle weiteren Konzilien in der Kirche, gleich ob sie als ökumenische Konzilien für die Weltkirche gelten oder als Regionalkonzile nur für einen Bereich oder ein Land. Das Wort »Konzil« stammt vom lateinischen Wort »concilium« (= »Vereinigung, Versammlung, Zusammenkunft«) und entspricht dem griechischen Wort »Synode« (= »gemeinsamer Weg«). Während bei einem ökumenischen Konzil (7 von allen Konfessionen anerkannt, weitere 14 nur von der katholischen Kirche) möglichst alle Bischöfe der Weltkirche zusammenkommen (was in der Praxis bis auf das letzte, das Zweite Vatikanische Konzil, nie der Fall war), zeigt uns die Apostelgeschichte, dass es beim »Apostelkonzil« um eine Zusammenkunft der Leitung der Jerusalemer Urgemeinde mit einigen Abgesandten, darunter Paulus, aus Antiochia geht.

Bei dieser Apostelzusammenkunft (auch Apostelkonvent genannt) sollte die Streitfrage einer Taufe von Heiden ohne vorherige Konversion zum Judentum entschieden werden. Dies war eine für die weitere Zukunft der jungen Kirche lebenswichtige Frage, denn hier entschied sich, ob die Gemeinden der Christen eine kleine jüdische Sekte blieben oder den Weg zu einer neuen Weltreligion auch unabhängig von der jüdischen Mutterreligion wagten. Die Entscheidung zur Offenheit für Heiden ohne Bekehrung zum Judentum bildete die Grundlage für die weitere Mission, besonders für die zweite und dritte Missionsreise des Paulus mit der Gründung von christlichen Gemeinden nicht mehr allein in Syrien und Kleinasien, sondern nun auch auf dem europäischen Festland.

Vom »Apostelkonzil« wissen wir aus zwei neutestamentlichen Schriften. Zum einen ist dies die aus einem Zeitabstand von über 40 Jahren zurückblickende Deutung des Lukas in der **Apostelgeschichte** (Apg 15,1–35), die nicht auf Augenzeugenschaft beruht, sondern im Gesamt seines zweiten Werkes gesehen werden muss, das den Weg des Christentums von Jerusalem nach Rom beschreiben will. Hier geht es also um die theologische Deutung eines historischen Vorgangs. Zum anderen finden wir im Galaterbrief (Gal 2,1–10) einen Rückblick des Paulus selbst, der als Augenzeuge den Beschluss des Konzils aufgreift und für sein Ziel nutzt, eine umfassende Mission der Heiden zu betreiben. Beide Texte unterscheiden sich in Details: etwa in den Begleitern des Paulus oder in der Rolle des Paulus (Apg: Befehlsempfänger der Gemeinde von Antiochia; Gal: aus eigenem Antrieb aufgrund einer Offenbarung).

Die Erinnerung an das Apostelkonzil in den Deutungen des Galaterbriefes und der Apostelgeschichte betont folgende Punkte:

- **Versammlung des Volkes Gottes**: Eine Konfliktsituation wird in der Anfangszeit der Kirche dadurch gelöst, dass die Gemeinde zusammenkommt, miteinander berät und schließlich gemeinsam eine Entscheidung fällt: »Da beschlossen die Apostel und die Ältesten *zusammen* mit der ganzen Gemeinde« (Apg 15,22). Nicht nur die Verantwortlichen für die Jerusalemer Gemeinde (Apostel und Älteste), sondern die ganze Gemeinde haben Entscheidungskompetenz – ein Fakt, das durch den in späterer Zeit erfolgten Aufbau einer kirchlichen Hierarchie nicht mehr beachtet wurde. In der ge-

Katalanischer Meister, Christus und die Apostel, Spanien, um 1150

meinsamen Entscheidung der Jerusalemer Gemeinde (zusammen mit den Abgesandten aus Antiochia) klingt das Motiv des Volkes Gottes an, das miteinander auf dem Weg ist und füreinander Verantwortung trägt – das Zweite Vatikanische Konzil hat dieses Bild vom wandernden Volk Gottes in seiner Kirchenkonstitution wieder aufgegriffen.

- **Unter Leitung des Heiligen Geistes**: Dieses Volk Gottes aus Leitung *und* ganzer Gemeinde weiß sich miteinander geführt durch Gottes Geist. Es entscheidet zwar eigenständig und mit voller Kompetenz, aber entsprechend dem, was der Geist Gottes in ihm wirkt (vgl. das häufige Sprechen vom Geist in den Paulusbriefen). So heißt es: »Denn der Heilige Geist und wir haben beschlossen« (Apg 15,28).
- **Theologische Grundentscheidung und praktische Konsequenzen**: Das Konzil ermittelt durch gemeinsame Beratung einen Konsensbeschluss über eine theologische Grundentscheidung, die für die Kirche richtungsweisend ist, und zugleich über praktische Konsequenzen, die daraus folgen. Es geht dem Konzil also um eine klare Aussage, was christlichen Glauben ausmacht und zugleich um eine pastorale Weisung, wie die Gemeinden zu einer toleranten und auf alle Rücksicht nehmenden Praxis kommen.
- **Judenchristentum und Heidenchristentum**: Inhaltlich ergibt sich aus dem Konzil die Konsequenz, dass das Judenchristentum (Christ kann man nur werden, wenn man zuvor Jude war) zwar weiterhin eine Möglichkeit des Weges in die christliche Gemeinde bleibt. Zugleich aber, und dies in Zukunft wichtiger sein, ergibt sich ein Weg aus dem Heidentum unmittelbar in die christlichen Gemeinden. Nicht länger ist das mosaische Gebot (für das die Beschneidung und die Speisegebote symbolhaft stehen) verpflichtend – es gilt allein das Bekenntnis zu Jesus, dem Auferweckten.

Christus für Juden und Heiden

Mit der Entscheidung des »Apostelkonzils« erfolgte eine Weichenstellung, die den weiteren Weg der Kirche entscheidend beeinflusst hat. Man kann drei Schlüsselpunkte benennen, die für den Weg zur Weltkirche entscheidend waren:

- **Die Erfahrung des Auferweckten**: Die Erfahrungen, die die Jüngerinnen und Jünger nach Ostern mit dem Auferweckten machten, führten sie hinaus aus Resignation und Angst und formten aus einem sich zerstreuenden Jüngerkreis eine neue Gemeinschaft: Urgemeinde und Kirche. Dieser erste Punkt wird von Lukas in der Apostelgeschichte in der Pfingsterzählung (Apg 29) fokussiert dargelegt.
- **Die Berufung des Paulus**: Zu dem Jüngerkreis, der den irdischen Jesus kennengelernt hat, kommt mit Saulus/Paulus ein weiterer Apostel (= Gesandter) hinzu. Paulus (natürlich zusammen mit anderen wie Barnabas, Silas, Timotheus ...) erweitert den bislang nur judenchristlichen Kreis der Gemeindemitglieder (nun nicht mehr nur die Urgemeinde in Jerusalem, sondern Gemeinden in vielen Städten) um Heidenchristen und wird zum kraftvollen Vertreter der Weltkirche.
- **Das Apostelkonzil**: Die Zusammenkunft der Urgemeinde und der Vertreter der antiochianischen Gemeinde (diese stellvertretend für alle Gemeinden außerhalb Jerusalems) ergibt einen gemeinsam gefassten Beschluss, der die Praxis des Paulus le-

Alfred Thomas,
Christus auf Indiens Straßen,
Indien, 20. Jh.

Man erkennt im Hintergrund den buddhistischen Erleuchtungstempel in Bodh Gaya, dem Ort der Erleuchtung des Buddha. Die weiß gekleidete Frau im Vordergrund bringt eine Lotosknospe dar, sowohl im Hinduismus wie im Buddhismus ein Zeichen der Verehrung für einen Gott. Die Personen auf diesem Bild gehören zu unterschiedlichen indischen Volksgruppen und Kasten. Links im Hintergrund ist ein Asket (mit nacktem Oberkörper und Haarknoten), der den Gott Shiva verehrt (erkennbar am shivaitischen Dreizack).
Christus erscheint hier mitten in der religiös und sozial bunt gemischten indischen Bevölkerung – er ist ein Christus für alle Menschen, ein Christus für alle Völker.

gitimiert. Unabhängig vom mosaischen (jüdischen) Gesetz, aber wohl in Rücksicht aufeinander, kann nun Mission bei den Heiden betrieben werden. Nur so war die Gründung von Gemeinden in allen wichtigen Mittelmeerstädten in kurzer Zeit möglich, nur so wurde die jüdische Sekte zur Weltkirche.

Diese grundlegende Öffnung der Kirche auf Juden und Heiden hin erfolgte im Bewusstsein, dass nicht irgendwelche Vorgaben (Zugehörigkeit zu einem Volk – Abrahamskindschaft), sondern allein der Glaube maßgeblich sind. Paulus hat diesen Gedanken im Römerbrief (vgl. Röm 2–5) ausführlich entfaltet: »Gerecht gemacht aus Glauben haben wir Frieden mit Gott durch Jesus Christus« (Röm 5,1). Paulus sieht Abraham als »Vater des Glaubens« nicht allein für die Beschnittenen (= Juden), sondern auch für die Unbeschnittenen (= Heiden): Bei beiden ist allein der Glaube entscheidend (Röm 4,11–12). Deshalb gilt für Paulus: »aus Glaube« und »aus Gnade«, denn »nur so bleibt die Verheißung für alle Nachkommen (Abrahams, des Modells eines glaubenden Menschen) gültig, nicht nur für die, welche das Gesetz haben (= Juden), sondern auch für die, welche wie Abraham den Glauben haben« (und Abraham konnte das jüdische Gesetz vom Sinai noch gar nicht kennen).

Wenn nun allein der Glaube und nicht Herkunft oder andere Kriterien entscheidend sind, gilt für die christliche Kirche, dass sie eine Gemeinschaft von Schwestern und Brüdern unter dem einen Vater ist. Dies korrespondiert sowohl mit dem Grundthema des Lukasevangelium (»Der Gott der Armen und Geringen«, vgl. Seite 352–353) als auch mit dem Grundthema des Matthäusevangeliums (»Gott, der Heil für alle will«, vgl. Seite 346–347). Solche Weite macht Christentum zur Weltreligion, die die Grenzen von Völkern, Rassen und sozialem Stand zumindest in ihrem theologischen Anspruch überwindet (ähnlich tut dies etwa die islamische Umma – eine Gemeinschaft von Muslimen als Völker übergreifende Ordnung – auch dies allerdings nur in der theologischen »Theorie«).

Ein solcher Universalismus als in jeder Zeit neu zu erfüllender Anspruch an die christliche Kirche kann dabei zurückgreifen auf einzelne Aussagen bereits der Hebräischen Bibel. Dort gibt es eine nicht auflösbare Spannung zwischen *Partikularismus* (Beschränkung des Heils auf das Volk Israel) und *Universalismus* (Gott will Heil für alle Völker). Besonders bei den Propheten zeigt sich immer wieder, dass sie Gott als Herrn über die ganze Welt sehen, als erbarmenden Gott aller Völker. Bereits Amos kritisiert die Überheblichkeit der Israeliten gegenüber anderen Völkern: »Seid ihr für mich mehr als die Kuschiter, ihr Israeliten? – Spruch des Herrn« (Am 9,7). Besonders in den Visionen des Jesaja aber wird deutlich, dass Gott der Herr aller Völker ist: »Er spricht Recht im Streit der Völker, er weist viele Nationen zurecht« (Jes 2,4). Auch gibt es in der Hebräischen Bibel Personen außerhalb des jüdischen Volkes, die zum Vorbild für ein Leben aus dem Glauben werden, etwa Rut (vgl. Seite 198-199).

Neutestamentlich wird die Universalität auf Jesus konzentriert: In der Kindheitsgeschichte des Lukasevangeliums wird allen Menschen Frieden und Heil von Gott zugesprochen (Lk 2,14). Programmatisch heißt es danach im Wort Johannes des Täufers bezogen auf Jesus: »Alle Menschen werden das Heil sehen, das von Gott kommt« (Lk 3,6). Und ebenso programmatisch steht am Ende des Lukasevangeliums die Aussage: »Man wird allen Völkern, angefangen in Jerusalem, verkünden ...« (Lk 24,47). Jesus Christus also ist Heil für alle Menschen – Juden wie Heiden.

Die Missionsreisen des Paulus

Die durch das »Apostelkonzil« beschlossene programmatische Weite – Jesus Christus für Juden und Heiden – musste danach in die Praxis kirchlichen Lebens umgesetzt werden. Dies wird in der Apostelgeschichte und in den uns erhaltenen Paulusbriefen besonders mit der Person des Paulus verknüpft, die zweite Hälfte der Apostelgeschichte handelt von seinen **Missionsreisen**.

Vor dem Apostelkonzil liegt bereits seine **erste Reise** nach Zypern (Salamis) und Kleinasien (Perge). Das syrische Antiochia (zu unterscheiden vom pisidischen) war dabei Ausgangs- und Endpunkt dieser Reise. Paulus beginnt seine missionarische Tätigkeit in den Orten dieser ersten Reise jeweils in den jüdischen Synagogen, wo sich die Diasporajuden versammelten. Bei ihnen hofft er, vorrangig auf Gehör und Zustimmung zu stoßen. Seine rabbinische Ausbildung bei Gamaliel in Jerusalem dürfte ihm in den Synagogen Tor und Tür geöffnet haben – man wird gerne einen Rabbi aus Jerusalem gehört haben.

Dieses Vorgehen des Paulus wird beispielhaft an der Synagogengemeinde im antiochischen Pisidien aufgezeigt (Apg 13,14–52): Nach der Lesung von Tora und Propheten im Gemeindegottesdienst am Sabbat fordern die Ältesten (Vorsteher) der Synagoge Paulus und seine Begleiter auf, ein »Wort des Trostes« an die jüdische Gemeinde zu richten. Paulus nutzt in der Darstellung des Lukas diese Gelegenheit zu einer größeren Predigt (ähnlich den Predigten des Petrus im ersten Teil der Apostelgeschichte), in der er einen großen heilsgeschichtlichen Abriss zeichnet: Vom Auszug aus Ägypten über Landnahme, Richterzeit, die Könige Saul und David zeigt er eine Linie bis hin zu Jesus, der der verheißene Retter genannt wird (Apg 13,23). Dieser »ist das Wort des Heils«, das von Gott gesandt wurde (Apg 13,26), er ist – gemäß Psalm 2,7 – der Sohn Gottes. Doch wurde dieser Ursprung des Heils von den jüdischen Führern verurteilt und gekreuzigt (die Römer werden nicht erwähnt – man spürt die späte Entstehungszeit dieses lukanischen Buches, in der man gegenüber den Römern vorsichtig war, sich aber bereits von den Juden getrennt hatte). Paulus argumentiert weiter in rabbinischer Darstellungsweise mit Schriftverweisen und zitiert Psalm 16,10: »Du lässt deinen Frommen das Grab nicht schauen«. So kann er die Auferweckung Jesu als bereits in der Hebräischen Bibel angekündigtes Heilshandeln Gottes vorstellen und deshalb für seine Hörer leichter zugänglich machen.

Das Ergebnis dieser Predigt ist zum einen tieferes Interesse dieser jüdischen Gemeinde, zum anderen wird von Bekehrungen sowohl von Juden wie von Proselyten gesprochen (griechisch = »Hinzugekommener«, Ausdruck für aus dem Heidentum zum Judentum Konvertierte). Am folgenden Sabbat aber erfolgt eine Trennung der Gemeinde aufgrund der weiterführenden Verkündigung durch Paulus: »Die Juden« widersprechen ihm nun, »die Heiden« dagegen freuen sich und preisen das Wort des Herrn. Die Erzählung schließt mit dem summarischen Vermerk: »Alle wurden gläubig, die für das ewige Leben bestimmt waren« (Apg 13,48).

Mit diesem Ablauf ist durch Lukas ein Missionsschema vor Augen gestellt, das auch auf den **weiteren Reisen** des Paulus durchgehalten wird. Ansatzpunkt seiner Missionierung ist die jüdische Synagoge. Doch führt seine Predigt zu einer Scheidung

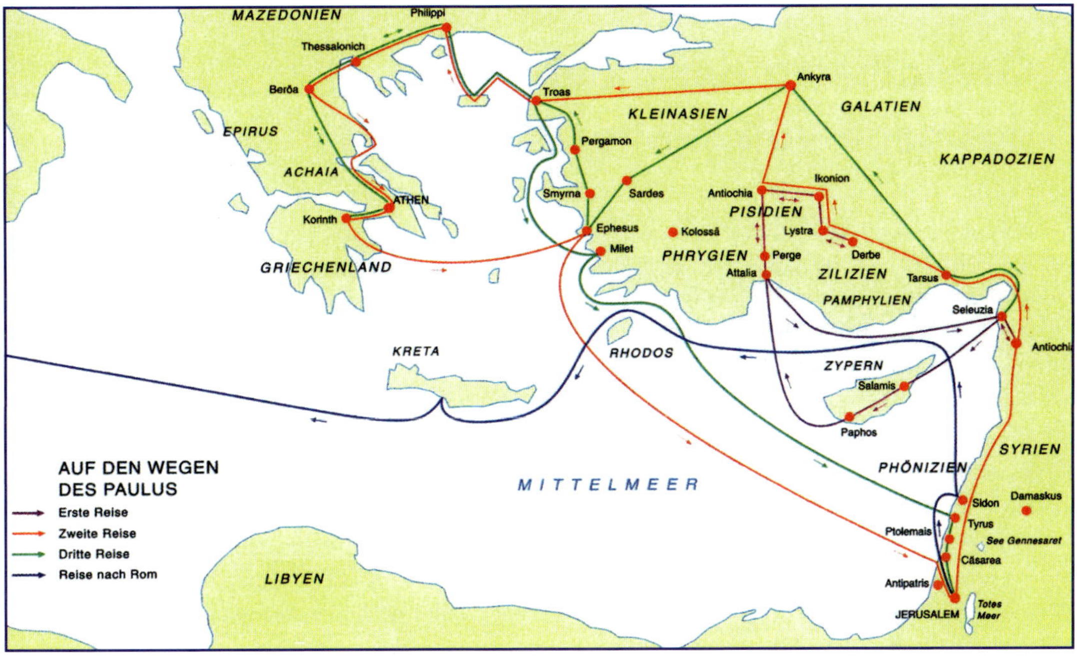

Die Missionsreisen des Paulus

zwischen denen, die den Glauben annahmen, meist die Heiden, und denen, die sich »verstockt« dem durch Paulus vorgetragenen Wort verschlossen – diese Scheidung zwischen Glauben und Unglauben ähnelt der Scheidung, die Jesus selbst mit seiner Predigt unter seinen Hörern erfahren hat. Die Bekehrung der Heiden aber führt zur Gründung von christlichen Gemeinden in den jeweiligen Städten, die sich unabhängig von der jüdischen Synagogengemeinde aufbauen und so zu einer neuen, christlichen Weltreligion führen.

Paulus hat bei seinen Missionsreisen im östlichen Mittelmeerraum alle großen Städte der damaligen Zeit besucht: Antiochia in Syrien, Ephesus, Philippi, Thessalonich (Thessaloniki), Athen. Seine Mission war städtische Mission, erst nach der Fundierung von christlichen Gemeinden in den städtischen Zentren strahlten diese Gemeinden auf das umliegende Land aus, wo dann von den Städten abhängige Gemeinden entstanden. Dieser Vorgang begünstigte in der nachpaulinischen Zeit die Ausprägung eines Bischofsamtes, das entsprechend der staatlichen Aufseherordnung für Regionen »episcopos« (griechisch = »Aufseher, Hüter, Schützer«) genannt wurde.

Ziel des paulinischen Einsatzes war die Gründung selbstständiger Gemeinden, die ihr Leben in Eigenverantwortung ordneten, eine gewisse Struktur von Ältesten hatten (entsprechend der jüdischen Synagogenleitung), aber vor allem von unterschiedlichen Diensten lebten, die die Gemeindemitglieder, Männer wie Frauen, entsprechend ihrem Charisma und der Führung durch den Geist Gottes übernahmen. Paulinische Gemeinden sind somit autark, wenngleich sie sich auch für andere Gemeinden verantwortlich wissen (etwa Sammlung für die notleidende Jerusalemer Gemeinde (u.a. Röm 15,26–28). Paulus selbst sah für sich das Ziel, nach dem Aufbau von Gemeinden im östlichen Mittelmeerraum das Gleiche im westlichen zu schaffen – im Römerbrief spricht er davon, über Rom nach Spanien reisen zu wollen (Röm 15,28).

Grundthema der Bibel – das neue Volk Gottes

Ein biblisches Grundthema, das sowohl die Hebräische Bibel wie auch das Neue Testament durchzieht, ist die Rede vom Volk Gottes, das miteinander auf dem Weg ist. Dies ist bereits einer der Kernbegriffe des Alten Testaments: Gott erwählt sich aus allen Völkern ein bestimmtes Volk als sein Eigentum. Diese Erwählung ist nicht irgendeinem Vorzug – sei es religiöser, moralischer oder anderer Art – geschuldet, sondern frei geschenkte Gnade Gottes. Es ist ein Angebot einer liebevollen und treuen Beziehung. Dieses Angebot macht Gott auf dem Hintergrund, dass er Israel aus Ägypten gerettet hat. So heißt es im Buch Exodus unmittelbar vor der Erzählung vom Bundesschluss am Sinai: »Ihr habt gesehen, was ich den Ägyptern angetan habe, wie ich euch auf Adlerflügeln getragen und hierher zu mir gebracht habe. Jetzt aber, wenn ihr auf meine Stimme hört und meinen Bund haltet, werdet ihr unter allen Völkern mein besonderes Eigentum sein. Mir gehört die ganze Erde, ihr aber sollt mir als ein Reich von Priestern und als ein heiliges Volk gehören« (Ex 19,4–6).

Dieser summarische Text ist eine programmatische Aussage, die wie eine Überschrift über die ganze Geschichte Israels von der Befreiung aus Ägypten über die Landnahme, Richter- und Königszeit, selbst über das Exil in Babylon und die Heimkehr ins Gelobte Land steht. Israel erfährt Gottes besonderen Schutz, es erfährt je neu Befreiung und Erlösung aus Not, umfassendes Heil, Schalom von Gott her. Man kann alle Texte des Alten Testaments von diesem Gedanken her lesen. Immer geht es um das Bundesangebot Gottes, dann aber auch darum, wie Israel – das Volk und jeder Einzelne – zu diesem Bund steht; Bundestreue und Bundesbruch sind ein durchlaufendes Motiv der Erzählungen der Hebräischen Bibel.

Was im Alten Testament auf Israel hin ausgesagt ist, wird im Neuen Testament auf Menschen aller Völker erweitert. Paulus macht dies in seinem Römerbrief, dem theologischsten seiner Briefe, unübertrefflich deutlich, wenn er das Verhältnis von Israel und den Heiden behandelt: »Er hat uns berufen, nicht allein aus den Juden, sondern auch aus den Heiden« (Röm 9,24). Dann zitiert er den Propheten Hosea mit einem Gottesspruch zum Neuen Bund: »Ich werde als mein Volk berufen, was nicht mein Volk war ... Und dort, wo ihnen gesagt wurde: Ihr seid nicht mein Volk, dort werden sie Söhne des lebendigen Gottes genannt werden« (Röm 9,25–26 nach Hos 2,25.1). Entscheidend ist für Paulus, so fährt er kurz danach im Römerbrief fort, allein der Glaube an Jesus Christus: Wer sich zu Christus bekennt, der gehört zum neuen Gottesvolk und wird gerettet (vgl. Röm 10,9).

In vielen Bildworten drücken die Schriften des neuen Testaments das Selbstbewusstsein der ersten christlichen Gemeinden als Volk Gottes aus, das miteinander auf dem Weg ist und in Solidarität und gemeinsamer Verantwortung zusammensteht. Paulus greift sowohl im Römerbrief wie im 1. Korintherbrief zum Bild vom **Leib mit vielen Gliedern**: »Denn wie wir an dem einen Leib viele Glieder haben, aber nicht alle Glieder denselben Dienst leisten, so sind wir, die vielen, *ein* Leib in Christus, als einzelne aber sind wir Glieder, die zueinander gehören« (Röm 12,4–5, vgl. 1 Kor 12,12–31).

Für Paulus kann jeder Einzelne als Glied am Leib Christi unterschiedliche Aufgaben entsprechend seiner Befähigung ausüben und dies von sich aus, nicht durch Beauftragung irgendwelcher übergeordneter Gemeindemitglieder. Das wohl von Paulusschülern verfasste Rundschreiben des Epheserbriefes nennt dann ausdrücklich Christus als Haupt, dessen Leib die Kirche ist (Eph 1,22–23, vgl. den ebenso von Paulusschülern verfasste Kolosserbrief, Kol 1,18). Hier ist in späterer Zeit und schon bei veränderten gemeindlichen Situationen dennoch ausgedrückt, dass allein Christus das Haupt der Kirche ist, niemand sonst. Die Kirche ist Gemeinschaft, in der alle in gleicher Weise »Erben der Verheißung sind, Juden und Griechen, Sklaven und Freie, Männer und Frauen«. Weil sie getauft sind und damit zu Christus gehören, sind sie alle »einer in Christus Jesus« (Gal 3,27–29). Sie sind miteinander ein Volk, das Volk des Neuen Bundes.

Der erste Petrusbrief, der um die Jahrhundertwende geschrieben wurde und bereits gefestigte Gemeindestrukturen voraussetzt, greift zu einem anderen Bildwort über die Kirche, dem Bild vom **Haus mit lebendigen Steinen**: »Lasst euch als lebendige Steine zu einem geistigen Haus aufbauen, zu einer heiligen Priesterschaft ... Ihr seid ein auserwähltes Geschlecht ... ein Volk, das sein besonderes Eigentum wurde, damit ihr die großen Taten dessen verkündet, der euch aus der Finsternis in sein wunderbares Licht gerufen hat ... Einst wart ihr nicht sein Volk, jetzt aber seid ihr Gottes Volk« (1 Petr 2,5–10). Die christliche Gemeinde/Kirche ist Gottes Volk aus allen Völkern.

Seesturm (zu Mk 4,35-41), Hitda-Codex (Evangeliar der Äbtissin Hitda von Meschede), Kölner Schule, um 1000

Ein Schiff wie ein Nussschale, doch mit Kopf und Schwanz wie ein lebendiges Tier in einer rasanten Abwärtsbewegung – hier erscheint keine Rettung mehr möglich. Im Boot sind die Jünger, davor Jesus schlafend; um das Boot aufgewählte Wellen und im Sturm flatternde Segel. Doch der Mast des Schiffes ist wie ein Kreuz gestaltet und einer der Jünger berührt Jesus an der Schulter: Er vertraut darauf, dass Jesus Macht hat über die Mächte des Bösen und des Untergangs und sie retten kann.
Das Schiff im Sturm – ein Bild für die Kirche, die sich in den Stürmen der Zeit behaupten muss. Dies gelingt ihr nur, wenn sie sich als Gemeinschaft des Volkes Gottes auf Christus selbst ausrichtet und ihn als ihren Herrn bekennt.

Die Briefe

Mit den Evangelien des Neuen Testaments ist durch Markus eine neue Textsorte entstanden, die der Verkündigung dient und in einem historisch erscheinenden, aber theologisch zu verstehenden Rückblick auf Leben und Sterben Jesu den Gekreuzigten als den Auferweckten und in seiner Gemeinde Lebenden bekennt. Dieses Verkündigungsziel setzen die neutestamentlichen Briefe fort. Auch sie sind im Umfeld der ersten christlichen Gemeinden einzuordnen und stellen in ihrem Kern Verkündigung dar, obwohl sie auch zu vielen konkreten Fragen des Gemeindelebens Stellung beziehen. Ihr Entstehungszeitraum umfasst die Jahre von ca. 50–51 n. Chr. (1 Thess) bis 120 n. Chr. (2 Petr), führt also aus der Zeit des Urchristentums in eine Zeit der zunehmenden Konsolidierung der Jesustradition und der christlichen Gemeinden. Die späten Briefe des Neuen Testaments führen weit über die Apostelzeit hinaus.

Die Textsorte Briefliteratur ist im zweiten Teil der Bibel von hoher Bedeutung: Von den 27 Schriften des Neuen Testaments sind 21 Briefe von unterschiedlicher Länge, unterschiedlichen Verfassern und mit unterschiedlicher Zielsetzung und verschiedenem Inhalt. In der Hebräischen Bibel gibt es keine Briefliteratur, wohl aber werden Briefe von Königen erwähnt: David schreibt an seinen Feldherrn Joab (2 Sam 11,14); die Königin Isebel schreibt Briefe im Namen ihres Mannes, des König Ahab (1 Kön 21,8); auch werden im Buch Ester Briefe erwähnt. Ein Teil des Buches Jeremia allerdings erinnert sehr an die neutestamentliche Briefliteratur: sein Trostschreiben an die Gemeinde der Verbannten in Babylon (Jer 29,1–23). Jeremia verfasst als Einzelperson ein Schreiben an eine Gemeinde, in dem er Hoffnung auf Gottes Hilfe zuspricht – ein Vergleich mit der paulinischen Briefliteratur liegt nahe.

Überblick über die neutestamentlichen Briefe

Die paulinischen Briefe (vgl. Kasten Seite 399):

- sieben echte Paulusbriefe
- drei deuteropaulinische Briefe (Briefe von Paulusschülern)
- drei Pastoralbriefe (paulinische Schule)

Hebräerbrief (Hebr)

Die Katholischen Briefe

- Jakobusbrief (Jak)
- zwei Petrusbriefe (1,2 Petr)
- drei Johannesbriefe (1,2,3 Joh)
- Judasbrief (Jud)

Doch mehr als aus alttestamentlichen Vorbildern können die neutestamentlichen Briefe auf die Textsorte der antiken hellenistischen Briefliteratur zurückgreifen. Dies zeigt sich im Stil und im Aufbau: Solche Briefe beginnen in der Regel mit der Nennung des Absenders, der sich außer seinem Namen durch zusätzliche »Informationen« vorstellt (»Paulus, durch Gottes Willen Apostel«, 2 Kor 1,1), sie schließen mit einem Gruß oder einer Grußliste (vgl. Röm 16,1–16) und Segenswünschen. Solche Briefe, auch die an »Einzelpersonen« wie die Pastoralbriefe sind nicht als private Schreiben einzuordnen – und deshalb sind sie zu Recht in die gottesdienstliche Leseordnung aufgenommen. Sie wollen grundsätzliche Aussagen über den Glauben der Christen machen, obwohl sie manchmal auch zu bestimmten Anlässen geschrieben werden. So behandelt der Philemonbrief einen konkreten Fall, den des entlaufenen Sklaven Onesimus, doch verweist er über diesen konkreten Anlass hinaus auf Grundsätzliches im Leben von Christen: Sie sollen einander als Schwestern und Brüder annehmen. Nicht um politische Folgerungen geht es hier (Sklavenbefreiung), sondern um ein Leben in der Gemeinde, das jeden Einzelnen als von Gott geschaffenen und mit gleicher Würde versehenen Menschen akzeptiert.

In früheren Zeiten wurde zwischen vierzehn Paulusbriefen und sieben sogenannten Katholischen Briefen unterschieden (hier »katholisch« = »allgemein«, also an einen größeren Leserkreis als nur an eine Gemeinde gerichtet). Doch weiß man heute, dass der Hebräerbrief eine ganz andere Theologie darstellt, als es die paulinische ist. Er kann damit weder von Paulus noch von einem der Paulusschüler verfasst worden sein. Auch werden heute sechs weitere der »Paulus«briefe nicht dem Apostel selber, sondern Schülern (einer paulinischen Schule?) in späterer Zeit zugeschrieben. Solche Schreiben im Namen eines bedeutenden Menschen und damit unter seiner Autorität waren in der Antike üblich und galten nicht als Fälschung.

Paulus, Wofcoz-Codex, St. Gallen, 9. Jh.

Überblick über die paulinischen Briefe

Sieben echte Paulusbriefe (Protopaulinen):

- Brief an die Römer (Röm)
- erster Brief an die Korinther (1 Kor)
- zweiter Brief an die Korinther (2 Kor)
- Brief an die Galater (Gal)
- Brief an die Philipper (Phil)
- erster Brief an die Thessalonicher (1 Thess)
- Brief an Philemon (Phlm)

Briefe von Paulusschülern (Deuteropaulinen):

- Brief an die Epheser (Eph)
- Brief an die Kolosser (Kol)
- zweiter Brief an die Thessalonicher (2 Thess)

Pastoralbriefe (paulinische Schule):

- erster Brief an Timotheus (1 Tim)
- zweiter Brief an Timotheus (2 Tim)
- Brief an Titus (Tit)

Paulus und die Empfänger seiner Briefe, Deutschland, um 1185

Die sieben Paulusbriefe

Römerbrief (Röm): Paulus will (etwa im Jahr 56–57) nach Rom und dann weiter nach Spanien reisen, um in den westlichen Mittelmeerländern zu missionieren. In Rom gab es bereits eine Gemeinde, die judenchristlich geprägt und nicht von Paulus gegründet war. Dieser Gemeinde will sich Paulus vorstellen. Dabei geht es ihm nicht um konkrete Fragen des Gemeindelebens (wie in Briefen an die von ihm gegründeten Gemeinden), sondern um das grundsätzliche Thema des Verhältnisses von Judentum und Christentum, von jüdischem Gesetz und christlicher Freiheit vom Gesetz. Durch die Vorstellung seiner Theologie will Paulus seinen Besuch vorbereiten. (Vgl. Seite 402–403.)

1 Korinther (1 Kor): Man kann annehmen, dass uns nur ein kleiner Teil der Paulusbriefe erhalten ist. Dies gilt besonders für die Gemeinde in Korinth, die Paulus in den Jahren 50-51 gegründet hat. Somit geben die beiden Briefe an die Korinther in ihrer heutigen Form nur einen Teil eines umfangreicheren Briefwechsels wieder, den Paulus vor allem während seines Aufenthaltes in Ephesus (54–57) pflegte. Vor dem »1.« Korintherbrief muss es zumindest einen anderen Brief gegeben haben. Mit dem ersten Brief an die Korinther antwortet Paulus auf verschiedene Probleme, die sich in der Gemeinde ergeben haben: Es geht um die Einheit der Gemeinde und die Überwindung jeglicher Spaltung, um die Regelung von Eheproblemen, um Missstände beim Gottesdienst, um die verschiedenen Dienste (Charismen) in der Kirche. Paulus betont die Verkündigung vom Kreuz: Im Kreuz Jesu zeigt sich Gottes Weisheit. Dies aber führt zu einem Verständnis christlichen Lebens als Dienst für die anderen und in Rücksichtnahme auf die anderen. (Vgl. Seite 406–407.)

2 Korinther (2 Kor): Der Brief ist in seiner heutigen Gestalt keine Einheit. Wahrscheinlich sind mehrere Briefe oder Briefteile des Paulus an die Gemeinde in Korinth in nachpaulinischer Zeit zusammengefügt worden. So werden besonders die Kapitel 10–13 als ein eigenständiger Brief (Tränenbrief) angesehen. In dieser Schrift wendet sich Paulus vor allem gegen verschiedene Gegner, die seiner Meinung nach die Gemeinde bedrohen. Der erste Teil ist ein Verteidigungsbrief gegen judenchristliche Kreise, vor denen Paulus eindringlich warnt. Ferner ruft er zur Hilfe für Notleidende in Jerusalem auf und kündigt einen weiteren Besuch in Korinth an.

Galater (Gal): Die Galater sind etwa um 300 vor Christus im zentralen Kleinasien eingewanderte Kelten. Dieses Schreiben hat Paulus wahrscheinlich in den Jahren 52-53 in Ephesus verfasst. In die von Paulus gegründeten Gemeinden waren später judenchristliche Missionare gekommen, die die Beschneidung und das Halten des ganzen mosaischen Gesetzes verlangten. Auch scheint es umgekehrt in den Gemeinden Schwärmer gegeben zu haben, die von einer grenzenlosen Freiheit ausgingen. Solchen unterschiedlichen Gegnern setzt Paulus mit seinem Schreiben deutlichen Widerstand entgegen, er tut dies mit markanten Worten. Mit aller Schärfe drückt er aus: Rettung (Rechtfertigung) kommt nicht durch die Werke des Menschen (Halten des Gesetzes), sondern allein durch die Gnade Gottes. Ein Leben aus christlichem Geist ergibt sich für den Glaubenden als Konsequenz, nicht als Bedingung seiner Rettung.

Philipper (Phil): Die Gemeinde von Philippi in Nordgriechenland hatte Paulus um das Jahr 50 gegründet. Der vorliegende Brief ist von ihm wahrscheinlich während seines Gefängnisaufenthaltes in Ephesus im Jahr 55 geschrieben worden; vielleicht handelt es sich auch um zwei Briefe (Gefangenschaftsbrief und Kampfbrief), die später ineinander verwoben wurden. Die Situation des Paulus schlägt immer wieder durch: Er bedenkt seine Gefangenschaft und den möglichen Tod, zugleich aber erinnert er sich daran, dass seine Aufgabe noch nicht beendet ist. Den Tod vor Augen, mahnt er die Gemeinde zu Einheit und Liebe. Dies soll nach dem Vorbild Jesu geschehen (2,5). An dieser Stelle nimmt Paulus einen urchristlichen Hymnus über Jesus in seinen Brief auf – ein wichtiges Stück neutestamentlicher Christologie. An anderen Stellen seines Briefes verweist Paulus auf die christliche Hoffnung: »Unsere Heimat ist der Himmel.«

1 Thessalonicher (1 Thess): Dies ist die älteste Schrift des Neuen Testaments. Schon kurz, nachdem Paulus diese Gemeinde gegründet hatte (etwa im Jahr 50–51), schrieb er den Brief von Korinth aus. Darin geht er auf die Situation der jungen Gemeinde ein, die bislang keine ausreichende Unterweisung erhalten hatte und in der Fragen nach der Wiederkunft Christi und einem Leben nach dem Tod aufkamen. Paulus bedankt sich bei der Gemeinde für ihr Standhalten im Glauben und ruft sie zur Wachsamkeit auf. Er erkennt ihr Bemühen um den Glauben an. Schließlich nimmt er zum Thema christliche Hoffnung auf Auferstehung Stellung. Auch im Blick auf die Wiederkunft Christi gilt es, wachsam zu bleiben. Anweisungen für das Gemeindeleben und Mahnungen zur Freude und Dankbarkeit beschließen den Brief.

Philemonbrief (Phlm): Der Brief an Philemon ist das kürzeste Schreiben des Neuen Testaments. Es ist ein persönlicher Brief des Paulus an Philemon, der durch einen entlaufenen Sklaven Onesimus veranlasst wurde. Onesimus war seinem in Kolossä wohnenden Herren Philemon entlaufen und hat bei Paulus Zuflucht gefunden. Dieser tauft Onesimus und gewann in ihm einen nützlichen Helfer. Nach einiger Zeit schickt Paulus Onesimus zurück zu seinem Herrn, aber gibt ihm einen Fürbittbrief mit. Darin bittet Paulus unter Verweis, dass Philemon ihm Dank schulde, darum, dass Philemon Onesimus nicht länger als Sklave, sondern als Bruder in Christus aufnimmt.

Paulus – der aus dem Glauben Gerechte wird leben

Der **Römerbrief** ist die programmatische Grundsatzschrift des Paulus. Es ist nicht nur sein längstes Schreiben, sondern auch das theologisch gehaltvollste und inhaltlich schwierigste. Es geht Paulus um eine Vorstellung seiner Gedanken. So beginnt er nach einer kurzen Einleitung direkt mit seinem Thema: Heiden und Juden stehen unter dem Gericht Gottes, werden aber auch von Gottes Erlösungsgnade erreicht (Röm 1,18–4). Der Mensch wird gerechtfertigt allein durch den Glauben (Röm 5–8). Christus, der das Leben bringt, steht dabei als Gegenpol zu Adam, der den Tod brachte. Wer unter dem (jüdischen) Gesetz steht, ist ein Sklave der Sünde. Mit Christus leben heißt dagegen, aus der Gnade Gottes heraus zu leben. Auch Israel wird gerettet werden (Röm 9–11). Christliches Leben soll in all seinen Bereichen Gottesdienst sein (Röm 12–15,13). Der Briefschluss (Röm 15,14–16) ist teilweise später ergänzt worden.

Wahrscheinlich hat Paulus den Römerbrief während seines Aufenthaltes in Korinth im Jahr 56 geschrieben. Er hatte schon länger den Wunsch, in die Hauptstadt des Römischen Reiches zu kommen, in das Zentrum der damals im Mittelmeerraum bekannten Welt. Nach seiner Tätigkeit im Osten des Reiches will er nun im Westen (Spanien?) tätig werden, zuvor aber in Rom bei der dortigen Gemeinde um Unterstützung bitten. Die römische Gemeinde ist bereits vor ihm gegründet – durch wen wissen wir nicht, jedenfalls weder durch Paulus noch durch Petrus. Sie wird weitgehend aus Judenchristen bestanden haben, schien sich aber zunehmend den Heiden zu öffnen.

Paulus möchte im Römerbrief weniger seine Person vorstellen (dazu sagt er in anderen Briefen mehr) als vielmehr seine Theologie. Er legt deshalb dar, wie er die Botschaft vom Evangelium Jesu Christi versteht. Der Römerbrief kreist um die Grundfrage nach Glauben und dem, was den Menschen retten, erlösen, ihm Heil bringen kann. Dabei ist für Paulus besonders die Frage nach dem Verhältnis von Juden und Heiden wichtig. Besteht die Zusage des Bundes Gottes mit Israel auch für Nichtjuden oder ist sie auf das Volk Israel beschränkt? Paulus greift auf Abraham zurück, der als Vater des Glaubens bereits vor der Tora, der »Gesetz«gebung am Sinai, zum Glauben an Gott gefunden hat und so durch seinen Glauben von Gott als Gerechter angesehen wurde.

Der Römerbrief ist nicht leicht verständlich. Manches erscheint sehr zeitgebunden; vor allem aber ist die Sprache des Paulus schwierig, komplizierte Sätze, vor allem aber Begriffe, die kaum angemessen ins Deutsche übersetzt werden können:

– *»Gesetz«*: Hebräisch-jüdisch (Paulus ist Jude) ist die Tora gemeint, die aber von gläubigen Juden keineswegs als einengendes Gesetz angesehen wird, sondern als Bundesschluss und als Wegweisung zu einem gerechten Leben. Ausgelegt wurde die Tora in der Geschichte des Judentums immer wieder neu (Halacha). Solche Auslegungen führen oft zu Einzelvorschriften, die gesetzesmäßig klingen, aber nur auf dem allgemeinen Hintergrund der Gebote Gottes gelten, der Befreiung aus Ägypten (vgl. Ex 20,1). Die Tora also ist der Erweis des gnädigen und barmherzigen Gottes, der seinem Volk auf seinem Weg hilft; die auslegenden Gesetze dagegen sind die von Paulus gemeinte Gesetzlichkeit, die in Christus überwunden ist.

– »*Gerechtigkeit*«: Ist damit Gottes Gerechtigkeit gemeint – oder die Gerechtigkeit, das gerechte Leben des Menschen? Und wenn Gottes Gerechtigkeit, klingt nicht hier der strafende, rächende, furchterregende Gott an? Und wenn des Menschen Gerechtigkeit gemeint ist, führt das nicht zu einem Leben nach einengenden Vorschriften, zu einem einschränkenden Gesetz? Paulus meint im Römerbrief die Frage, wie der Mensch der Gerechtigkeit Gottes entsprechen kann (ähnlich ist die Wegweisung der Tora zu deuten).
– In diesem Zusammenhang steht auch der Begriff »*Rechtfertigung*«: Ist Rechtfertigung ein Handeln Gottes, etwa in seinem Sohn Jesus, der in den Sühnetod gehen musste, um Gott und Menschen zu versöhnen? Was ist das für ein Gott, der zur Sühne für die Schuld des Menschen (für welche Schuld?) den Tod eines Gerechten erwartet? Oder ist Rechtfertigung ein Handeln des Menschen, der bestimmte Forderungen erfüllen muss, um vor Gott als Gerechter dastehen zu müssen?

Das alles sind schwierige theologische Fragen, die die Denker und Theologen der Christenheit seit Paulus beschäftigt haben, von Augustinus bis Luther und weiter bis in unsere Zeit. Der erste, der diesen Fragen im christlichen Raum nachgegangen ist, war Paulus – und dies vor allem im Römerbrief. Seine Antwort lautet kurz gefasst:

• **Die Verheißung bleibt für alle Nachkommen Abrahams gültig (Röm 4,16)**: Der Gott Israels ist auch der Gott der Heiden. Gegen jede einengende Sicht weitet Paulus den Blick auf die ganze Menschheit: Jesus lebte nicht nur für Juden, sondern für alle Menschen. Im Glauben sind alle geeint, in der Hoffnung ebenso. Die Juden haben den Sinaibund und die Tora. Doch beiden voraus ging der Abrahamsbund, der noch vor dem äußeren Zeichen, der Beschneidung, von Gott mit Abraham geschlossen wurde. In diesem Bund sind alle eingeschlossen, die wie Abraham glauben.

• **Der aus Glauben Gerechte wird leben (Röm 1,17)**: Allein aus Glaube, nicht aus Werken wird der Mensch vor Gott gerecht. Allein im Glauben vertraut er der Barmherzigkeit Gottes.

• **Wir glauben an den, der Jesus von den Toten auferweckt hat (Röm 4,24)**: Die Barmherzigkeit Gottes zeigt sich im Auferweckten. Von ihm her können wir Hoffnung auf die eigene Auferweckung schöpfen, ja mehr noch, die ganze Schöpfung wird befreit werden.

– **Wir sind gerettet, doch in der Hoffnung (Röm 8,24)**: Die Rettung geschieht in der Zukunft und ist in Hoffnung zu erwarten; erst dann zeigt sich die Herrlichkeit Gottes.

Paulus , Dach der Shantivanam-Ashram-Kapelle, Tamil Nadu, Indien.
In diesem Dialogzentrum Christentum – Hinduismus wird der Völkerapostel als Modell für das Zugehen auf andere Kulturen verehrt.

Paulus – Kreuz und Auferweckung als Mitte

Wenn wir uns auf die Suche nach einem inneren Kern, nach dem Wesentlichen, nach dem grundlegenden Denken des Paulus machen, dann können wir nicht auf die Erzählungen des Lukas in der Apostelgeschichte zurückgreifen, sondern müssen die paulinischen Briefe betrachten. Das ist nicht leicht, denn Paulus ist hoch gebildeter Theologe und schreibt in einer komplizierten Sprache. Wir finden bei Paulus eine weit verschachtelte Argumentation; oft fällt ihm in einem Satz noch ein weiterer Gedanke ein, der dann in einem oder mehreren Nebensätzen untergebracht wird, manchmal brechen Sätze ab, ein neuer Gedanke kommt, kurzum: stilistisch sauber sind die Paulustexte nicht. Man merkt die Emotionen, mit denen Paulus ans Werk geht, ihm ist die Vermittlung des Glaubens nicht nur in seinen Predigten, sondern auch in seinen Briefen ein Herzensanliegen.

Ikone »Die Kreuzigung«, Konstantinopel, 14. Jh.

Was lässt sich nun als die innere Mitte seiner Aussagen erkennen, was ist »**das Evangelium des Paulus**«? Es ist eine österliche Botschaft, das Bekenntnis zum Auferweckten und daraus folgernd der Glaube an die Auferweckung der Toten. Entscheidend und Kern seiner Aussage ist das Bekenntnis zu Christus als dem Gekreuzigten und Auferweckten. Der Glaube an den Herrn allein rettet. Das Leben und auch die Lehren Jesu (etwa Bergpredigt) dagegen interessieren Paulus weniger, darüber schreibt er in seinen Briefen fast nichts. Anders als die Evangelisten, die auf bereits vorhandene Erzählstücke über das Leben und Wirken Jesu zurückgriffen, tut Paulus dies nicht. Für ihn sind allein **Kreuz und Auferweckung** wichtig, sie sind **die Mitte der paulinischen Botschaft**. Es geht ihm allein um die nachösterliche Botschaft – verständlich, denn er hatte ja den irdischen Jesus nicht kennengelernt.

Das Berufungserlebnis des Paulus und seine persönliche Erfahrung ist, dass »es Gott gefiel, mir seinen Sohn zu enthüllen« (Gal 1,16). Für Paulus ist die Erscheinung des Auferstandenen der Wendepunkt, die zentrale Glaubenserfahrung seines Lebens. Der Gekreuzigte, der am Kreuz Gescheiterte ist durch Gott von den Toten erweckt, erhöht und dadurch bestätigt worden. Im Korintherbrief finden wir ein kleines Glaubensbekenntnis des Paulus: »Christus ist für unsere Sünden gestorben, gemäß der Schrift, und ist begraben worden. Er ist am dritten Tag auferweckt worden, gemäß der Schrift, und erschien dem Kephas, dann den Zwölf ... Als Letztem von allen erschien er auch mir, dem Unerwarteten, der »Missgeburt« (1 Kor 15,3–8).

Das Kreuz allein ist für Paulus Torheit, Ärgernis. Nach jüdischem Verständnis (bis heute) war ein Gekreuzigter einer, auf dem der Fluch Gottes lag und ist die Verehrung eines Gekreuzigten eine Perversion des Glaubens. Der Jude Paulus reagiert auf das Kreuz mit der Verfolgung der an den Gekreuzigten Glaubenden. Doch das Schauen des Auferstandenen, das Erlebnis vor Damaskus, verändert sein Leben, wird zum tragenden Grund, auf dem sein ganzes weiteres Denken und Leben aufbaut.

Für Paulus ist der Glaube an Jesus Christus nicht denkbar ohne den Glauben an die Auferweckung. Wenn Christus nicht auferweckt worden ist, dann ist unser Glaube »leerer Wahn« und »nutzlos« (1 Kor 15,17), dann ist er ein gescheiterter Prophet, aber nicht der Messias.

Ikone von Emmanuel Zannes »Thronender Christus, Kreta 1664

Dann geht Paulus einen entscheidenden Schritt weiter: Was für Jesus gilt, gilt auch für die an ihn Glaubenden. Wenn Jesu Leben im Nichts des Kreuzestodes geendet wäre, würde auch unser Leben im Nichts enden. Doch wenn Gott Jesus erweckt und zu sich erhöht hat, dann dürfen wir durch Jesus die berechtigte Hoffnung haben, dass Gott auch unser unvollendetes Leben vollenden und erfüllen wird.

Paulus – Gemeinde, ein Leib und viele Glieder

Paulus gründete Gemeinden im östlichen Mittelmeerraum, ihnen gilt seine ganze Sorge, an sie schreibt er seine Briefe. Deshalb verwundert es nicht, wenn wir bei ihm auch programmatische Aussagen zur Struktur von Gemeinde und Kirche finden – eine **»paulinische Gemeindeordnung«**. Neben dem Römerbrief (Röm 12–15,13) sind solche Gedanken besonders im ersten Korintherbrief zu finden (1 Kor 12–14).

Korinth war eine Hafenstadt mit gemischter Bevölkerung von Alteingesessenen und Neuzugezogenen, mit einer sozialen Schichtung von arm bis reich und mit Menschen aus allen Völkern des römischen Reiches und Angehörigen verschiedener Religionen: klassische griechisch-römische Religion, Mysterienkulte, Judentum, asiatische Religionen ... Auch in der von Paulus gegründeten Gemeinde findet sich diese Mischung aus Juden und Griechen, Sklaven und Freien, Armen und Reichen.

Nach der Gründung der Gemeinde (etwa 49–50) war Paulus weitergereist. Andere Missionare kamen und setzten dabei andere Akzente als Paulus. Es gab deshalb Streitereien und Uneinigkeit in der Gemeinde, Paulus nennt es sogar Schisma – Trennung, Spaltung (1 Kor 1,10). Die Reichen setzten sich von den Armen ab. Einige werteten ihre Fähigkeiten als wichtiger als die der anderen. Es ging auch um das öffentliche Reden von Männern und Frauen, um prophetisches und ekstatisches Reden: Wie war das alles in eine Gemeinde zusammenzufügen?

Deshalb schreibt Paulus den **ersten Korintherbrief** zwischen 53 und 55 von Ephesus aus; Ende des Jahres 55 kam er dann selbst auf seiner dritten Missionsreise wieder nach Korinth und überwinterte dort. Die Ausgangsfrage des Briefes lautet: Was kann die Gemeinschaft von solch unterschiedlichen Menschen zusammenhalten? Was kann ihre Verschiedenheit würdigen und dennoch zum Zusammenhalt beitragen?

In 1 Kor 12 versucht Paulus eine zusammenfassende Antwort auf die Problematik der Gemeinde zu geben. Er tut dies nicht durch moralische Appelle, sondern er argumentiert theologisch. Damit aber macht er Aussagen, die über die Situation in Korinth der damaligen Zeit hinausweisen, die letztlich für die Kirche zu jeder Zeit und an jedem Ort wichtig sind. Hier finden sich die Grundlagen einer Gemeindetheologie.

Was muss allen gemeinsam sein? *Ein Geist*, der alle bewegt, *ein Bekenntnis* zum Herrn Jesus Christus, dem Auferweckten, *ein Glaube* an den einen Gott, den Schöpfer und Lebensspender. Wir finden eine Kurzformel des Glaubens (1 Kor 12,4–6), die das Fundament bildet für den Aufbau von Gemeinde. Mit diesem dreifachen Bekenntnis ist etwas Unaufgebbares für Christen dargestellt – aus solchen, noch anfanghaften Aussagen wird sich später (4.–6. Jh.) die Trinitätstheologie der Konzilien bilden.

Der Geist nun schenkt den Glaubenden verschiedene Gnadengaben (Charismen). Hier findet sich das erneut, was bereits im Zusammenhang mit dem Römerbrief bedacht wurde: Es geht um Glauben und um das Geschenk der Gnade, die von Gott kommt. Was dort ganz allgemein gesagt wurde, ist hier im Blick auf Gemeinde konkretisiert: Es gibt sehr unterschiedliche Gnadengaben, die aber immer ihren Ausgangspunkt in Gott und seinem Geist haben, geistgewirkt sind.

Der Geist Gottes also manifestiert sich, zeigt sich in den verschiedenen Gaben und Fähigkeiten, die Menschen in die Gemeinde einbringen (griechisch Charisma = »Gunsterweis, Geschenk«). Grundkriterium aller Charismen ist: »damit sie anderen nützen« (1 Kor 12,7b). Dies ist das Kriterium, das die Charismen unterscheidet: Wenn etwas nicht der Gemeinde nutzt, ist es nicht geistgewirkt.

Richard Baus, Versammlung der Charismen, 1996
(Charismen = Geistesgaben)

Weil alle unterschiedlichen Gaben (1 Kor 12,8–10) Geschenke des Geistes sind, darf sich keiner mit seinen Gaben über die anderen erheben, sondern muss selber auch die Gaben der anderen würdigen: Alle sind Geschenke der Geistkraft, durch die Gott selber Menschen in seinen Dienst nimmt.

Paulus verdeutlicht dies im Bild vom **Leib und seinen Gliedern**. Dieses Bild wurde bereits vom römischen Schriftsteller Livius gebraucht, der um die Zeitenwende über einen Aufstand der Plebejer (römische Unterschicht) 494 v. Chr. berichtet: Sie sollen sich einordnen. Paulus versteht dieses Bild anders:

- Die christliche Gemeinde ist ein lebendiger Organismus, sie ist der lebendige und damit erlebbare Christus selbst. Durch die Taufe werden die Gläubigen in den Leib Christi aufgenommen.
- Dies geschieht ohne rassischen oder sozialen Unterschied: Juden und Griechen, Sklaven und Freie (vgl. Gal 3,28).
- Alle sind aufeinander angewiesen, bilden nur gemeinsam ein Ganzes. Ein Haupt wird nicht erwähnt (»Kopf« nur Vers 21, aber dort Teil wie alle anderen). Es gibt keine hierarchische Gliederung, niemand hat einen Vorrang vor anderen. Ein Leitungsamt wird nicht hervorgehoben, die Gabe zu leiten wird unter vielen anderen erwähnt.
- Wichtiger als die Einzelgaben ist der Geist der Liebe, aus dem heraus alles in der Gemeinde geschehen muss – es folgt das paulinische »Hohelied der Liebe« (1 Kor 13).
- Ein Vergleich dieser Aufzählung mit der Namensliste in Röm 16 zeigt, dass alle gemeindlichen Dienste von Männern wie Frauen ausgeübt wurden (vgl. Seite 408–409).

Zusammenfassend: Paulus benennt eine demokratische Gemeindestruktur, bei der alle gleiche Rechte haben und sich einbringen können – mit ihren je unterschiedlichen Gaben. Die Mitte aber der Genmeinde ist Christus selbst.

Extra:
Paulus und die Frauen in seinen Gemeinden

In allen drei vorderorientalischen – abrahamitischen – Religionen (Judentum, Christentum, Islam) ist die Stellung der Frau ein Problem, vor allem der Einsatz von Frauen in Leitungsämtern. Im Judentum lässt nur das Reformjudentum Frauen als Rabbinerinnen zu. Im Islam ist der Einsatz von Frauen als Imame oder Mullahs undenkbar. Im Christentum gibt es in den Kirchen der Reformation Frauen in allen Ämtern, in der orthodoxen und in der katholischen Kirche dagegen nicht. Wie ist die Haltung des Paulus?

Paulus kommt wie Jesus selbst und wie alle anderen Apostel aus einer auf Männer zentrierten und patriarchalischen Gesellschaft und steht in der Frage der Stellung der Frau in jüdischer Tradition. Doch setzt er sehr betont andere Akzente. Darin kann er auf eine gegenüber der damaligen Gedankenwelt bereits unterschiedliche Praxis Jesu zurückgreifen. Dieser hat kein Programm einer »geschlechterneutralen Jüngerschaft« vorgelegt, wohl aber unterscheidet sich sein konkretes Handeln und sein Umgang mit Frauen von dem seiner Zeitgenossen:

- Jesus wendet sich unbefangen auch Frauen zu und schenkt ihnen Heilung und Heil: der Sünderin (Lk 7,36–50) ebenso wie der Ehebrecherin (Joh 8,1–11); Heilungen sind berichtet von der Schwiegermutter des Petrus (Mk 1,29–31), von der blutflüssigen und deshalb unreinen Frau (Mk 5,25–34), von der Jaïrustochter (Berühung von Toten macht ebenso kultisch unrein, Mk 5,21–24.35–43), von der verkrümmten Frau (Lk 13,10–17), die als »Tochter Abrahams« bezeichnet wird.
- In der Jüngergemeinschaft Jesu gab es sowohl Männer wie Frauen (vgl. Lk 8,1–3). Auch Marta und Maria in Betanien dürfen als Jüngerinnen Jesu bezeichnet werden. Maria aus der Ortschaft Magdala blieb nicht in ihrem Heimatort, sondern folgte Jesus nach – wie die Zwölf und andere Frauen und Männer. Jesus nimmt Frauen als Schülerinnen an, was bei orthodoxen Rabbis undenkbar war.
- In den Gleichnissen erzählt Jesus sowohl aus der Männerwelt (etwa Hirte und verlorenes Schaf, Lk 15,4–7) als aus der Frauenwelt (Hausfrau und verlorene Drachme, Lk 15,8–10, aber auch das Gleichnis von den klugen Jungfrauen, Mt 25,1–13). Auch erzählt er von einer armen Witwe und ihrem Opfer (Mk 12,41–44).

Andronikus (wie Junia in Röm 16,7 als Apostel erwähnt), Athanasius (griechischer Kirchenvater, 298–373), Junia, Ikone unbekannter Herkunft

- Bei der Kreuzigung sind Frauen in der Nähe Jesu: Die drei Frauen auf Golgota (Mk 15,40) entsprechen dabei den drei Männern bei der Verklärung Jesu auf dem Berg Tabor (Mk 9,2–10).
- Frauen sind auch die ersten Zeugen der Auferweckung Jesu, allen voran Maria aus Magdala. Sie erhalten vom Engel im Grab einen Verkündigungsauftrag, sind damit die ersten, die vom Ort der Auferwekung Jesu ausgesandt werden (griechisch »apostolein« = »aussenden, verkünden«). Bei Lukas erfüllen sie diesen Auftrag, doch die Jünger glauben ihnen nicht, das Zeugnis einer Frau galt ihnen nichts (Lk 24,9–11).

Die Urgemeinde setzt diese Frauen gegenüber offene Linie fort: Es werden Männer *und* Frauen in die Gemeinde getauft (Apg 8,12) – was gegen den jüdischen Brauch eines rituellen Bades nur für Männer steht: Alle gehören in der christlichen Gemeinde vollwertig zum Volk Gottes. Es gibt gemeinsames Gebet von Männern und Frauen (u.a. Apg 1,14), es gibt gemeinsame Konversionen von Männern und Frauen (Apg 5,14). Auch werden Männer und Frauen der Urgemeinde gleichermaßen verfolgt (Apg 8,3) und zeigen sich damit als gleichwertige Zeugen des Evangeliums.

Paulus zeigt in seinen Briefen ein ebenso unbefangenes Verhältnis zu Frauen wie Jesus und die Urgemeinde. In den Grußlisten am Ende seiner Briefe taucht eine Fülle von Frauennamen auf, von Frauen, die eine besondere Stellung in den von ihm gegründeten Gemeinden besaßen. Etwa ein Drittel der dort aufgeführten Namen sind weiblich. Alle – dies ist die feste Überzeugung des Paulus – gehören gleichberechtigt zum neuen Volk Gottes: »Ihr alle, die ihr auf Christus getauft worden seid, habt Christus (als Gewand) angelegt. Es gibt nicht mehr Juden und Griechen, nicht Sklaven und Freie, nicht Mann und Frau; denn ihr alle seid »einer« in Christus Jesus. Wenn ihr aber zu Christus gehört, dann seid ihr Abrahams Nachkommen, Erben kraft der Verheißung« (Gal 3,26–29).

Paulus nennt am Ende seiner Briefe Frauen und lobt ihren Einsatz:

- **Priska** *und Aquila* (u.a. Röm 16,3): Das judenchristliche »apostolische« Ehepaar schlechthin wird sechmal im Neuen Testament genannt, viermal steht die Frau Priska vorn – ein Zeichen ihrer Bedeutung in der Gemeinde in Rom und später in Ephesus (Apg 18,18–19).
- **Lydia aus Thyatira** (Apg 16,14): Die von Paulus getaufte Purpurhändlerin war der erste Christ auf europäischem Boden. Sie wird »mit ihrem Haus« getauft und war als Hausvorstand wohl dann ebenfalls Leiterin der Hausgemeinde in Thyatira.
- **Phoebe** (Röm 16,1): In seiner Grußliste wird Phoebe als erste der Gemeinde in Rom empfohlen – vielleicht hat sie den Römerbrief von Korinth dorthin gebracht. Sie wird als »prostatis« des Korinther Hafens Kenchreä bezeichnet (griechisch = »Dienerin«, aber gebraucht als Begriff für Leitung: Phoebe als Leiterin der Teilgemeinde in Korinth).
- *Andronikus und* **Junia** (Röm 16,7): Neben Priska und Aquila wird ein anderes Ehepaar in Rom besonders gegrüßt. Der Name Junia ist dabei umstritten: In der Akkusativform des Römerbriefes kann er vom weiblichen Namen Junia abgeleitet werden, aber auch vom männlichen Junias. Doch wurde zur Zeit des Paulus der männliche Name nicht verwendet. Die alte Tradition der Kirchenväter und auch die Tradition der orthodoxen wie der reformierten Kirchen gehen deshalb von einer Frau aus; allein in der katholischen Kirche wird (erst) seit dem elften Jahrhundert ein männlicher Junias genannt. Denn Paulus bezeichnet *beide* als Apostel und nach heutigem katholischen Amtsverständnis kann eine Frau keine Apostolin gewesen sein.
- *Philemon,* **Schwester Aphia** *und Mitstreiter Archippus* (Phlm 1,1–2): In der Hausgemeinde des Philemon scheint es aufgrund der Grußliste des Paulus eine Dreiergruppe gegeben zu haben, die gemeinsam die Leitung übernahm.
- Paulus lobt Frauen (Röm 16,6–16: **Maria, Tryphäna, Trysopha, Persis**), weil diese »viel Mühe für den Herrn auf sich genommen haben«. Diese Formulierung braucht Paulus auch für sein eigenes apostolisches Wirken – diese Frauen sind ihm, dem Apostel – also ebenbürtig.

Erst in der nachpaulinischen Zeit werden Frauen aus dem öffentlichen Leben der Kirche und des Amtes ausgeschlossen.

Die Briefe der Paulusschüler

Neben den sieben echten Paulusbriefen werden sechs weitere Briefe des Neuen Testaments Paulusschülern oder einer paulinischen »Schule« zugeschrieben, die mit seiner Autorität des Paulus verbunden sind, aber eigene Akzente setzen. Vor allem merkt man an ihnen die weiter fortschreitende Zeit, in der die Strukturen der Kirche sich festigten. So wächst in der deuteropaulinischen Briefliteratur die Bedeutung des Amtes in den Gemeinden bis hin zum monarchischen Episkopat, wie er in den Briefen an Titus und Timotheus bereits durchscheint – die Zeit der freien Charismen aller in den ersten Gemeinden ist vorbei. Der Stil dieser späteren Briefe ist der von amtlichen Lehrschreiben. Vgl. den Überblick Seite 399.

- **Epheserbrief (Eph):** Der nachpaulinische Brief stellt ein Rundschreiben an die Gemeinden in Kleinasien dar und ist inhaltlich nicht unmittelbar mit der Gemeinde in Ephesus verbunden. Denkbar ist allerdings eine Abfassung in Ephesus durch einen Paulusschüler. Die Schrift ist weniger Brief als feierliche Predigt mit zwei Hauptthemen: Es geht um die Kirche und die Einheit der Gemeinden in Christus. Angesichts einer Zeit, in der das Zusammenleben von Juden- und Heidenchristen schwieriger geworden war und in der sektiererische Abspaltungen innerhalb der Gemeinden drohten, hatte das Thema Einheit hohen Stellenrang. Der Verfasser stellt die weltweite Kirche vor Augen, deren Haupt Christus ist. Ein zweites Thema ist die Festigung des Glaubens und die Mahnung zu einem Leben aus christlicher Liebe: »Lebt als Kinder des Lichts.«
- **Kolosserbrief (Kol):** Die kleinasiatische Stadt Kolossä war nicht von Paulus, sondern von Epaphras missioniert worden. Der inhaltliche Abstand dieses Schreibens von den übrigen paulinischen Schriften macht eine Abfassung durch einen Paulusschüler wahrscheinlich. Anlass des Briefes ist eine in Kolossä innerhalb der christlichen Gemeinde verbreitete Irrlehre, dass die Welt durch Geister und Dämonen

Timotheus, Nürnberger Weltchronik (Schedelsche Weltchronik), 1493

bedroht sei und man diese nur durch genau festgelegte Riten und eine vorgeschriebene Lebensweise zurückdrängen könne. Der Kolosserbrief verweist darauf, dass Christus der Urgrund und Mittler aller Schöpfung ist. In einem Hymnus (1,15–20) wird Christus als der Erstgeborene aller Schöpfung bezeichnet. Er hat am Kreuz die Versöhnung gebracht und alle bösen Mächte bezwungen. Zudem beinhaltet der Brief Ermahnungen und Weisungen an die Familien und an die Gemeinde.

- **Zweiter Thessalonicherbrief (2 Thess):** Dieses Schreiben verwendet teilweise Stücke des ersten Briefes an die Thessalonicher, verschärft aber Aussagen zur Wiederkunft Christi. Anscheinend gab es in der Gemeinde Strömungen, die behaupteten, die Wiederkunft Christi sei schon erfolgt. Der Brief verweist auf das erst künftig kommende Gericht Gottes und warnt vor schwärmerischer Endzeiterwartung.

Die drei Briefe an Timotheus und Titus (Pastoalbriefe) sind nicht an Gemeinden, sondern an einzelne Vorsteher von Gemeinden adressiert, an ihre Hirten (lateinisch pastores). Sie stellen allerdings keine Privatbriefe, sondern amtliche Schreiben dar und wurden wie Rundbriefe unterschiedlichen Empfängern zugänglich. Von ihren Themen her unterscheiden sich diese Hirtenbriefe wesentlich von den paulinischen Briefen. Sie sind deshalb am Ende des ersten Jahrhunderts einzuordnen, möglicherweise wurden sie von Paulusschülern geschrieben oder von Verfassern, die überzeugt waren, im Sinne des Paulus Antworten auf neue Situationen zu geben.

- **Erster Timotheusbrief (1 Tim):** Timotheus war der langjährige Mitarbeiter und Vertraute des Paulus und begleitete diesen über lange Zeit hinweg; er war auch während der Zeit der Gefangenschaft bei ihm. Wenn er als Adressat genannt wird, so nimmt der Verfasser zu einem späteren Zeitpunkt die Autorität des Paulus in Anspruch, um die inzwischen veränderten Gemeindestrukturen »durch Paulus zu bestätigen«. Thema des Briefes nämlich ist die Gemeindeordnung und die Aufgaben des Vorstehers einer christlichen Gemeinde. Es geht um die Ausübung des kirchlichen Amtes ebenso wie um die persönliche Lebensführung eines Amtsinhabers. Ferner werden in diesem Brief Fragen der Gottesdienstordnung und die Aufgaben von Bischöfen und Diakonen behandelt. Der Beginn einer hierarchischen Ordnung der Gemeindeleitung zeichnet sich ab.
- **Zweiter Timotheusbrief (2 Tim):** Dieses Schreiben ist persönlicher gestaltet als der erste Brief und hat die konkrete Gestaltung der Amtsführung zum Thema. Der Träger eines Gemeindeamtes (Timotheus, aber gültig für alle Amtsträger) wird aufgefordert zu christlichem Zeugnis und Bekennermut. Dazu gehört auch die Leidensbereitschaft nach dem Vorbild des Paulus. Die Aufgabe des Amtsträgers besteht in einer vorbildlichen Lebensführung und in der Erfüllung seiner Pflichten als Vorsteher der Gemeinde. Ebenso gibt das Schreiben Ratschläge, wie ein Amtsträger mit Irrlehrern in der Gemeinde umgehen soll.
- **Titusbrief (Tit):** Ebenso wie Timotheus gehörte Titus zu den engsten Mitarbeitern des Paulus. Er soll eine christliche Gemeinde auf Kreta aufgebaut und bis zu seinem Tod geleitet haben (vgl. Tit 1,5). Auch in diesem Brief geht es um die Lebensführung des Amtsträgers, um den Kampf gegen Irrlehrer in der Gemeinde und um Anweisungen für die einzelnen christlichen Stände, um ältere und jüngere Männer und Frauen, um Herren und Skaven: Alle haben im sozialen Bereich Verpflichtungen im Blick auf die Menschenliebe Gottes.

Grundthema der Bibel – Jesus ist der Herr

Diese Frage ist die Ausgangsfrage, der sich alle Schriften des Neuen Testaments in unterschiedlicher Weise widmen – die Evangelien und die Apostelgeschichte ebenso wie die Briefe. Wer ist dieser Jesus aus Nazaret, dessen Predigt so faszinierte, dessen Taten wunderbare Zeichen waren, dessen Tischgemeinschaft Menschen ohne Unterschied umfasste, der am Kreuz starb und von dem seine Jüngerinnen und Jünger bekannten, dass sie ihn nach dem Tod als Lebenden erfahren haben? Diese Frage ist auch die Frage von Menschen aller Zeiten und Kulturen – nicht nur von Christen.

Das Neue Testament gibt auf diese Fragen vielfältige Antworten. Unterschiedliche Deutungsversuche, die ihren Ursprung weithin in jüdischen Traditionen haben, die aber dann neu und weiter bedacht werden, setzen verschiedene Akzente, greifen Unterschiedliches aus dem Leben Jesu und aus der Begegnung mit ihm auf und entwerfen so ein Gesamtbild, bei dem die verschiedenen Titel, Bildworte und Namen wie Mosaiksteine ineinandergreifen: Jesus – Prophet, Menschensohn, Messias, Sohn Gottes, aber auch Licht der Welt, Brot für alle, lebendiges Wasser, Tür zum Vater, Weg, Weinstock, Hirte und vieles andere mehr.

Solche Namen versuchen zum einen, das Verhältnis Jesu zu Gott näher zu bestimmen – bei allen Schwierigkeiten, die man sprachlich und gedanklich mit dieser Aufgabe haben musste; menschliches Verständnis kann sich dem nur annähern und reicht für ein volles Verstehen nicht aus. Zum anderen aber wird bei all diesen Namen immer wieder deutlich, was Jesus *für* die Menschen ist, was seine »Funktion« für uns ist: **Jesus bringt Heil von Gott her.**

Die Reflexionen des Neuen Testaments ebenso wie die daraus resultierenden Namen und Deutungen Jesu gewinnen ihren Wert dadurch, dass sie eher tastend als wissend, eher umschreibend als definierend, eher bildhaft als begrifflich auf die Frage antworten, wer dieser Jesus war. Nur deshalb haben diese Überlegungen der Bibel auch heute eine Bedeutung: Sie können auch uns einen Zugang zu Jesus eröffnen – oder besser: verschiedene Zugänge, die ein Gesamtbild ergeben:

- Jesus als der **endzeitliche Prophet**, das kann bedeuten: Jesus fordert auch uns zu einem vor Gott verantwortlichen Leben heraus, zu einer Lebensweise, die dem Willen Gottes (der jüdischen Tora, allerdings in der verschärften Sichtweise Jesu) entspricht.
- Jesus als **Menschensohn** erinnert daran, dass die Welt und das Leben darin, auch unser Leben, einem Ziel zugeht, das Gemeinschaft mit Gott heißt, das man aber auch verfehlen kann.
- Jesus als **Messias**, als **Christus**, deutet Jesus als Heilsbringer, der alle einschließt, und macht deshalb darauf aufmerksam, dass eine Gemeinschaft mit Gott ohne Gemeinschaft zwischen den Menschen nicht möglich ist – mit allen Konsequenzen, die dies für das konkrete Leben hat.
- Jesus als **Sohn Gottes**, das ist der Kern christlicher Botschaft: Gott kommt dem Menschen entgegen, wendet sich ihm in Jesus zu, wird in Jesus erfahrbar, lässt Begegnung und Nähe zu. Und dies geschieht, um Menschen Erbarmen, Heil, Versöhnung

und umfassenden Frieden (Schalom) zuzusprechen – Erlösung von Gott her in Jesus.

- **Jesus als Herr** schließlich, Jesus als »kyrios« (griechisch), »dominus« (lateinisch), fasst alle diese Aussagen zusammen. In der griechischen Übersetzung der Hebräischen Bibel (Septuaginta) ist der Begriff »Herr« die Entsprechung für den nicht sagbaren Gottesnamen Jahwe, meint also Gott selbst. In den Paulusbriefen und denen seiner Schüler ist »Herr« der Titel, der konsequent für Jesus eingesetzt wird. Damit wird Jesus in der Sicht des Paulus (und weithin des gesamten Neuen Testaments) Gott gleichgesetzt: Er handelt aus der Vollmacht Gottes, ist mit Gottes Geist begabt, macht Gott in seinem Reden und Handeln sichtbar.

Paulus nimmt in seinen Philipperbrief ein urchristliches Lied, einen Hymnus auf, in dem der durch die Auferweckung zu Gott Erhöhte als »Herr« bezeichnet wird, ja, den der gesamte Kosmos als »Herr« bekennen soll. Jesus, der »Herr« ist der Erlöser, der Gott und Menschen neu miteinander verbindet: »Wir verkündigen nämlich nicht uns selbst, sondern Jesus Christus als den Herrn, uns aber als eure Knechte um Jesu willen. Denn Gott ... ist in unseren Herzen aufgeleuchtet, damit wir erleuchtet werden zur Erkenntnis des göttlichen Glanzes auf dem Antlitz Christi« (2 Kor 4,5–6).

Thronender Christus, Book of Kells, Schottland, um 800

Der Philipperbriefhymnus –
ein urchristliches Lied, das Paulus in seinem Brief aufnimmt:

Christus war Gott gleich,
hielt aber nicht daran fest, wie Gott zu sein;
sondern er entäußerte sich
und wurde wie ein Sklave und den Menschen gleich.
Sein Leben war das eines Menschen;
er erniedrigte sich und war gehorsam bis zum Tod,
bis zum Tod am Kreuz.
Darum hat ihn Gott über alle erhöht
und ihm den Namen verliehen,
der größer ist als alle Namen,
damit alle im Himmel, auf der Erde und unter der Erde
ihre Knie beugen vor dem Namen Jesu
und jeder Mund bekennt:
»Jesus Christus ist der Herr« –
zur Ehre Gottes des Vaters.

Philipperbrief 2,6–11

Christus, Mitte der Pala d'oro (Goldenes Altarbild), San Marco, Venedig, 978–1345

Der Hebräerbrief

Auch dieser Brief wurde Paulus zugeschrieben. Doch unterscheidet sich der Text grundsätzlich sowohl von der Theologie des Paulus wie auch stilistisch in seiner Wortwahl. Er ist in einem flüssigen Griechisch geschrieben, doch gehören 1000 der 3000 Begriffe im Schreiben nicht zum üblichen Wortschaft des Paulus – bereits die alten Kirchenväter (etwa Origenes) haben deshalb die Autorenschaft des Paulus bestritten. Auch die These, dass die heutige Textfassung die griechische Übersetzung eines ursprünglich hebräisch geschriebenen Briefes sei, lässt sich nicht halten.

Seinen (nicht im ursprünglichen Text enthaltenen) Namen erhielt der Hebräerbrief durch die Annahme, dass er an Judenchristen (Hebräer) geschrieben ist, die in der Gefahr standen, ins Judentum zurückzukonvertieren. In jedem Fall muss der Brief an Menschen geschrieben worden sein, die mit jüdischer Tradition und mit dem Opferbrauchtum des Jerusalemer Tempels gut vertraut waren und sich in der Hebräischen Bibel der Juden auskannten. Der Brief blickt auf größere Christenverfolgungen zurück (Hebr 10,32–34) und ist bereits im Jahr 97 in Rom durch den ersten Clemensbrief (ca. 96–98 n. Chr.) bezeugt. Seine Abfassung ist deshalb wahrscheinlich um 90 anzusetzen, aber es wird manchmal auch eine Frühdatierung noch vor dem Jahr 70, dem Jahr der Zerstörung des Jerusalemer Tempels, vertreten. Der Verfasser kennt das (griechisch übersetzte) Alte Testament genau; es gibt 23 manchmal längere Zitate aus der Hebräischen Bibel, vor allem aus Levitikus, den Psalmen und Jeremia. Der Autor schreibt einen flüssigen griechischen Stil, so dass man von einem gebildeten, griechisch sprechenden Judenchristen ausgehen kann. Der Entstehungsort ist nicht auszumachen; der Schlussgruß (»die Brüder aus Italien«) ist ungewöhnlich und kann auch eine spätere Zugabe sein.

Überhaupt ist es fraglich, ob dieser Text ein Brief in der Art der Rundbriefe ist, wie sie Paulus und seine Schüler verfasst haben oder wie die Katholischen Briefe (vgl. Seite 416–417) einzuordnen sind. Bis auf den nicht sicher dem ursprünglichen Text zuzuordneten Schlussgruß entspricht der Brief mit seinem schweren Thema und seinem hohen theologischen Anspruch nicht der Textsorte antiker Briefe. Eher ist der Text als ein Lehrvortrag zu charakterisieren, eine Lehrrede, die vielleicht nachträglich bei der Weitergabe mit einem Schlussgruß versehen und so als Brief charakterisiert wurde.

Die Situation der Gemeinde, für die der Brief geschrieben wurde, ist die am Ende des ersten Jahrhunderts, als die Glaubenskraft des Anfangs nicht nur durch Irrlehren und äußere Verfolgung (etwa die Verfolgung durch Kaiser Domitian [81–96]), sondern ebenso durch Müdigkeit und Glaubensschwäche abgelöst wurde. Gegen Unwissenheit und Irrtum wendet sich der Brief und will zu neuem Bekenntnis und zur Zuversicht auf Rettung aufrufen.

In der inhaltlichen Mitte des Briefes steht das Bekenntnis zu Jesus, der als der **Hohepriester** bezeichnet wird. Das ist ein Titel für Jesus, der in den anderen neutestamentlichen Schriften nicht vorkommt. Der Hebräerbrief nimmt hier eine einzigartige Kennzeichnung Jesu vor und versucht, das von außen betrachtete Scheitern Jesu am Kreuz mit einer aus der Hebräischen Bibel erwachsenen Deutung neu zu bestimmen: Nicht Unheil ist mit dem Kreuz zu verbinden, sondern endgültiges Heil in Jesus.

Diese Deutung geschieht im Hebräerbrief durch die Verwendung des alttestamentlichen Opferbegriffs. Durch das Opfer seines Lebens wirkt Jesus die Erlösung. Dabei überbietet Jesus die alttestamentlichen Opfer, gleich ob sie im Temppel dargebracht werden oder an anderen Orten. Weil Jesus nicht zum Stamm Levi (Leviten als Priester Israels) gehörte, greift der Verfasser auf Abraham zurück, also auf die Zeit vor dem Sinaibund Gottes mit Mose/Israel und vor die dort erfolgte Regelung des Opfers in Israel. Bereits in der Erzählung über Abraham wird im Opfer des Melchisedek, des Königs von Salem (= Jerusalem), ein Modell für ein gerechtes und Gott gefälliges Opfer vor Augen gestellt. Dieses Opfer des Melchisedek übertrifft Jesus in seiner Hingabe am Kreuz. War deshalb im Alten Bund ein ständig neu zu erfolgendes Opfer nötig, so ist Jesu Opfer am Kreuz ein alles umfassendes Opfer, das jedes weitere überflüssig macht. Weil dies so ist, kann sich die Gemeinde des kommenden Heils in Jesus absolut gewiss sein. Jesus also ist Hohepriester nach Art des Priesterkönigs Melchisedeks – deshalb mahnt das Schreiben, Jesus treu zu bleiben.

Im Einzelnen gliedert sich der Brief wie folgt: Jesus Christus ist die Erfüllung der Verheißungen Gottes, der Sohn, der über das Haus Gottes gesetzt ist (Hebr 1–4,13). Jesus Christus ist der vollkommene und endgültige Hohepriester des Neuen Bundes, der die Opfer des Alten Bundes abgelöst und durch sein einmaliges Lebensopfer am Kreuz die endgültige Versöhnung mit Gott (Sündenvergebung) bewirkt hat (Hebr 4,14–10,18). Die Gläubigen sollen mit Mut und Ausdauer den Weg des Glaubens gehen und werden vor einem Glaubensabfall gewarnt (Hebr 10,19–12,3). Abschließend finden sich im Hebräerbrief Mahnungen zu einem christlichen Leben, die die Gemeinde im Vertrauen auf Gott berücksichtigen soll.

Der Glaube

Glauben aber ist: Feststehen in dem, was man erhofft,
Überzeugtsein von Dingen, die man nicht sieht.
Aufgrund solchen Glaubens brachte Abel sein Opfer dar ...
Aufgrund solchen Glaubens wurde Noach Erbe der Gerechtigkeit ...
Aufgrund solchen Glaubens gehorchte Abraham dem Ruf,
wegzuziehen in ein Land, das er als Erbe erhalten sollte ...
Aufgrund solchen Glaubens segneten Isaak und Jakob ...
Aufgrund solchen Glaubens verließ Mose Ägypten ...
Da uns eine solche »Wolke von Zeugen« umgibt,
wollen auch wir auf Jesus blicken,
den Urheber und Vollender des Glaubens.

aus Hebräerbrief 11,1–12,3

Die Katholischen Briefe

Die sieben Briefe, die sich im Neuen Testament im Anschluss an den Hebräerbrief finden, werden (in der katholischen Tradition) die »Katholischen Briefe« genannt (»katholisch« = »allgemein, für die ganze Welt geltend«). Diese Briefe richten sich nicht an eine einzelne Gemeinde, sondern als Rundbriefe an eine größere Zielgruppe.

- **Jakobusbrief (Jak):** Als Adressatengruppe werden »die zwölf Stämme, die in der Zerstreuung leben« genannt. Damit sind die christlichen Gemeinden aus judenchristlicher Sicht (Kirche als Wiederherstellung Israels im Zwölf-Stämme-Bund) gemeint. Als vorgeblicher Verfasser wird der »Herrenbruder« Jakobus genannt, Leiter der Jerusalemer Gemeinde. Das Schreiben ist um 100 n. Chr. entstanden und umfasst Sprüche zu Fragen christlicher Lebensgestaltung: Es geht um die Gleichheit aller, um Nächstenliebe, Sorge für die Kranken und anderes mehr. Umstritten ist die Aussage, dass die Rechtfertigung des Menschen nicht allein durch den Glauben, sondern durch die Werke kommt (Jak 2,24). Allerdings muss man dies differenziert sehen: Aus dem Glauben ergibt sich als Konsequenz ein christliches Verhalten der Liebe. Der Glaube an Christus macht die Menschen zu wahrer Liebe fähig.
- **Erster Petrusbrief (1 Petr):** Das Rundschreiben ist ein Trostbrief in schwerer Zeit an kleinasiatische Gemeinden, die unter Zerstreuung inmitten einer heidnischen Umwelt leiden. Sie werden durch den um das Jahr 100 in Rom entstandenen Brief ermahnt, treu zum Glauben zu stehen. Allerdings kann der im Einleitungsvers als Verfasser angegebene Apostel Petrus nicht der Autor sein – wahrscheinlich hat ein unbekannter Presbyter der römischen Gemeinde den verfolgten Christen im Osten im Namen des Petrus Mut zusprechen wollen. Der Brief macht Aussagen zu Christus und der Kirche (Christus als Eckstein – die Christen als lebendige Steine eines geistigen Hauses, 1 Petr 2,1–8), zur Würde der Christen (eine königliche Priesterschaft, 1 Petr 2,9), zum Verhältnis der Christen zur staatlichen Obrigkeit (»Fürchtet Gott, und ehrt den Kaiser«, 1 Petr 2,17) und über das Leben in einer nichtglaubenden Welt.
- **Zweiter Petrusbrief (2 Petr):** Dieser Brief ist die späteste Schrift des Neuen Testaments (entstanden nach 120 n. Chr.). Der Verfasser kennt andere neutestamtliche Schriften, aus dem Judasbrief hat er Teile aufgenommen. Auch dieser Verfasser beruft sich auf den Namen und die Autorität des Petrus. Dabei geht es ihm angesichts zunehmender Irrlehren um den rechten Glauben. In scharfer Sprache wendet er sich gegen Irrlehrer und droht ihnen das Gericht Gottes an. Diese spotten, die Wiederkunft Christi bleibe aus. Das Ausbleiben der Parusie erklärt der Verfasser mit dem Erbarmen Gottes: Gott gibt weiterhin Gelegenheit zur Bekehrung. Doch dann kommt der Tag des Herrn wie Feuer. Den Gerechten erwarten ein neuer Himmel und eine neue Erde.
- **Erster Johannesbrief (1 Joh):** Der erste Johannesbrief stammt aus der gleichen Schule wie das Johannesevangelium (vgl. Seite 361). Ein christlicher Lehrer wendet sich zwischen den Jahren 90 und 110 an Gemeinden und ermahnt sie, am Glauben an Jesus festzuhalten. Diese Gemeinden sind in einer heidnischen Welt anzusiedeln, in der die Weltanschauung der Gnosis einflussreich war. Der Gnosis ging es um eine Erkenntnis, die der Mensch aus eigener Kraft gewinnen kann: Die eigentliche Welt ist nicht die konkret erfahrbare, sondern eine höhere geistige, aus der Botschaften an den

erkenntnisbereiten Menschen gelangen können. So und nur so ist Erlösung zu erlangen. Der Verfasser des Briefes verweist dagegen auf den christlichen Glauben und auf wahre Gotteserkenntnis. Diese geschieht nicht mittels Geheimlehren, sondern in der Liebe, die sich aus der Bindung an Jesus ergibt. Der Glaube vollendet sich in der Liebe.

- **Zweiter Johannesbrief (2 Joh):** Das Schreiben eines »Ältesten« geht an eine »Herrin und ihre Kinder«, womit eine Ortskirche in Kleinasien gemeint sein wird. Der Verfasser dürfte ein Presbyter aus der johanneischen Schule sein, wahrscheinlich aber nicht identisch mit dem oder den Verfassern des Johannesevangeliums und des ersten Briefes. In diesem Brief geht es neben der üblichen Warnung vor Irrlehren vor allem um das Liebesgebot. Wer aus der Liebe lebt, lebt in der Wahrheit des Glaubens.
- **Dritter Johannesbrief (3 Joh):** Der dritte Brief richtet sich an eine Einzelperson, an Gaius. Der Verfasser ist der des zweiten Briefes. Es geht ihm zum einen um Wandermissionare, die auf Gastfreundschaft angewiesen sind. Gaius hatte sich gegenüber solchen reisenden Missionaren großzügig gezeigt, geriet deshalb aber ebenso wie der Verfasser in einen Konflikt mit einem Gemeindeleiter. Die Andeutungen des Briefes lassen eine Zeit der Kirche erkennen, in der das Amt des Gemeindeleiters zunehmend als »monarchischer Bischof« verstanden wird.
- **Judasbrief (Jud):** Der Judasbrief muss vor dem zweiten Petrusbrief enstanden sein, weil dort Teile des Judasbriefes zitiert werden. Dennoch spiegelt der Brief die Situation des 2. Jahrhunderts wider. Die Verfasserangabe zu Beginn des Briefes, »Judas, Bruder des Jakobus« gibt vor, dass es sich beim Absender um eine Gestalt der Anfangszeit der Kirche handelt (Jakobus, der Leiter der Jerusalemer Gemeinde) und ihm deshalb Autorität zukomme. Doch darf dies als fiktiv verstanden werden; der Verfasser wird ein unbekannter Christ gewesen sein, der die Gemeinden mit diesem Rund- und Mahnbrief an die Tradition erinnerte und zum Kampf gegen Irrlehrer aufforderte. Der Brief mahnt dagegen zur Treue zum überlieferten Glauben und zur Einheit der Gemeinden.

Zwei Seiten aus dem zweiten Petrusbrief, Papyri Bodmer P 72, Genf (älteste Textfassung der Petrusbriefe)

Johannes auf Patmos, Detail des Johannesaltars, Dominikanerkirche St. Nikolaus, Friesach, Kärnten, 1500–1512

Die Offenbarung des Johannes

Das letzte Buch des Neuen Testaments wird manchmal auch »Apokalypse« (von griechisch »Enthüllung«) genannt. Damit wird eine Buchgattung (Textsorte) aufgegriffen, die, beginnend mit dem Buch Daniel, in der spätjüdischen Zeit zu vielerlei Schriften geführt hat (vgl. nebenstehenden Kasten).

Von da aus darf man den **Verfasser**, der sich selbst »Knecht Johannes« nennt (Offb 1,1), in judenchristlichen Kreisen vermuten, in denen eine genaue Kenntnis des Alten Testaments sowie der apokryphen Spätschriften vorlag. Der Verfasser kann jedoch weder mit dem Apostel Johannes noch mit den Verfassern des Johannesevangeliums bzw. der johanneischen Briefe (bei 2 und 3 Joh der »Presbyter Johannes«) identisch sein. Allerdings muss er in den kleinasiatischen Gemeinden eine große Autorität besessen haben. Der Verfasser war ein uns unbekannter Lehrer einer kleinasiatischen Gemeinde, den die alte kirchliche Tradition in einen Zusammenhang mit dem Apostel Johannes stellte, um dadurch die Autorität seiner Aussagen zu stärken.

Als **Abfassungszeit** kommt ungefähr das Jahr 96 nach Christus in Frage. Dies ist das Ende der Herrschaft des Kaisers Domitian (Regierungszeit 81–96) und die Zeit einer großen, auch Kleinasien erfassenden Christenverfolgung. Domitian ließ sich als erster römischer Kaiser mit dem Titel »Gott« anreden und forderte von allen Untertanen, nicht nur von römischen Bürgern, ihm durch Weihrauchopfer göttliche Verehrung zu erweisen. Besonders im östlichen Mittelmeerraum wurde diese Forderung auch mit Gewalt durchgesetzt.

So entstand eine große Christenverfolgung in den Städten Kleinasiens. Denn dieser Kaiserkult führte die Christen in eine Entscheidungssituation: Weigerten sie sich, ihrem Glauben abzuschwören und den Kaiser kultisch zu verehren, drohte ihnen Folter und Tod. Trotz dieser Gefahr nahmen viele (die meisten?) am Kaiserkult nicht teil, weil sie nur Christus, nicht aber den römischen Kaiser als göttlich verehren wollten.

All dies klingt in der Schrift immer wieder in bildhafter Form an. Der Text ist geprägt von **Visionen** und **Auditionen**; der Verfasser versteht sich als Empfänger himmlischer Botschaften, durch die die gegenwärtige Bedrängnis der Christen gedeutet wird. Zugleich stellt der Text eine beeindruckende Mahnung dar, am Glauben auch in Verfolgung festzuhalten – der Sieg ist gewiss. Und vor allem will der Text Mut machen und Hoffnung schenken: Nicht der brutale Kaiser in Rom ist der wirkliche Herr der Welt, sondern Christus. Nicht der Märtyrertod ist das Letzte, das den Glaubenden erwartet, sondern das Leben, das Gott in einem »neuen Himmel und einer neuen Erde« (Offb 21,1) schenken wird.

Apokalypse

Die Offenbarung des Johannes, das letzte Buch der Bibel, wird auch »Apokalypse« genannt (von griechisch »apokalypsis« = »Enthüllung«). Damit ist auf eine Textsorte vor allem der Antike verwiesen, in der angeregt durch Zeitereignisse (Krieg, Seuchen, Veränderungen der Gesellschaftsstruktur ...) eine die ganze Welt umfassende Katastrophe am Ende der Weltzeit aufgezeigt wird. Dies geschieht in oft rätselhaften Bildern und Metaphern, die auf historische Persönlichkeiten verweisen (in der Offenbarung etwa steht das geheimnisvolle »Tier aus dem Meer« [Offb 13,1] für die Römische Besatzungsmacht und den Kaiserkult). Die Geschichte der Menschen und der ganzen Welt bricht unter schrecklichen Geschehnissen ab (vgl. in der Offenbarung die vier apokalyptischen Reiter [Offb 6,1–8], die für Völkerkrieg, Bürgerkrieg, Teuerung und Hungersnot, Tod stehen). Nur selten beinhalten apokalyptische Schriften der Antike am Ende auch einen hoffnungsvollen Ausblick auf Errettung und Neubeginn (wie in der Offenbarung die Vision des himmlischen Jerusalems [Offb 21]). Gespeist aus älteren apokalyptischen Quellen Mesopotamiens und Persiens (Zoroastrismus) wachsen im Spätjudentum (nach dem Exil ab ca. 500 v. Chr. bis 70 n. Chr.) apokalyptische Vorstellungen, die sich auch in biblischen Büchern niederschlagen. Solche Texteinheiten finden sich bei den Propheten (Jes 2: Der Tag Jahwes als Völkergericht, ebenso Joël 4). Ezechiel greift in seinen Drohsprüchen gegen die Israel umliegenden Völker ebenfalls apokalyptische Bilder auf (etwa Ez 4–7). Vor allem aber finden sich im Buch Daniel mit der Vision von den vier Tieren (Dan 7,1–8) apokalyptische Vorstellungen. Auf all das kann die Offenbarung des Johannes zurückgreifen.

Die bildhafte Sprache und die Allegorien des Textes, die Engelsbotschaften und die alttestamentlichen Zitate erschweren heutigen Lesern einen Zugang zum Buch. Doch das Hauptziel des Buches – über alle Ansage des Gerichtes und der Strafe Gottes für die Bösen hinweg – ist die Verkündigung Jesu als des kommenden »König der Könige«. Er ist das Lamm Gottes, das sein Leben für die Menschen hingegeben hat. Ein Zielpunkt ist deshalb die Schilderung des **himmlischen Jerusalems**, der neuen Welt, die von Gott zu den Menschen herabkommt, und in der alles Leid, selbst der Tod, ein Ende findet. Trotz aller schwierigen Bilder von apokalyptischen Reitern und sieben Plagen, vom Kampf mit dem Drachen und dem Zorn Gottes – das Buch der Offenbarung bleibt ein beeindruckendes Bekenntnis der Hoffnung, die Christen in Christus auf Gott setzen.

Das Buch gliedert sich wie folgt: Nach dem Vorwort und der Einleitung des Briefes (Offb 1,1–8) folgen Sendschreiben an sieben (kleinasiatische) Gemeinden (Offb 1,9–3,22). Die Vision vom Thron Gottes und dem Lamm (Offb 4,1–5,14) leitet über zur Vision vom Buch mit den sieben Siegeln und von den sieben Posaunen (Offb 6,1–11,19). Es folgen endzeitliche Visionen vom Kampf und Gericht mit dem Untergang der gottlosen Stadt Babylon (Offb 12,1–20,15). Das Buch schließt mit der großartigen Vision des himmlischen Jerusalems (Offb 21,1–22,5) und Schlussworten.

Anbetung vor dem Thron Gottes (vgl. Offb 4,1–14), Bamberger Apokalypse, Kloster Reichenau, um 1000

Die Bilderwelt der Offenbarung

Die Offenbarung des Johannes ist ein rätselhaftes Buch, dessen Bedeutung sich ohne Vorwissen und auf den ersten Blick nicht erschließt. Man könnte meinen, es hätte in der Geschichte der Christen wegen seiner rätselhaften Bildersprache keine große Rolle gespielt. Doch das Gegenteil ist der Fall. Immer wieder haben einzelne Menschen oder Gruppierungen geglaubt, daraus eine Prophezeiung für Ereignisse einer kurz bevorstehenden Zukunft entnehmen zu können.

Die Offenbarung, so meinen manche, ist ein apokalyptischer Blick auf den Weltuntergang, der unmittelbar bevorsteht. Solche Weltuntergangsängste haben um das Jahr 1000 die Christenheit erregt, im Wechsel zum Jahr 2000 war es nicht anders. Aber auch Adventisten, Mormonen und Zeugen Jehovas gehen in ihrem eigenartigen Bibelverständnis von einer wörtlichen Bedeutung der Bildersprache dieses Buches aus und folgern daraus konkrete Voraussagen für unsere unmittelbare Zukunft – eine Zukunft des Schreckens, des Untergangs, der apokalyptischen Reiter, des Weltendes, bei dem nur eine geringe Zahl von Auserwählten, jene in der Offenbarung genannten 144 000 (Offb 7,4) gerettet werden. Für die meisten Christen spielen solche Weltuntergangsvorstellungen in ihrem Alltagsleben allerdings keine Rolle.

Die Offenbarung steckt voller unfassbarer und schrecklicher Bilder: Da taucht ein Drache auf, feuerrot mit sieben Köpfen und zehn Hörner (Offb 12,3). Da gibt es das ebenso schreckliche Tier aus dem Meer, eine Mischung aus Panther, Bär und Löwe mit der Macht eines Drachen und von den Menschen angebetet (Offb 13,1–4). Da gibt es sieben Schalen des Zorns, die für Geschwüre, Blut, Tod, Feuer, Finsternis, Trockenheit und Dämonengeister, Blitz, Donner und Erdbeben stehen (Offb 16). Da gibt es vier apokalyptische Reiter, die durch Schwert und Hunger töten (Offb 6,1–8). Vielfältige Bildworte des Unheils, eine Sammlung von katastrophalem Geschehen, das Angst macht und Unruhe verbreitet: **Das Leben auf dieser Erde ist nicht gesichert.**

Aber es gibt auch anderes: Vierundzwanzig Älteste, die vor Gottes Thron stehen und Gott anbeten (Offb 4,4.10–11). Um den Thron sind vier Lebewesen voller Augen: ein

Löwe, ein Stier, ein Mensch, ein Adler (Offb 4,6–7) – die vier Evangelistensymbole haben sich daraus ergeben (vgl. Seite 296, 334, 348, 360). Ein rätselhaftes Lamm erhält von dem, der auf dem Thron sitzt eine Buchrolle (Offb 5,1.6–7), doch dieses Buch ist mit sieben Siegeln verschlossen (Offb 6,1–17; 8,1–5). Es geht weiter mit Posaune blasenden Engeln (Offb 8,6–13; 9,1–21; 11,15–19). Eine Frau tritt auf, die mit Sonne, Mond und Sternen bekleidet ist (Offb 12,1) und einen Sohn gebiert (Offb 12,5). Ein Lamm ist auf dem heiligen Berg Zion (Offb 14,1–5) und schließlich gibt es eine Stadt aus reinem Gold, geschmückt mit Edelsteinen, die aus dem Himmel herabkommt (Offb 21,9–22,5). Wahrlich ein Feuerwerk von Phantasie und phantastischer Bilderwelt – und für uns zuerst einmal unbegreiflich.

Denn diese ganze Bilderwelt beschreibt nicht irgendwelche historischen Vorgänge der Zukunft, ist keine Prophetie als Vorhersage der Zukunft, sondern meint etwas ganz Anderes: In der prophetischen Tradition Israels wird – in einer umwerfenden bildhaften Sprache – **die Gegenwart von Gott her gedeutet**. Die Bilder selbst sind bedeutungslos, lassen sich teilweise auf zeitgeschichtliche Vorgänge des Römischen Reiches deuten, aber um all das geht es dem Verfasser im Letzten nicht. Ihm geht es genau um das, worauf diese Bilderwelt am Ende des Buches hinausläuft: um ein intensives, emotionales, alle Sinne umfassendes Glaubensbekenntnis.

Zahlen als Metaphern

Unmittelbar fällt die Bedeutung der Zahl »sieben« in der Offenbarung auf: Überall wird von sieben Dingen und Personen gesprochen: Sendschrieben gehen an sieben Gemeinden (Offb 1,9–3,22); das Buch, das das Lamm erhält (Offb 5,7) ist mit sieben Siegeln verschlossen (Offb 6,1–17; 8,1). Sieben Engel blasen sieben Posaunen (Offb 8,6–9,21; 11,15–19); es gibt sieben Zornesschalen, die Elend zu den Menschen bringen (Offb 16). Und am Ende gibt es sieben Visionen (»dann sah ich«), die die Wende zum Heil beschrieben (Offb 19,11.17.19; 20,1.4.11; 21,1). Die Sieben ist die heilige, göttliche Zahl (vgl. auch sieben Seligpreisungen, Mt 5,3–9). Umgekehrt steht dann die Zahl »sechs« für das Widergöttliche, es ist die Zahl des »Tieres« (Offb 13,18): Das Tier (= die brutale Macht des Römischen Kaisers) will sein wie Gott und sich als Gott verehren lassen, allein es reicht nicht, seine Macht ist wie alles auf der Erde begrenzt – mit Gott darf sich keiner messen.

Der Engel mit dem Rauchfass und die sieben Posaunen (vgl. Offb 8–9; 11,15–19), Bamberger Apokalypse, Kloster Reichenau, um 1000

Michael kämpft mit dem Drachen (vgl.Offb 12,7–12), Bamberger Apokalypse, Kloster Reichenau, um 1000

Der Glaube der Offenbarung

Das Ziel der Offenbarung ist keineswegs eine exakte Beschreibung eines künftigen Geschehens. Vielmehr wird in der rätselhaften Bildersprache dieses Buches der Glaube der christlichen Gemeinden in der Verfolgungszeit am Ende des ersten Jahrhunderts ausgedrückt: Gott bleibt trotz allen Widerstands der Herr über den Kosmos und die Geschichte der Menschen und wendet alles zum Heil. Folgerichtig schließt das Buch auch mit einer faszinierenden Bilderwelt vom Heil, vom Schalom, von der Gemeinschaft Gottes mit den Menschen, von der himmlischen Stadt, dem neuen Jerusalem: »Seht, die Wohnung Gottes unter den Menschen. Er wird in ihrer Mitte wohnen und sie werden sein Volk sein; und er, Gott, wird bei ihnen sein« (Offb 21,3 nach Lev 26,11).

Hier wird also die Erfahrung Israels, dass Gott ein den Menschen naher und sie begleitender Gott ist (vgl. Seite 142–143), in einer Vision in die Endzeit projiziert, zugleich aber überhöht und gesteigert: Die Herrlichkeit Gottes in dieser neuen himmlischen Stadt übertrifft allen Glanz, so braucht es dort weder Sonne noch Mond, das »Lamm« in der Mitte überstrahlt alles. Auch gibt es dort das Wasser des Lebens und die Bäume des Lebens (Offb 22,1–2), die reiche Frucht tragen. Umgekehrt aber haben Leid und Trauer, Klage und Mühsal ein Ende, ja, selbst der Tod ist überwunden (Offb 21,4). Hier ist umfassendes Heil erreicht.

Die Offenbarung greift dabei auf zwei Bildworte zurück, die bereits am Anfang der Bibel, in den Urgeschichten des Buches Genesis, eine Rolle gespielt haben: Zum einen ist dies der **Paradiesgarten**, in dem die Menschen geborgen sind. Der Anfang eines gelingenden Lebens im vom Gott geschaffenen Garten entspricht dem Ende – einem Leben wiederum in Gottes Nähe und in seinem Licht: »Denn der Herr, ihr Gott, wird über ihnen leuchten, und sie werden herrschen in alle Ewigkeit (Offb 22,5). So wird ein großer Bogen geschlagen vom Anfang der Bibel (Gen 2) bis hin zum letzten Kapitel des letzten Buches der Bibel.

Das andere Bildwort ist das der **Stadt** (vgl. Seite 381). Hier setzt die Offenbarung nicht auf eine Parallele von Anfang und Ende, sondern auf einen Kontrast. War in Genesis 11 Babel die Stadt der Zerstreuung, des Auseinanderbrechens menschlicher Gemeinschaft, auch die Stadt der Überheblichkeit des Menschen, so ist nun das neue Jerusalem ein Bild der Harmonie nicht allein von Gott und Mensch, sondern auch der Menschen untereinander.

Die Offenbarung ist aber bei aller Bildhaftigkeit zugleich klares Bekenntnis zu Christus. Er wird im Symbol des Lammes dargestellt – das Lamm, das das heilige Buch von Gott erhält (Offb 5,7) und das auch die Mitte und die Leuchte der himmlischen Stadt Jerusalem ist. So ergeben sich folgende Kerngedanken der Offenbarung:

- Alle Mächte dieser Welt vermögen nichts gegen die Macht Gottes. Gott selbst ist der Herr, der Einzige, der von den Menschen zu verehren ist.
- Dieser Gott ist selbst in der Zeit der Not nicht fern von den Menschen. Er will vielmehr mitten unter ihnen wohnen, zwischen ihnen »sein Zelt aufschlagen«, seine Wohnung nehmen und ihnen so nahe sein.
- Durch das Wirken Gottes wird alles neu. Dann haben Leid und Klage, ja, selbst der Tod keine Chance mehr, denn es gibt einen »neuen Himmel und eine neue Erde«, etwas, was das Begreifen der Menschen übersteigt. Alle werden Söhne, Kinder Gottes sein und so Leben haben in Fülle.
- Diese Hoffnung wird festgemacht an Jesus, der wie ein Lamm geopfert wurde, aber gerade dadurch Gottes Zuwendung zum Menschen gezeigt hat: Er ist die Hoffnung über den Tod hinaus.

Dieser Jesus, der Christus Gottes, ist der Halt der Glaubenden. In ihm wird alles vollendet. Deshalb dürfen sie darum bitten, dass er als der Herr kommt und Heil für alle schafft. Das ist keine Vertröstung auf ein unfassbares Jenseits, sondern das ist der unmittelbare Glaube, dass Jesus für uns Maßstab und Grund unseres Glaubens, unsere Kraft und unsere Hoffnung ist.

Deshalb lautet der letzte Satz der Offenbarung und zugleich der letzte Satz der christlichen Bibel (Offb 22,20–21): »Komm, Herr Jesus! Die Gnade des Herrn Jesus sei mit allen!«

Das neue Jerusalem (vgl. Offb 21), Bamberger Apokalypse, Kloster Reichenau, um 1000

Bibel für uns

Die Bibel – Orientierung und Erinnerung

Evangelist Matthäus und Sophia,
Bild auf einer Königstür, 2. Hälfte 15. Jahrhundert.
Matthäus schreibt sein Evangelium; vor ihm steht die personifizierte Weisheit (griechisch = »sophia«) Gottes – die Bibel als Weisheitsbuch Gottes für die Menschen.

Warum eigentlich lesen Menschen heute noch in der Bibel? Dies ist doch ein Buch, das vor langer Zeit in einem ganz anderen Raum für völlig andere Menschen einer unterschiedlichen Kultur geschrieben wurde. Wieso ist die Bibel nach wie vor relevant für heutiges Leben – und dies nicht allein für glaubende Menschen, sondern auch für viele Suchende und Fragende rund um die Welt, für Menschen unterschiedlicher Kultur, ja, selbst unterschiedlicher Religion? Wieso ist die Bibel nach wie vor ein »Menschheitsbuch« von unschätzbarem Wert?

• **Die Bibel gibt Orientierung.** Ein Bild für das menschliche Leben ist das des Weges: Wir gehen unseren Lebensweg. Dies verstehen wir so, dass wir mit dem Rücken zur Vergangenheit, zum bereits Geschehenen und dem Blick in die Zukunft voranschreiten. Allerdings ist dieses Bild falsch: Die Zukunft ist es nämlich gerade nicht, die wir klar sehen können; sie bleibt im Ungewissen und Verborgenen. Wohl aber können wir die Vergangenheit sehen, wir wissen von den Wegstücken, die wir bereits zurückgelegt haben. Deshalb muss man dieses Bild eher so ausdrücken: Wir gehen rückwärts, mit dem Rücken einer ungewissen Zukunft zugewandt, und schauen mit unserem Gesicht auf die Vergangenheit. Sie können wir sehen, die Zukunft nicht.

Hier genau setzen die »alten« Geschichten der Bibel an. Sie sind nicht überwundene Vergangenheit, die hinter einem liegt. Sie sind vielmehr *»mitlebende Vergangenheit«*, die unser Leben auch heute beeinflusst. Mehr noch, sie sind eine *»orientierende Vergangenheit«*, weil sie in vielerlei Textsorten davon erzählen, wie Menschen sich den Grundfragen des Lebens gestellt haben, den Fragen nach Leben und Tod, nach Schuld und Versöhnung, nach Liebe und Zuwendung, nach einem Sinn des Lebens und nach der Hoffnung. Ein solcher Blick auf Menschheitsfragen und Menschheitserfahrungen ist für uns heute nach wie vor wertvoll, weil er Orientierung und Hilfe gibt. Beim

»Rückwärtsgehen« in die Zukunft, den Rücken der Zukunft und das Gesicht der Vergangenheit zugewandt, brauchen wir Wegzeichen, dass wir auf dem richtigen Weg sind. Die Geschichten der Bibel vermögen eine solche Orientierung zu geben. Die Bibel schenkt gute Worte für den Lebensweg.

- **Die Bibel führt zur Erinnerung.** Die Bibel schenkt gute Orientierungsworte für die Zukunft. Dies tut sie dadurch, dass sie an die Vergangenheit erinnert und in vielen Erzählungen auf die Geschichte blickt, die Gott und Menschen verbindet. Die Bücher des Alten Testaments halten die Erinnerung an die Geschichte Gottes mit Menschen wach, das Neue Testament die Erinnerung an die Geschichte Jesu und seiner Jüngergemeinschaft. Solche Erinnerungen verweisen darauf, dass wir in ein Netz eingebunden sind, das sich nicht nur in unsere heutige Zeit erstreckt, sondern Menschen über die Zeiten hinweg miteinander verbindet, ein »Menschheitsnetz« durch die Geschichte hindurch.

Erinnern bedeutet vergegenwärtigen, etwas aus der Vergangenheit in heutiges Leben hineinholen. Die Erinnerung an den Glauben anderer Menschen, an ihre Erfahrungen und Fragen, an ihr Angefochtensein und ihre Zweifel, an ihren Aufbruch und ihre Zuversicht hilft auch uns weiter. Die Erinnerung an das, was mit Jesus geschehen ist, zeigt neue Wege auf. Nicht um »alte Geschichten«, die überholt sind, geht es also in der Bibel, sondern um Geschichten, die wir in unser Leben hineinholen können, die zu unseren Geschichten werden sollen. Die Bibel blickt in die Vergangenheit – doch gerade durch eine solche Erinnerung können wir in die Zukunft aufbrechen: Heil von Gott damals wie heute.

Die Bibel – das gesellige Buch

Ein Buch?
Mehr noch: Eine Bücherei!
66 verschiedene Bücher
von nicht nur 66 verschiedenen Autoren,
denn manch eines enthält
(nach Art der hölzernen Babuschkas)
in sich wiederum
drei, vier kleinere Bücher verschiedener Autoren.

Nicht zu vergessen die namenlosen Scharen
späterer Bearbeiter, Ergänzer, Verknüpfer,
der fromme Fleiß ihrer minutiösen Text-Finissage
während rund eines Jahrtausends
jüdisch-urchristlicher Geschichte.

Allmählich entstand so:
ein Bücherbuch vieler Stimmen,
die nacheinander,
nebeneinander,
durcheinander,
gegeneinander,
miteinander reden, singen, murmeln, beten.

Dissonanzen? Jede Menge.
Widersprüche? Noch und noch.
Kein ausgeklügeltes Buch.
Hundert Stimmen Strom
(selbst Schriftgelehrte ermessen ihn nicht) –
wohin will er tragen?
Über Schwellen, Klippen, Katarakte
heimzu, heilzu (hoff ich).

Merklich oder unmerklich nämlich
strömen die verschiedenartigen,
die verschiedenzeitigen Stimmen
denn doch und stets wieder
zu EINER Stimme zusammen:
»Das Wunder dieses Zusammenfließens
ist größer als das Wunder
eines einzigen Autors.« (Emanuel Levinas)

Viel-Stimmen-Buch also,
geselliges Buch
(geselligstes der Weltliteratur!):
in ihm wird
die EINE,
die verlässliche Stimme
der geselligen Gottheit laut.

Kurt Marti

Die Bibel – Zuspruch, Anspruch, Hoffnung

• **Die Bibel verweist auf einen Zuspruch.** Was aber ist unter all den vielen Geschichten und Texten der Bibel die herausragende und uns im Tiefsten betreffende Grundaussage, was ist ihr innerster Kern, der uns heute zutiefst angeht? Es ist wohl die durchlaufende Erfahrung von Menschen zu unterschiedlichsten Zeiten und in unterschiedlichsten Lebenssituationen, dass sie auf ihrem Lebensweg in eine unbekannte Zukunft nicht allein sind, sondern dass sie auf dem Weg begleitet werden. Die Bibel schenkt uns den Zuspruch der Nähe und des Erbarmens Gottes. Das macht sie für jeden Menschen wertvoll.

Die Bibel schildert die Liebesgeschichte Gottes mit den Menschen, in vielfältigen Bildworten schildert sie, wie Gott sich um den Menschen bemüht: wie eine Mutter, die ihren Sohn tröstet, wie ein Töpfer, der mit seinen Händen etwas Neues schafft, wie ein Hirt, der dem verlorenen Schaf nachgeht, wie ein Vater, ein Arzt, ein Retter ... All diese Zuwendung Gottes zum Menschen lässt sich in dem Gottesnamen zusammenfassen, den das Alte Testament aus der Erfahrung vieler Glaubenden für Gott verwendet: Er ist der *»Ich-bin-da«* für die Menschen; aus seiner Liebe können Menschen leben und ihren Lebensweg gehen. Dies macht den Trost und die Hilfe der Bibel aus. Gerade dann, wenn alles dunkel ist, gibt sie Licht. Wenn alles unsicher ist, gibt sie Halt. Wenn alles zusammenbricht, richtet sie auf. Die Bibel ist wie eine Burg, in die der Mensch sich flüchten kann in schweren Stunden. Sie ist aber ebenso wie weites Land, in das man ausschreiten kann in guten Stunden. Denn beides geschieht aus dem Vertrauen auf Gottes Liebe. Das ist der Zuspruch der Bibel.

• **Die Bibel stellt einen Anspruch.** Dem Zuspruch aber entspricht ein Anspruch. Die Bibel ist nicht oberflächlich und auch nicht anspruchslos. Wer sich auf sie einlässt, wird gefordert, gerät in eine Neuordnung und Bewegung, die ihn ergreift und verändert. Den Anspruch, den die Bibel auf vielerlei Weise an den Men-

Liturgische Prozession,
Menologium Basileios II.
(= Sammlung von Heiligenleben),
Konstantinopel, 976–1025

schen stellt und den sie über alle Einzelweisungen hinweg im Doppelgebot der Gottes- und Nächstenliebe zusammenfasst, begründet sie mit dem Stichwort des Bundes Gottes mit den Menschen. Dieser Bund ist auf der einen Seite der Zuspruch der Liebe Gottes zum Menschen, Gott handelt menschenfreundlich und sich erbarmend. Dem aber muss eine Antwort des Menschen entsprechen: Vertrauen und Glaube und daraus erwachsend eine Lebensweise, die die empfangene Liebe Gottes widerspiegelt. Der Bund ist nicht einseitig, sondern nimmt den Menschen in seine Pflicht. Bei diesem Anspruch geht es nicht um gedankenlose Erfüllung von vielfältigen Gesetzesvorschriften, sondern um den Schutz und die Förderung des Lebens in jeder Weise. Nichts anderes wollen das Zehnwort vom Sinai (Zehn Gebote), die Bergpredigt Jesu und viele andere Texte der Bibel erreichen: Weil Gott ein Freund des Lebens ist, soll auch der Mensch zum Freund des Lebens werden. Es geht bei der Antwort des Menschen um das Gelingen eigenen und fremden Lebens.

- **Die Bibel schenkt Hoffnung.** Durch die Texte der Bibel wird der Mensch angeregt, über sich selbst hinauszuschauen. Es geht ihr nicht allein um Orientierung für das Heute und um die Bewältigung der Gegenwart. Die Bibel zeichnet vielmehr Perspektiven in die Zukunft, sie gibt in ihrer unvergleichlichen Bildersprache Hoffnungsbilder vor. Sie übersteigt damit die vielfältigen Grenzen, die dem Menschen durch Schuld und Konflikte, durch Leid und Not, durch Ohnmacht und Versagen, vor allem aber durch den Tod gesetzt sind. Die Bibel ist also nicht allein ein *Buch der Vergangenheit*, das an Ereignisse früherer Zeiten erinnert, nicht allein ein *Buch der Gegenwart*, das Mut und Kraft zur Bewältigung des Lebens gibt. Sie ist vor allem ein *Buch der Zukunft*, das einen Ausblick gibt, das zum Aufbrechen ermuntert aus dem Vertrauen heraus. Die Bibel kündet von einem Leben, das unser heutiges Leben übersteigt, sie lässt die Vollendung ahnen, gibt eine Vorstellung von in Gott gelingendem Leben, von einer umgreifenden Harmonie (Schalom), vom Ende allen Leides und aller Not. Die Bibel ist das Buch der Hoffnung. Durch sie können Menschen über den Horizont hinausschauen.

Die Bibel also gibt Orientierung, führt zur Erinnerung, verweist auf einen Zuspruch, stellt einen Anspruch und schenkt schließlich Hoffnung. Das alles und noch vieles andere macht sie auch für Menschen unserer Zeit unersetzlich und wertvoll. Wer die Bibel zur Hand nimmt, wird darin viel Unterschiedliches entdecken, Frohmachendes und Verwirrendes, Nachdenkliches und Unruhe Stiftendes. Wie der Regenbogen viele Farben zusammenbindet, so bindet die Bibel viele Lebensfarben zusammen in einem großen und vielgestaltigen Buch. Doch diese vielen Farben entstehen alle aus einem Licht, dem Licht der Liebe Gottes zu den Menschen. Aus diesem Glauben vieler Menschen ist die Bibel erwachsen. Aus diesem Glauben der Bibel können wir heute für unser Leben Orientierung und Hilfe, Mut und Hoffnung erhalten.

**»Wohl dem Mann, der Freude hat an der Weisung des Herrn,
über seine Weisung nachsinnt bei Tag und bei Nacht.
Er ist wie ein Baum, der an Wasserbächen gepflanzt ist,
der zur rechten Zeit seine Frucht bringt«**
Psalm 1,1-3

Heil von Gott in Jesus Christus

Die Bibel spannt nicht nur als Heiliges Buch für Juden und Christen (in unterschiedlicher Zusammenstellung) sondern auch als »Menschheitsbuch«, als »Schatz aller Menschen«, einen weiten Bogen über die gesamte Geschichte der Menschheit: Der erste Satz der Bibel (Gen 1,1) lautet: »Im Anfang schuf Gott Himmel und Erde«; der letzte dann (Offb 22,20–21: »Komm, Herr Jesus! Die Gnade des Herrn Jesus sei mit allen!« Diese beiden Schlüsselsätze blicken auf den Anfang und blicken auf das Ziel. Zwischen Schöpfung und Vollendung liegt die Geschichte der Menschheit.

Diese Geschichte geschieht im Verständnis der Menschen, deren Erfahrungen mit Glauben und Leben sich in der Bibel widerspiegeln, immer in der Begleitung durch Gott selbst. Er gibt Impulse zu einem gelingenden Leben, spricht über seine Propheten Worte der Weisheit und der Wegweisung aus, erneuert immer wieder seinen Bund mit den Menschen. Auch wo Menschen einzeln oder als Volk in die Irre gehen, zeigt er sich als liebevoller Vater, der um Versöhnung und liebevolle Gemeinschaft bemüht ist. Die Menschheitsgeschichte wird in der Bibel als die Geschichte Gottes mit den Menschen gesehen und damit als eine **Geschichte des Heils**.

Das Heil Gottes für die Menschen ist konzentriert in der Gestalt des Jesus von Nazaret, der als der größte der Propheten (größer als Mose) gekennzeichnet wird, der aber vor allem als Gekreuzigter und von Gott Auferweckter Bedeutung bekommen hat für seine Jüngergemeinschaft durch die Zeiten hindurch. Diese Bilder im neutestamentlichen Teil dieses Buches aus unterschiedlichen Kulturen zeigen die Wertschätzung Jesu weltweit. Ihn bekennen Christen als den Messias, den Christus Gottes, als den Immanuel (»Gott-mit-uns«), den Retter und Heiland. Das Heil von Gott erhält so einen Namen: **»Jesus, der Herr!«** In ihm – so bekennen Christen – kommt Gottes Heil zu den Menschen, er ist die Brücke zwischen Gott und den Menschen.

Wenn man die Botschaft der Bibel in dieser Sicht zusammenfasst, dann kann man die vielfältigen Erzählungen auf einen Zielsatz hin fokussieren:

Heil von Gott in Jesus Christus.

Ein Beattext zum Thema Bibel

1. Nehmt dieses Buch,
schlagt es auf, dieses Buch,
mit dem kostbaren Einband,
den Rücken zerschlissen,
in Goldschnitt und Rotschnitt,
in Pappe geheftet, in Leder
und Leinen gebunden.

2. Dieses uralte Buch,
dieses heilige Buch,
dies verehrte, verratene,
verbotene Buch,
dies verkannte, missbrauchte,
geschundene Buch.

3. Nehmt dieses Buch,
schlagt es auf, dieses Buch,
von so vielen Geschlechtern
geschrieben, gelesen,
geglaubt und gelernt und dann
weitergegeben und weitererzählt,
übersetzt, überliefert, geliefert.

4. Dieses uralte Buch,
dies vergessene Buch,
unterm Staub der Jahrhunderte
begrabene Buch,
unter andern Interessen
vergessene Buch.

5. Nehmt dieses Buch,
schlagt es auf, dieses Buch,
mit den Worten des Lebens,
verkauf, was du hast,
grab es aus, dieses Buch,
es kann sein, das du selber
vom Tode erstehst, dass du lebst.

Lothar Zenetti

Alfred Manessier, Auferstehung, 1949

»Jesus ist der Herr! – Gott hat ihn von den Toten auferweckt!« (Röm 10,9)

Anhang

Grundthemen der Bibel

Die grün hinterlegten Sonderseiten mit dem Stichwort »Grundthema der Bibel« ergeben in ihrer Summe eine umfassende Theologie der Bibel und ihrer Botschaft:

Extra-Seiten

Die beige hinterlegten Extraseiten machen auf besondere Details der Bibel aufmerksam:

Zusatzkästen

Die beige hinterlegten Zusatzkästen ergänzen die thematischen Aussagen der jeweiligen Doppelseiten (ohne Kästen mit Schrifttexten):

Schriftstellenregister

Die rot gedruckten Seitenzahlen bezeichnen die Hauptartikel zu den jeweiligen biblischen Büchern, die schwarz gedruckten Seiten zusätzliche Stellen:

Register der Personen und Orte

Die rot gedruckten Seitenzahlen bezeichnen die Hauptartikel, die schwarz gedruckten Seiten zusätzliche Stellen:

Stichwortregister

Die rot gedruckten Seitenzahlen bezeichnen die Hauptartikel, die schwarz gedruckten Seiten zusätzliche Stellen:

Karten

Text- und Abbildungsverzeichnis

Trotz gründlicher Recherche ist es uns nicht gelungen, alle Rechteinhaber ausfindig zu machen. Honoraransprüche bleiben gewahrt.

11, 14, 15, 22, 23, 28, 31,2, 44,1, 44,2, 45, 53, 56, 81, 85, 96, 97, 98, 99, 100, 101, 114, 125, 167, 206, 237, 269, 301, 321, 403 © Hermann-Josef Frisch, Overath

47 Dzenanz, 48 Andreas Wahra/Till Niermann, 49,1 Anthony M., Rom, 49,2 A. Hunter Wright, 52 Berthold Werner, 57 Berthold Werner, 60 Beivushtang, 61 Berthold Werner, 86 Havdala727 Urheber in Hebräisch, 91 Nikola Herweg, 105 Rebecca Kennison, 108 Jewish Encyklopedia (1901–06), 120 Bischöfliche Pressestelle, Hildesheim, bph, 122 Arnstein Rønning, 124 The Yorck Project, 131 Jastrow, 137 Joachim Köhler, 149 Web Gallery of Art (16295), 160 Apostoloff, 171 Neithan 90, 174 Wolfgang Sauber, 187 Matthias Kabel, 189 The Yorck Project, 190 Bernard Gagnon, 193 G. Freihalter, 195 Mutter Erde, 221,1 The Yorck Project, 233 Andreas Praefcke, 246 Simon Speed, 253 Urheber in Hebräisch, 261 Medienarchiv Wikipedia Commons, 265 Medienarchiv Wikipedia Commons, 267 The Yorck Project, 277 Velvet, 279 Andreas Praefcke, 281 G. Freihalter, 293 Adrian Pingstone, 30 T.M.L.–KuTV, 304 The Yorck Projekt, 337 Franco-Saxon illuminator, 353 The Yorck Project, 356, 357 Arnold Plesse, 388 Bilddatenbank.khm.at, 410 Hartmann Schedel, 418 Neithan90 © Commons

8 Quint Buchholz, BuchBilderBuch. Mit einem Vorwort von Michael Krüger © 1997 Carl Hanser Verlag München

20, 115, 154, 156–157, 185, 201, 225, 241, 254, 283, 285, 287, 317, 430 © VG Bild-Kunst, Bonn 2012

24 © Deutsche Bibelgesellschaft, Stuttgart

31,1 © Orientalisches Institut, Chicago

41, 43, 59,1, 62, 70, 72, 74, 75, 77, 80 aus: Jörg Zink, Tief ist der Brunnen der Vergangenheit. Eine Reise durch die Ursprungsländer der Bibel © KREUZ VERLAG, Stuttgart 2001, S. 197, 208, 285, 229 (Garo Naldadian, Jerusalem), 200, 253, 66, 74,151 (Garo Nalbadian, Jerusalem), 91

57 © Dr. Richard Cleave/Rohr Productions, Nikosia

65 © Welt und Umwelt der Bibel 3/2000, Katholisches Bibelwerk e.V.

107 © Harald Schäfer

83, 87, 93 © SWR/Spurensuche

84 © unbekannt

90 © Zev Radovan, Bible Land Pictures Archives

131 © NASA

227, 249, 271, 407 © Richard Baus, Niederbreitbach

247 © unbekannt

274 © Sieger Köder, Unter dem Apfelbaum habe ich dich geweckt

299 © Sieger Köder, Pfingsten (Ausschnitt)

338 © Alphonso Doss

340, 344, 377 © missio Aachen

342 © Hanna Cheriyan Varghese

371 © Yoko Makoshi

373 © Sebastiana Dung Dung

427 Kurt Marti, Namenszug mit Monde. Werke Band 5 © 1996 Nagel & Kimche im Carl Hanser Verlag München

430 © beim Autor

VERLAGSGRUPPE PATMOS

PATMOS
ESCHBACH
GRÜNEWALD
THORBECKE
SCHWABEN

Die Verlagsgruppe
mit Sinn für das Leben

MIX
Papier aus verantwortungsvollen Quellen
FSC® C028513
FSC
www.fsc.org

Für die Schwabenverlag AG ist Nachhaltigkeit ein wichtiger Maßstab ihres Handelns. Wir achten daher auf den Einsatz umweltschonender Ressourcen und Materialien. Dieses Buch wurde auf FSC®-zertifiziertem Papier gedruckt. FSC (Forest Stewartship Council®) ist eine nicht staatliche, gemeinnützige Organisation, die sich für eine ökologische und sozial verantwortliche Nutzung der Wälder unserer Erde einsetzt.

Bibliografische Information der Deutschen Nationalbibliothek
Die Deutsche Nationalbibliothek verzeichnet diese Publikation in der Deutschen Nationalbibliografie; detaillierte bibliografische Dateien sind im Internet über http://dnb.d-nb.de abrufbar.

www.patmos.de

Umschlaggestaltung: Finken & Bumiller, Stuttgart
Umschlagfoto oben: Daniel Matthes/photocase.com; unten Mitte: Koosg/Wiki Commons
Satz und Layout: Hermann-Josef Frisch, Overath
Druck: Süddeutsche Verlagsgesellschaft, Ulm
Hergestellt in Deutschland
ISBN 978-3-8436-0232-7

Weitere Bücher von Hermann-Josef Frisch im Patmos Verlag

Auf uns wartet das Leben
Was wir an Ostern feiern

Mensch und Natur erwachen nach einem langen, dunklen Winter zu neuem Leben. Nicht umsonst fällt Ostern in diese Zeit. Ein Fest, das die Sehnsucht der Menschen nach Licht, Wärme und Neuanfang widerspiegelt. Doch was feiern wir eigentlich mit dem *Osterfest*?
Die Herkunft und Botschaft des wichtigsten christlichen Festes werden erläutert und ins Heute übertragen. Angefangen bei den biblischen und historischen Grundlagen wird über Entwicklung und Bedeutung des Osterfestes und seiner Bräuche informiert. Ein bemerkenswertes Buch, kompakt, informativ und inspirierend.

128 Seiten
ISBN 978-3-8436-0005-7

Da hat der Himmel die Erde berührt
Was wir an Weihnachten feiern

Weihnachten steht in der öffentlichen Wahrnehmung vor allem für Kerzenschein und Geschenke und die Sehnsucht nach Ruhe und Frieden. Doch wo lässt sich ein tieferer Sinn des Festes finden? Anders gefragt: Was feiern wir eigentlich an *Weihnachten*?
In diesem kompakten Band wird präzise die Herkunft und die Botschaft des beliebtesten christlichen Festes erläutert und ins Heute übersetzt. Von den biblischen und historischen Grundlagen ausgehend wird über die Bedeutung des Weihnachtsfestes heute und über das damit verbundene Brauchtum zu Advent und Weihnachten informiert.

128 Seiten
ISBN 978-3-8436-0234-1
auch als e-book

Der Buddha
Die Geschichte des Erwachten

Wer war Siddhartha Gautama, der der »Buddha«, der »Erleuchtete« genannt wird? Der Roman über den Erwachten lässt die Gestalt dieses Religionsstifters hinter zahlreichen Legenden sichtbar werden. Eine Fülle von Bildern des Autors aus buddhistischen Ländern und vielfältige Sachtexte geben zusätzlich zum erzählenden Text Informationen zur Lehre des Buddha, zum Land, in dem er lebte, zu den Legenden, die über ihn erzählt werden, zum Buddha-Bildnis und zu Mönchen, Nonnen und Laien in der buddhistischen Gemeinschaft. Die »Stimme des Erwachten« wird auch für unsere Zeit hörbar.

248 Seiten
ISBN 978-3-8436-0067-5

Aufbruch oder Betriebsunfall?
Das II. Vatikanische Konzil
und seine Folgen

Öffnung zur Welt – mit diesem Schlagwort lässt sich die Aufbruchstimmung charakterisieren, die vom II. Vatikanischen Konzil und seinen Beschlüssen ausging. Diskussionen um Liturgie, Kirche und Religionsfreiheit scheinen heute – 50 Jahre nach dem Konzil – zu zeigen, dass der Weg der Kirche eher wieder zurück in die Zeit vor das Konzil zu führen scheint.
In diesem Band wird die Bedeutung der Konzilsbeschlüsse für die Kirche heute dadurch aufgezeigt, dass die Vorgeschichte der Texte, ihre wesentlichen Inhalte und ihre Wirkungsgeschichte erläutert wird.

144 Seiten
ISBN 978-3-491-72565-2

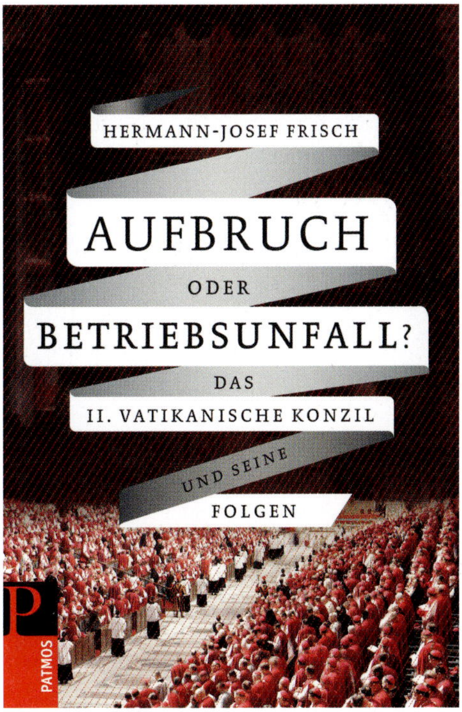

Euer Noach,
Schiffbauer und Zoodirektor
Biblische Gestalten
melden sich zu Wort

Biblische Gestalten – historische Personen wie Sara und David, aber auch Adam und Jona oder die Engel auf dem Hirtenfeld schreiben an Menschen von heute. Sie kommen auf Grundthemen des Glaubens zu sprechen und geben Denkanstöße, wie das Leben aus dem Glauben gelingen kann. Die fiktiven Briefe lassen den kulturellen und biblischen Hintergrund der Absender lebendig werden. Doch sie ziehen auch Linien von der biblischen Zeit bis zur Gegenwart. Sie beleuchten unser alltägliches Leben und suchen es neu auf Gott hin zu orientieren.

144 Seiten
ISBN 978-3-491-70426-8

Geht mutig neue Wege!
Briefe von Heiligen
an Christen von heute

Der Autor ist in die Haut berühmter Heiliger geschlüpft und hat den heutigen Christen Briefe geschrieben. Dabei wird deutlich, dass viele unserer gesellschaftlichen und persönlichen Fragen bereits in früheren Jahrhunderten die Menschen beschäftigten und wie fortschrittlich die Heiligen auf die Bedürfnisse und Anliegen ihrer Mitmenschen reagierten. Mit Witz und Sachverstand wird in diesem Band gezeigt, dass Botschaft und Wirken der Heiligen heute ebenso aktuell sind wie damals.

160 Seiten
ISBN 978-3-8436-0072-9